design school

이영주 지음

포토샵 & 일러스트레이터 CC 2019

한빛아카데미
Hanbit Academy, Inc.

지은이 **이영주** yjlee@chungwoon.ac.kr

Western Sydney University에서 Digital Media를 전공했으며 홍익대학교 영상학과에서 박사과정을 수료했다. 현재는 청운대학교 멀티미디어학과 교수로 재직 중이다. 주요 저서로 한빛아카데미(주)에서 출간한 『design school 포토샵 CC 2019』(2019), 『design school 일러스트레이터 CC』(2018), 『모바일 UI/UX 디자인 실무』(2018), 『UI/UX 디자인 이론과 실습』(2015) 등 다수가 있다.

design school 포토샵 & 일러스트레이터 CC 2019

초판발행 2019년 6월 6일

지은이 이영주 / **펴낸이** 김태헌

펴낸곳 한빛아카데미(주) / **주소** 서울시 서대문구 연희로2길 62 한빛아카데미(주) 2층

전화 02-336-7112 / **팩스** 02-336-7199

등록 2013년 1월 14일 제25100-2017-000063호 / **ISBN** 979-11-5664-447-7 93000

총괄 김현용 / **책임편집** 변소현 / **기획** 변소현 / **편집** 변소현

디자인 표지, 내지 이아란 / **전산편집** 이소연 / **제작** 박성우, 김정우

영업 이윤형, 길진철, 주희, 김태진, 김성삼, 이정훈, 임현기, 이성훈 / **마케팅** 김호철

이 책에 대한 의견이나 오탈자 및 잘못된 내용에 대한 수정 정보는 아래 이메일로 알려주십시오.

잘못된 책은 구입하신 서점에서 교환해 드립니다. 책값은 뒤표지에 표시되어 있습니다.

홈페이지 www.hanbit.co.kr / 이메일 question@hanbit.co.kr

Published by HANBIT Academy, Inc. Printed in Korea

지은이
머리말

제대로 배워 손쉽게 활용하는 포토샵 & 일러스트레이터

그래픽 프로그램으로 가장 많이 사용되는 포토샵과 일러스트레이터는 화면 구성도 비슷하고 툴이나 메뉴를 사용하는 방법도 비슷합니다. 따라서 두 프로그램을 배워야겠다고 마음먹었다면 한 번에 같이 공부하는 것도 좋은 학습 방법입니다.

이 책은 포토샵과 일러스트레이터를 한 권으로 배울 수 있도록 구성한 합본호입니다. 총 두 개의 파트로 나누어 파트 1에서는 포토샵을, 파트 2에서는 일러스트레이터를 배웁니다. 이 책의 주요 특징은 다음과 같습니다.

- **초보자도 쉽게 따라 할 수 있도록 학습 순서를 체계적으로 구성했습니다. [본문]에서 기본 기능을 간단히 익히고 [응용 예제]로 앞에서 배운 기능을 연습한 후 마지막에는 [혼자 해 보기]로 스스로 완성 이미지를 만들어 봅니다.**
- **모든 실습은 세부 옵션을 꼼꼼하게 제시하여 따라 하기가 수월합니다. 또한 예제는 바로 배워 바로 활용할 수 있는 실용적인 이미지들로 엄선되었습니다.**
- **혼자 공부하기 어려워하는 독자를 위해 저자가 직접 설명하는 동영상 강의를 제공합니다. 인터넷 주소창에 www.youtube.com/c/yurilee로 접속하면 이 책의 내용을 바탕으로 한 강의를 들을 수 있습니다.**

포토샵과 일러스트레이터는 어떻게 다루는지에 따라 놀라운 결과물을 만들어 냅니다. 독자 여러분도 이 책의 여러 예제를 따라 하면서 자신에게 가장 편리한 방법을 찾기 바랍니다. 또한 단순히 따라만 할 것이 아니라, 배운 내용을 어떻게 응용할 수 있을지 생각하면서 작업하기 바랍니다. 그러면 이 책의 마지막 장을 덮을 때 두 프로그램에 대해 어느 정도 자신감을 가질 수 있을 것입니다. 아무쪼록 이 책이 포토샵과 일러스트레이터를 배우려는 많은 독자에게 도움이 되었으면 좋겠습니다.

책 한 권을 만들기 위해 불철주야 애쓰고 노력하는 한빛아카데미(주)에 깊은 애정과 감사를 드립니다. 또한 수많은 책 중에서 이 책을 접하게 된 독자 여러분과의 인연에도 감사드립니다.

저자 **이영주**

이 책의 사용 설명서

강의 보조 자료

한빛아카데미 홈페이지에서 '교수회원'으로 가입한 분은 인증 후 교수용 강의 보조 자료를 제공받을 수 있습니다. 한빛아카데미 홈페이지 상단의 〈교수전용공간〉 메뉴를 클릭해 주세요.

http://www.hanbit.co.kr/academy

본문 구성

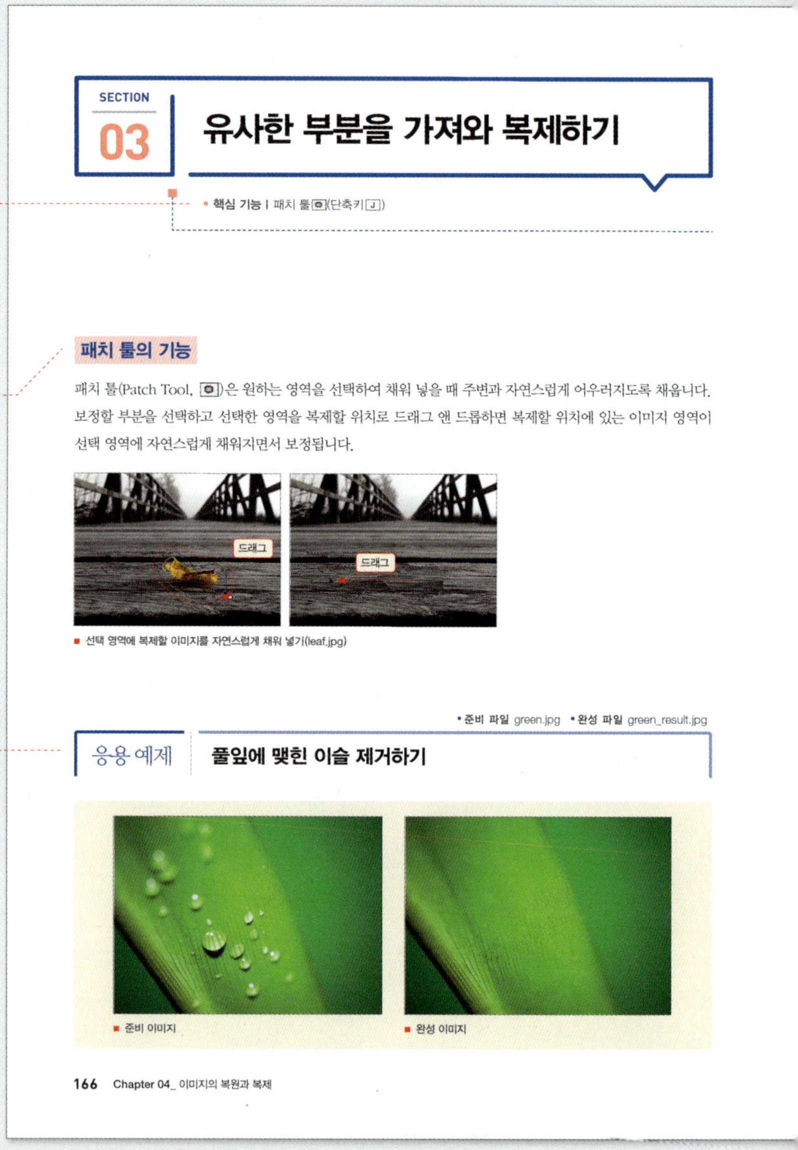
SECTION 03 유사한 부분을 가져와 복제하기

• 핵심 기능 | 패치 툴(단축키 J)

패치 툴의 기능

패치 툴(Patch Tool,)은 원하는 영역을 선택하여 채워 넣을 때 주변과 자연스럽게 어우러지도록 채웁니다. 보정할 부분을 선택하고 선택한 영역을 복제할 위치로 드래그 앤 드롭하면 복제할 위치에 있는 이미지 영역이 선택 영역에 자연스럽게 채워지면서 보정됩니다.

드래그

드래그

■ 선택 영역에 복제할 이미지를 자연스럽게 채워 넣기(leaf.jpg)

• 준비 파일 green.jpg • 완성 파일 green_result.jpg

응용 예제 풀잎에 맺힌 이슬 제거하기

■ 준비 이미지

■ 완성 이미지

166 Chapter 04_ 이미지의 복원과 복제

핵심 기능

해당 섹션에서 배울 주요 툴과 메뉴를 소개합니다.

본문

툴이나 메뉴의 기능을 설명하고, 간단한 실습으로 사용법을 익힙니다.

응용 예제

본문에서 배운 기능을 활용하여 응용 작품을 만들어 봅니다. 준비 이미지와 완성 이미지를 비교하여 어떤 작업을 하는지 미리 알 수 있습니다.

예제 소스

실습에 필요한 파일은 아래 주소에서 내려받을 수 있습니다. 준비 파일과 완성 파일이 섹션별로 정리되어 있습니다. 계속 사용할 파일이므로 하드디스크에 복사해 두고 사용하세요.

http://www.hanbit.co.kr/src/4447

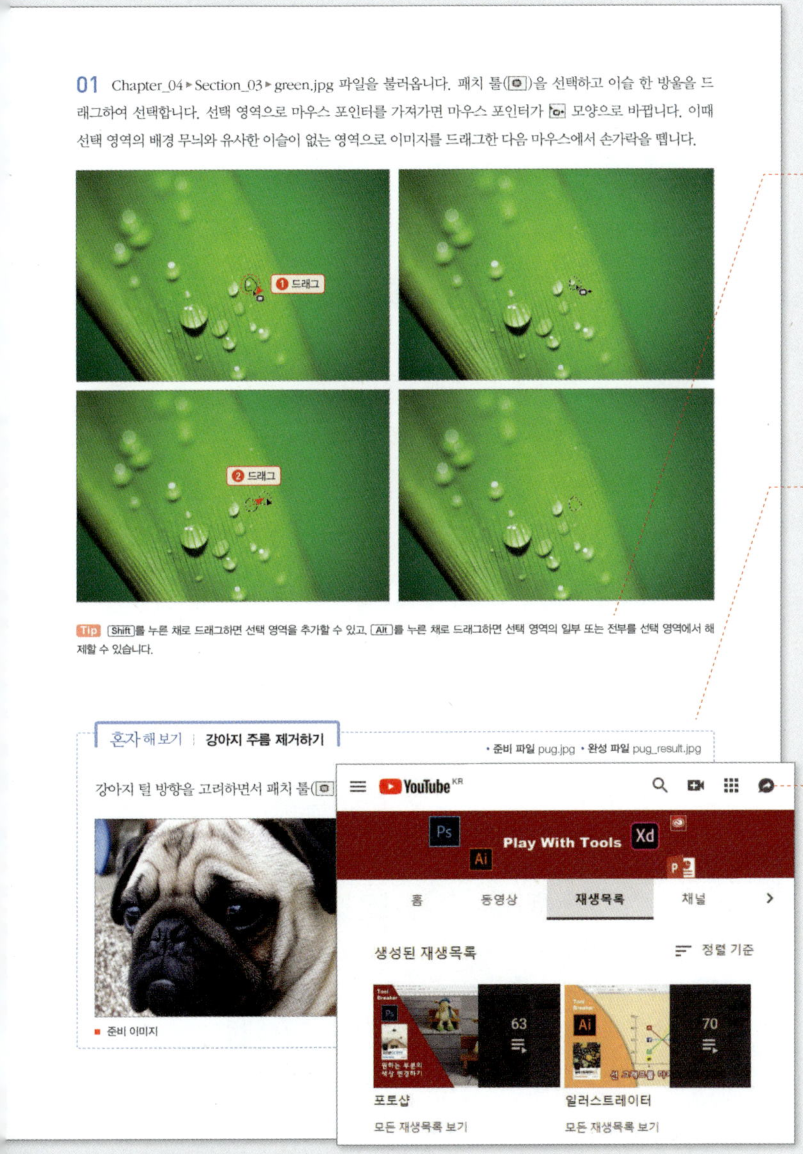

팁
참고로 알아 두면 좋을 내용, 실습하면서 주의할 사항과 본문에서 다룬 툴이나 메뉴의 세부 옵션을 설명합니다.

혼자 해 보기
응용 예제에서 실습한 내용을 바탕으로 스스로 작품을 만들어 봅니다.

무료 동영상 강의
아래 주소에 접속하거나 스마트폰으로 QR 코드를 찍은 후 [재생목록]을 클릭하세요. 저자의 무료 동영상 강의를 들을 수 있습니다.
https://www.youtube.com/c/yurilee

어도비 CC 체험판 설치

어도비 CC 설치를 위한 시스템 요구 사양

포토샵 CC와 일러스트레이터 CC를 설치하려면 다음과 같은 시스템 사양이 필요합니다.

* 적용 가능 버전 : CC 20.0(2018년 10월 릴리스)

윈도우	맥 OS
• Intel® Core 2 또는 AMD Athlon® 64 프로세서(2GHz 이상) • Microsoft Windows 7 서비스 팩 1, Windows 10(버전 1709 이상) • 64비트 설치 시 3.1GB 이상의 하드디스크 여유 공간 필요(대소문자를 구분하는 파일 시스템을 사용하는 볼륨에 설치할 수 없음)	• Multicore Intel 프로세서(64비트 지원) • 맥 OS 버전 10.12(Sierra), 맥 OS 버전 10.13(High Sierra), 또는 맥 OS 버전 10.14(Mojave) • 설치 시 4GB 이상의 하드디스크 여유 공간 필요(대소문자를 구분하는 파일 시스템을 사용하는 볼륨에 설치할 수 없음)

- 2GB 이상 RAM(8GB 권장)
- 16비트 색상 및 512MB 이상 전용 VRAM 장착(2GB 권장), 1024×768 디스플레이(1280×800 권장)
- OpenGL 2.0 지원 시스템
- 필요한 소프트웨어를 활성화하거나 가입을 확인하고 온라인 서비스를 이용하려면 인터넷 연결 및 등록이 필요함

어도비 CC 무료 체험판 설치하기

매월 일정액을 내면 어도비에서 나온 다양한 제품을 자유롭게 사용할 수 있습니다. 어도비에서는 유료 결제를 하기 전에 미리 경험해 볼 수 있도록 7일 동안 사용할 수 있는 무료 체험판을 제공합니다.

01 어도비 홈페이지(http://www.adobe.com/kr)에 접속하고 화면 상단의 [크리에이티비티 및 디자인]-[모든 제품 보기]를 선택합니다.

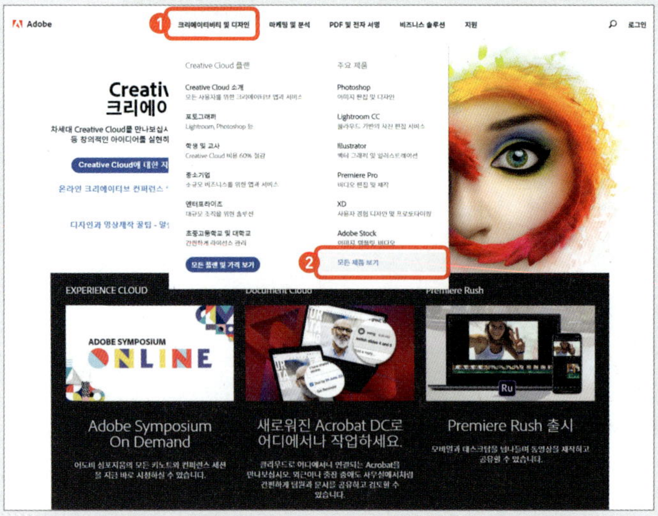

02 원하는 소프트웨어의 [체험판 다운로드]를 선택합니다. 여기서는 포토샵의 [체험판 다운로드]를 클릭하겠습니다. 일러스트레이터를 설치하기 원하는 독자는 일러스트레이터의 [체험판 다운로드]를 클릭하기 바랍니다. 이후 설치 과정은 같습니다.

Tip 원하는 소프트웨어의 로고를 클릭하면 해당 소프트웨어의 페이지로 이동하는데, 그 페이지에서 [무료 체험판] 메뉴를 클릭해도 됩니다.

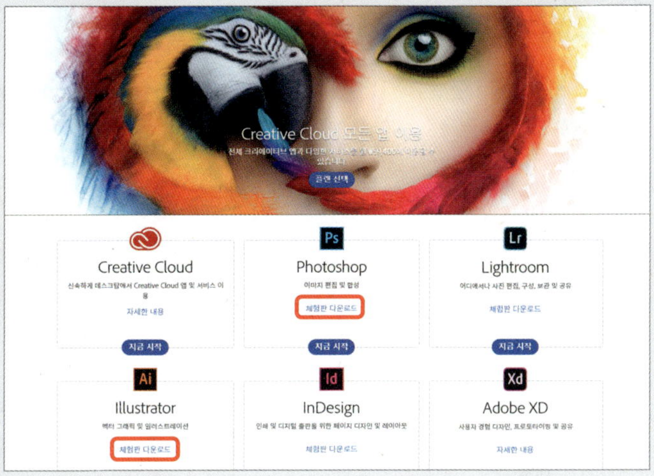

03 어도비 계정이 있다면 〈로그인〉을 클릭한 후 아이디와 패스워드를 입력하여 로그인합니다. 어도비 계정이 없다면 〈회원가입〉을 클릭하여 회원으로 가입한 후 로그인합니다.

■ 포토샵(일러스트레이터) 로그인 화면

■ 아이디와 패스워드 입력 화면

04 브라우저 종류에 따라 다음과 같은 창이 뜹니다. 컴퓨터에 Creative Cloud Desktop App이 설치되어 있지 않다면 〈허용〉 또는 〈CreativeCloud(URIHandler) 열기〉를 클릭하여 앱을 설치합니다.

■ 인터넷 익스플로러

■ 크롬

05 Creative Cloud 설치 프로그램이 제대로 설치되면 Creative Cloud 앱이 나타납니다.

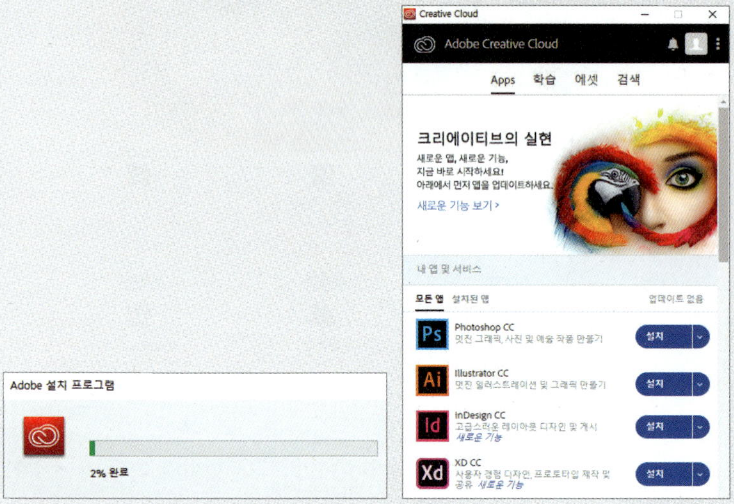

06 설치 프로그램의 언어를 설정해 보겠습니다. Creative Cloud 앱 오른쪽 위에 보이는 [설정]–[환경 설정]을 선택합니다. 환경 설정 화면의 [Creative Cloud] 탭을 선택하고 앱 언어를 English (International)로 변경합니다. 왼쪽 위에 있는 돌아가기(<) 버튼을 눌러 언어 설정을 마칩니다.

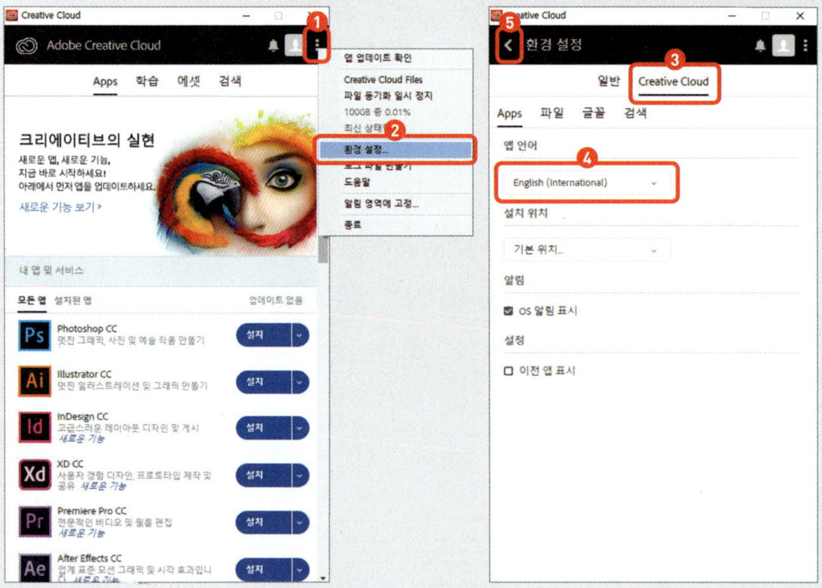

Tip 한글 버전과 영문 버전은 기능이 크게 차이 나지 않습니다. 다만 한글 버전은 메뉴가 어색하게 번역되어 헷갈릴 수 있고 업계에서도 영문 버전을 주로 사용하므로 이 책에서는 영문 버전을 기준으로 설명합니다.

07 앱 화면으로 돌아와 Photoshop CC(Illustrator CC)의 〈설치〉를 클릭합니다. 설치가 완료되면 〈설치〉가 〈열기〉로 바뀝니다. 〈열기〉를 클릭하여 포토샵(일러스트레이터)을 실행합니다.

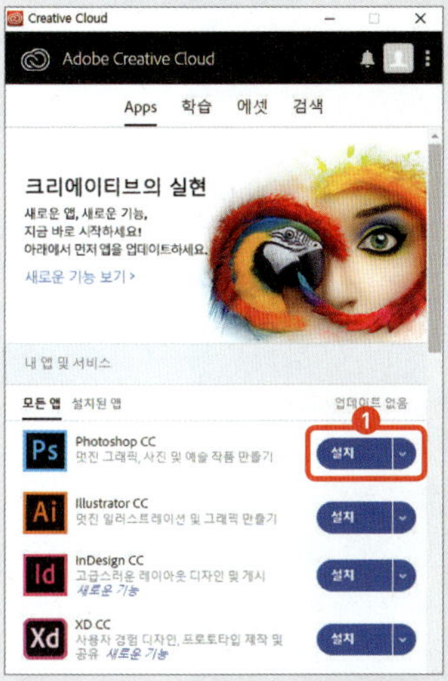

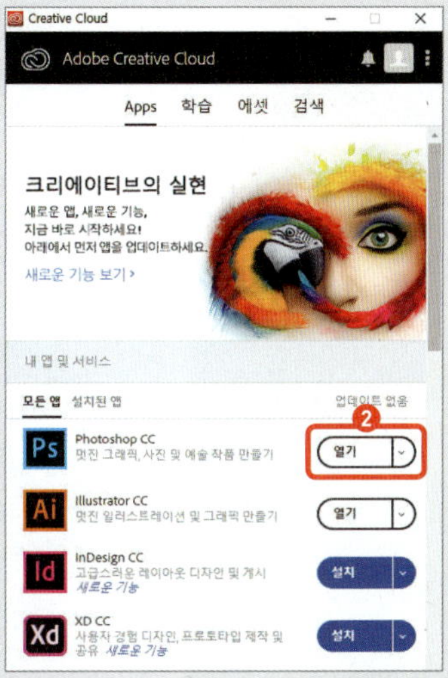

08 다음과 같은 화면이 뜨고 포토샵(일러스트레이터)이 열립니다. 무료 체험판은 정품과 기능이 같지만 7일이 지나면 열리지 않기 때문에 계속 사용하려면 유료로 전환해야 합니다.

■ 포토샵 로딩 화면

■ 일러스트레이터 로딩 화면

Tip 매번 어도비 홈페이지를 방문하는 것이 번거롭다면, 바탕 화면에 생성된 Adobe Creative Cloud 바로 가기 아이콘을 클릭하여 프로그램을 설치하거나 실행할 수 있습니다.

포토샵 예제 미리보기

109p / 모델 다리 늘리기

128p / 티셔츠 복제하고 색상 변경하기

137p / 머리카락 한 올까지 추출하여 합성하기

159p / 티셔츠 얼룩 제거하기

166p / 풀잎에 맺힌 이슬 제거하기

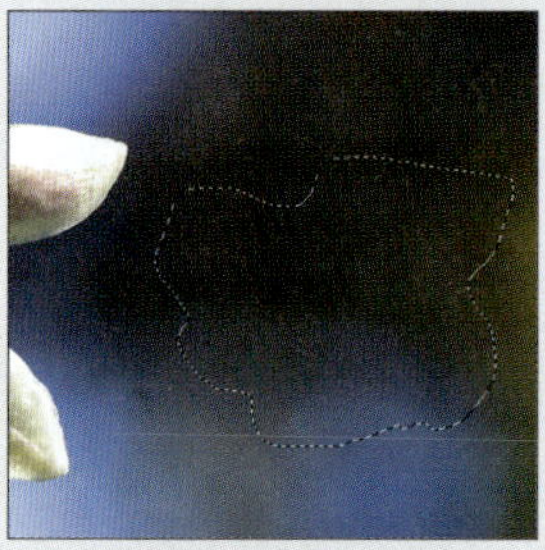

171p / 원하지 않는 부분 감쪽같이 제거하기

178p / 도장으로 찍듯 벤치 복제하기

204p / 눈과 입술에 포인트 주기

212p / 원하는 부분의 색상만 살리기

215p / 배경을 투명하게 지우기

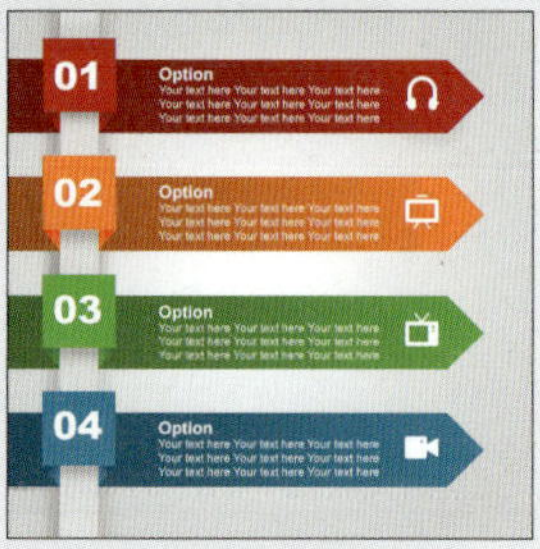

218p / 순차적 내용을 위한 인포그래픽 만들기

232p / 3차원 콜라 캔 만들기

252p / 미니언 복제하여 동생 만들기

258p / 3차원 문자 만들기

265p / 날씨 앱 아이콘 만들기

277p / 도형에 이미지 삽입하기

282p / 문자에 사진 삽입하기

296p / 사진 가장자리를 어둡게 만들기

307p / 스케치 이미지 만들기

330p / 볼록하게 찍힌 사진 보정하기

337p / 갸름한 얼굴 만들기

341p / TV 화면에 원근감을 살려 합성하기

344p / 개구리의 관절 움직임 조절하기

350p / 움직이는 이모티콘 만들기

일러스트레이터 예제 미리보기

388p / 어미 북극곰을 복제하여 새끼 북극곰 만들기

423p / 배트맨 그리기

444p / 꿀벌과 벌통 만들기

455p / 사과 분할하기

484p / 패턴 액자 만들기

491p / 원형 인포그래픽 만들기

539p / 빗방울 패턴 만들기

544p / 막대 아이스 바 만들기

551p / 진짜처럼 보이는 바나나 만들기

430p / 앱 아이콘 만들기

464p / 쿠폰 만들기

473p / 쿠키와 물병 그리기

502p / 오징어 다리 휘기

560p / 쇼핑백에 문자 입력하기

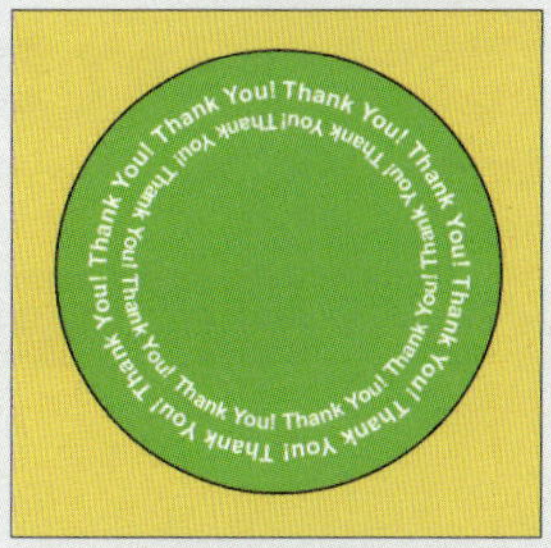

564p / 원형으로 문자 입력하기

566p / 사각형으로 문자 입력하기

568p / 한 글자씩 변형하기

576p / 율동감 있는 문자 만들기

579p / 조각낸 하트에 문자 삽입하기

583p / 3차원 입체 문자에 점무늬 입히기

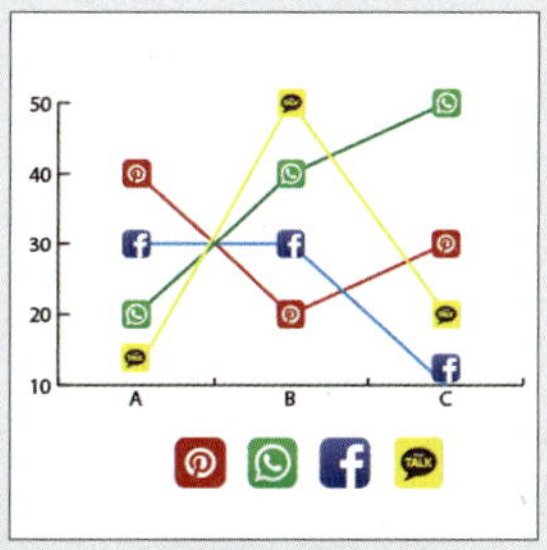

604p / 소셜 꺾은선그래프 만들기

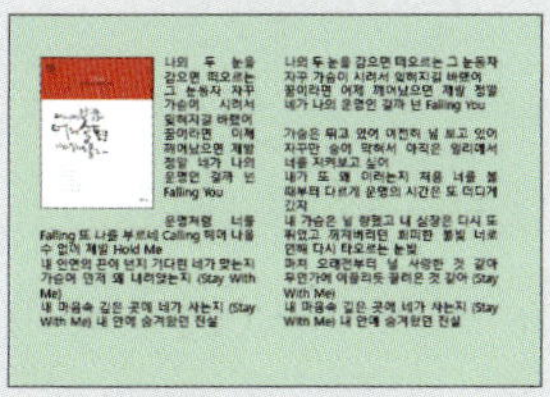

571p / 문단 편집하기

590p / 3차원 건물 그리기

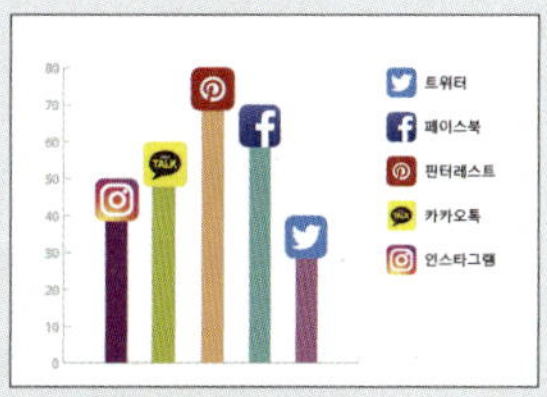

600p / 소셜 막대그래프 만들기

목차

NEW 어도비 CC 2019의 새로운 기능 또는 이전 버전에서 달라진 부분입니다.

PART 01 포토샵 CC

CHAPTER 01 포토샵 CC 기본 사용법

SECTION 01 포토샵 CC 작업 화면 살펴보기 • 030

포토샵 CC 시작 화면 • 030 NEW

포토샵 CC 작업 화면 • 031 NEW

작업 화면의 색상과 크기 변경하기 • 032 NEW

다양한 패널 모드 설정하기 • 033

툴 박스의 명칭과 사용법 • 036 NEW

툴 박스 조합 바꾸기 • 037

SECTION 02 파일 열고 닫고 저장하기 • 038

포토샵 실행하고 파일 열기 • 038 NEW

파일 저장하고 포토샵 종료하기 • 042

SECTION 03 이미지 확대/축소하기 • 043

SECTION 04 이미지 크기 조절하기 • 047

SECTION 05 작업 화면 크기 조절하기 • 050

작업 화면 크기 조절하기 • 050

이미지 2개를 하나로 합치기 • 052

SECTION 06 이미지 회전하기 • 055

180° 회전하기 • 055

원하는 방향으로 회전하기 • 055

여러 레이어 중 원하는 레이어만 회전하기 • 056

SECTION 07 단계별 작업 과정 취소하기 • 058

CHAPTER 02 레이어, 아트보드, 채널

SECTION 01 레이어의 개념과 구조 • 062

레이어의 이해 • 062

Background 레이어 • 063

레이어 패널의 구성 • 064

SECTION 02 아트보드의 이해 • 075

아트보드의 기능 • 075

아트보드 만들기 • 076

SECTION 03 채널의 이해 • 082

채널의 종류 • 082

색상 채널의 이미지 모드 • 082

색상 채널로 사진 보정하기 • 084

응용 예제 흔들린 사진 선명하게 보정하기 • 086

CHAPTER 03 이미지의 이동과 선택

SECTION 01 이미지 이동하기 • 092

이동 툴의 기능 • 092

이동 툴의 옵션 • 093

이동 툴로 오브젝트를 이동, 복제, 정렬하기 • 095

SECTION 02 사각형으로 선택하기 • 099

사각형 선택 툴의 기능 • 099

사각형 선택 툴의 옵션 • 100

사각형 선택 툴로 선택 영역을 더하고 빼기 • 102

Transform 메뉴로 선택 영역 확대/축소하기 • 106 NEW

응용 예제 모델 다리 늘리기 • 109

SECTION 03 원형으로 선택하기 • 111

원형 선택 툴의 기능 • 111

원형 선택 툴로 선택 영역 지정하기 • 112

응용 예제 이벤트 배너 만들기 • 116

SECTION 04 가는 줄 형태로 선택하기 • 121

한 줄 가로/세로 선택 툴의 기능 • 121

한 줄 가로/세로 선택 툴로 선택 영역 지정하기 • 121

SECTION 05 원하는 형태로 선택하기 • 123

올가미 툴의 기능 • 123

올가미 툴로 선택 영역 지정하기 • 123

목차

SECTION 06 원하는 형태로 각지게 선택하기 • 126
다각형 올가미 툴의 기능 • 126
다각형 올가미 툴로 선택 영역 지정하기 • 126
응용 예제 티셔츠 복제하고 색상 변경하기 • 128

SECTION 07 자동으로 선택하기 • 131
자석 올가미 툴의 기능 • 131
자석 올가미 툴의 옵션 • 131
자석 올가미 툴로 선택 영역 지정하기 • 132

SECTION 08 작은 부분까지 섬세하게 선택하기 • 134
퀵 셀렉션 툴의 기능 • 134
퀵 셀렉션 툴의 옵션으로 정교하게 선택하기 • 134
Subject 메뉴로 선택 영역 지정하기 • 136 NEW
응용 예제 머리카락 한 올까지 추출하여 다른 이미지와 합성하기 • 137

SECTION 09 유사한 영역 한꺼번에 선택하기 • 141
마술봉 툴의 기능 • 141
마술봉 툴로 원하는 영역을 한번에 선택하기 • 142
응용 예제 누끼 이미지 만들기 • 143

SECTION 10 원하는 부분만 자르기 • 146
자르기 툴의 기능 • 146
원하는 부분을 회전하고 수평 조절한 다음 자르기 • 147

SECTION 11 원근감을 살려 자르기 • 151
원근 자르기 툴의 기능 • 151
원근 자르기 툴로 돌출 느낌 만들기 • 151

SECTION 12 브러시로 칠한 영역 선택하기 • 153
퀵 마스크 모드의 기능 • 153
퀵 마스크 모드로 선택 영역 지정하기 • 154

CHAPTER 04 이미지의 복원과 복제

SECTION 01 얼룩 지우기 • 158
스팟 힐링 브러시 툴의 기능 • 158

응용 예제 티셔츠의 얼룩 제거하기 • 159

SECTION 02 가장자리까지 자연스럽게 복제하기 • 161
힐링 브러시 툴의 기능 • 161
응용 예제 뽀얗고 깨끗한 피부 만들기 • 162

SECTION 03 유사한 부분을 가져와 복제하기 • 166
패치 툴의 기능 • 166
응용 예제 풀잎에 맺힌 이슬 제거하기 • 166

SECTION 04 주변과 어우러지게 이동/복제하기 • 169
콘텐츠 어웨어 무브 툴의 기능 • 169 NEW
응용 예제 배경과 어우러지게 이동/복제하기 • 169 NEW
응용 예제 배경에서 원하지 않는 부분 제거하기 ① • 171
응용 예제 배경에서 원하지 않는 부분 제거하기 ② • 173
응용 예제 이미지를 자연스럽게 늘리기 • 175 NEW

SECTION 05 플래시에 반사된 눈 보정하기 • 177
레드 아이 툴의 기능 • 177

SECTION 06 도장으로 찍듯 선명하게 복제하기 • 178
도장 툴의 기능 • 178
응용 예제 벤치 복제하기 • 178

SECTION 07 패턴으로 채우기 • 181
패턴 도장 툴의 기능 • 181
응용 예제 배경 이미지로 쓸 패턴 만들기 • 183

CHAPTER 05 드로잉과 페인팅

SECTION 01 손 가는 대로 그리기 • 188
브러시 툴과 연필 툴의 기능 • 188
브러시 툴의 옵션 • 188 NEW
연필 툴의 옵션 • 191
응용 예제 대칭 옵션으로 사진 꾸미기 • 191 NEW
응용 예제 반짝이는 별빛 효과 만들기 • 195

목차

SECTION 02 질감을 살리면서 색상 변경하기 • 203
컬러 리플레이스먼트 툴의 기능 • 203
컬러 리플레이스먼트 툴의 옵션 • 203
응용 예제 눈과 입술에 포인트 주기 • 204

SECTION 03 회화처럼 표현하기 • 206
믹서 브러시 툴의 기능 • 206
믹서 브러시 툴의 옵션 • 206 NEW
응용 예제 사진을 유화 작품으로 바꾸기 • 208

SECTION 04 이미지의 일부만 복원하기 • 211
히스토리 브러시 툴의 기능 • 211
아트 히스토리 브러시 툴의 기능 • 211
응용 예제 원하는 부분의 색상만 살리기 • 212

SECTION 05 드래그한 영역 지우기 • 214
지우개 툴의 기능 • 214
백그라운드 지우개 툴의 기능 • 214
매직 지우개 툴의 기능 • 215

SECTION 06 그러데이션 적용하기 • 216
그레이디언트 툴의 기능 • 216
그레이디언트 툴의 옵션 • 216 NEW
응용 예제 순차적 내용을 위한 인포그래픽 만들기 • 218
응용 예제 스포트라이트 효과로 역동적인 이미지 만들기 • 223

SECTION 07 전경색으로 채우기 • 226
페인트 버킷 툴의 기능 • 226
응용 예제 몬드리안 작품 따라잡기 • 227

SECTION 08 3D 오브젝트에 질감 입히기 • 229
3D 머티리얼 드롭 툴의 기능 • 229
3D 머티리얼 드롭 툴로 공에 재질 입히기 • 229
응용 예제 3D 콜라 캔 만들기 • 232

SECTION 09 선명도, 밝기, 색상, 채도 조절하기 • 236
블러 툴의 기능 • 236
샤픈 툴의 기능 • 236

스머지 툴의 기능 • 237
닷지 툴의 기능 • 237
번 툴의 기능 • 238
스펀지 툴의 기능 • 238

CHAPTER 06 도형과 텍스트

SECTION 01 기본 선 그리기 • 240
펜 툴의 기능 • 240
펜 툴의 옵션 • 241

SECTION 02 자유롭게 선 그리기 • 242
프리폼 펜 툴의 기능 • 242
프리폼 펜 툴의 옵션 • 242

SECTION 03 가이드를 보면서 선 그리기 • 243
곡률 펜 툴의 기능 • 243 NEW

SECTION 04 앵커 포인트 추가/제거하기 • 245
앵커 포인트 추가/제거 툴의 기능 • 245

SECTION 05 직선, 곡선 전환하기 • 246
포인트 전환 툴의 기능 • 246

SECTION 06 패스 선택하기 • 247
패스 선택 툴의 기능 • 247
직접 선택 툴의 기능 • 247
펜 툴 종합 실습 • 248
응용 예제 미니언 동생 만들기 • 252

SECTION 07 텍스트 입력하기 • 255
텍스트 툴의 기능 • 255
텍스트 툴의 옵션 • 256
응용 예제 3D 문자 만들기 • 258

SECTION 08 벡터 도형 만들기 • 263
셰이프 툴의 기능 • 263

셰이프 툴의 옵션 • 263
응용 예제 날씨 앱 아이콘 만들기 • 265
응용 예제 패스를 이용하여 다양한 형태의 텍스트 만들기 • 273

SECTION 09 다양한 도형에 이미지 삽입하기 • 277
프레임 툴의 기능 • 277 NEW
프레임 툴의 사용 • 277 NEW
응용 예제 텍스트를 프레임으로 전환하여 꾸미기 • 282

CHAPTER 07 이미지의 색상 보정

SECTION 01 밝기 조절하기 • 286
이미지의 밝기 조절하기 • 286

SECTION 02 색상 보정하기 • 290
이미지의 색상 보정하기 • 290
응용 예제 로모 효과 만들기 • 296

SECTION 03 흑백 이미지 만들기 • 300
컬러 이미지를 흑백 이미지로 만들기 • 300

SECTION 04 필터 적용하기 • 304
스마트 필터의 기능 • 304
필터 갤러리의 기능 • 306
응용 예제 스케치 이미지 만들기 • 307

SECTION 05 RAW 모드로 찍은 사진 보정하기 • 311
Camera Raw Filter의 기능 • 311

SECTION 06 흐릿하게 만들기 • 316
블러 갤러리 효과 • 316
원하는 부분만 흐릿하게 만들기 • 316
흐릿하게 만들 영역 지정하기 • 317
선형으로 흐릿하게 만들기 • 319
원하는 방향으로 흐릿하게 만들기 • 320
회오리 모양으로 흐릿하게 만들기 • 322
응용 예제 깔끔한 커튼 스타일 배경 만들기 • 324

CHAPTER 08 이미지의 변형과 움직임

SECTION 01 볼록한 사진 보정하기 • 330
Adaptive Wide Angle 필터의 기능 • 330

SECTION 02 원근 때문에 생긴 왜곡 보정하기 • 334
Lens Collection 필터의 기능 • 334

SECTION 03 갸름한 얼굴 만들기 • 337
Liquify 필터의 기능 • 337 NEW

SECTION 04 원근감을 살려 합성하기 • 341
Vanishing Point 필터의 기능 • 341

SECTION 05 움직임 조절하기 • 344
퍼펫 비틀기 • 344

SECTION 06 입체적으로 원근감 살리기 • 347
워프 적용하기 • 347 NEW

SECTION 07 움직이는 이모티콘 만들기 • 350
벡터 GIF 파일 만들기 • 350

PART 02 일러스트레이터 CC

CHAPTER 09 일러스트레이터 CC 기본 사용법

SECTION 01 일러스트레이터 CC 작업 화면 살펴보기 • 364
일러스트레이터 CC 시작 화면 • 364 NEW
일러스트레이터 CC 작업 화면 • 365 NEW
작업 화면의 색상과 크기 변경하기 • 366 NEW
툴 박스의 명칭과 사용법 • 368 NEW

SECTION 02 일러스트레이터 CC 패널 살펴보기 • 369
다양한 패널 모드 설정하기 • 369

SECTION 03 파일 열고 닫고 프로그램 종료하기 • 373
파일 열고 닫기 • 373

SECTION 04 새 문서와 아트보드 만들기 • 375
새 문서 만들기 • 375
아트보드 만들기 • 376

SECTION 05 다양한 형식으로 파일 저장하고 내보내기 • 378
기본 저장하기 • 378
다른 이름으로 저장하기 • 379
iOS나 안드로이드에 필요한 비율로 저장하기 • 381

CHAPTER 10 오브젝트의 선택과 배치

SECTION 01 기본 선택하기 • 384
선택 툴의 기능 익히기 • 384
응용 예제 어미 북극곰을 복제하여 새끼 북극곰 만들기 • 388

SECTION 02 부분/그룹으로 선택하기 • 391
직접 선택 툴의 기능 익히기 • 391
그룹 선택 툴의 기능 익히기 • 393

SECTION 03 작업 화면 확대·축소하기/이동하기 • 396
돋보기 툴과 손바닥 툴의 기능 익히기 • 396

SECTION 04 오브젝트 정렬 및 배열하기 • 399
오브젝트 정렬하기 • 399
오브젝트가 겹친 순서 조절하기 • 401

CHAPTER 11 직선 및 곡선 그리기

SECTION 01 직선 그리기 • 404
펜 툴의 기능 • 404
펜 툴의 옵션 • 404
닫힌 도형 만들기 • 405
열린 선 그리기 • 407

SECTION 02 곡선 그리기 • 409
곡선을 그리기 위한 펜 툴의 기능 • 409
자연스럽게 연결되는 곡선 그리기 • 410
반원 형태의 곡선을 연속하여 그리기 • 411
핸들을 제거하여 곡선을 여러 각도로 그리기 • 413

SECTION 03 앵커 포인트 추가/삭제하기 • 418
앵커 포인트 추가/삭제하기 • 418

SECTION 04 직선을 곡선으로, 곡선을 직선으로 바꾸기 • 420
앵커 포인트 전환 툴의 기능 익히기 • 420

SECTION 05 곡률을 보며 곡선 그리기 • 421
곡률 전환 툴로 곡선 그리기 • 421 NEW
응용 예제 배트맨 그리기 • 423

CHAPTER 12 도형 및 오브젝트 다루기

SECTION 01 사각형/원형 그리기 • 426
기본 사각형과 원형 그리기 • 426
라이브 코너 이용하기 • 428 NEW
응용 예제 앱 아이콘 만들기 • 430

SECTION 02 다각형/별 모양 그리기 • 435
다각형 그리기 • 435
별 그리기 • 436

SECTION 03 패스파인더 패널로 합치고 분할하기 • 438
패스파인더 패널의 기능 • 438
패스파인더 패널로 오브젝트 합치고 분할하기 • 438
응용 예제 꿀벌과 벌통 만들기 • 444

SECTION 04 셰이프 빌더 툴로 합치고 분할하기 • 451
셰이프 빌더 툴의 기능 익히기 • 451

SECTION 05 오브젝트를 분할하지 않고 채색하기 • 453
라이브 페인트 버킷 툴의 기능 익히기 • 453

목차

SECTION 06 다양한 분할 기법 익히기 • 455
지우개 툴로 오브젝트 분할하기 • 455
나이프 툴로 오브젝트 분할하기 • 457
가위 툴로 오브젝트 분할하기 • 459

CHAPTER 13 선의 편집과 변형

SECTION 01 선 스타일 설정하기 • 462
선 스타일 설정하기 • 462
응용 예제 쿠폰 만들기 • 464

SECTION 02 자유롭게 드로잉하기 • 468
연필 툴의 기능 익히기 • 468
페인트 브러시 툴, 물방울 브러시 툴의 기능 익히기 • 470
응용 예제 쿠키와 물병 그리기 • 473

SECTION 03 브러시 패널 활용하기 • 478
브러시 패널의 기능 • 478
캘리그래픽 브러시, 아트 브러시 활용하기 • 479
브리슬 브러시, 스캐터 브러시, 패턴 브러시 활용하기 • 481
응용 예제 패턴 프레임 만들기 • 484

SECTION 04 오브젝트 회전하기 • 489
회전 툴의 기능 익히기 • 489
응용 예제 원형 인포그래픽 만들기 • 491

SECTION 05 오브젝트 반전시키기 • 494
반전 툴의 기능 익히기 • 494

SECTION 06 오브젝트 크기 조절하기 • 496
스케일 툴의 기능 익히기 • 496

SECTION 07 오브젝트 기울이기/휘기/왜곡하기 • 499
셰어 툴의 기능 익히기 • 499
리셰이프 툴의 기능 익히기 • 501
퍼펫 워프 툴의 기능 익히기 • 502 NEW
프리 트랜스폼 툴의 기능 익히기 • 504

CHAPTER 14 오브젝트의 채색

SECTION 01 단색과 배색으로 채색하기 • 508
색상 견본 패널과 색상 피커 창 • 508
색상 패널과 색상 모드 • 510
색상 가이드 패널의 배색 적용하기 • 511 NEW
어도비 색상 테마 패널의 배색 적용하기 • 513

SECTION 02 그레이디언트 적용하기 • 517
선형 그레이디언트 적용하기 • 517 NEW
원형 그레이디언트 적용하기 • 522 NEW
프리폼 그레이디언트 적용하기 • 525 NEW
응용 예제 입체 로고 만들기 • 529

SECTION 03 오브젝트의 형태와 색상 연결하기 • 534
블렌드 툴의 기능 익히기 • 534

SECTION 04 패턴 적용하기 • 539
패턴 생성하고 변경하기 • 539

SECTION 05 사진을 문양처럼 활용하기 • 543
마스크의 원리 • 543
응용 예제 막대 아이스 바 만들기 • 544

SECTION 06 실사처럼 보이도록 채색하기 • 549
메시 툴의 기능 익히기 • 549
응용 예제 진짜처럼 보이는 바나나 이미지 만들기 • 551

CHAPTER 15 타이포그래피

SECTION 01 문자 입력하기 • 558
텍스트 툴의 종류 • 558 NEW
캐릭터 패널 • 558 NEW
폰트 목록 옵션 • 559 NEW
가로 방향으로 문자 입력하기 • 560 NEW
세로 방향으로 문자 입력하기 • 562

목차

열린 패스를 따라 문자 입력하기 • 563
닫힌 패스를 따라 문자 입력하기 • 564
닫힌 오브젝트 내부에 문자 입력하기 • 566
문자를 한 자 한 자 변형하기 • 568 NEW

SECTION 02 문단 편집하기 • 571
문단 만들고 이미지 삽입하기 • 571
분리된 문단 연결하기 • 574

SECTION 03 문자 변형하기 • 576
율동감 있는 문자 만들기 • 576 NEW
비정형 오브젝트 안에 문자 입력하기 • 579

CHAPTER 16 입체 표현과 그래프

SECTION 01 3D 입체 오브젝트 만들기 • 582
3D Extrude & Bevel 옵션 창 • 582
3D 입체 문자 만들고 점무늬 입히기 • 583

SECTION 02 원근 투시로 건물 그리기 • 588
원근 그리드 툴의 옵션 • 588
원근 그리드 툴로 건물 그리기 • 590

SECTION 03 막대그래프 만들기 • 595
그래프 타입 창 • 595
소셜 아이콘으로 막대그래프 디자인하기 • 596
슬라이딩 옵션으로 막대그래프 디자인하기 • 600

SECTION 04 꺾은선그래프 만들기 • 604
꺾은선그래프를 만들고 마커 활용하기 • 604

포토샵 & 일러스트레이터 단축키 • 607

포토샵 & 일러스트레이터 찾아보기 • 611

PART 01

포토샵 CC

포토샵을 잘 하려면 각 툴과 메뉴의 기능을 정확히 이해하고 많은 예제를 따라해 봐야 합니다. 처음 배울 때에는 생소하더라도 쉬운 이미지부터 하나하나 만들다 보면 어느새 포토샵의 매력에 푹 빠지게 됩니다. 포토샵의 기본 기능부터 활용법까지 차근차근 배워봅니다.

CHAPTER

01

포토샵 CC 기본 사용법

01 / **포토샵 CC 작업 화면 살펴보기** ▶ Interface 메뉴, 패널, 툴 박스

02 / **파일 열고 닫고 저장하기** ▶ Open 메뉴, Save 메뉴

03 / **이미지 확대/축소하기** ▶ 돋보기 툴

04 / **이미지 크기 조절하기** ▶ Image Size 메뉴

05 / **작업 화면 크기 조절하기** ▶ Canvas Size 메뉴

06 / **이미지 회전하기** ▶ Image Rotation 메뉴, Transform 메뉴

07 / **단계별 작업 과정 취소하기** ▶ 히스토리 패널

SECTION 01

포토샵 CC 작업 화면 살펴보기

• **핵심 기능 I** Interface 메뉴, 패널, 툴 박스

포토샵 CC 시작 화면

포토샵 CC를 실행하면 다음과 같은 화면이 나타납니다.

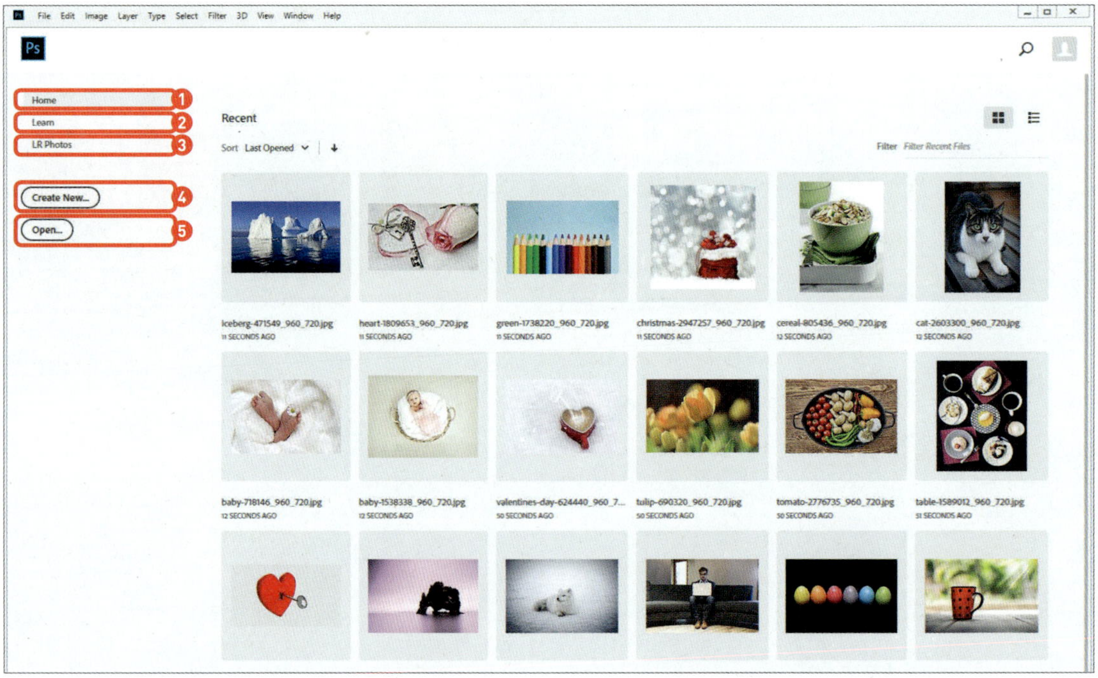

❶ Home 처음 포토샵을 실행했을 때 나타나는 화면으로 최근 사용한 파일의 미리보기 섬네일이 나타납니다. 각 섬네일을 클릭하면 선택된 파일이 열립니다.

❷ Learn 포토샵 사용 방법과 여러 가지 유용한 기술을 소개하는 자습서 목록입니다. 영문으로만 제공되고 인터넷이 연결되어 있어야 사용할 수 있습니다.

❸ LR Photos 라이트 룸 소프트웨어 사용자인 경우 사용했던 라이브러리가 나타납니다.

❹ Create New 새로운 빈 작업 화면을 만듭니다.

❺ Open 컴퓨터 또는 저장장치에 저장되어 있는 파일을 불러옵니다.

Tip 포토샵에서 작업하는 도중 홈 화면으로 돌아가 미리보기 섬네일에서 이미지를 열고 싶다면 화면 왼쪽 상단에 있는 홈 버튼을 클릭하면 됩니다. 홈 화면에서 다시 작업 화면으로 돌아가려면 포토샵 아이콘을 클릭합니다.

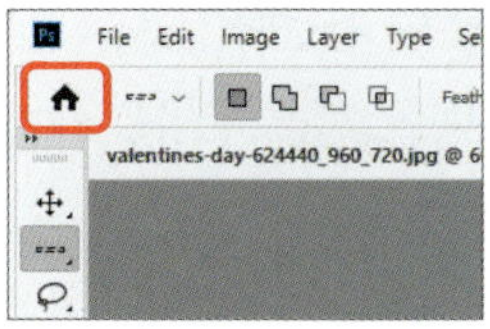

■ 홈 화면으로 이동

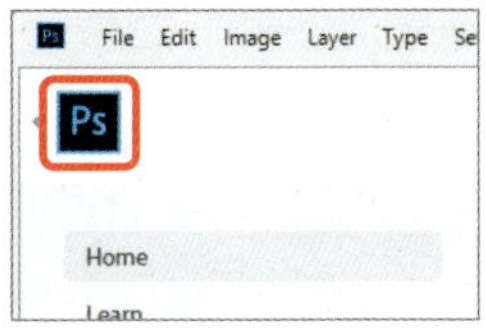

■ 작업 화면으로 이동

포토샵 CC 작업 화면

포토샵 CC를 실행하고 이미지를 열거나 새 파일을 만들면 다음과 같은 화면이 나타납니다.

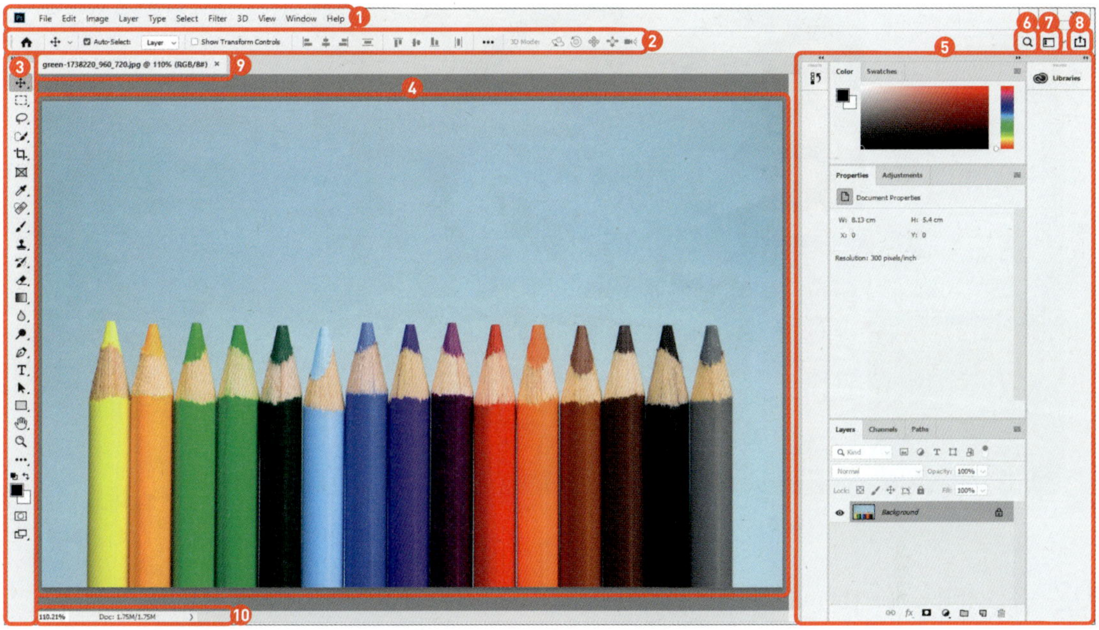

❶ **메뉴 바** 명령을 실행할 수 있는 메뉴를 모아 둔 공간입니다. 각 메뉴를 클릭하면 세부 항목을 볼 수 있습니다.

❷ **옵션 바** 툴 박스에서 선택한 툴의 추가 옵션을 지정할 수 있습니다.

❸ **툴 박스** 작업하는 데 필요한 여러 툴을 상자 형태로 모아 둔 공간입니다.

❹ **이미지 작업 창** 실제로 작업하는 이미지를 보여 주는 창입니다.

❺ **패널 모음** 레이어, 채널, 패스 등 자주 사용하는 기능의 옵션 패널을 모아 둔 공간입니다.

❻ **찾기** 포토샵 툴이나 메뉴 사용법 등을 검색할 수 있습니다.

❼ **작업 화면 설정** 작업 종류에 따라 패널을 새롭게 정렬할 수 있고 시작 화면을 열 수도 있습니다.

❽ **이미지 공유** 포토샵에서 작업한 이미지를 온라인상에서 공유할 수 있습니다.

❾ **제목 표시줄** 작업 중인 이미지의 파일명, 화면 확대 비율, 색상 모드 등의 정보를 보여 줍니다.

❿ **상태 표시줄** 작업 중인 이미지의 정보를 확인할 수 있고, 화면 확대 비율도 조절할 수 있습니다.

작업 화면의 색상과 크기 변경하기

01 메뉴 바에서 [Edit]–[Preferences]–[Interface]를 선택하거나 Preferences 창을 호출하는 단축키 Ctrl + K를 누릅니다.

02 옵션 창의 Color Theme 항목에서 4단계 색상 중 하나를 선택하면 화면이 선택한 색상으로 바뀝니다. 또한 UI Font Size 항목에서 폰트 크기를, UI Scaling 항목에서 화면 비율을 조절할 수 있습니다. 단, 포토샵을 재실행해야 인터페이스가 변경되며 크기의 변화는 아주 미미합니다.

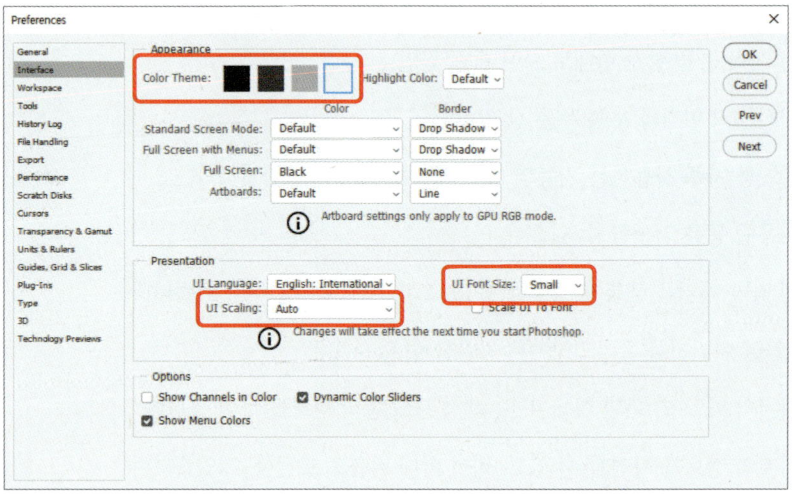

■ Color Theme : Black Interface

■ Color Theme : Dark Gray Interface

■ Color Theme : Medium Gray Interface

■ Color Theme : Light Gray Interface

■ UI Font Size : Font Small, UI Scaling : Auto

■ UI Font Size : Font Large, UI Scaling : 200%

다양한 패널 모드 설정하기

포토샵 작업을 할 때 자주 사용하는 색상, 레이어, 각 툴의 옵션 창 등은 화면 오른쪽에 패널 형태로 위치합니다.

01 패널 확인하기 포토샵의 모든 패널은 메뉴 바에서 [Window]를 선택하여 확인할 수 있습니다. 메뉴에서 원하는 패널 이름을 클릭하면 화면에 해당 패널이 나타납니다.

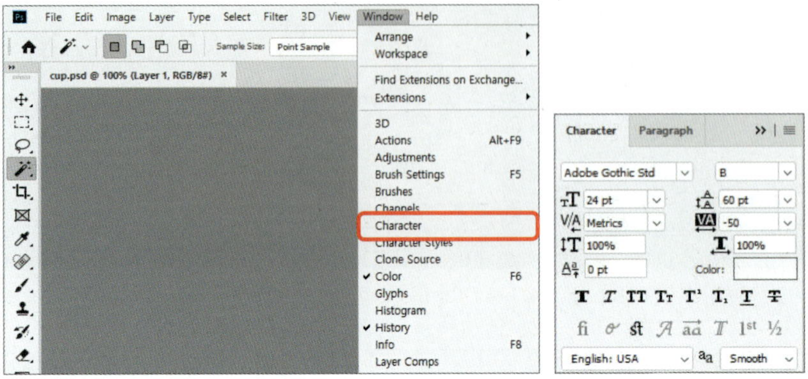

02 패널 모드 선택하기 포토샵 화면의 상단 오른쪽에 있는 작업 화면 설정 버튼을 누르면 작업 특성에 따라 자주 쓰는 패널 목록이 나타납니다. 이 목록은 [Window]–[Workspace] 메뉴에서도 볼 수 있습니다.

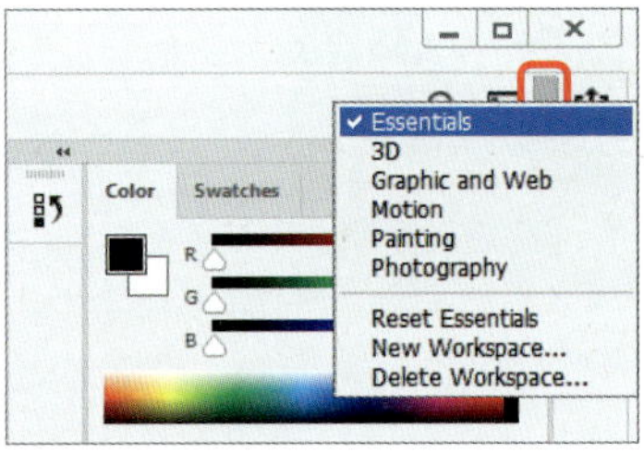

■ 자주 쓰는 작업별 패널 목록

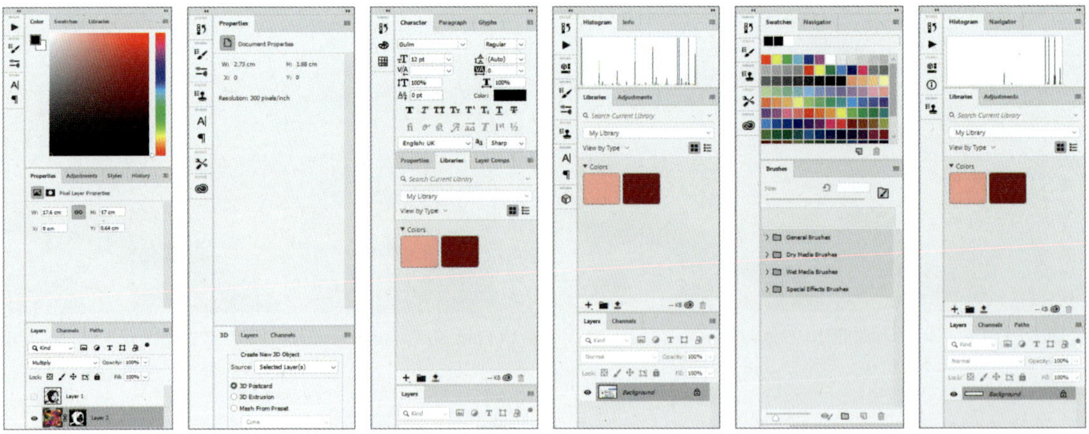

■ Essentials ■ 3D ■ Graphic & Web ■ Motion ■ Painting ■ Photography

Tip 3D 패널과 Motion 패널을 선택하면 화면 아래에 타임라인 패널이 나타납니다.

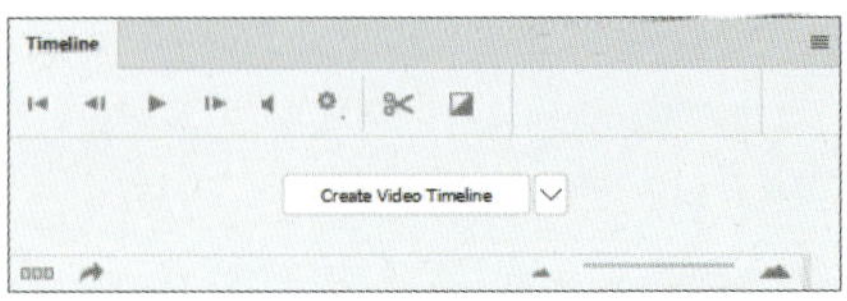

03 패널 축소·확장하기 각 패널 위쪽에 보이는 작은 삼각형을 클릭하면 패널을 축소하거나 확장할 수 있습니다.

■ 패널을 모두 축소한 화면(milk.jpg)

■ 패널을 모두 확장한 화면

■ 패널을 축소한 상태에서 클릭한 화면

04 패널 분리하기/합치기 패널명을 클릭한 채로 패널 모음 바깥으로 드래그하면 별도의 패널로 빼낼 수 있습니다. 또 사용자가 자주 사용하는 패널에 삽입하여 원하는 조합으로 구성할 수도 있습니다.

■ 패널을 바깥으로 드래그하여 분리

■ 원하는 조합으로 패널 구성

05 나만의 작업 화면 저장하기 작업 환경에 맞게 패널을 구성했다면 [Window]-[Workspace]-[New Workspace]를 선택합니다. Name에 원하는 이름을 입력하고 〈Save〉를 눌러 작업 화면을 저장합니다. [Window]-[Workspace]-[Reset Essentials]를 선택하면 포토샵을 처음 실행했을 때 보이는 작업 화면으로 되돌릴 수 있습니다.

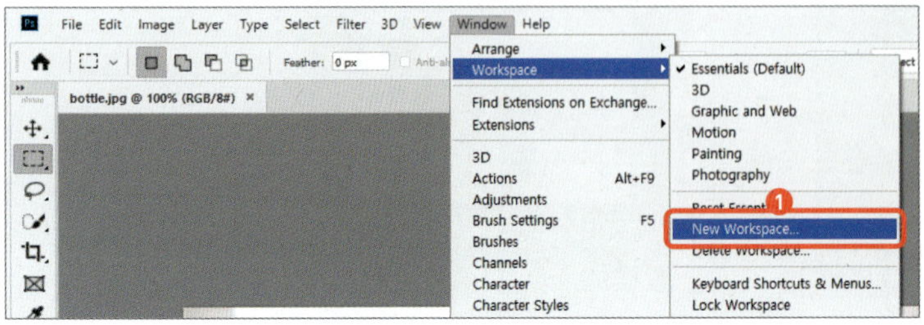

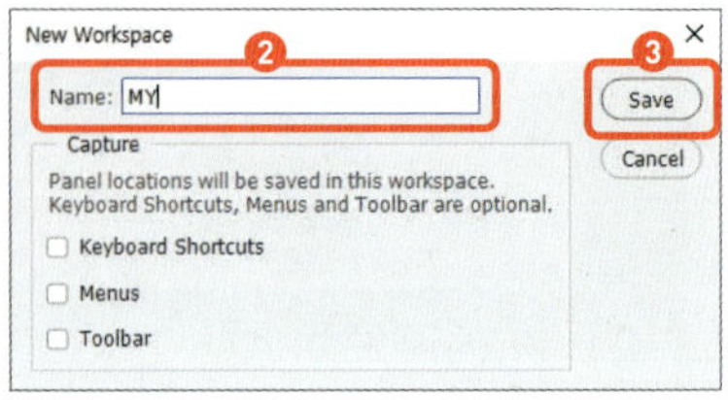

툴 박스의 명칭과 사용법

툴 박스는 포토샵 작업을 하는 데 필요한 툴을 상자 형태로 모아 둔 공간입니다.

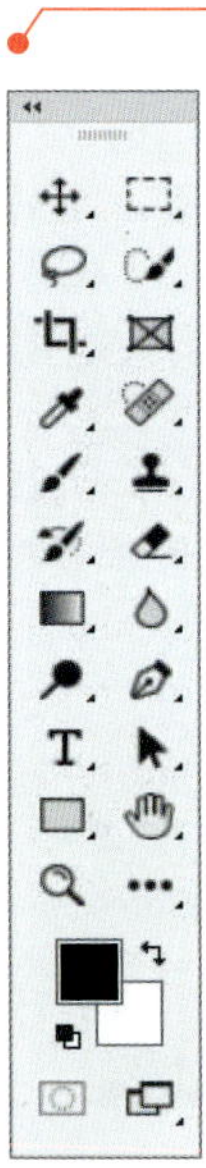

클릭하면 툴 박스에 보이는 툴이 세로 두 줄로 정렬되고 다시 클릭하면 세로 한 줄로 정렬됩니다.

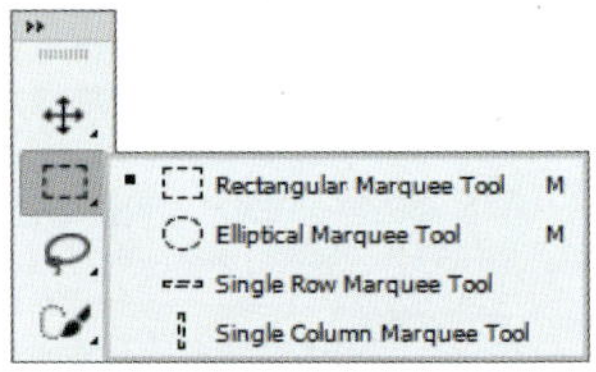

툴 아이콘 오른쪽 아래에 보이는 작은 삼각형은 비슷한 역할을 하는 숨은 툴이 있다는 표시입니다. 1초 정도 클릭하거나 마우스 오른쪽 버튼을 누르면 숨은 툴이 나타납니다.

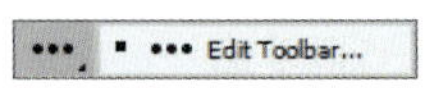

툴 박스 설정 아이콘을 1초 정도 클릭하면 [Edit Toolbar]가 보이고, 이 메뉴를 선택하면 툴 박스 조합을 변경할 수 있는 설정 창이 나타납니다.

툴 박스 조합 바꾸기

01 툴 박스 설정 아이콘(•••)을 1초 정도 클릭하고 [Edit Toolbar]를 선택하면 툴 박스 조합을 바꿀 수 있는 창이 열립니다. 사용하지 않는 툴을 오른쪽 Extra Tools 영역으로 옮길 수 있고 반대로 Extra Tools 영역에 있는 툴을 Toolbar 영역으로 옮겨 조합을 바꿀 수도 있습니다. Extra Tools 영역으로 옮겨진 툴은 〈Done〉을 누르면 툴 박스에서 사라집니다.

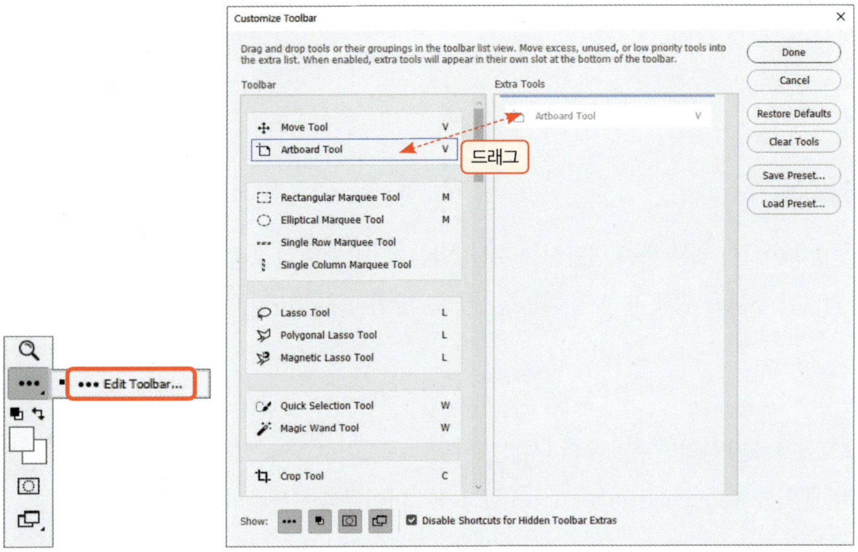

02 각 툴을 선택하면 해당 툴만 이동하지만 툴 조합 그룹의 가장자리를 선택하여 움직이면 그룹 전체가 한 번에 다른 위치로 이동합니다.

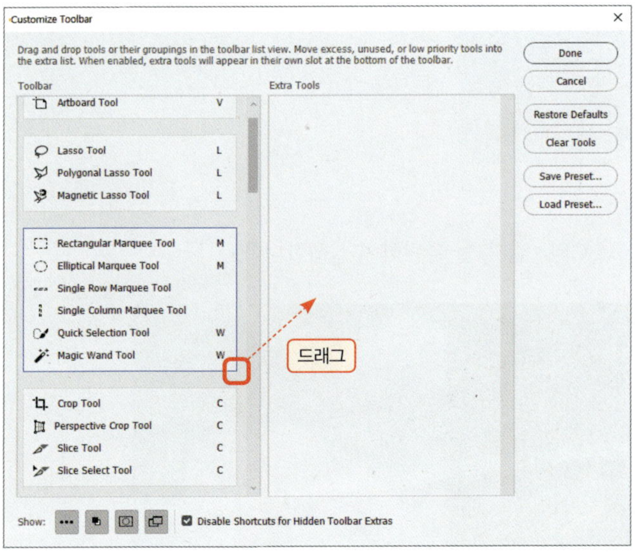

SECTION

02

파일 열고 닫고 저장하기

• **핵심 기능 l** Open 메뉴(단축키 Ctrl+O), Save 메뉴(단축키 Ctrl+S)

포토샵 실행하고 파일 열기

포토샵을 실행하면 도깨비 방망이처럼 뭐든 뚝딱 만들어 질 것 같았는데, 막상 프로그램을 실행해도 별다른 변화가 없습니다. 시작부터 막막한 분들을 위해 새 작업 화면을 만드는 방법과 저장된 이미지를 불러오는 방법을 알아봅니다.

01 포토샵 실행하기 포토샵을 실행하려면 윈도우의 [시작] 버튼을 누르고 [Adobe Creative Cloud]를 찾아 선택합니다. 또는 바탕 화면에 있는 Adobe Creative Cloud 바로가기 아이콘을 더블클릭합니다.

또는

02 Creative Cloud 창이 나타나면 Photoshop CC의 〈열기〉를 클릭하여 실행합니다.

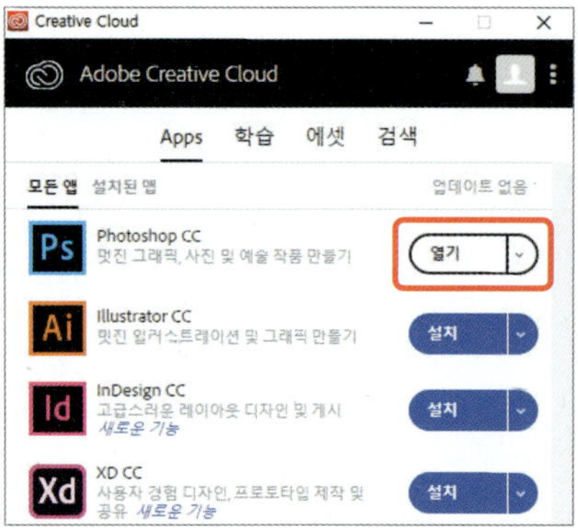

03 새 작업 화면 만들기 포토샵 시작 화면에서 〈Create New〉를 누르거나 메뉴 바에서 [File]−[New]를 선택하여 새 작업 화면을 만듭니다.

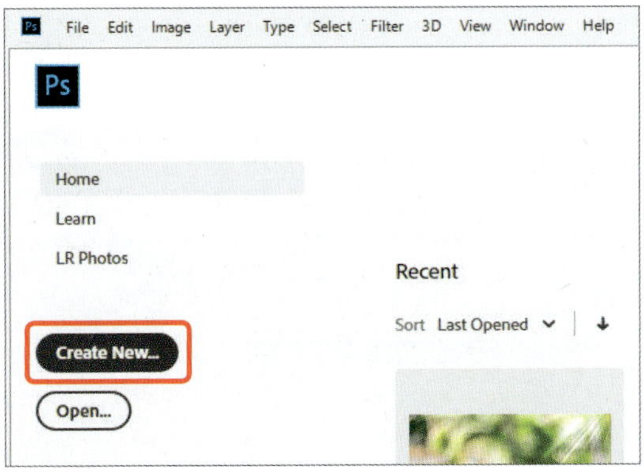

또는

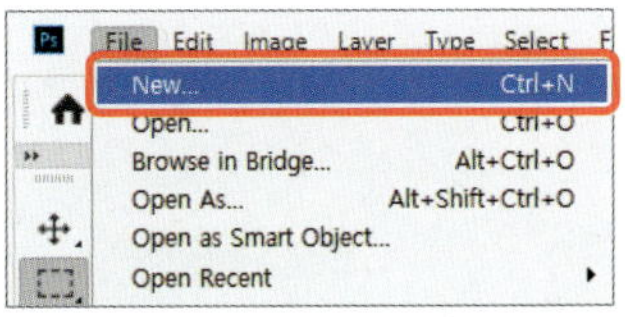

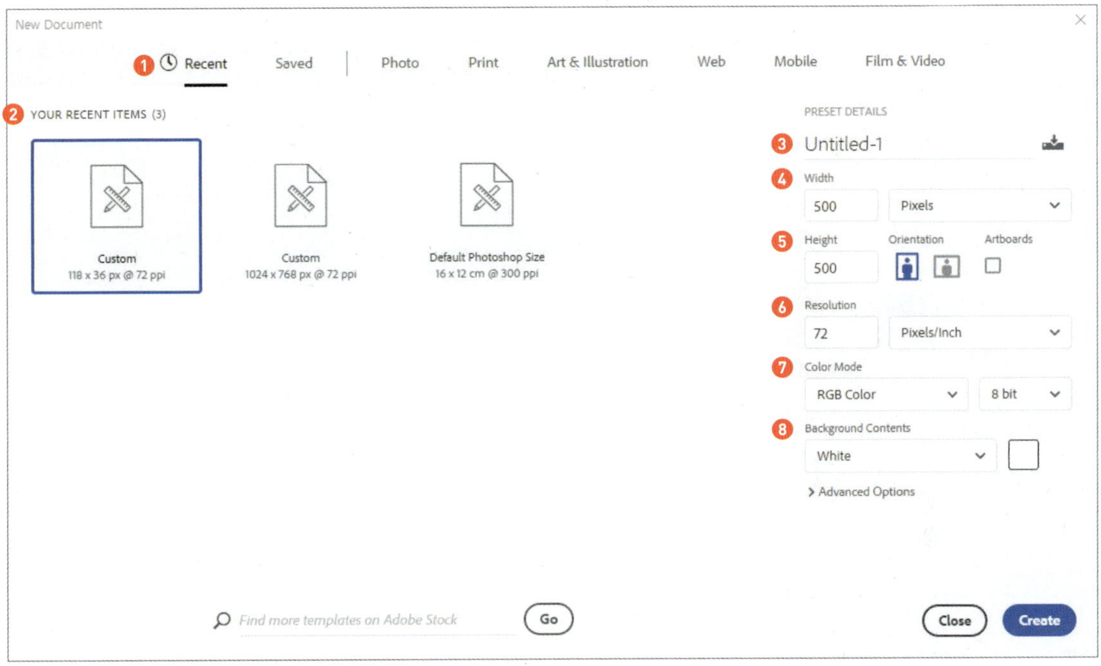

❶ Recent 미리 설정해 둔 이미지 크기를 볼 수 있습니다. 용도별로 다양한 크기를 선택할 수 있고 새로운 템플릿 파일을 내려 받을 수도 있습니다.

❷ YOUR RECENT ITEMS 최근에 사용한 이미지 크기가 나타납니다.

❸ Name 새 작업 화면의 이름을 입력합니다.

❹ Width 작업 화면 너비를 설정하고 단위를 선택합니다.

❺ Height 작업 화면 높이를 설정합니다. 단위는 Width와 동일하게 설정됩니다.

❻ Resolution 이미지 해상도를 설정합니다.

❼ Color Mode RGB, CMYK 등 이미지 용도에 맞는 색상 모드를 선택합니다.

❽ Background Contents 새 작업 화면의 배경 색상을 선택합니다.

04 이미지 불러오기 컴퓨터에 저장된 이미지를 불러오려면 포토샵 시작 화면에서 〈Open〉을 누르거나 메뉴 바에서 [File]–[Open]을 선택합니다. 단축키 Ctrl + O 를 눌러도 됩니다.

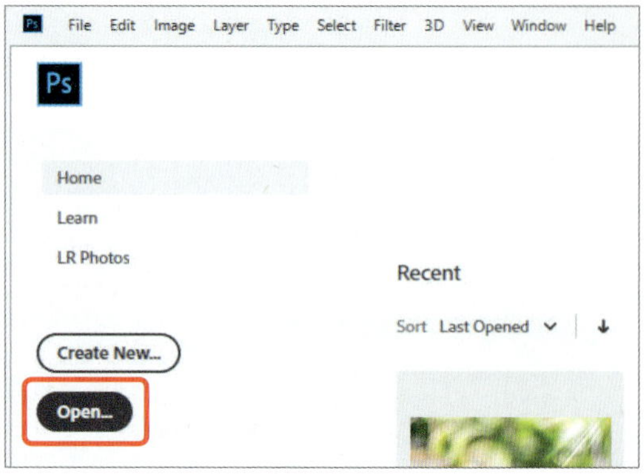

또는

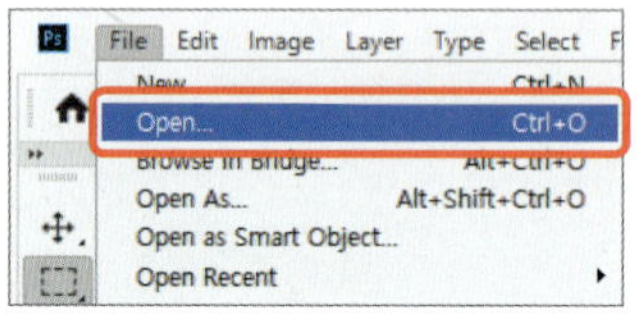

05 Chapter_01 ▸ Section_02 폴더에서 milk.jpg, tulip.jpg 파일을 드래그하여 선택한 후 〈열기〉를 클릭합니다.

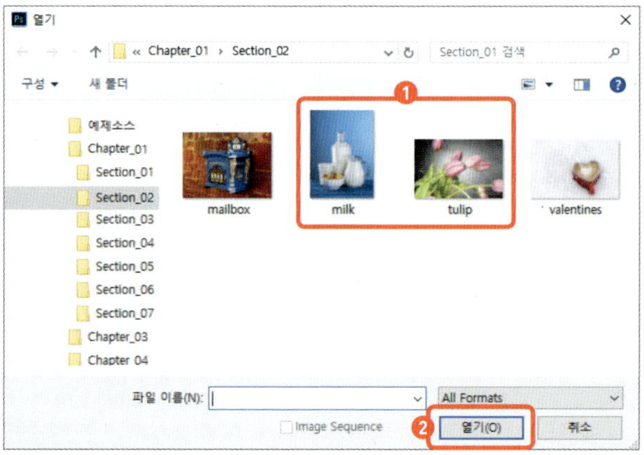

06 이미지 정보 확인하기 열린 이미지의 제목 표시줄에 파일명, 화면 확대 비율, 색상 모드가 표시됩니다. 왼쪽 그림은 66.7%로 축소하여 열린 화면입니다. 실제 크기(100%)로 확대하면 오른쪽 그림처럼 커집니다.

07 이미지 분리하기 제목 표시줄을 아래쪽으로 드래그하면 새 창으로 분리됩니다. 제목 표시줄을 마우스 오른쪽 버튼으로 클릭한 다음 [Move to New Window]를 선택해도 새 창으로 분리됩니다.

또는

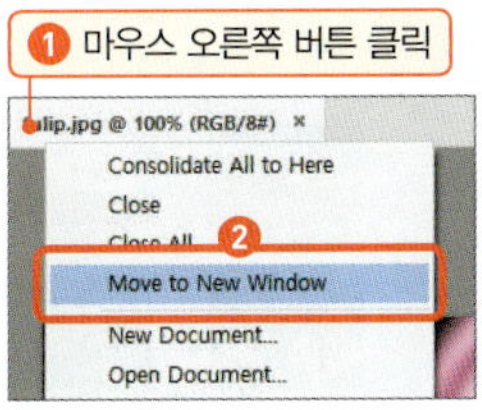

08 이미지 탭으로 넣기 분리된 이미지를 다시 제목 표시줄이 있던 곳으로 드래그하면 탭 형태로 전환됩니다. 제목 표시줄에서 마우스 오른쪽 버튼으로 클릭하고 [Consolidate All to Here]를 선택하면 창으로 분리되었던 이미지가 모두 탭 위치로 옮겨지면서 정렬됩니다.

또는

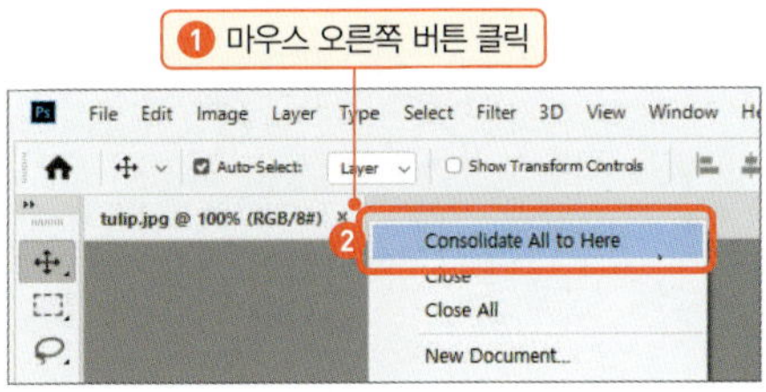

09 다양하게 이미지 정렬하기 메뉴 바에서 [Window]–[Arrange]를 선택하면 여러 이미지를 다양한 방식으로 정렬할 수 있습니다.

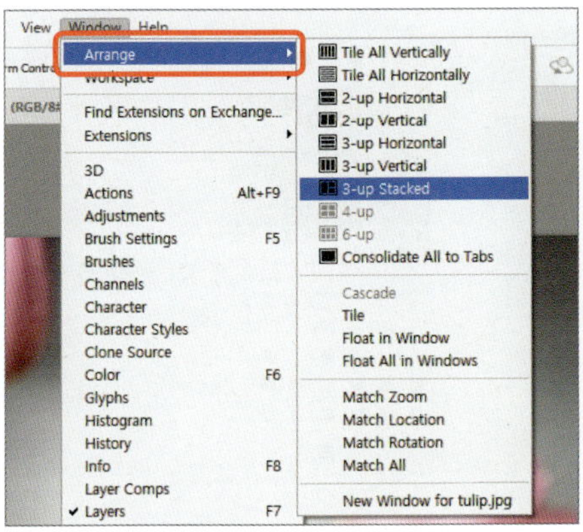

파일 저장하고 포토샵 종료하기

01 파일 저장하기 새로 만든 이미지를 저장하려면 메뉴 바에서 [File]-[Save]를 선택합니다(기존 이미지를 다른 이름으로 저장하려면 [File]-[Save As]를 선택합니다). 대화상자가 나타나면 파일을 저장할 위치를 지정하고 파일 이름을 입력한 다음 〈저장〉을 클릭합니다.

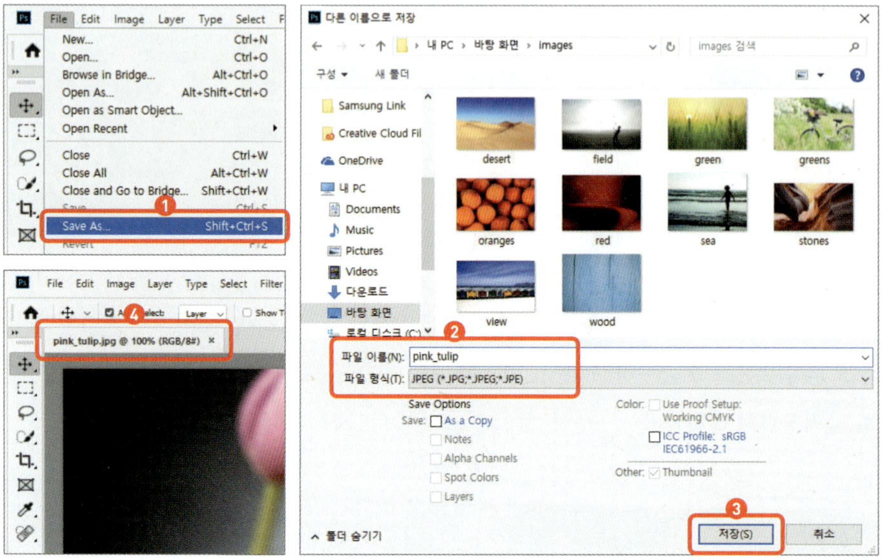

02 이미지 닫기 이미지를 닫으려면 제목 표시줄 끝에 보이는 [×]를 클릭하거나 단축키 [Ctrl]+[W]를 누릅니다.

03 포토샵 종료하기 포토샵을 종료하려면 메뉴 바에서 [File]-[Exit]를 선택합니다. 작업 화면 오른쪽 위에 보이는 [×]를 클릭하거나 단축키 [Ctrl]+[Q]를 눌러도 종료됩니다.

SECTION 03

이미지 확대/축소하기

• **핵심 기능 |** 돋보기 툴[Q](단축키 [Z])

돋보기 툴([Q])을 사용하면 이미지를 확대하거나 축소해서 볼 수 있습니다. 이미지를 확대하면 세밀한 작업을 할 때 편리합니다.

01 이미지 확대하기 Chapter_01 ▸ Section_03 ▸ lego.jpg, snail.jpg, strawberry.jpg 파일을 불러옵니다. 먼저 제목 표시줄에서 lego.jpg 파일을 선택합니다. 툴 박스에서 돋보기 툴([Q])을 선택하면 마우스 포인터가 돋보기 모양으로 바뀝니다. 그 상태에서 마우스 포인터를 작업 창으로 가져가면 확대 모드가 되어 돋보기 내부가 +로 변합니다. 이때 화면을 클릭하면 클릭한 지점을 중심으로 화면이 확대됩니다.

■ 원본 이미지

■ 클릭하여 확대된 이미지

02 좌우로 드래그하여 확대/축소하기 옵션 바에 있는 Scrubby Zoom이 체크된 상태에서 돋보기 툴([Q])을 오른쪽으로 드래그하면 이미지가 확대되고 왼쪽으로 드래그하면 축소됩니다.

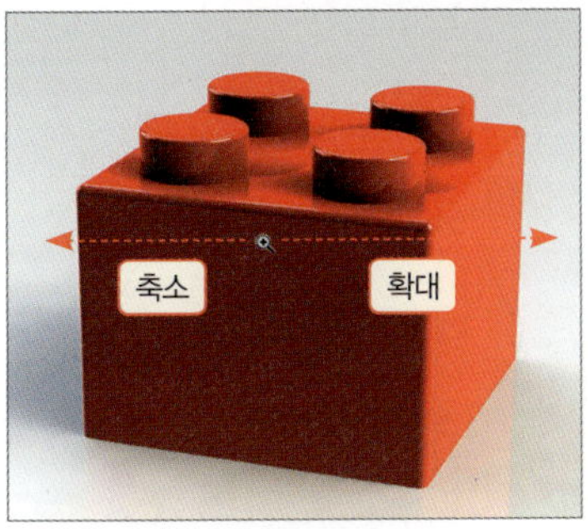

■ Scrubby Zoom의 방향

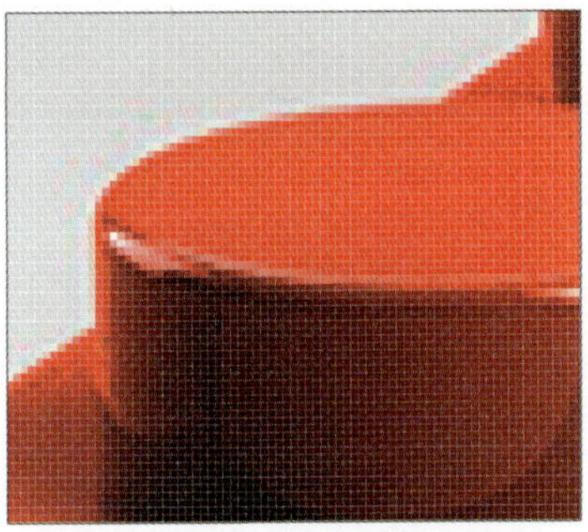

■ 오른쪽으로 드래그하여 확대한 이미지

03 영역을 지정하여 확대하기 Scrubby Zoom의 체크가 해제된 상태에서 원하는 부분을 돋보기 툴로 드래그하면 그 영역만큼 확대되어 작업 화면에 표시됩니다.

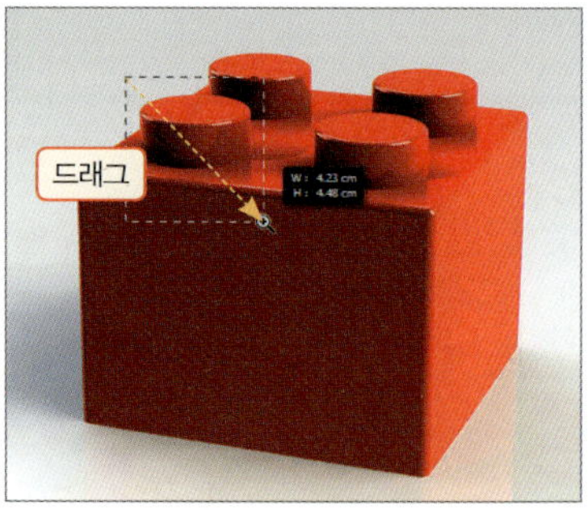

■ 확대할 영역을 지정

■ 지정한 영역이 확대된 이미지

04 확대된 상태에서 화면 이동하기 확대된 이미지에서 보이지 않는 부분을 확인하고 싶다면 [Space Bar]를 누릅니다. 마우스 포인터가 손바닥 모양으로 바뀌면 화면을 상하좌우로 드래그합니다. 화면 크기가 유지된 상태로 이미지가 움직여 원하는 부분을 확인할 수 있습니다.

■ [Space Bar]를 누른 채로 드래그하여 화면 이동

Tip 작업 화면 가장자리에 있는 스크롤을 움직여 화면을 이동시킬 수도 있습니다.

05 이미지 축소하기 돋보기 툴(🔍)이 선택된 상태에서 Alt를 누른 채로 마우스 포인터를 작업 창으로 가져가면 축소 모드가 되어 돋보기 안쪽이 –로 표시됩니다. 이때 화면을 클릭하면 이미지가 축소됩니다. 옵션 바에서 Zoom Out(🔍)을 선택하면 Alt를 누르지 않아도 축소 모드가 유지됩니다. 이때 Alt를 누르면 확대 모드로 바뀝니다.

■ Alt를 누른 상태로 클릭하여 화면 축소

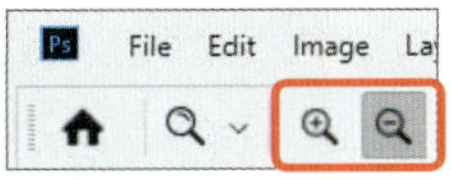

■ 옵션 바의 확대/축소 옵션

06 여백 없이 확대/축소하기 옵션 바에 있는 Resize Window to Fit을 체크하면 이미지가 확대되거나 축소될 때 창 크기도 함께 변하여 여백이 생기지 않습니다. 체크를 해제하면 창 크기가 고정된 상태에서 이미지 크기만 변합니다.

■ 원본 이미지

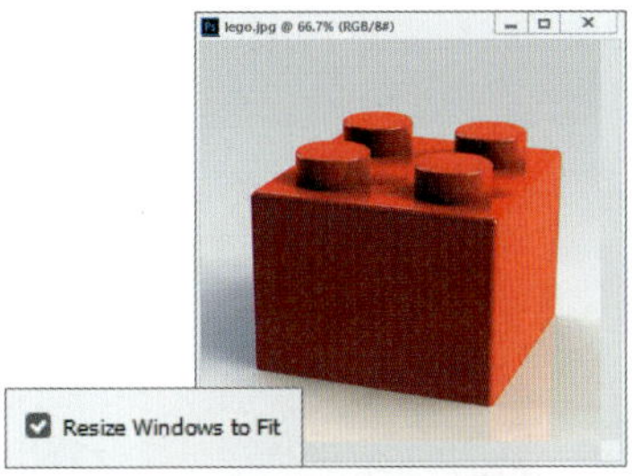

■ Resize Windows to Fit 체크 상태에서 축소

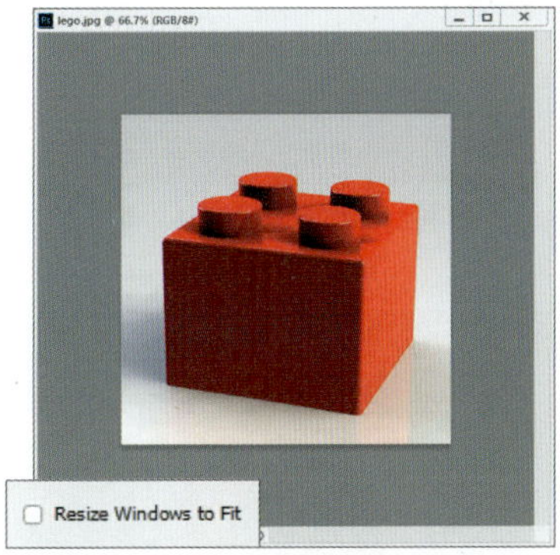

■ Resize Windows to Fit 해제 상태에서 축소

07 여러 이미지 동시에 확대/축소하기 여러 개의 이미지를 동시에 확대하거나 축소하려면 옵션 바에 있는 Zoom All Windows를 체크합니다.

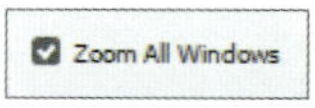

■ 100% 상태의 이미지

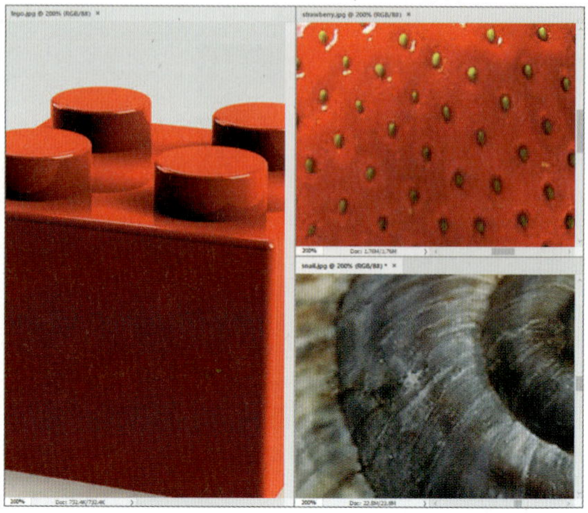

■ Zoom All Windows를 체크하여 같은 비율로 확대된 이미지

08 이미지 보기 방식 정렬하기 옵션 바에서 100%를 클릭하면 원본 크기인 1:1 크기로 보여 줍니다. Fit Screen을 선택하면 가로나 세로 방향 중 큰 쪽을 기준으로 화면을 꽉 채워 보여 주고, Fill Screen을 선택하면 보이지 않는 영역이 생기더라도 여백 없이 작업 화면에 가득 채워 보여 줍니다.

■ 돋보기 툴의 보기 옵션

■ 100% 보기

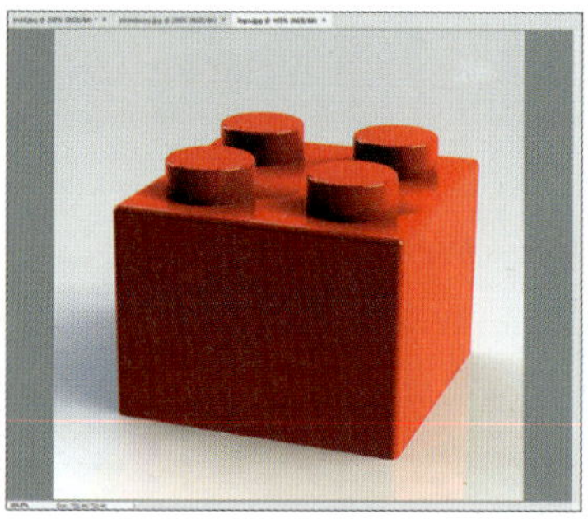

■ Fit Screen으로 보기

■ Fill Screen으로 보기

SECTION 04

이미지 크기 조절하기

• **핵심 기능 |** Image Size 메뉴

'이미지 크기'는 두 가지 뜻으로 쓰입니다. 하나는 실제 눈에 보이는 크기를 뜻하고 나머지 하나는 파일 용량을 뜻합니다. 용도에 따라 이미지 크기를 조절해 봅니다.

01 100% 크기로 만들기 Chapter_01 ▸ Section_04 ▸ cat.jpg 파일을 불러옵니다. 돋보기 툴(🔍)을 더블클릭하여 이미지 크기를 100%로 확대합니다. 고해상도 이미지라 원본 크기로 확대하면 무슨 이미지인지 알아보기 힘들 정도로 커집니다. 적당한 크기로 줄여 보겠습니다.

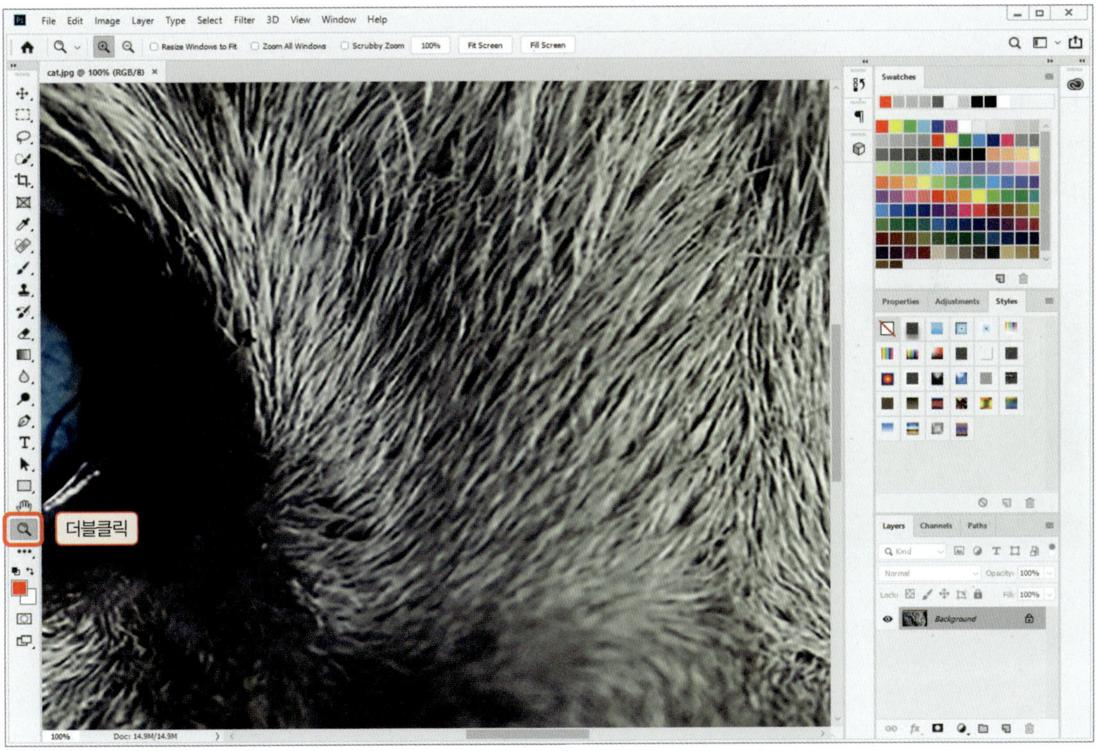

02 이미지 크기 조절하기 메뉴 바에서 [Image]-[Image Size]를 선택하여 옵션 창을 엽니다.

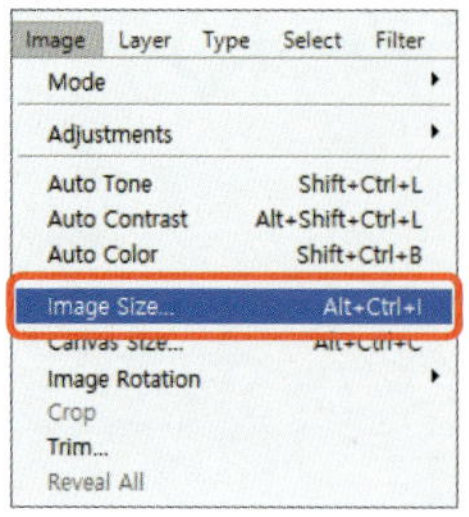

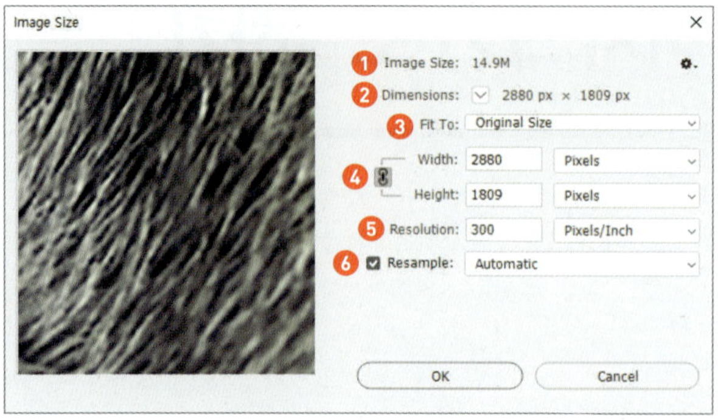

❶ **Image Size** 이미지 파일의 용량을 확인합니다.

❷ **Dimensions** 이미지의 너비와 높이를 확인합니다.

❸ **Fit To** 미리 설정해 둔 크기로 조절할 수 있습니다.

❹ **Width/Height** 너비와 높이를 직접 입력하고 단위를 선택합니다.

❺ **Resolution** 해상도를 조절합니다.

❻ **Resample** 크기를 바꿨을 때 이미지를 처리하는 방식을 선택합니다.

03 해상도 변경하기 일반적으로 웹 화면에서 사용하는 이미지의 해상도는 72Pixels/Inch입니다. Resolution에 72를 입력하면 Width와 Height가 2880Pixels, 1809Pixels였던 이미지 크기가 691Pixels, 434Pixels로 바뀝니다. 파일 용량도 14.9M에서 878.6K로 줄어듭니다.

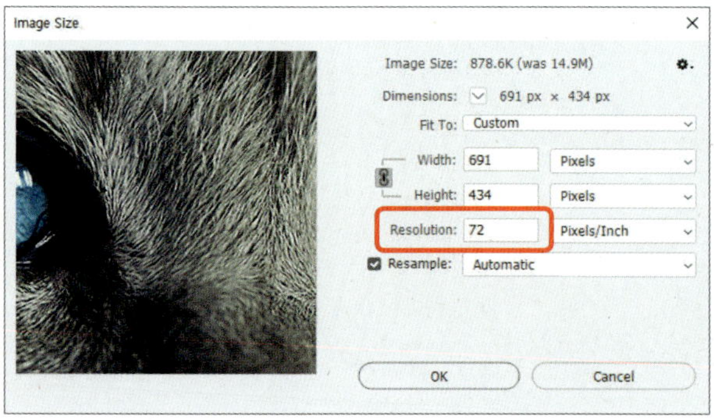

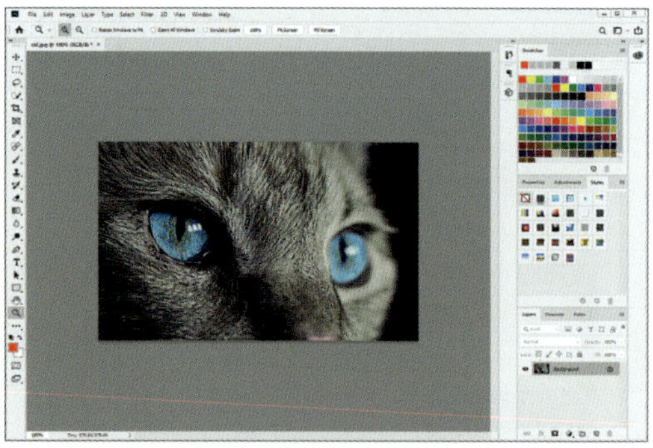

Tip 이미지 크기를 작게 조절하면 이미지의 파일 용량도 줄어듭니다.

04 너비와 높이를 입력하여 조절하기 이미지를 원하는 크기로 조절하고 싶다면 Width에 직접 값을 입력합니다. Width와 Height 옆에 있는 사슬 모양이 선택되어 있으면 Width 값의 변화에 따라 Height 값도 비율에 맞게 자동으로 바뀝니다. 〈OK〉를 클릭해 이미지 크기를 확인합니다.

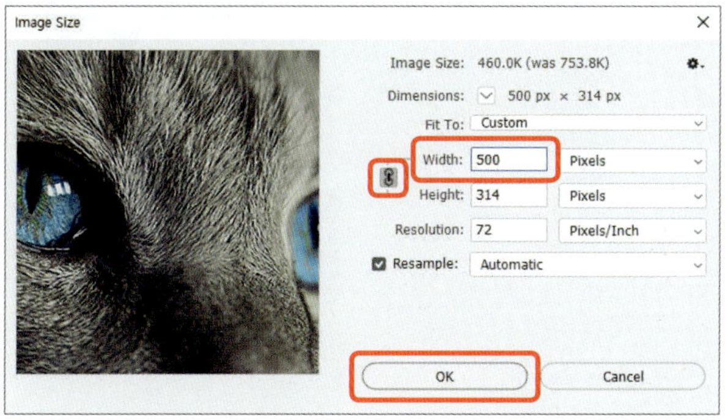

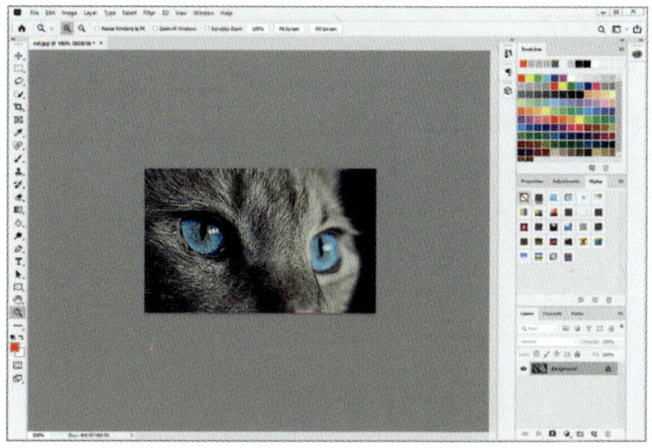

05 이미지 크기 조절시 주의점 옵션 창에서 사슬 모양을 해제하면 Width와 Height 값을 각각 입력할 수 있지만 이미지의 비율이 훼손되므로 추천하지 않습니다.

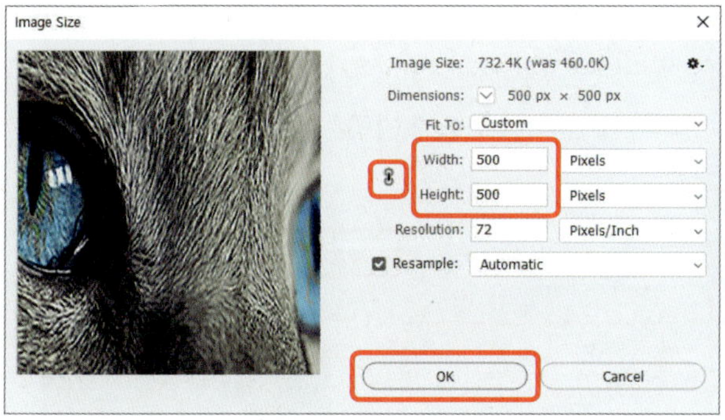

SECTION

05

작업 화면 크기 조절하기

• 핵심 기능 I Canvas Size 메뉴

작업 화면 크기 조절하기

작업 화면을 축소하면 이미지 일부가 잘려나가 보이지 않고, 작업 화면을 확대하면 남는 공간이 배경색으로 채워지므로 용도에 따라 잘 조절해야 합니다.

01 너비와 높이를 입력하여 조절하기 Chapter_01 ▸ Section_05 ▸ flower.jpg 파일을 불러온 후 메뉴 바에서 [Image]–[Canvas Size]를 선택합니다. 옵션 창이 열리면 Width와 Height에 현재보다 큰 값을 입력하고 〈OK〉를 클릭합니다. 이미지를 중심으로 상하좌우에 여백이 생성되는데, 이때 여백은 배경색으로 채워집니다.

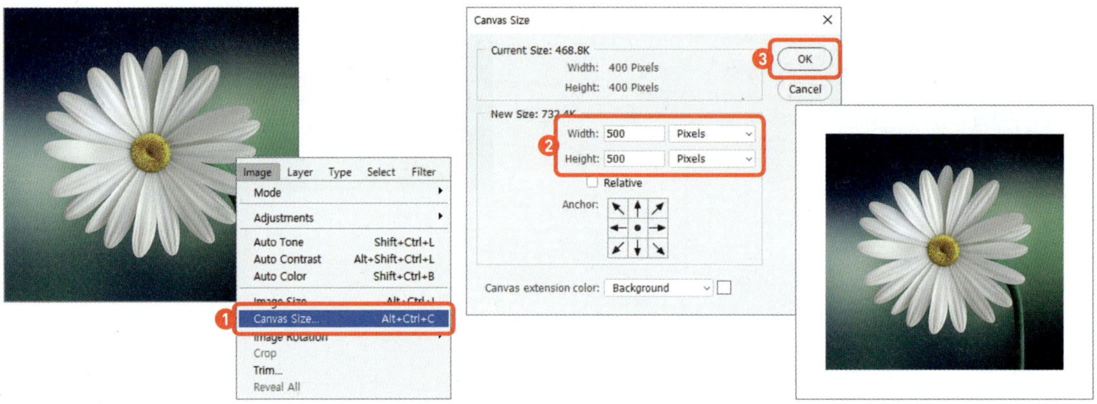

02 원하는 위치에 여백 만들기 여백이 생기는 위치는 앵커(Anchor)의 방향에 따라 다음과 같이 달라집니다.

03 여백 크기를 입력하여 조절하기 Relative 옵션을 체크하면 입력한 크기대로 여백이 생깁니다. 다음 그림은 원본 이미지 상하좌우에 여백이 100Pixels 크기로 생긴 화면입니다.

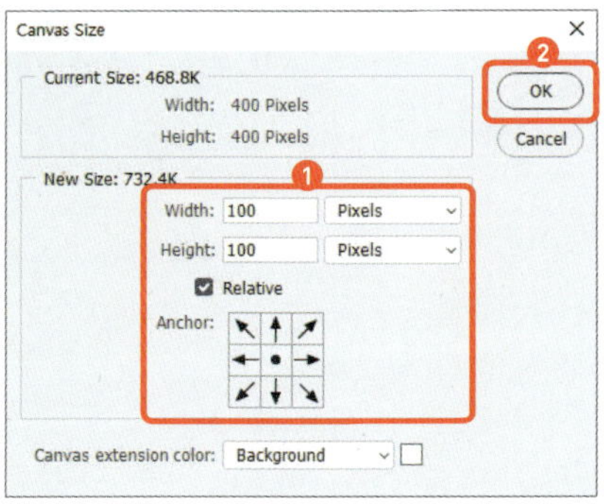

이미지 2개를 하나로 합치기

01 준비 파일 불러오기 Chapter_01 ▸ Section_05 ▸ jump1.psd와 jump2.psd 파일을 불러옵니다.

02 이미지의 너비와 높이 확인하기 jump2.psd를 선택한 후 메뉴 바에서 [Image]–[Image Size]를 선택하여 옵션 창을 엽니다. 이미지의 Width와 Height를 확인합니다.

03 작업 화면 크기 늘리기 jump1.psd를 선택하고 메뉴 바에서 [Image]–[Canvas Size]를 선택합니다. 옵션 창에서 Relative를 체크하고 Height를 400으로 입력합니다. Anchor 방향은 그림과 같이 향하도록 선택하고 〈OK〉를 클릭하면 여유 공간이 이미지의 아래쪽으로 400Pixels이 생깁니다.

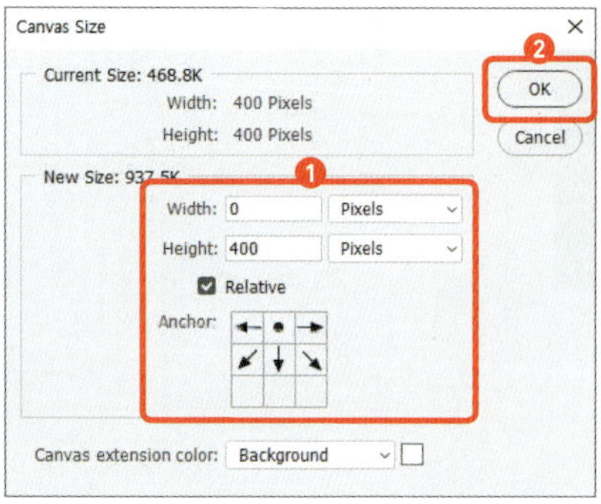

04 2개의 이미지 합치기 jump2.psd로 돌아가 Ctrl+A를 눌러 이미지 전체를 선택하고 Ctrl+C를 눌러 복사합니다. 다시 jump1.psd를 선택하고 Ctrl+V를 눌러 복사한 이미지를 붙여 넣습니다.

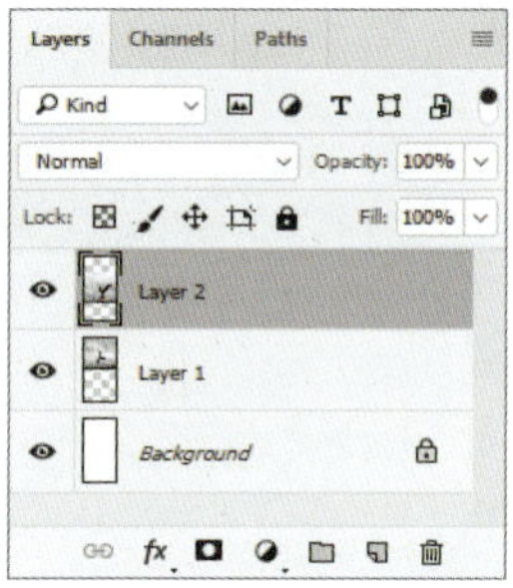

05 이동 툴( )을 선택하고 이미지를 아래로 드래그하여 작업 화면에 맞춰 완성합니다.

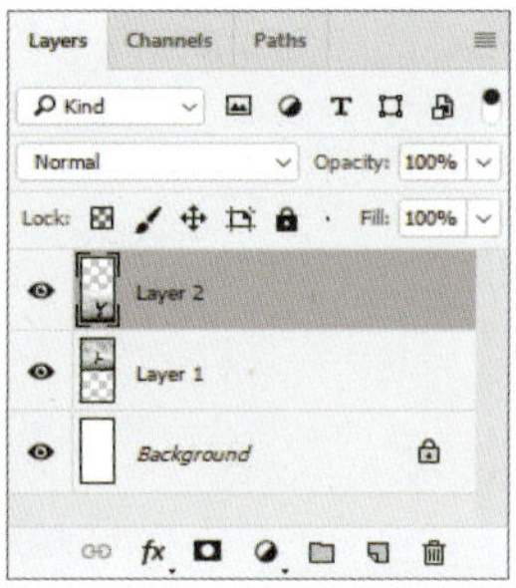

혼자 해보기 | 사진 두 장을 좌우로 나란히 배치하기

• **준비 파일** jump1.psd, jump2.psd
• **완성 파일** jump_result2.psd

같은 방법으로 Canvas Size를 옆으로 늘려 사진을 나란히 정렬해 봅니다.

SECTION 06

이미지 회전하기

• **핵심 기능 |** Image Rotation 메뉴, Transform 메뉴

180° 회전하기

디지털 카메라나 휴대폰으로 찍은 사진을 포토샵으로 불러오면 사진이 거꾸로 보이는 경우가 종종 있습니다. 거꾸로 된 이미지를 회전시키는 방법을 알아봅니다.

01 Chapter_01 ▸ Section_06 ▸ lighthouse.jpg 파일을 불러옵니다. 메뉴 바에서 [Image]–[Image Rotation]–[180°]를 선택하면 이미지가 180° 회전하여 똑바로 세워집니다.

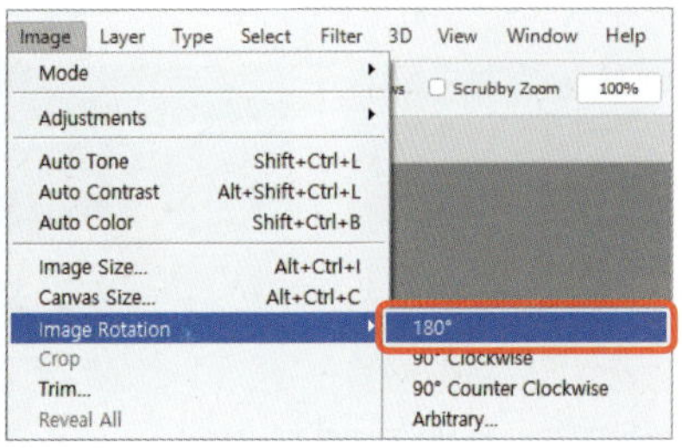

원하는 방향으로 회전하기

01 준비 파일 불러와 회전하기 Chapter_01 ▸ Section_06 ▸ cocktail.jpg 파일을 불러와 회전 옵션을 살펴 보겠습니다. 메뉴 바에서 [Image]–[Image Rotation]을 선택하고 회전 옵션을 하나씩 클릭해 봅니다. [90° Clockwise]는 이미지를 시계 방향으로 90°로 회전시키고, [90° Counter Clockwise]는 이미지를 시계 반대 방향으로 90° 회전시킵니다.

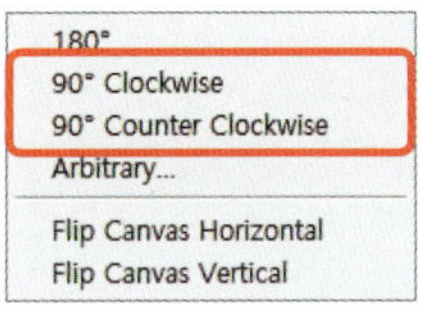

■ 원본 이미지

■ 90° Clockwise

■ 90° Counter Clockwise

02 원하는 각도와 회전 방향으로 회전하기

02 원하는 각도와 회전 방향으로 회전하기 [Arbitrary]를 클릭하면 옵션 창이 열리는데 원하는 각도와 회전 방향을 설정할 수 있습니다.

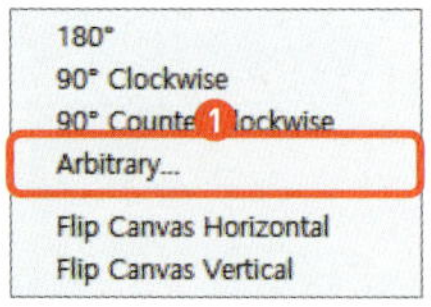

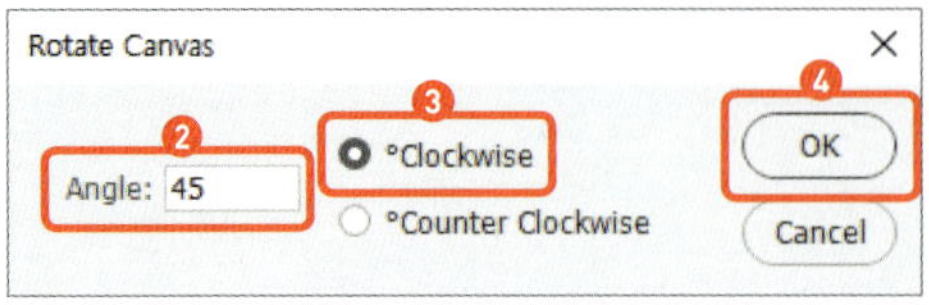

03 이미지 반전시키기 [Flip Canvas Horizontal]은 이미지를 수평으로 반전시키고, [Flip Canvas Vertical]은 이미지를 수직으로 반전시킵니다. 180° 회전은 설정한 시계 방향이나 시계 반대 방향으로 회전하는 것이므로 Flip 회전과는 다릅니다.

■ Flip Canvas Horizontal

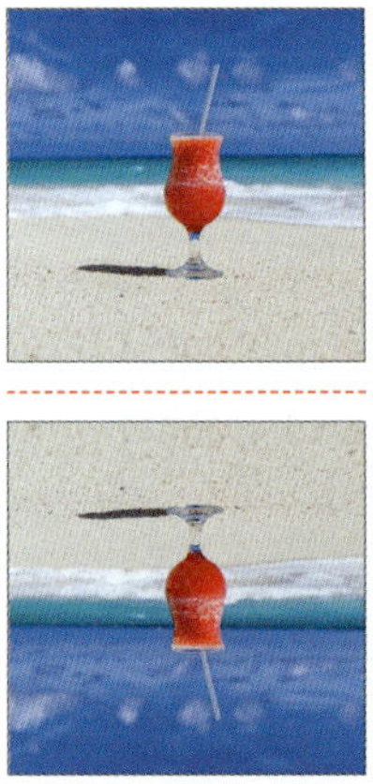

■ Flip Canvas Vertical

■ 180° 회전

여러 레이어 중 원하는 레이어만 회전하기

01 준비 파일 불러오기 Chapter_01 ▸ Section_06 ▸ rotation.psd 파일을 불러와 원하는 레이어만 회전시켜 봅니다. 레이어 패널에서 회전시킬 Layer 2를 선택합니다.

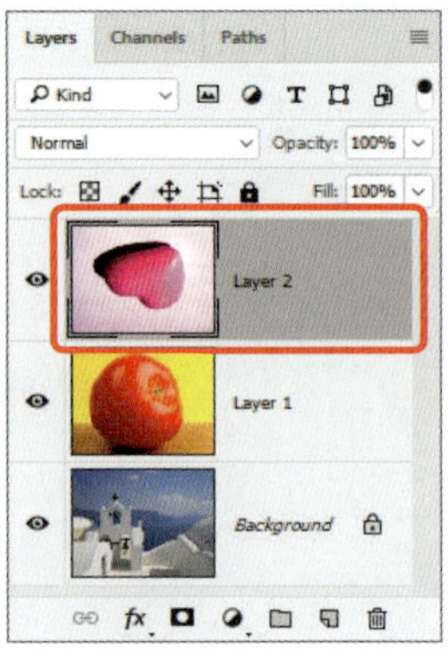

02 이미지 회전하기 메뉴 바에서 [Edit]-[Transform]-[Rotate 180°]를 선택하여 이미지를 회전시킵니다.

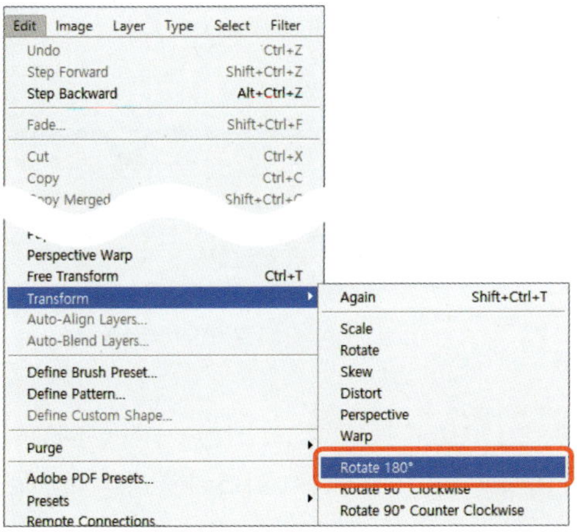

03 [Edit]의 하위 메뉴에서 회전시키면 선택한 레이어만 회전되고 다른 레이어는 그대로 유지됩니다. 반면 [Image]의 하위 메뉴에서 회전시키면 파일에 포함되어 있는 모든 레이어가 회전됩니다. 두 메뉴는 레이어를 보면 차이를 알 수 있습니다.

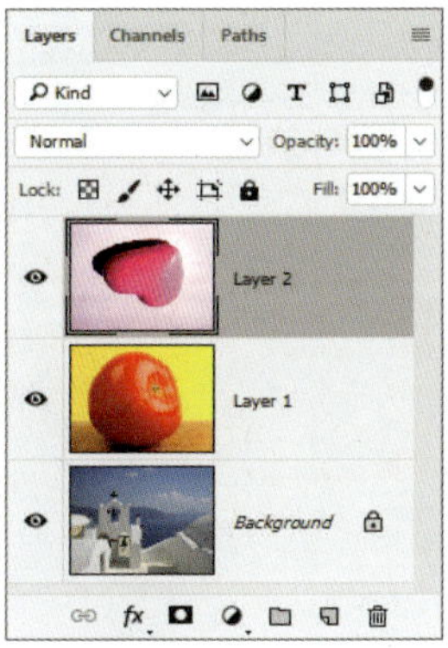

■ 원본 파일

■ [Edit]의 하위 메뉴에서 회전

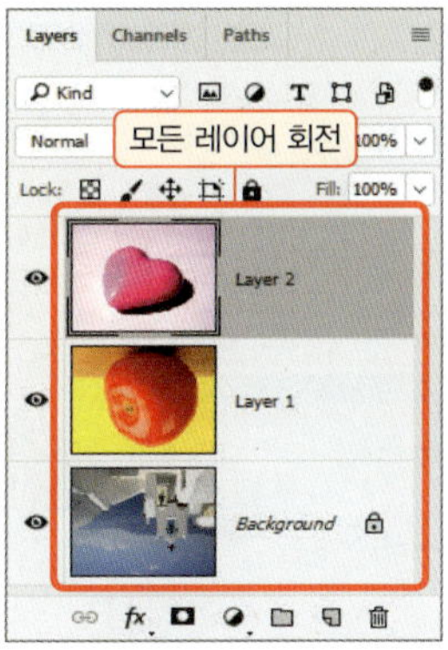

■ [Image]의 하위 메뉴에서 회전

SECTION

07

단계별 작업 과정 취소하기

• **핵심 기능 |** 히스토리 패널

작업을 하다 보면 몇 단계 전의 결과가 더 마음에 들거나 중간에 과정을 하나 빼고 다시 작업해야 하는 경우가 있습니다. 이럴 때 원하는 단계로 작업을 되돌리는 방법을 알아봅니다.

01 Image Size 조절하기 Chapter_01 ▸ Section_07 ▸ tomato.jpg 파일을 불러옵니다. 메뉴 바에서 [Image] – [Image Size]를 선택하고 옵션 창에서 Width와 Height를 50, 단위를 Percent로 설정한 후 〈OK〉를 클릭합니다.

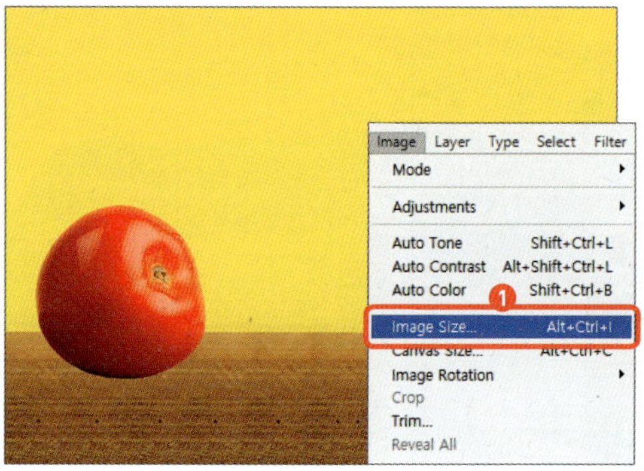

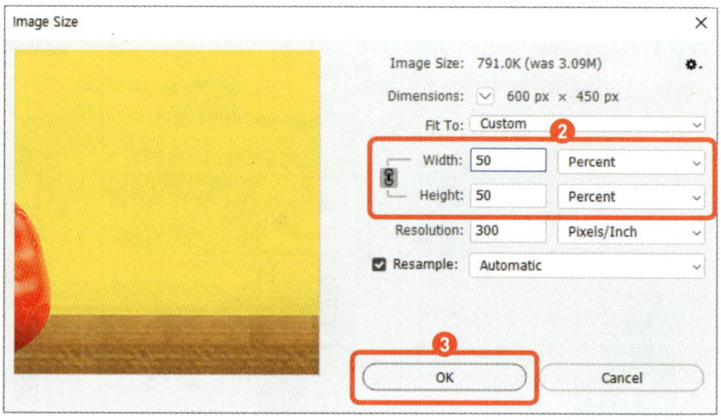

02 작업 내역 확인하기 히스토리 패널을 보면 파일을 연 후 이미지의 크기를 변경한 작업 내역이 쌓여 있습니다.

03 선택 영역 지정하기

메뉴 바에서 [Select]–[Subject]를 선택하여 이미지의 핵심 영역인 토마토를 선택합니다.

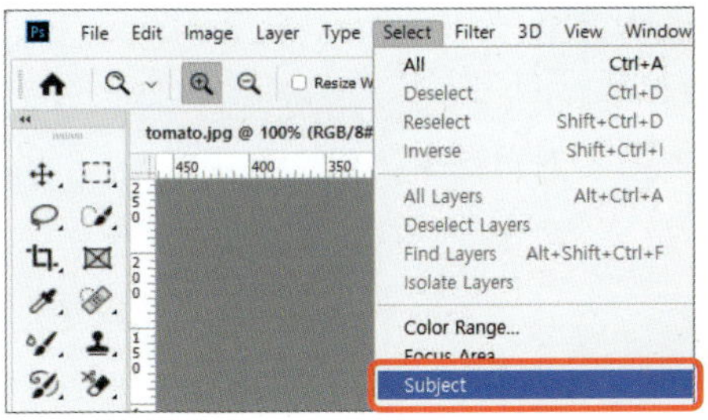

04 레이어 복제하기

Ctrl+J를 두 번 누릅니다. 레이어 패널을 보면 선택된 토마토 영역이 두 번 복제되어 있습니다.

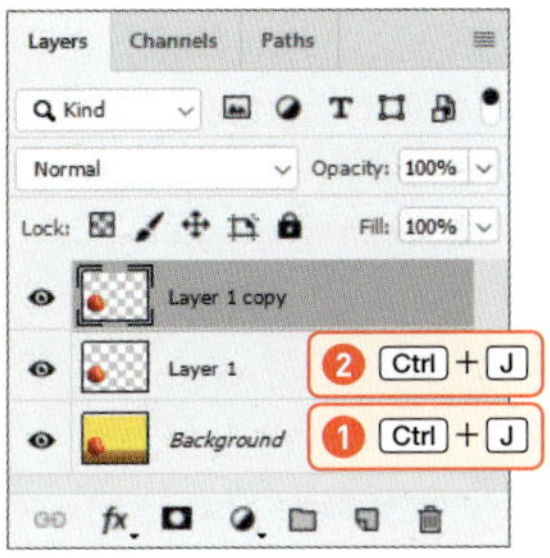

05 이미지 이동하기

레이어 패널에서 Layer 1 copy 레이어가 선택된 상태에서 이동 툴(✥)을 선택하고 옵션 바의 Auto Select를 체크한 후 토마토를 맨 오른쪽으로 이동시킵니다. 같은 방법으로 Layer 1 레이어를 선택하고 토마토를 가운데로 이동시킵니다.

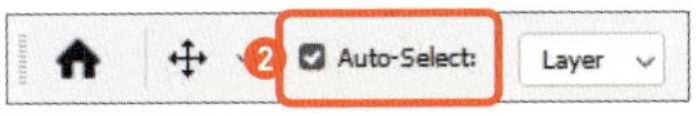

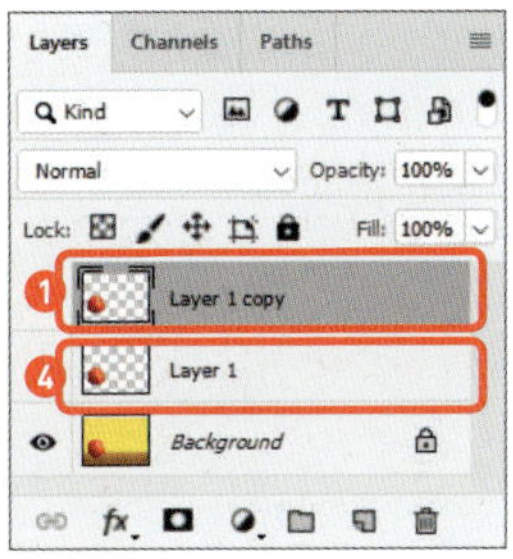

06 작업 내역 취소하기 히스토리 패널을 열어 보면 지금까지 작업한 과정이 순서대로 쌓여 있습니다. 이 내역을 한 칸씩 클릭해 올라가면 작업한 과정을 한 단계씩 취소할 수 있습니다. 또는 Ctrl+Z를 누를 때 마다 한 단계씩 과정을 되돌릴 수 있습니다.

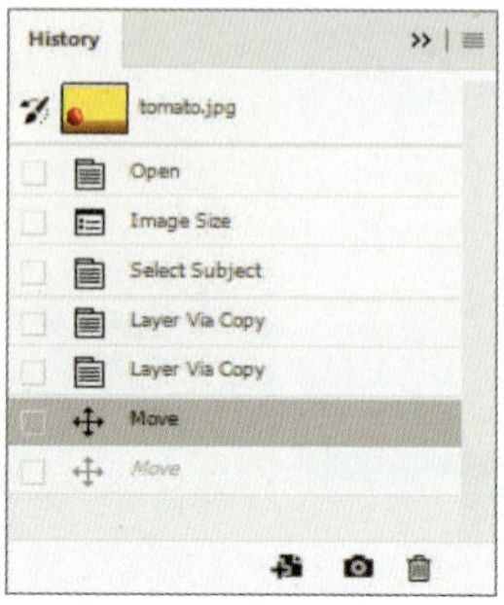

Tip 특정 순서까지 되돌린 후 새 작업을 추가하면 비활성화되어 있던 히스토리의 작업 과정은 모두 제거되고 새 작업 단계부터 추가됩니다. 또 파일을 저장하고 닫으면 히스토리 패널의 작업 과정은 모두 사라집니다. Photoshop CC 2019 이하 버전에서는 Ctrl+Z를 실행하면 한 번의 단계만 되돌릴 수 있습니다.

CHAPTER

02

레이어, 아트보드, 채널

01 / **레이어의 개념과 구조** ▶ 레이어 패널

02 / **아트보드의 이해** ▶ 아트보드 툴

03 / **채널의 이해** ▶ 채널 패널

SECTION

01

레이어의 개념과 구조

• **핵심 기능 |** 레이어 패널

레이어의 이해

레이어는 '겹쳐진 층'이라는 뜻입니다. 포토샵에서 레이어는 여러 장의 이미지를 겹쳐 하나의 이미지로 만드는 것을 돕는 기능을 합니다. 이미지를 층으로 만들면 각 레이어에 효과를 주거나 변경하기도 편하고, 이동시키거나 여러 레이어를 겹쳐 합성하기도 편합니다.

01 Chapter_02 ▸ Section_01 ▸ elephant.psd 파일을 불러옵니다. 코끼리 인형 여러 개가 차례로 놓여 있습니다. 한 장의 이미지로 보이지만 오른쪽 레이어 패널을 보면 레이어가 여러 개 겹쳐진 것을 알 수 있습니다.

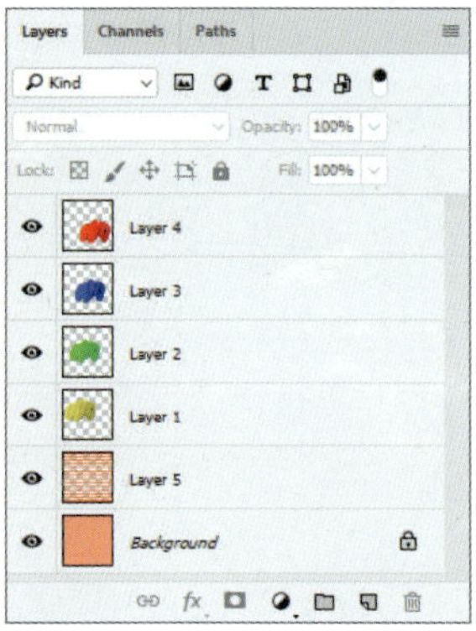

02 즉, 이 이미지는 레이어 여섯 개에 있는 각각의 이미지가 겹쳐 보이는 것입니다.

03 레이어를 하나하나 겹쳐서 쌓으면 다음 그림과 같아집니다. 맨 아래에 바탕색이 있고, 그 위에 스트라이프 문양이 있고, 그 위에 코끼리 이미지 네 장이 놓여 있습니다. 이렇듯 레이어는 투명한 막 위에 이미지의 전체 또는 일부를 삽입하여 겹치게 함으로써 투명한 부분의 아랫부분이 그대로 관통하여 보이는 것이라고 이해하면 됩니다.

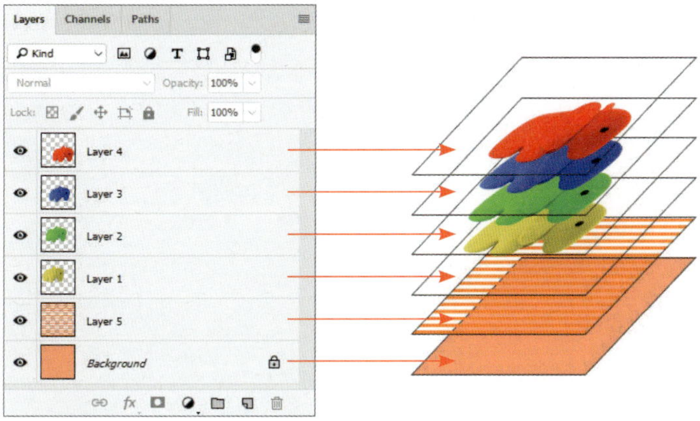

Background 레이어

이미지를 불러오거나 새 문서를 만들면 Background 레이어가 자동으로 생성됩니다. Background 레이어에는 오른쪽 끝 부분에 자물쇠 표시가 있는데, 이것은 다른 레이어와 달리 불투명한 작업 화면이라는 표시로 이해하면 됩니다.

■ Background 레이어(cactus.jpg)

❶ **레이어 보이기 표시** 눈 아이콘([👁])을 켜고 꺼서 해당 레이어를 보이게 하거나 숨길 수 있습니다.

❷ **섬네일** 해당 레이어의 오브젝트를 작은 화면으로 보여 줍니다. 레이어 패널 오른쪽 상단의 목록 버튼([≡])을 클릭해 [Panel Options]를 선택하면 섬네일의 크기를 조절할 수 있습니다.

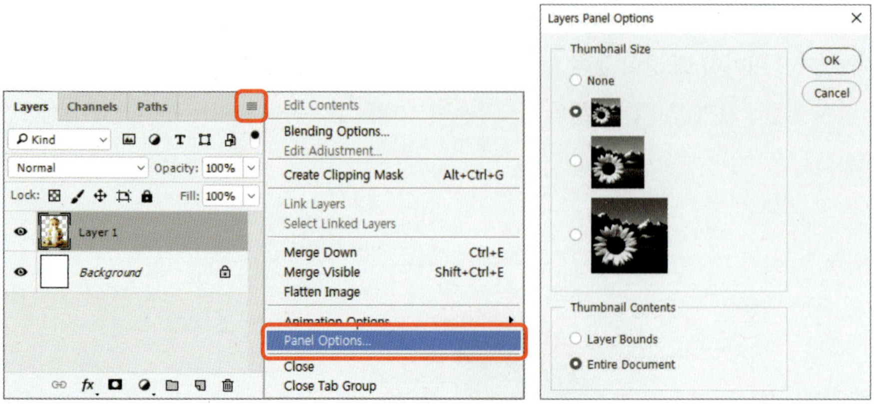

■ 섬네일의 크기 조절

❸ **레이어 이름** 더블클릭하여 이름을 바꿀 수 있습니다.

레이어 패널의 구성

레이어 패널의 구성은 다음과 같습니다.

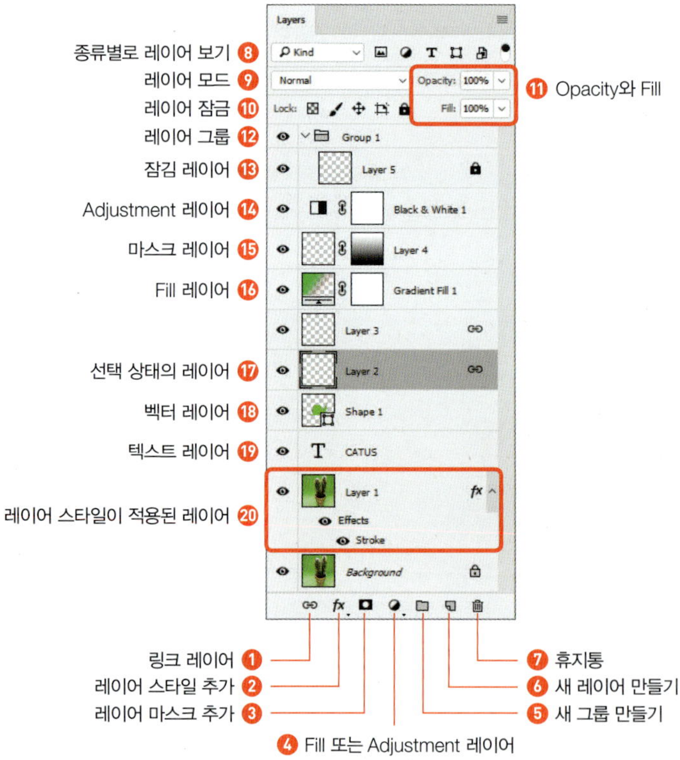

❶ 링크 레이어( )

두 개 이상의 레이어를 연결합니다. 연결된 레이어들은 위치를 옮기거나 크기를 변경하는 등의 작업이 동시에 적용됩니다. 앞의 그림에서 Layer 2와 Layer 3이 링크 레이어가 적용된 것입니다.

❷ 레이어 스타일 추가( )

원본 이미지를 훼손하지 않고 다양한 효과를 적용합니다. 효과가 적용된 레이어 하단에는 적용된 효과 목록이 나타납니다. 효과 목록의 눈 아이콘( )을 켜고 꺼서 효과가 적용된 상태와 제거된 상태를 바로바로 비교할 수 있으며, 효과 이름을 더블클릭하여 효과를 수정할 수도 있습니다. 또 마우스 오른쪽 버튼을 눌러 [Clear Layer Style]을 선택하면 효과를 제거할 수도 있습니다.

레이어 스타일 미리보기

원본 이미지(cactus_style.psd)

Bevel & Emboss
내부 또는 외부 방향으로 입체적인 느낌을 만듭니다.

Stroke
가장자리에 테두리를 만듭니다.

Inner Shadow
내부에 그림자 효과를 적용합니다.

Inner Glow
내부에 빛나는 효과를 적용합니다.

Satin
금속 느낌이 나도록 합니다.

Color Overlay
색상을 채웁니다.

Gradient Overlay
그레이디언트를 적용합니다.

Pattern Overlay
패턴을 채웁니다.

Outer Glow
외부에 빛 퍼짐 효과를 적용합니다.

Drop Shadow
그림자 효과를 적용합니다.

❸ 레이어 마스크 추가( )

원본을 훼손하지 않고 이미지의 일부를 투명한 상태로 보여줍니다. 레이어 마스크 추가 버튼( )을 클릭하면 생기는 마스크 레이어에는 검은색, 회색, 흰색만 적용됩니다. 검은색은 이미지를 투명하게 보여주고, 흰색은 불투명으로 보여주며, 회색은 반투명 상태로 보여줍니다.

■ 레이어 마스크를 추가한 후 오른쪽 상단에 검은색을 적용한 결과(cactus_mask.psd)

Tip 마스크 레이어의 투명한 부분을 이용해서 아래쪽 레이어의 이미지와 자연스럽게 합성할 수 있습니다.

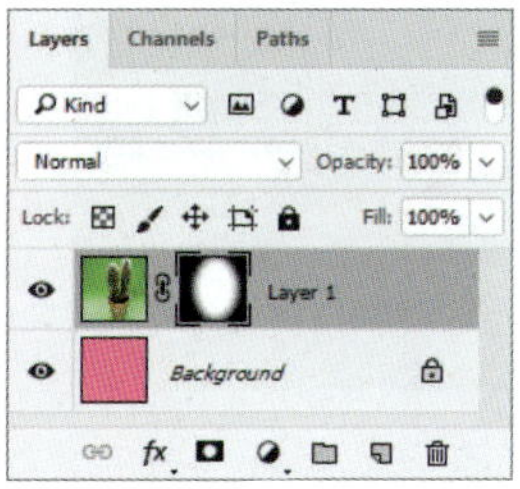

❹ Fill 또는 Adjustment 레이어( )

클릭하면 아래 그림과 같은 옵션 목록이 나타납니다. 옵션에 따라 Adjustment 레이어를 생성하는데, 생성된 레이어는 모두 마스크 레이어를 포함하고 있습니다. 마스크 레이어에서는 검은색과 회색으로 Adjustment 레이어가 적용되는 범위의 투명도를 조절합니다.

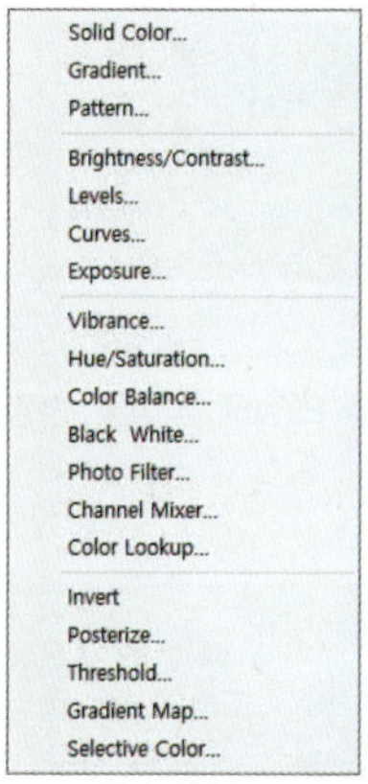

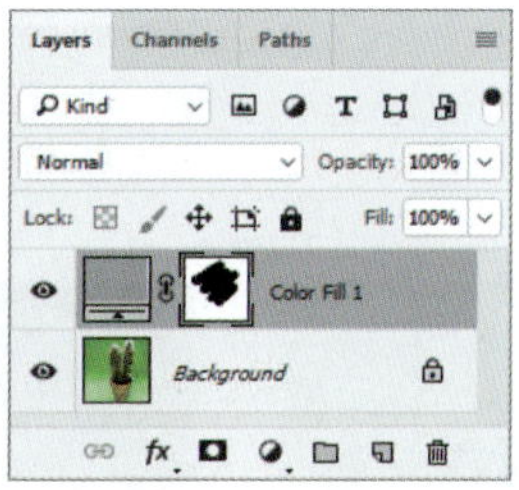

■ 옵션 목록과 Adjustment 레이어(cactus_adjustment.psd)

Fill 또는 Adjustment 레이어 옵션 미리보기

Solid Color
단일 색으로 채웁니다.

Gradient
그레이디언트를 적용합니다.

Pattern
패턴으로 채웁니다.

Brightness/Contrast
명도와 대비를 조절합니다.

Levels
밝기와 대비 차를 이용해 명암을 조절합니다.

Curves
곡선 형태의 커브를 조절하여 세밀하고 자유롭게 명암을 조절합니다.

Exposure
빛의 노출을 조절합니다.

Vibrance
색상과 채도 조절로 생기는 계조 손실을 최소화하여 채도를 올립니다.

Hue/Saturation
색상, 채도, 명도를 조절해 색상을 변경합니다.

Color Balance
색상 추가를 통해 원본의 색상과 추가된 색상이 혼합되어 나타납니다.

Black & White
색상을 흑백으로 변환하여 흑백 모드를 조절합니다.

Photo Filter
카메라의 색상 필터와 같은 조절을 합니다.

Channel Mixer
채널 조합을 통해 색상을 조절합니다.

Color Lookup
색상 검색을 통해 사진에 새로운 색감을 불러들여 색상을 조절합니다.

Invert
색상을 반전시킵니다.

Posterize
각 채널당 사용할 색상 수를 입력하여 이미지에 사용될 색상 수를 정합니다.

Threshold
이미지에 고대비를 적용해 검은색과 흰색으로 이루어진 이미지를 만듭니다.

Gradient Map
이미지에 그레이디언트를 덧씌웁니다.

Selective Color
특정 색을 강조하거나 약하게 만들 때 사용합니다.

❺ 새 그룹 만들기()

레이어가 많아지면 관리하기 어려우므로, 그룹을 만들어 관리합니다.

■ 작업 중인 이미지(cactus_group.psd)

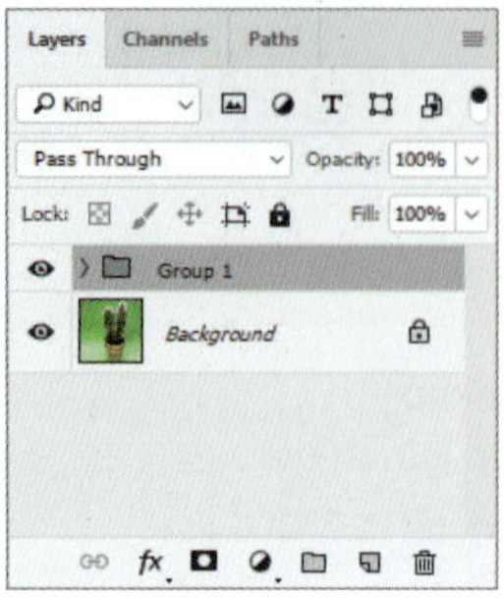

■ 그룹이 닫힌 상태

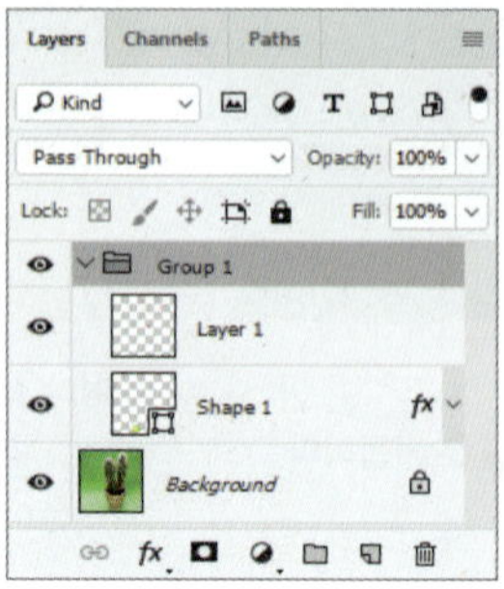

■ 그룹이 열린 상태

그룹 레이어의 눈 아이콘()을 클릭하면 그룹에 속한 모든 레이어가 감춰집니다.

■ 작업 중인 이미지

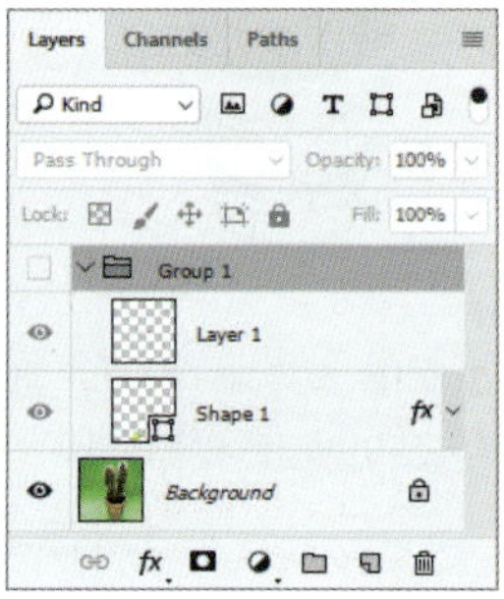

■ 그룹 내 레이어를 보이지 않게 한 상태

❻ 새 레이어 만들기()

새 레이어를 추가합니다.

❼ 휴지통()

레이어를 삭제합니다. 레이어를 선택하고 휴지통을 클릭하거나 레이어를 휴지통으로 드래그하면 레이어가 삭제됩니다.

❽ 종류별로 레이어 보기

레이어 이름, 레이어 스타일, 텍스트 레이어 등 특정 레이어만 선별하여 보여 줍니다.

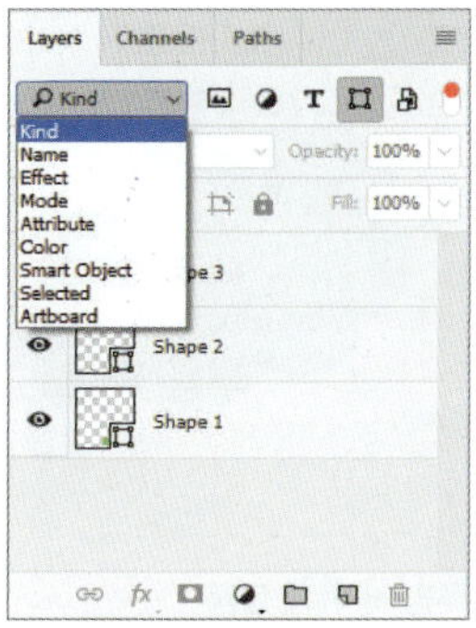

■ 레이어 찾기 옵션

❾ 레이어 모드

위쪽 레이어가 아래쪽 레이어의 색상에 반응하여 어떻게 합성될지 정합니다. 목록의 각 항목에 마우스를 가져가면 합성 결과를 미리보기로 보여 줍니다. 단, 검은색과 흰색에서는 반응하지 않습니다.

■ 아래쪽 레이어(pencil.psd)

■ 위쪽 레이어

■ Lighten 모드로 합성한 결과

❿ 레이어 잠금(Lock:)

이미지에서 투명한 영역을 보호하거나 이미지를 추가하거나 이동할 수 없도록 레이어를 보호합니다.

레이어 잠금 모드 미리보기

일반 레이어 모드에서 이미지를 추가한 경우와 비교하여 잠금 모드별로 어떤 차이가 있는지 살펴봅니다.

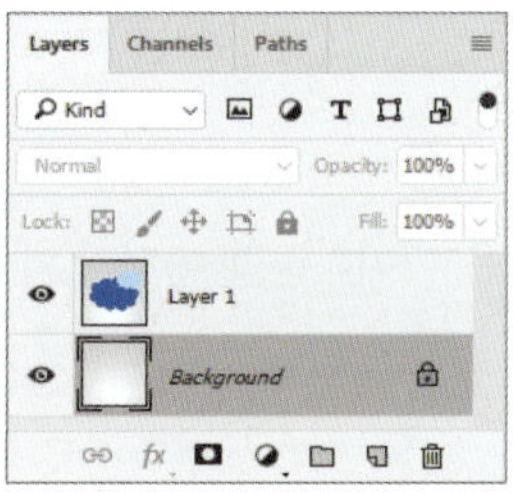

■ 일반 레이어 모드에서 이미지 추가

투명 레이어 잠금

새 이미지를 추가할 때 투명한 부분이 보호됩니다.

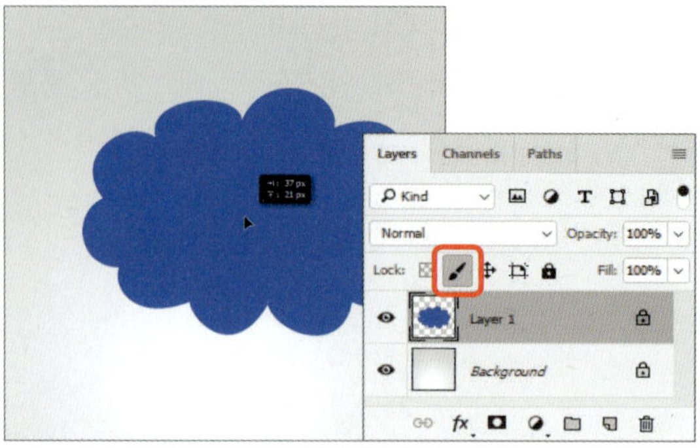

이미지 픽셀 잠금

이미지를 추가할 수 없지만 이미 그려진 이미지는 이동할 수 있습니다.

이동 잠금

이미지를 이동시킬 수는 없지만 이미지를 추가할 수는 있습니다.

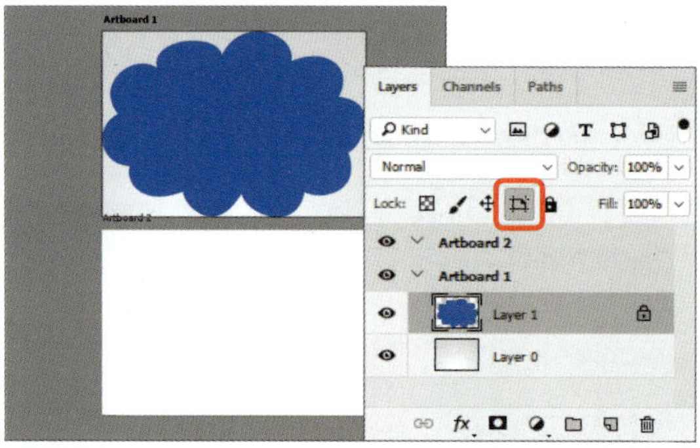

아트보드 이동 잠금

아트보드와 아트보드 사이에서 이미지나 오브젝트를 이동할 수 없습니다.

레이어 잠금

이미지 추가 및 이동이 불가능합니다.

⑪ Opacity와 Fill

Opacity 옵션은 이미지뿐만 아니라 레이어 스타일까지 투명도를 적용하고, Fill 옵션은 이미지에만 투명도를 적용합니다.

Opacity와 Fill 옵션 미리보기

다음은 Layer 1에 Stroke와 Drop Shadow 효과가 적용된 모습입니다. 사각형 부분의 외곽선과 그림자를 눈여겨보면서 Opacity와 Fill 옵션의 차이를 살펴봅니다.

■ Opacity: 100%, Fill: 100%(cat.psd)

Opacity: 50%, Fill: 100%
이미지와 효과 모두 투명도 50%가 적용됩니다.

Opacity: 100%, Fill: 50%
이미지에만 투명도 50%가 적용됩니다.

Opacity: 20%, Fill: 100%
이미지와 효과 모두 투명도 20%가 적용됩니다.

Opacity: 100%, Fill: 20%
이미지에만 투명도 20%가 적용됩니다.

⑫ 레이어 그룹

새 그룹 만들기 버튼(□)을 클릭해 만든 그룹 폴더입니다.

⑬ 잠김 레이어

레이어 잠금 모드(Lock:) 중 하나라도 선택되면, 레이어 오른쪽에 자물쇠 모양( )이 나타납니다.

⑭ Adjustment 레이어

Fill 또는 Adjustment 레이어 버튼( )을 클릭하거나 보정(Adjustments) 패널을 실행하면 나타납니다.

⑮ 마스크 레이어

레이어 마스크 추가 버튼( )을 클릭하면 나타나는 레이어로 원본 사진을 보호하면서 투명도를 조절합니다.

⑯ Fill 레이어

Fill 또는 Adjustment 레이어 버튼( )을 클릭하면 나타납니다.

⑰ 선택 상태의 레이어

여러 레이어 중 현재 선택된 레이어를 표시합니다.

⑱ 벡터 레이어

펜 툴( )이나 셰이프 툴( ) 등의 벡터 오브젝트를 사용하면 나타납니다.

⑲ 텍스트 레이어

텍스트를 입력하면 나타납니다.

⑳ 레이어 스타일이 적용된 레이어

레이어 스타일 추가 버튼(fx)을 클릭하면 나타납니다.

SECTION 02

아트보드의 이해

• **핵심 기능** | 아트보드 툴(단축키 V)

아트보드의 기능

아트보드(Artboard)는 레이어나 그룹을 조금 더 확장한 개념으로 특별한 유형의 레이어 그룹입니다. 다양한 기기 또는 화면에 적합한 디자인을 할 수 있도록 복수의 캔버스를 제공하므로 설계 프로세스를 간소화할 수 있습니다.

아트보드 크기는 템플릿에서 선택하거나 직접 정의하여 사용합니다. 아트보드를 사용하는 중에 크기가 같은 아트보드를 손쉽게 추가할 수 있고 다양한 레이아웃으로 배치할 수도 있습니다. 작업 중인 레이어를 아트보드로 전환할 수도 있습니다.

다음의 왼쪽 그림은 디자인은 같고 크기가 다양한 아트보드를 만들어 작업하는 모습입니다. 다양한 크기의 기기에 삽입되는 페이지를 작업할 때 이렇게 작업합니다. 오른쪽 그림은 크기는 같고 디자인은 다른 아트보드를 만들어 작업하는 모습입니다. 같은 앱에서 사용되는 여러 페이지를 디자인할 때 이렇게 작업합니다.

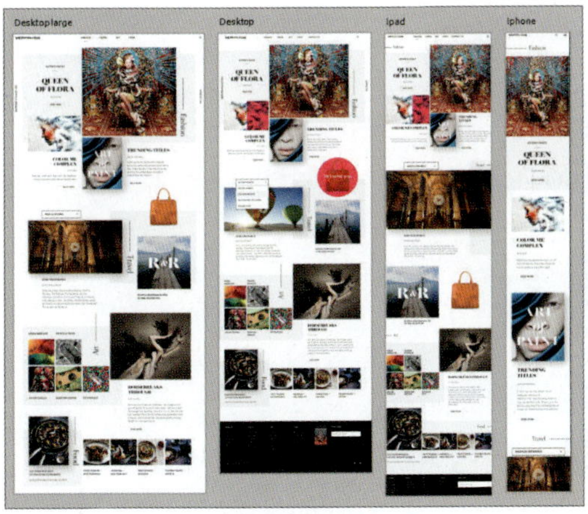

■ 디자인은 같고 크기가 다양한 아트보드

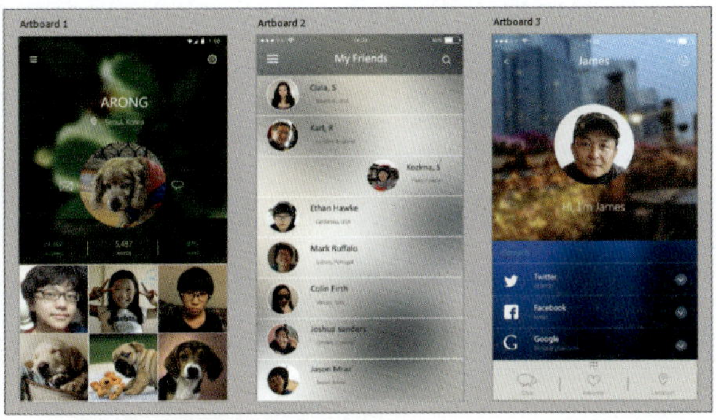

■ 크기는 같고 디자인은 다른 아트보드

Tip 아트보드는 레이어 패널에 레이어, 레이어 그룹과 함께 표시됩니다. 아트보드에는 레이어 또는 레이어 그룹이 포함될 수 있지만 다른 아트보드는 포함될 수 없습니다.

아트보드 만들기

01 새 아트보드 만들기 메뉴 바에서 [File]–[New]를 선택한 후 옵션 창에서 Mobile 템플릿 모음에 있는 iphone 8/7/6을 선택하고 〈Create〉를 클릭합니다. 새 아트보드가 iphone 8/7/6 화면 크기에 맞춰 생성됩니다.

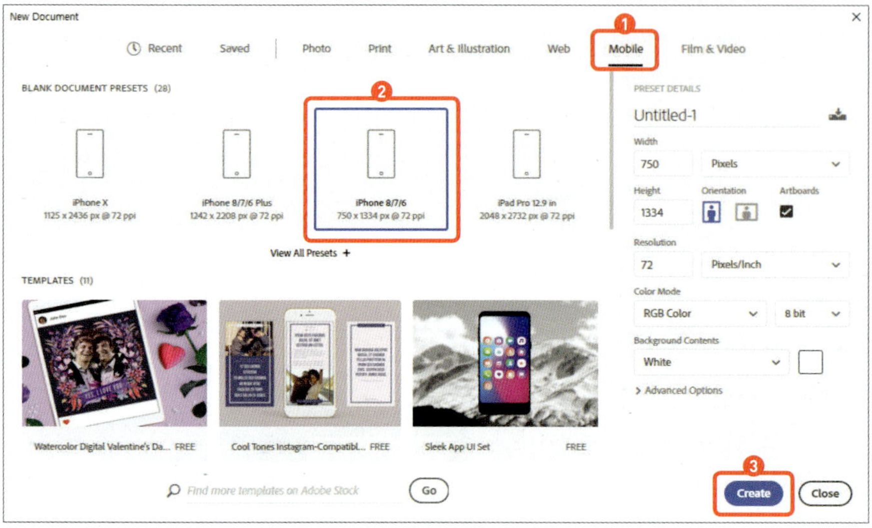

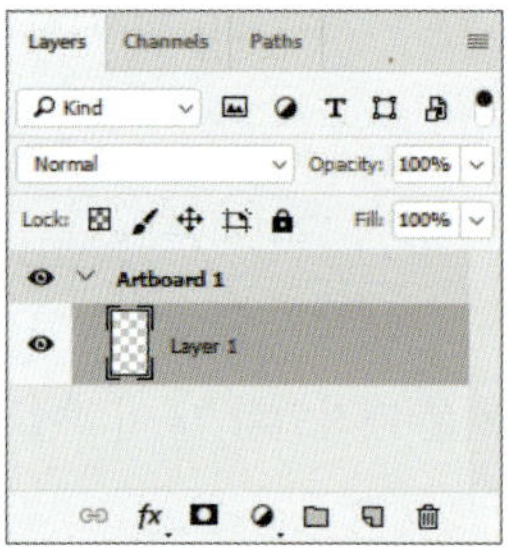

02 이미지 삽입하기 Chapter_02 ▸ Section_02 ▸ dunes.jpg 파일을 불러옵니다. Ctrl+A를 눌러 전체를 선택하고 Ctrl+C를 눌러 복제합니다. 아트보드로 돌아와 Ctrl+V를 눌러 붙여 넣습니다.

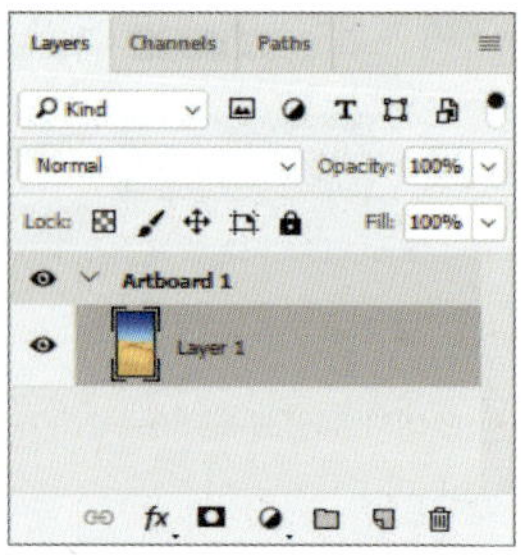

03 클릭하여 아트보드 추가하기

이동 툴( )에 숨어 있는 아트보드 툴( )을 선택하고 레이어 패널에서 Artboard 1을 클릭하면 아트보드 상하좌우에 아트보드 추가( ) 표시가 생깁니다. 오른쪽의 아트보드 추가( ) 표시를 클릭해 새 아트보드를 추가합니다.

04 이미지 삽입하기

Ctrl+V를 눌러 dunes.jpg 파일을 한 번 더 붙여 넣습니다. 레이어 패널을 보면 각 아트보드에 레이어가 추가된 것을 알 수 있습니다.

Tip 이동 툴( )로 이미지를 이동시켜 보면 보이는 부분 외의 이미지가 잘려나간 것이 아니라 클리핑으로 숨겨져 있다는 것을 알 수 있습니다.

05 드래그하여 아트보드 추가하기

아트보드 툴( )로 오른쪽 여백 부분을 드래그하여 새로운 아트보드 영역을 만듭니다. 레이어 패널에 Artboard 3이 생깁니다.

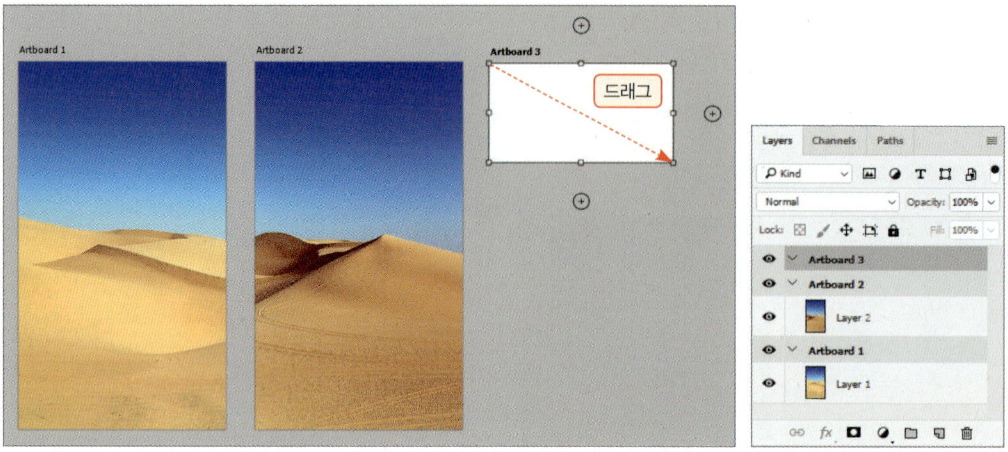

Tip 만들어진 아트보드의 크기는 속성 패널에서 조절할 수 있습니다.

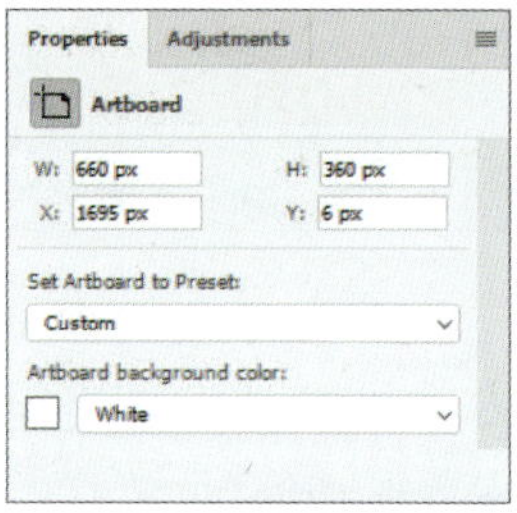

06 이미지 삽입하기 Chapter_02 ▸ Section_02 ▸ landscape.jpg 파일을 불러옵니다. Ctrl+A를 눌러 전체를 선택하고 Ctrl+C를 눌러 복사합니다. 아트보드로 돌아와 Ctrl+V를 눌러 붙여 넣습니다.

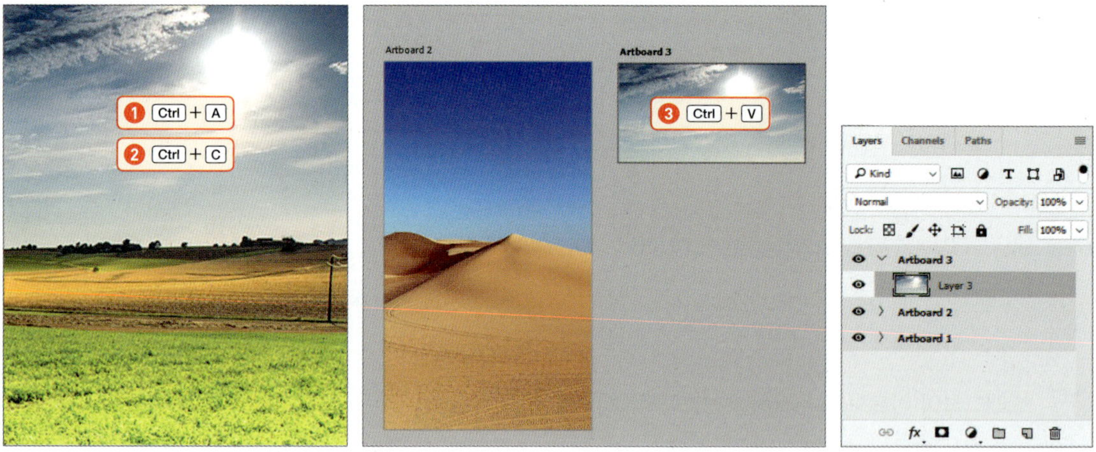

07 아트보드 레이어 복제하기 Layer 3이 선택된 상태에서 Ctrl+J를 눌러 레이어를 복제합니다.

08 새 아트보드 추가하기 아트보드 툴( )을 선택하고 레이어 패널에서 Artboard 3을 클릭한 다음 아래쪽 아트보드 추가( ) 표시를 눌러 새 아트보드를 추가합니다.

09 이미지 이동하기 이동 툴( )을 선택하고 Layer 3 copy 레이어를 Artboard 4로 이동시킵니다. 이처럼 다른 아트보드로 이미지를 옮길 수 있습니다.

10 새 레이어 추가하기 레이어 패널에서 Artboard 1 ~ Artboard 4까지 [⌄]를 클릭해 펼쳐진 목록을 접습니다. Artboard 4가 선택된 상태로 새 레이어 만들기 버튼([새 레이어 아이콘])을 클릭해 새 레이어를 만듭니다. Layer 4를 선택하고 사각형 선택 툴([선택 툴 아이콘])로 빈 여백을 드래그하여 선택 영역을 만듭니다. 전경색을 흰색으로 설정하고 Alt + Delete를 눌러 선택 영역에 흰색을 채웁니다.

11 레이어를 아트보드로 전환하기 Layer 4의 이름을 마우스 오른쪽 버튼으로 클릭하고 [Artboard from Layers]를 선택합니다. 옵션 창에 Width 655px, Height 270px을 입력하고 〈OK〉를 클릭하면 Layer 4가 포함된 Artboard 5가 생성됩니다.

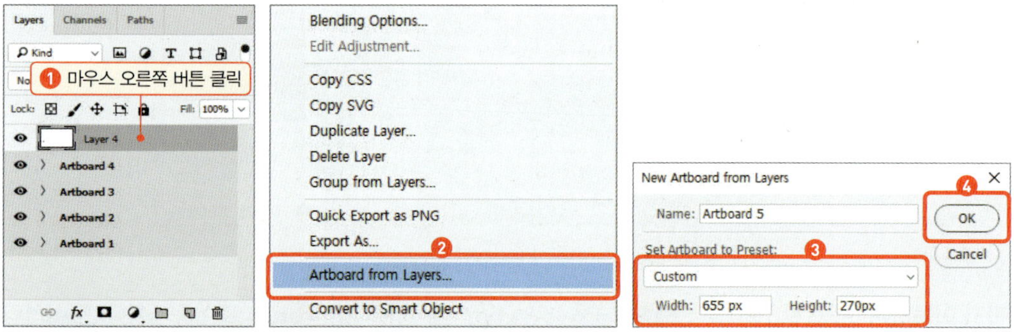

12 완성하기 Artboard 5를 선택하고 텍스트 툴(T)로 원하는 글자를 입력하여 아트보드 작업을 완성합니다.

Tip 텍스트나 오브젝트가 아트보드를 벗어나면 해당 레이어도 아트보드에 귀속되지 않고 독립적인 레이어가 됩니다. 마찬가지로 텍스트나 오브젝트를 다른 아트보드로 옮기면 레이어도 그 아트보드에 귀속됩니다.

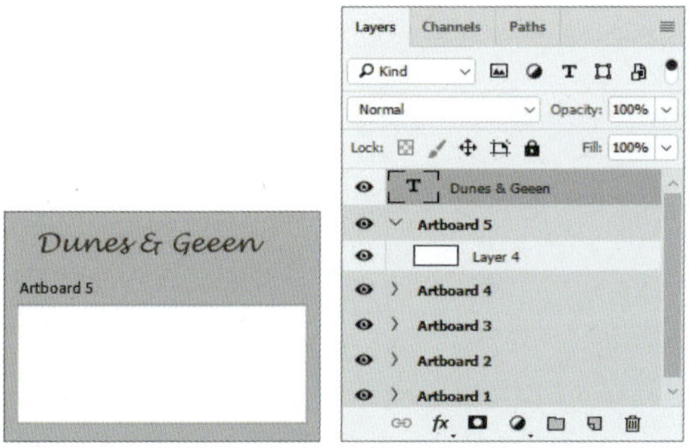

SECTION 03

채널의 이해

• **핵심 기능 |** 채널 패널

채널의 종류

채널은 색상 채널, 스팟 채널, 알파 채널로 구성됩니다. 메뉴 바에서 [Window]–[Channels]를 선택하면 채널 패널을 볼 수 있습니다.

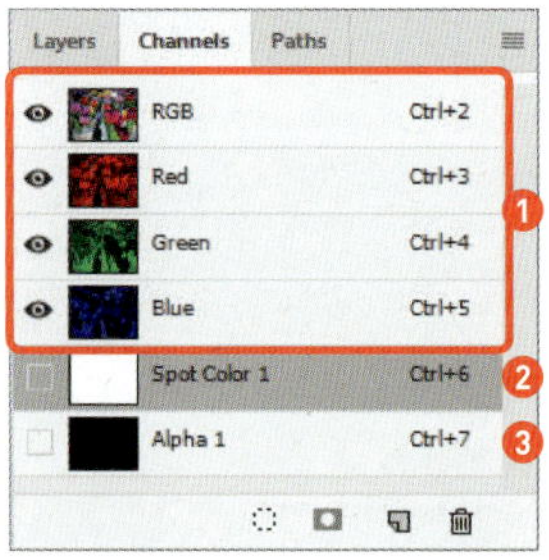

❶ **색상 채널** 이미지를 구성하는 색상 정보를 담고 있습니다.

❷ **스팟 채널** 별색을 인쇄할 수 있는 별도의 채널을 만듭니다.

❸ **알파 채널** 이미지의 특정 영역을 선택 영역으로 지정합니다.

색상 채널의 이미지 모드

색상 채널의 이미지 모드는 RGB 모드와 CMYK 모드로 나눌 수 있습니다.

구분	RGB 모드	CMYK 모드
색상 표현	모든 색을 빨강, 초록, 파랑을 혼합하여 만듦	모든 색을 청록색, 자홍색, 노란색, 검은색을 혼합하여 만듦
채널 구성	총 4가지(Red 채널, Green 채널, Blue 채널, RGB 채널)	총 5가지(Cyan 채널, Magenta 채널, Yellow 채널, Black 채널, CMYK 채널)
용도	영상 이미지의 색상을 처리하는 데 사용	출력용 색상을 처리하는 데 사용

채널의 기본 화면은 흑백 모드입니다. 색상으로 표시된 채널을 보려면 메뉴 바에서 [Edit]–[Preferences] – [Interface]를 선택하고 옵션 창에서 Show Channels in Color를 체크합니다. RGB 모드의 이미지는 RGB 채널로, CMYK 모드의 이미지는 CMYK 채널로 표시됩니다. 각 채널 모드를 바꾸어 보려면 메뉴 바의 [Image]–[Mode]를 선택한 후 [RGB Color]나 [CMYK Color]에 체크하면 됩니다.

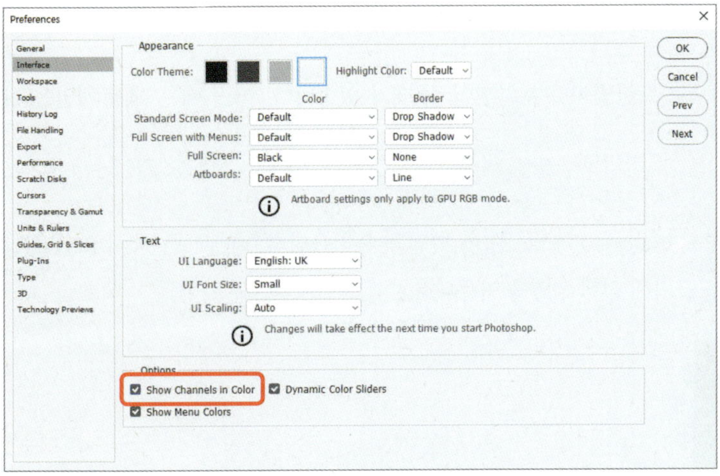

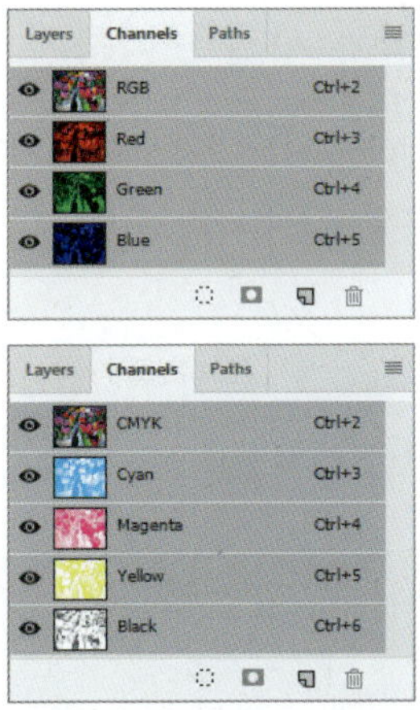

■ RGB 모드와 CMYK 모드로 표시된 채널 레이어

각 채널의 눈 아이콘(👁)을 클릭하면 화면을 색상별로 확인할 수 있습니다.

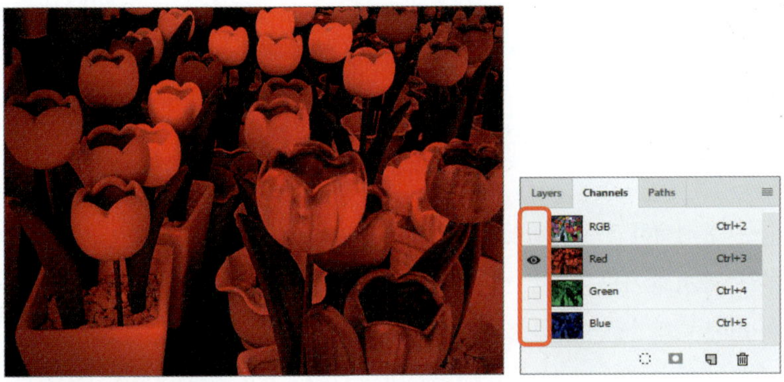

■ Red 채널 보기(tuple.jpg)

여러 채널의 눈 아이콘(👁)을 클릭하면 화면을 혼합된 색상으로 확인할 수 있습니다.

■ Green과 Blue 채널 보기

Tip RGB 채널은 Red 채널, Green 채널, Blue 채널을 모두 합친 채널이고, CMYK 채널은 Cyan 채널, Magenta 채널, Yellow 채널, Black 채널을 모두 합친 채널입니다.

색상 채널로 사진 보정하기

디지털 카메라로 사진을 찍으면 전체적으로 노란빛이나 푸른빛이 돌 때가 있습니다. 이럴 때는 색상 채널을 이용하여 색상을 보정합니다.

01 Red 색상 조절하기 Chapter_02 ▸ Section_03 ▸ face.jpg 파일을 불러옵니다. 채널 패널에서 Red 채널을 선택하고 Ctrl 을 누른 채로 섬네일을 클릭해 선택 영역을 만듭니다.

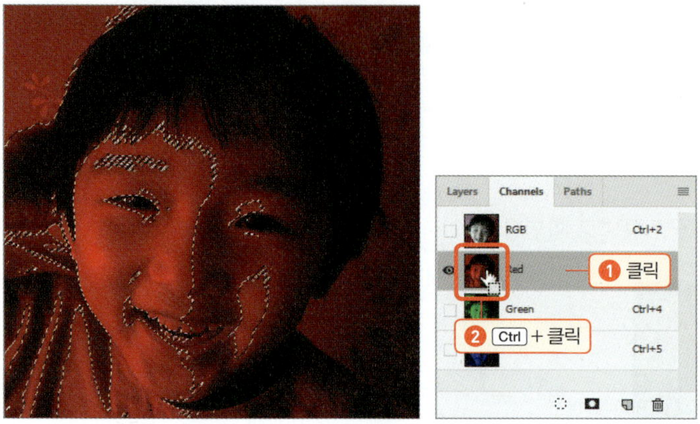

02 색상 정보 지우기 지우개 툴( )을 선택하고 옵션 바에서 Opacity를 25%로 조절한 다음 화면을 드래그하여 색상 정보를 밝게 지웁니다. 마우스에서 손가락을 자주 떼면 두 번 이상 지나간 자리에 얼룩이 생길 수 있으므로 손가락을 떼지 않고 전체를 한 번에 드래그하는 것이 좋습니다.

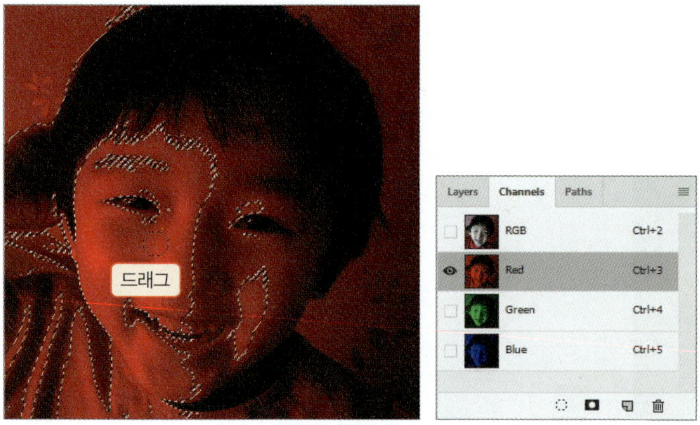

Tip 화면의 변화를 보면서 지우려면 RGB 채널의 눈 아이콘( )을 켜 줍니다.

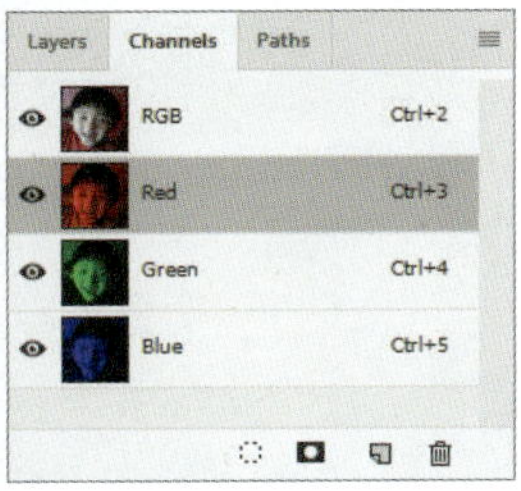

03 Green 색상 조절하기 Green 채널을 선택하고 Ctrl을 누른 채로 섬네일을 클릭하여 선택 영역을 바꿉니다. 다시 지우개 툴( )로 화면을 드래그하여 Green 색상 정보를 밝게 지웁니다.

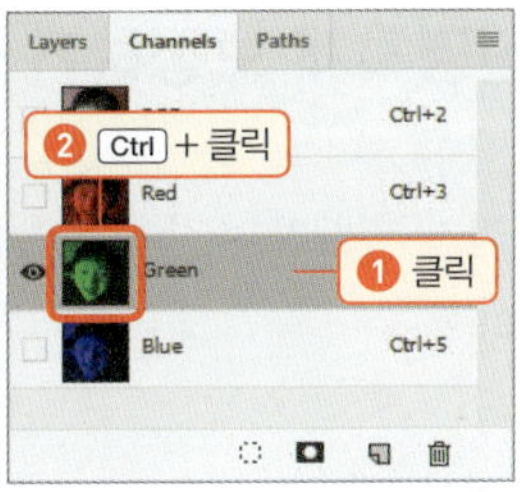

04 Blue 색상 조절하기 Blue 채널을 선택하고 Ctrl을 누른 채로 섬네일을 클릭하여 선택 영역을 바꿉니다. 번 툴( )을 선택하고 옵션 바에서 Exposure를 25%로 조절한 다음 화면을 드래그하여 Blue 색상 정보를 더해 조금 어둡게 합니다.

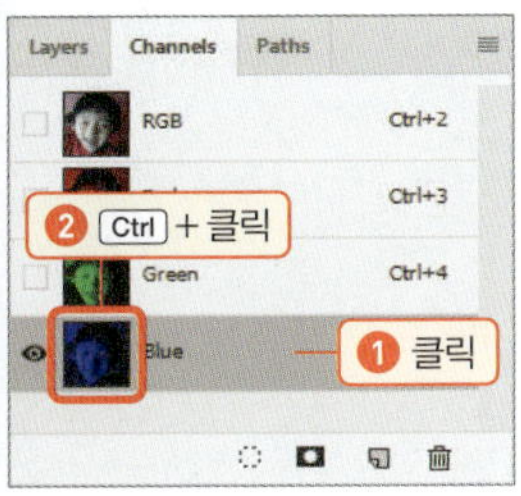

05 완성 이미지 확인하기 Ctrl+D를 눌러 선택 영역을 해제합니다. RGB 채널을 선택하고 레이어 패널로 돌아와 확인하면 색상이 보정되었음을 알 수 있습니다.

■ 원본 이미지

■ 완성 이미지

Tip 보정하려는 이미지가 노란색이나 붉은색을 띤다면 Green 채널을 번 툴( )로 짙게 만들어 초록색 색상 정보를 더하고, 다른 채널은 지우개 툴( )로 색상 정보를 지웁니다.

• **준비 파일** shake.psd • **완성 파일** shake_result.psd

응용 예제 흔들린 사진 선명하게 보정하기

사진을 찍다 보면 초점이 맞지 않거나 카메라가 흔들려 사진이 흐릿한 경우가 있습니다. 흔들린 사진을 보정하기 위해 채널을 사용하는 방법을 배워 봅니다.

■ 준비 이미지

■ 완성 이미지

01 Chapter_02 ▸ Section_03 ▸ shake.psd 파일을 불러옵니다. 채널 패널의 Green 채널을 선택하고 마우스 오른쪽 버튼을 클릭하여 [Duplicate Channel]을 선택합니다. 옵션 창에서 〈OK〉를 클릭하면 해당 채널이 복제됩니다.

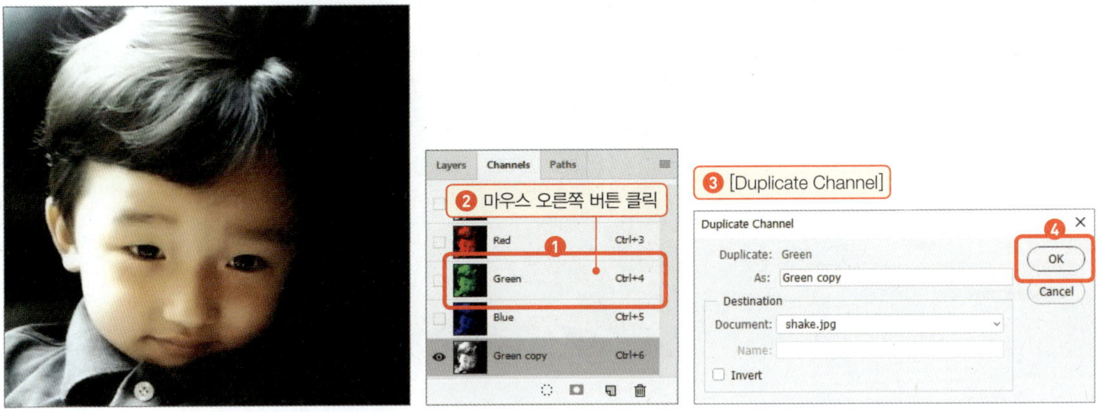

02 메뉴 바에서 [Filter]–[Filter Gallery]를 선택하고 옵션 창이 열리면 [Stylize]–[Glowing Edges]를 선택합니다. 가장자리 부분이 선명해지도록 다음과 같이 설정하고 〈OK〉를 클릭합니다.

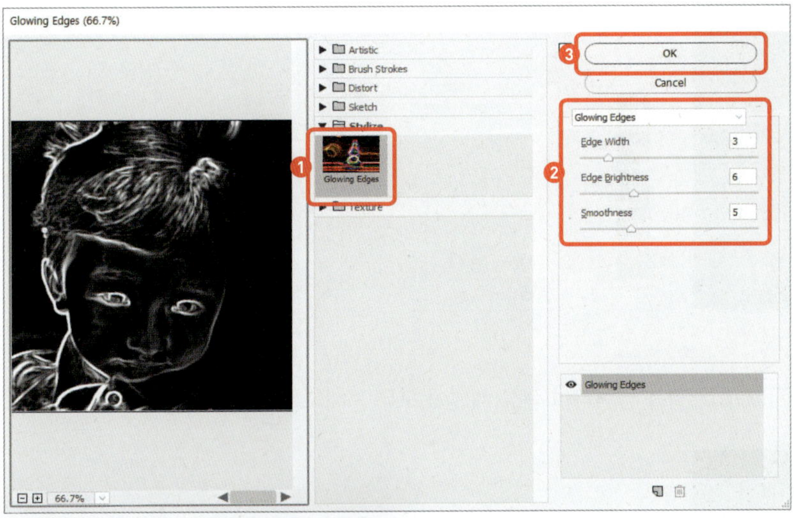

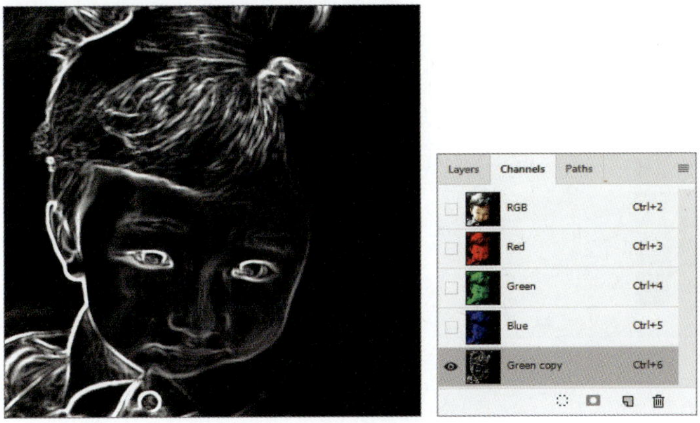

03 Green copy 채널이 선택된 상태에서 [Image]-[Adjustments]-[Levels]를 선택합니다. 옵션 창에서 다음 그림과 같이 설정하여 흰 영역을 늘린 다음 〈OK〉를 클릭합니다.

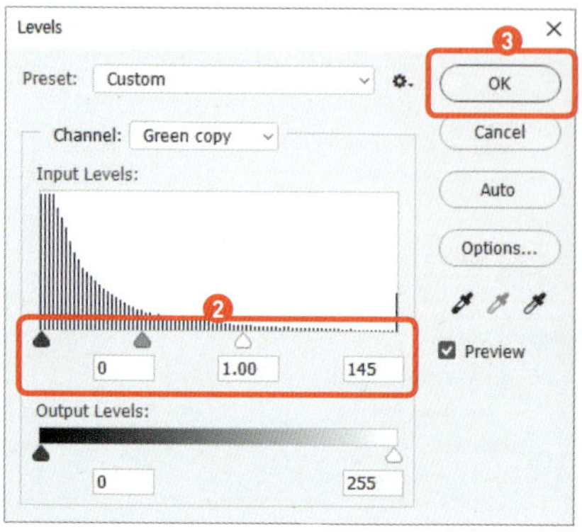

04 [Ctrl]을 누른 채로 Green copy 채널의 섬네일을 클릭하여 선택 영역을 만듭니다.

05 선택 영역을 유지한 상태로 RGB 채널을 클릭하여 색상 채널이 모두 보이도록 만듭니다.

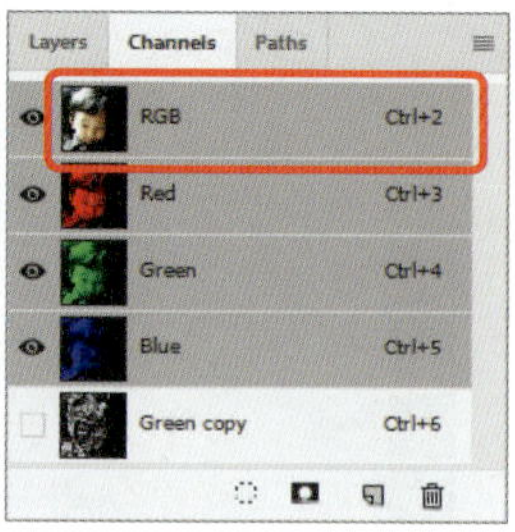

06 레이어 패널로 돌아와 Ctrl + J 를 누르면 선택 영역이 복제됩니다.

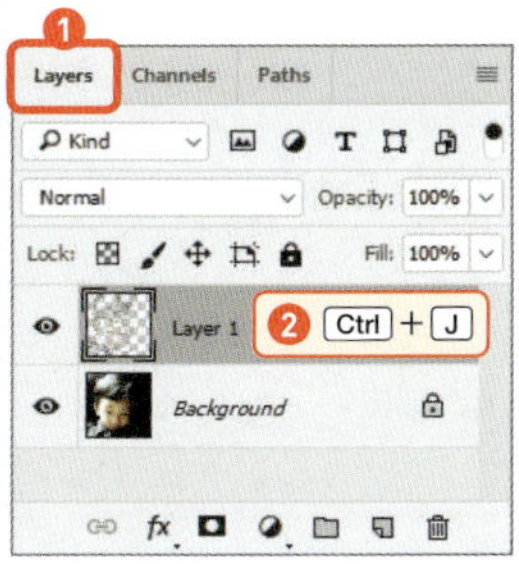

07 Layer 1이 선택된 상태에서 [Filter]-[Sharpen]-[Smart Sharpen]을 선택합니다. 이미지를 확인하면서 옵션 창에서 값을 다음과 같이 설정하고 〈OK〉를 클릭합니다.

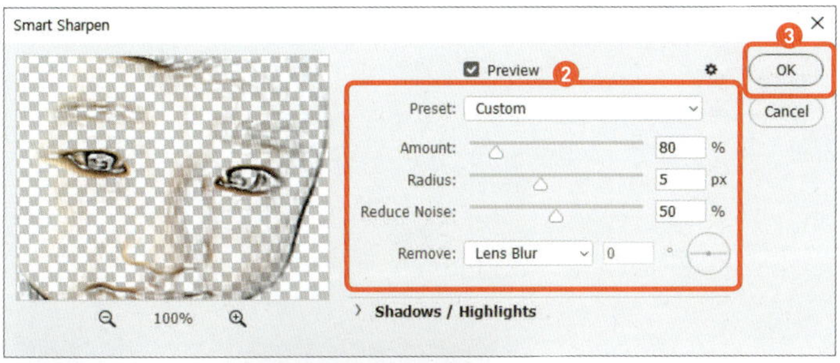

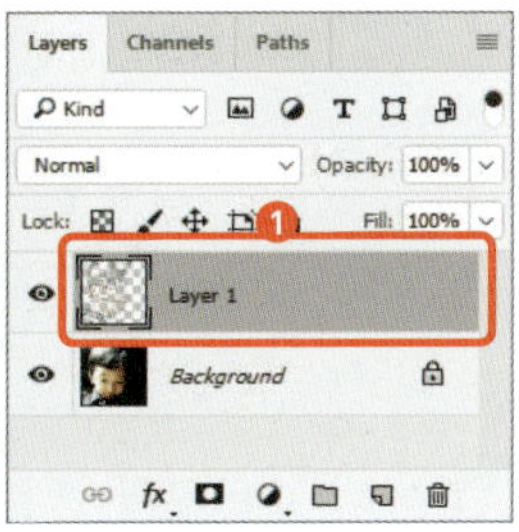

08 다시 Layer 1이 선택된 상태에서 [Filter]-[Sharpen]-[Unsharp Mask]을 선택합니다. 옵션 창에서 값을 다음과 같이 설정하고 〈OK〉를 클릭합니다. Layer 1의 이미지가 선명하게 조절되면서 흔들린 이미지가 보정됩니다.

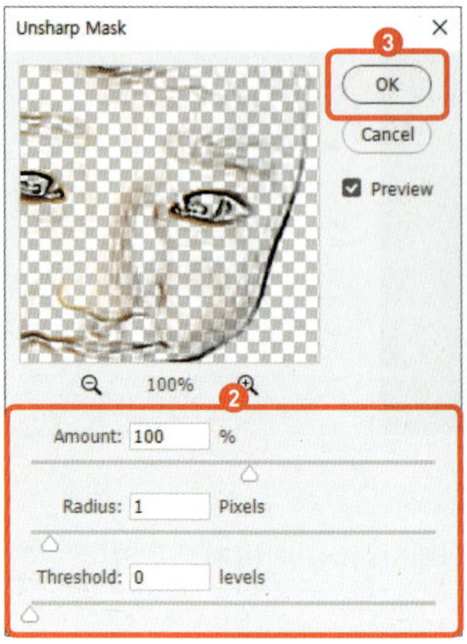

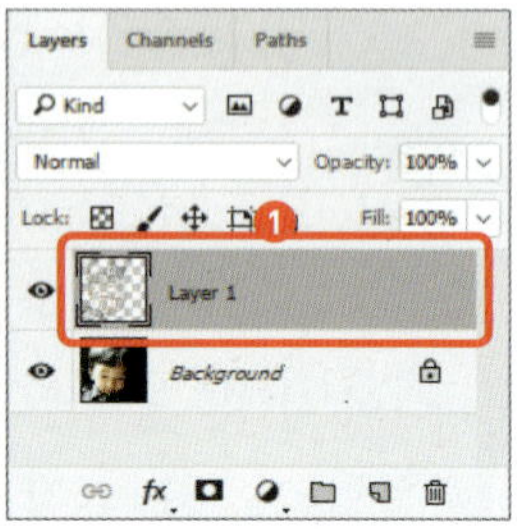

CHAPTER

03

이미지의 이동과 선택

01 ⁄ **이미지 이동하기** ▶ 이동 툴

02 ⁄ **사각형으로 선택하기** ▶ 사각형 선택 툴, Transform 메뉴

03 ⁄ **원형으로 선택하기** ▶ 원형 선택 툴

04 ⁄ **가는 줄 형태로 선택하기** ▶ 한 줄 가로/세로 선택 툴

05 ⁄ **원하는 형태로 선택하기** ▶ 올가미 툴

06 ⁄ **원하는 형태로 각지게 선택하기** ▶ 다각형 올가미 툴

07 ⁄ **자동으로 선택하기** ▶ 자석 올가미 툴

08 ⁄ **작은 부분까지 섬세하게 선택하기** ▶ 퀵 셀렉션 툴, Subject 메뉴

09 ⁄ **유사한 영역 한꺼번에 선택하기** ▶ 마술봉 툴

10 ⁄ **원하는 부분만 자르기** ▶ 자르기 툴

11 ⁄ **원근감을 살려 자르기** ▶ 원근 자르기 툴

12 ⁄ **브러시로 칠한 영역 선택하기** ▶ 퀵 마스크 모드

SECTION 01

이미지 이동하기

• **핵심 기능 |** 이동 툴 (단축키 V)

이동 툴의 기능

이동 툴(Move Tool,)은 이미지의 전체 또는 일부를 이동하여 원하는 위치에 배치하는 툴입니다.

01 선택 영역 만들기 Chapter_03 ▸ Section_01 ▸ tulip.psd 파일을 불러옵니다. 메뉴 바에서 [Select]–[Subject]를 선택하여 튤립을 선택 영역으로 만듭니다. 이동 툴()을 선택하고 마우스를 선택 영역 안쪽으로 가져가면 마우스 포인터가 이동 툴()에서 가위 달린 이동 툴()로 바뀝니다. 그 상태에서 원하는 방향으로 드래그하면 선택 영역의 이미지가 따라서 움직이고 원래 있던 자리는 배경색으로 채워집니다.

Tip Shift를 누른 채로 드래그하면 수직, 수평, 45° 방향으로만 이동합니다.

02 선택 영역 복제하기 Ctrl+Z를 눌러 튤립을 원래 위치로 되돌립니다. Alt를 누른 채로 마우스를 선택 영역 안쪽으로 가져가면 마우스 포인터가 모양으로 바뀝니다. 그 상태에서 드래그하면 선택 영역이 복제됩니다.

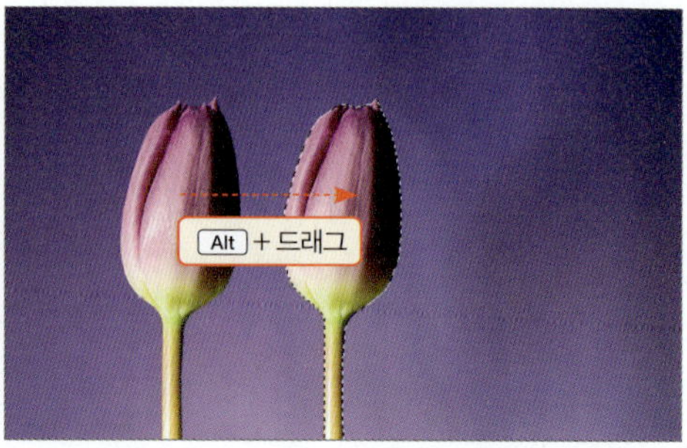

03 다른 창으로 복제하기 추가로 Chapter_03 ▸ Section_01 ▸ Skyblue.jpg 파일을 불러온 후 두 이미지의 제목 표시줄을 아래로 드래그하여 창을 분리합니다. tulip 창의 선택 영역을 Skyblue 창으로 드래그하면 튤립이 다른 창으로 복제됩니다.

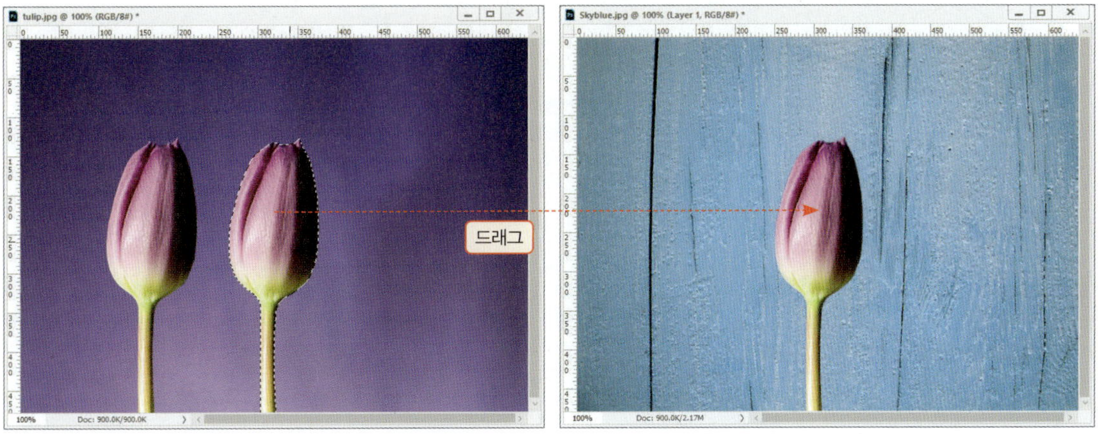

Tip 다른 툴을 선택한 상태에서 Ctrl을 누르면 대부분 이동 툴로 임시로 바뀝니다.

이동 툴의 옵션

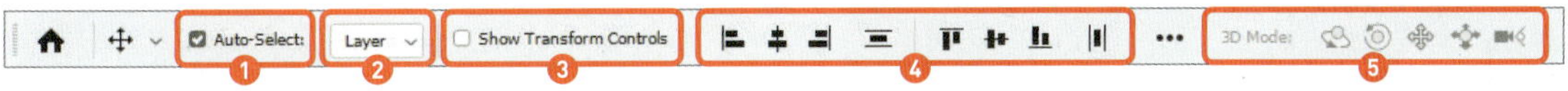

❶ **Auto-Select** 이 옵션이 체크된 상태에서 작업 화면의 오브젝트를 클릭하면 그 오브젝트가 있는 레이어를 자동으로 선택합니다. 작업 영역을 드래그하면 드래그한 영역에 있는 모든 오브젝트의 레이어를 선택합니다.

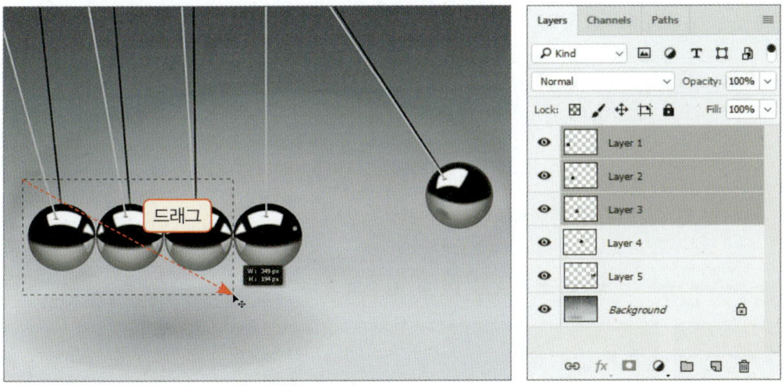

■ 드래그한 영역에 있는 모든 오브젝트의 레이어 선택(ball.psd)

❷ Group/Layer Group 옵션이 선택된 상태에서 그룹에 포함된 오브젝트를 클릭하면 그 오브젝트가 속한 그룹 레이어를 선택합니다.

■ 그룹에 포함된 모든 레이어 선택(ball_group.psd)

❸ Show Transform Controls 이 옵션이 체크된 상태에서 오브젝트를 클릭하면 외곽에 바운딩 박스가 생깁니다. 바운딩 박스를 이용해 크기를 조절하거나 회전시킬 수 있습니다.

■ 선택한 오브젝트에 바운딩 박스 생성(ball.psd)

❹ 정렬 여러 레이어를 선택하여 원하는 방식으로 정렬합니다.

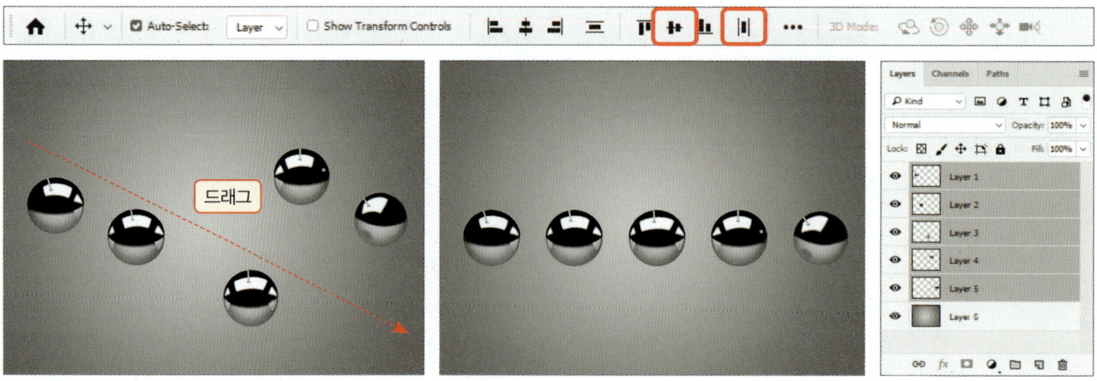

■ 정렬 전(ball2.psd) ■ 정렬 후

❺ 3D Mode 3D 오브젝트를 회전시키거나 옮깁니다.

■ 3D 오브젝트 회전

이동 툴로 오브젝트를 이동, 복제, 정렬하기

01 준비 파일 불러오기 Chapter_03 ▸ Section_01 ▸ cook.psd 파일을 불러옵니다.

02 이미지 이동하기 이동 툴( )을 선택하고 옵션 바의 Auto-Select가 체크되어 있는 상태에서 맨 왼쪽 접시와 맨 오른쪽의 접시를 왼쪽 하단과 오른쪽 하단에 배치합니다.

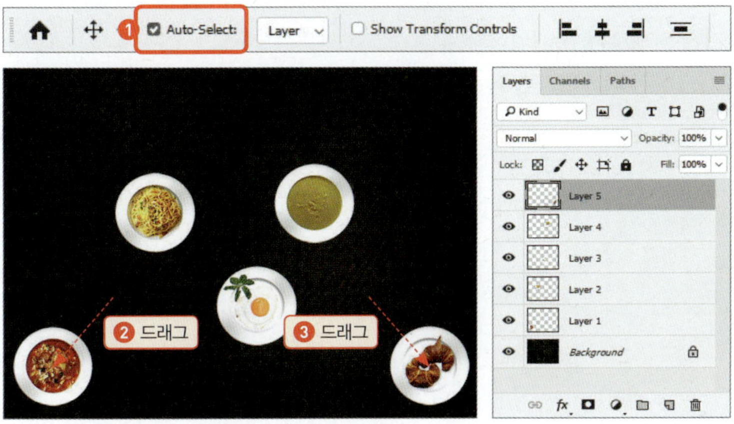

Tip Auto-Select가 체크된 상태에서 이미지를 선택하면 자동으로 해당 레이어가 선택됩니다.

03 이미지 정렬하기 레이어 패널에서 Layer 1을 선택하고 Shift를 누른 채로 Layer 5를 선택해 Layer 1~Layer 5까지 모두 선택합니다. 정렬 옵션에서 수직 아래쪽 정렬()과 수평 가운데 분배()를 클릭하면 모든 접시가 화면 하단에 나란히 정렬됩니다.

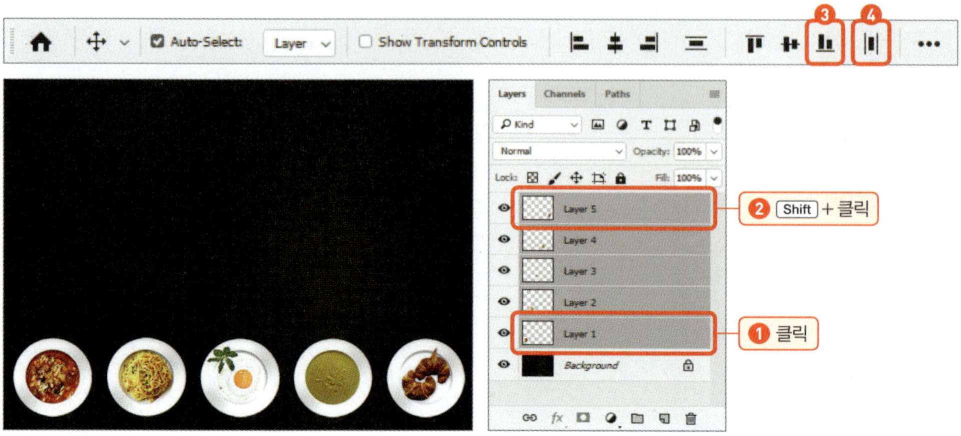

04 레이어 그룹 만들기 Layer 1~Layer 5까지 선택된 상태에서 레이어 패널의 새 그룹 만들기 버튼()을 클릭합니다. Group 1 폴더가 생성되면서 선택한 레이어들이 폴더 안으로 들어갑니다.

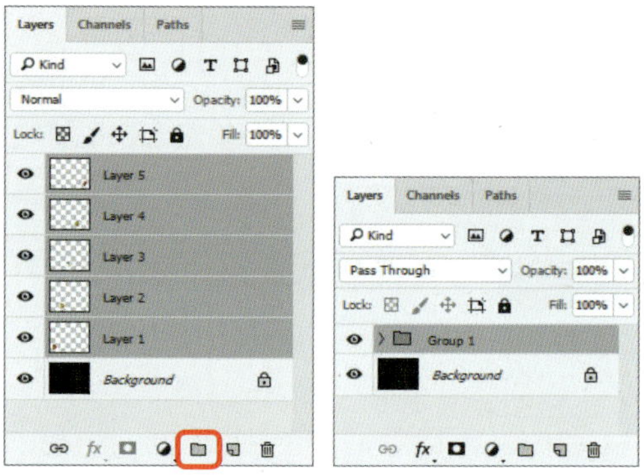

05 레이어 그룹 복제하기 레이어 패널에서 Group 1 폴더를 선택하고 새 레이어 만들기 버튼()으로 드래그하면 Group 1 폴더가 복제되어 Group 1 copy 폴더가 생깁니다. 이때 복제된 오브젝트는 같은 위치에 겹쳐 있으므로 화면에는 접시가 5개로 보이지만 실제로는 10개입니다.

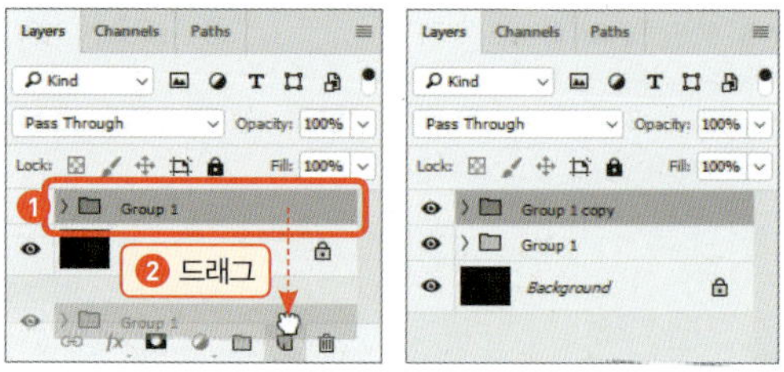

06 그룹 레이어 이동하기 Group 1 copy 폴더가 선택된 상태에서 옵션 바에서 Group으로 설정한 다음 접시를 위쪽으로 드래그합니다. 각 접시마다 레이어가 따로 있지만 그룹으로 묶인 이미지는 한꺼번에 이동합니다.

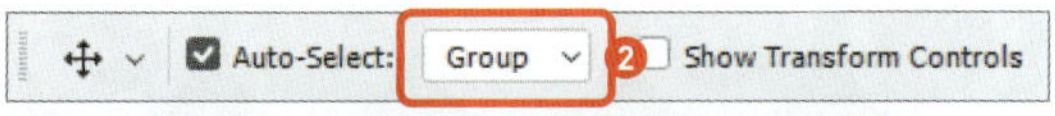

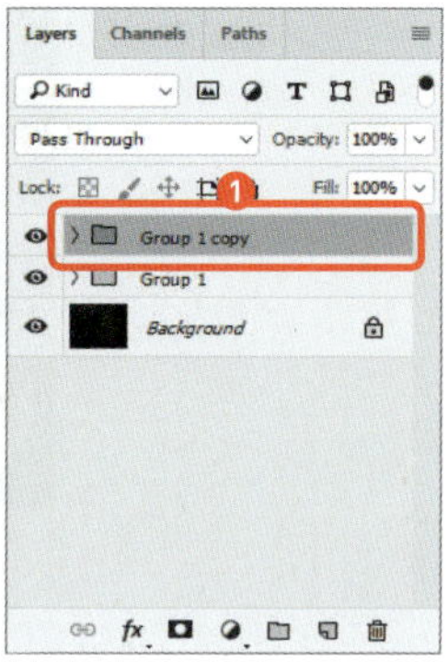

07 오브젝트 선택 영역 만들기 Group 1 copy 폴더 앞에 있는 ⊡ 표시를 클릭하면 숨겨진 레이어가 보입니다. Layer 3을 선택하고 Ctrl 을 누른 채 섬네일에 마우스를 올리면 포인터가 손가락(☝) 모양으로 바뀝니다. 이때 섬네일을 클릭하면 Layer 3에 있는 접시 모양대로 선택 영역이 생깁니다.

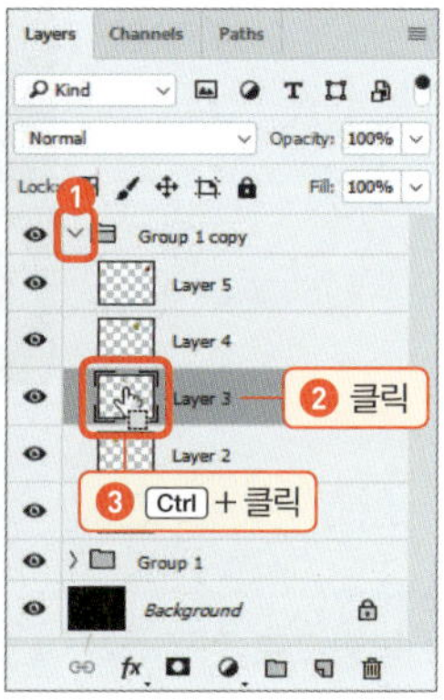

08 오브젝트 복제하기 Alt 를 누른 채로 선택 영역을 아래로 드래그하면 해당 접시만 복제됩니다.

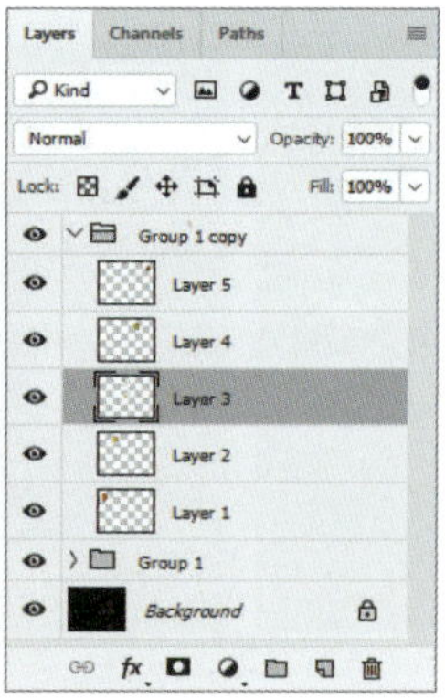

09 오브젝트 확대하기 옵션 바에서 컨트롤이 보이도록 Show Transform Controls를 체크합니다. 바운딩 박스가 나타나면 모서리를 드래그하여 원하는 크기로 키운 후 Enter를 누르거나 옵션 바의 실행 버튼(✓)을 클릭하여 이미지 크기를 확정합니다.

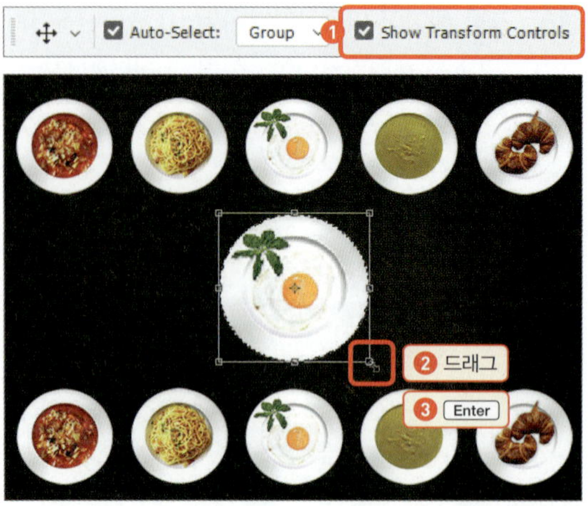

10 선택 영역 해제하기 옵션 바에서 Show Transform Controls의 체크를 해제해도 선택 영역이 계속 남아 있습니다. Ctrl+D를 눌러 선택 영역을 없애고 최종 이미지를 확인합니다.

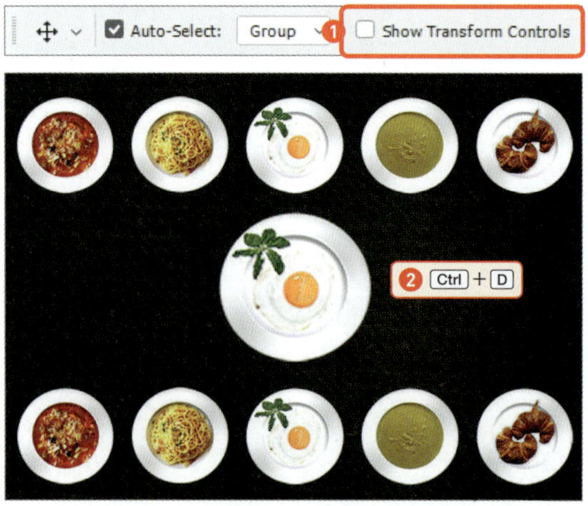

혼자 해 보기 | 오브젝트를 세로 방향으로 정렬하기

• **준비 파일** ball2.psd • **완성 파일** ball2_result.psd

기준이 될 오브젝트 2개를 골라 이동 툴(✥)로 각각 이미지 상단의 가운데와 하단의 가운데로 이동하고 세로 너비 동일 간격으로 정렬해 봅니다.

■ 준비 이미지

■ 완성 이미지

SECTION 02

사각형으로 선택하기

• **핵심 기능 |** 사각형 선택 툴[⬚](단축키 [M]), Transform 메뉴

사각형 선택 툴의 기능

사각형 선택 툴(Rectangular Marquee Tool, [⬚])은 이미지를 직사각형이나 정사각형 모양으로 선택합니다. 시작 지점을 클릭하고 드래그하면 사각형의 선택 영역이 만들어집니다. 처음 선택 영역을 만들 때 [Alt]를 누른 채로 드래그하면 클릭한 지점을 중심으로 사방으로 선택 영역이 확장되고, [Shift]를 누른 채로 드래그하면 정사각형이 만들어집니다.

선택 영역이 있는 상태에서 [Shift]를 누른 채로 드래그하면 기존에 선택해 둔 영역과 선택 영역이 합쳐지고, [Alt]를 누른 채로 드래그하면 기존에 선택해 둔 영역에서 선택 영역이 빠집니다. [Shift]와 [Alt]를 누른 채로 드래그하면 서로 겹쳐진 부분만 선택 영역으로 남습니다. 선택 영역을 더하고 빼는 방법은 다음 페이지의 사각형 선택 툴의 옵션에서 자세히 살펴봅니다.

■ 시작 지점을 클릭하고 드래그(cup.jpg)

■ 사방으로 선택 영역 지정

■ 정사각형 모양으로 선택 영역 지정

■ 선택 영역이 있는 상태에서 새로운 선택 영역 추가

사각형 선택 툴의 옵션

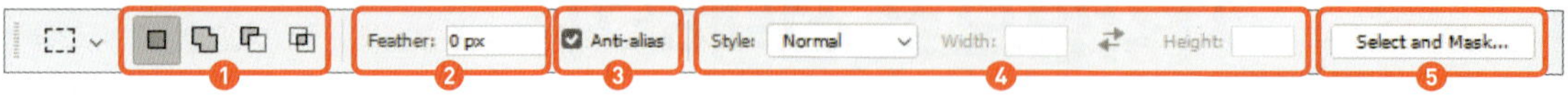

❶ **병합 모드** 선택 영역을 더하거나 빼는 역할을 합니다.

■ 새 영역 만들기[□]

■ 선택 영역 더하기[⧉] : Shift를 누른 효과

■ 선택 영역 빼기[⧉] : Alt를 누른 효과

■ 선택 영역 곱하기[⧉] : Alt+Shift를 누른 효과

❷ Feather 선택 영역의 가장자리를 반투명으로 만들어 부드러운 느낌을 줍니다. 값을 높게 설정할수록 가장자리가 부드럽게 표현됩니다.

■ Feather : 0px

■ Feather : 10px

■ Feather : 30px

❸ Anti-alias 포토샵은 대표적인 비트맵 프로그램입니다. 비트맵 이미지는 별개의 색상을 가진 작은 픽셀로 이루어져 있습니다. 이미지를 확대하면 정사각형 모양의 픽셀을 볼 수 있는데, Anti-alias는 이미지의 가장자리에 거칠어 보이는 점들(계단 현상)을 부드럽게 보이도록 표현해 줍니다.

■ Anti-alias를 체크한 경우

■ Anti-alias를 체크하지 않은 경우

❹ Style Normal(보통)은 자유로운 크기와 비율로 선택 영역을 지정하고, Fixed Ratio(고정 비율)은 입력한 비율대로 너비와 높이를 설정하며, Fixed Size(고정 크기)는 입력한 크기대로 선택 영역을 지정합니다.

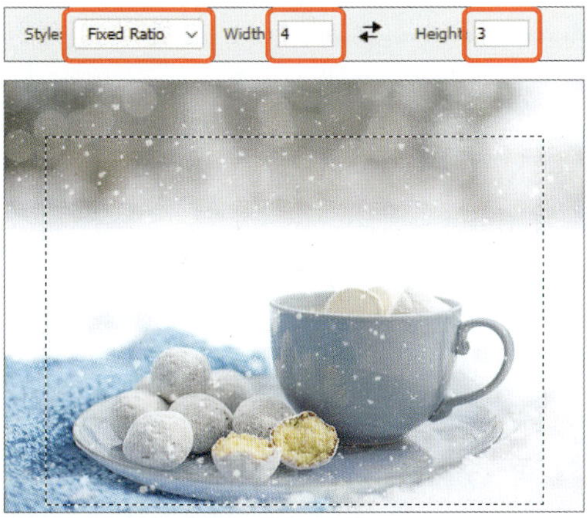

■ 4:3 비율로 선택 영역 지정

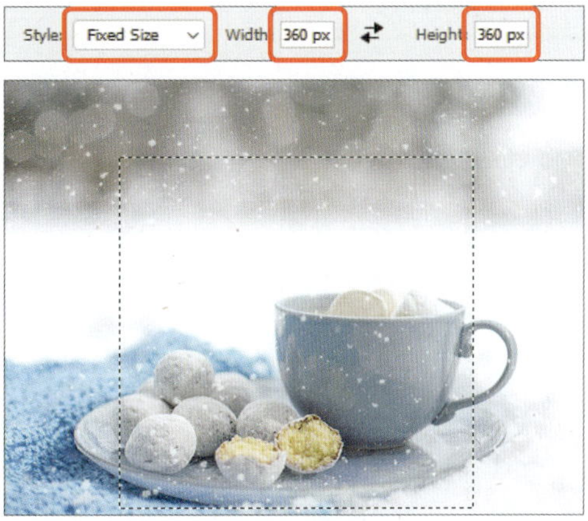

■ 너비와 높이를 360px로 선택 영역 지정

⑤ Select and Mask 선택한 영역의 가장자리를 미리보기로 보면서 보정합니다.

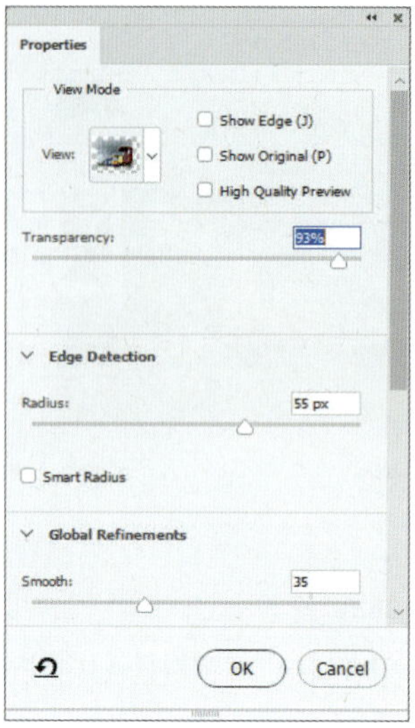

사각형 선택 툴로 선택 영역을 더하고 빼기

01 선택 영역 지정하기 Chapter_03 ▶ Section_02 ▶ candy.psd 파일을 불러옵니다. 사각형 선택 툴( )로 왼쪽 위에서 오른쪽 아래로 드래그하여 선택 영역을 지정합니다. 마우스 포인터를 선택 영역 안쪽으로 가져가면 마우스 포인터가 모양으로 바뀌는데, 이때 드래그하면 선택 영역을 원하는 위치로 옮길 수 있습니다.

02 선택 영역 해제하기 메뉴 바에서 [Select]-[Deselect]를 선택하거나 단축키 Ctrl+D를 누르면 선택 영역이 해제됩니다. 작업 화면에서 선택 영역 바깥쪽을 클릭해도 선택 영역이 해제됩니다.

03 선택 영역 더하기 Shift를 누른 채로 드래그하여 정사각형 모양으로 선택 영역을 지정합니다. 그 상태에서 Shift를 누른 채 드래그하면 마우스 포인터가 모양으로 바뀌면서 선택 영역이 추가됩니다. 이때 추가되는 선택 영역은 정사각형이 아닙니다.

04 선택 영역 빼기 Ctrl+D를 눌러 선택 영역을 해제하고 이번에는 Alt를 누른 채로 드래그합니다. 클릭한 지점을 중심으로 사방으로 선택 영역이 늘어납니다. 선택 영역이 지정된 상태에서 Alt를 누른 채 드래그하면 마우스 포인터가 모양으로 바뀌면서 원래 선택 영역에서 겹쳐진 부분의 선택 영역이 제외됩니다.

05 선택 영역 곱하기 Ctrl+D를 눌러 선택 영역을 해제한 후 다시 임의의 선택 영역을 지정합니다. 이번에는 Shift와 Alt를 동시에 누른 채로 지정된 선택 영역과 일부분이 겹치도록 드래그합니다. 마우스 포인터가 모양으로 바뀌면서 겹쳐진 부분의 선택 영역만 남습니다.

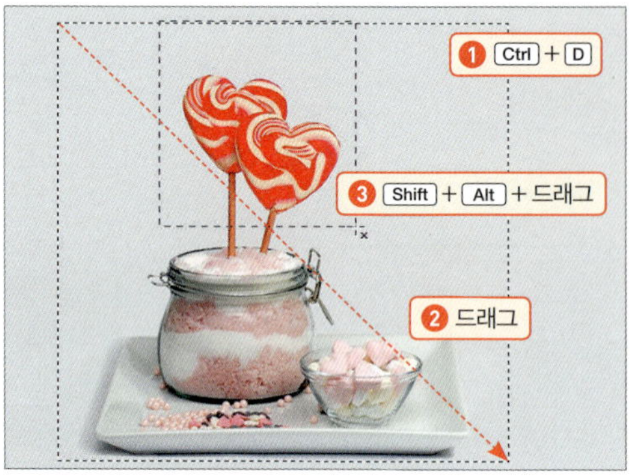

06 선택 영역 가장자리 흐리게 만들기 옵션 바에서 Feather를 20px로 입력하고 드래그하면 모서리가 둥근 사각형 모양으로 선택 영역이 만들어집니다. 이처럼 Feather는 가장자리를 흐리게 만드는 역할을 하는데 값이 클수록 더 많이 흐려집니다.

Tip Feather 값을 높게 입력하고 선택 영역을 작은 크기로 드래그하면 선택 영역을 표시할 수 없다는 메시지가 뜹니다. Feather 값은 선택 영역의 45%를 넘지 않아야 합니다.

07 가장자리 조절하기 Feather가 어떤 역할을 하는지 확인하기 위해 옵션 바의 〈Select and Mask〉를 클릭합니다. 왼쪽 그림처럼 가장자리가 흐리게 변한 것을 확인할 수 있습니다. 오른쪽 그림은 Feather를 0px으로 설정한 상태입니다. 〈OK〉를 클릭해 속성 패널을 빠져나옵니다.

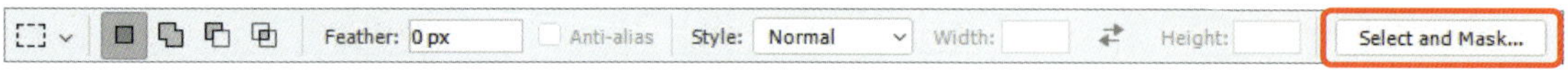

■ Feather : 20px

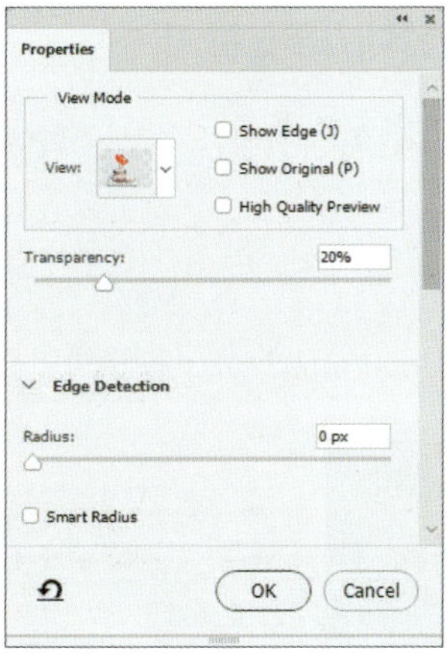

■ Feather : 0px

08 너비와 높이 비율 설정하기 옵션 바에서 Style을 Fixed Ratio로 선택하고 Width를 4, Height를 3으로 입력한 다음 화면을 드래그하면 선택 영역의 너비와 높이 비율이 4:3으로 유지되면서 선택됩니다.

09 크기 지정하기 옵션 바에서 Style을 Fixed Size로 선택하고 Width와 Height를 300px로 입력한 다음 화면을 클릭합니다. 너비와 높이가 300픽셀인 선택 영역이 만들어집니다.

Transform 메뉴로 선택 영역 확대/축소하기

Transform 메뉴를 이용하면 이미지의 전체 혹은 선택한 부분만 확대/축소할 수 있고 회전 중심을 설정한 후 회전시킬 수도 있습니다.

01 준비 파일 불러오기 Chapter_03 ▸ Section_02 ▸ sky.psd 파일을 불러옵니다.

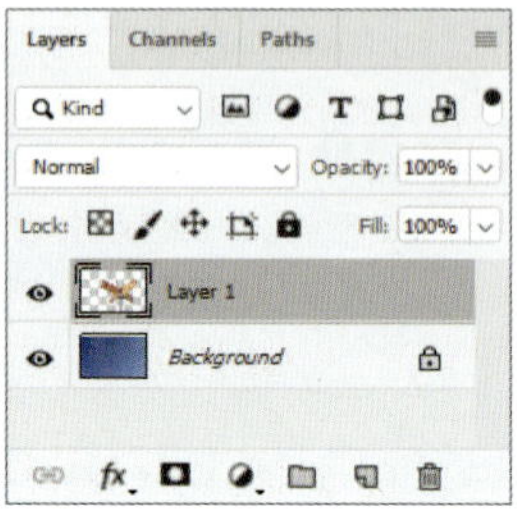

02 이미지 크기 변경하기 단축키 Ctrl+T를 눌러 이미지에 바운딩 박스를 표시합니다. 마우스를 바운딩 박스의 상하좌우 모서리로 가져가 마우스 포인터가 ⤢ 모양으로 바뀌면 안쪽으로 드래그합니다. 이미지의 비율이 유지된 채 축소됩니다.

03 수직 방향으로 이미지 크기 변경하기 마우스를 바운딩 박스의 상단 중심에 가져갑니다. 마우스 포인터가 수직 방향의 ↕ 모양으로 바뀌면 위로 드래그합니다. 이미지의 비율을 유지한 채 이미지가 확대됩니다.

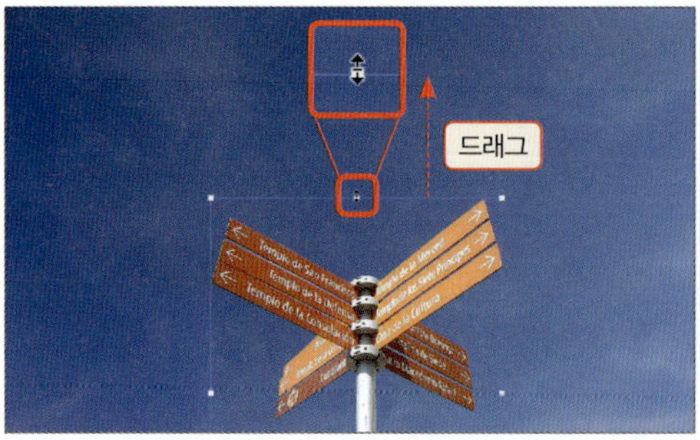

Tip 마우스를 바운딩 박스의 좌우 중심으로 가져가면 마우스 포인터가 수평 방향의 ↔ 모양으로 바뀝니다. 이때는 이미지를 좌우로 드래그하여 확대/축소할 수 있습니다.

04 이미지 회전하기 마우스를 바운딩 박스의 모서리에서 살짝 벗어난 곳에 올리면 마우스 포인터가 ⤵ 모양으로 바뀝니다. 이때 드래그하면 이미지가 회전합니다.

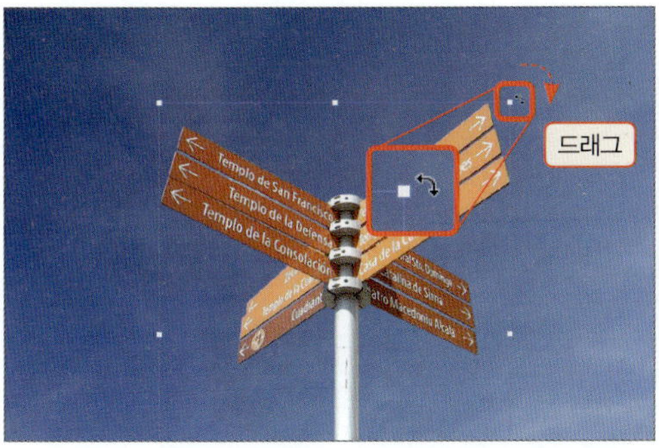

05 회전 기준점을 중심으로 회전하기 옵션 바에서 기준점을 체크하면 이미지 중앙에 회전 기준점이 나타납니다. 그 상태에서 드래그하면 회전 기준점을 중심으로 이미지가 회전합니다.

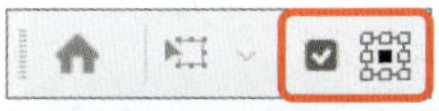

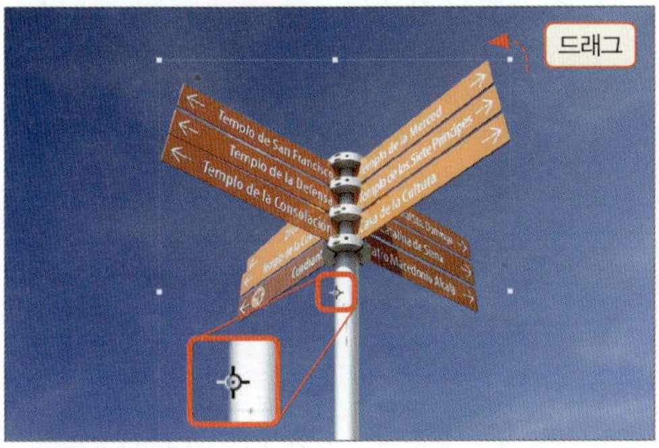

06 회전 기준점을 이동한 후 회전하기 회전 기준점을 드래그하여 원하는 위치로 이동한 후 이미지를 회전합니다. 회전 기준점을 중심으로 회전되는 방향이 달라지는 것을 확인할 수 있습니다.

07 회전 기준점의 위치 변경하기 옵션 바의 바운딩 박스 아이콘에 있는 점을 클릭하면 이미지의 회전 기준점이 클릭한 위치로 옮겨집니다. 옮겨진 회전 기준점을 기준으로 회전시켜 봅니다.

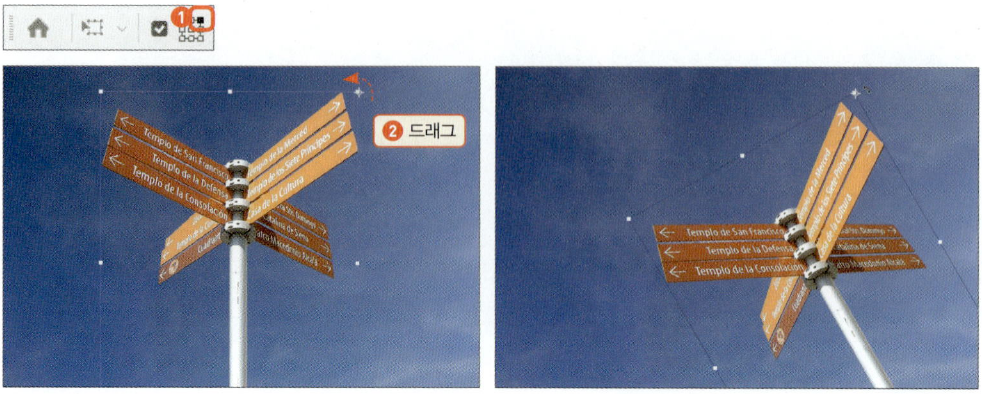

08 트랜스폼 종료하기 바운딩 박스 바깥의 빈 곳을 클릭하거나, 옵션 바의 실행 버튼(✓)을 클릭하거나, Enter 를 눌러 트랜스폼을 종료합니다.

Tip 비율과 무관하게 원하는 방향으로 크기 변경하기

사각형 선택 툴(⬚)로 표지판 기둥 하단 부분을 드래그합니다. Ctrl+T를 눌러 바운딩 박스가 나타나면 Shift를 누른 채 이미지 하단 중심에서 아래로 드래그합니다. 이미지의 비율과 무관하게 선택한 부분이 늘어납니다.

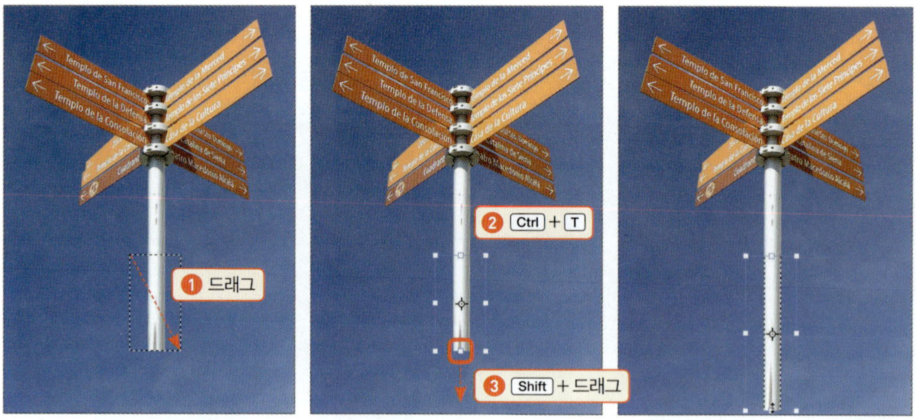

• **준비 파일** long.jpg • **완성 파일** long_result.jpg

응용 예제 **모델 다리 늘리기**

사각형 선택 툴([⬚])과 트랜스폼 기능을 이용하여 모델의 다리를 자연스럽게 늘려봅니다.

■ 준비 이미지

■ 완성 이미지

01 Chapter_03 ▸ Section_02 ▸ long.jpg 파일을 불러옵니다. 사각형 선택 툴([⬚])로 모델 다리 부분의 좌우가 꽉 차도록 드래그하여 선택 영역을 지정합니다.

Tip 선택 영역이 왼쪽 그림처럼 지정되지 않으면 옵션 바의 Feather는 0px, Style은 Normal로 설정하고 다시 선택 영역을 지정합니다.

02 Ctrl+T를 눌러 바운딩 박스를 만들고 마우스를 바운딩 박스의 하단 중앙에 올립니다. 마우스 포인터가 ↕ 모양으로 바뀌면 Shift를 누른 채 아래로 드래그합니다.

Tip 선택 영역을 이미지의 좌우로 꽉 차도록 지정하지 않으면 발이 기형적으로 커질 수 있고 배경까지 같이 늘어나 자연스럽지 못할 수도 있습니다. 선택 영역을 지정할 때 반드시 좌우가 꽉 차도록 지정합니다.

■ 발이 기형적으로 커진 이미지

■ 배경이 자연스럽지 못한 이미지

03 원하는 길이가 되었으면 옵션 바의 실행 버튼(✓)을 클릭하여 바운딩 박스를 없앱니다. Ctrl+D를 눌러 선택 영역을 해제하고 이미지를 확인합니다.

SECTION 03 원형으로 선택하기

• **핵심 기능 |** 원형 선택 툴 (단축키 M)

원형 선택 툴의 기능

원형 선택 툴(Elliptical Marquee Tool,)은 이미지를 타원이나 정원 모양으로 선택합니다. 시작 지점을 클릭하고 드래그하면 선택 영역이 원 모양으로 만들어집니다. 선택 영역을 만들 때 Alt 를 누른 채로 드래그하면 클릭한 지점을 중심으로 사방의 선택 영역이 늘어나고, Shift 를 누른 채로 드래그하면 정원이 만들어집니다.

선택 영역이 지정된 상태에서 Shift 를 누른 채로 드래그하면 기존에 선택해 둔 영역과 선택 영역이 합쳐지고, Alt 를 누른 채로 드래그하면 기존에 선택해 둔 영역에서 선택 영역이 제외됩니다. Shift 와 Alt 를 누른 채로 드래그하면 겹쳐진 부분만 선택 영역으로 남습니다. 선택 영역을 더하고 빼는 방법은 사각형 선택 툴의 사용 방법과 같습니다.

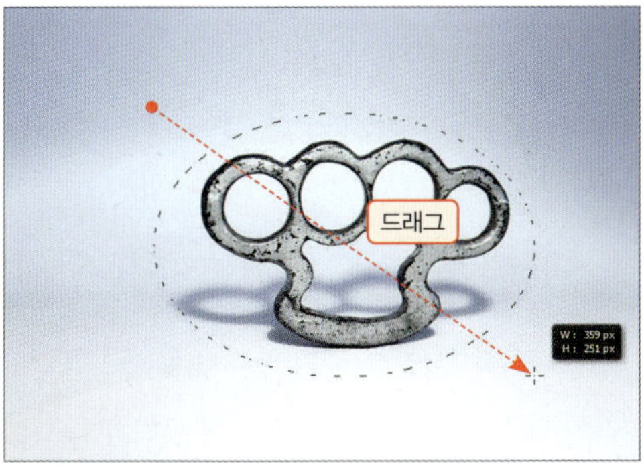

■ 시작 지점을 클릭하고 드래그(brass.jpg)

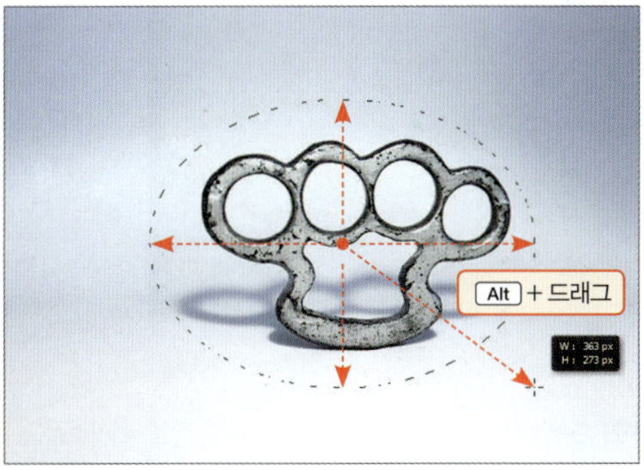

■ 사방으로 선택 영역 지정

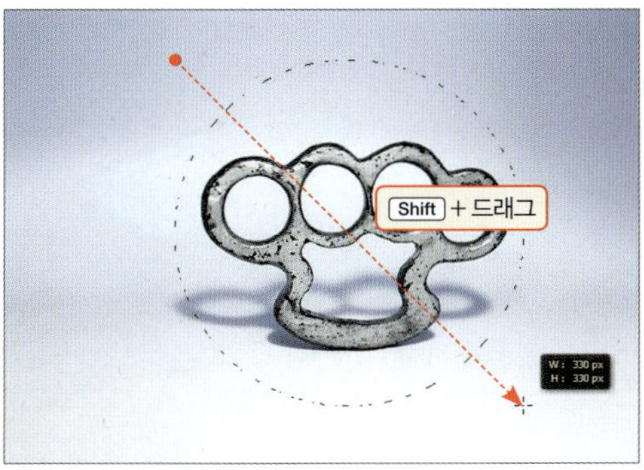

■ 정원 모양으로 선택 영역 지정

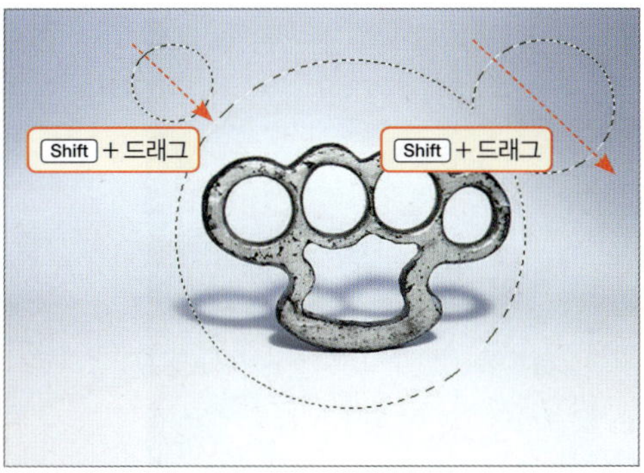

■ 선택 영역이 있는 상태에서 새로운 선택 영역 추가

원형 선택 툴로 선택 영역 지정하기

01 선택 영역 지정하기 Chapter_03 ▶ Section_03 ▶ flower.psd 파일을 불러옵니다. 원형 선택 툴(◯)을 선택하고 왼쪽 상단에서 하단으로 드래그하여 원 모양을 만듭니다.

Tip 선택 영역을 해제하려면 메뉴 바에서 [Select]-[Deselect]를 선택하거나 단축키 Ctrl+D를 누릅니다. 작업 화면에서 선택 영역 바깥쪽을 클릭해도 선택 영역이 해제됩니다.

02 선택 영역 옮기기 모든 선택 영역은 선택 영역 안쪽을 드래그하여 위치를 옮길 수 있습니다. 마우스 포인터를 선택 영역 안쪽에 두고 이동할 방향으로 드래그합니다.

03 선택 영역 더하기 선택 영역이 하나라도 있는 때 Shift를 누른 채로 드래그하면 마우스 포인터가 ⊹ 모양으로 바뀌면서 드래그한 영역이 선택 영역으로 추가됩니다. 아래 그림과 같이 선택 영역을 추가합니다.

04 선택 영역 빼기 Ctrl+D를 눌러 선택 영역을 해제합니다. Alt를 누른 채로 드래그하면 클릭한 지점을 중심으로 사방으로 선택 영역이 만들어집니다. 그 상태에서 Alt를 누른 채로 드래그하면 마우스 포인터가 모양으로 바뀌면서 겹쳐진 부분이 선택 영역에서 삭제됩니다.

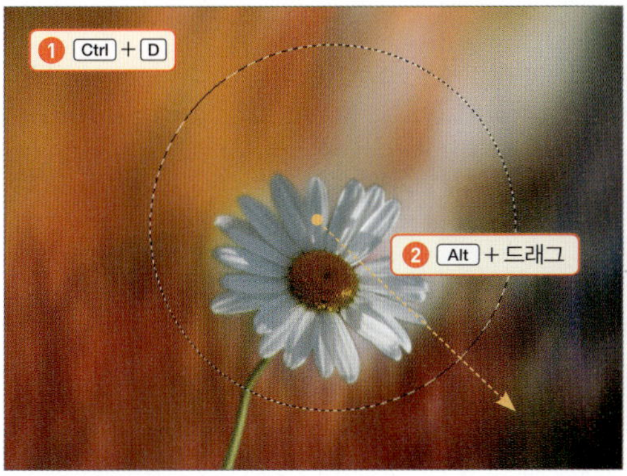

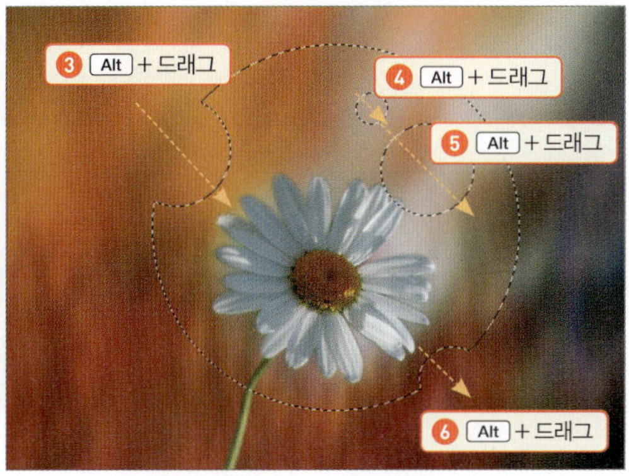

05 여러 개의 선택 영역 만들기 Ctrl+D를 눌러 선택 영역을 해제하고 꽃이 선택되도록 드래그하여 큰 원을 그립니다. 그리고 Shift를 누른 채로 드래그하여 작은 원을 몇 개 더 그립니다.

06 선택 영역 모서리 변경하기 메뉴 바에서 [Select]−[Modify]−[Feather]를 선택합니다. 옵션 창이 열리면 Feather Radius(페더 반경)를 10으로 입력하고 〈OK〉를 클릭합니다. 선택 영역이 조금 부드러워집니다.

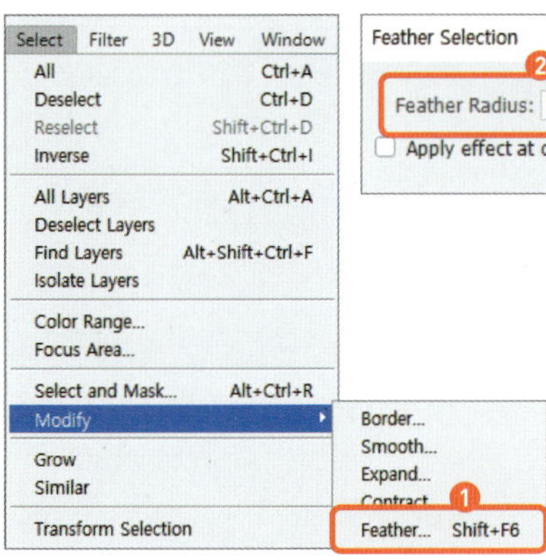

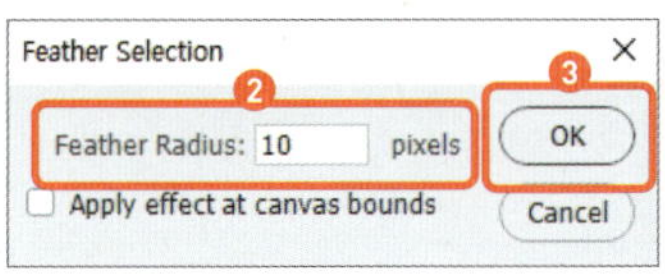

Tip 옵션 창에서 Feather를 설정하려면 선택 영역을 만들기 전에 미리 체크해야 합니다. [Select]−[Modify]−[Feather]는 선택 영역을 만든 다음 Feather 값을 적용하거나 수정할 때 사용합니다.

07 선택 영역 반전시키기 메뉴 바에서 [Select]–[Inverse]를 선택하거나 Ctrl+Shift+I를 눌러 선택 영역을 반전시킵니다.

08 선택 영역 삭제하기 Delete를 누르면 선택 영역이 삭제되면서 남아 있는 부분의 가장자리가 Feather 값에 의해 부드럽게 잘린 것을 확인할 수 있습니다. 삭제된 부분은 Background 레이어의 색상인 흰색으로 보입니다. 작업 화면을 클릭하거나 Ctrl+D를 눌러 선택 영역을 해제합니다.

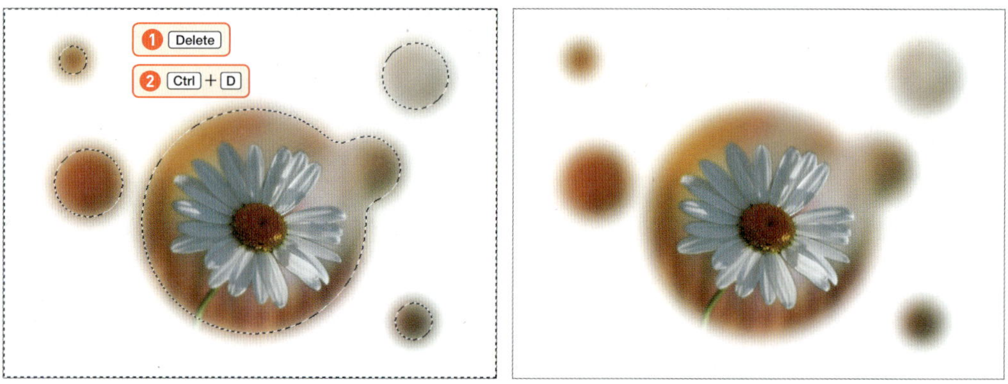

여기서 잠깐 **[Select]–[Modify]의 하위 메뉴 살펴보기**

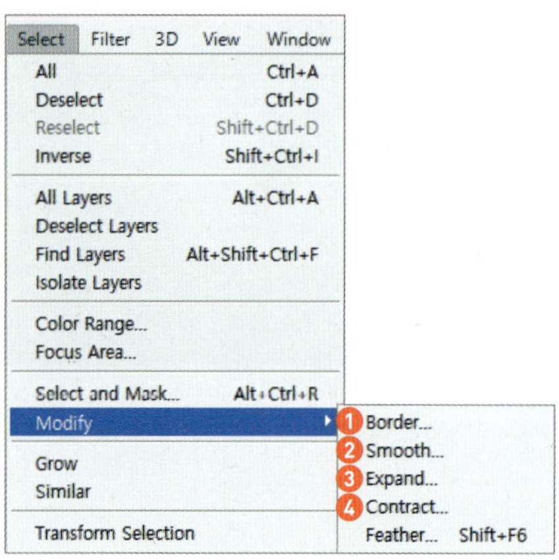

❶ Border 옵션 값만큼 선택 영역의 테두리 안쪽으로 선택 영역을 만듭니다.

❷ Smooth 별 모양처럼 들어가고 나온 부분의 선택 영역을 옵션 값만큼 부드럽게 만듭니다.

❸ Expand 선택 영역을 옵션 값만큼 확대합니다.

❹ Contract 선택 영역을 옵션 값만큼 축소합니다.

Tip 위에서 소개한 옵션은 값을 작게 입력해야 선명하고 깔끔하게 작업할 수 있습니다. 값을 크게 입력하면 선택 영역의 모양이 울퉁불퉁해져 깔끔하지 않습니다.

응용 예제 이벤트 배너 만들기

원형 선택 툴(◯)로 순서가 있는 내용을 표시하는 이벤트 배너를 만들어 봅니다.

■ 완성 이미지

01 메뉴 바에서 [File]-[New]를 선택하고 옵션 창에서 Width는 500Pixels, Height는 300Pixels를 입력한 후 〈Create〉를 클릭합니다.

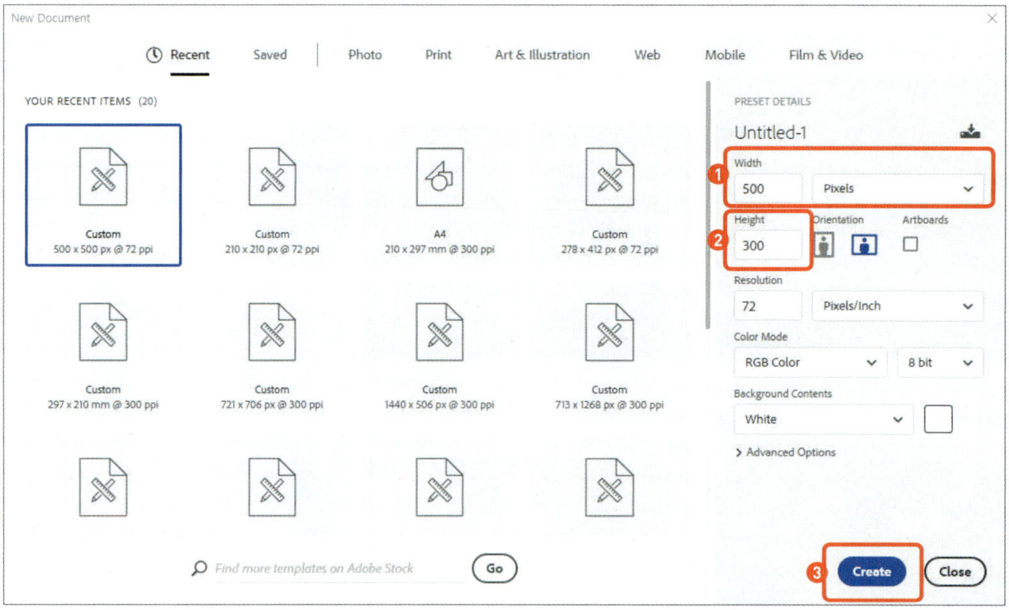

02 툴 박스의 전경색(■)을 클릭한 후 색상 피커 창에서 분홍색(#FFCED0)으로 설정한 후 〈OK〉를 클릭합니다. 작업 화면에서 Alt + Delete 를 눌러 전경색으로 채웁니다.

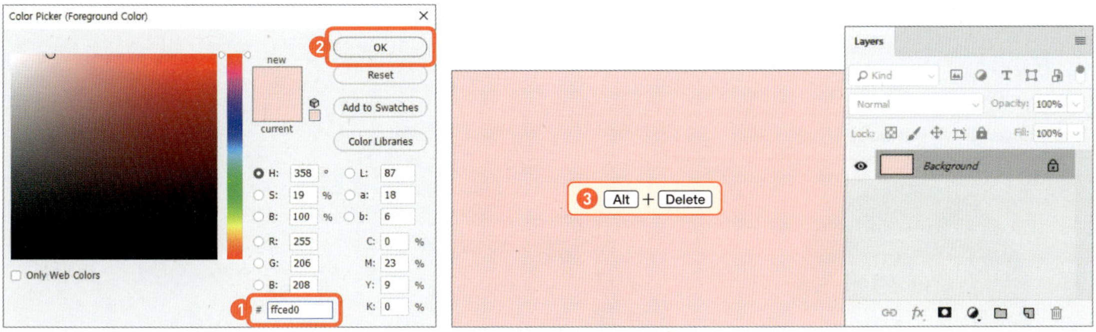

Tip [Alt]+[Delete]를 누르면 전경색이, [Ctrl]+[Delete]를 누르면 배경색이 채워집니다.

03 새 레이어 만들기 버튼(⊞)을 클릭해 새 레이어를 추가합니다. 원형 선택 툴(◌)을 선택하고 옵션 바에서 Style을 Fixed Size, Width와 Height는 280px로 입력한 후 작업 화면을 클릭해 지름이 280픽셀인 정원을 만듭니다. 전경색(■)을 클릭한 후 보라색(#91406B)으로 지정한 후 작업 화면에서 [Alt]+[Delete]를 눌러 선택 영역의 내부를 채웁니다.

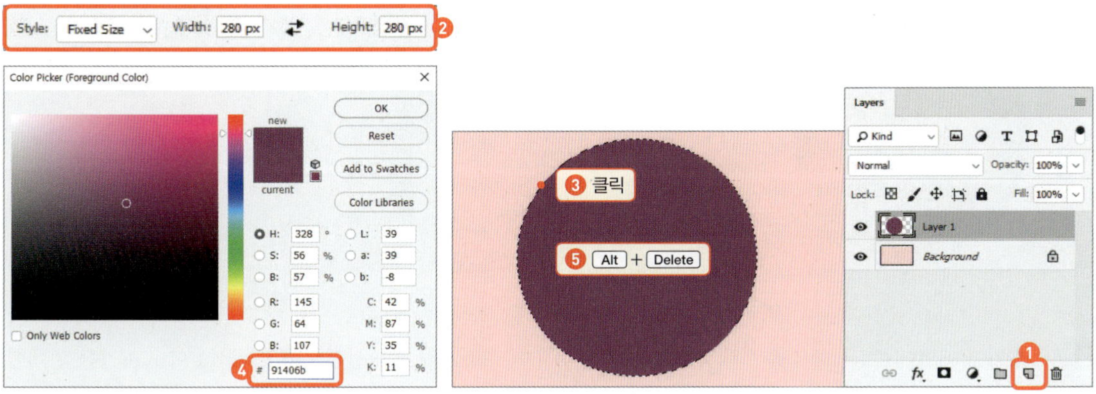

04 새 레이어 만들기 버튼(⊞)을 클릭해 새 레이어를 추가합니다. 원형 선택 툴(◌)의 옵션 바에서 Width와 Height를 각각 220px로 입력한 후 작업 화면을 클릭하여 정원을 만듭니다. 전경색(■)을 클릭한 후 진한 분홍색(#E7637A)으로 지정하고 작업 화면에서 [Alt]+[Delete]를 눌러 선택 영역의 내부를 채웁니다.

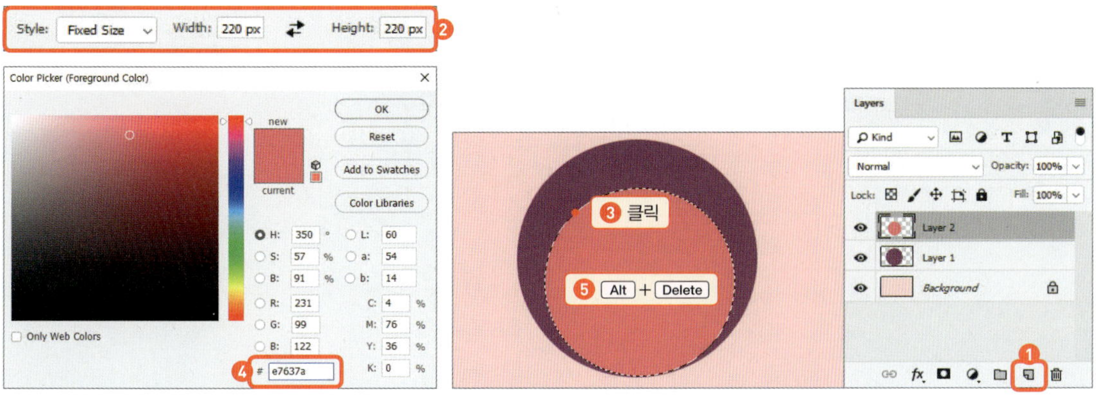

05 같은 방법으로 새 레이어를 추가한 후 Width와 Height가 160px이고 주황색(#E66B2F)으로 채워진 정원을 만듭니다.

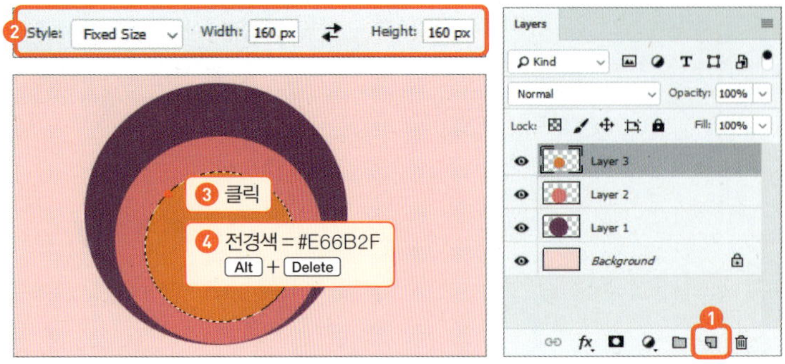

06 마지막으로 새 레이어를 추가하고 Width와 Height가 100px이며 내부가 탁한 노란색(#D8B358)으로 채워진 정원을 만듭니다.

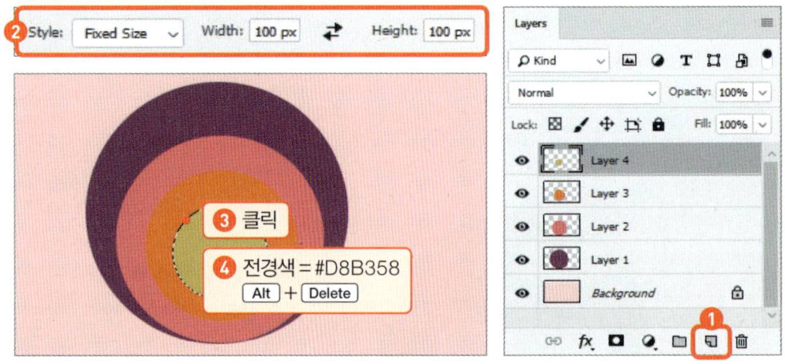

07 레이어 패널에서 Layer 1을 선택하고 Shift를 누른 채로 Layer 4를 선택하여 Layer 1~Layer 4를 선택합니다. 이동 툴(✥)을 선택하고 옵션 바에서 수평 가운데 정렬(▣), 수직 아래쪽 정렬(▣)을 클릭해 모든 원을 가운데 정렬한 후 화면의 왼쪽으로 드래그하여 옮깁니다.

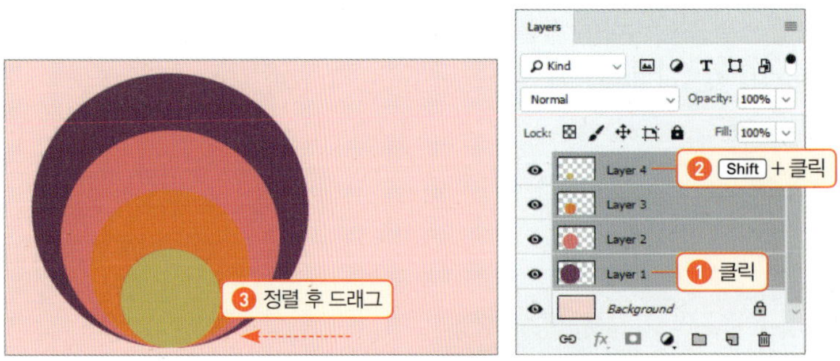

08 레이어 패널에서 Layer 2, Layer 3, Layer 4의 눈 아이콘(![eye])을 클릭하여 보이지 않게 한 후 Layer 1을 선택합니다. 사각형 선택 툴(![marquee])로 원의 지름 크기만큼 드래그하여 사각형 선택 영역을 만들고 전경색을 클릭하여 원래 색보다는 약간 밝은 보라색(#A04775)으로 설정한 후 Alt + Delete 를 눌러 내부를 채웁니다.

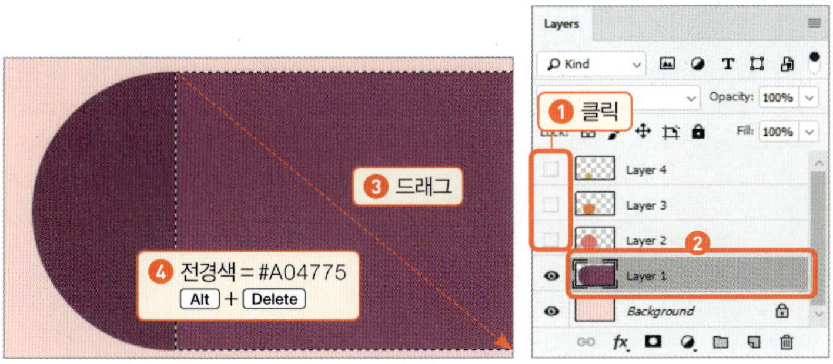

09 Layer 2의 눈 아이콘(![eye])을 클릭하여 보이게 한 후 Layer 2를 선택합니다. **08**번과 같은 방법으로 선택 영역을 만들고 약간 밝은 분홍색(#FE6E87)으로 채웁니다.

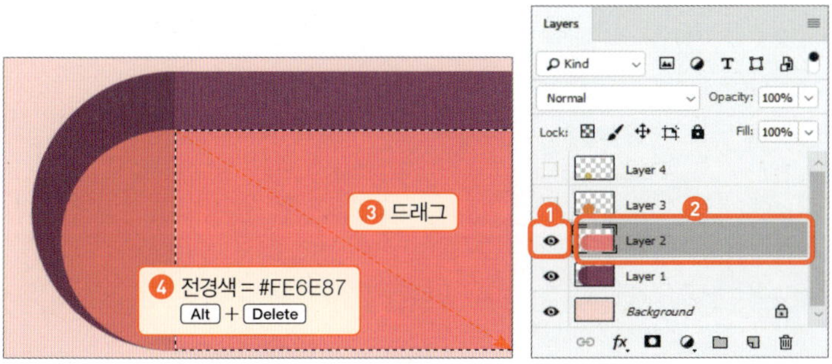

10 **09**번과 같은 방법으로 Layer 3과 Layer 4에 사각형 선택 영역을 만들고 약간 밝은 주황색(#FF7635)과 약간 밝은 노란색(#F0C660)으로 채웁니다.

11 마지막으로 다음과 같이 원하는 숫자와 내용을 입력하면 순서가 있는 콘텐츠에 활용할 수 있는 이벤트 배너가 완성됩니다. 텍스트의 입력 방법은 Chapter 06에서 알아봅니다.

SECTION
04

가는 줄 형태로 선택하기

• **핵심 기능 I** 한 줄 가로 선택 툴, 한 줄 세로 선택 툴(단축키 M)

한 줄 가로/세로 선택 툴의 기능

한 줄 가로/세로 선택 툴(Single Row/Column Marquee Tool, /)은 두께가 1픽셀인 가로 줄 혹은 세로 줄을 선택 영역으로 지정하는 데 사용합니다. 한 번 클릭하면 두께가 1픽셀인 선택 영역이 만들어집니다. 다른 선택 툴과 마찬가지로 Shift를 누른 채로 클릭하면 선택 영역이 추가되고, Alt를 누른 채로 클릭하면 겹쳐지는 부분이 선택 영역에서 제외됩니다.

한 줄 가로/세로 선택 툴로 선택 영역 지정하기

01 한 줄 가로 선택 영역 지정하기 Chapter_03 ▸ Section_04 ▸ droplets.jpg 파일을 불러옵니다. 한 줄 가로 선택 툴()을 선택하고 화면을 드래그하거나 클릭하면 화면에 가로 줄이 생깁니다. 돋보기 툴()로 작업 화면을 클릭하여 확대해 보면 두께가 1픽셀인 가로 줄이 이미지를 가로질러 선택되어 있는 것을 확인할 수 있습니다.

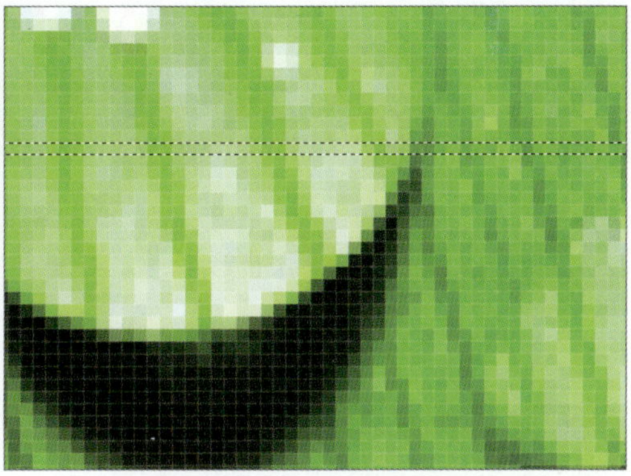

Tip 한 줄 가로/세로 선택 툴을 선택하여 드래그하면 처음 클릭한 지점이 아닌 마우스에서 손을 뗀 지점에 선택 영역이 만들어집니다.

02 한 줄 가로 선택 영역 추가하기 가로 선택 툴( )을 선택하고 Shift를 누른 채로 드래그하거나 클릭하면 한 줄 가로 선택 영역이 추가됩니다. 반대로 Alt를 누른 채로 선택 영역을 클릭하면 선택 영역이 한 줄씩 사라집니다.

Tip 두께가 1픽셀인 선을 정확하게 클릭하기란 쉬운 일이 아닙니다. 이럴 때는 화면을 충분히 확대한 다음 선택하여 추가하거나 삭제하는 것이 좋습니다.

03 한 줄 세로 선택 영역 지정하기 한 줄 세로 선택 툴( )을 선택한 다음 화면을 드래그하거나 클릭하면 화면에 세로 줄이 생깁니다. 작업 화면을 확대해 보면 두께가 1픽셀인 선택 영역이 만들어져 있는 것을 확인할 수 있습니다.

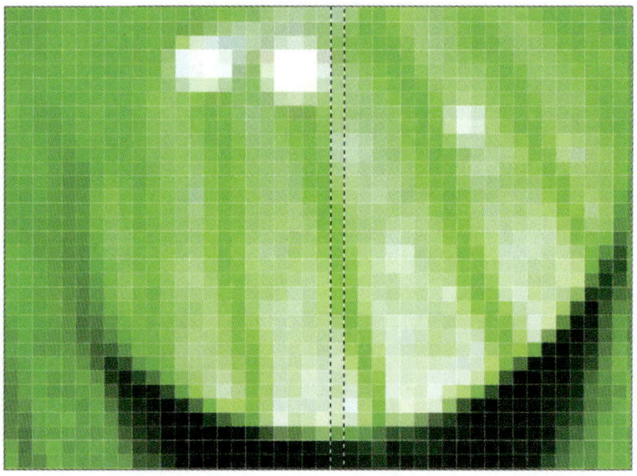

04 한 줄 세로 선택 영역 추가하기 Shift를 누른 채로 드래그하거나 클릭하면 한 줄 세로 선택 영역이 추가됩니다.

SECTION

05 원하는 형태로 선택하기

• **핵심 기능 I** 올가미 툴[icon](단축키 L)

올가미 툴의 기능

올가미 툴(Lasso Tool, [icon])은 원하는 형태로 드래그하여 선택 영역을 만듭니다. 일반적으로 이미지에서 불규칙한 부분을 선택할 때 사용합니다. 단축키 Shift, Alt, Shift+Alt의 사용법은 다른 선택 툴을 쓸 때와 같습니다. 올가미 툴을 처음 쓸 때는 정교하게 선택하기 어려우므로 익숙해질 때까지 충분히 연습해야 합니다.

올가미 툴로 선택 영역 지정하기

01 **선택 영역 지정하기** Chapter_03 ▸ Section_05 ▸ paprika.jpg 파일을 불러옵니다. 올가미 툴([icon])을 선택하고 마우스를 작업 화면으로 가져가면 마우스 포인터가 [icon] 모양으로 바뀝니다. 이때 삼각형 끝부분으로 시작 지점을 클릭한 상태에서 파프리카 외곽선을 따라 드래그합니다.

Tip 작업 화면으로 마우스 포인터를 가져갔을 때 마우스 포인터가 + 모양으로 표시되면 키보드의 Caps Lock이 꺼져 있는지 확인합니다. Caps Lock이 꺼져 있는데도 + 모양으로 표시되면 메뉴 바에서 [Edit]–[Preferences]–[Cursors]를 선택하고 옵션 창에서 Other Cursors 옵션을 Standard로 체크합니다.

02 올가미 툴 사용하기 올가미 툴로 원하는 영역을 한 번에 그리는 것은 쉬운 일이 아닙니다. 따라서 일정 부분까지 잘 그려지면 잠시 마우스에서 손가락을 뗍니다. 이때 시작 지점과 마우스에서 손가락을 뗀 지점이 자동으로 연결되어 선택 영역이 만들어집니다.

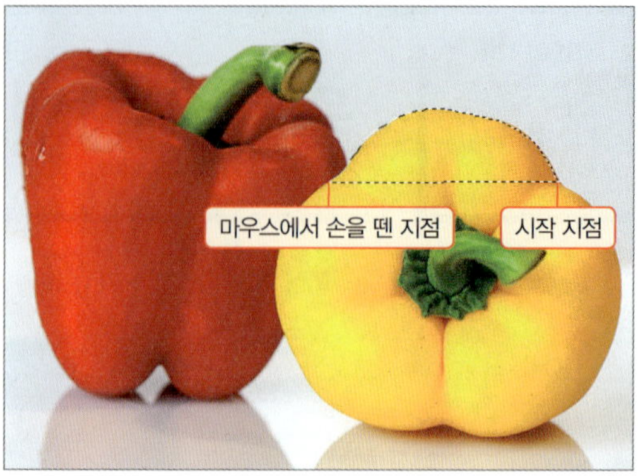

03 선택 영역 더하기 Shift를 눌러 마우스 포인터가 [아이콘] 모양으로 바뀌면 추가로 원하는 부분을 드래그합니다. 선택 영역을 만들 때 중요한 부분은 외곽선이기 때문에 다음과 같이 선택할 영역의 안쪽을 크게 드래그하면 더욱 편리하게 선택 영역을 만들 수 있습니다.

04 선택 영역 빼기 선택 영역을 잘못 지정해 원하지 않는 부분까지 선택 영역으로 지정될 수 있습니다. 이럴 때는 Alt를 눌러 마우스 포인터가 [아이콘] 모양으로 바뀐 상태에서 튀어나간 부분을 드래그하여 제거합니다. 반대로 선택 영역으로 덜 지정된 부분이 있으면 Shift를 눌러 선택 영역을 추가합니다.

05 선택 영역 완성하기 외곽을 잘 정리하여 선택 영역을 완성합니다.

Tip 올가미 툴로 선택 영역을 만들 때 화면을 크게 확대하여 드래그하면 외곽을 부드럽고 자연스럽게 선택할 수 있습니다.

SECTION 06

원하는 형태로 각지게 선택하기

• **핵심 기능 |** 다각형 올가미 툴(단축키 L)

다각형 올가미 툴의 기능

다각형 올가미 툴(Polygonal Lasso Tool,)은 원하는 영역을 차례로 클릭하여 선택 영역을 만듭니다. 클릭한 지점 사이는 직선으로 연결되며 마지막 지점은 처음 시작한 지점이어야 합니다. 연결할 지점을 잘못 클릭했다면 Delete 를 눌러 한 단계씩 앞으로 되돌릴 수 있습니다. 좁은 간격으로 클릭하면 곡선을 만들 수도 있습니다.

다각형 올가미 툴()은 불규칙한 이미지를 클릭해 가며 자유로운 모양으로 선택 영역을 만들 때 사용합니다. 클릭한 지점에서 다음 지점을 선의 방향으로 미리 가늠할 수 있기 때문에 편리하고 정교하게 작업할 수 있습니다. 단축키 Shift, Alt, Shift+Alt의 사용법은 다른 선택 툴을 쓸 때와 같습니다.

다각형 올가미 툴로 선택 영역 지정하기

01 시작 지점 선택하기 Chapter_03 ▸ Section_06 ▸ apple.jpg 파일을 불러옵니다. 다각형 올가미 툴()을 선택하고 시작 지점을 클릭합니다. 다각형 올가미 툴()은 클릭한 지점이 고정되는데, 이때 마우스를 클릭하지 않은 채로 드래그하면 선이 마우스 포인터를 따라다닙니다. 원하는 방향으로 선을 움직이며 선택 영역을 지정할 수 있으므로 올가미 툴()보다 쓰기 편합니다.

02 선택 영역 지정하기 마우스를 움직여 다음 지점을 클릭합니다. 마우스 포인터를 움직일 때마다 미리 움직일 방향을 알 수 있기 때문에 적절한 다음 지점을 클릭하면 선이 연결되어 고정됩니다. 같은 방법으로 외곽을 따라 계속 클릭합니다. 연결할 지점을 잘못 클릭했을 때는 Delete 를 눌러 한 단계 앞으로 되돌릴 수 있습니다.

Tip 외곽이 곡선인 부분은 클릭하는 지점을 촘촘히 선택해야 부드럽게 나타납니다.

03 선택 영역 완성하기 다각형 올가미 툴은 올가미 툴과는 달리 처음 시작한 지점으로 되돌아와야 마무리됩니다. 필요한 영역을 모두 선택하고 시작 지점으로 되돌아오면 마우스 포인터가 모양으로 바뀝니다. 이때 클릭하면 선택 영역으로 지정됩니다.

Tip 중간에 다각형 올가미 툴을 그만 사용해도 될 때는 작업 화면을 더블클릭합니다. 시작한 지점과 더블클릭한 지점이 연결되면서 선택 영역이 만들어집니다.

응용 예제 티셔츠 복제하고 색상 변경하기

다각형 올가미 툴( )을 사용하여 티셔츠를 정교하게 선택한 후 복제하고 색상을 변경해봅니다.

■ 준비 이미지

■ 완성 이미지

01 Chapter_03 ▸ Section_06 ▸ t–shirts.psd 파일을 불러옵니다. 다각형 올가미 툴( )로 티셔츠 형태를 따라 클릭하며 선택 영역을 만듭니다.

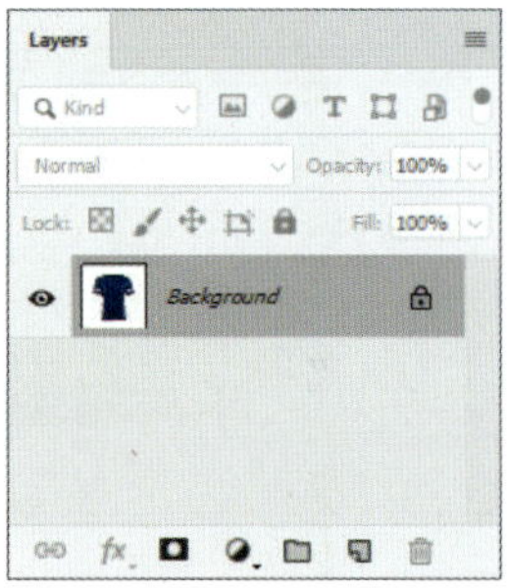

02 Ctrl+J를 눌러 선택 영역을 새 레이어(Layer 1)로 복제한 후 이동 툴( )을 이용하여 티셔츠를 약간 오른쪽으로 이동합니다.

Tip Ctrl+J는 선택한 레이어나 영역을 새 레이어로 복제하는 단축키입니다.

03 Ctrl+J를 한 번 더 눌러 Layer 1을 복제한 후 이동 툴(✥)로 약간 오른쪽으로 이동시켜 3벌의 티셔츠가 보이도록 합니다.

04 Layer 1 copy 레이어의 눈 아이콘(👁)을 클릭하여 세 번째 티셔츠가 보이지 않게 한 후 Layer 1을 선택합니다. 메뉴 바에서 [Images]–[Adjustments]–[Hue/Saturation]을 선택하고 옵션 창의 Colorize에 체크한 후 Hue는 81, Saturation은 32, Lightness는 34로 입력하고 〈OK〉를 클릭합니다.

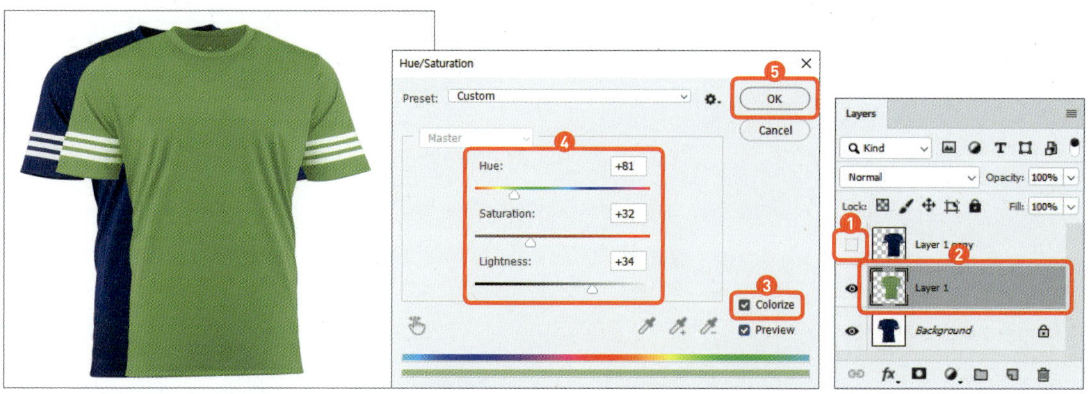

Tip Hue는 색조, Saturation은 포화도, Lightness는 밝기를 의미합니다.

05 Layer 1 copy 레이어를 선택하고 눈 아이콘()을 클릭하여 세 번째 티셔츠가 보이도록 합니다. 메뉴 바에서 [Images]–[Adjustments]–[Hue/Saturation]을 선택하고 옵션 창의 Colorize에 체크한 후 Hue는 0, Saturation은 61, Lightness는 23을 입력하고 〈OK〉를 클릭하여 완성합니다.

SECTION 07

자동으로 선택하기

• **핵심 기능** | 자석 올가미 툴(단축키 L)

자석 올가미 툴의 기능

자석 올가미 툴(Magnetic Lasso Tool,)은 선택해야 하는 영역과 배경의 색상, 명도, 채도가 명확하게 구분되는 경우 선택 영역을 쉽게 지정할 수 있습니다. 시작 지점을 클릭한 후 이미지를 따라 마우스 포인터를 움직이면 자동으로 선택 영역이 만들어집니다. 단축키 Shift, Alt, Shift+Alt의 사용법은 다른 선택 툴을 쓸 때와 같습니다.

자석 올가미 툴의 옵션

❶ **Width** 이미지의 색상 경계에 따라 감지 범위를 픽셀 단위로 설정합니다. 1~256픽셀로 입력할 수 있으며, 값이 작을수록 정교하게 선택됩니다.

❷ **Contrast** 이미지의 경계 부분의 명도 대비 값을 1~100%로 설정할 수 있습니다. 선택하려는 이미지와 배경의 명도나 색상 차이가 적을수록 값을 낮게 입력해야 정밀하게 선택할 수 있습니다.

❸ **Frequency** 이미지를 선택할 때 생성되는 기준점 개수를 설정합니다. 1~100으로 설정할 수 있으며, 값이 클수록 기준점이 많아지므로 그만큼 정교하게 선택할 수 있습니다.

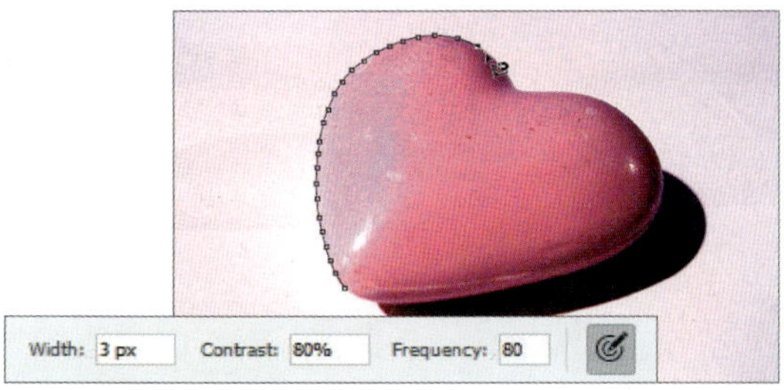

■ Frequency : 80(heart.jpg)

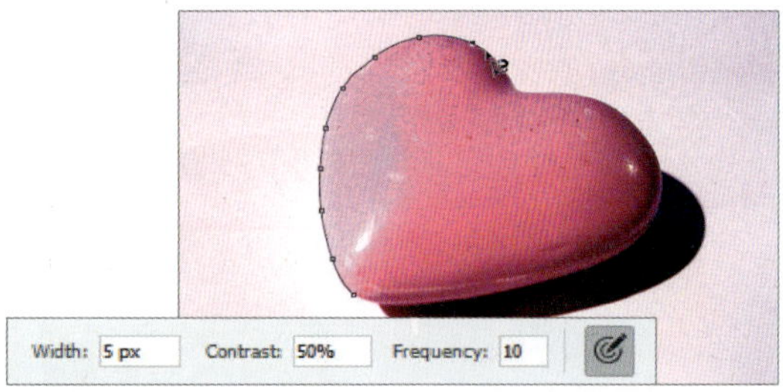

■ Frequency : 10

❹ **Use tablet pressure to change pen width()** 태블릿을 쓰는 경우 펜 마우스를 누르는 강도에 따라 선택 범위가 달라집니다.

자석 올가미 툴로 선택 영역 지정하기

01 준비 파일 불러오기 Chapter_03 ▸ Section_07 ▸ flower.jpg 파일을 불러옵니다.

02 선택 영역 지정하기 자석 올가미 툴( )을 선택하고 화면 안쪽으로 마우스 포인터를 가져가면 마우스 포인터가 모양으로 바뀝니다. 이때 위쪽 작은 삼각형으로 시작 지점을 클릭하고 외곽을 따라 드래그하면 자동으로 기준점이 생깁니다. 앵커 포인트가 원하는 위치에 생기지 않을 때는 해당 위치를 클릭하여 앵커 포인트를 강제로 만들어 줍니다.

03 실수 되돌리기 앵커 포인트가 원하지 않는 방향으로 이어졌을 때는 Delete 를 눌러 앵커 포인트를 이전 단계로 한 칸씩 되돌립니다. 도중에 종료하고 싶다면 화면을 더블클릭합니다.

04 기준점 간격 넓히기 옵션 바의 Frequency 값을 설정된 값보다 작게 입력한 후 선택 영역을 지정해 봅니다. 앵커 포인트가 듬성듬성 생기는 것을 확인할 수 있습니다.

05 선택 영역 완성하기 외곽을 따라 계속 드래그하다가 시작 지점으로 돌아오면 마우스 포인터가 모양으로 바뀝니다. 이때 클릭하면 선택 영역이 완성됩니다.

혼자 해 보기 | 캔디 복제하고 색상 변경하기

• **준비 파일** candy.psd • **완성 파일** candy_result.psd

올가미 툴( ), 다각형 올가미 툴( ), 자석 올가미 툴( ) 중 편한 툴을 이용하여 캔디 이미지를 복제하고 색상을 변경해 봅니다.

■ 준비 이미지

■ 완성 이미지

SECTION 08

작은 부분까지 섬세하게 선택하기

• 핵심 기능 | 퀵 셀렉션 툴(단축키 W), Subject 메뉴

퀵 셀렉션 툴의 기능

퀵 셀렉션 툴(Quick Selection Tool,)은 붓으로 색을 칠하듯 영역을 드래그하거나 클릭하여 선택 영역을 지정합니다. 이미지의 크기에 따라 브러시 크기를 조절하면서 사용하며, 한 번 드래그하다 멈춰도 더하기 기능이 기본값이므로 연속해서 선택 영역을 만들 수 있습니다. 동물의 털이나 사람의 머리카락처럼 영역을 섬세하게 선택할 때 유용합니다.

■ 클릭한 상태(orange.jpg)

■ 드래그하면서 영역을 지정한 상태

퀵 셀렉션 툴의 옵션으로 정교하게 선택하기

01 선택 영역 지정하기 Chapter_03 ▸ Section_08 ▸ pumpkin.jpg 파일을 불러옵니다. 퀵 셀렉션 툴()로 붓으로 칠하듯 화면을 드래그하여 호박만 선택 영역으로 지정합니다.

02 Select and Mask 실행하기 옵션 바에서 〈Select and Mask〉를 클릭합니다. 옵션 창에서 View Mode의 섬네일 옆에 있는 목록 펼침 버튼(▾)을 클릭해 View 모드를 변경하면 선택 영역을 더욱 정교하게 수정할 수 있습니다. 모드를 설정한 후에는 〈OK〉를 클릭하여 옵션 창을 빠져나옵니다.

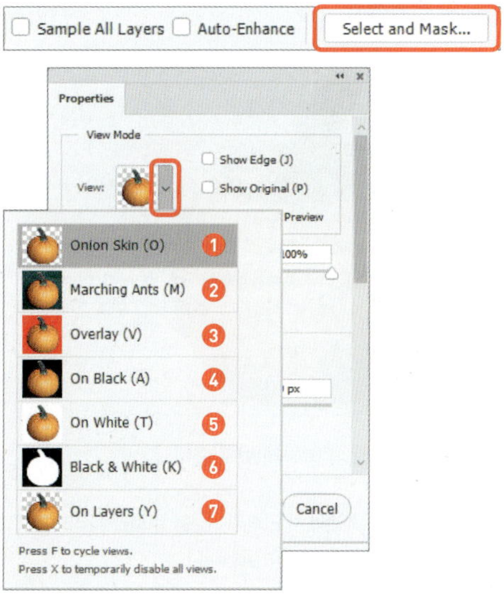

❶ Onion Skin 모드

선택 영역 바깥을 반투명하게 지정합니다. 투명도를 100%로 설정하면 On Layers 모드와 같이 선택 영역 바깥 부분이 투명해집니다.

❷ Marching Ants 모드

선택 영역을 보여 줍니다. 선택 영역이 너무 작으면 화면에 표시되지 않을 수 있습니다.

❸ Overlay 모드

선택 영역 바깥을 붉은색으로 보여 줍니다. 선택 영역과 선택 영역 바깥이 교차하는 부분의 대비를 강화시켜 짙은 색으로 표시합니다.

❹ On Black 모드

선택 영역 바깥을 검은색으로 보여 줍니다. 추출할 부분의 색상이 밝을 때 사용합니다.

❺ On White 모드

선택 영역 바깥을 흰색으로 보여 줍니다. 추출할 부분의 색상이 어두울 때 사용합니다.

❻ Black & White 모드

선택 영역을 흰색, 선택 영역 바깥을 검은색으로 보여 줍니다. 레이어 마스크 형태로 결과물을 미리 볼 수 있습니다.

❼ On Layers 모드

선택 영역 바깥을 투명하게 보여 줍니다.

Tip 미리보기 화면에서 단축키 F를 누르면 미리보기 모드가 차례로 변경됩니다. 이미지 상태에 따라 다양한 미리보기 모드를 이용하여 선택 영역을 정밀하게 추출하는 것이 좋습니다.

Subject 메뉴로 선택 영역 지정하기

선택하고자 하는 대상의 형태가 단순하고 선명하거나, 배경과 색상 대비가 큰 경우 Subject 메뉴를 사용하면 선택 영역을 손쉽게 지정할 수 있습니다.

01 배경과의 경계가 모호한 경우 Chapter_03 ▸ Section_08 ▸ hourglass.jpg 파일을 불러옵니다. 메뉴 바에서 [Select]–[Subject]를 선택하면 모래시계와 배경의 경계가 선명하지 않아 모래시계 전체가 선택되지 않고 일부만 선택됩니다.

■ 원본 이미지

■ Subject 메뉴로 선택 영역 지정

02 배경과의 경계가 선명한 경우 Chapter_03 ▸ Section_08 ▸ coloured.jpg 파일을 불러옵니다. 메뉴 바에서 [Select]-[Subject]를 선택하면 팽이와 배경과의 색상 대비가 뚜렷하여 팽이 전체가 선택되는 것을 볼 수 있습니다.

■ 원본 이미지

■ Subject 메뉴로 선택 영역 지정

• **준비 파일** beach.psd, girl.psd • **완성 파일** beach_result.psd

응용 예제 머리카락 한 올까지 추출하여 다른 이미지와 합성하기

퀵 셀렉션 툴의 〈Select and Mask〉 옵션으로 소녀의 머리카락까지 섬세하게 선택하고 다른 배경 이미지와 합성해 봅니다.

■ 준비 이미지

■ 완성 이미지

01 Chapter_03 ▸ Section_08 ▸ girl.psd, beach.psd 파일을 불러옵니다.

02 메뉴 바에서 [Select]–[Subject]를 선택하여 소녀를 선택 영역으로 지정합니다.

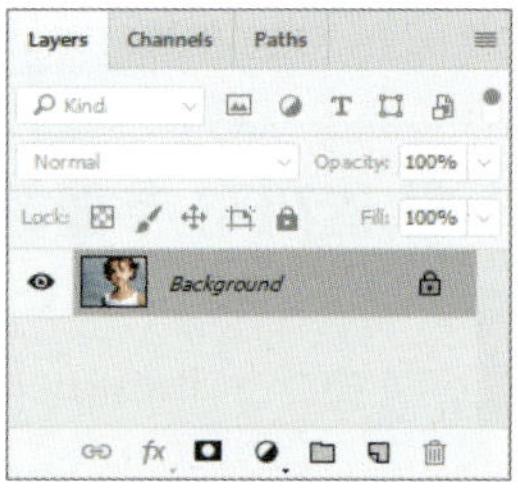

03 퀵 셀렉션 툴( )을 선택하고 옵션 바에서 〈Select and Mask〉를 클릭하여 옵션 창을 엽니다. 배경이 푸른색이라 Overlay 모드를 선택하면 선택 영역만 보이고 나머지 부분은 붉은색으로 표시됩니다.

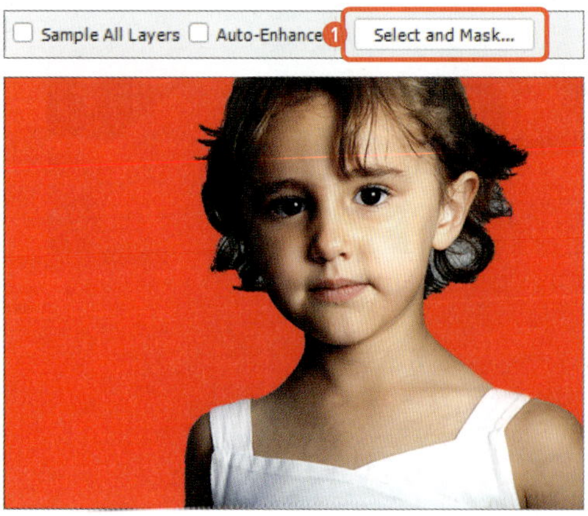

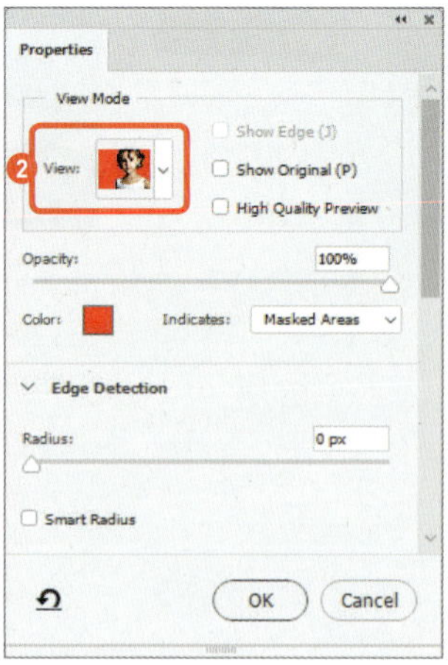

04 왼쪽 툴 박스에서 브러시 툴(🖌)을 선택하고 옵션 바에서 Size를 50px로 설정한 후 소녀의 머리카락을 드래그합니다. 브러시 툴이 지나간 자리에 색이 칠해지는 것이 아니라 브러시 툴이 지나간 만큼 원본 이미지가 보입니다.

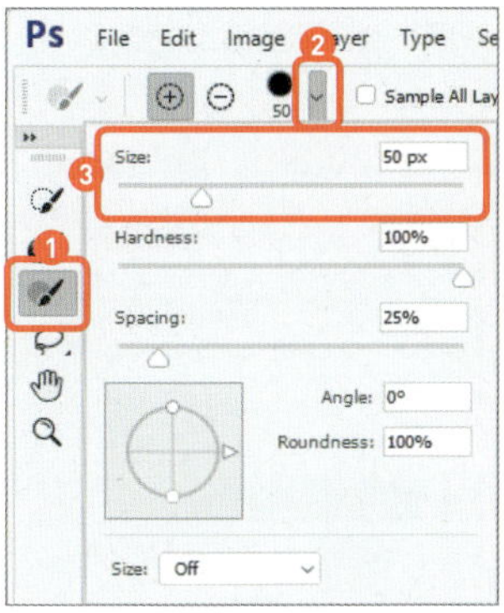

05 왼쪽 툴 박스에서 리파인 엣지 브러시 툴(🖌)을 선택합니다. 머리카락과 배경의 경계를 드래그하면 머리카락 사이에 보이던 배경이 사라지면서 머리카락 한 올까지 자연스럽게 선택됩니다.

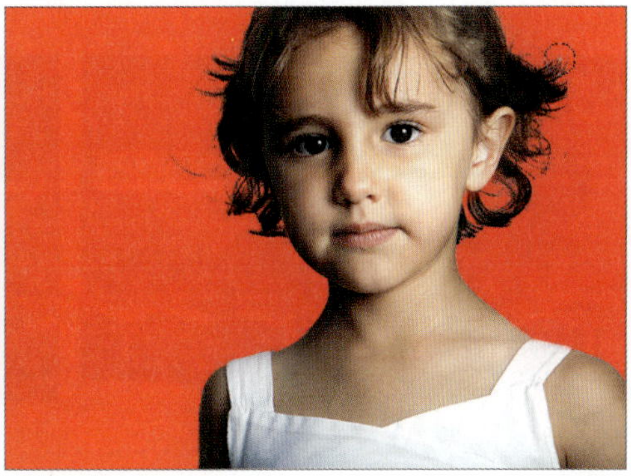

06 왼쪽 툴 박스에서 브러시 툴(🖌)을 선택하고 옵션 바에서 Size를 15px로 줄인 후 오른쪽 어깨를 드래그합니다. 그 다음 Alt 를 누른 채로 다시 정밀하게 드래그하여 선택 영역을 자연스럽게 만듭니다.

07 선택 영역이 자연스럽게 만들어지면 옵션 창의 〈OK〉를 클릭합니다. 작업 화면으로 돌아오면 소녀의 머리카락 한 올까지 자연스럽게 선택된 것을 확인할 수 있습니다. Ctrl+C를 눌러 선택 영역을 복사합니다.

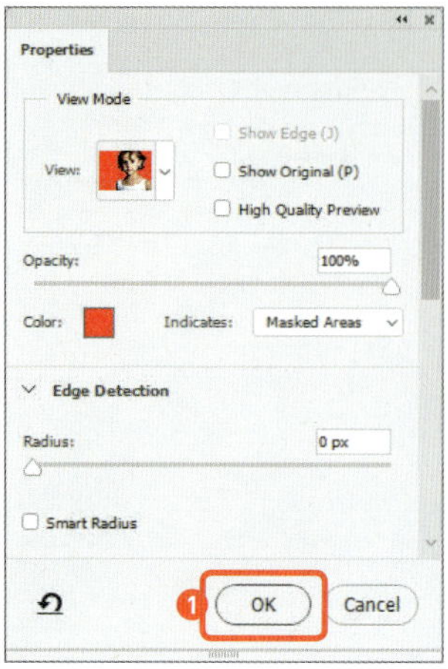

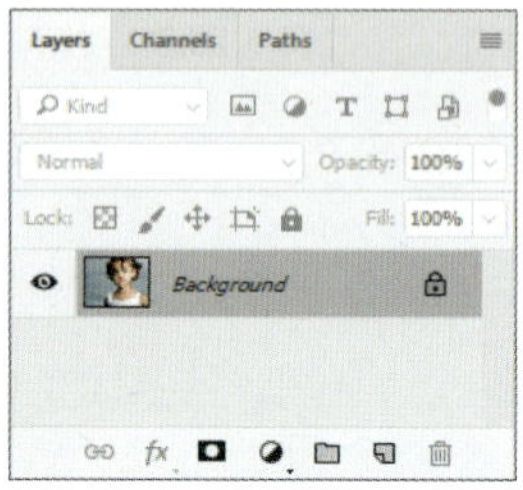

08 beach.psd 파일 창을 선택하고 Ctrl+V를 눌러 복사한 여자 아이를 붙여 넣습니다. 이동 툴( )로 이미지를 오른쪽으로 이동하여 완성합니다.

Tip Select and Mask 옵션 창의 Radius 값을 높이면 드래그한 영역의 선택을 연하게 만들어 작업을 더 정교하게 할 수 있습니다.

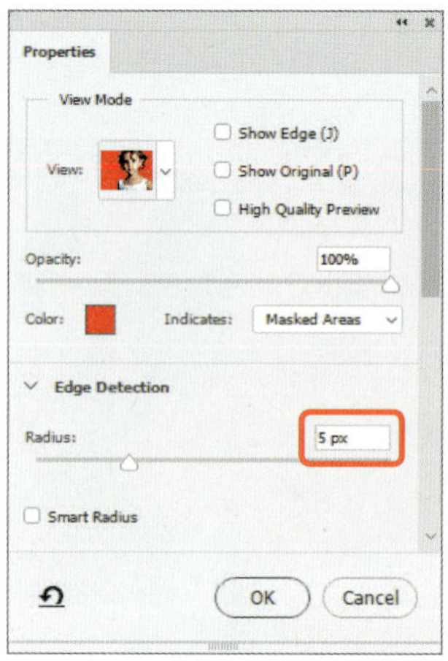

SECTION

09 유사한 영역 한꺼번에 선택하기

- **핵심 기능 |** 마술봉 툴(단축키 W)

마술봉 툴의 기능

마술봉 툴(Magic Wand Tool,)은 클릭 한 번으로 인접한 색상 영역을 자동으로 선택해 줍니다. 추출하려는 이미지 영역과 배경의 색상 차가 클 때 사용합니다. 단축키 Shift, Alt, Shift+Alt의 사용법은 다른 선택 툴을 쓸 때와 같고, Select and Mask 옵션의 사용법도 Section 08에서 배운 것과 같습니다.

옵션 바에 있는 Tolerance는 값이 클수록 유사한 색상 영역을 선택하는 범위가 넓어집니다. 또한 Contiguous에 체크하면 연속된 색상 영역을 선택하고, 체크하지 않으면 연속되지 않더라도 비슷한 색상 영역을 모두 선택합니다.

■ Tolerance를 32로 설정하고 클릭(tomato.jpg)

■ Tolerance를 60으로 설정하고 클릭

■ Contiguous를 체크하고 클릭

■ Contiguous를 체크하지 않고 클릭

마술봉 툴로 원하는 영역을 한번에 선택하기

01 준비 파일 불러오기 Chapter_03 ▸ Section_09 ▸ tulip.psd 파일을 불러옵니다.

02 선택 영역의 범위 조절하기 마술봉 툴( )을 선택하고 옵션 바에서 Tolerance를 32로 설정한 후 왼쪽 튤립 꽃송이를 클릭합니다. Ctrl+D를 누른 후 Tolerance를 100으로 설정한 후 다시 같은 지점을 클릭합니다. Tolerance 값이 작을수록 선택 영역의 범위가 좁아지고 클수록 넓어지는 것을 알 수 있습니다. Tolerance의 기본값은 32이고 0~255까지 입력할 수 있습니다.

03 유사한 색상 영역 모두 선택하기 옵션 바에서 Contiguous를 체크한 후 왼쪽 튤립 꽃송이를 클릭합니다. 클릭한 부분을 중심으로 Tolerance 값만큼 선택됩니다. Ctrl+D를 누른 후 Contiguous의 체크를 해제하고 같은 지점을 클릭합니다. 이미지 안에서 유사한 색상 영역이 모두 선택됩니다.

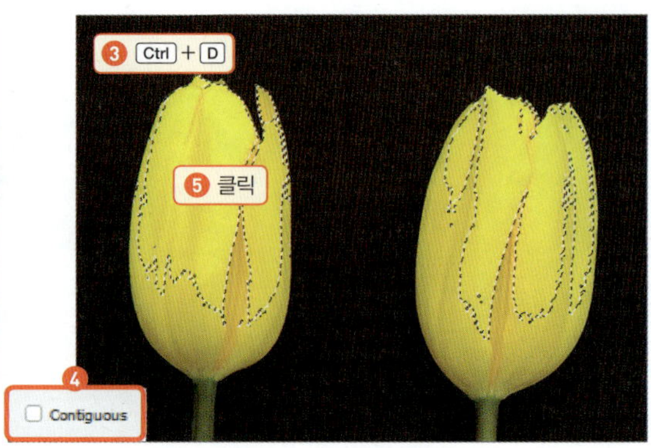

04 선택 영역 더하기 마술봉 툴( )로 선택 영역을 만든 다음에는 화면을 확대하여 선택되지 않은 부분이 있는지 확인하는 것이 좋습니다. 선택되지 않은 부분이 있으면 Shift 를 누른 채로 선택할 영역을 클릭합니다. Tolerance 값에 따라 추가되는 영역의 범위가 달라지므로 클릭하기 전에 Tolerance 값을 적절히 설정합니다.

Tip 선택 영역이 원하는 영역보다 조금 벗어난 경우, Tolerance 값을 작게 조절한 다음 Alt 를 누른 채로 클릭하여 벗어난 부분을 선택 영역에서 제거합니다.

Tip 마술봉 툴( )과 함께 다른 선택 도구를 추가로 활용하면 더 효율적으로 영역을 선택할 수 있습니다.

• **준비 파일** nuki.psd • **완성 파일** nuki_result.psd

응용 예제 누끼 이미지 만들기

배경과 어지럽게 어우러진 이미지에서 필요한 이미지만 잘라내는 작업을 누끼라고 합니다. Select and Mask 옵션으로 종을 매단 체인의 작은 구멍까지 섬세하게 선택하여 누끼를 따고 배경을 채색해 봅니다.

■ 준비 이미지

■ 완성 이미지

01 Chapter_03 ▸ Section_09 ▸ nuki.psd 파일을 불러옵니다. 마술봉 툴( )을 선택하고 옵션 바에서 Tolerance를 10으로, Contiguous를 체크한 후 흰 바탕을 클릭하여 종 이외의 부분을 선택합니다.

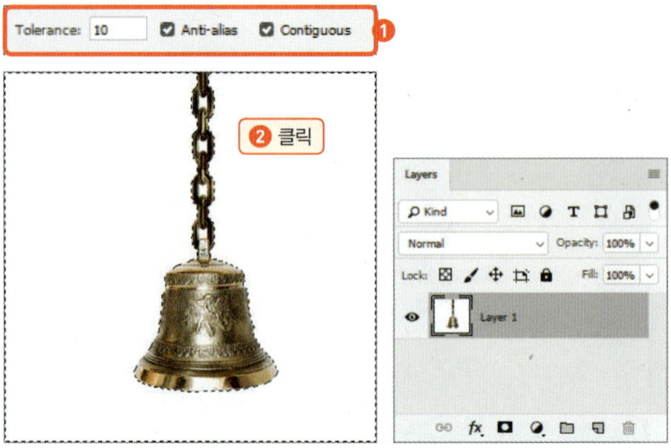

02 옵션 바에서 〈Select and Mask〉를 클릭하여 옵션 창을 엽니다. View 목록에서 Overlay 모드를 선택하고 왼쪽 툴 박스에서 리파인 엣지 브러시 툴( )을 선택하여 종의 체인 부분을 드래그 합니다. 체인 내부의 붉은 부분이 흰색으로 바뀌면 옵션 창의 〈OK〉를 클릭합니다.

03 작업 화면으로 돌아오면 체인 내부가 선택되어 있습니다. 메뉴 바에서 [Select]-[Inverse]를 선택하여 선택 영역을 반전시킨 후 Ctrl+C를 눌러 선택된 이미지를 복사합니다.

04 새 레이어 만들기 버튼( )을 클릭해 새 레이어를 추가하고 Ctrl + V 를 눌러 복사한 이미지를 붙여 넣습니다.

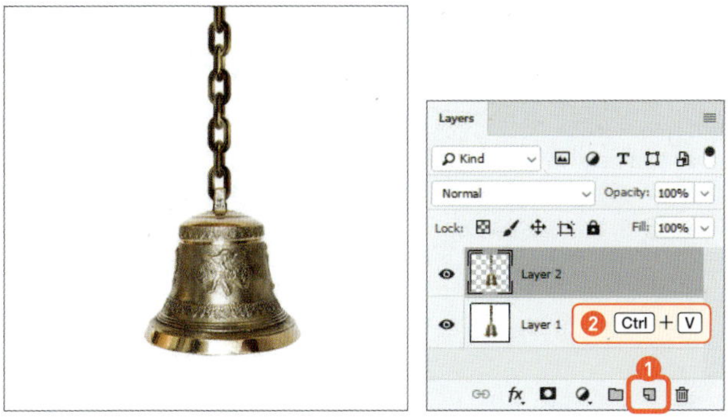

05 전경색( )을 클릭하여 색상을 진한 파란색(#003567)으로 설정한 후 〈OK〉를 클릭합니다. Layer 1을 선택하고 Alt + Delete 를 눌러 전경색으로 채웁니다. 체인 부분의 누끼가 배경과 자연스럽게 어울리는 것을 볼 수 있습니다.

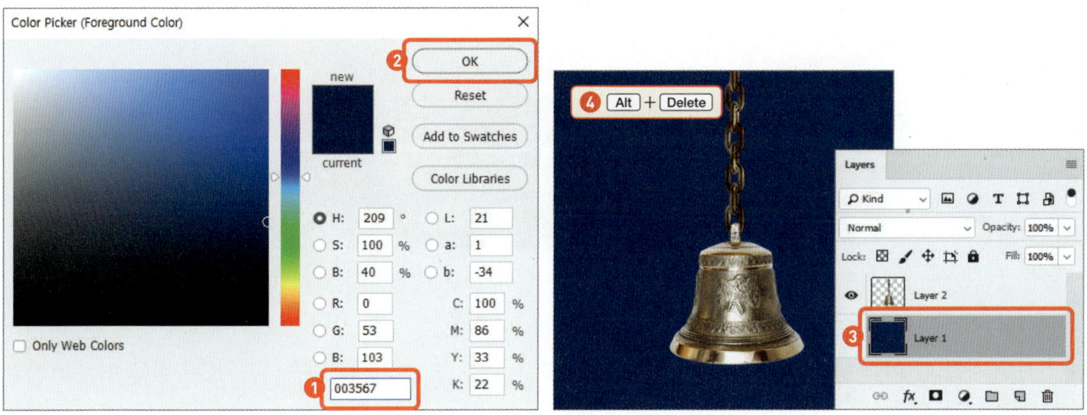

SECTION

10

원하는 부분만 자르기

• **핵심 기능 |** 자르기 툴[ㅁ](단축키 [C])

자르기 툴의 기능

자르기 툴(Crop Tool, [ㅁ])은 이미지에서 원하는 부분만 남기고 나머지 부분을 자를 때 사용합니다.

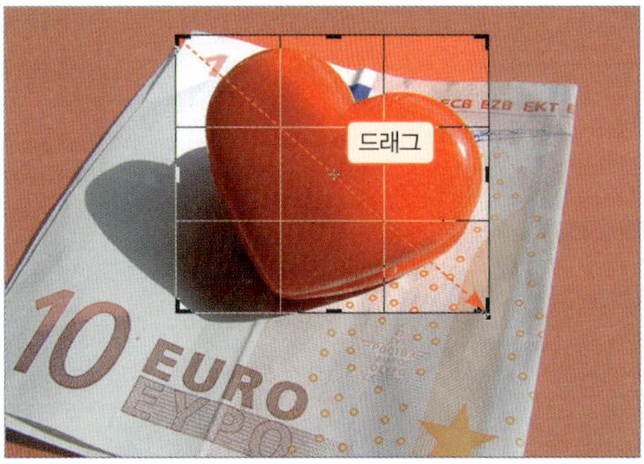

■ 원하는 부분만 자른 이미지(heart.jpg)

이미지를 자를 때 여러 방향으로 회전하여 자를 수 있고 수평을 조절할 수도 있습니다. 또한 비율 또는 크기와 해상도를 설정하여 자를 수도 있습니다.

■ 원하는 부분을 회전시킨 후 자른 이미지

■ 원하는 부분을 수평 또는 수직으로 맞춘 후 자른 이미지

원하는 부분을 회전하고 수평 조절한 다음 자르기

01 자르기 툴 적용하기 Chapter_03 ▸ Section_10 ▸ ring.jpg 파일을 불러옵니다. 자르기 툴(⌗)을 선택하면 이미지 가장자리에 바운딩 박스가 생깁니다. 이때 이미지를 클릭하면 3단 그리드가 나타납니다.

Tip 옵션 바의 View 목록에서 그리드 형태를 변경할 수 있습니다.

02 적당한 크기로 자르기 바운딩 박스의 모서리로 마우스 포인터를 가져가면 마우스 포인터가 [↗] 모양으로 바뀝니다. 이때 모서리를 대각선 방향이나 상하좌우로 드래그하여 원하는 부분을 선택 영역으로 지정합니다. 이 상태에서 바운딩 박스 바깥에 어둡게 나타나는 부분이 잘려나가는 영역이고, 바운딩 박스 안쪽에 밝게 나타난 부분이 남는 부분입니다. 원하는 영역을 지정했다면 선택 영역 안쪽을 더블클릭하거나, Enter 를 누르거나, 옵션 바의 실행 버튼(✓)을 클릭합니다.

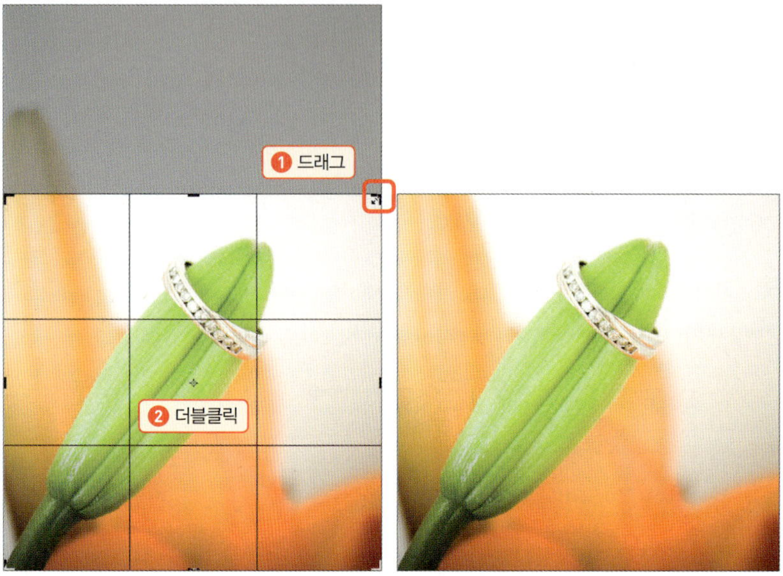

Tip 옵션 바의 되돌리기 버튼(↺)을 클릭하면 회전, 크기 조절 등의 옵션 설정이 취소되고, 취소 버튼(⊘)을 클릭하면 자르기가 취소됩니다. 그리고 실행 버튼(✓)을 누르면 자르기가 실행됩니다.

03 비율을 설정하여 자르기 옵션 바에서는 자주 사용되는 이미지 크기 목록을 제공합니다. 원하는 크기나 비율을 선택하면 클릭 한 번으로 빠르게 자를 수 있습니다.

04 크기를 설정하여 자르기 옵션 바에서 W × H × Resolution을 선택하고 너비, 높이, 해상도를 입력하면 원하는 크기대로 이미지를 자를 수 있습니다. 이때 원본보다 크거나 높은 해상도를 입력하면 이미지 품질이 떨어질 수 있으니 주의해야 합니다.

Tip 옵션 창에 너비와 높이를 입력할 때 단위가 다르게 표시될 경우 단위(px)까지 입력합니다.

05 회전하여 자르기 자르기 툴(크롭 아이콘)로 화면을 클릭하고 마우스 포인터를 바운딩 박스 바깥쪽으로 가져가면 마우스 포인터가 회전 아이콘 모양으로 바뀝니다. 이때 원하는 방향으로 드래그한 다음 바운딩 박스 안쪽을 더블클릭하거나 Enter를 누르면 이미지가 회전된 채로 잘립니다.

Tip 옵션 바에서 Delete Cropped Pixels가 체크되어 있지 않으면 이미지를 자른 후에도 화면을 이동시켜 숨겨진 부분을 드러낼 수 있습니다. 체크되어 있으면 숨겨진 부분이 완전히 잘려나가 이미지를 이동시켰을 때 빈 공간이 보일 수 있습니다.

06 영역을 확대하여 자르기 회전할 때 이미지를 벗어난 영역까지 확대하여 자를 수도 있습니다. 이때 빈 영역은 투명 또는 배경색으로 채워집니다.

Tip 옵션 바에서 Content-Aware를 체크한 다음 이미지보다 큰 영역으로 자르면 주변의 빈 영역이 이미지와 유사한 느낌으로 채워집니다.

07 원하는 각도로 자르기 옵션 바에서 Straighten( )을 클릭한 다음 원하는 각도로 드래그하면 드래그한 각도가 수평의 기준이 됩니다. 비뚤어진 이미지를 각도에 맞춰 선을 그려 주면 이미지가 자동으로 회전하여 수평을 맞출 수 있습니다.

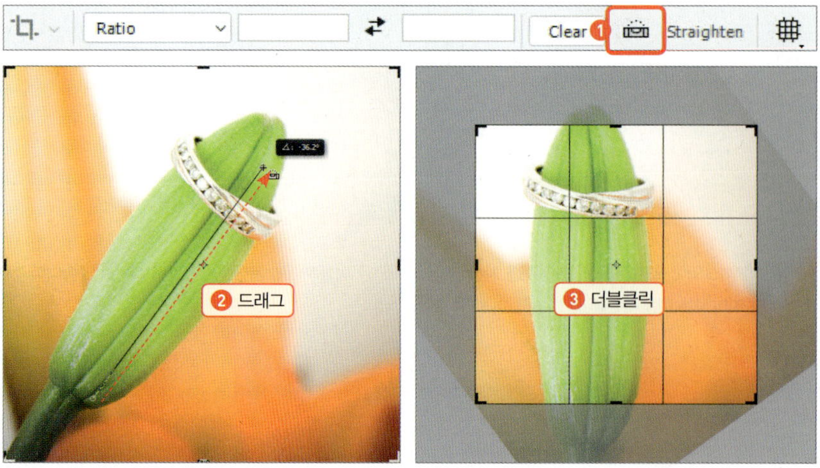

SECTION 11

원근감을 살려 자르기

• **핵심 기능 |** 원근 자르기 툴(단축키 C)

원근 자르기 툴의 기능

원근 자르기 툴(Perspective Crop Tool,)은 이미지에서 원하는 부분의 원근감을 없애거나 원근감을 살려 자릅니다. 이 툴을 사용하면 오목하거나 볼록한 느낌을 낼 수 있고 왜곡을 넣어 새로운 느낌을 낼 수도 있습니다.

원근 자르기 툴로 돌출 느낌 만들기

01 준비 파일 불러오기 Chapter_03 ▸ Section_11 ▸ monitor.jpg 파일을 불러옵니다. 촬영할 때 카메라 위치가 높아 모니터의 아래쪽이 위쪽보다 좁아 보입니다. 원근 자르기 툴()을 이용하여 정면에서 보는 것처럼 이미지를 잘라 봅니다.

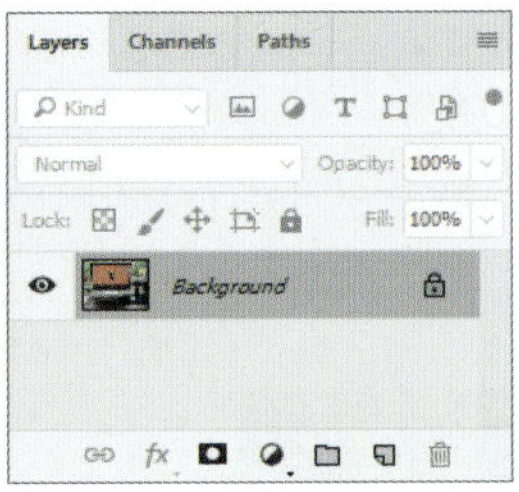

02 자를 영역 지정하기 원근 자르기 툴()을 선택하고 원근 자르기를 실행할 영역을 드래그합니다.

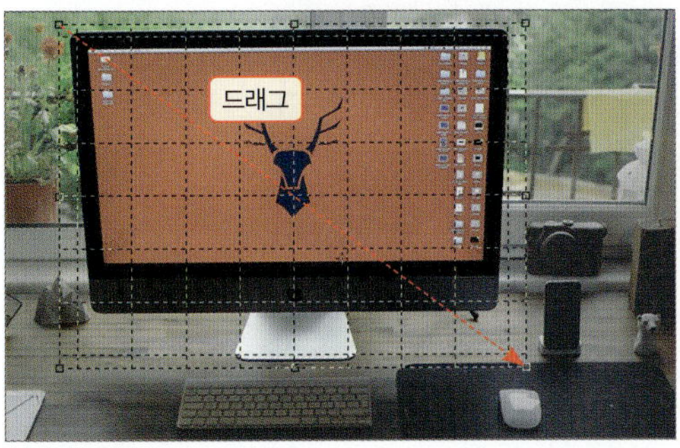

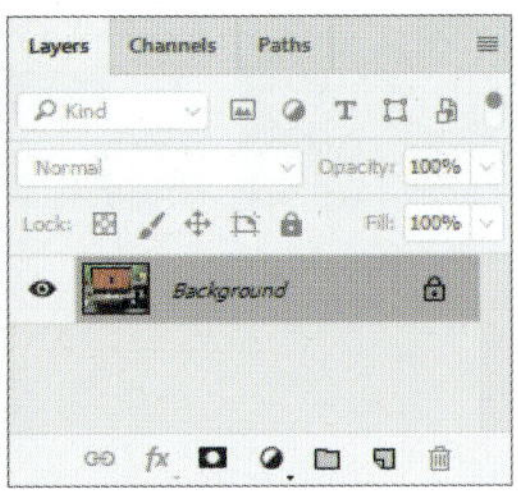

03 자르기 형태 잡기 원근 자르기 영역의 가장자리 앵커 포인트를 움직여 그리드가 모니터 방향과 일치하도록 조정합니다.

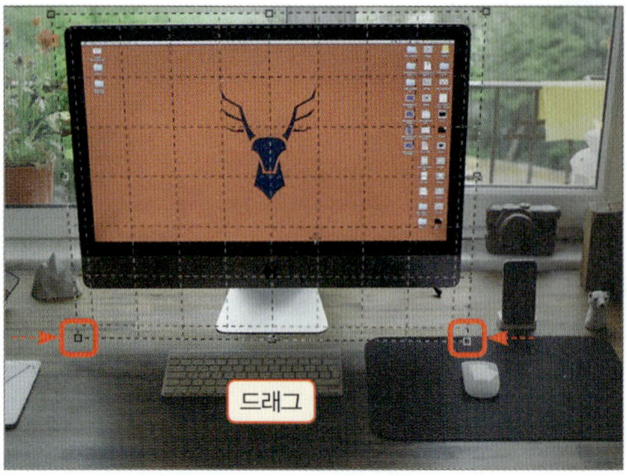

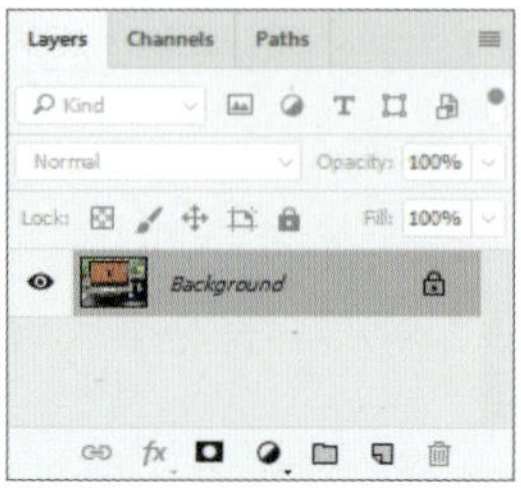

04 원근 자르기 완성하기 원하는 형태가 되면 Enter를 누르거나 옵션 바에서 실행 버튼(✓)을 클릭하여 완성합니다.

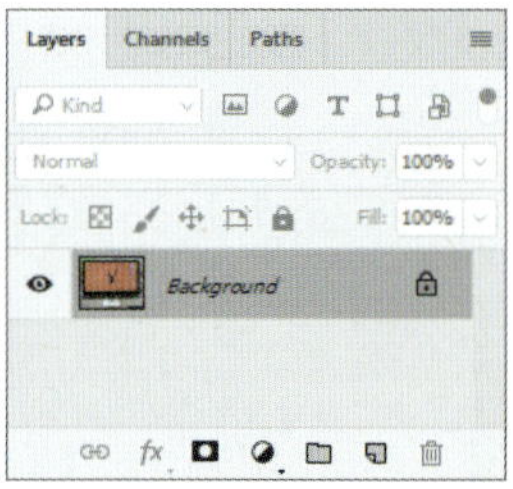

05 원근 자르기 응용하기 Ctrl+Z를 눌러 작업을 한 단계 되돌립니다. 원근 자르기 툴(⌗)로 드래그한 후 가장자리 앵커 포인트를 반대 방향으로 움직이고 옵션 바에서 실행 버튼(✓)을 클릭합니다. 더 높은 곳에서 촬영한 사진으로 보입니다.

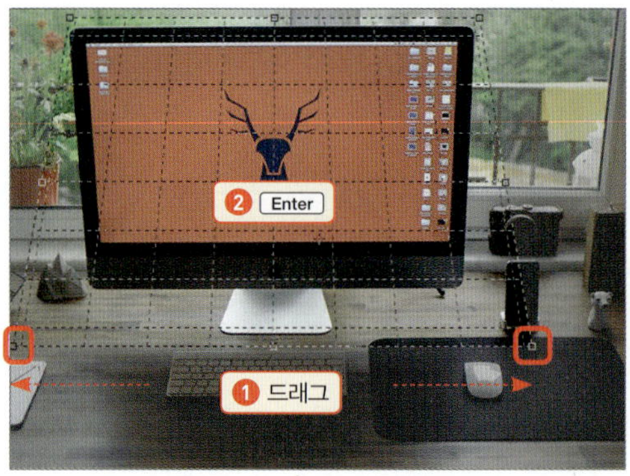

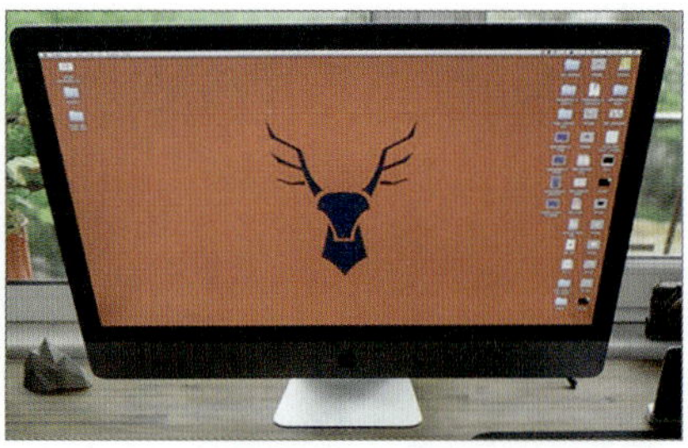

SECTION 12 브러시로 칠한 영역 선택하기

• **핵심 기능 |** 퀵 마스크 모드

퀵 마스크 모드의 기능

퀵 마스크 모드(Quick Mask Mode,)를 사용하면 다른 선택 툴로 선택하기 어려운 부분까지 원하는 영역을 섬세하게 선택할 수 있습니다. 퀵 마스크 모드에서 원하는 영역을 브러시로 칠하고 일반 모드로 전환하면 선택 영역이 만들어집니다. 브러시는 크기를 조절하면서 사용할 수 있고, 브러시 옵션에 따라 이미지를 반투명으로 선택할 수도 있습니다. 실수로 잘못 선택한 부분은 지우개 툴로 지워 가며 사용합니다.

■ 원본 이미지(apples.jpg)

■ 퀵 마스크 모드로 선택 영역 칠하기

■ 일반 모드로 전환

퀵 마스크 모드로 전환하면 퀵 마스크 모드 아이콘이 두 종류로 바뀝니다. 마스크 영역 아이콘()은 Color Indicates를 Masked Areas로 설정한 경우로 브러시 툴로 칠한 부분 이외의 부분이 선택 영역이 됩니다.

■ 원본 이미지

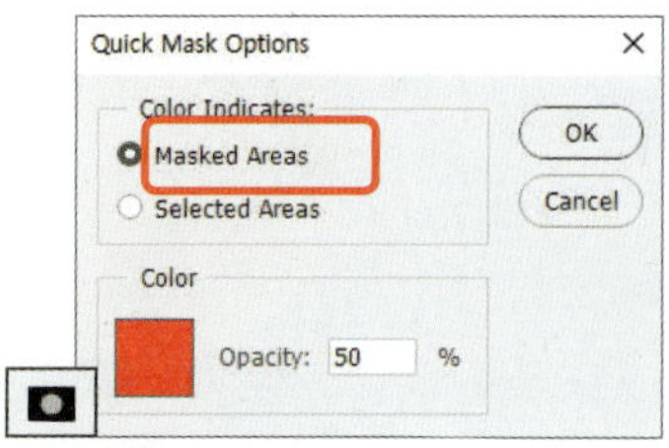

■ Masked Areas로 설정

■ 브러시로 칠한 부분 이외의 영역이 선택됨

선택 영역 아이콘(◙)은 Color Indicates를 Selected Areas로 설정한 경우로 브러시로 칠한 부분이 선택 영역이 됩니다.

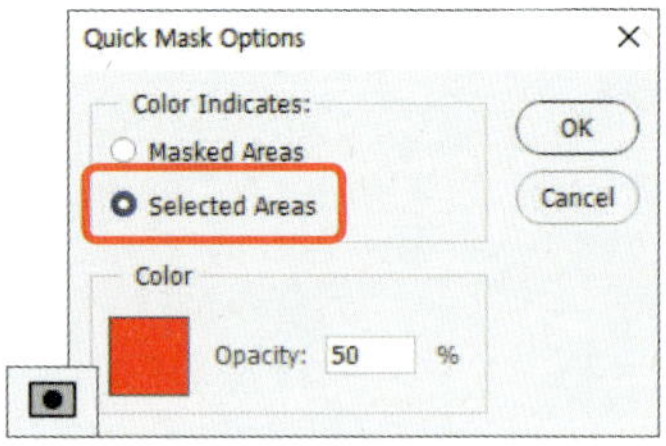

■ Selected Areas로 설정

■ 브러시로 칠한 부분이 선택됨

칠할 부분이 붉은색이라 구분하기 어려울 때는 옵션 창에서 칠해지는 색상을 바꿀 수 있습니다.

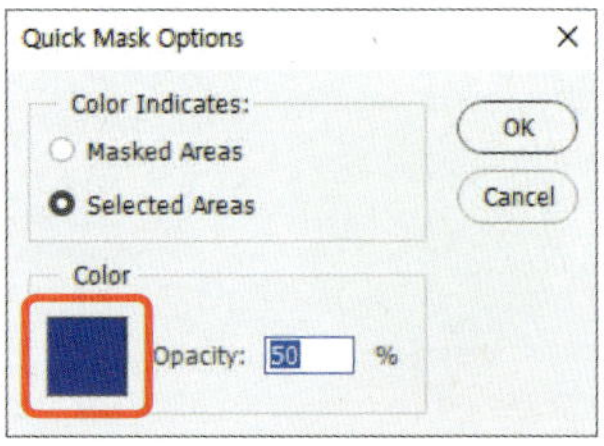

퀵 마스크 모드로 선택 영역 지정하기

01 퀵 마스크 모드로 전환하기 Chapter_03 ▸ Section_12 ▸ balloon.jpg 파일을 불러옵니다. 툴 박스에서 일반 모드(◙)를 더블클릭하여 Quick Mask Options 창을 엽니다. Color Indicates를 Selected Areas로 바꾸고 Opacity를 50%로 설정한 다음 〈OK〉를 클릭하면 퀵 마스크 모드로 전환됩니다. 이때 화면은 아무런 변화가 없지만 전경색과 배경색이 검은색과 흰색으로 바뀝니다.

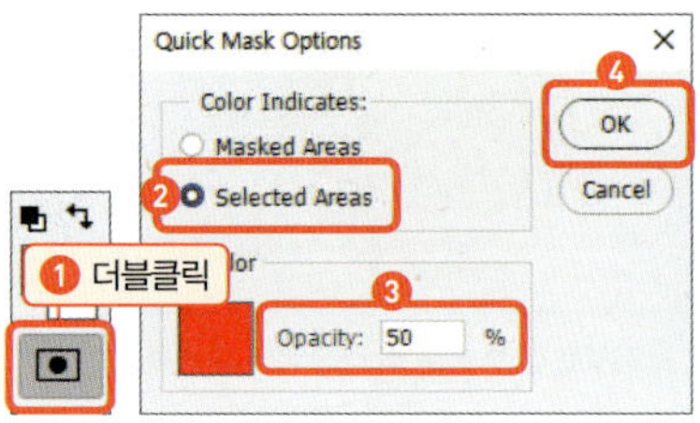

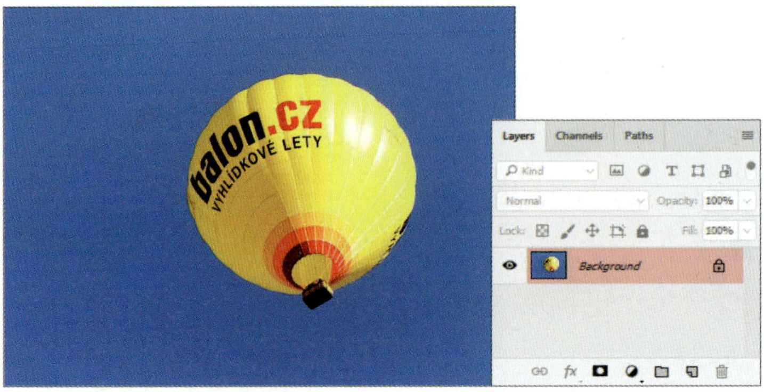

02 선택 영역 칠하기 돋보기 툴()로 화면을 확대하고 브러시 툴()을 선택합니다. 옵션 바에서 브러시 Size를 20px로 조절하고, General Brushes의 Hard Round를 선택하고 Opacity를 100%으로 설정합니다. 열기구의 풍선 부분을 드래그해서 칠하면 전경색과 상관없이 옵션에서 설정한 붉은색이 칠해집니다.

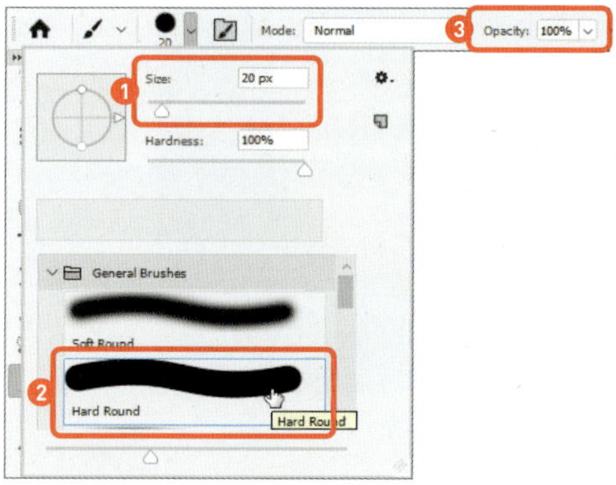

Tip 브러시 툴의 옵션 바에 있는 Opacity를 100%로 설정하지 않으면 투명도가 겹쳐 오른쪽 그림과 같이 얼룩덜룩하게 칠해집니다. 특히 수치가 100% 이하로 선택된 부분은 복제를 하면 반투명이 됩니다. 따라서 Opacity를 반드시 100%로 설정해야 합니다.

03 원하지 않은 선택 영역 지우기 원하지 않았던 부분까지 칠해졌다면 지우개 툴()을 이용해 원하지 않은 부분에 칠해진 붉은색을 지웁니다.

04 일반 모드로 전환하여 선택 영역 만들기 선택할 영역을 모두 칠하고 퀵 마스크 모드(◙)를 클릭하면 일반 모드(◘)로 전환됩니다. 붉게 칠해진 부분이 선택 영역으로 지정됩니다.

Tip Opacity 값을 줄여 반투명 상태로 선택하는 경우도 있습니다. 이때는 브러시가 한 번 이상 지나가서 겹쳐지지 않도록 해야 합니다. 그래야 투명도가 일정한 이미지로 선택됩니다.

■ Opacity를 100%로 설정하고 선택

■ Opacity를 50%로 설정하고 선택

CHAPTER

04

이미지의 복원과 복제

01 / **얼룩 지우기** ▶ 스팟 힐링 브러시 툴

02 / **가장자리까지 자연스럽게 복제하기** ▶ 힐링 브러시 툴

03 / **유사한 부분을 가져와 복제하기** ▶ 패치 툴

04 / **주변과 어우러지게 이동/복제하기** ▶ 콘텐츠 어웨어 무브 툴, Content-Aware 메뉴

05 / **플래시에 반사된 눈 보정하기** ▶ 레드 아이 툴

06 / **도장으로 찍듯 선명하게 복제하기** ▶ 도장 툴

07 / **패턴으로 채우기** ▶ 패턴 도장 툴

SECTION
01

얼룩 지우기

• **핵심 기능 |** 스팟 힐링 브러시 툴(단축키 J)

스팟 힐링 브러시 툴의 기능

스팟 힐링 브러시 툴(Spot Healing Brush Tool,)은 점과 같은 작은 결점을 보정하는 데 사용합니다. 보정하려는 부분을 클릭하거나 드래그하면 주변 영역이 자연스럽게 복제되면서 보정됩니다.

■ 원본 이미지(snow.jpg)

■ 보정할 부분을 드래그

■ 보정된 이미지

이미지에 따라 적당한 옵션을 설정하면 더 나은 결과물을 만들 수 있습니다. 옵션 바의 Content-Aware는 클릭하거나 드래그한 영역에 주변 영역의 색상, 채도, 질감을 자동으로 인식하여 채우고, Create Texture는 새 패턴으로 채우고, Proximity Match는 인근 영역의 픽셀로 채웁니다. 아래 이미지의 경우 Proximity Match 옵션을 사용해야 가장 자연스럽게 보정됩니다.

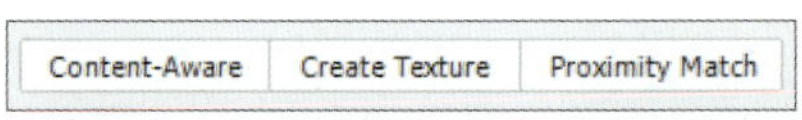

■ 원본 이미지(ball.jpg)

■ Content-Aware

■ Create Texture

■ Proximity Match

• **준비 파일** staiin.jpg • **완성 파일** staiin_result.jpg

응용 예제 티셔츠의 얼룩 제거하기

스팟 힐링 브러시 툴(🩹)을 사용하여 티셔츠에 묻은 얼룩을 제거해 봅니다.

■ 준비 이미지

■ 완성 이미지

01 Chapter_04 ▸ Section_01 ▸ staiin.jpg 파일을 불러옵니다. 스팟 힐링 브러시 툴(🩹)을 선택하고 옵션 바에서 브러시 크기를 30px로 지정하고, Type을 Proximity Match로 선택한 후 오른쪽 어깨의 점을 클릭하면 클릭한 부위의 얼룩이 제거됩니다.

02 흙이 묻은 가장 넓은 부위를 칠하듯이 드래그합니다. 마우스에서 손을 떼면 얼룩이 남거나 어깨 라인 부분이 복제되어 자연스럽지 않을 수 있습니다. 그럴 땐 여러 번에 걸쳐 클릭 또는 드래그하여 자연스러울 때까지 얼룩을 지웁니다.

03 같은 방법으로 오른쪽 하단의 얼룩도 제거합니다.

혼자 해 보기 | 인물 사진의 점과 잡티 제거하기

• **준비 파일** spot.psd • **완성 파일** spot_result.psd

스팟 힐링 브러시 툴( )의 브러시 크기와 옵션을 조절하여 인물 사진의 점과 잡티를 제거해 봅니다.

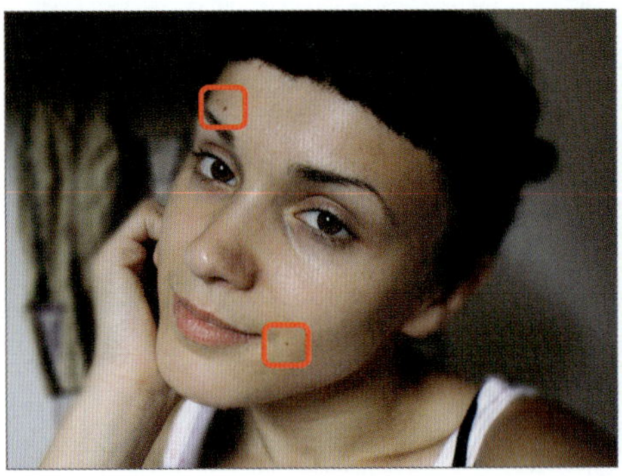

■ 준비 이미지

■ 완성 이미지

SECTION 02

가장자리까지 자연스럽게 복제하기

• **핵심 기능 |** 힐링 브러시 툴[🩹](단축키 [J])

힐링 브러시 툴의 기능

힐링 브러시 툴(Healing Brush Tool, [🩹])은 스팟 힐링 브러시 툴([🩹])보다 넓은 얼룩을 제거하거나 넓은 면적을 자연스럽게 복제할 때 사용합니다. [Alt]를 누른 채로 복제할 대상을 클릭하여 지정한 다음 얼룩지거나 훼손되어 수정할 부분을 클릭 또는 드래그하면 자연스럽게 보정됩니다. 복제할 대상을 지정할 수 있어 편리합니다.

■ 원본 이미지(wall.jpg)

■ [Alt]를 누른 채로 복제할 부분을 클릭하여 소스로 지정

■ 소스를 복제할 위치를 드래그

■ 복제 완료

응용 예제 뽀얗고 깨끗한 피부 만들기

힐링 브러시 툴(🩹)로 피부를 깨끗하게 보정하고 필터를 이용해 뽀얀 피부를 만들어 봅니다.

■ 준비 이미지

■ 완성 이미지

01 Chapter_04 ▸ Section_02 ▸ freckles.psd 파일을 불러옵니다. 힐링 브러시 툴(🩹)을 선택하고 옵션 바에서 브러시 크기를 20px로 조절합니다. Alt 를 누른 채로 주근깨가 없는 부분을 클릭하여 소스로 지정합니다. 눈에 띄는 주근깨를 클릭하여 깨끗한 피부로 만듭니다.

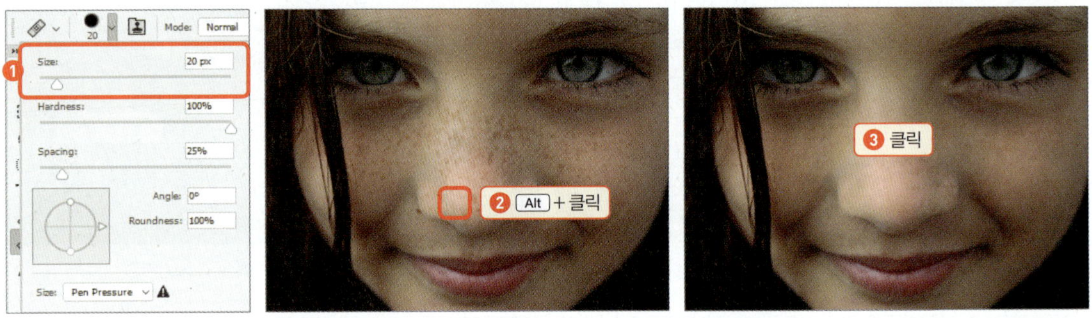

02 주근깨가 어느 정도 제거되면 메뉴 바에서 [Image]－[Adjustments]－[Brightness/Contrast]를 선택합니다. 옵션 창에서 Brightness를 100, Contrast를 30으로 지정하고 〈OK〉를 클릭합니다.

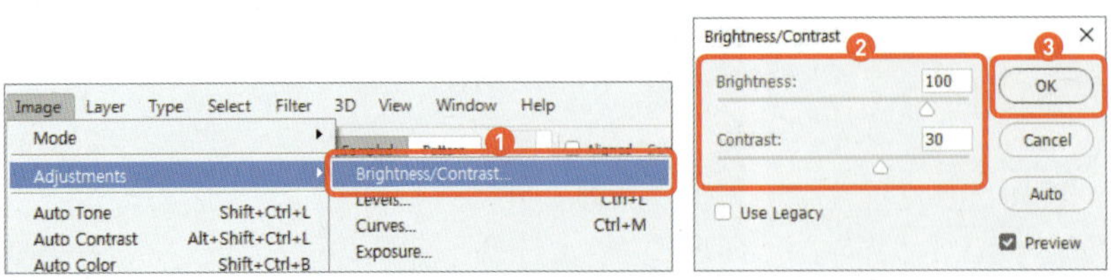

03 이미지 대비도 뚜렷해지고 훨씬 밝아졌지만 피부가 거칠어 보입니다.

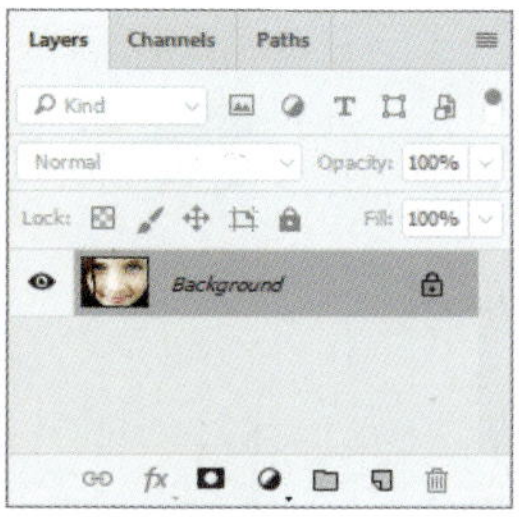

04 피부가 부드러워 보이도록 메뉴 바에서 [Filter]–[Noise]–[Reduce Noise]를 선택합니다. 옵션 창에서 Strength를 10, Preserve Details를 0%, Reduce Color Noise를 100%, Sharpen Details를 100%로 지정하고 〈OK〉를 클릭합니다. Ctrl+J를 눌러 Background 레이어를 복제합니다.

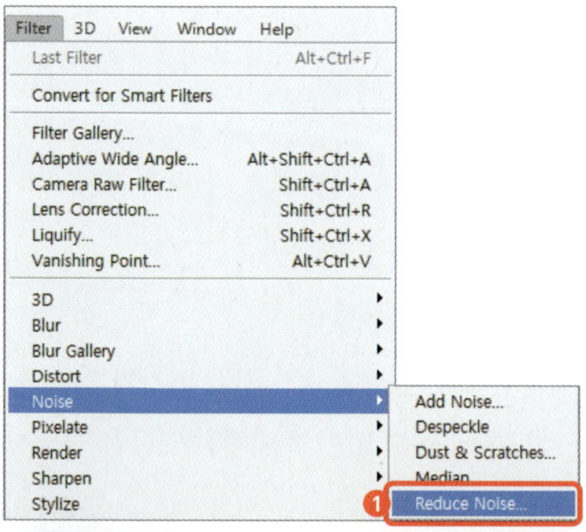

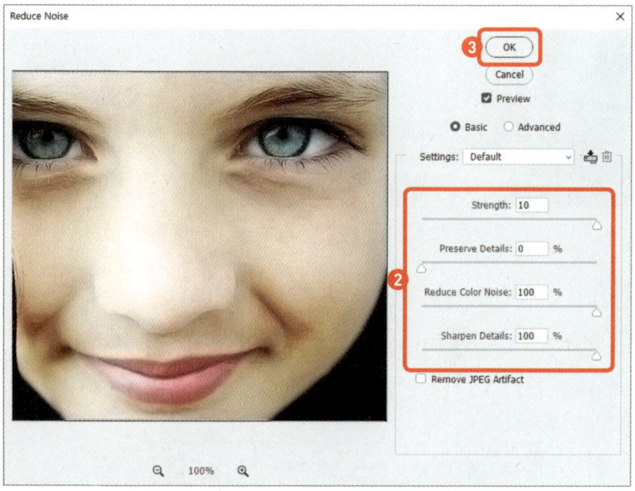

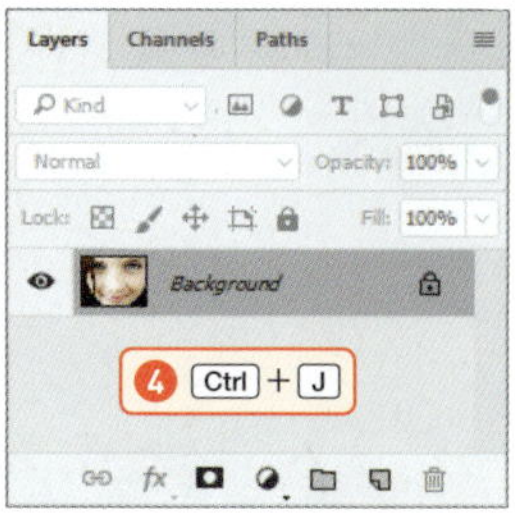

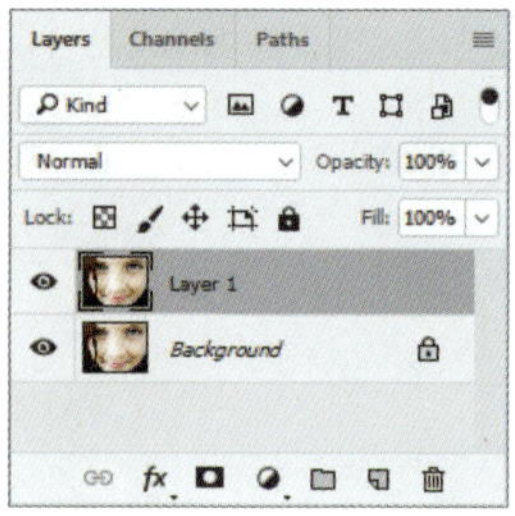

05 메뉴 바에서 [Filter]-[Noise]-[Reduce Noise]를 선택합니다. 옵션 창에서 Strength를 10, Preserve Details를 0%, Reduce Color Noise를 100%, Sharpen Details를 0%로 지정하고 〈OK〉를 클릭합니다.

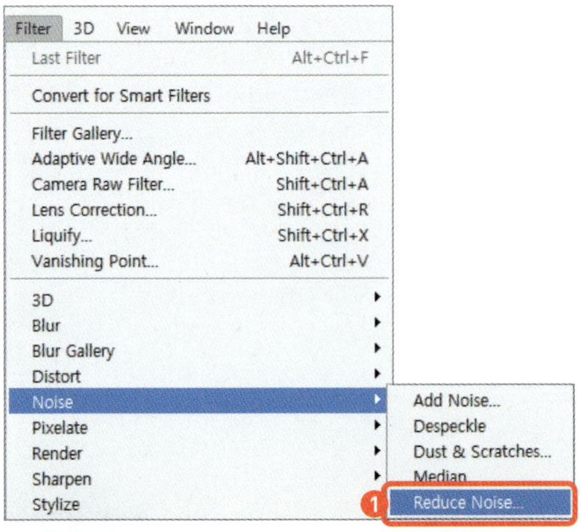

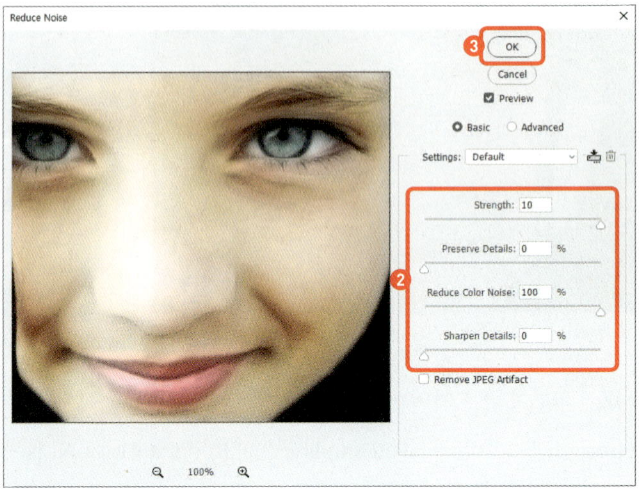

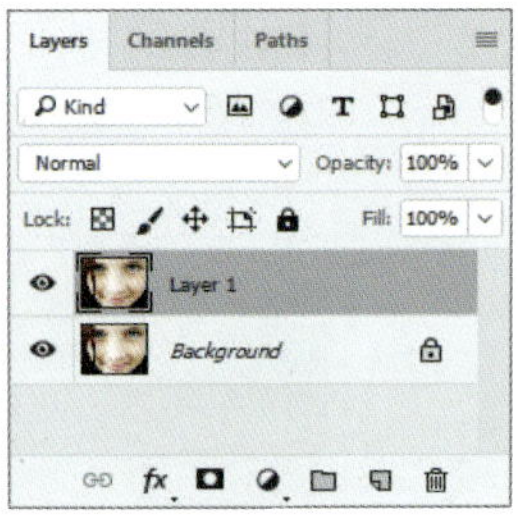

06 지우개 툴( )을 선택하고 옵션 바에서 Opacity를 20%로 지정합니다. 눈썹과 눈, 코끝, 입가와 입술 등을 한두 번씩 드래그하여 지웁니다. 흘러내린 머리카락과 턱선도 드래그해서 윤곽 없이 흐릿해진 얼굴을 선명하게 만듭니다.

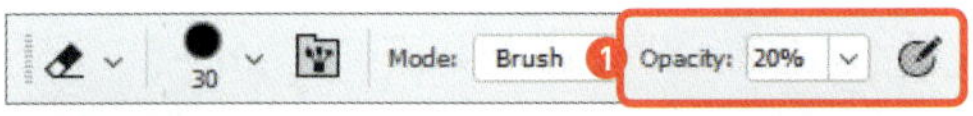

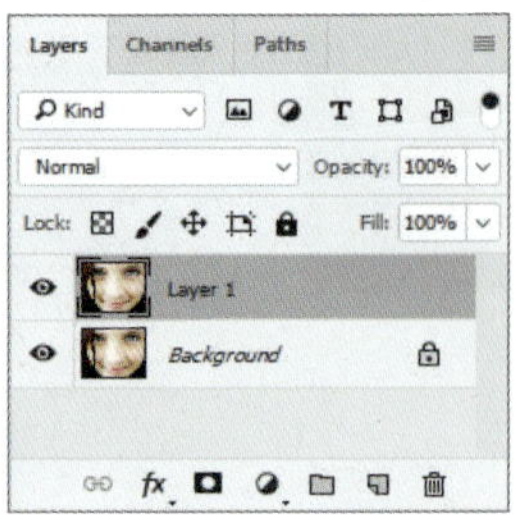

Tip 지우개 툴( )의 옵션 바에서 Opacity를 100% 이하로 줄이고 이미지를 드래그하면 드래그한 부분이 반투명 상태가 되므로 바로 아래 있는 레이어 이미지가 겹쳐 보입니다.

07 Layer 1이 선택된 상태에서 Ctrl+E를 눌러 레이어를 병합하면 완성됩니다.

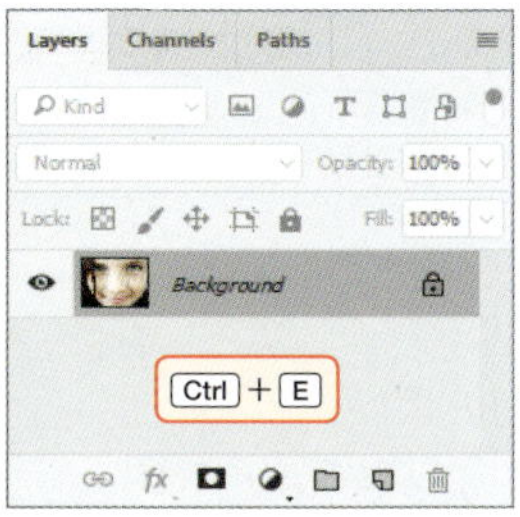

혼자 해 보기 | 얼굴에 보이는 잡티 없애기

• **준비 파일** face.psd • **완성 파일** face_result.psd

잡티를 없애고 뽀얀 이미지로 만들어 봅니다. 단, 눈가나 입가 등의 경계가 무너지지 않도록 신경 써서 보정합니다. 예제 사진보다 본인 사진을 이용하면 더 좋습니다.

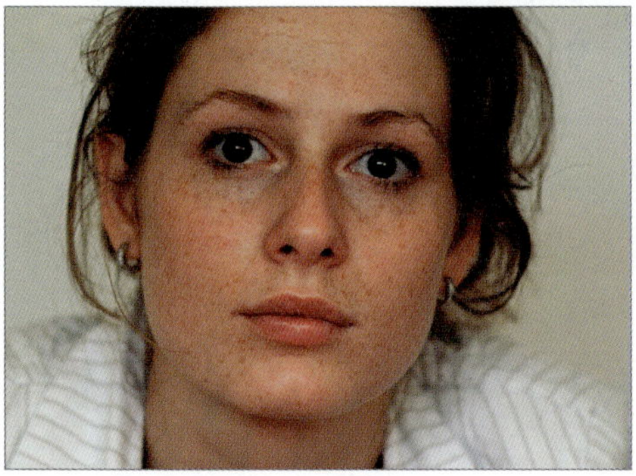

■ 준비 이미지

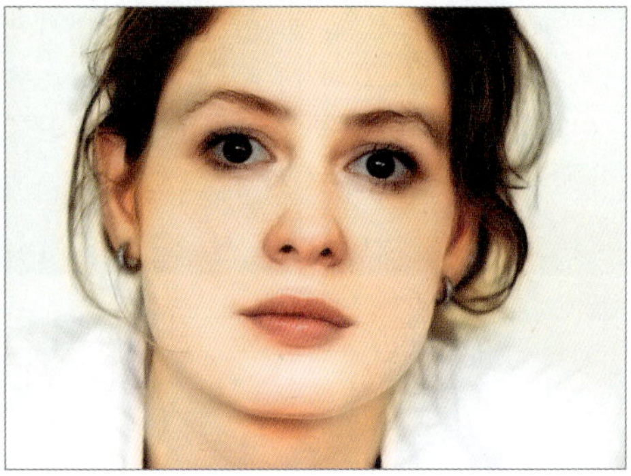

■ 완성 이미지

SECTION 03

유사한 부분을 가져와 복제하기

• **핵심 기능** | 패치 툴[아이콘](단축키 J)

패치 툴의 기능

패치 툴(Patch Tool, [아이콘])은 원하는 영역을 선택하여 채워 넣을 때 주변과 자연스럽게 어우러지도록 채웁니다. 보정할 부분을 선택하고 선택한 영역을 복제할 위치로 드래그 앤 드롭하면 복제할 위치에 있는 이미지 영역이 선택 영역에 자연스럽게 채워지면서 보정됩니다.

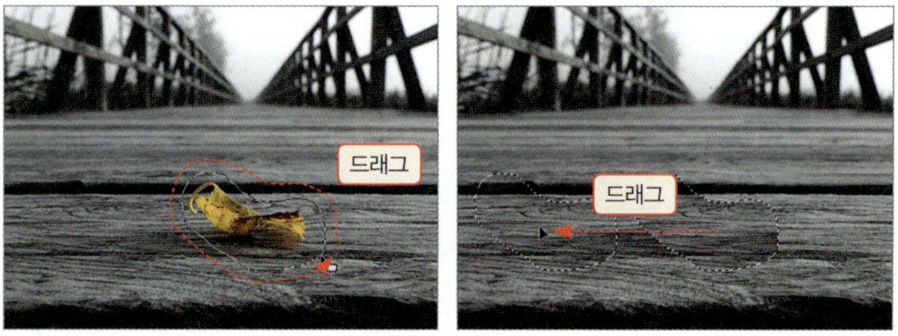

■ 선택 영역에 복제할 이미지를 자연스럽게 채워 넣기(leaf.jpg)

• **준비 파일** green.jpg • **완성 파일** green_result.jpg

응용 예제 풀잎에 맺힌 이슬 제거하기

■ 준비 이미지

■ 완성 이미지

01 Chapter_04 ▸ Section_03 ▸ green.jpg 파일을 불러옵니다. 패치 툴( )을 선택하고 이슬 한 방울을 드래그하여 선택합니다. 선택 영역으로 마우스 포인터를 가져가면 마우스 포인터가 모양으로 바뀝니다. 이때 선택 영역의 배경 무늬와 유사한 이슬이 없는 영역으로 이미지를 드래그한 다음 마우스에서 손가락을 뗍니다.

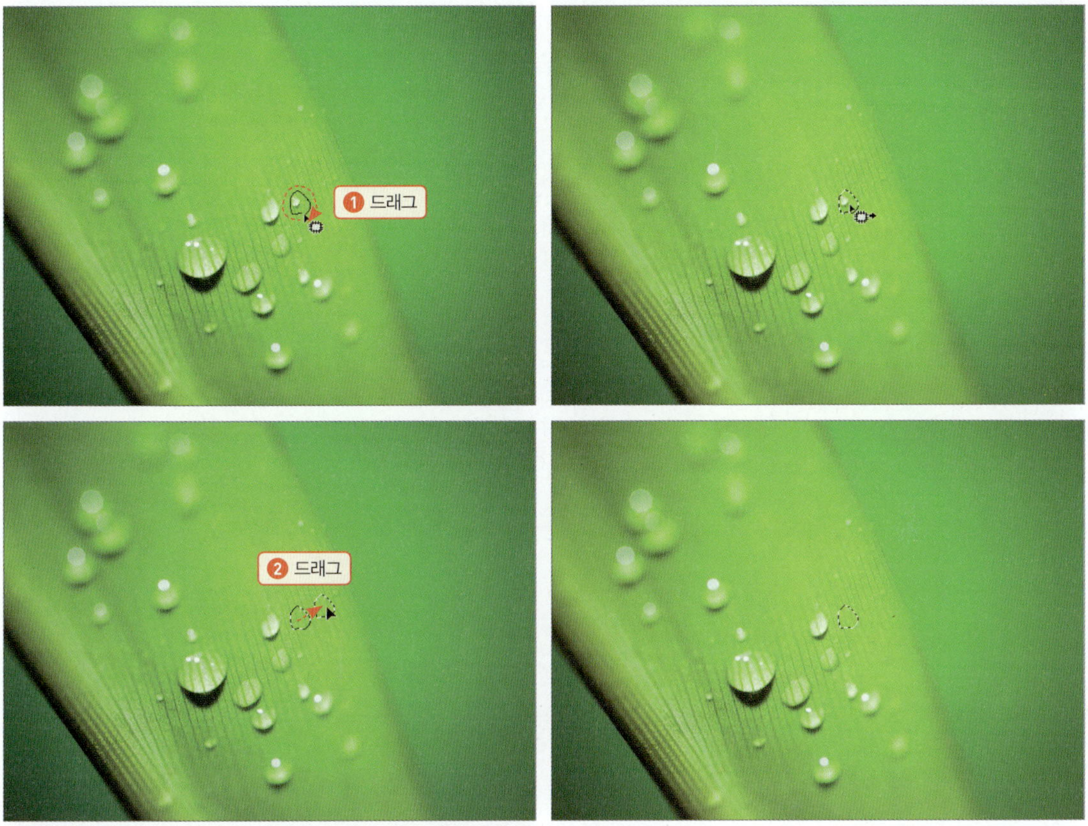

Tip Shift 를 누른 채로 드래그하면 선택 영역을 추가할 수 있고, Alt 를 누른 채로 드래그하면 선택 영역의 일부 또는 전부를 선택 영역에서 해제할 수 있습니다.

02 다른 이슬을 선택한 다음 선택 영역과 가장 유사하지만 이슬이 없는 영역으로 이미지를 드래그합니다.

03 복제한 결과에 얼룩이나 오염이 있을 때는 오염 부위를 선택하고 같은 방법을 여러 번 반복하여 최대한 자연스럽게 보이도록 보정합니다.

04 주변을 고려해 모든 이슬을 지우면 이미지가 완성됩니다.

혼자 해 보기 | 강아지 주름 제거하기

• **준비 파일** pug.jpg • **완성 파일** pug_result.jpg

강아지 털 방향을 고려하면서 패치 툴(◎)로 강아지 주름을 지워 봅니다.

■ 준비 이미지

■ 완성 이미지

SECTION 04

주변과 어우러지게 이동/복제하기

• **핵심 기능 |** 콘텐츠 어웨어 무브 툴(단축키 J), Content-Aware Fill 메뉴, Content-Aware Scale 메뉴

콘텐츠 어웨어 무브 툴의 기능

콘텐츠 어웨어 무브 툴(Content-Aware Move Tool,)은 원하는 영역을 다른 곳으로 자연스럽게 이동시키거나 복제할 때 사용합니다. 이동 또는 복제하려는 영역을 여백이 크지 않도록 선택한 다음 원하는 위치로 드래그 앤 드롭하면 자연스럽게 이동되거나 복제됩니다.

■ 원본 이미지(arrows.jpg)

■ 이동시킨 이미지

■ 복제된 이미지

• **준비 파일** tree.jpg • **완성 파일** tree_result.jpg

응용 예제 배경과 어우러지게 이동/복제하기

■ 준비 이미지

■ 완성 이미지

01 Chapter_04 ▸ Section_04 ▸ tree.jpg 파일을 불러옵니다. 콘텐츠 어웨어 무브 툴(✕)을 선택하고 옵션 바에서 Structure를 7, Color를 10으로 설정합니다. 중앙에 있는 나무를 드래그하여 선택 영역으로 지정합니다.

Tip Structure와 Color 값에 따라 이미지 가장자리가 달라집니다. 이미지에 따라 값을 다르게 지정하여 가장 자연스러운 값을 찾아봅니다.

02 옵션 바에서 Mode를 Move로 설정한 다음 선택 영역 안쪽을 클릭한 채 나무를 오른쪽으로 이동시키면 이미지가 자연스럽게 배경과 어우러지며 이동됩니다. 옵션 바의 Mode를 Extend로 설정하고 이동시키면 나무가 자연스럽게 복제됩니다.

■ 선택 영역 이동

■ 선택 영역 복제

03 옵션 바에서 Transform On Drop을 체크하면 이동시킨 이미지에 바운딩 박스가 생기는데, 이때는 실행 버튼(✓)을 클릭하거나 Enter 를 눌러야 이미지 복제가 완성됩니다.

04 옵션 바의 설정 값을 조절하면서 선택 영역을 복제하거나 위치를 이동시켜 이미지를 완성합니다.

• **준비 파일** bee.jpg • **완성 파일** bee_result.jpg

응용 예제 | 배경에서 원하지 않는 부분 제거하기 ①

콘텐츠 어웨어 무브 툴(✂)을 이용해 원하지 않는 사람이나 물건을 배경에서 감쪽같이 지워 봅니다.

■ 준비 이미지

■ 완성 이미지

01 Chapter_04 ▸ Section_04 ▸ bee.jpg 파일을 불러옵니다. 콘텐츠 어웨어 무브 툴( )을 선택하고 벌을 드래그하여 선택 영역으로 지정합니다. 올가미 툴( )을 사용할 때처럼 꼼꼼하게 선택하지 않아도 됩니다.

02 Delete 를 눌러 Fill 옵션 창이 나타나면 Contents를 Content-Aware로 선택하고 〈OK〉를 클릭합니다.

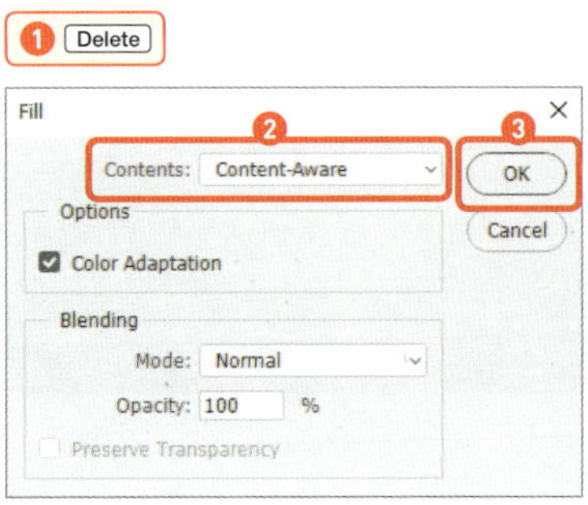

03 벌이 사라지고 벌이 사라진 자리는 배경으로 자연스럽게 채워집니다. Ctrl + D 를 눌러 선택 영역을 해제하고 이미지를 완성합니다.

응용 예제 배경에서 원하지 않는 부분 제거하기 ②

콘텐츠 어웨어 필(Content-Aware Fill) 메뉴는 제거할 영역에 채워질 부분을 사용자가 직접 지정하여 좀 더 자연스러운 결과를 얻을 수 있습니다.

■ 준비 이미지

■ 완성 이미지

01 Chapter_04 ▸ Section_04 ▸ ship.jpg 파일을 불러옵니다. 올가미 툴( )로 배를 드래그하여 삭제할 영역을 지정하고 메뉴 바에서 [Edit]-[Contents Aware Fill]을 선택하여 옵션 창을 엽니다.

02 옵션 바에서 빼기( ) 옵션이 기본 값으로 지정되어 있는 것을 확인하고 연두색의 오버레이 부분 중 하늘과 산 부분을 드래그하여 지웁니다.

03 미리 보기를 보면 연두색의 오버레이 영역이 선택 영역에 채워져 배가 자연스럽게 삭제된 것을 확인할 수 있습니다. 〈OK〉를 클릭해 작업 중인 화면으로 돌아갑니다.

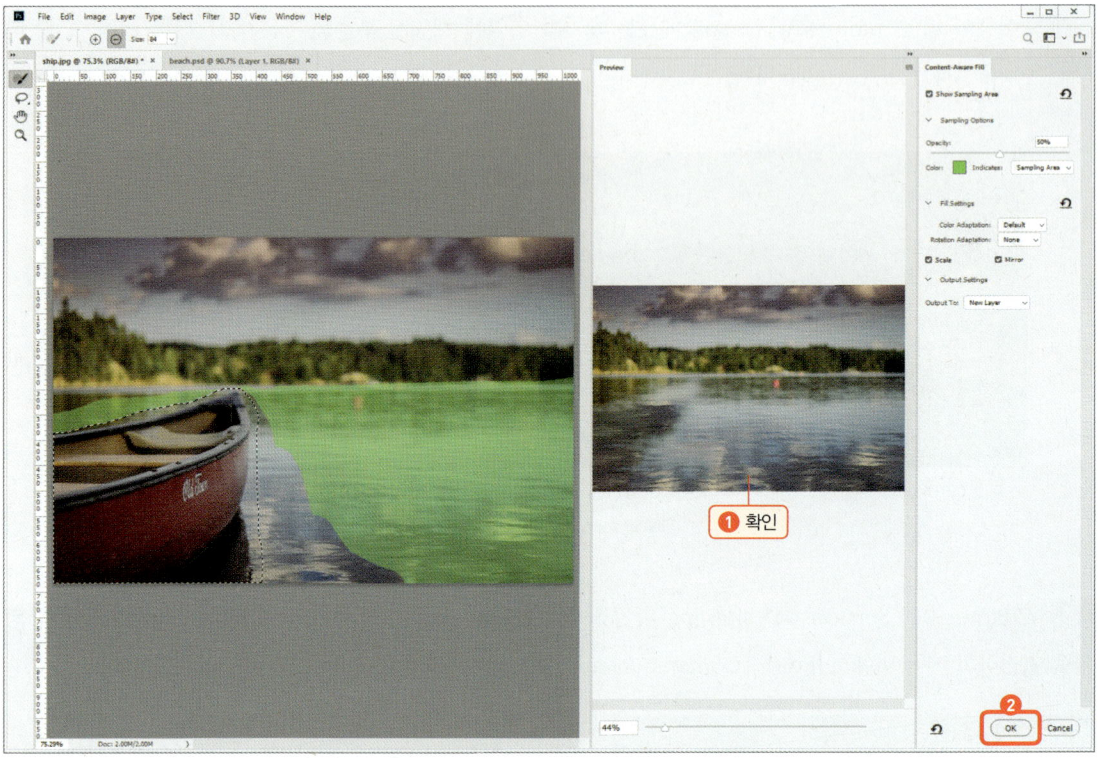

Tip 미리보기 창이 지나치게 변경되면 옵션 바의 브러시 옵션을 ⊕로 변경한 후 다시 연두색 오버레이 영역을 채웁니다.

04 레이어 패널을 보면 보정된 부분이 새 레이어로 만들어져 있습니다.

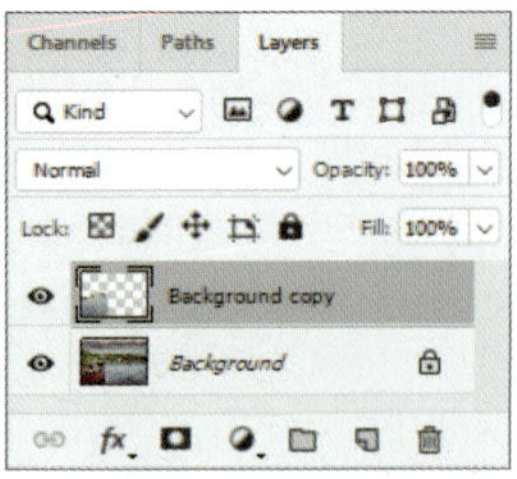

Tip 옵션에 따라 보정된 부분이 이미지에 바로 적용되기도 합니다.

Tip [Edit]–[Fill] 메뉴에서 콘텐츠 어웨어를 적용한 것과 [Edit]–[Contents Aware Fill] 메뉴에서 콘텐츠 어웨어를 적용한 것은 사용자의 의도에 따라 결과가 달라집니다.

■ [Edit]–[Fill] 적용

■ [Edit]–[Contents Aware Fill] 적용

• **준비 파일** beach.psd • **완성 파일** beach_result.psd

응용 예제 이미지를 자연스럽게 늘리기

콘텐츠 어웨어 스케일(Content–Aware Scale) 메뉴는 트랜스폼(Ctrl+T)으로 화면을 늘리는 것과 달리 이미지의 가운데부터 크기를 늘립니다. 이미지의 피사체가 한쪽으로 치우쳐져 있을 때 이미지를 자연스럽게 키울 수 있습니다.

■ 준비 이미지

■ 완성 이미지

01 Chapter_04 ▶ Section_04 ▶ beach.psd 파일을 불러온 후 Layer 1을 선택합니다. 메뉴 바에서 [Edit]–[Contents Aware Scale]을 선택하면 이미지에 바운딩 박스가 나타납니다.

02 마우스를 바운딩 박스의 오른쪽 가운데로 가져가면 마우스 포인터가 [↔] 모양으로 바뀝니다. Shift를 누른 채로 오른쪽 끝까지 드래그한 후 Enter를 눌러 완료합니다.

Tip 피사체가 중심에 있을 때 Contents Aware Scale 메뉴를 이용하면 피사체도 같이 늘어나므로 주의해야 합니다. 또한 Contents Aware Scale 메뉴로 이미지를 늘린 것과 Ctrl+T를 눌러 트랜스폼 기능으로 이미지를 늘린 것은 차이가 있습니다.

■ 피사체가 중심에 있는 이미지

■ 피사체가 중심에 있는 이미지를 늘린 결과

■ 콘텐츠 어웨어 스케일로 늘린 이미지

■ 트랜스폼으로 늘린 이미지

SECTION

05 플래시에 반사된 눈 보정하기

• **핵심 기능 |** 레드 아이 툴(단축키 J)

레드 아이 툴의 기능

레드 아이 툴(Red Eye Tool,)은 카메라 플래시에 반사되어 빨갛게 나오는 적목 현상을 보정할 수 있습니다. 붉게 나온 눈을 클릭하거나 눈 영역을 드래그하면 원래 색에 가깝게 보정됩니다. 붉은색에만 반응하므로 다른 용도로는 거의 사용되지 않습니다.

■ 원본 이미지(cat.jpg)

■ 레드 아이 툴을 적용한 이미지

혼자 해보기 | 빨간 눈 수정하기

• **준비 파일** frog.jpg • **완성 파일** frog_result.jpg

레드 아이 툴()을 이용하여 빨갛게 찍힌 개구리 눈을 까맣게 보정합니다. 영역이 넓으면 한 번에 보정되지 않으므로 여러 번 클릭하여 보정합니다.

■ 준비 이미지

■ 완성 이미지

SECTION 06

도장으로 찍듯 선명하게 복제하기

• 핵심 기능 | 도장 툴[도장 아이콘](단축키 S)

도장 툴의 기능

도장 툴(Stamp Tool, [도장 아이콘])은 복제할 대상을 가장자리까지 깔끔하고 선명하게 복제할 때 사용합니다. Alt를 누른 채로 복제할 부분을 클릭하여 소스로 지정하고, 소스를 복제할 위치를 드래그하면 깔끔하게 복제됩니다.

■ Alt를 누른 채로 소스로 쓸 부분을 클릭(rabbit.jpg)

■ 복제할 위치에서 드래그

■ 복제 완료

• 준비 파일 bench.psd • 완성 파일 bench_result.psd

응용 예제 벤치 복제하기

도장 툴([도장 아이콘])을 이용하여 벤치를 깔끔하게 복제해 봅니다.

■ 준비 이미지

■ 완성 이미지

01 Chapter_04 ▸ Section_06 ▸ bench.psd 파일을 불러옵니다. 레이어 패널에서 새 레이어 만들기 버튼( )을 클릭해 새 레이어를 추가합니다. 도장 툴( )을 선택하고 옵션 바에서 Samples를 Current & Below로 선택합니다.

02 Layer 1이 선택된 상태에서 Alt 를 누른 채 벤치에서 복제하고자 하는 부분을 클릭합니다. 벤치의 위치를 잘 잡을 수 있도록 벤치와 벽의 경계 부분을 클릭합니다.

03 마우스를 수평으로 이동하여 시작점을 잡은 후 드래그하여 복제합니다. 벤치 주변을 너무 정교하게 드래그하지 않아도 됩니다.

Tip 옵션 창의 Aligned를 체크한 상태에서 마우스에서 손을 뗐다가 다시 드래그하면 드래그하던 부분이 그대로 연결됩니다. 하지만 Aligned가 체크되지 않은 상태에서 마우스에서 손을 뗀 후 다시 드래그하면 처음 소스로 정의한 부분부터 복제됩니다.

04 Background 레이어의 눈 아이콘(👁)을 클릭하여 복제된 벤치만 보이도록 합니다. 지우개 툴(◆)을 선택하고 옵션 바에서 Opacity를 100%로 설정한 후 벤치 가장자리 부분을 깔끔하게 지웁니다. 이때 벤치 아랫 부분은 Opacity를 10%로 설정하고 지웁니다. 그래야 일부 영역이 반투명으로 남아 자연스럽게 보입니다.

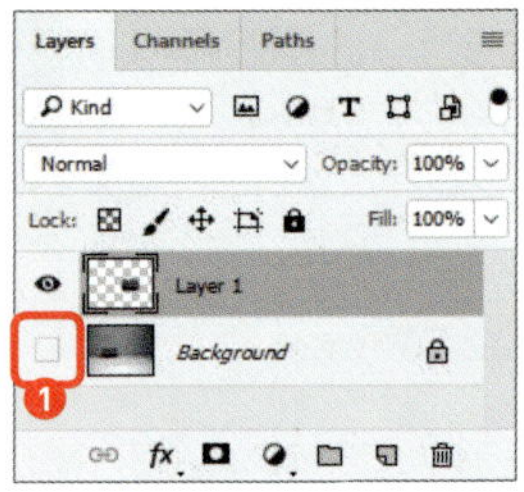

Tip 벤치 아랫 부분의 그림자까지 지워버리면 벤치가 배경과 어우러지지 못하고 공중에 떠 있는 느낌이 듭니다. 삭제시 배경을 자주 확인하며 불필요한 부분을 지워줍니다.

05 Background 레이어의 눈 아이콘(👁)을 클릭하여 벤치가 자연스럽게 복제되었는지 확인합니다.

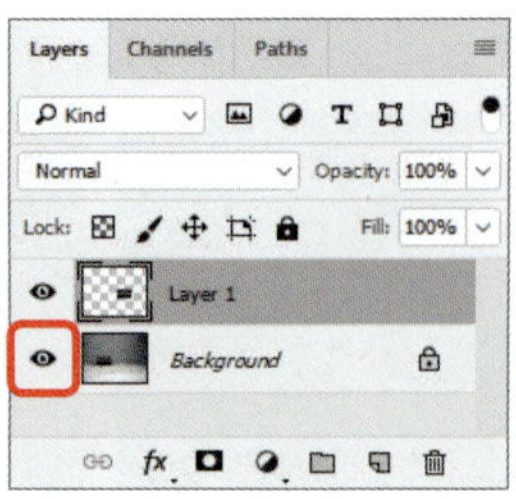

SECTION 07

패턴으로 채우기

• **핵심 기능 |** 패턴 도장 툴[아이콘](단축키 [S])

패턴 도장 툴의 기능

패턴 도장 툴(Pattern Stamp Tool, [아이콘])은 등록한 패턴을 복제합니다. 이미지 일부를 패턴으로 등록한 다음 드래그하면 드래그한 부분에 패턴이 채워집니다.

01 패턴으로 쓸 영역 지정하기 Chapter_04 ▸ Section_07 ▸ flower.jpg 파일을 불러옵니다. 사각형 선택 툴([아이콘])을 선택하고 [Shift]를 누른 채로 화병의 꽃송이 부분을 드래그합니다.

02 패턴 저장하기 메뉴 바에서 [Edit]–[Define Pattern]을 선택합니다. 옵션 창에서 Name을 원하는 이름으로 지정하고 〈OK〉를 클릭합니다.

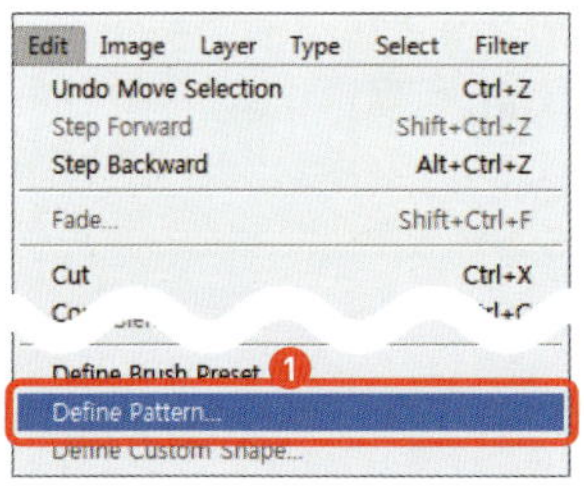

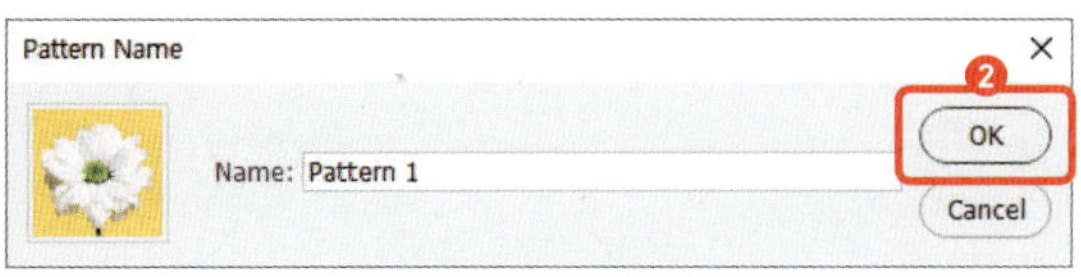

03 패턴으로 채울 영역 지정하기 Ctrl+A를 눌러 전체 화면을 선택합니다.

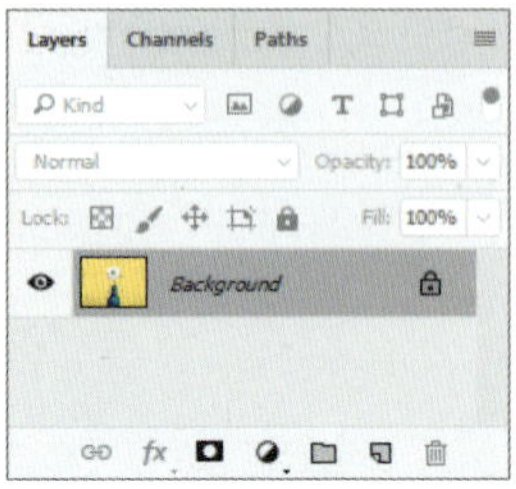

04 패턴 옵션 설정하기 패턴 도장 툴()을 선택하고 옵션 바에서 브러시 크기를 50px, 패턴을 앞에서 등록한 꽃송이로 선택합니다.

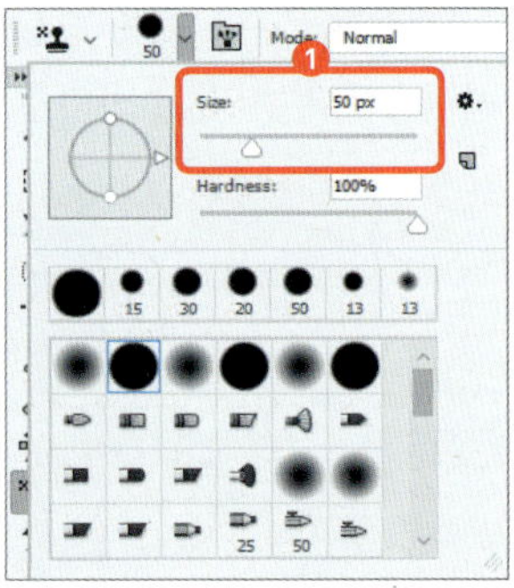

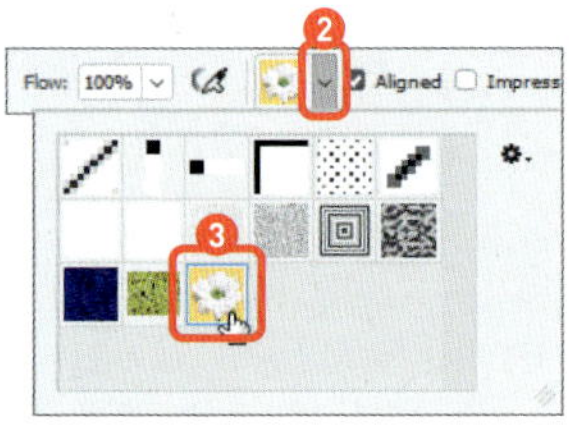

05 패턴으로 채우기 화면을 드래그하면 패턴으로 채워진 이미지가 완성됩니다.

06 옵션 바에서 Impressionist에 체크한 채로 드래그하면 패턴이 뭉개진 형태로 채워집니다.

• **준비 파일** 없음 • **완성 파일** pattern_result1.psd, pattern_result2.psd

응용 예제 | 배경 이미지로 쓸 패턴 만들기

배경 이미지로 활용할 패턴을 만들어 봅니다.

■ 완성 이미지

■ 응용 이미지

01 메뉴 바에서 [File]–[New]를 선택해 Width와 Height가 500Pixels인 새 작업 화면을 만듭니다.

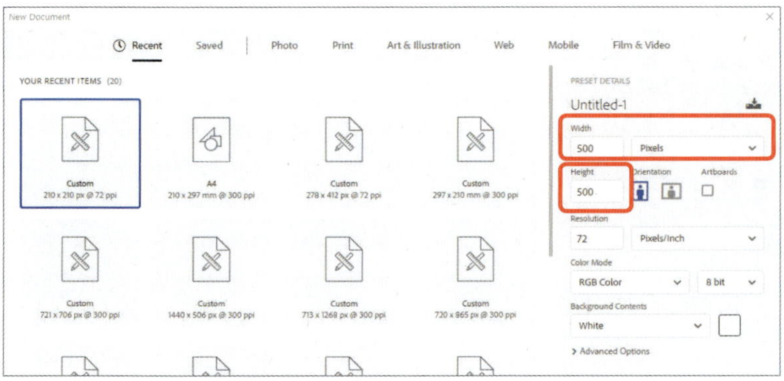

02 레이어 패널에서 새 레이어 만들기 버튼(![])을 클릭해 새 레이어를 추가합니다. Shift를 누른 채로 사각형 선택 툴(![])로 드래그하여 작은 정사각형의 선택 영역을 만듭니다. 전경색(![])을 클릭하여 하늘색(#7ECDF4)으로 설정한 후 Alt+Delete를 눌러 선택 영역을 채웁니다.

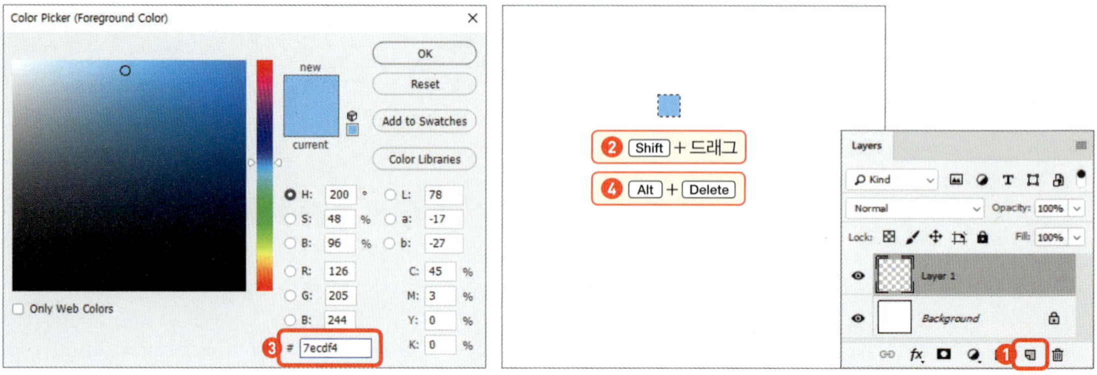

03 선택 영역 내부로 마우스를 가져가 마우스 포인터가 ![] 모양으로 바뀌면 선택 영역을 수평으로 드래그하여 이동시킵니다. 전경색(![])을 클릭하여 밝은 하늘색(#A5E2FF)으로 설정한 후 Alt+Delete를 눌러 선택 영역을 채웁니다.

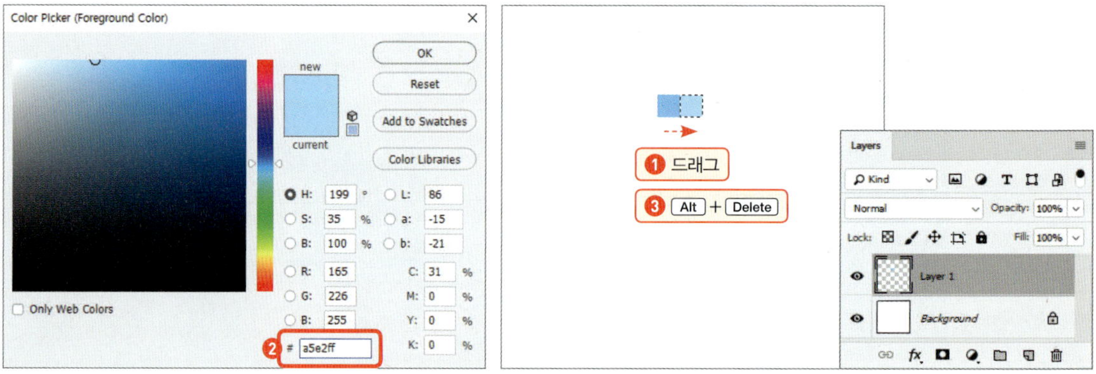

04 같은 방법으로 다음과 같이 2개의 선택 영역을 더 만든 후 Ctrl+D를 눌러 선택 영역을 해제합니다.

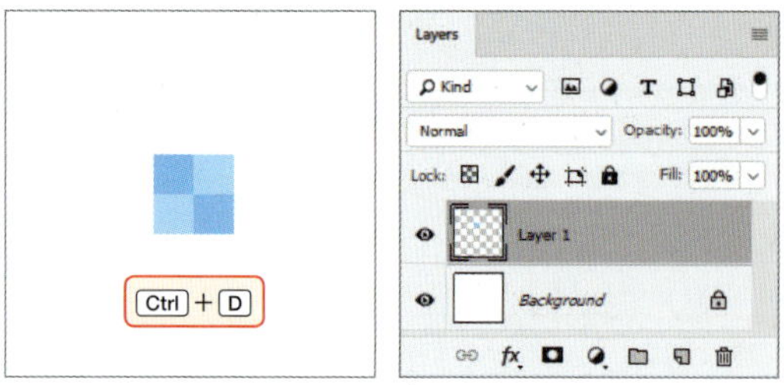

05 Ctrl + T 를 눌러 바운딩 박스가 나타나면 Shift 를 누른 채로 45° 회전하고 Enter 를 누릅니다.

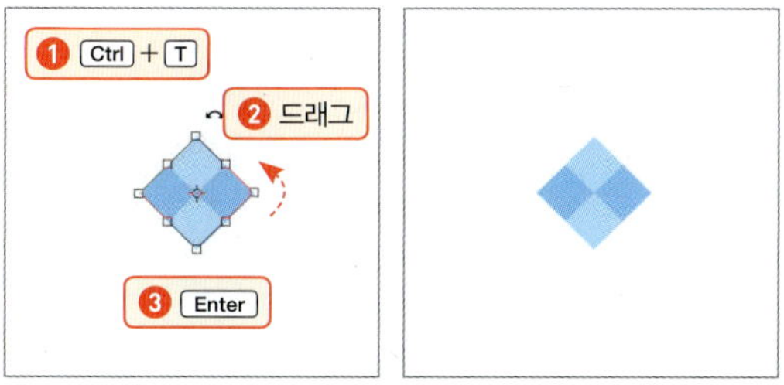

06 돋보기 툴( )로 화면을 확대한 후 Shift 를 누른 채로 사각형 선택 툴( )로 드래그하여 정사각형 모양의 선택 영역을 지정합니다.

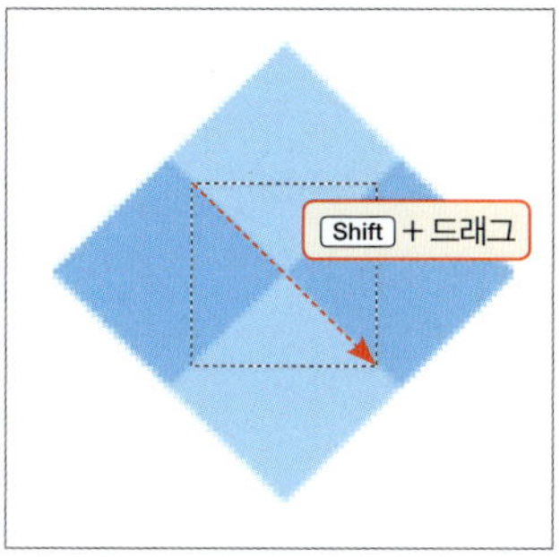

Tip 선택 영역의 위치에 따라 패턴의 형태도 달라집니다.

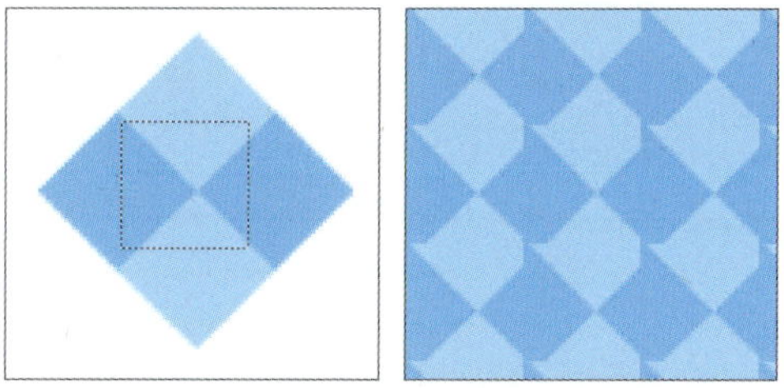

07 메뉴 바에서 [Edit]–[Define Pattern]을 선택한 후 Name을 입력하고 〈OK〉를 클릭합니다. 레이어 패널의 휴지통 아이콘( )을 클릭해 Layer 1을 삭제합니다.

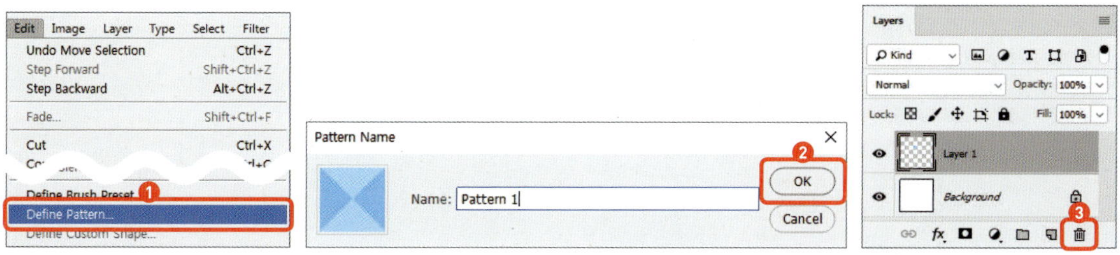

08 Ctrl+D를 눌러 선택 영역을 해제합니다. 도장 패턴 툴(![icon])을 선택한 후 옵션 바에서 방금 등록한 패턴을 선택하고 화면을 드래그하여 패턴으로 채웁니다.

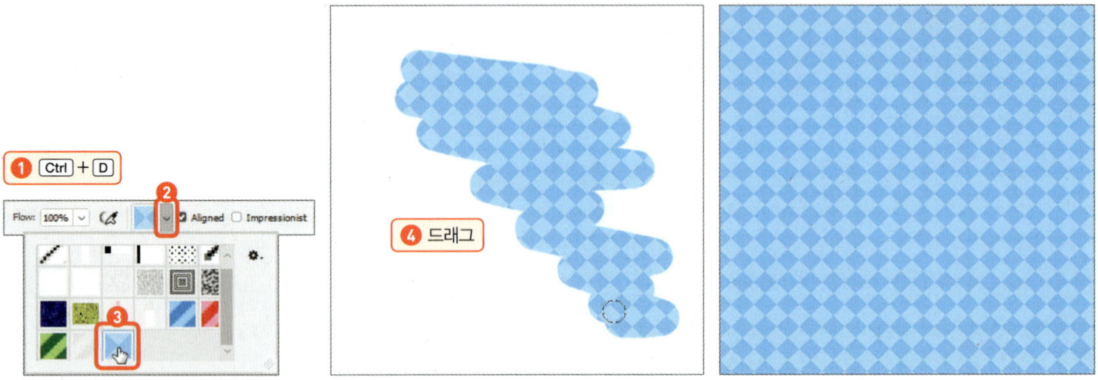

09 특정한 형태를 만들어 형태 내부에만 패턴을 적용할 수도 있습니다.

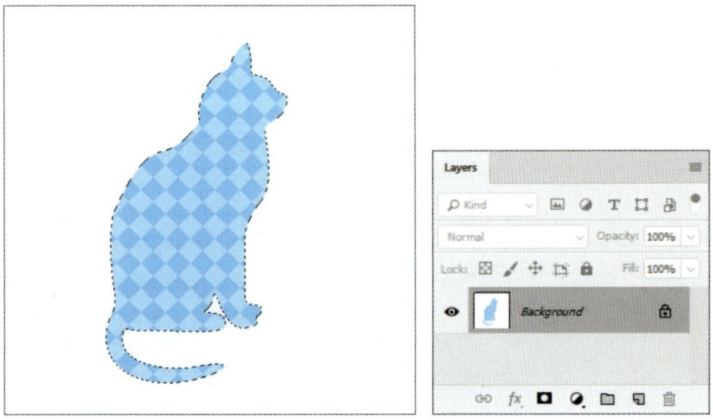

CHAPTER

05

드로잉과 페인팅

01 ⁄ **손 가는 대로 그리기** ▶ 브러시 툴, 연필 툴

02 ⁄ **질감을 살리면서 색상 변경하기** ▶ 컬러 리플레이스먼트 툴

03 ⁄ **회화처럼 표현하기** ▶ 믹서 브러시 툴

04 ⁄ **이미지의 일부만 복원하기** ▶ 히스토리 브러시 툴, 아트 히스토리 브러시 툴

05 ⁄ **드래그한 영역 지우기** ▶ 지우개 툴, 백그라운드 지우개 툴, 매직 지우개 툴

06 ⁄ **그러데이션 적용하기** ▶ 그레이디언트 툴

07 ⁄ **전경색으로 채우기** ▶ 페인트 버킷 툴

08 ⁄ **3D 오브젝트에 질감 입히기** ▶ 3D 머티리얼 드롭 툴

09 ⁄ **선명도, 밝기, 색상, 채도 조절하기** ▶ 블러 툴, 샤픈 툴, 스머지 툴, 닷지 툴, 번 툴, 스펀지 툴

SECTION 01

손 가는 대로 그리기

• **핵심 기능 |** 브러시 툴, 연필 툴(단축키 B)

브러시 툴과 연필 툴의 기능

브러시 툴(Brush Tool,)과 연필 툴(Pencil Tool,)은 직선과 점선을 그릴 때 사용합니다. Shift를 누른 채로 드래그하면 수직선, 수평선, 45° 각도로 선을 그릴 수 있으며, 패턴이나 특정 이미지를 브러시로 등록하여 사용할 수도 있습니다. 또한 포토샵에서 기본으로 제공하는 브러시 외에도 외부 브러시를 불러와 사용할 수 있습니다.

브러시 툴의 옵션

❶ **툴 프리셋** 자주 사용하는 브러시를 저장해 두고 필요할 때 선택하여 사용합니다. 새 브러시 등록 버튼()을 클릭하면 브러시를 저장할 수 있습니다.

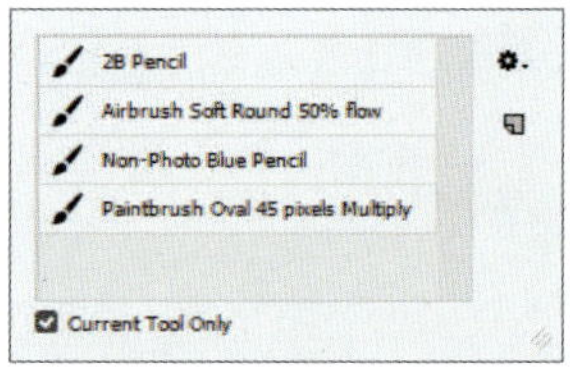

❷ **브러시 설정** 브러시의 종류를 선택하고 선택한 브러시 크기와 가장자리의 선명한 정도를 조절합니다.

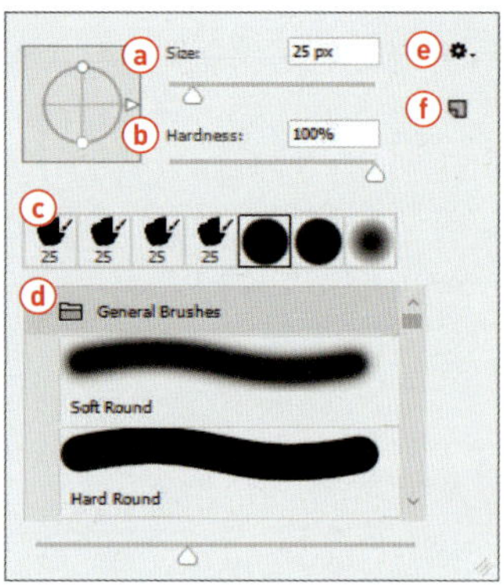

ⓐ **Size** 브러시 크기를 조절합니다.

ⓑ **Hardness** 브러시 가장자리의 선명한 정도를 조절합니다. 값이 클수록 선명합니다.

ⓒ **최근 사용** 최근에 사용한 순서대로 브러시의 종류를 보여줍니다.

ⓓ **프리셋** 포토샵에서 제공하는 브러시의 이름과 크기를 보여줍니다. 폴더를 클릭하면 주제별로 브러시가 모여 있습니다.

ⓔ **설정** 브러시를 불러오거나 저장하는 등 다양한 설정을 변경합니다.

ⓕ **새 브러시 등록** 클릭하여 새 브러시를 등록할 수 있습니다.

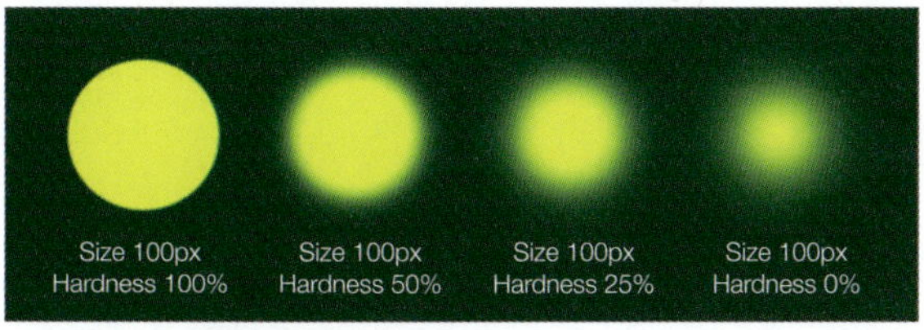

■ 브러시의 hardness를 변경한 경우

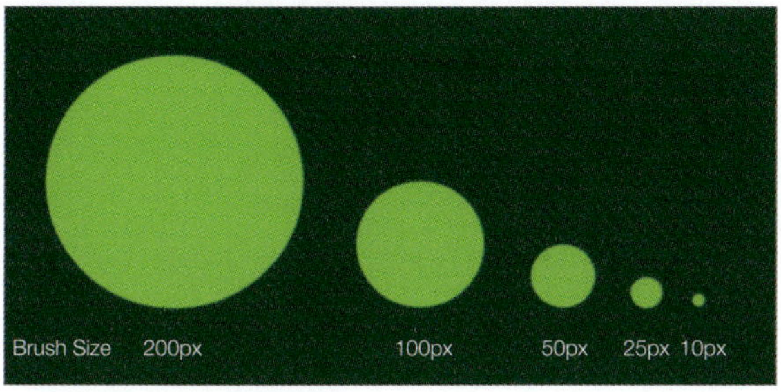

■ 브러시의 Size를 변경한 경우

❸ **브러시 세팅** 브러시에서 쓸 수 있는 다양한 옵션을 조절합니다. 브러시 세팅 옵션을 조절하여 자신만의 브러시를 만들어 사용할 수 있습니다.

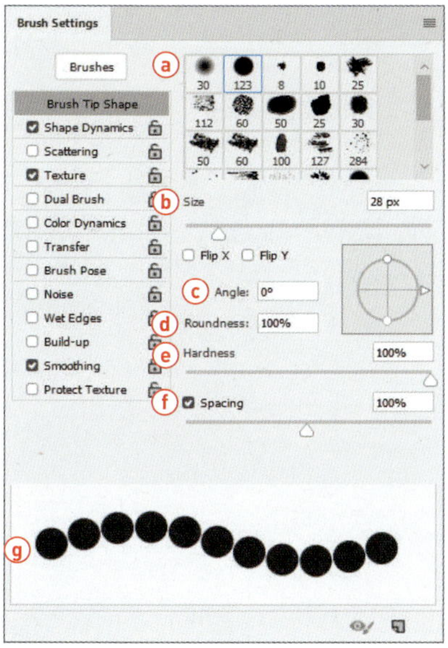

ⓐ **브러시 선택** 섬네일 목록에서 브러시를 선택합니다.

ⓑ Size 브러시의 크기를 조절합니다.

ⓒ Angle 브러시의 회전 각도를 조절합니다.

ⓓ Roundness 브러시의 둥근 정도를 조절합니다.

ⓔ Hardness 브러시 가장자리의 선명한 정도를 조절합니다. 값이 클수록 선명합니다.

ⓕ Spacing 브러시가 이어지는 간격을 조절합니다. 값이 클수록 점선으로 보이고 값이 작을수록 선으로 보입니다.

ⓖ **미리보기** 옵션 값을 변경하면 미리보기에 바로 적용되어 보입니다.

❹ Mode 브러시 모드를 선택합니다. 총 29개의 브러시 모드가 있습니다.

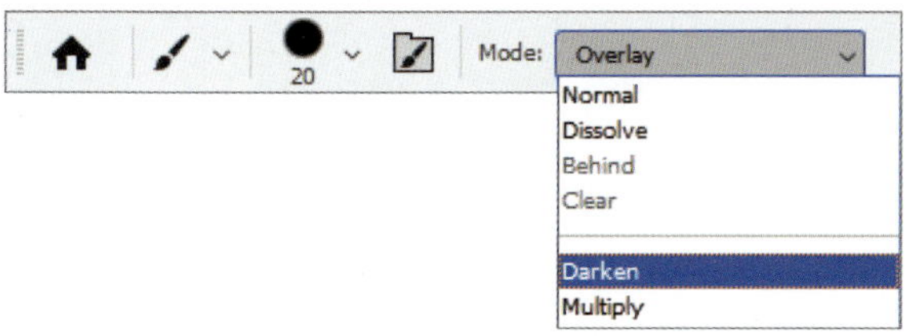

❺ Opacity 브러시 색상의 투명도를 조절합니다.

❻ Pressure for Opacity 태블릿 사용 시 펜의 압력을 감지하여 브러시의 투명도를 조절합니다.

❼ Flow 입력한 값에 따라 브러시 흐름의 불투명도 양을 조절합니다.

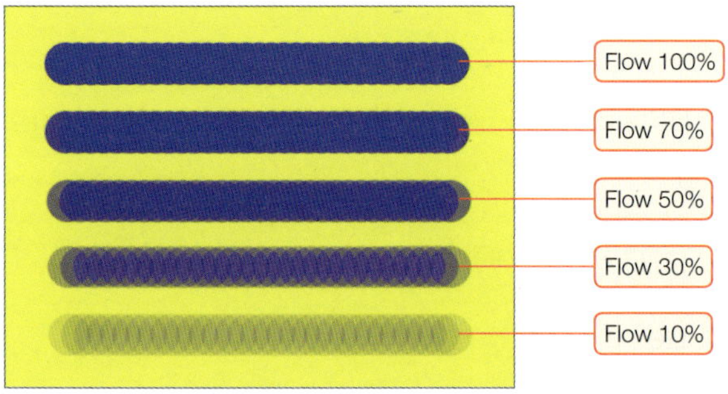

❽ **에어브러시 모드** 실제 에어브러시를 사용하는 것처럼 마우스 버튼을 클릭한 채로 있으면 브러시 주위로 색상이 넓게 퍼지면서 번집니다. Hardness가 100%일 때는 작동하지 않습니다.

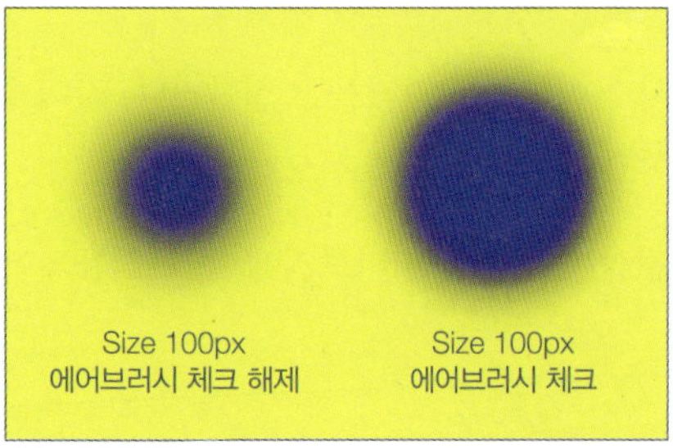

❾ Smoothing 수치가 낮을수록 마우스로 직접 그리는 것처럼 선이 그어지며, 수치가 높을수록 선의 움직임이 한결 부드러워집니다.

❿ Pressure for Size 태블릿 사용 시 펜의 압력을 감지하여 브러시의 크기를 조절합니다.

⓫ **대칭** 옵션에 따라 선을 여러 각도의 대칭으로 그립니다.

연필 툴의 옵션

연필 툴(✎)은 브러시 툴(🖌)과 사용 방법이 비슷하지만 Hardness가 조절되지 않습니다. 옵션 바의 Auto Erase를 체크하고 연필 툴(✎)로 그린 부분을 드래그하면 겹치는 부분이 전경색으로 칠해집니다. 다시 클릭하여 드래그하면 배경색으로 칠해집니다. 즉 연필 툴(✎)로 그린 부분을 클릭할 때마다 전경색과 배경색이 번갈아가며 칠해집니다.

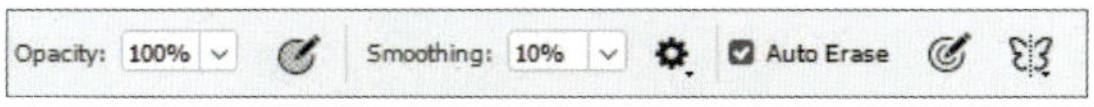

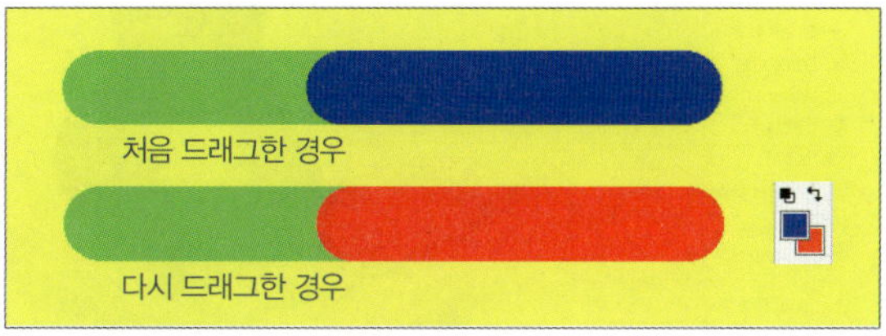

• **준비 파일** bulldog.jpg • **완성 파일** bulldog_result.psd

응용 예제 대칭 옵션으로 사진 꾸미기

브러시 툴(🖌)의 대칭 옵션 기능을 이용해 재미난 장식 효과를 만들어 봅니다.

■ 준비 이미지

■ 완성 이미지

01 Chapter_05 ▸ Section_01 ▸ bulldog.jpg 파일을 불러옵니다.

02 브러시 툴( )을 선택하고 옵션 바에서 대칭 옵션을 클릭하여 Vertical을 선택합니다. 마우스를 바운딩 박스 가장자리에 가져가 마우스 포인터가 모양으로 바뀌면 강아지의 얼굴 방향을 절반으로 가르는 위치가 되도록 회전한 후 실행 버튼( )을 클릭합니다.

03 옵션 바에서 브러시의 크기를 10px로 조절하고 레이어 패널의 새 레이어 만들기 버튼( )을 클릭해 새 레이어를 추가합니다. 전경색( )을 클릭하여 색상을 분홍색(#EA68A2)으로 변경합니다.

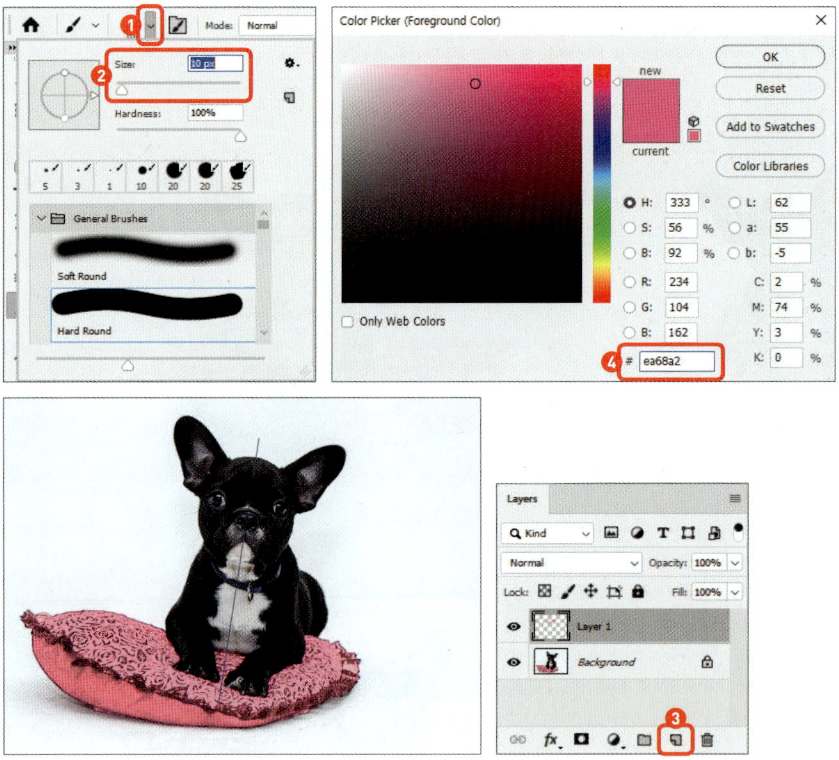

04 강아지 얼굴에 안경을 씌워 보겠습니다. 기준선을 중심으로 왼쪽 또는 오른쪽에서 안경 모양으로 드래그 합니다. 좌우 대칭으로 이미지가 자동 생성됩니다.

05 옵션 바에서 브러시의 크기를 4px로 조절한 후 안경 윗부분을 다음과 같이 장식합니다.

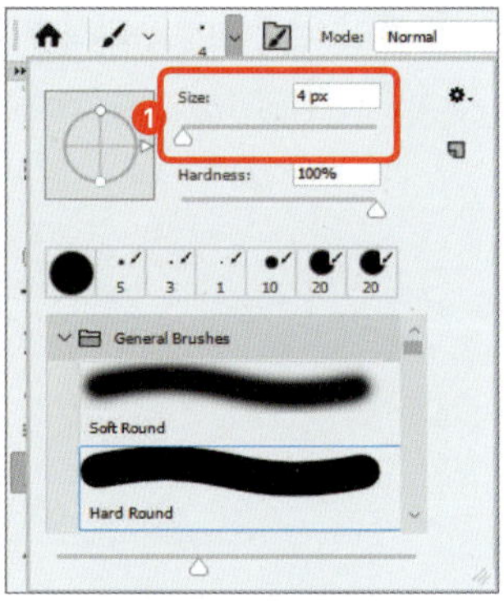

06 옵션 바에서 대칭 옵션을 클릭하고 Mandala를 선택한 후 옵션 창이 뜨면 Segment Count에 8을 입력하고 〈OK〉를 클릭합니다. 바운딩 박스가 나타나면 모서리를 드래그하여 크기를 작게 조절한 후 강아지의 왼쪽 상단에 배치하고 Enter를 눌러 적용합니다.

07 전경색(■)을 클릭하여 색상을 파란색(#0169B7)으로 변경합니다. Mandala 옵션의 기준선 내부를 드래그하면 대칭형의 문양이 자동으로 생깁니다. 브러시의 움직임에 따라 다양한 형태가 만들어지므로 꼭 다음과 같은 형태가 아니라도 괜찮습니다.

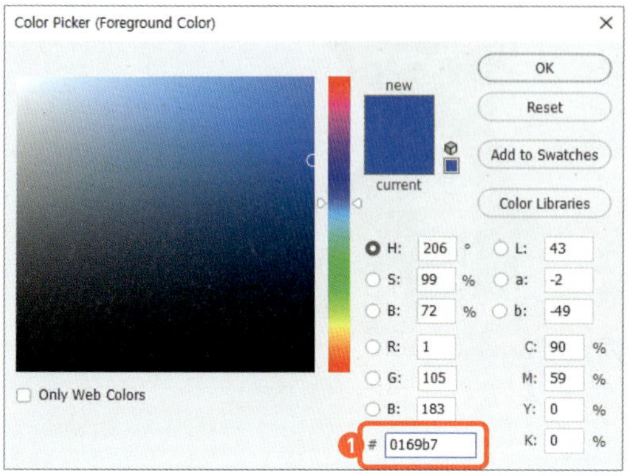

08 옵션 바에서 대칭 옵션을 클릭하고 Transform Symmetry를 선택합니다. 작업 중인 기준선에 추가로 바운딩 박스가 나타나면 오른쪽 하단으로 이동하고 모서리를 드래그하여 크기를 약간 줄인 후 Enter를 누릅니다.

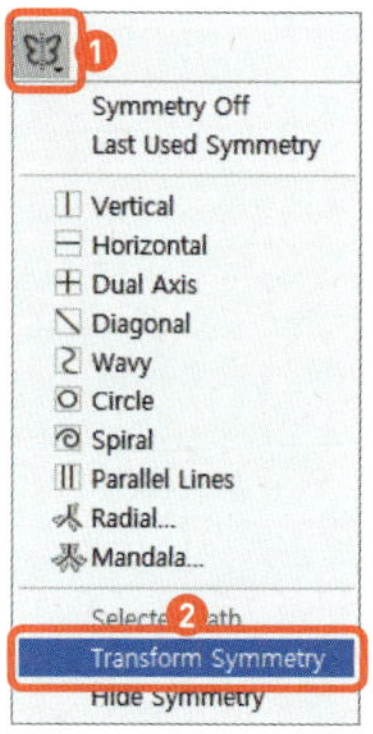

09 전경색(■)을 클릭하여 색상을 연두색(#80C269)으로 변경하고 기준선 내부를 드래그하여 또 다른 모양의 문양을 만듭니다.

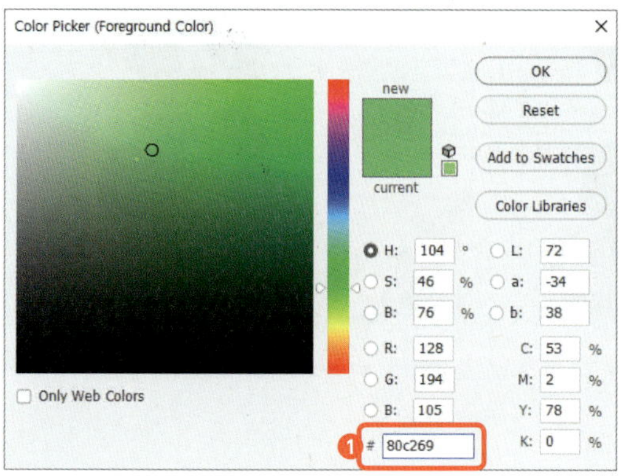

10 같은 방법으로 기준선의 크기를 조절하고 위치를 이동한 후 다양한 색상의 문양을 추가하여 이미지를 완성합니다.

• **준비 파일** Star.psd, Star_brush.abr • **완성 파일** star_result.psd

응용 예제 반짝이는 별빛 효과 만들기

펜 툴( )과 브러시 툴( )을 사용해 환상적인 별빛 효과로 오브젝트를 강조해 봅니다.

■ 준비 이미지

■ 완성 이미지

01 Chapter_05 ▸ Section_01 ▸ star.psd 파일을 불러옵니다. 올가미 툴( )로 사람만 선택한 후 Ctrl+J를 두 번 눌러 복제합니다.

02 Layer 1 copy 레이어를 보이지 않게 한 후 Layer 1을 선택하고 Ctrl 을 누른 채 섬네일을 클릭하여 사람을 선택 영역으로 만듭니다. 전경색을 흰색으로 설정하고 Alt + Delete 를 눌러 선택 영역을 채웁니다.

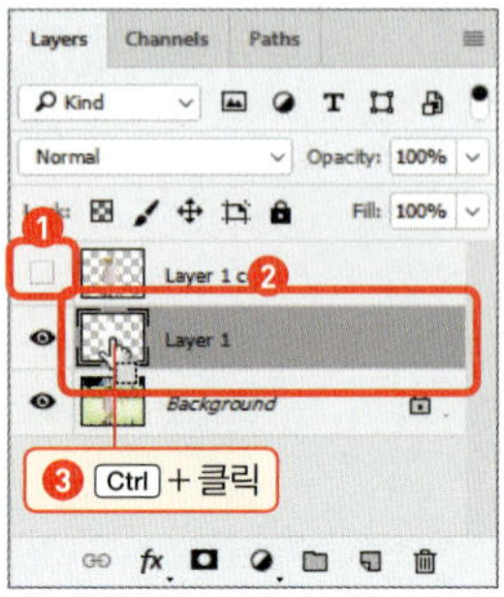

03 Ctrl + D 를 눌러 선택 영역을 해제합니다. 스머지 툴( )을 선택하고 옵션 바의 설정 버튼을 클릭하여 [Legacy Brushes]를 불러온 후 Thick Heavy Brushes의 Rounded Bristle 브러시를 선택합니다. 브러시 설정 패널을 열고 Size를 40px, Spacing을 50%로 조절한 후 사람의 가장자리 바깥 영역으로 질감이 살아나도록 드래그합니다.

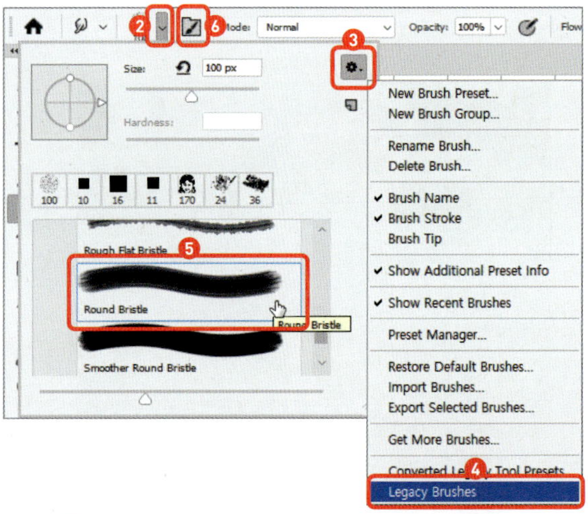

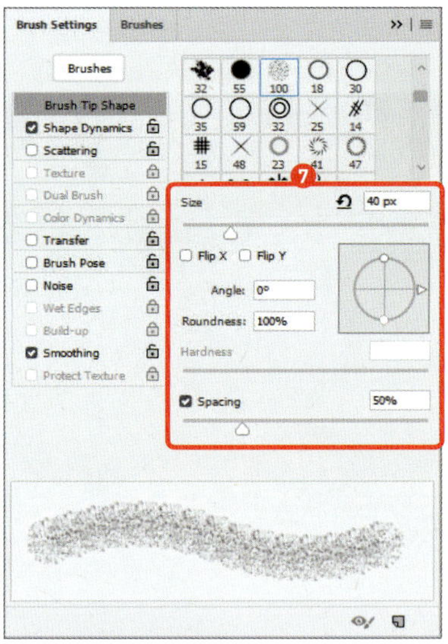

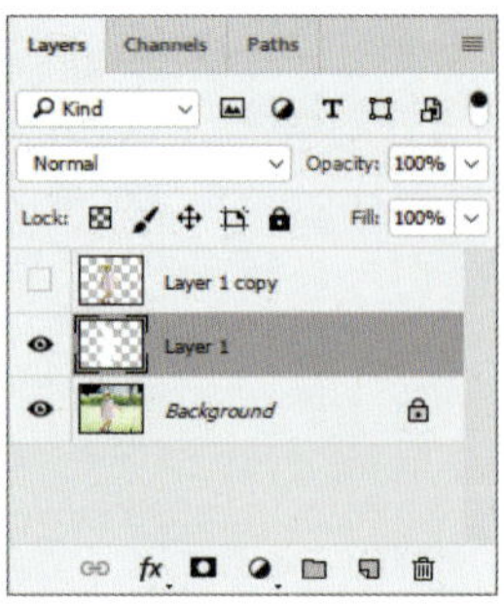

04 Layer 1 copy 레이어를 보이도록 한 후 스머지 툴( )로 가장자리를 조금 더 드래그합니다.

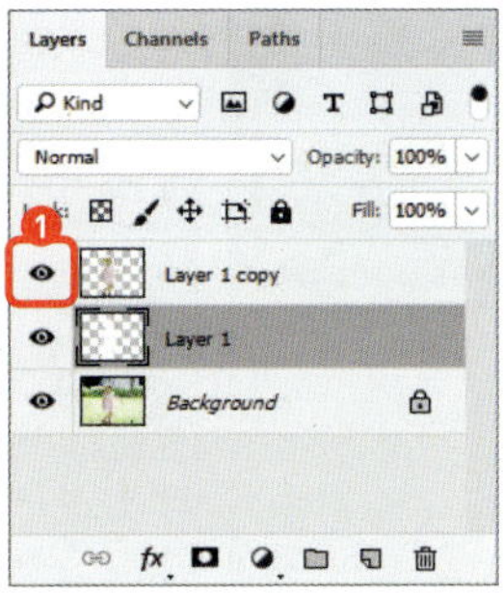

05 Layer 1에서 레이어 스타일 추가 버튼(fx)을 클릭하여 [Outer Glow]를 다음과 같이 적용해 가장자리가 빛나도록 합니다.

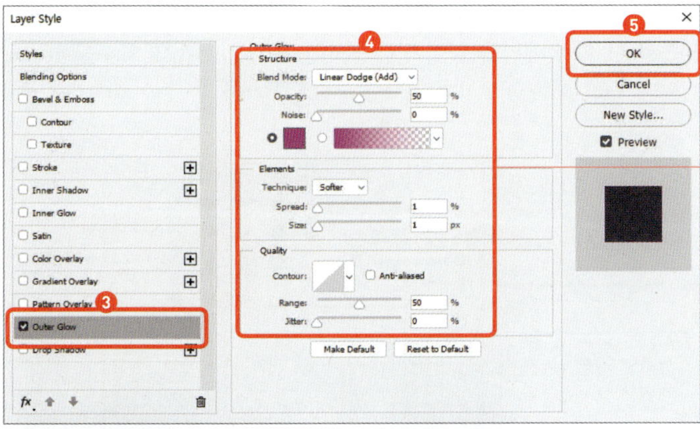

Blend Mode: Linear Dodge(Add), Opacity: 50%, Color: #FF00F6, Element Spread: 1%, Size: 1px, Quality Range: 50%

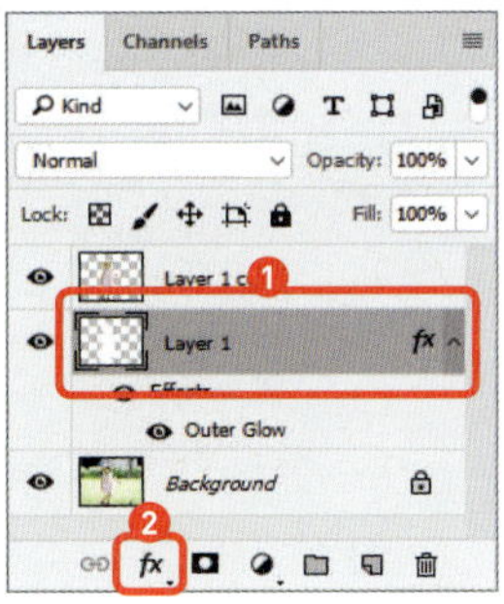

06 새 레이어 만들기 버튼(□)을 클릭하여 Layer 2를 만들고 레이어 패널 맨 위에 배치합니다. 펜 툴(□)을 선택하고 옵션 바에서 Path로 설정한 후 다음과 같이 각 앵커 포인트마다 드래그하여 곡선을 만듭니다.

07 전경색을 흰색으로 설정합니다. 브러시 툴(□)을 선택하고 옵션 바에서 설정 버튼을 클릭한 후 [Import Brushes]를 선택합니다. Load 창이 뜨면 Chapter_05 ▸ Section_01 ▸ Star_brush.abr 파일을 선택하고 〈Load〉를 클릭한 후 Star_brush 브러시를 선택합니다. 브러시 설정 패널을 열어 방금 불러온 Star_brush의 Size를 50px, Spacing을 100%로 설정합니다.

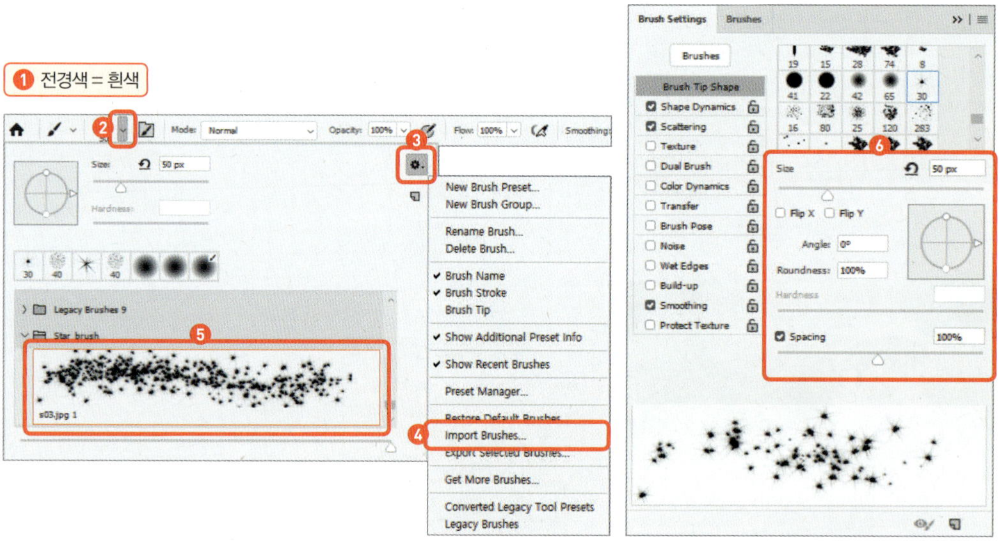

08 패스 패널의 Work Path 이름 부분을 마우스 오른쪽 버튼으로 클릭하여 [Stroke Path]를 선택합니다. 옵션 창이 열리면 Brush를 선택하고 〈OK〉를 클릭합니다. 레이어 패널로 돌아가면 패스를 따라 방금 지정한 브러시가 적용된 것을 확인할 수 있습니다.

09 새 레이어 만들기 버튼(◻)을 클릭하여 Layer 3을 만듭니다. 브러시 툴(✓)을 선택하고 옵션 바에서 Soft Round 브러시의 Size를 5px, Hardness를 30%로 설정합니다. 패스 패널의 Work Path를 마우스 오른쪽 버튼으로 클릭하여 [Stroke Path]를 선택합니다. 옵션 창이 열리면 Brush를 선택하고 〈OK〉를 클릭합니다.

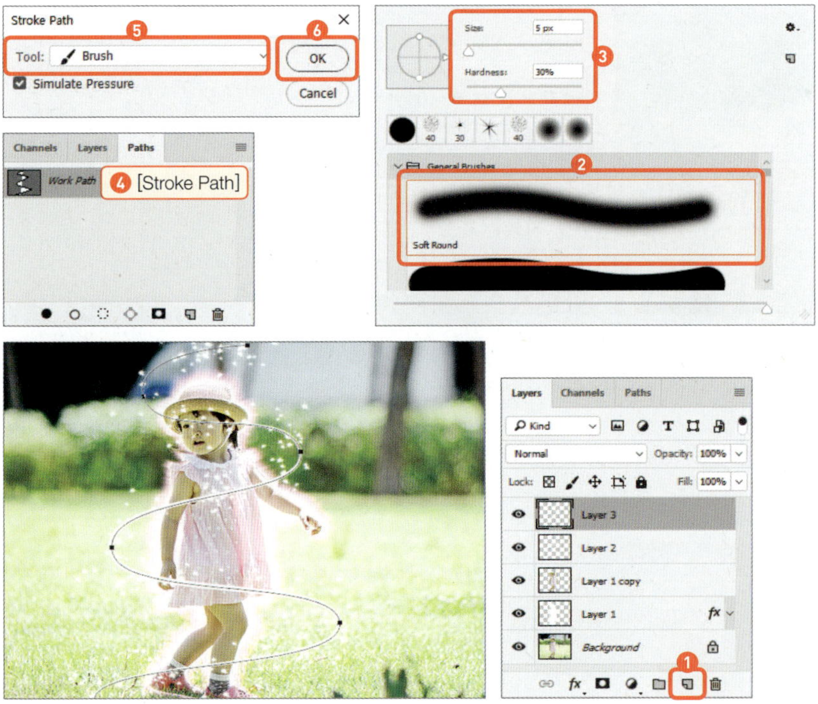

10 패스 선택 툴(□)로 패스를 왼쪽 위로 조금 이동시킨 후 브러시 툴(□)을 선택하고 Size를 3px로 설정합니다. 다시 패스 패널의 Work Path를 마우스 오른쪽 버튼으로 클릭하여 [Stroke Path]를 적용합니다. 패스 패널에서 Work Path는 휴지통(□)을 클릭하여 삭제합니다.

11 레이어 패널에서 Ctrl을 누른 채 Layer 1 copy 레이어의 섬네일을 클릭하여 선택 영역을 만듭니다. 지우개 툴(□)로 Layer 2와 Layer 3의 일부 영역을 그림과 같이 지워 선이 사람을 감싸고 있는 형태로 만듭니다.

12 Ctrl+D를 눌러 선택 영역을 해제합니다. 새 레이어 만들기 버튼(□)을 클릭하여 Layer 4를 만듭니다. 브러시 툴(✓)의 옵션 바에서 Star_brush를 선택하고 브러시 설정 패널에서 Size를 100px, Spacing을 100%로 지정한 후 곡선이 꺾이는 지점을 조금씩 드래그하여 별빛이 퍼져 나가는 것처럼 만듭니다.

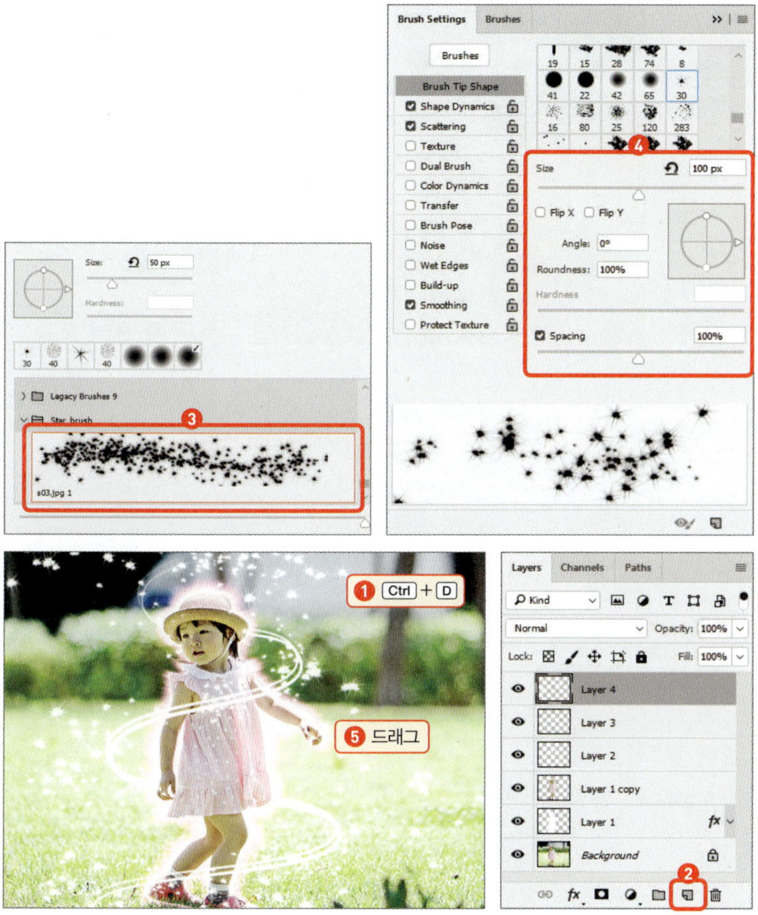

13 Layer 1의 레이어 스타일(fx)을 Alt를 누른 채 Layer 4로 드래그하여 레이어 스타일을 복제합니다.

14 Background 레이어를 선택하고 메뉴 바에서 [Image]–[Adjustments]–[Hue/Saturation]을 선택하여 Saturation을 10, Lightness를 -10으로 설정하여 배경을 조금 어둡게 만들어 인물을 강조해 이미지를 완성합니다.

SECTION 02

질감을 살리면서 색상 변경하기

• **핵심 기능 |** 컬러 리플레이스먼트 툴(단축키 B)

컬러 리플레이스먼트 툴의 기능

컬러 리플레이스먼트 툴(Color Replacement Tool,)은 질감은 그대로 살리고 색상만 변경할 때 사용합니다. 원하는 영역을 브러시로 칠하여 손쉽게 색상을 변경할 수 있고, 이미지 전체 또는 일부의 색상만 변경할 수도 있습니다.

■ 원본 이미지(apple.jpg)

■ 질감은 살리고 색상만 변경한 이미지

컬러 리플레이스먼트 툴의 옵션

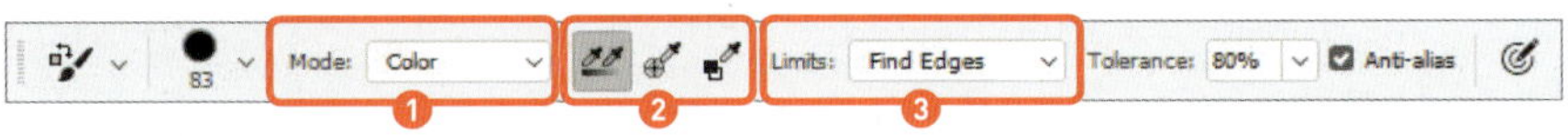

❶ Mode 변경할 색상 모드를 선택합니다.

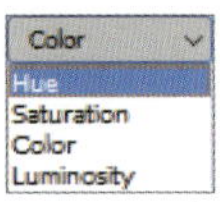

• Hue 색조를 바꿉니다.
• Saturation 채도를 바꿉니다.
• Color 색상을 바꿉니다.
• Luminosity 이미지의 색과 전경색을 합성합니다.

❷ Sampling 이미지의 어느 부분에 색상을 적용할지 선택합니다.

• Continuous 드래그를 시작한 지점부터 끝나는 지점까지 선택합니다.
• Once 처음 클릭한 부분과 비슷한 색상의 Level에만 적용합니다.
• Background Swatch 배경색과 비슷한 색상의 Level에만 적용합니다.

❸ Limits 이미지에 적용될 색상 범위를 선택합니다.

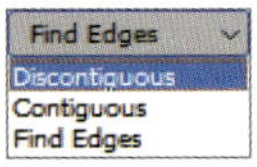

- Discontiguous 색상 경계를 포함한 다른 부분의 색상까지 포함합니다.
- Contiguous 색상 경계에 근접한 부분을 부드럽게 포함합니다.
- Find Edges 가장자리 경계를 인식하여 뚜렷하게 나타냅니다.

• **준비 파일** baby.jpg • **완성 파일** baby_result.jpg

응용 예제 눈과 입술에 포인트 주기

브러시로 원하는 영역을 칠하여 이미지의 질감은 살리면서 색상만 변경합니다.

■ 준비 이미지

■ 완성 이미지

01 Chapter_05 ▸ Section_02 ▸ baby.jpg 파일을 불러옵니다. 컬러 리플레이스먼트 툴( )을 선택하고 전경색( )을 클릭하여 색상을 녹색(#2B9044)으로 변경합니다. 옵션 바에서 브러시 크기를 눈동자 크기에 맞춰 10px로 조절한 후 눈동자를 드래그합니다.

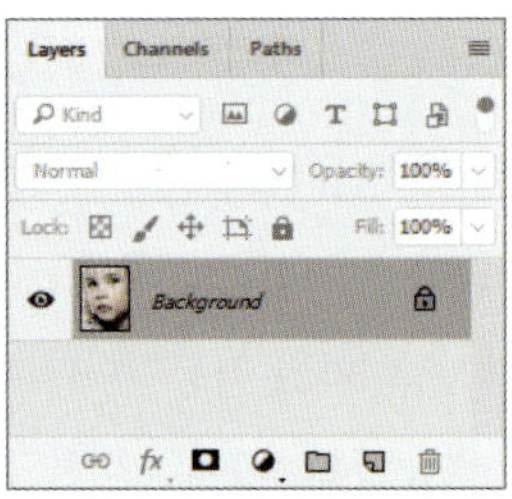

02 전경색(■)을 클릭하여 색상을 분홍색(#D880A6)으로 바꿉니다. 입술 윤곽은 선명하지 않으므로 옵션 바에서 hardness를 0%로 설정한 후 입술을 드래그하여 이미지를 완성합니다.

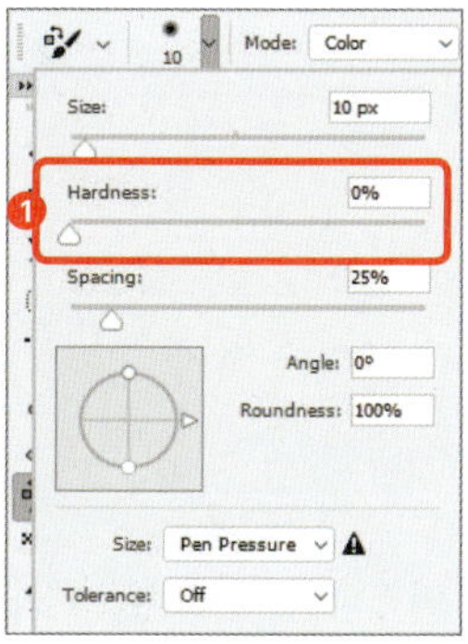

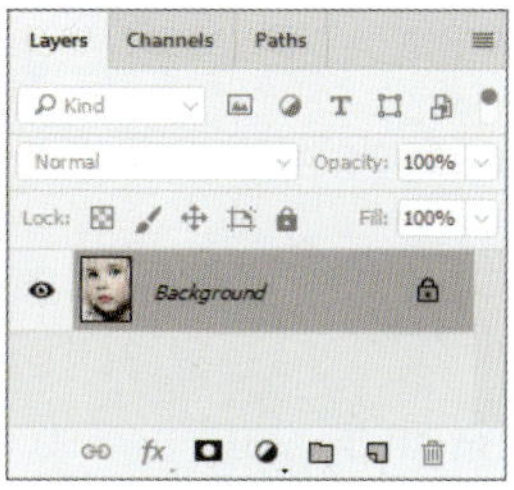

혼자 해 보기 | 꽃잎 색상 변경하기

• **준비 파일** color.jpg • **완성 파일** color_result.jpg

컬러 리플레이스먼트 툴(🖌)을 이용하여 흰색 꽃잎을 다양한 색으로 칠해 봅니다.

■ 준비 이미지

■ 완성 이미지

SECTION
03

회화처럼 표현하기

• **핵심 기능 |** 믹서 브러시 툴 (단축키 B)

믹서 브러시 툴의 기능

믹서 브러시 툴(Mixer Brush Tool,)은 브러시의 페인팅 색과 이미지의 배경색을 믹스하여 이미지를 회화적으로 만들 때 사용합니다. 이 툴을 사용하면 수채화나 유화 등 회화 느낌이 나도록 다양한 채색 효과를 낼 수 있습니다.

■ 원본 이미지(bird.psd)

■ 이미지를 회화적으로 표현

믹서 브러시 툴의 옵션

❶ **컬러와 소스** 페인팅 소스의 상태를 보여 줍니다. 일반적으로 전경색을 페인팅 소스로 사용하지만 Alt 를 누른 채로 이미지를 클릭하여 클릭한 부분의 이미지를 페인팅 소스로 사용할 수도 있습니다.

❷ **브러시 믹스** 선택된 상태에서는 브러시 색상과 이미지 색상이 섞입니다. 선택되지 않은 상태에서는 해당 이미지의 색상만 사용됩니다.

❸ **색상 믹스** 선택된 상태에서는 브러시를 한 번 사용할 때마다 지정된 색상으로 초기화됩니다. 선택되지 않은 상태에서는 브러시를 사용할 때마다 색상이 섞이므로 색상이 점점 탁해집니다.

❹ **Custom 옵션** ❺, ❻, ❼, ❽번의 옵션을 조절하여 페인팅 소스와 이미지가 혼합되는 정도를 자주 사용하는 설정 조합으로 만들어 둔 옵션입니다. Dry에 가까울수록 소스 색상이 짙어지고 배경 이미지와 섞이지 않아 건조한 느낌이 납니다. Wet에 가까울수록 소스 색상이 흐려지고 배경 이미지와 섞여 무른 느낌이 납니다.

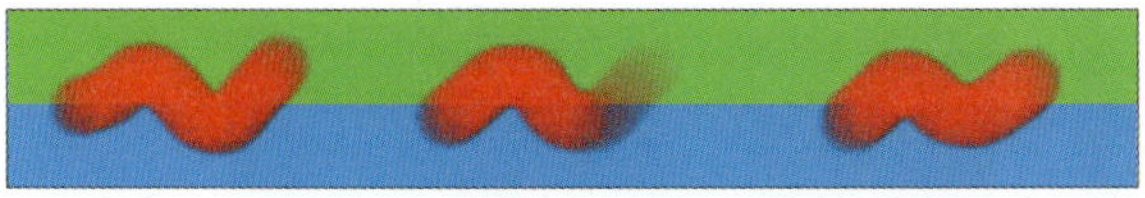

Dry　　Dry, Light Load　　Dry, Heavy Load

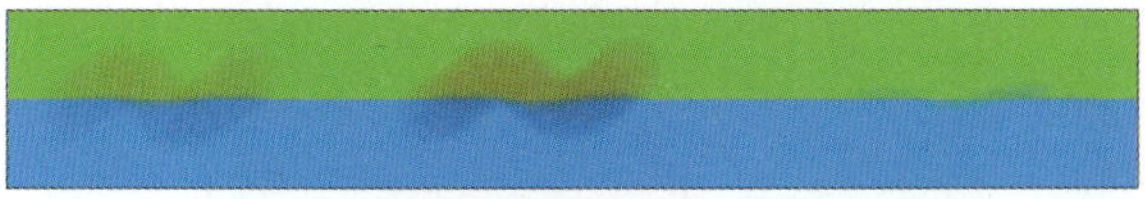

Moist　　Moist, Light Mix　　Moist, Heavy Mix

Wet　　Wet, Light Mix　　Wet, Heavy Mix

Very Wet　　Very Wet, Light Mix　　Very Wet, Heavy Mix

❺ Wet 페인팅 소스의 양을 조절합니다. 값이 작을수록 페인팅 소스의 색상이 많이 묻어나고 값이 클수록 배경 이미지의 색상이 많이 섞입니다.

❻ Load 불러오는 페인팅 소스의 양을 조절합니다.

❼ Mix 페인팅 소스와 이미지의 비율을 조절합니다. 값이 작을수록 페인팅 소스의 양이 늘어납니다.

❽ Flow 브러시 흐름의 강약을 보여 줍니다. 값이 작을수록 투명한 느낌이 납니다.

❾ **에어브러시** 에어브러시 효과가 납니다. 클릭한 채로 있으면 브러시가 점점 번져 나갑니다.

❿ Smoothing 값이 작을수록 마우스로 직접 그리는 것과 같고 값이 높을수록 선이 한결 부드러워집니다.

⓫ Sample All Layers 체크하면 모든 레이어에 효과가 적용되고, 체크하지 않으면 현재 선택된 레이어에만 적용됩니다.

⓬ Pressure Control 압력 감지를 조절합니다.

응용 예제 사진을 유화 작품으로 바꾸기

믹서 브러시 툴( )로 꽃 사진을 유화 느낌이 나도록 바꿔 봅니다.

■ 준비 이미지

■ 완성 이미지

01 Chapter_05 ▸ Section_03 ▸ flower.jpg 파일을 불러옵니다. 믹서 브러시 툴( )을 선택하고 옵션 바의 브러시 목록을 펼친 후 설정 버튼( )을 클릭하고 [Legacy Brushes]를 선택합니다. 옵션 바의 브러시 속성 패널 열기 버튼( )을 클릭한 후 Spatter 24pixels 브러시를 선택합니다.

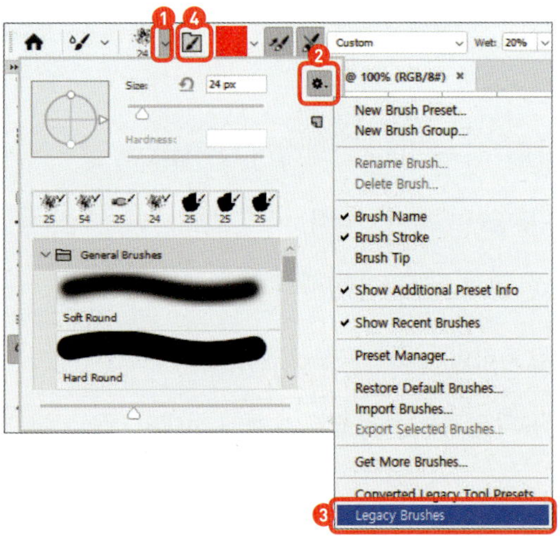

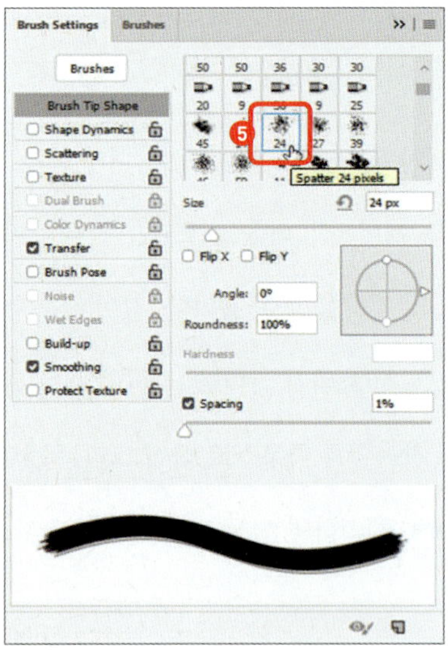

Tip 브러시에 마우스를 올리고 2~3초 기다리면 브러시 이름이 나타납니다. 브러시 모양 아래에 적혀 있는 숫자는 브러시 크기입니다.

02 Alt를 누른 채로 꽃잎을 클릭하면 소스 이미지로 등록됩니다. 옵션 바의 Custom을 Wet으로 선택하고 Wet을 50%, Load를 50%, Mix를 50%, Flow를 100%로 설정합니다.

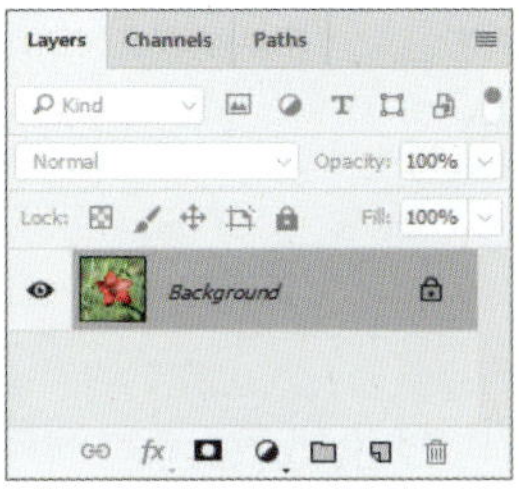

03 옵션 바에서 Sample All Layers를 체크하고 레이어 패널에서 새 레이어 만들기 버튼(⊞)을 클릭합니다. 반드시 Sample All Layers 옵션을 체크해야 Background 레이어의 꽃 이미지에 영향을 줍니다.

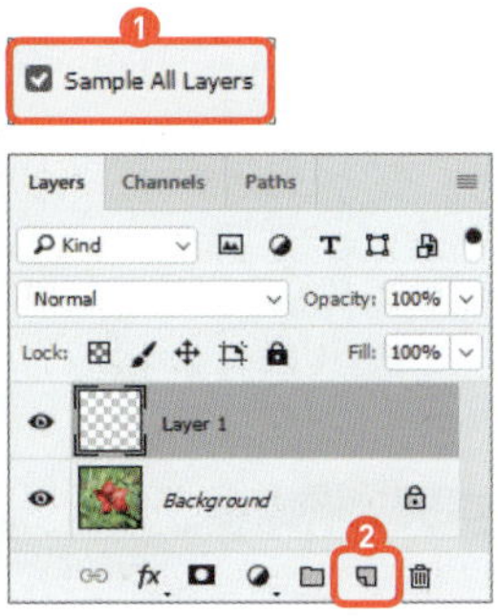

04 Layer 1이 선택된 상태에서 꽃잎 경계를 드래그하여 거칠게 만듭니다. 꽃 수술도 안쪽에서 바깥쪽으로 짧게 반복해서 드래그합니다.

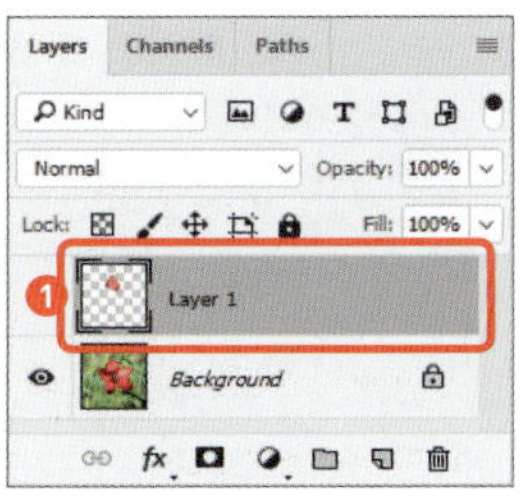

05 다른 꽃잎도 가장자리를 거칠게 만들고 수술 안쪽에서 바깥쪽으로 짧게 드래그하여 거칠게 만듭니다.

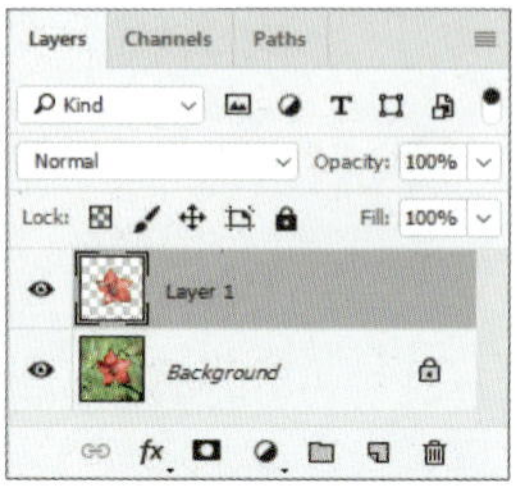

06 Background 레이어를 클릭하여 선택합니다. Alt 를 누른 채로 초록색 배경을 클릭하여 소스로 등록한 후 브러시 설정 패널에서 Chalk 36 브러시를 선택합니다.

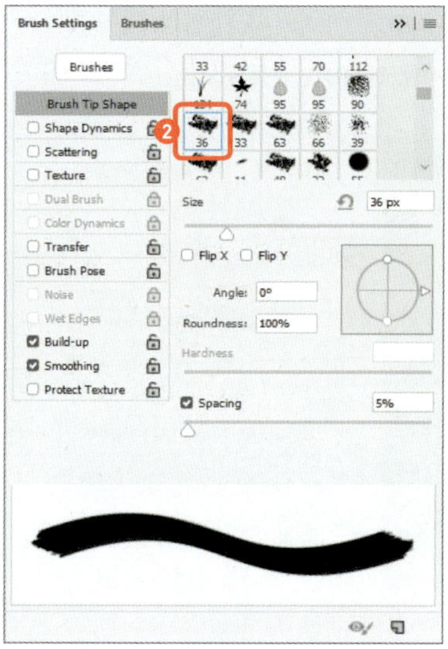

07 Layer 1을 선택하고 줄기와 잎을 드래그하여 거칠게 만듭니다.

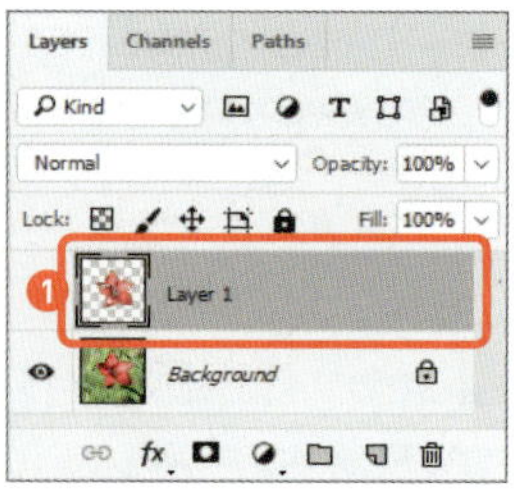

SECTION 04

이미지의 일부만 복원하기

• **핵심 기능 |** 히스토리 브러시 툴, 아트 히스토리 브러시 툴(단축키 Y)

히스토리 브러시 툴의 기능

히스토리 브러시 툴(History Brush Tool,)은 작업한 이미지를 부분적으로 복원합니다. 히스토리 패널은 작업한 순서를 기억해 단계적으로 복원하지만, 히스토리 브러시 툴은 드래그한 영역만 원본 상태로 복원합니다.

■ 원본 이미지(tulip.jpg)

■ 필터 적용 후 일부만 복원한 이미지

아트 히스토리 브러시 툴의 기능

아트 히스토리 브러시 툴(Art History Brush Tool,)은 드래그한 부분에 회화 느낌을 더할 수 있습니다. Style 옵션을 이용해서 유화 느낌뿐만 아니라 더 다양한 효과를 낼 수 있습니다.

■ 원본 이미지(paprika.jpg)

■ Style 옵션을 적용한 이미지

응용 예제 원하는 부분의 색상만 살리기

이미지를 흑백으로 바꾼 다음 히스토리 브러시 툴(![])을 이용하여 원하는 부분만 색상을 살려 봅니다.

■ 준비 이미지

■ 완성 이미지

01 Chapter_05 ▸ Section_04 ▸ blossom.jpg 파일을 불러옵니다. 메뉴 바에서 [Image]–[Adjustments]–[Desaturate]를 선택하여 컬러 이미지를 흑백으로 바꿉니다.

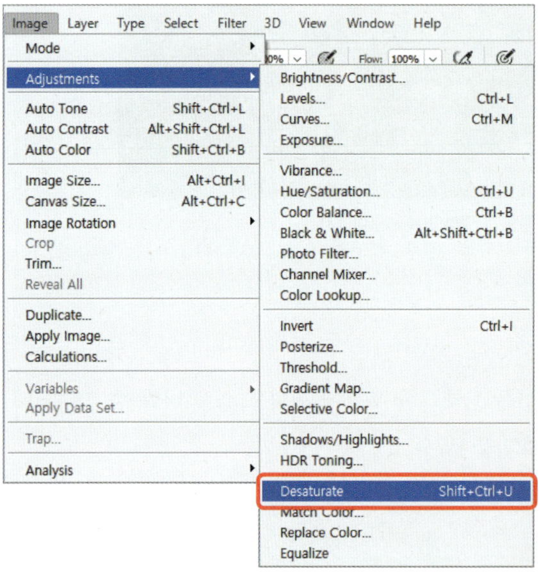

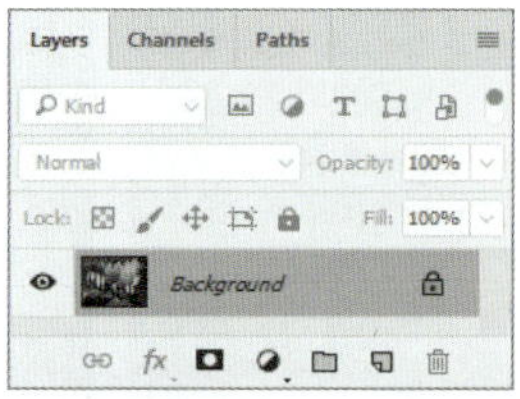

Tip [Image]–[Adjustments]–[Desaturate]는 작업 화면의 RGB 값을 유지한 채로 이미지를 흑백으로 만듭니다. [Image]–[Mode]–[Grayscale]로 변환하면 검은색과 흰색으로만 값이 바뀌므로 컬러 작업을 더 이상 할 수 없습니다.

02 히스토리 브러시 툴(![icon])을 선택하고 컬러를 살리고 싶은 영역을 드래그하면 브러시가 지나간 자리만 원본 이미지로 돌아갑니다.

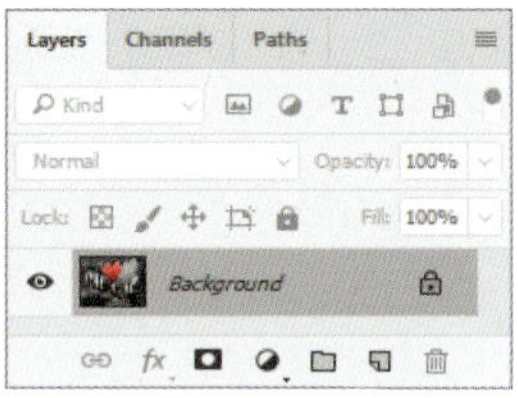

혼자 해보기 | 특정 부분만 컬러를 살려 강조하기

• **준비 파일** beach.jpg • **완성 파일** beach_result.jpg

히스토리 브러시 툴(![icon])을 이용하여 흑백 사진에서 칵테일이 담긴 잔과 빨대만 색상이 보이도록 만들어 봅니다.

■ 준비 이미지

■ 완성 이미지

SECTION 05

드래그한 영역 지우기

• **핵심 기능 |** 지우개 툴, 백그라운드 지우개 툴, 매직 지우개 툴(단축키 E)

지우개 툴의 기능

지우개 툴(Eraser Tool,)은 드래그한 영역을 지웁니다. Background 레이어를 선택하고 드래그하면 지워진 부분이 배경색으로 채워지고, 일반 레이어를 선택한 상태에서 드래그하면 지워진 부분이 투명해집니다.

■ Background 레이어를 선택하고 지운 화면(play.jpg)

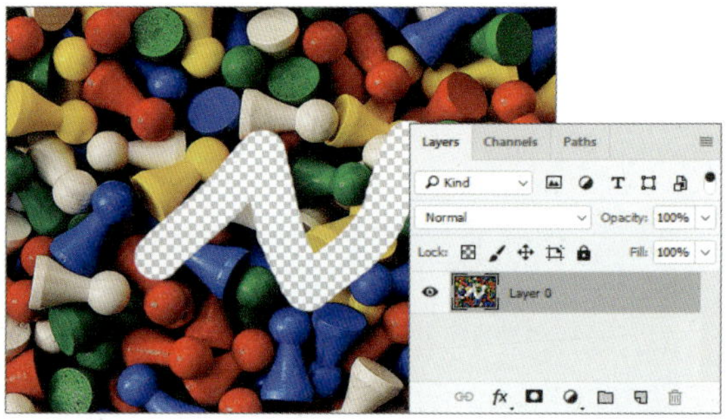

■ 일반 레이어를 선택하고 지운 화면

백그라운드 지우개 툴의 기능

백그라운드 지우개 툴(Background Eraser Tool,)은 Background 레이어 상태에서 지워도 지운 부분이 투명해집니다. 이때 레이어가 Background 레이어에서 일반 레이어인 Layer 0으로 바뀝니다.

■ Background 레이어(strawberries.jpg)

■ 백그라운드 지우개 툴로 지운 후

매직 지우개 툴의 기능

매직 지우개 툴(Magic Eraser Tool,)은 클릭한 지점을 중심으로 비슷한 컬러 영역을 한 번에 지웁니다. 마술봉 툴()과 사용법이 비슷한데 옵션 바의 Tolerance 값에 따라 지워지는 영역의 면적이 달라집니다. 이 툴을 사용하면 레이어가 Background 레이어에서 Layer 0으로 바뀝니다.

■ Background 레이어(cactus.jpg)

■ Tolerance 값을 10으로 지정하고 클릭한 이미지

■ Tolerance 값을 32로 지정하고 클릭한 이미지

SECTION 06

그러데이션 적용하기

• **핵심 기능 |** 그레이디언트 툴(단축키 G)

그레이디언트 툴의 기능

그레이디언트 툴(Gradient Tool,)은 단일 색상을 채우거나 단계적으로 부드러운 색의 변화를 만들 때 사용합니다. 전경색과 배경색을 지정한 다음 드래그하면 처음 클릭한 지점은 전경색, 드래그 종료 지점은 배경색이 되어 그 사이 영역이 부드럽게 채워집니다.

드래그한 거리가 짧으면 드래그 시작 지점 이전은 전경색, 드래그 종료 지점 이후는 배경색으로 채워집니다. Shift를 누른 채로 드래그하면 수직 또는 수평 그러데이션을 만들 수 있습니다. 다음 그림은 드래그한 방향과 영역에 따라 달라지는 그러데이션 효과를 나타낸 것입니다.

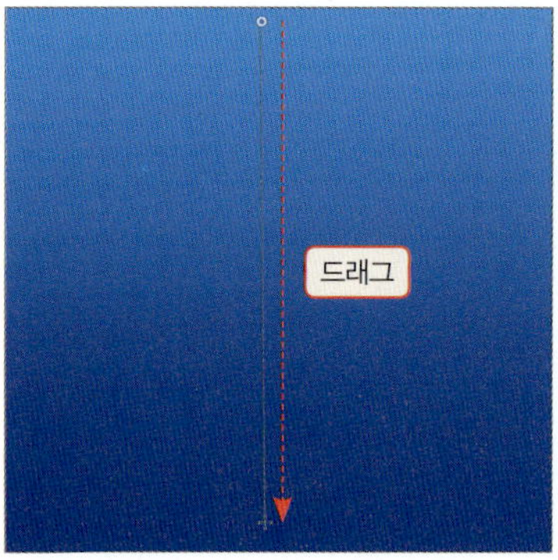

■ 수직으로 드래그

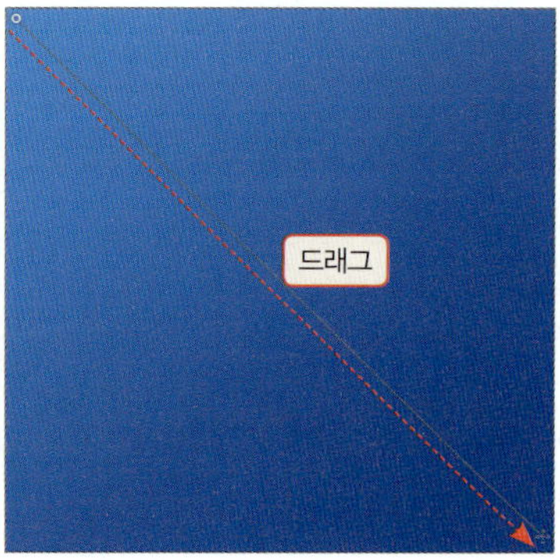

■ 대각선 방향으로 드래그

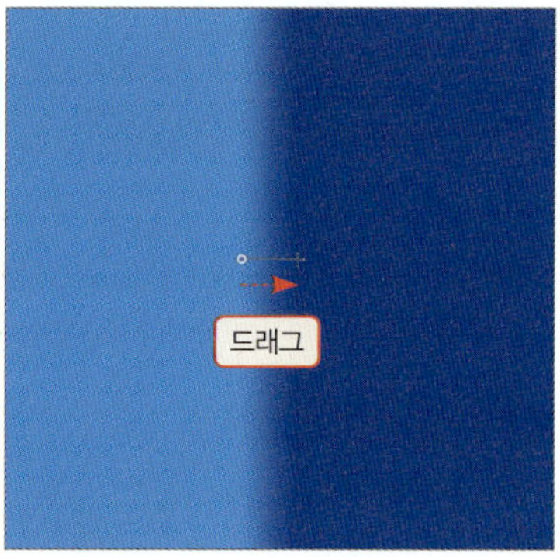

■ 짧게 드래그

그레이디언트 툴의 옵션

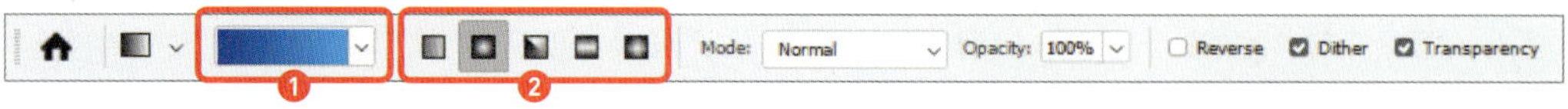

❶ **그레이디언트 스타일** 현재 지정된 전경색과 배경색에 따라 그레이디언트 스타일이 표시되며 클릭하면 그레이디언트 편집 창이 나타납니다. 그레이디언트 편집 창에서는 다양한 색상으로 그러데이션 효과를 만들고 저장할 수 있습니다.

■ 그레이디언트 스타일 선택

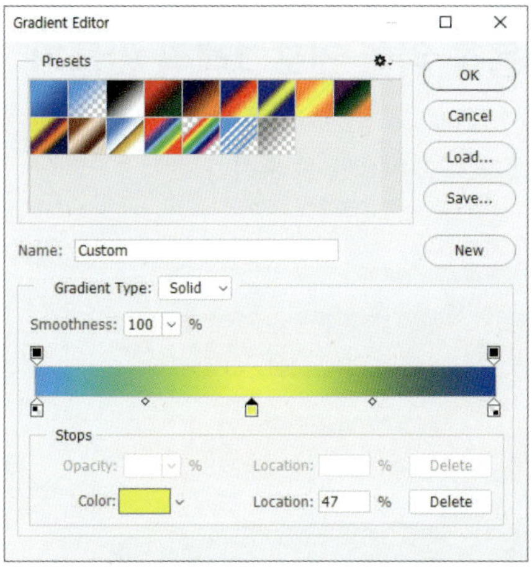

■ 그레이디언트 편집 창

❷ **그레이디언트 모양** 그레이디언트를 다양한 모양으로 적용할 수 있습니다.

■ 직선 그레이디언트

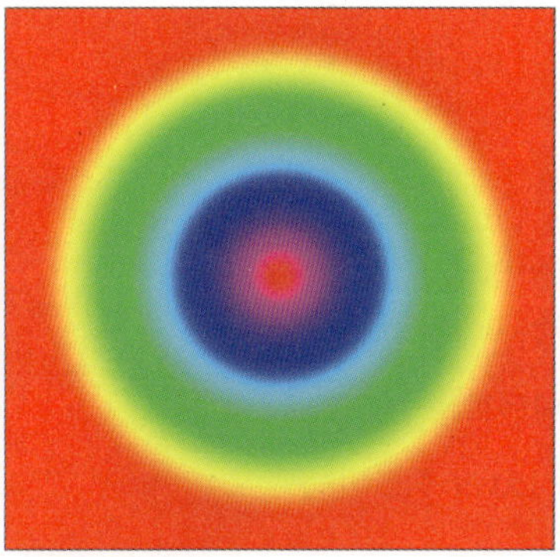

■ 원형 그레이디언트

■ 앵글 그레이디언트

■ 반사 그레이디언트

■ 다이아몬드 그레이디언트

응용 예제 순차적 내용을 위한 인포그래픽 만들기

순차적 내용을 나열하기 위한 인포그래픽 화면을 만들어 봅니다.

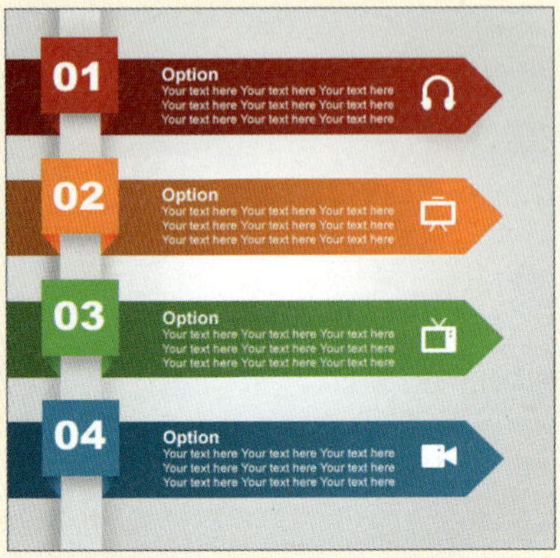

■ 완성 이미지

01 메뉴 바에서 [File]-[New]를 선택하고 옵션 창에서 Width와 Height를 각각 500Pixels로 입력하고 〈Create〉를 클릭해 새 문서를 만듭니다. 배경 화면은 밝은 회색(#BEBEBE)의 원형 그레이디언트로 채우고, 새 레이어 만들기 버튼( )을 클릭해 Layer 1을 만듭니다.

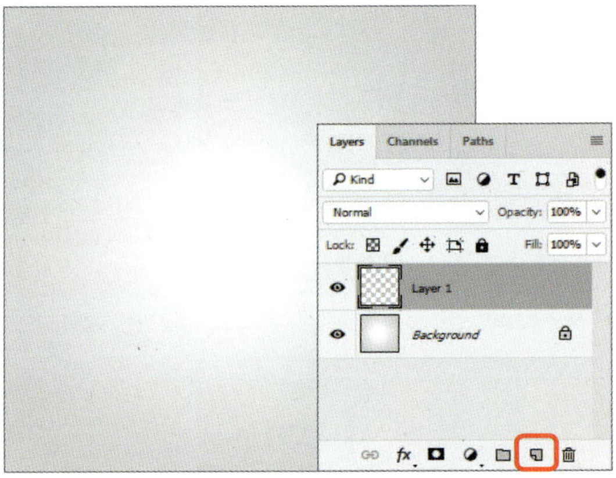

02 전경색을 빨간색(#CA1413)으로 설정합니다. 선형 툴( )을 선택한 후 옵션을 Pixels로 지정하고 화살표 설정을 아래와 같이 입력한 후 Shift 를 누른 채로 드래그하여 오브젝트를 만듭니다.

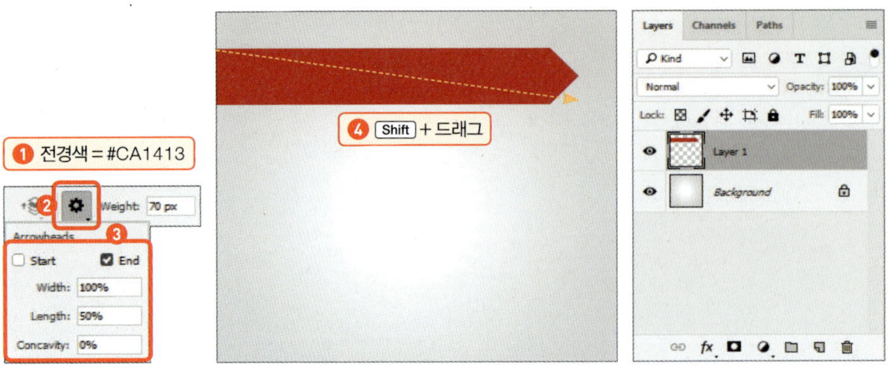

03 같은 방법으로 새 레이어를 만들어가며 같은 크기의 다른 색상을 가진 오브젝트를 그리고 Ctrl+E를 3번 눌러 레이어를 병합합니다.

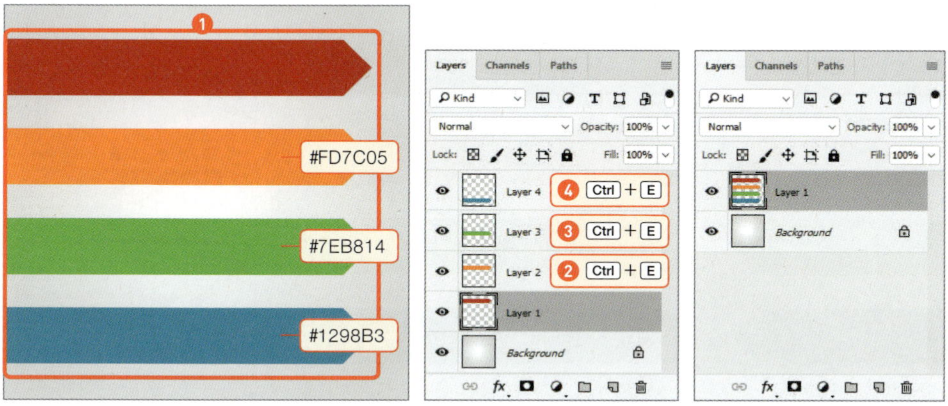

04 Layer 1에서 레이어 스타일 추가 버튼(fx)을 클릭해 [Gradient Overlay]를 다음과 같이 적용합니다.

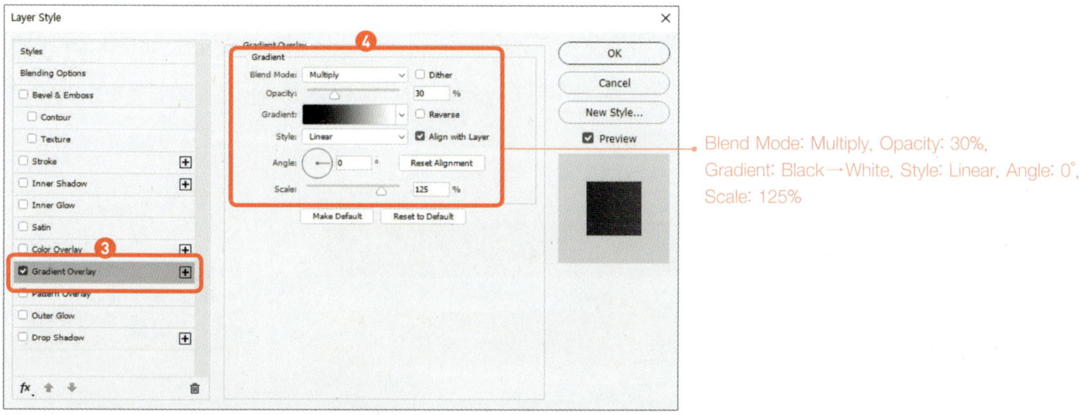

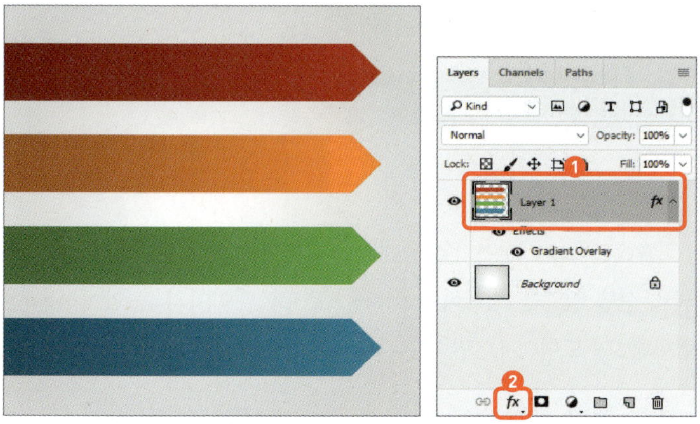

Tip 레이어 스타일을 수정하려면 Effects 레이어를 더블클릭하여 수정합니다.

05 Layer 1을 선택하고 사각형 선택 툴(⬚)로 드래그하여 너비가 70px인 영역을 선택한 후 Ctrl+J를 눌러 선택된 부분을 복제하면 Layer 2가 만들어 집니다.

Tip 마우스를 드래그하면 너비(W)와 높이(H)가 나타나는데 너비(W)가 70px일 때 마우스에서 손을 떼면 됩니다. 또는 사각형 선택 툴(⬚)의 옵션 창에서 Style을 고정 크기로 설정하고 Width 70px, Height 455px의 사각형을 그려도 됩니다.

06 Layer 2의 이름 위에서 마우스 오른쪽 버튼을 누르고 [Clear Layer Styles]를 선택하여 레이어 스타일을 제거합니다. Ctrl+J를 눌러 레이어를 복제한 후 복제된 Layer 2 copy를 이동 툴(✥)로 드래그하여 Layer 1의 1/3 지점까지 위로 이동합니다.

07 Layer 2를 선택하고 Ctrl를 누른 채로 Layer 2 copy 레이어의 섬네일을 클릭하여 선택 영역을 불러온 후 Delete를 눌러 삭제합니다. Ctrl+D를 눌러 선택 영역을 해제하고 Layer 2 copy 레이어의 눈 아이콘(👁)을 클릭하여 안 보이게 합니다. Layer 2를 확인해보면 도형의 1/3만 남은 것을 볼 수 있습니다.

08 Layer 2 copy 레이어의 눈 아이콘()을 클릭하여 보이게 만듭니다. Layer 2에서 마술봉 툴()을 선택하여 빨간색 영역만 선택 영역으로 만든 후 [Edit]−[Transform]−[Perspective]를 선택하여 그림과 같이 아래쪽 부분만 드래그하여 양쪽으로 줄입니다. 같은 방법으로 나머지 색상도 아래쪽 부분만 양쪽으로 줄입니다.

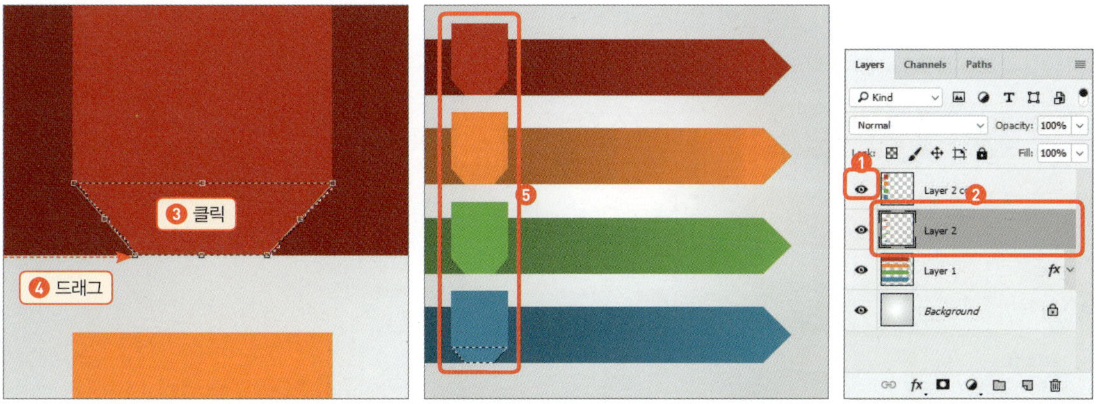

09 새 레이어 만들기 버튼()을 클릭해 Layer 3을 만들고 전경색을 밝은 회색(#E2E2E2)으로 설정합니다. 사각형 선택 툴()로 드래그하여 Layer 2 오브젝트의 좁은 부분을 선택 영역으로 길게 만든 후 Alt + Delete를 눌러 밝은 회색으로 채웁니다.

10 Ctrl+D를 눌러 선택 영역을 해제하고 Layer 2를 선택합니다. 번 툴(
)로 Layer 2와 Layer 2 copy가 겹치는 부분을 드래그하여 입체감을 더합니다.

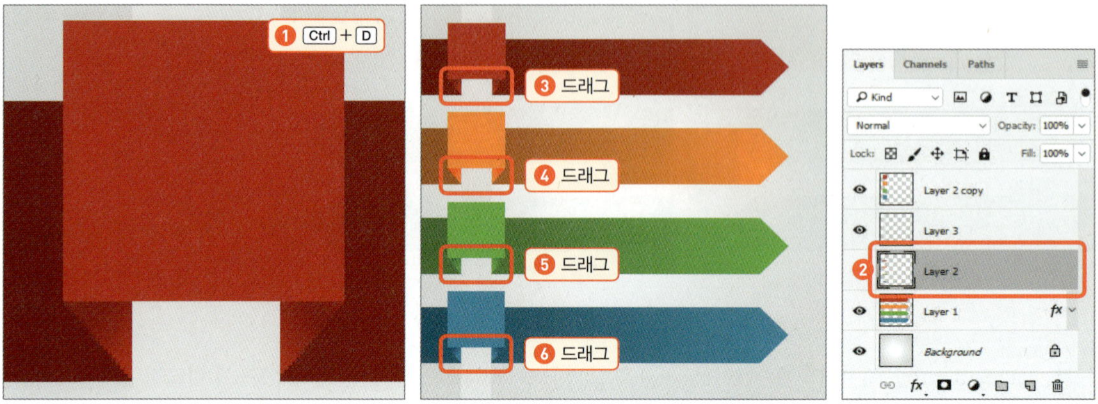

11 Background 레이어를 선택하고 번 툴( )로 Layer 3의 회색 라인과 겹치는 가장자리를 드래그합니다. 드래그한 부분이 어둡게 되어 입체감이 살아납니다.

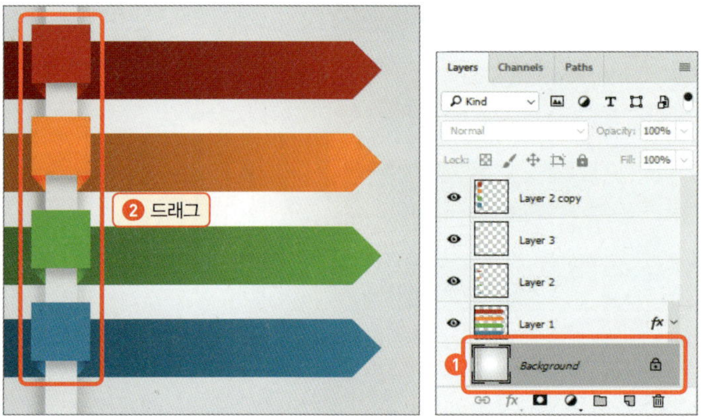

Tip 번 툴( )의 옵션 바에서 Size와 Hardness를 조절하여 자연스럽게 입체감이 표현되도록 칠합니다.

12 전경색을 흰색으로 설정한 후 텍스트 툴(T)로 제목과 내용을 입력합니다.

13 Chapter_05 ▸ Section_06 ▸ icons.psd 파일을 열어 레이어 패널에서 Headphones 레이어를 선택한 후 Ctrl+C를 눌러 복사합니다. 작업 화면으로 돌아와 Ctrl+V를 눌러 붙여 넣고 이동 툴(✥)로 빨간색 오브젝트 오른쪽 끝에 배치합니다. 나머지 아이콘(Fullscreen, TV, Panel)도 붙여 넣어 인포그래픽 이미지를 완성합니다.

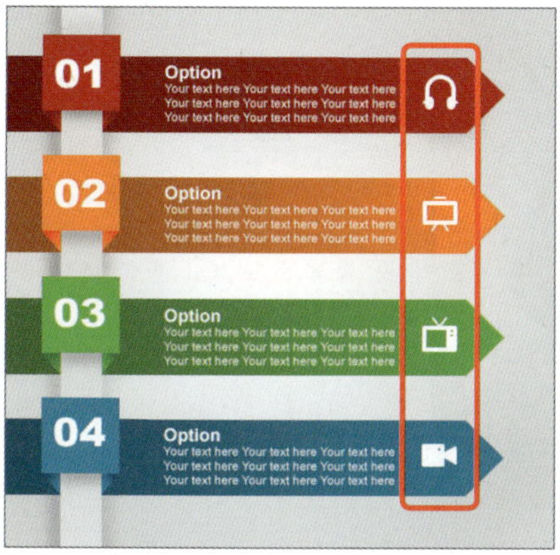

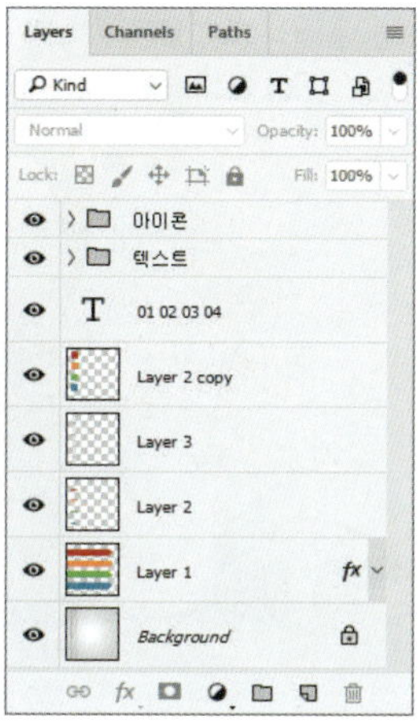

Tip 붙여넣은 아이콘이 보이지 않는다면 레이어 패널에서 붙여넣은 아이콘이 있는 레이어를 위로 드래그해서 배치시킵니다.

• **준비 파일** spotlight.psd • **완성 파일** spotlight_result.psd

응용 예제 스포트라이트 효과로 역동적인 이미지 만들기

그레이디언트 툴(◧)을 사용하여 강조하고 싶은 배경을 만들어 봅니다.

■ 준비 이미지

■ 완성 이미지

01 Chapter_05 ▶ Section_06 ▶ spotlight.psd 파일을 불러옵니다. Layer 1을 선택하고 올가미 툴( ), 다각형 올가미 툴( ), 자석 올가미 툴( ) 중 편한 툴을 이용하여 아기와 테이블을 정밀하게 선택한 다음 Ctrl + Shift + I 를 눌러 선택 영역을 반전시킵니다. Delete 를 눌러 아기와 테이블을 제외한 부분을 삭제합니다.

02 Ctrl + D 를 눌러 선택 영역을 해제하고 Background 레이어를 선택합니다.

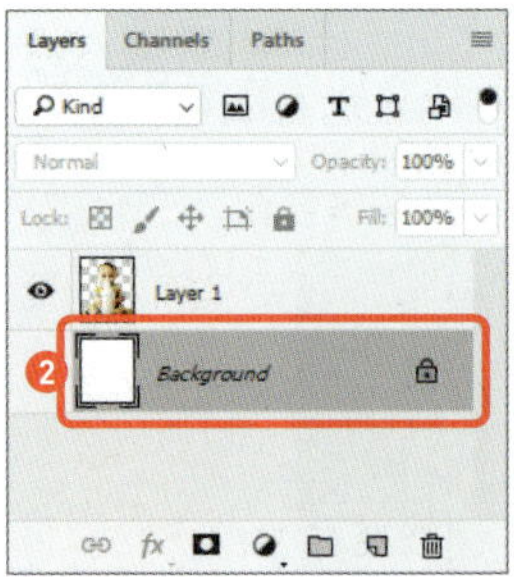

03 그레이디언트 툴( )을 선택하고 옵션 바에서 그레이디언트 스타일을 클릭합니다. 그레이디언트 편집 창이 나타나면 Gradient Type을 Noise로 설정하고 〈Randomize〉를 계속 누르다 마음에 드는 색상이 나오면 〈OK〉를 클릭합니다. 옵션 바에서 앵글 그레이디언트( )를 선택하고 이미지의 중앙 지점을 클릭한 후 오른쪽으로 드래그합니다.

04 마음에 드는 위치와 색상이 나올 때까지 드래그를 반복하여 스포트라이트 배경을 완성합니다.

SECTION 07

전경색으로 채우기

• **핵심 기능 |** 페인트 버킷 툴[아이콘](단축키 G)

페인트 버킷 툴의 기능

페인트 버킷 툴(Paint Bucket Tool, [아이콘])은 클릭 한 번으로 선택 영역에 전경색을 채웁니다. 옵션 바의 Tolerance 값에 따라 전경색이 채워지는 면적이 좁아지거나 넓어집니다.

■ 원본 이미지(at.jpg)

■ Tolerance : 10

■ Tolerance : 60

응용 예제 몬드리안 작품 따라잡기

닫힌 공간을 만든 후 내부를 따로 선택 영역으로 지정하지 않고 페인트 버킷 툴( )로 색을 채워 봅니다.

■ 완성 이미지

01 메뉴 바에서 [File]−[New]를 선택하거나 Ctrl+N을 누릅니다. Width와 Height를 각각 500Pixels로 입력하고 〈Create〉를 클릭해 새 문서를 만듭니다.

02 레이어 패널에서 새 레이어 만들기 버튼( )을 클릭해 새 레이어를 만듭니다. 연필 툴( )을 선택하고 D를 눌러 전경색을 검은색으로 설정합니다. 옵션 바에서 Size를 5px, Hardness를 0%로 설정한 다음 피에트 몬드리안 작품인 '빨강, 파랑, 노랑의 구성' 느낌이 나도록 선을 그립니다. Shift를 누른 채로 드래그하면 수평선과 수직선을 쉽게 그릴 수 있습니다.

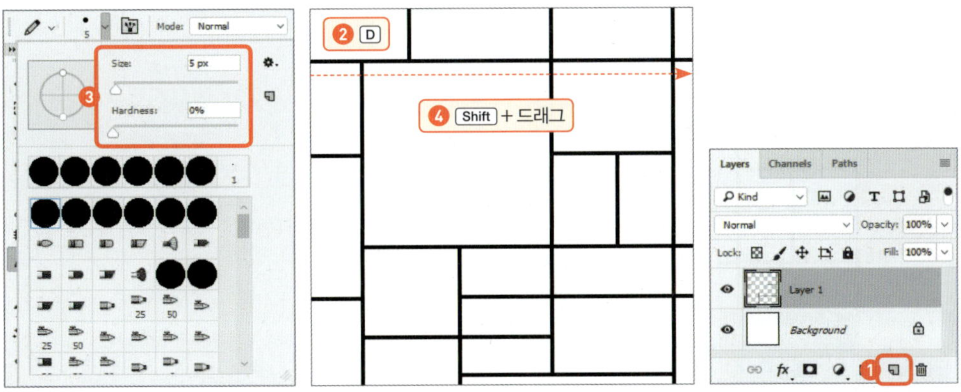

Tip Shift를 누른 채 연필 툴( )로 새로운 선을 그리면 이전 선과 연결되어 그려집니다. 연필 툴( )을 다시 한 번 클릭한 후 그리거나 Ctrl+Z을 눌러 원치 않는 선을 삭제하며 그리면 됩니다.

03 전경색을 붉은색(#FF0000)으로 바꾸고 페인트 버킷 툴()로 가장 큰 면을 클릭하여 색상을 채웁니다.

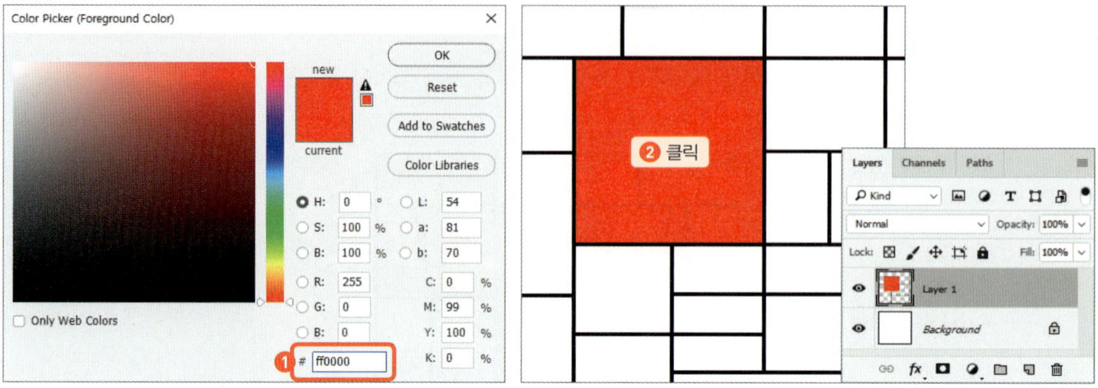

04 같은 방법으로 전경색을 노란색(#F9DF03)으로 바꾸고 다른 면을 클릭하여 색상을 채웁니다.

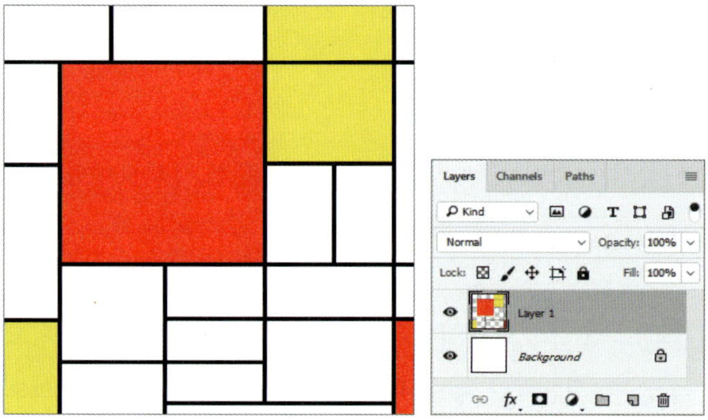

05 같은 방법으로 전경색을 바꿔가며 몬드리안 작품처럼 보이도록 색상을 채웁니다.

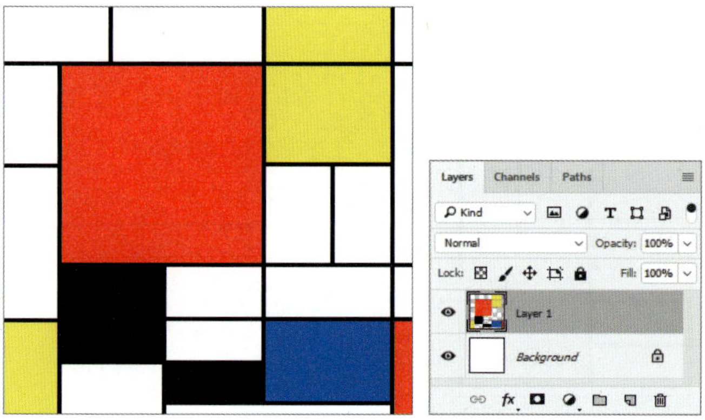

SECTION 08

3D 오브젝트에 질감 입히기

• **핵심 기능 I** 3D 머티리얼 드롭 툴(단축키 G)

3D 머티리얼 드롭 툴의 기능

3D 머티리얼 드롭 툴(3D Material Drop Tool,)은 클릭 한 번으로 3D 오브젝트에 다양한 질감을 입힐 수 있습니다. 3D 환경에서만 동작하며 포토샵에서 제공하는 재질 소스나 미리 만들어 둔 소스를 3D 오브젝트에 클릭하여 적용할 수 있습니다. pbs 화면에서 입혀질 재질 소스 화면을 직접 생성하거나 수정할 수도 있습니다.

■ 3D로 만든 공

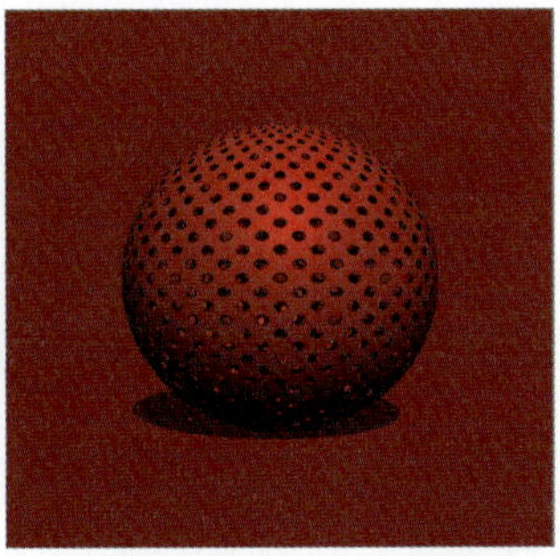

■ 3D 머티리얼 드롭 툴로 질감을 입힌 공

3D 머티리얼 드롭 툴로 공에 재질 입히기

01 새 문서 만들기 메뉴 바에서 [File]–[New]를 선택하거나 Ctrl+N을 누릅니다. Width와 Height를 각각 500Pixels로 입력하고 〈Create〉를 클릭해 새 문서를 만듭니다. 전경색을 어두운 파란색(#0054A6)으로 설정하고 Alt+Delete를 눌러 배경을 채웁니다. 레이어 패널에서 새 레이어 만들기 버튼( )을 클릭해 새 레이어를 만듭니다.

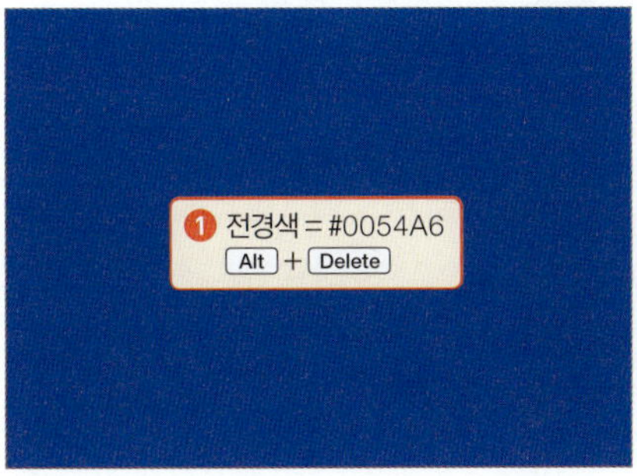

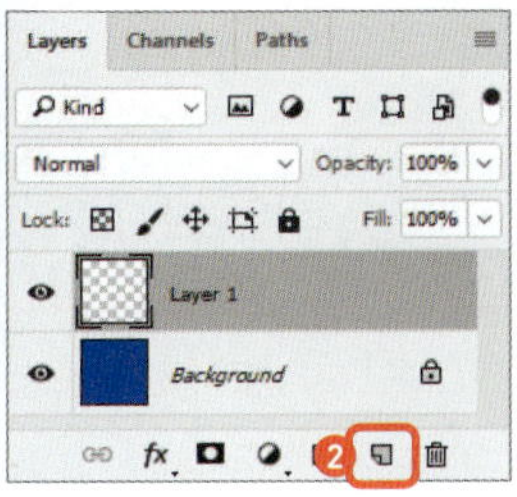

02 **3D 모드로 전환하기** 메뉴 바에서 [3D]-[New Mesh from Layer]-[Mesh Preset]-[Sphere]를 선택합니다. 작업 환경을 3D 모드로 전환하겠냐고 묻는 메시지 창이 뜨면 〈Yes〉를 클릭합니다.

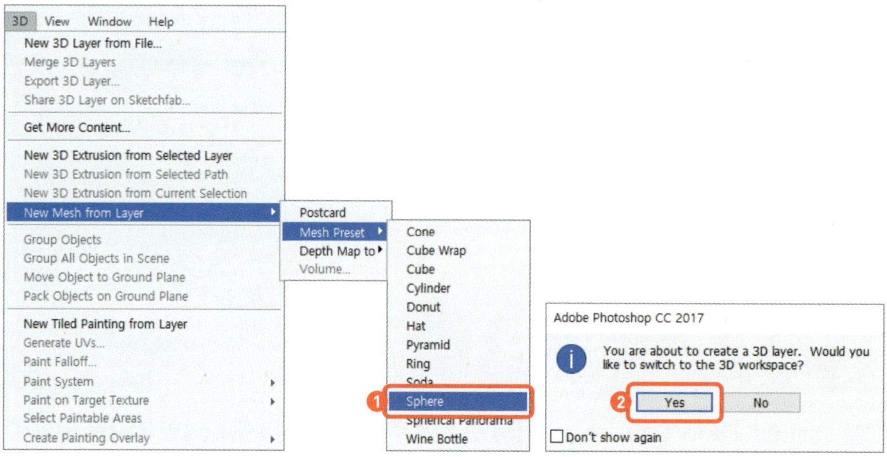

03 작업 환경이 3D 모드로 바뀌고 Layer 1에 입체 공이 생깁니다.

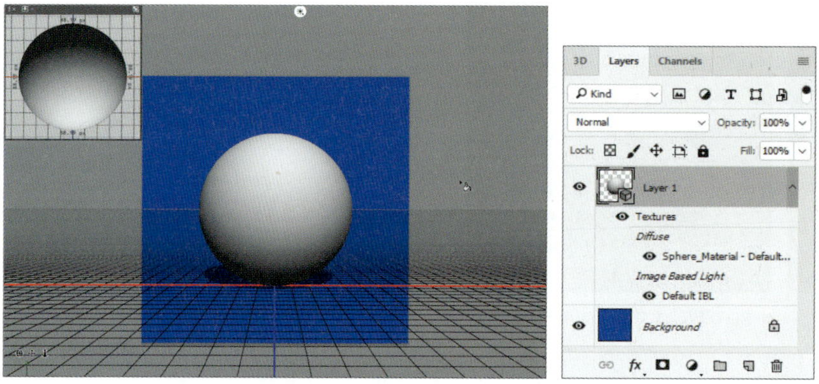

04 **3D 공에 재질 입히기** 3D 머티리얼 드롭 툴( )을 선택하고 옵션 바에서 Fun Textured3을 선택합니다. 작업 화면에 있는 공을 클릭하면 선택한 재질이 공에 입혀집니다.

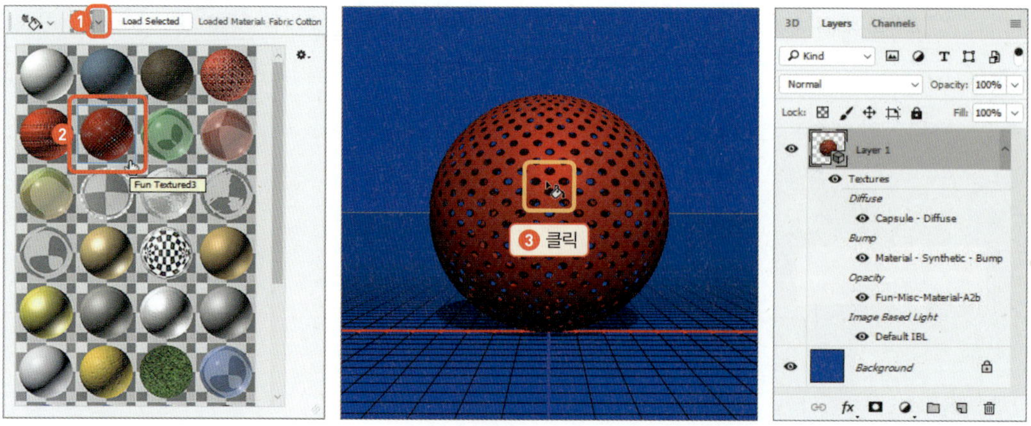

05 3D 공의 색상 변경하기 속성 패널에서 Diffuse 색상을 클릭합니다. Color Picker 창이 뜨면 슬라이드를 움직여 하늘색(R: 0, G: 192, B: 255)으로 조절하고 〈OK〉를 클릭합니다.

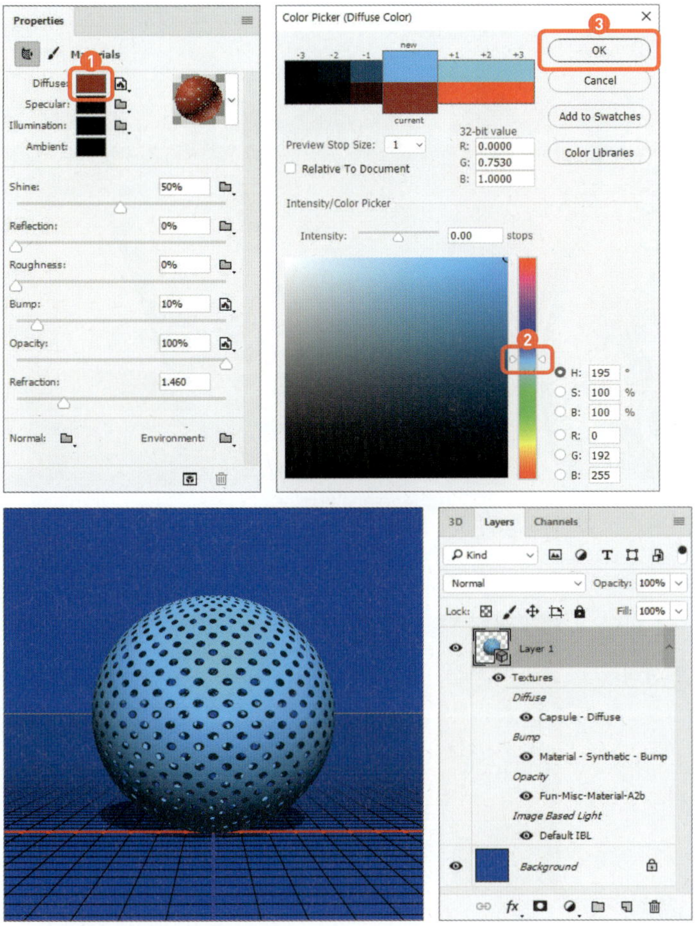

06 완성하기 Background 레이어를 클릭하면 3D 작업 화면이 사라지고 완성된 이미지를 확인할 수 있습니다.

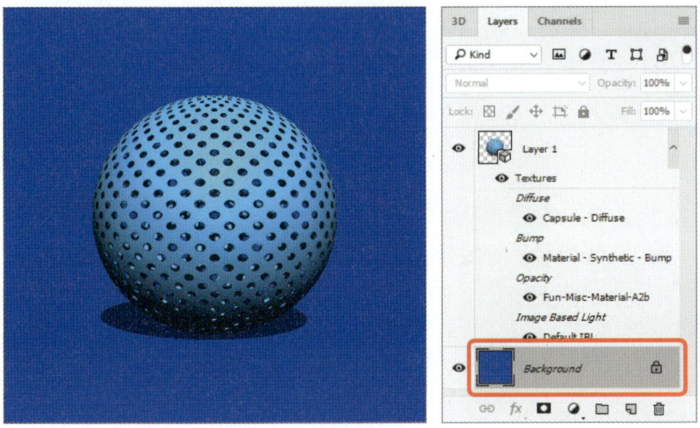

응용 예제 3D 콜라 캔 만들기

3차원의 코카콜라 캔을 만들고 회전시키거나 크기를 조절해 봅니다.

■ 준비 이미지

■ 완성 이미지

01 Chapter_05 ▸ Section_08 ▸ cola.psd 파일을 불러옵니다. 레이어 패널에서 Layer 1을 선택합니다.

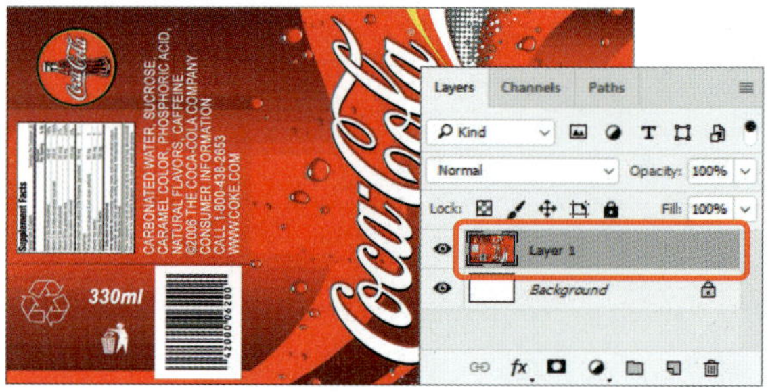

02 메뉴 바에서 [3D]−[New Mesh from Layer]−[Mesh Preset]−[Soda]를 선택합니다. 작업 환경을 3D 모드로 전환하겠냐고 묻는 확인 창이 뜨면 〈Yes〉를 클릭합니다.

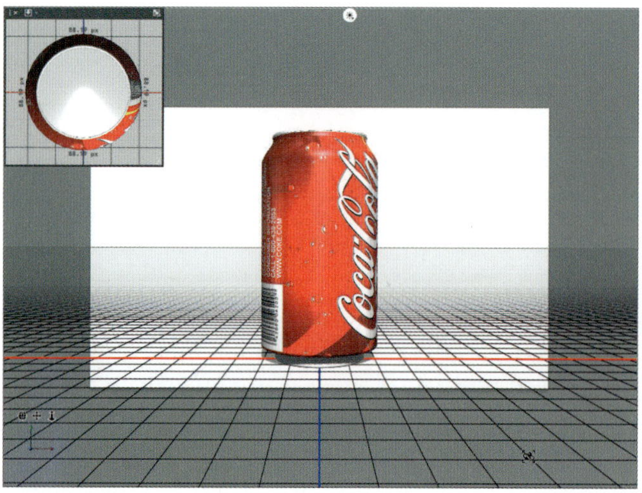

03 이동 툴(![+])을 선택하고 옵션 바에서 3D 카메라 궤도 버튼(![camera])를 선택합니다. 콜라 캔을 클릭하면 X, Y, Z 축이 나타납니다.

Tip X, Y, Z 축 : 각 방향의 화살표에 마우스 포인터를 가져가 노란색으로 변하면 각각 이동, 회전, 확대, 축소할 수 있습니다.

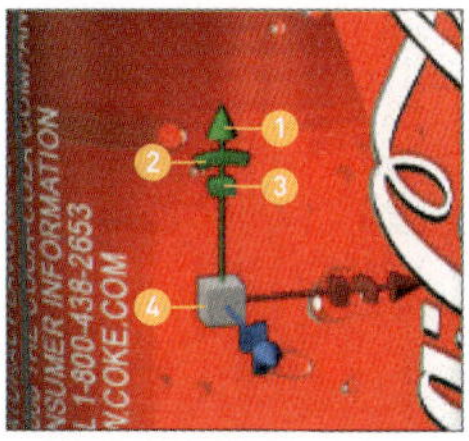

❶ Move on(X, Y, Z) Axis : X, Y, Z축 방향으로 이동합니다.

❷ Rotate Around(X, Y, Z) Axis : X, Y, Z 축을 중심으로 회전합니다.

❸ Scale Along(X, Y, Z) Axis : X, Y, Z축 방향으로 확대하거나 축소합니다.

❹ Scale Uniformly : 전체 이미지를 확대하거나 축소합니다.

04 빨간색 화살표의 Rotate Around Y Axis 부분에 마우스 포인터를 가져가 노란색으로 변하면 코카콜라 마크가 정면에 보이도록 오른쪽으로 드래그합니다.

05 파란색 화살표의 Rotate Around X Axis 부분에 마우스 포인터를 가져가 노란색으로 변하면 드래그하여 X축으로 기울입니다.

06 초록색 화살표의 Rotate Around Z Axis 부분에 마우스 포인터를 가져가 노란색으로 변하면 드래그하여 Z축으로 기울입니다.

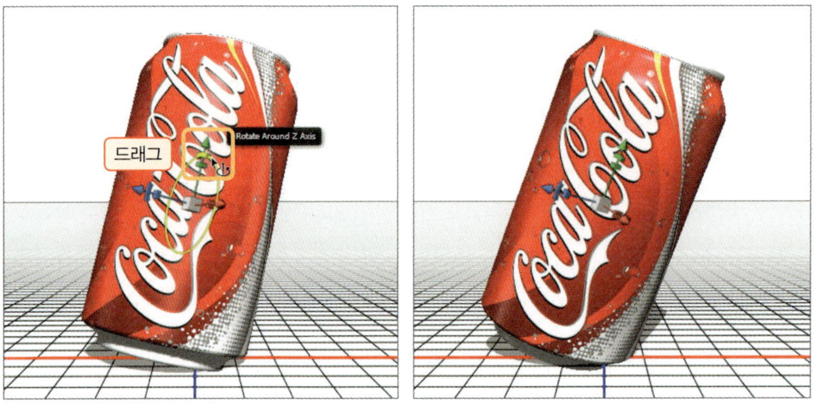

07 회전축 중앙의 Scale Uniformly 부분에 마우스 포인터를 가져가 노란색으로 변하면 아래로 드래그하여 크기를 약간 줄입니다.

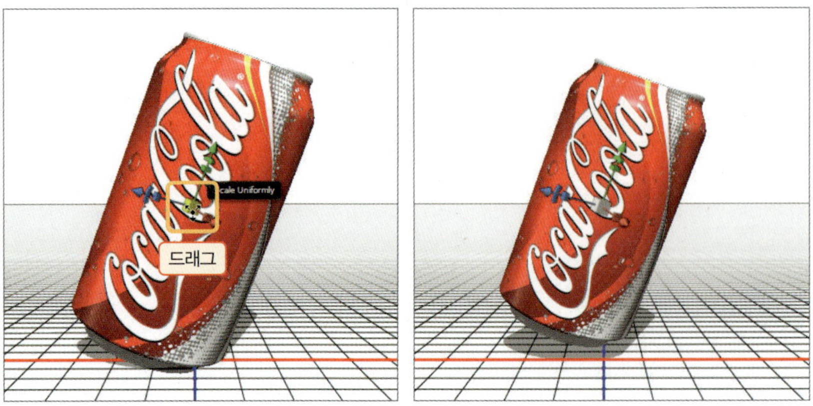

08 Background 레이어를 선택하고 그레이디언트 툴(■)로 캔에 어울리는 배경을 만들면 완성됩니다.

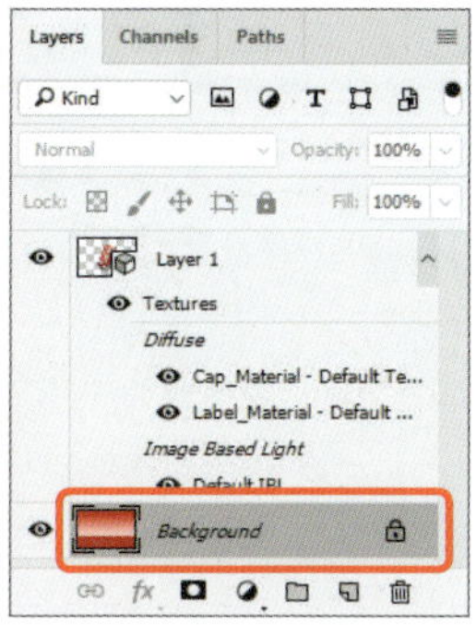

SECTION 09

선명도, 밝기, 색상, 채도 조절하기

• **핵심 기능 I** 블러 툴, 샤픈 툴, 스머지 툴, 닷지 툴, 번 툴, 스펀지 툴(단축키 O)

블러 툴의 기능

블러 툴(Blur Tool,)은 드래그한 부분을 흐릿하고 부드럽게 만듭니다. 배경을 흐리게 만들어 아웃포커스 효과를 낼 수도 있습니다.

■ 원본 이미지(blur.psd)

■ 블러 툴을 적용한 이미지

샤픈 툴의 기능

샤픈 툴(Sharpen Tool,)은 드래그한 부분을 선명하게 만듭니다. 과도하게 사용하면 이미지가 훼손될 수 있습니다.

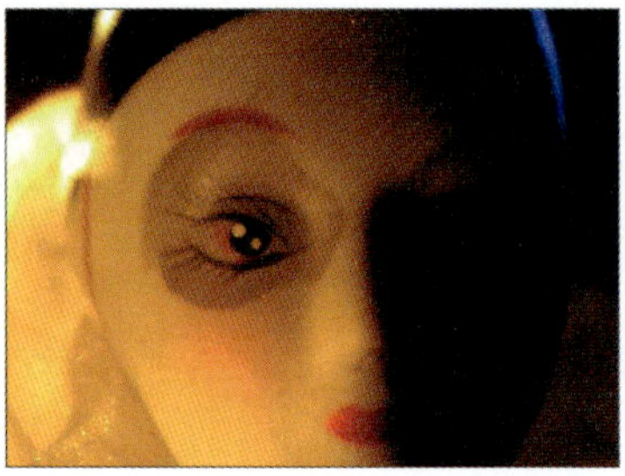

■ 원본 이미지(Sharpen.psd)

■ 샤픈 툴을 적용한 이미지

■ 샤픈 툴을 과도하게 적용한 이미지

스머지 툴의 기능

스머지 툴(Smudge Tool, [아이콘])은 드래그한 부분의 색상을 뭉개 뿌옇게 만듭니다. 회화 느낌을 주거나 작은 오염을 보정할 때 사용합니다. Strength 옵션을 조절하면 뭉개지는 거리를 조절할 수 있고, Finger Painting 옵션을 체크하면 전경색이 클릭한 지점에 묻어나옵니다.

■ 원본 이미지(Smudge.psd)

■ 스머지 툴을 적용한 이미지

■ Finger Painting 옵션을 적용한 이미지

닷지 툴의 기능

닷지 툴(Dodge Tool, [아이콘])은 드래그한 부분을 밝게 만듭니다. 마우스에서 손을 떼기 전까지 여러 번 적용해도 한 번 적용한 것과 같은 효과가 나므로, 얼룩이 생기지 않게 하려면 원하는 영역을 한 번에 드래그해야 합니다. 더 밝게 하려면 닷지 툴을 원하는 만큼 여러 번 적용합니다.

■ 원본 이미지(Dobge.psd)

■ 닷지 툴을 적용한 이미지

번 툴의 기능

번 툴(Burn Tool, [icon])은 색상을 선명하게 만들어 명암이 두드러지게 합니다. 번 툴을 이용하여 색상을 짙게 만들면 명암을 손쉽게 조절할 수 있지만 과도하게 사용하면 불에 그을린 것처럼 검게 변합니다.

■ 원본 이미지(Burn.psd)

■ 번 툴을 적용한 이미지

■ 번 툴을 과도하게 적용한 이미지

스펀지 툴의 기능

스펀지 툴(Sponge Tool, [icon])은 채도를 조절합니다. 옵션 바에서 설정한 Mode 값에 따라 결과가 다르게 나타납니다. Desaturate 모드에서는 드래그한 영역의 채도가 감소하여 색이 사라지고, Saturate 모드에서는 채도가 증가하여 색이 생동감 있게 바뀝니다.

■ 원본 이미지(Sponge.psd)

■ Desaturate 모드

■ Saturate 모드

CHAPTER

06

도형과 텍스트

01 / **기본 선 그리기** ▶ 펜 툴

02 / **자유롭게 선 그리기** ▶ 프리폼 펜 툴

03 / **가이드를 보면서 선 그리기** ▶ 곡률 펜 툴

04 / **앵커 포인트 추가/제거하기** ▶ 앵커 포인트 추가/제거 툴

05 / **직선, 곡선 전환하기** ▶ 포인트 전환 툴

06 / **패스 선택하기** ▶ 패스 선택 툴, 직접 선택 툴

07 / **텍스트 입력하기** ▶ 텍스트 툴

08 / **벡터 도형 만들기** ▶ 셰이프 툴

09 / **다양한 도형에 이미지 삽입하기** ▶ 프레임 툴

SECTION 01

기본 선 그리기

• **핵심 기능 I** 펜 툴(단축키 P)

펜 툴의 기능

펜 툴(Pen Tool,)은 점과 점을 연결하여 선을 만듭니다. 다른 툴 대부분이 채색을 위해 사용하는 것과 달리 펜 툴은 드로잉을 하기 위해 사용됩니다. 오른쪽 그림에서 펜 툴로 그린 선을 패스, 패스를 연결하는 점을 앵커 포인트, 선의 방향을 바꿀 때 사용하는 가이드를 핸들러라고 합니다.

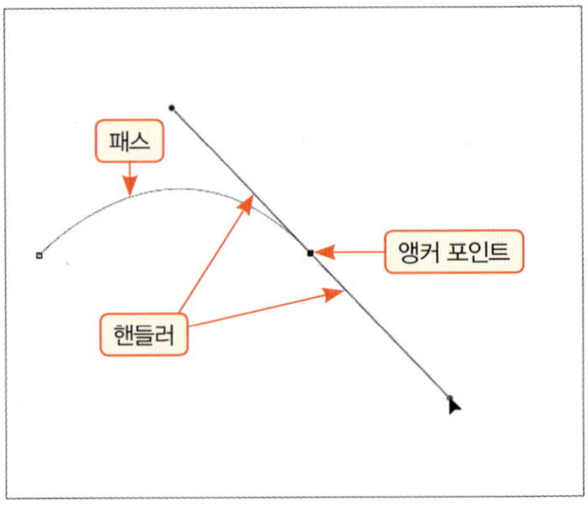

■ 앵커 포인트와 핸들러

다음은 펜 툴을 사용해서 만든 다양한 패스 형태입니다. 직선 패스는 시작 지점을 클릭한 다음 다른 지점을 클릭하여 그리고, 곡선 패스는 시작 지점을 클릭한 다음 다른 지점을 클릭한 상태로 마우스에서 손가락을 떼지 않고 드래그하여 그립니다. 곡선 패스를 그리다가 방향을 바꾸려면 Alt 를 누른 채로 마지막 클릭한 지점의 앵커 포인트를 클릭하여 핸들러를 제거한 다음 다시 드래그해야 합니다.

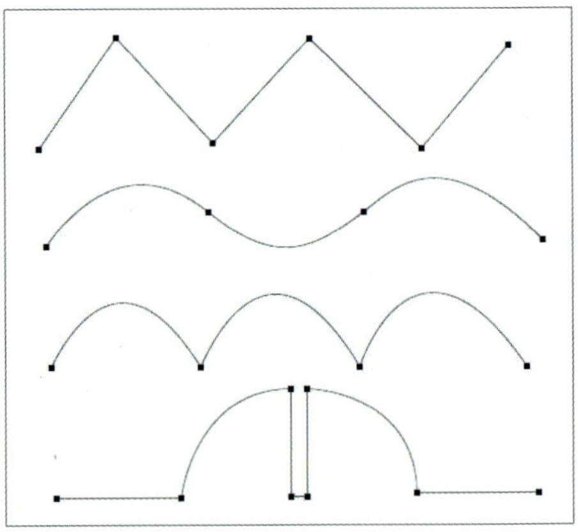

■ 다양한 패스 형태

펜 툴의 옵션

Shape 옵션은 패스와 함께 패스로 만든 면을 전경색으로 채웁니다. 이때 레이어 패널에 Shape 레이어가 추가됩니다. Shape 옵션으로 만든 도형의 가장자리는 다양한 선 스타일을 적용할 수 있습니다.

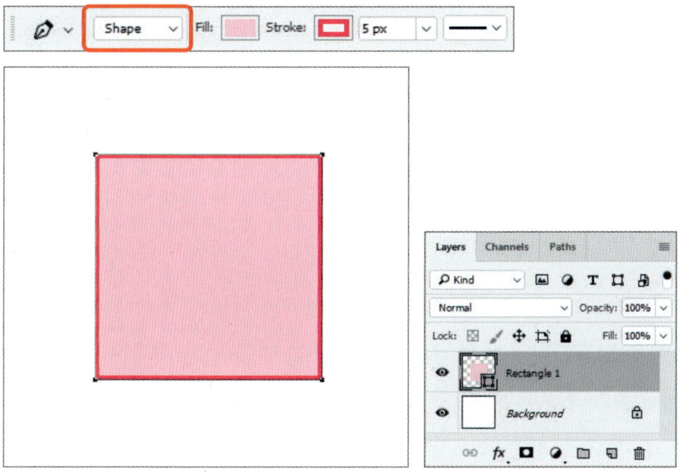

■ Shape 옵션으로 만든 도형

Path 옵션은 패스 형태만 나타나고 레이어에는 아무것도 나타나지 않습니다. 패스 형태는 패스 패널에서 확인할 수 있습니다. 이렇게 만들어진 패스 형태는 선택 영역, 마스크, 셰이프로 전환할 수 있습니다.

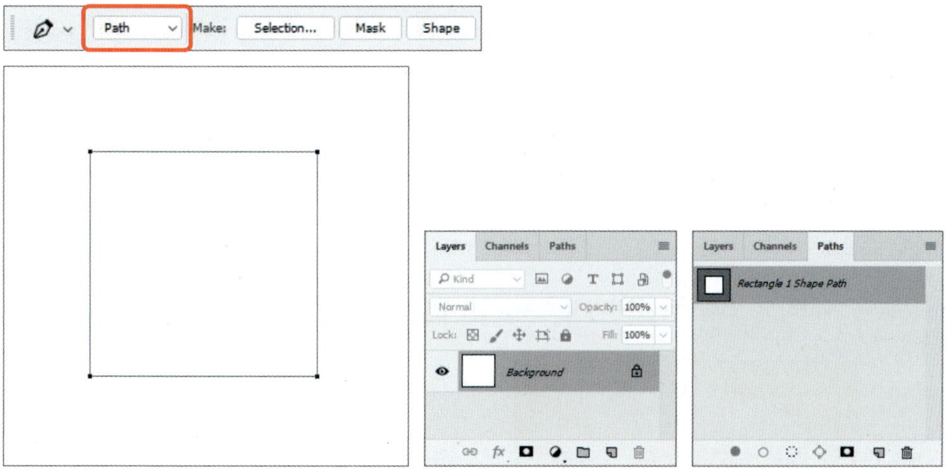

■ Path 옵션으로 만든 패스

SECTION 02

자유롭게 선 그리기

• 핵심 기능 | 프리폼 펜 툴(단축키 P)

프리폼 펜 툴의 기능

프리폼 펜 툴(Freeform Pen Tool,)은 마우스 포인터가 움직이는 대로 패스를 만듭니다. 시작 지점을 클릭하고 드래그하면 패스가 그려지고, 마우스에서 손가락을 떼면 패스가 완료됩니다.

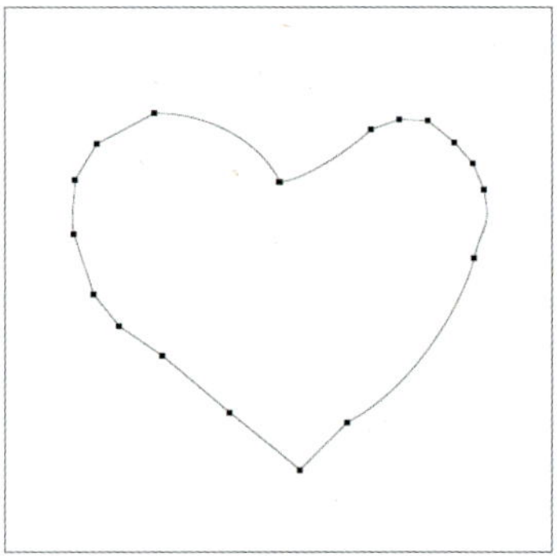

■ 프리폼 펜 툴을 이용한 드로잉

프리폼 펜 툴의 옵션

옵션 바에서 Magnetic을 체크하고 드래그하면 이미지 테두리를 따라 패스를 쉽게 그릴 수 있습니다.

■ Magnetic 옵션을 이용한 드로잉(egg.jpg)

SECTION

03 가이드를 보면서 선 그리기

• **핵심 기능 |** 곡률 펜 툴[](단축키 P)

곡률 펜 툴의 기능

곡률 펜 툴(Curvature Pen Tool, [])은 클릭한 지점을 지지대 삼아 다음 지점과 연결되는 곡선을 가이드로 보여 줍니다. 가이드를 보면서 손쉽게 곡선을 그릴 수 있고, 무빙 앵커 포인트를 드래그하여 이미 그려진 곡선의 크기나 각도를 변경할 수 있습니다.

01 시작 지점 클릭하기 메뉴 바에서 [File]-[New]를 선택한 후 Width와 Height를 각각 500Pixels로 입력하고 〈Create〉를 클릭해 새 문서를 만듭니다. 곡률 펜 툴([])을 선택하고 시작 지점을 클릭한 후 위로 조금 떨어진 지점을 다시 클릭합니다.

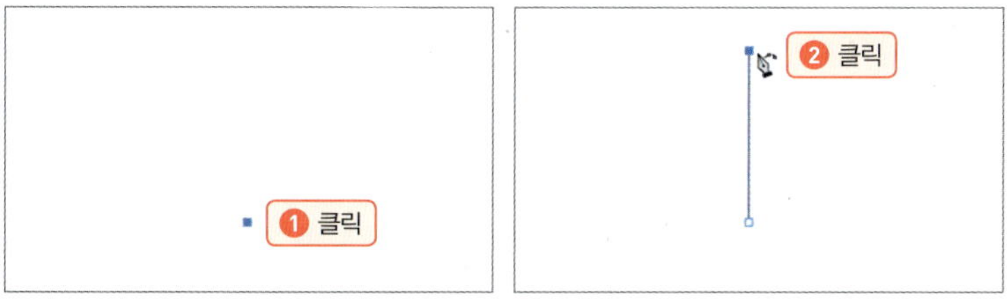

02 기본 형태 만들기 마우스 포인터를 다시 한 번 더 클릭하면서 드래그하면 두 번째 클릭한 지점을 지지대 삼아 곡선 형태가 만들어집니다. 오른쪽으로 조금 떨어진 지점과 바로 아래 지점을 클릭하여 꽃잎 형태가 되도록 만듭니다. 나머지 꽃잎도 같은 방법으로 만듭니다.

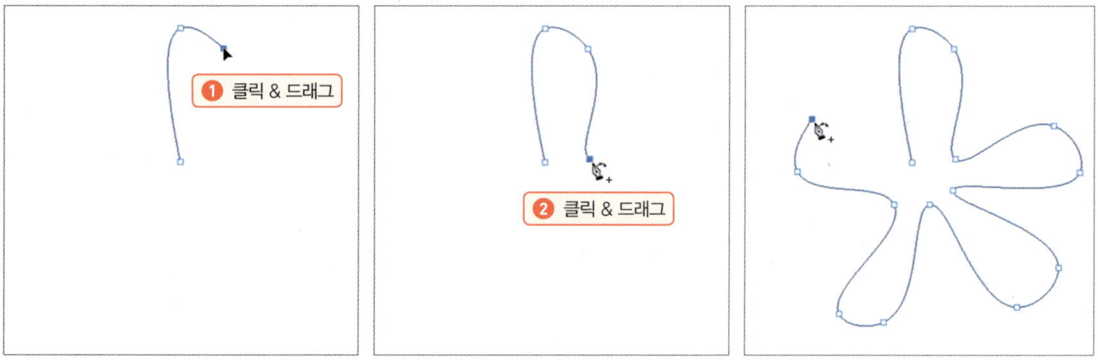

03 기본 형태 변형하기 처음 클릭한 지점으로 돌아와 마우스 포인터가 [아이콘] 모양으로 바뀌면 클릭하여 곡률 펜 툴을 종료합니다. 마우스를 패스 위에 있는 무빙 앵커 포인트로 가져가 마우스 포인터가 [아이콘] 모양으로 바뀌면 무빙 앵커 포인트를 드래그하여 꽃잎 형태로 보기 좋게 수정합니다.

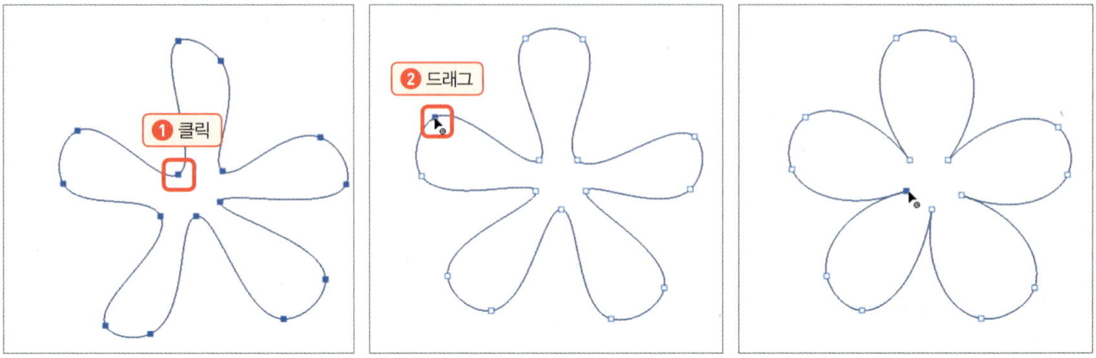

04 무빙 앵커 포인트 추가하기 곡률 펜 툴([아이콘])이 선택된 상태로 꽃잎 패스의 가운데를 클릭해 무빙 앵커 포인트를 추가하고 바깥으로 약간 드래그합니다. 추가한 무빙 앵커 포인트를 Alt 를 누른 채 클릭하여 곡선을 직선으로 변경합니다. 나머지 꽃잎도 같은 방법으로 완성합니다.

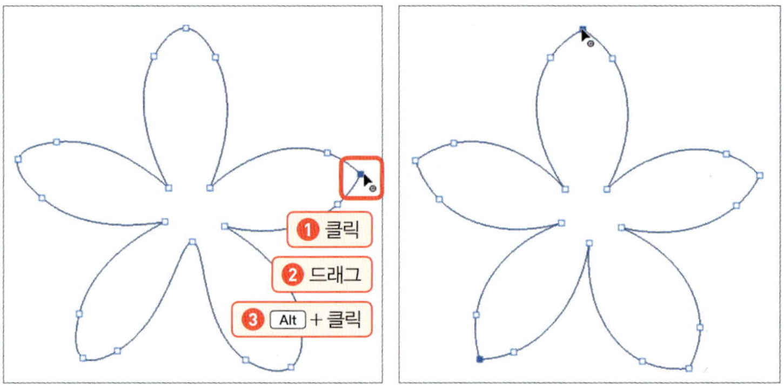

Tip Alt 를 누른 채 무빙 앵커 포인트를 클릭하면 곡선은 직선으로, 직선은 곡선으로 변경됩니다.

05 곡률 펜 툴([아이콘])로 Alt 를 누른 채 클릭하면 클릭한 지점이 모두 직선으로 연결됩니다. 직선으로 연결된 패스라도 무빙 앵커 포인트를 추가한 후 드래그하면 곡선을 만들 수 있습니다.

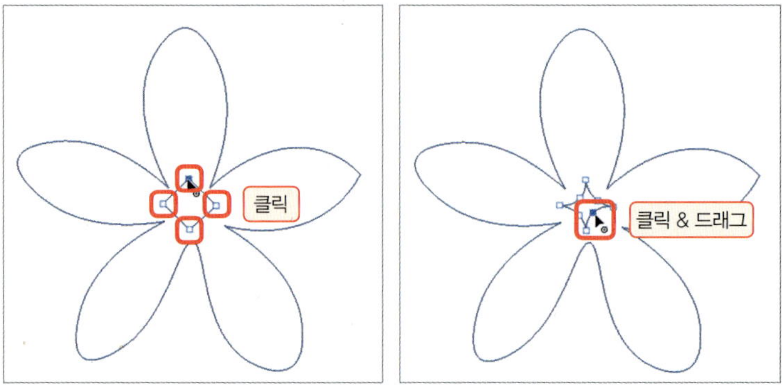

SECTION 04

앵커 포인트 추가/제거하기

• **핵심 기능 |** 앵커 포인트 추가 툴, 앵커 포인트 제거 툴

앵커 포인트 추가/제거 툴의 기능

앵커 포인트 추가 툴(Add Anchor Point Tool,)은 클릭한 지점에 앵커 포인트를 추가하고, 앵커 포인트 제거 툴(Remove Anchor Point Tool,)은 클릭한 지점의 앵커 포인트를 제거합니다.

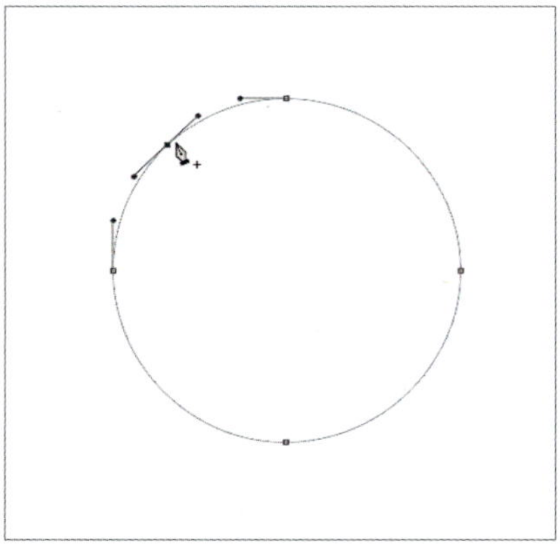

■ 앵커 포인트 추가

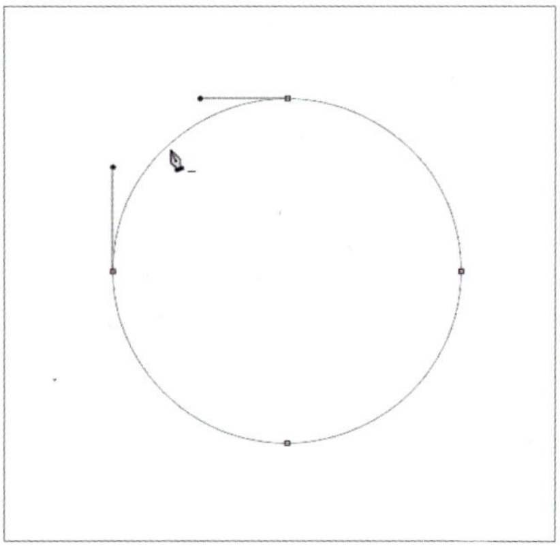

■ 앵커 포인트 제거

앵커 포인트 추가 툴()로 앵커를 추가하면 곡선형 앵커가 생깁니다. 직선을 만들려면 다음 섹션에서 설명하는 포인트 전환 툴()로 앵커 포인트를 클릭하여 직선형 앵커로 변경한 다음 사용합니다.

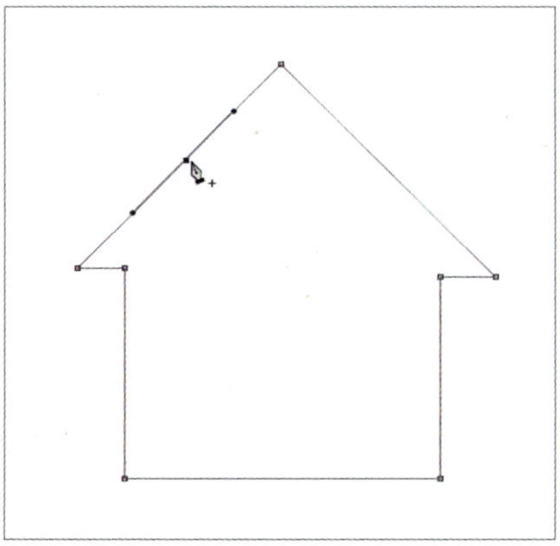

■ 곡선형 앵커 생성

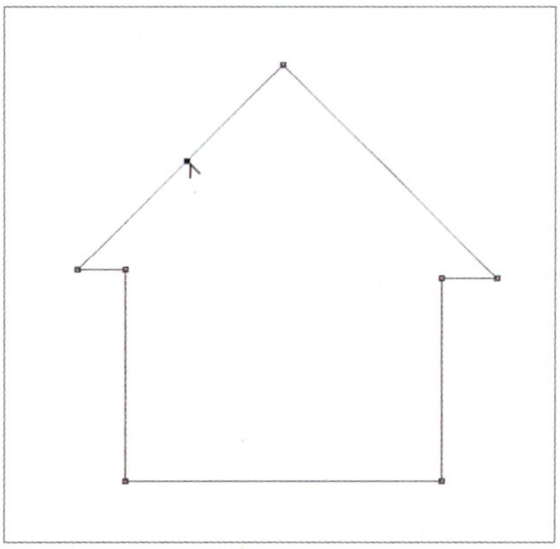

■ 직선형 앵커로 변경

SECTION 05

직선, 곡선 전환하기

• **핵심 기능** | 포인트 전환 툴

포인트 전환 툴의 기능

포인트 전환 툴(Convert Point Tool,)은 곡선이나 직선 패스를 반대로 전환합니다. 포인트 전환 툴로 곡선 패스의 앵커 포인트를 클릭하면 패스가 직선이 되고, 직선 패스의 앵커 포인트를 클릭한 상태로 드래그하면 곡선으로 바뀝니다.

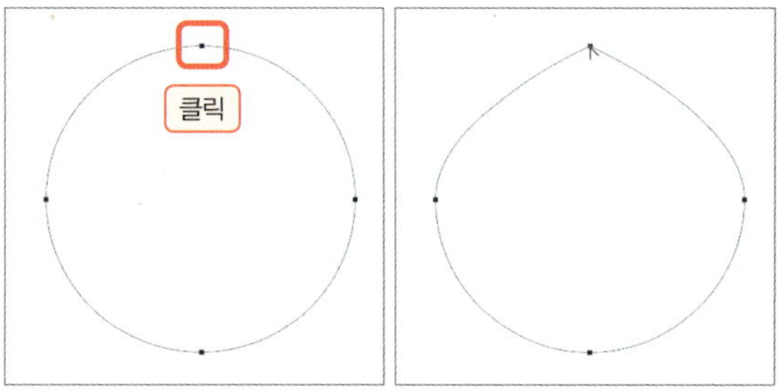

■ 곡선 패스의 앵커 포인트 클릭

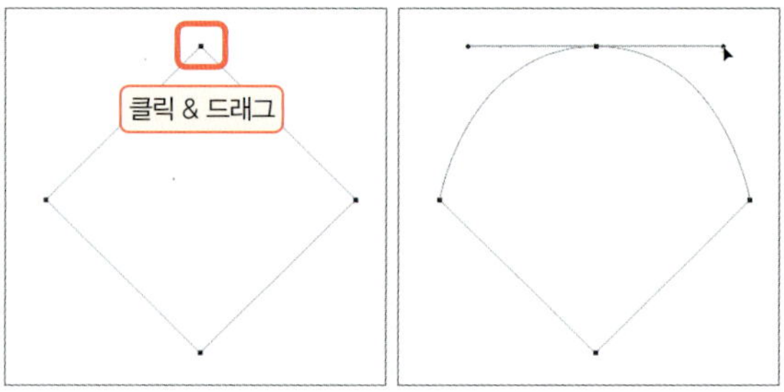

■ 직선 패스의 앵커 포인트 드래그

포인트 전환 툴()로 곡선을 직선으로 바꾸기는 쉽지만, 직선을 곡선으로 바꿔 원형을 만들기는 쉽지 않습니다. 이럴 때는 셰이프 툴로 원형을 다시 그리는 것이 낫습니다.

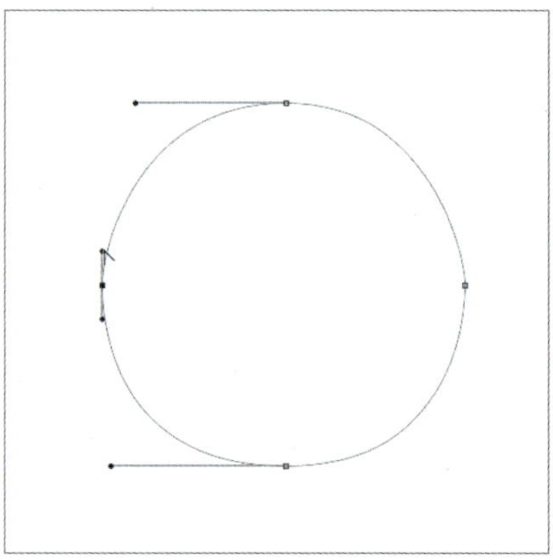

■ 곡선 패스로 원을 그리면 부자연스러움

SECTION

06

패스 선택하기

• **핵심 기능 |** 패스 선택 툴[▶], 직접 선택 툴[▷](단축키 [A])

패스 선택 툴의 기능

패스 선택 툴(Path Selection Tool, [▶])은 전체 패스의 선과 면을 선택합니다. [Shift]를 누른 채로 클릭하면 여러 개를 선택할 수 있고, 선택된 선과 면을 드래그하면 자유롭게 이동시킬 수 있습니다.

■ 전체 패스의 선과 면 선택

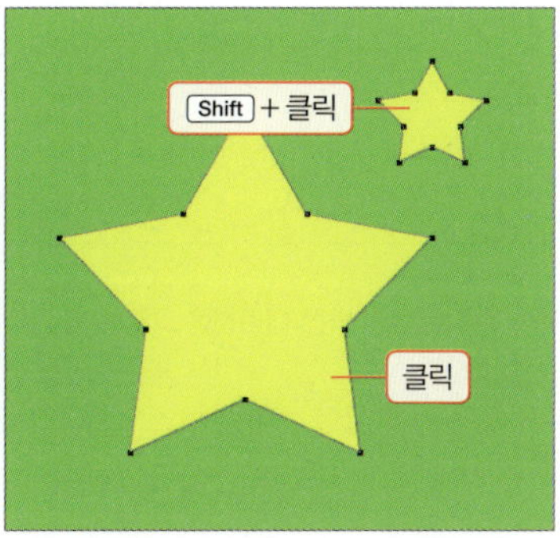

■ [Shift]를 누른 상태에서 오브젝트를 여러 개 선택

직접 선택 툴의 기능

직접 선택 툴(Direct Selection Tool, [▷])은 개별 앵커 포인트 또는 패스를 선택하는 툴입니다. 앵커 포인트를 하나만 클릭하여 원하는 위치로 옮길 수 있습니다. 앵커 포인트를 선택하면 나타나는 핸들러를 드래그하여 곡선의 각도를 조절할 수도 있습니다.

■ 개별 앵커 포인트 선택

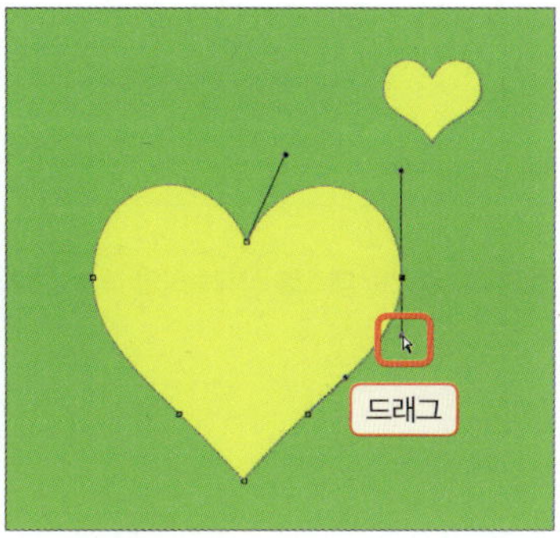

■ 핸들러 조절

펜 툴 종합 실습

펜 툴( )을 처음 써 보면 생각대로 그려지지 않습니다. 익숙해지려면 펜 툴로 다양한 형태의 패스를 반복해서 그려 봐야 합니다.

01 직선 그리기 메뉴 바에서 [File]–[New]를 선택해 Width와 Height를 각각 500Pixels로 입력하고 〈Create〉를 클릭해 새 문서를 만듭니다. 펜 툴( )을 선택하고 시작 지점을 클릭한 다음 오른쪽 빈 공간에 다시 한 번 클릭합니다. 앵커 포인트와 앵커 포인트가 연결되면서 패스가 생깁니다.

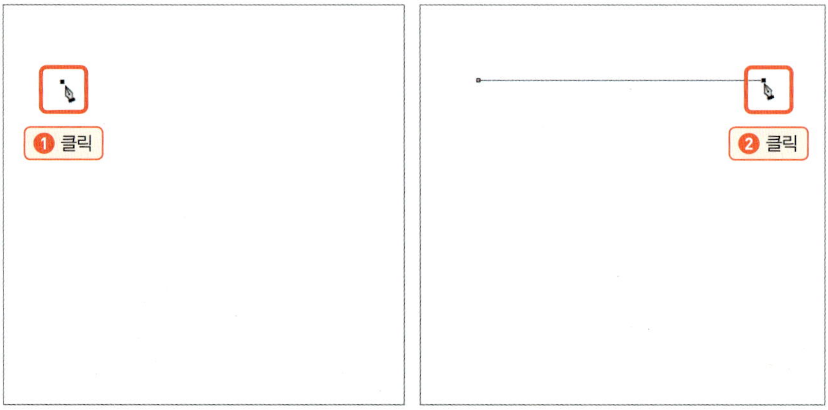

Tip Shift를 누른 채로 다음 지점을 클릭하면 수평선, 수직선, 45° 방향 대각선을 그릴 수 있습니다.

02 같은 방법으로 다음 지점을 클릭하여 직선을 그립니다. 아래 그림에서 앵커 포인트가 생성된 지점이 펜 툴로 클릭한 지점입니다.

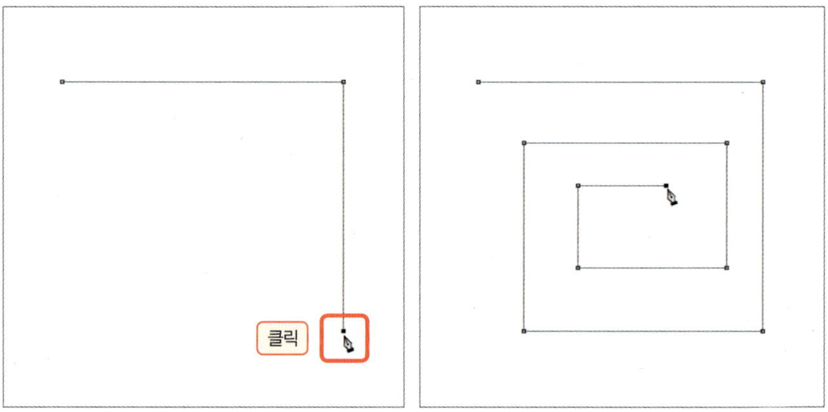

Tip 펜 툴을 멈추려면 펜 툴이 아닌 다른 툴을 선택합니다. 생성된 패스를 삭제하려면 패스 선택 툴( )로 패스를 선택하고 Delete를 누르거나 패스 패널에서 패스 레이어를 삭제합니다.

03 곡선 그리기 펜 툴()로 시작 지점을 클릭한 다음 두 번째 지점을 클릭한 상태로 드래그합니다. 드래그하면 생기는 곡선 크기와 방향을 잘 보면서 원하는 형태가 되면 마우스에서 손가락을 뗍니다. 이때 앵커 포인트의 양쪽에는 핸들러가 생성됩니다. 앵커 포인트의 양쪽에 핸들러가 있는 상태에서 다음 지점을 클릭하면 자동으로 곡선이 만들어집니다.

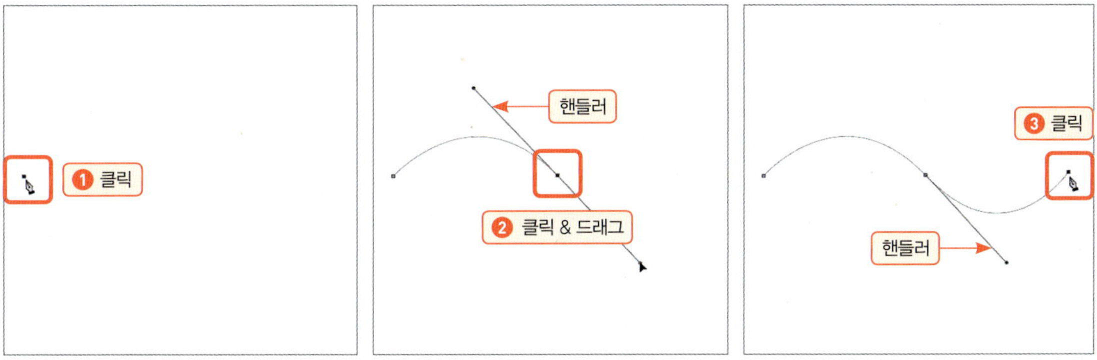

04 방향 바꾸기 펜 툴()로 시작 지점을 클릭하고 다음 지점을 클릭한 상태로 드래그하여 곡선을 만듭니다. Alt 를 누른 채로 두 번째 앵커 포인트를 클릭하면 진행 방향의 핸들러 하나가 사라집니다.

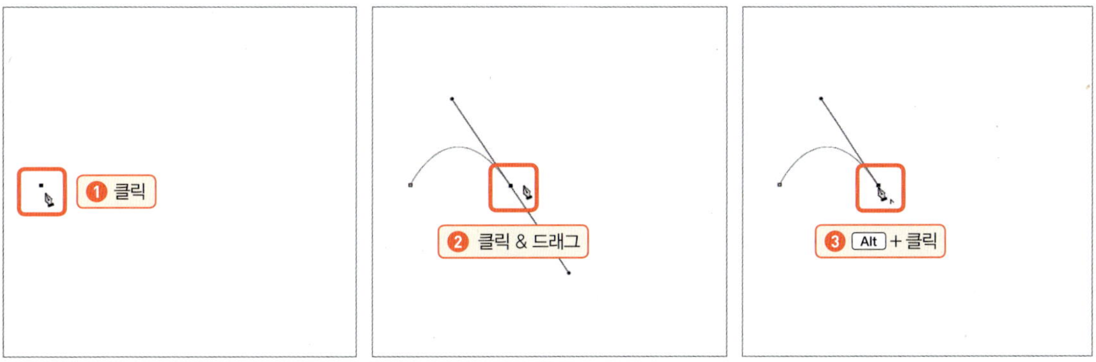

05 다음 지점을 클릭한 상태로 드래그하여 곡선을 그립니다. 다시 Alt 를 누른 채로 앵커 포인트를 클릭하여 핸들러를 삭제합니다. 같은 방법으로 다음 지점을 드래그하여 곡선을 그립니다.

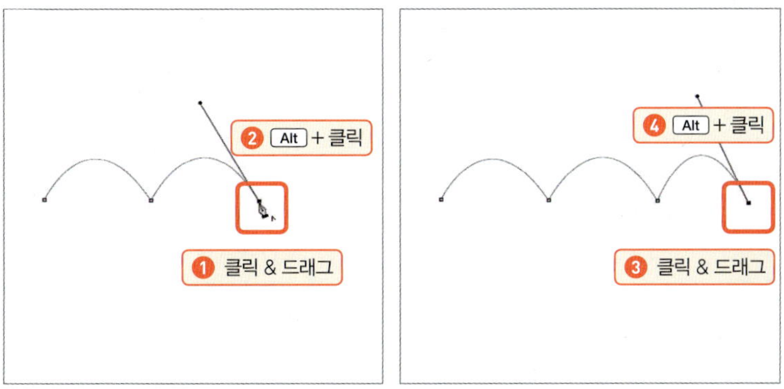

Tip 핸들러를 삭제하고 다음 지점을 클릭하면 직선으로 연결되고, 다음 지점을 클릭한 상태로 드래그하면 곡선으로 연결됩니다.

06 직접 선택 툴( )을 선택하여 앵커 포인트 하나를 클릭한 상태로 드래그하면 선택된 앵커 포인트 위치만 이동합니다. 핸들러의 끝부분을 드래그하여 곡선 크기나 방향을 수정할 수 있습니다.

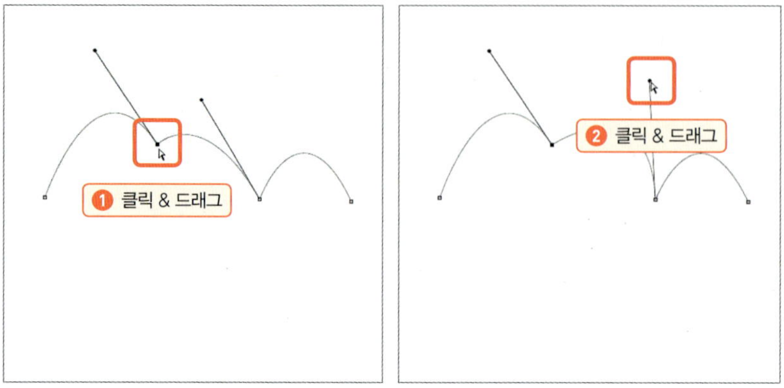

07 **곡선에 직선 연결하기** 펜 툴( )로 시작 지점을 클릭하고 다음 지점을 클릭한 상태로 드래그하여 곡선 패스를 만듭니다. 이때 Shift를 누른 채로 핸들러를 드래그하면 곡선 각도가 더 자연스럽게 만들어집니다.

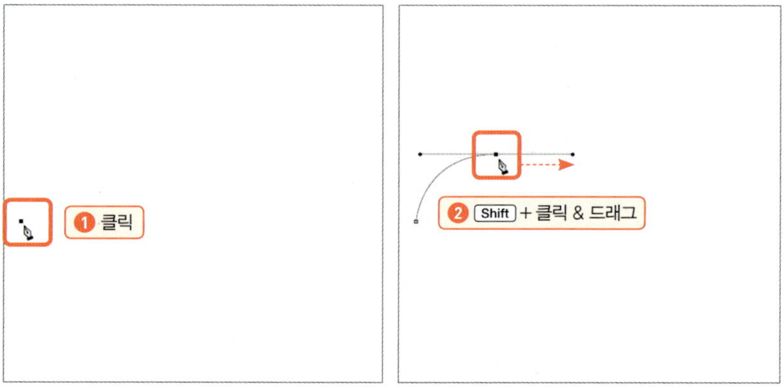

08 그림과 같이 다음 지점을 클릭하면 곡선이 자연스럽게 연결됩니다. 이제 다음 지점을 클릭하면 직선으로 연결됩니다.

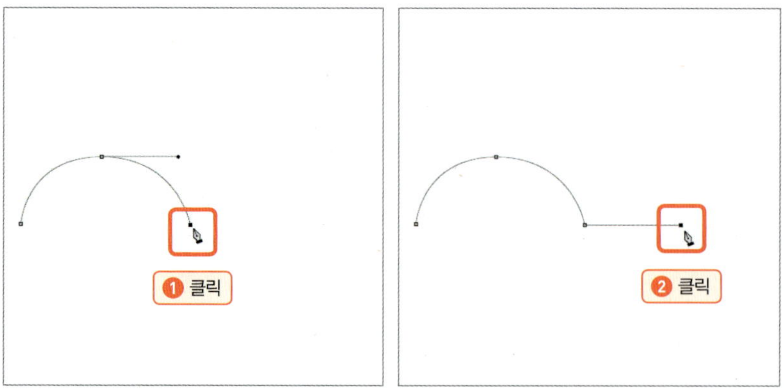

Tip 앵커 포인트를 중심으로 핸들러가 양쪽에 있을 때 다음 지점을 클릭하면 진행 방향의 핸들러 쪽으로 곡선이 만들어집니다. 핸들러가 한쪽에만 있을 때 다음 지점을 클릭하면 직선이 만들어집니다.

09 앵커 포인트 추가하기 그림과 같이 패스를 만들고 앵커 포인트 추가 툴( )로 앵커 포인트와 앵커 포인트 사이를 클릭합니다. 새로운 앵커 포인트가 추가됩니다.

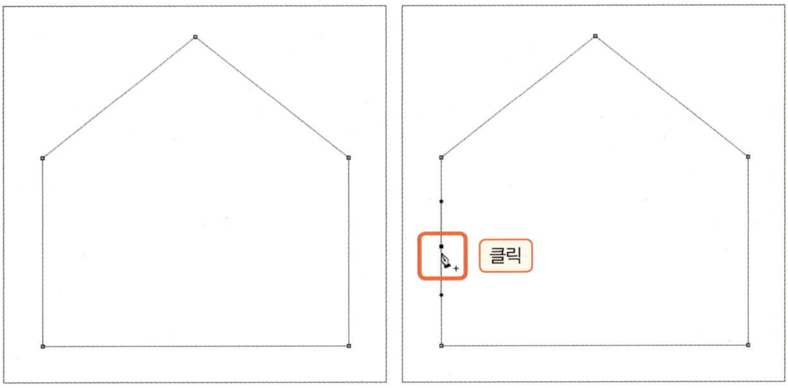

10 앵커 포인트 제거하기 직접 선택 툴( )로 추가된 앵커 포인트를 드래그하면 곡선을 만드는 핸들러가 포함되어 있는 것을 알 수 있습니다. 앵커 포인트 제거 툴( )로 앵커 포인트를 클릭하면 클릭한 지점의 앵커 포인트가 사라지면서 양쪽 앵커 포인트가 직선으로 연결됩니다.

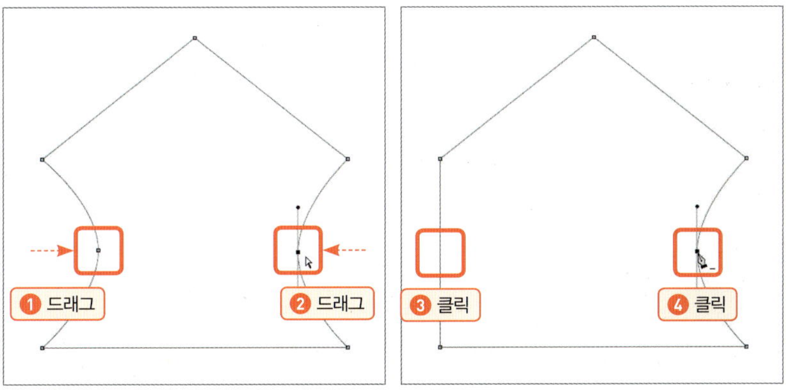

11 패스 전환하기 포인트 전환 툴( )로 직선 패스의 앵커 포인트를 드래그하면 곡선으로 전환됩니다. 또 곡선 패스의 앵커 포인트를 클릭하면 다시 직선으로 전환됩니다.

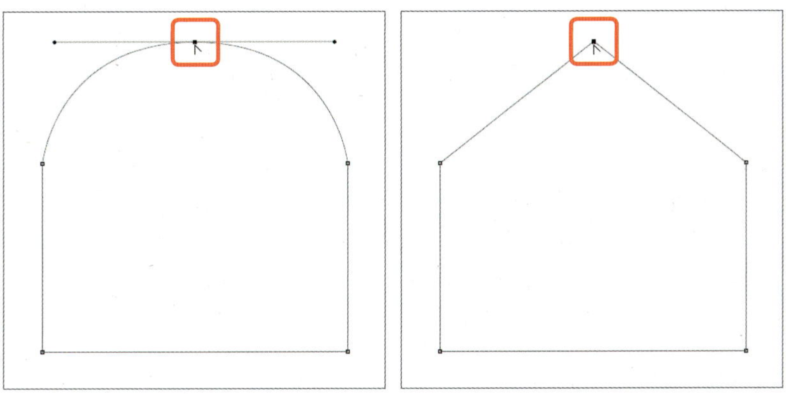

응용 예제 미니언 동생 만들기

펜 툴( )을 사용해 이미지에서 원하는 영역을 추출하여 복제해 봅니다.

■ 준비 이미지

■ 완성 이미지

01 Chapter_06 ▸ Section_06 ▸ minion.jpg 파일을 불러옵니다. 펜 툴( )을 선택하고 다음과 같이 직선 부분을 클릭해 가며 패스를 만듭니다.

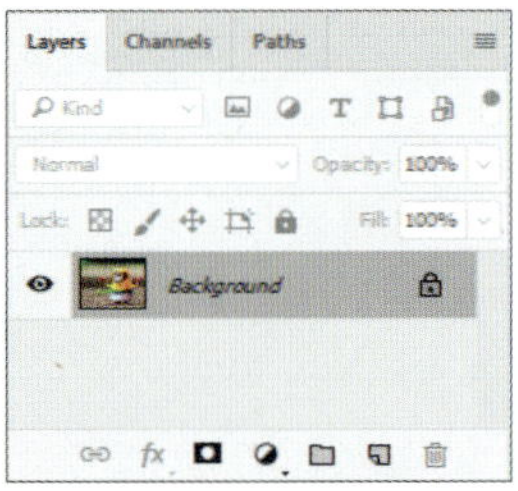

02 곡선 부분은 드래그하면서 패스를 만듭니다. 이때 진행 방향을 자유롭게 조절하려면 Alt 를 누른 채로 마지막 지점의 앵커 포인트를 클릭하여 한쪽 방향의 핸들러를 제거합니다.

03 원하는 부분을 정밀하게 선택하려면 화면을 충분히 확대해 놓고 작업하는 것이 좋습니다.

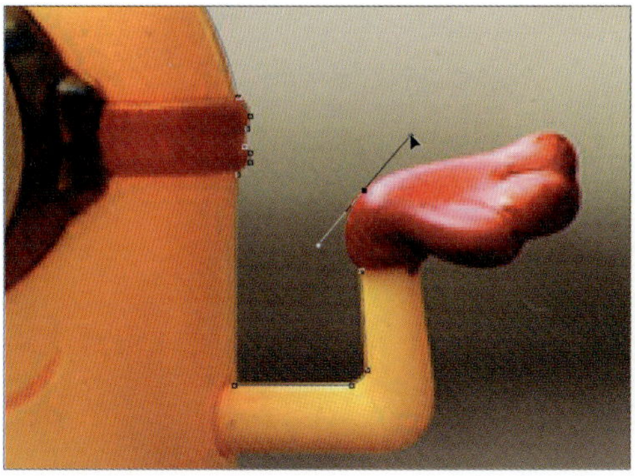

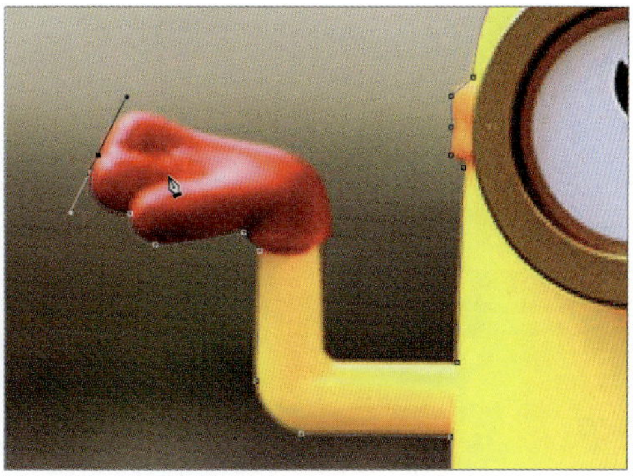

04 처음 시작한 지점으로 돌아오면 펜 툴 옆에 조그만 동그라미(![펜 툴 아이콘])가 생깁니다. 이때 시작 지점을 클릭하면 패스가 닫힌 상태로 바뀝니다.

05 옵션 바에서 Make를 Selection으로 선택합니다. 옵션 창이 뜨면 Feather Radius를 0pixels로 입력하고 〈OK〉를 클릭합니다. 패스가 선택 영역으로 바뀝니다.

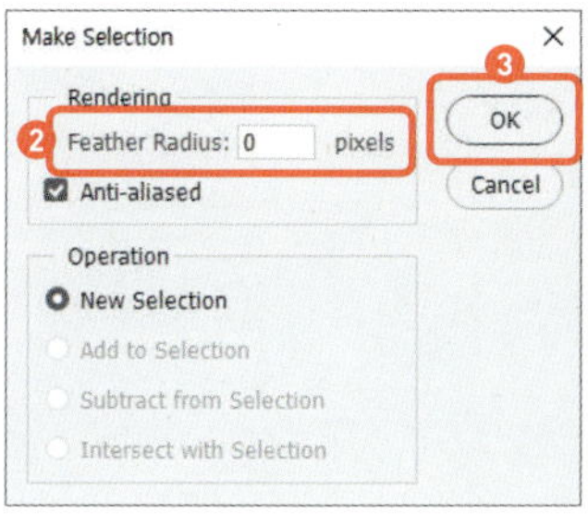

06 Ctrl+J를 눌러 선택 영역을 새 레이어로 복제합니다.

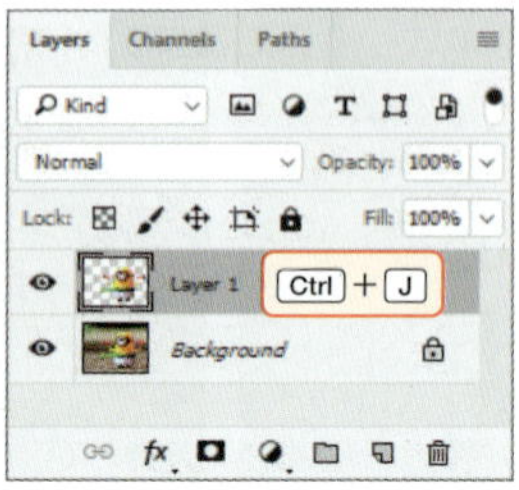

07 Layer 1을 선택한 상태에서 Ctrl+T를 누릅니다. 바운딩 박스 모서리를 안쪽으로 드래그해서 크기를 줄이고, 바운딩 박스 안쪽을 드래그해서 위치를 옮긴 후 Enter를 눌러 이미지를 완성합니다.

SECTION 07

텍스트 입력하기

• **핵심 기능 |** 텍스트 툴 T (단축키 T)

텍스트 툴의 기능

텍스트 툴(Text Tool, T)은 이미지에 글자를 입력할 때 사용합니다. 작업 화면을 클릭하여 텍스트를 바로 입력하거나 드래그하면 생기는 텍스트 입력 박스에 텍스트를 입력합니다.

■ 각 텍스트 툴로 글자를 입력한 상태

1. **가로 텍스트 툴** T 텍스트를 가로 방향으로 입력합니다.
2. **세로 텍스트 툴** ↓T 텍스트를 세로 방향으로 입력합니다.
3. **가로 텍스트 마스크 툴** T 가로 방향으로 입력한 텍스트의 선택 영역을 만듭니다.
4. **세로 텍스트 마스크 툴** ↓T 세로 방향으로 입력한 텍스트의 선택 영역을 만듭니다.

텍스트 툴의 옵션

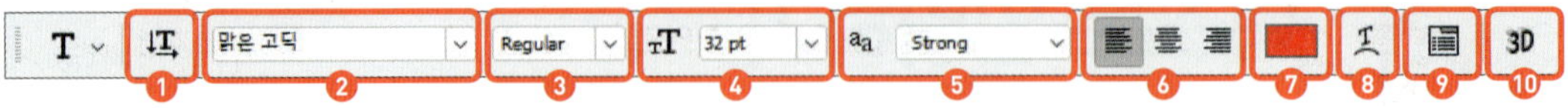

❶ **텍스트 입력 방향 변경** 텍스트 툴을 변경하지 않은 채로 텍스트의 입력 방향을 가로나 세로로 바꿉니다.

❷ **폰트 선택** 원하는 폰트를 선택합니다.

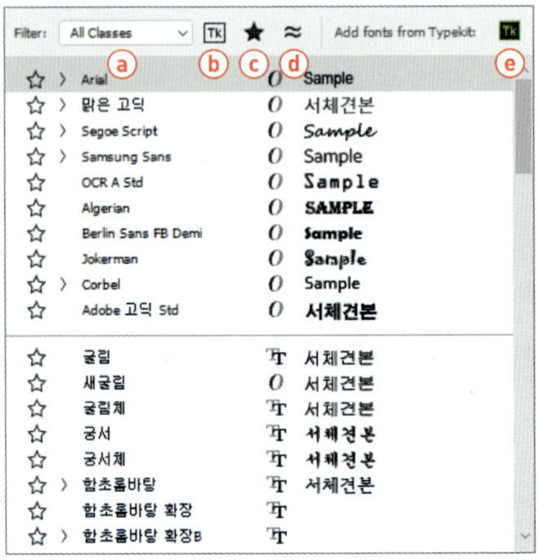

ⓐ 각 분류 기준에 해당하는 폰트를 보여 줍니다.

ⓑ 사용할 수 있는 Typekit 폰트를 보여 줍니다. Typekit는 라이선스 계약에 따라 폰트 라이브러리에 대한 사용 권한을 제공하는 온라인 서비스입니다.

ⓒ 즐겨찾기로 지정한 폰트를 보여 줍니다. 각 폰트 이름 앞에 있는 별모양을 클릭하면 즐겨찾기로 지정할 수 있습니다.

ⓓ 유사한 폰트를 보여 줍니다.

ⓔ 새로운 Typekit 폰트를 추가합니다.

❸ **텍스트 굵기와 기울기** 텍스트 굵기와 기울기를 조절합니다.

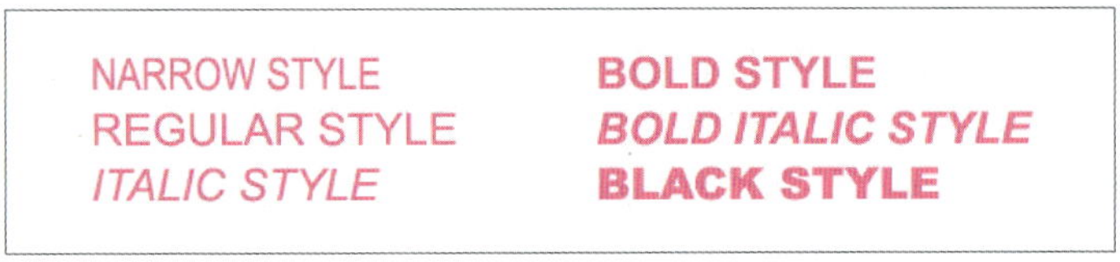

Tip 이 옵션은 설치된 폰트에 따라 제공되지 않을 수도 있습니다.

❹ **텍스트 크기** 텍스트 크기를 조절합니다.

❺ **안티에일리어싱** 외곽선이 부드러워 보이도록 안티에일리어싱을 조절합니다. 안티에일리어싱을 적용하지 않으면 텍스트 가장자리에 계단 현상이 나타나 곡선이 거칠어 보입니다.

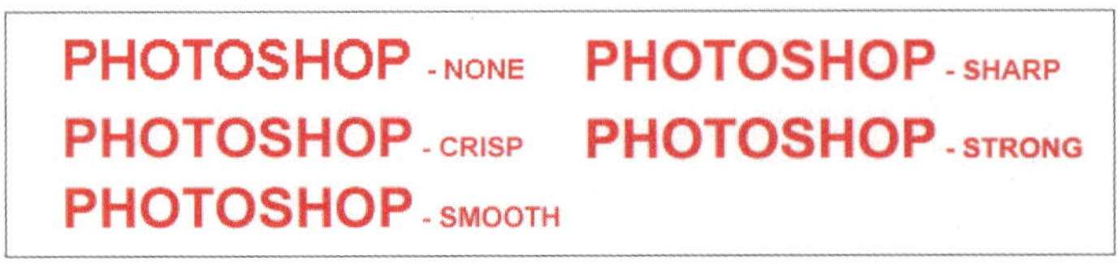

❻ **정렬** 텍스트의 정렬 방향을 설정합니다.

❼ **텍스트 색상** 텍스트 전체 또는 낱글자의 색상을 변경합니다.

❽ **워프** 텍스트를 구부리거나 휘게 합니다.

❾ **문자 패널** 텍스트의 간격, 너비, 높이, 줄간격 등을 조절합니다.

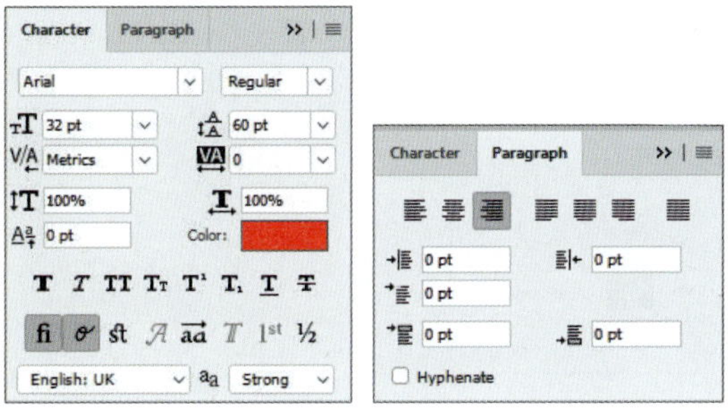

❿ **3D 전환** 입력한 텍스트를 3D로 전환합니다.

응용 예제 3D 문자 만들기

텍스트를 입력하고 3D로 전환한 다음 크기, 방향, 깊이 등을 조절해 봅니다.

■ 준비 이미지

■ 완성 이미지

01 Chapter_06 ▸ Section_07 ▸ 3Dtext.jpg 파일을 불러옵니다. 텍스트 툴([T])을 선택하고 전경색을 흰색으로 설정합니다. 화면을 클릭하고 'NOTEBOOK'을 입력합니다.

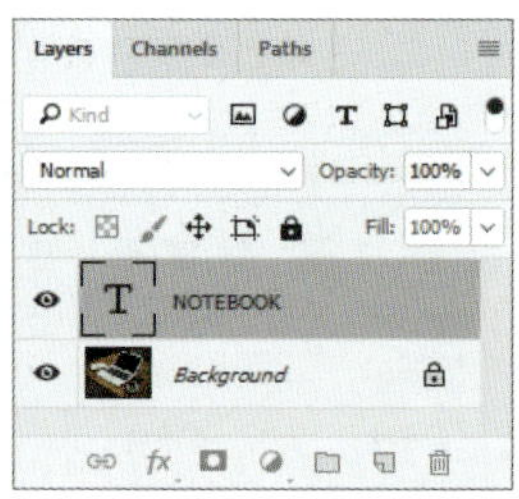

02 텍스트 툴([T])이 선택된 상태에서 옵션 바 오른쪽의 3D 전환 버튼([3D])을 클릭합니다. 3D 작업 화면으로 전환된다는 메시지가 뜨면 〈Yes〉를 클릭합니다.

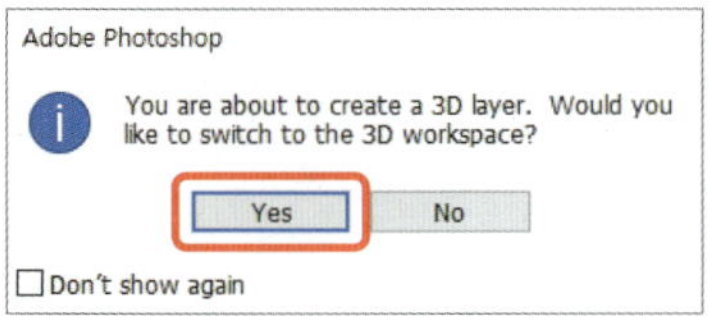

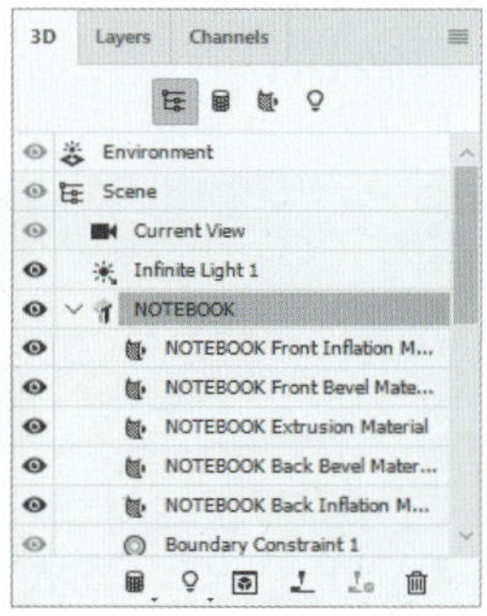

03 옵션 바에서 3D 오브젝트 회전 툴( )을 클릭합니다. X, Y, Z 회전축이 보이면 빨간색 화살표의 Rotate Around Y Axis에 마우스 포인터를 가져가 노란색으로 활성화되면 시계 방향으로 드래그하여 회전시킵니다.

Tip 위 그림과 같이 X, Y, Z 회전축이 보이지 않는다면 3D 오브젝트 회전 툴( )로 텍스트를 클릭해서 보이도록 합니다.

04 초록색 화살표의 Rotate Around Z Axis를 선택하고 노트북 방향과 수평이 되도록 드래그하여 회전시킵니다.

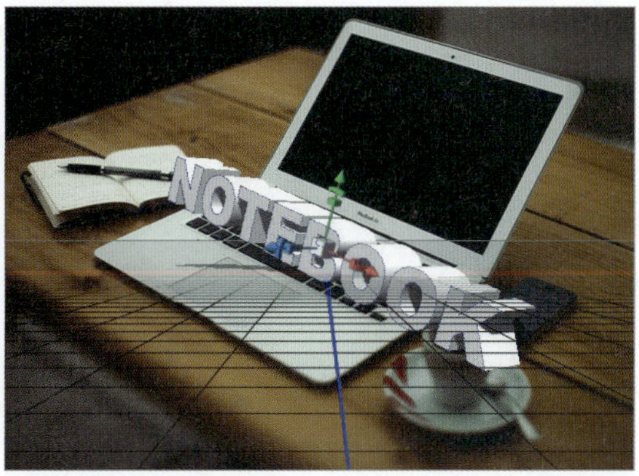

05 같은 방법으로 파란색 화살표의 Rotate Around X Axis를 선택하고 드래그하여 조금 눕혀져 있는 텍스트를 세웁니다.

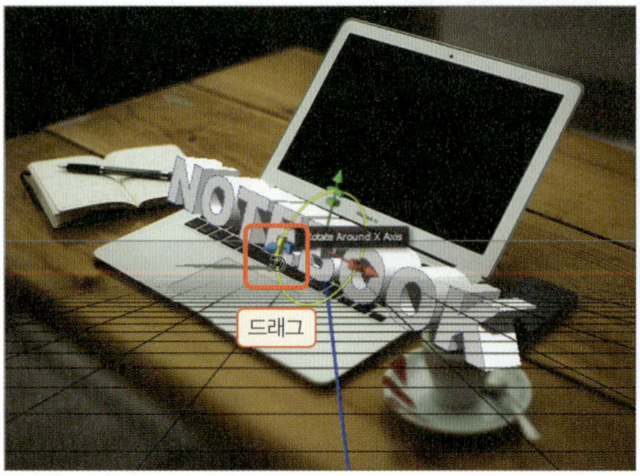

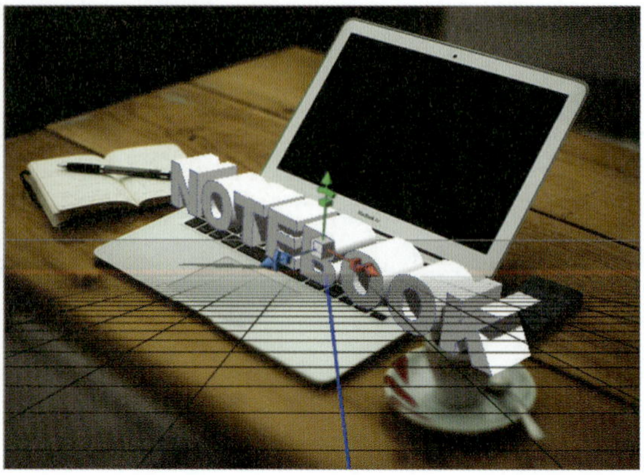

06 크기를 조금 줄여 보겠습니다. 빨간색 화살표의 Scale Along X에 마우스 포인터를 가져가 활성화시킨 다음 안쪽으로 드래그하여 너비를 조금 줄입니다.

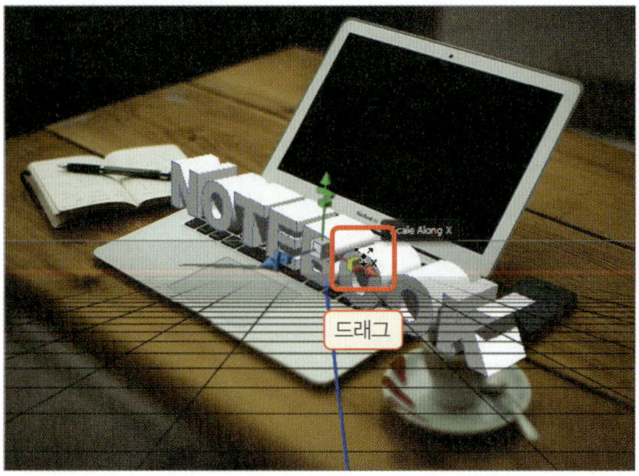

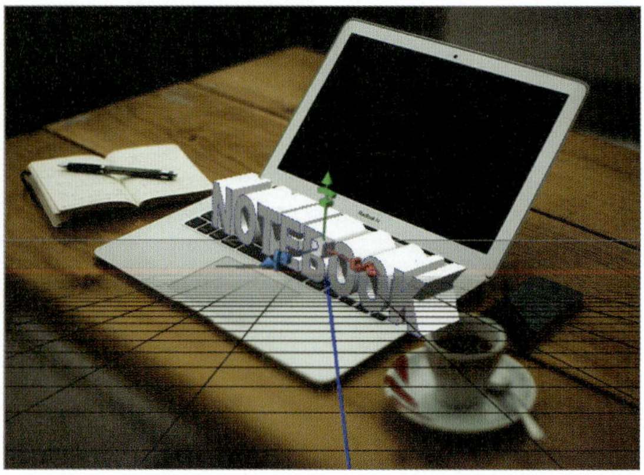

07 초록색 화살표의 Scale Along Y를 움직여 높이를 낮추고, 파란색 화살표의 Scale Along Z를 드래그하여 두께도 줄입니다.

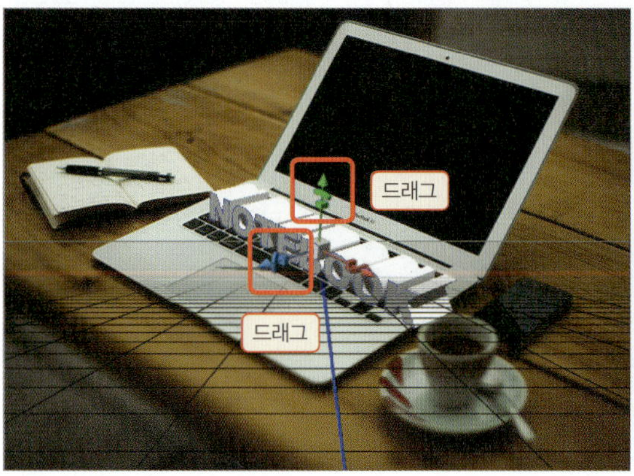

08 노트북 밖으로 삐져나온 텍스트를 이동시켜야 하므로 빨간색 화살표의 Move on X Axis를 드래그하여 노트북 위에 위치하도록 만듭니다.

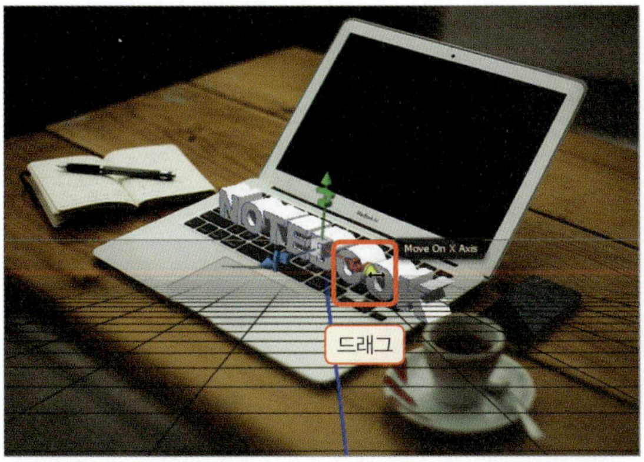

09 속성 패널에서 Shape Preset의 목록을 펼치고 Bevel을 적용합니다.

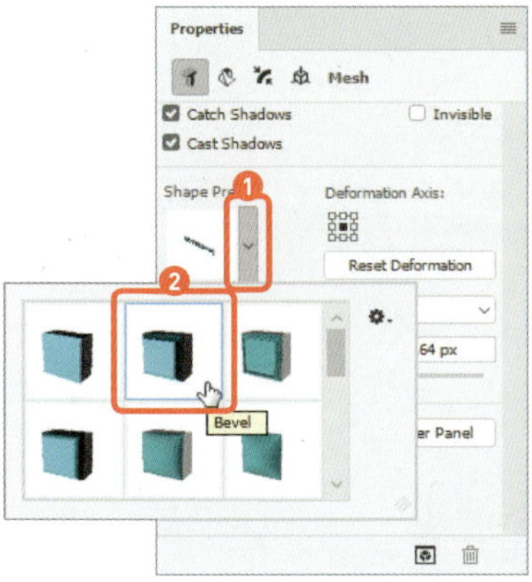

10 머티리얼 드롭 툴()을 선택하고 옵션 바에서 Plastic Grossy (Blue)를 선택합니다. 텍스트 뒤쪽을 클릭하면 뒷부분에만 질감과 색상이 적용됩니다.

11 이동 툴(✥)을 선택하고 작업 화면 위쪽에 보이는 조명 버튼(☀)을 클릭합니다. 중앙에 조명 핸들러가 나오면 찻잔이나 노트북 그림자를 고려하여 자연스러운 방향으로 드래그하여 조절합니다.

12 레이어 패널에서 Background 레이어를 클릭하여 완성된 이미지를 확인합니다.

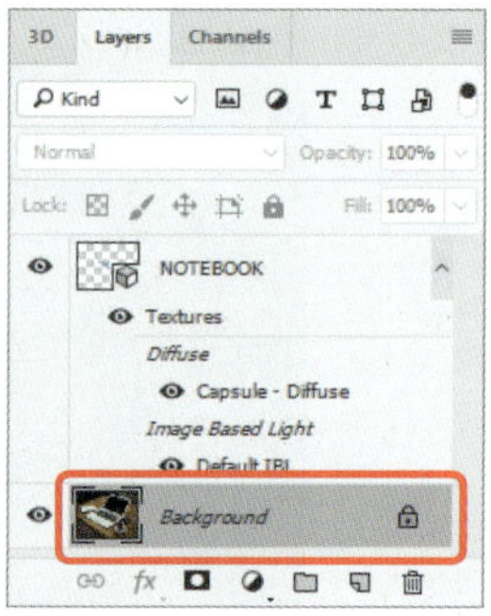

SECTION

08 벡터 도형 만들기

• **핵심 기능 |** 셰이프 툴(단축키 U)

셰이프 툴의 기능

포토샵은 주로 비트맵 이미지를 다루지만 셰이프 툴( )과 펜 툴( )을 사용하면 벡터 이미지를 만들 수 있습니다. 셰이프 툴은 화면을 드래그하여 도형을 그리는데, 옵션에 따라 Shape, Path, Pixels 형태로 그릴 수 있습니다. 드래그하면서 Space Bar 를 누르면 도형 위치를 변경할 수 있습니다.

셰이프 툴에는 사각형 툴(Rectangle Tool,), 둥근 사각형 툴(Rounded Rectangle Tool,) 원형 툴(Ellipse Tool,), 다각형 툴(Polygonal Tool,), 선 툴(Line Tool,), 커스텀 셰이프 툴(Custom Shape Tool,)이 있습니다.

셰이프 툴의 옵션

❶ **Shape, Path, Pixels** Shape는 패스가 생기면서 패스 면에 색이 채워지고 가장자리에 선이 생깁니다. Path는 패스에 선이 생기며 직접 선택 툴처럼 패스 형태를 변경할 수 있습니다. Pixels는 패스는 생기지 않고 면에 전경색이 채워집니다.

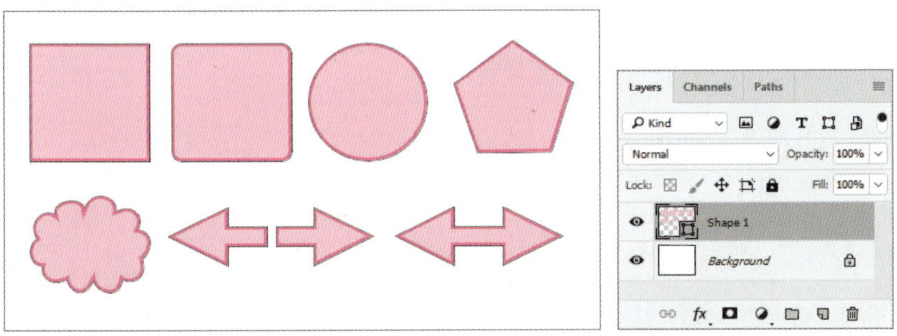

■ Shape 옵션

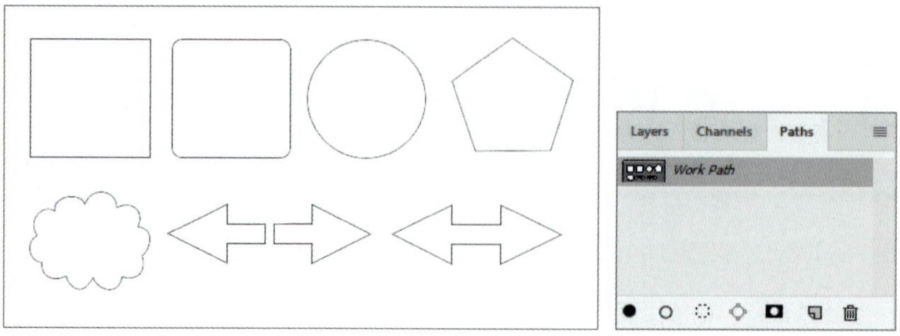

■ Path 옵션

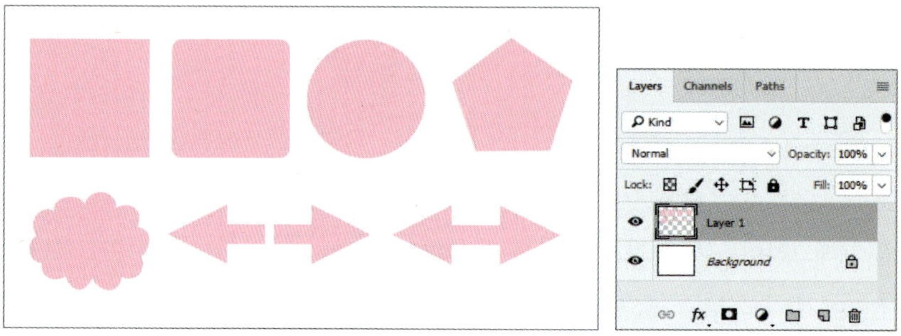

■ Pixels 옵션

❷ **면 색상** 면 색상을 지정합니다.

❸ **선 색상** 선 색상을 지정합니다.

❹ **선 두께** 선 두께를 지정합니다.

❺ **선 종류** 선 종류와 점선 간격 등을 지정합니다.

❻ **너비** 셰이프의 너비를 지정합니다.

❼ **높이** 셰이프의 높이를 지정합니다.

❽ **병합 옵션** 셰이프가 겹쳐질 때 합쳐질 형태를 지정합니다.

❾ **정렬 옵션** 셰이프를 정렬합니다.

❿ **순서 옵션** 셰이프를 다른 셰이프 위로 올리거나 아래로 내립니다.

⓫ **크기 옵션** 셰이프의 비율, 크기 등을 지정합니다.

응용 예제 날씨 앱 아이콘 만들기

셰이프 툴을 이용하여 다양한 모양의 날씨 앱 아이콘을 만들어 봅니다.

■ 완성 이미지

01 메뉴 바에서 [File]–[New]를 선택해 Width와 Height가 500Pixels인 새 작업 화면을 만듭니다.

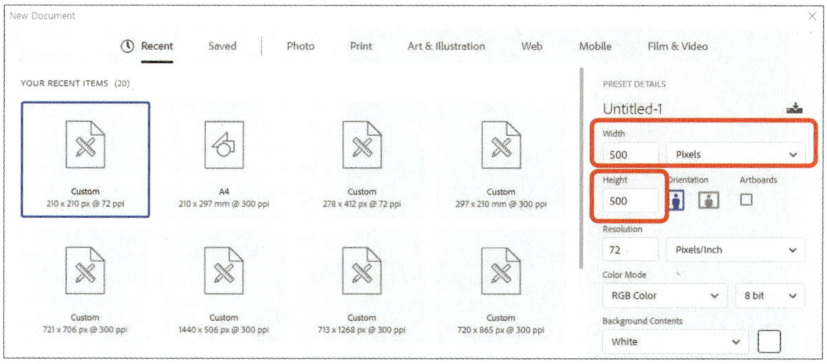

02 전경색을 진한 초록(#374A51)으로 설정한 후 Alt + Delete를 눌러 배경을 채웁니다.

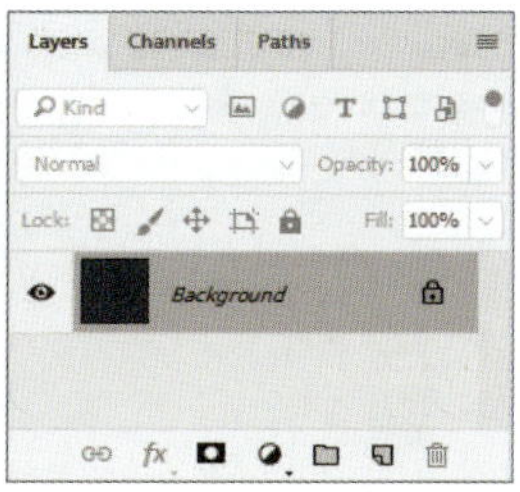

03 모서리가 둥근 사각형 툴(◻)을 선택하고 옵션 바에서 옵션을 Pixels, Radius를 15px로 설정합니다. 새 레이어 만들기 버튼(◻)을 클릭하고 Shift 를 누른 채로 너비와 높이가 각각 120px인 정사각형 여섯 개를 만듭니다. 정사각형 색은 각각 다르게 지정합니다.

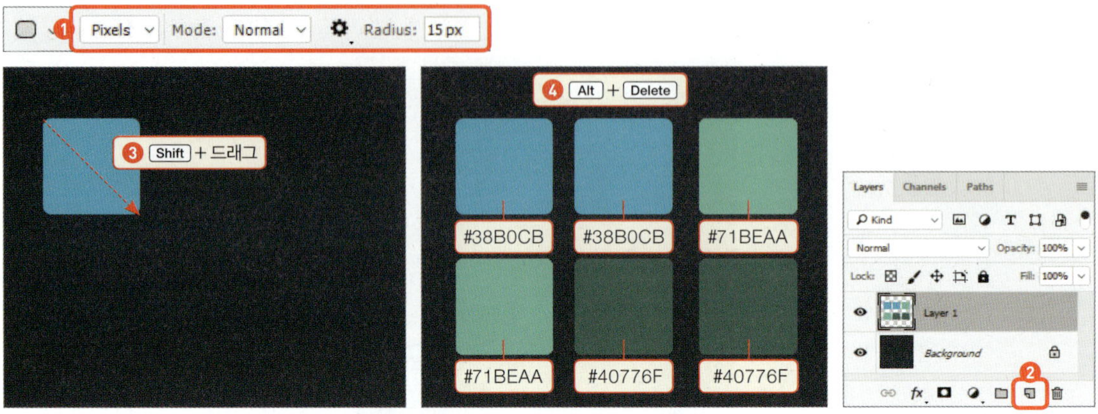

04 원형 툴(◯)을 선택하고 옵션 바에서 옵션을 Shape, Fill을 노란색(#FFDE02)으로 설정합니다. 첫 번째 박스 안에 지름이 42px인 원을 그립니다.

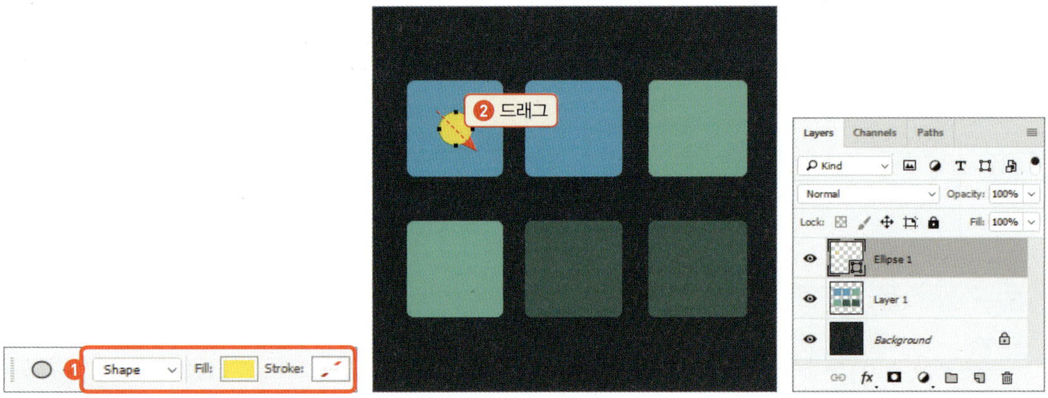

05 모서리가 둥근 사각형 툴(◻)로 너비가 8px, 높이가 14px, Radius가 4px인 오브젝트를 그립니다.

Tip 셰이프 툴로 드래그하여 원하는 형태를 만들고 Properties 창에서 색상, 선, 크기 등을 조절할 수 있습니다. 셰이프 툴로 오브젝트를 그릴 경우 자동으로 새 레이어가 생성되며, 패스 선택 툴(▶)을 이용하여 오브젝트를 원하는 위치로 이동시킬 수 있습니다.

06 방금 만든 모서리가 둥근 사각형을 [Alt]를 누른 채로 패스 선택 툴(▶)로 드래그하여 복제합니다.

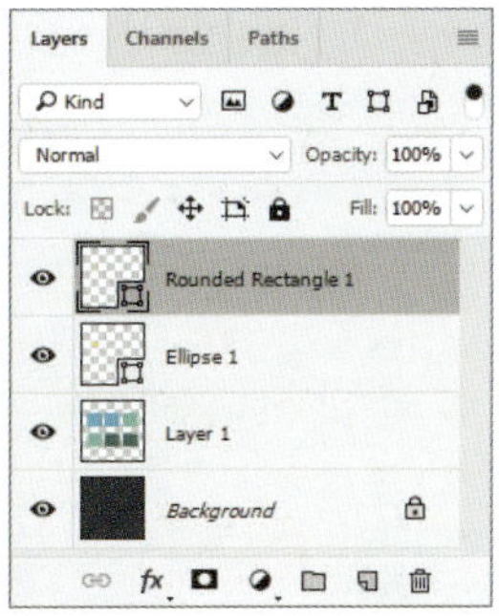

07 이번에는 [Alt]를 누른 채로 패스 선택 툴(▶)로 오브젝트 두 개를 한꺼번에 드래그하여 복제합니다. [Ctrl]+[T]를 눌러 90° 회전시키고 [Enter]를 누릅니다.

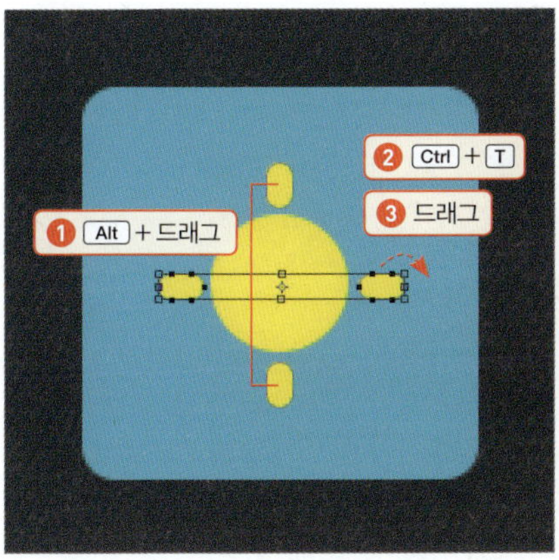

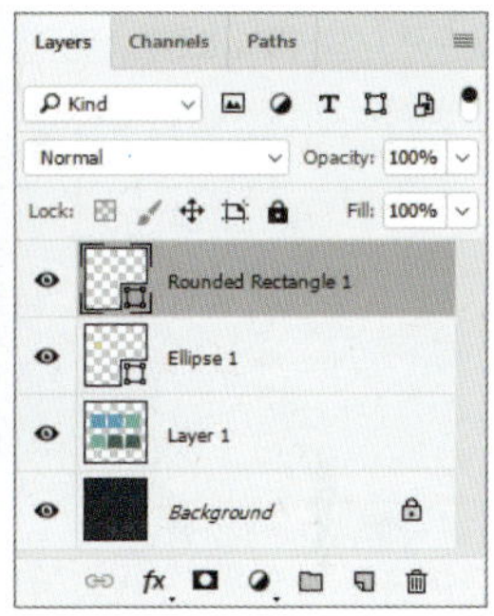

08 같은 방법으로 오브젝트 네 개를 복제한 다음 [Ctrl]+[T]를 눌러 45° 회전시킵니다. Ellipse 1 레이어와 Rounded Rectangle 1 레이어를 선택하여 그룹 레이어로 만든 다음 그룹 이름을 '해'라고 지정합니다.

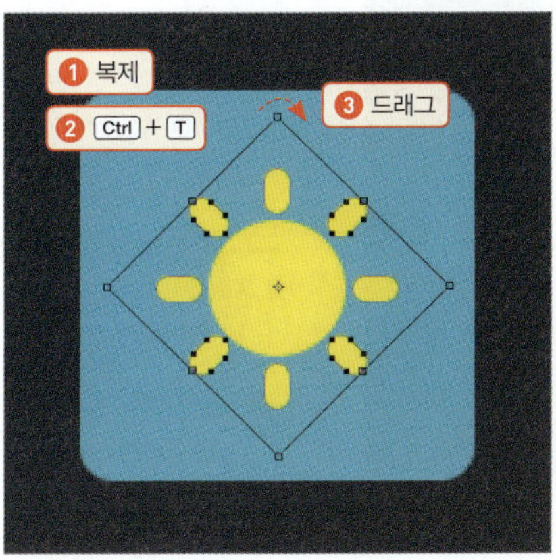

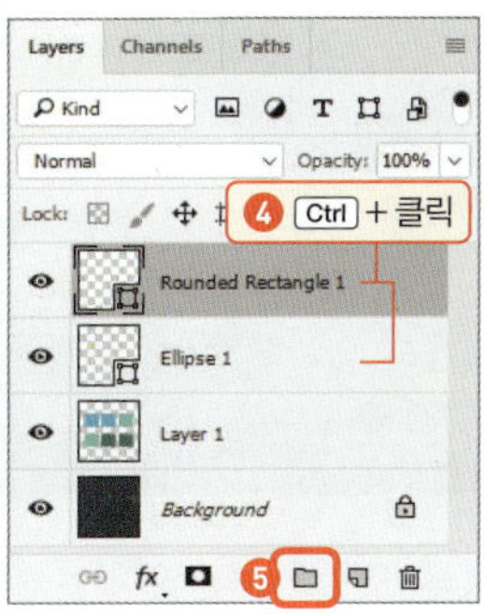

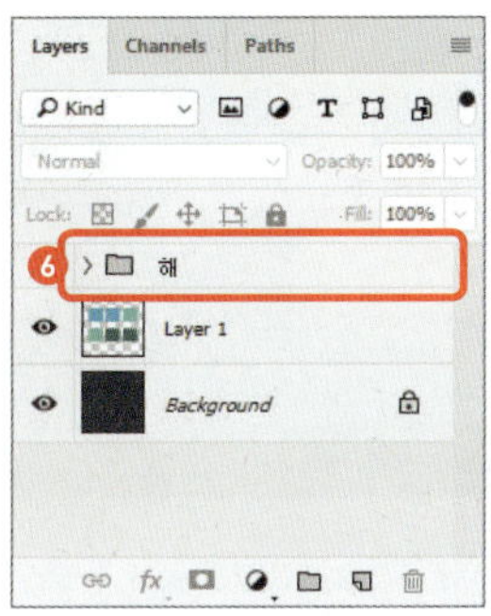

09 해 그룹 레이어를 복제하고 Rounded Rectangle 1 레이어와 Ellipse 1 레이어를 선택한 다음 Ctrl+E를 눌러 두 레이어를 합칩니다. 패스 선택 툴(▶)로 해를 옆 칸으로 옮긴 다음 Ctrl+T를 눌러 크기를 줄입니다.

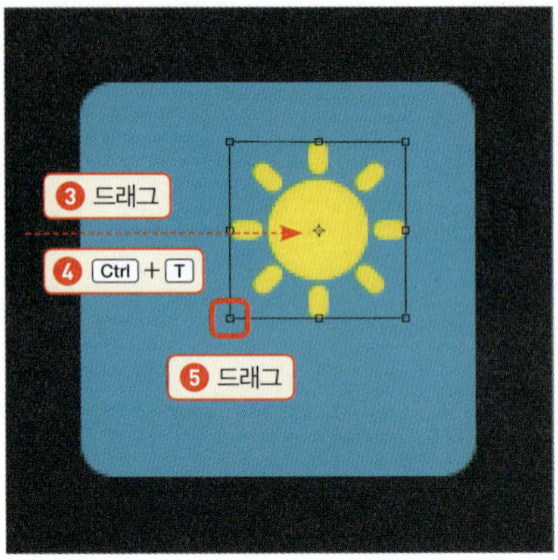

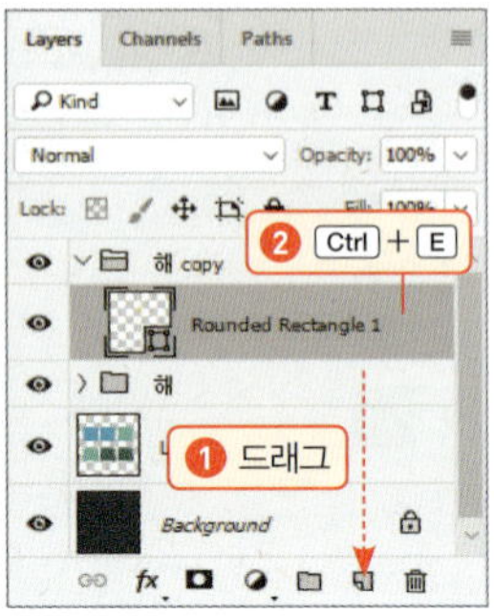

10 모서리가 둥근 사각형 툴(▢)로 너비가 64px, 높이가 20px, Radius가 10px인 오브젝트를 그리고 밝은 노란색(#FFCD0)으로 채웁니다.

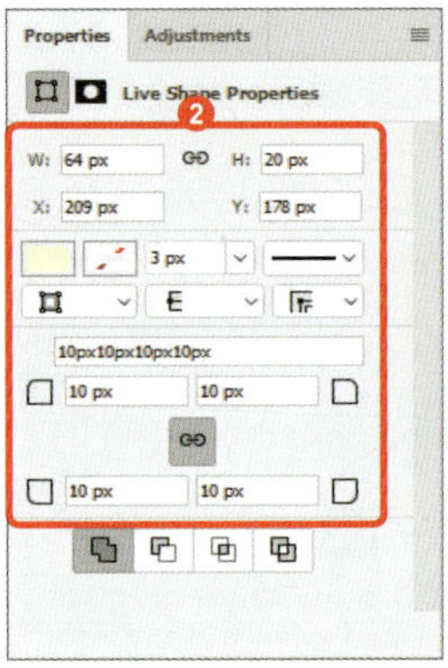

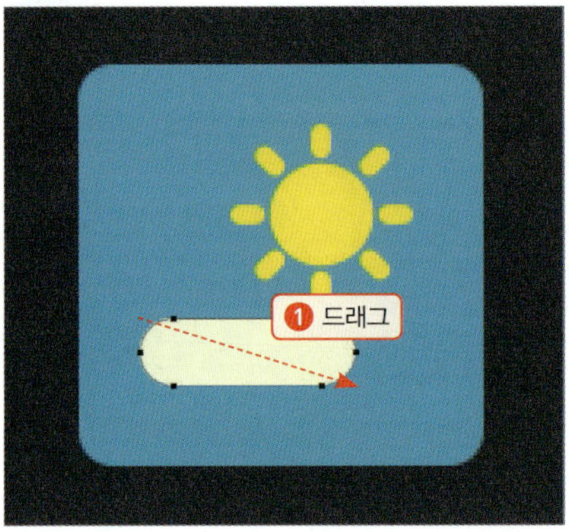

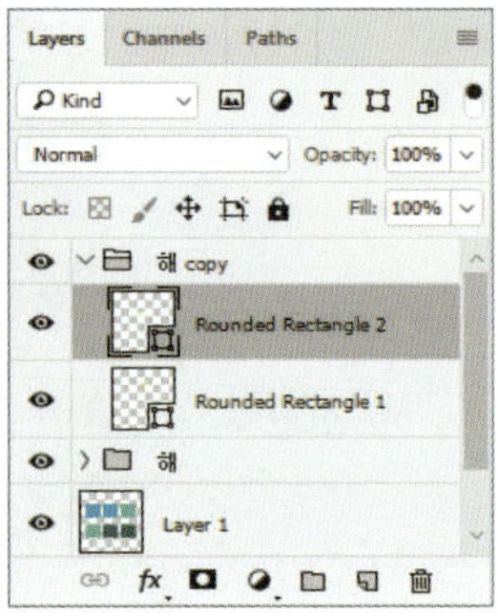

11 원형 툴(◯)로 작은 원과 조금 큰 원을 그려 구름을 만듭니다.

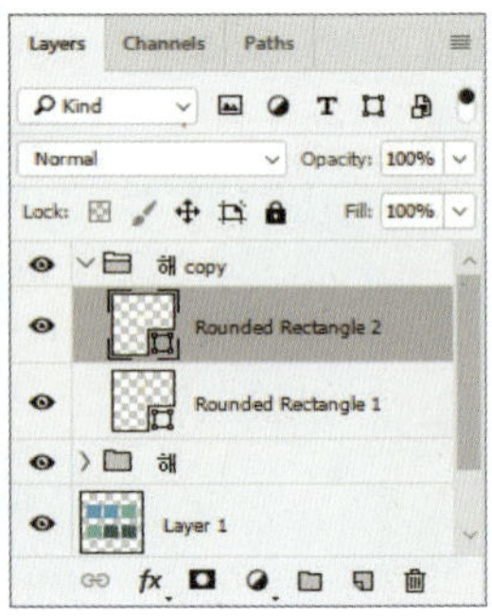

Tip 셰이프 레이어가 만들어져 있는 상태에서 Shift를 누르고 오브젝트를 추가하면 새 셰이프 레이어가 만들어지는 것이 아니라 작업 중인 셰이프 레이어에 오브젝트가 추가됩니다.

12 패스 선택 툴(![icon])로 해와 구름의 위치를 조절하고, 그룹 레이어로 만든 다음 그룹 이름을 '조금 흐림'으로 지정합니다.

13 조금 흐림 그룹 레이어를 복제하여 그룹 이름을 '흐림'으로 변경한 다음 세 번째 칸으로 옮깁니다. 해가 포함되어 있는 Rounded Rectangle 1 레이어를 삭제하고 Rounded Rectangle 2 레이어를 복제한 다음 Ctrl + T를 눌러 크기를 줄입니다.

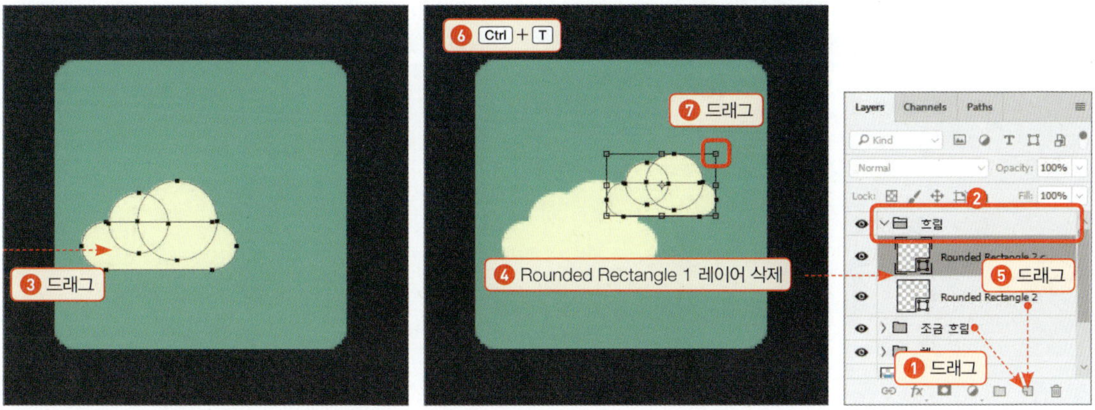

14 Rounded Rectangle 2와 Rounded Rectangle 2 copy 레이어의 위치를 맞바꾸고 구름 색상을 밝은 회색(#EBEBEB)과 어두운 회색(#D7D7D7)으로 변경합니다.

15 이번에는 흐림 그룹 레이어를 복제하여 그룹 레이어의 이름을 '비'로 변경한 다음 두 번째 줄 첫 번째 칸으로 구름을 옮깁니다. 작은 구름이 포함된 레이어를 삭제하고 Ctrl+T를 눌러 남은 구름을 확대합니다.

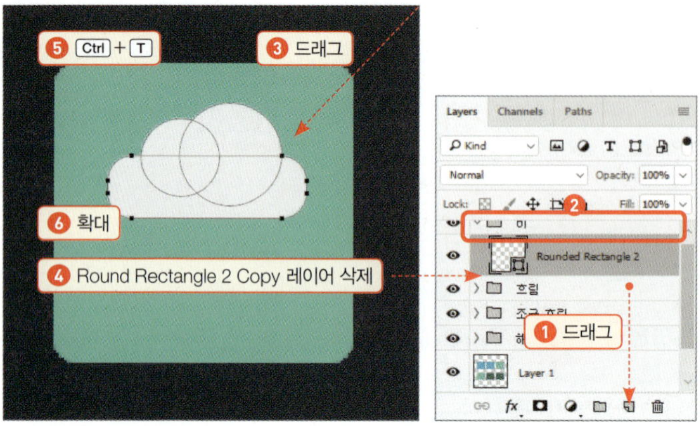

16 구름을 확대하면 모서리가 둥근 사각형 레이어의 Radius 값 때문에 모양이 예쁘지 않습니다. 속성 패널에서 Radius 값을 모서리 높이보다 큰 값으로 입력하면 자동으로 높이의 1/2 크기로 변경됩니다.

17 원형 툴(◯)로 하늘색(#B4E8FC) 작은 원을 그리고 앵커 포인트 전환 툴(ᐱ)로 위쪽의 앵커 포인트를 클릭한 다음 패스 직접 선택 툴(↖)로 드래그하여 물방울을 만듭니다.

18 패스 선택 툴( )로 Alt 를 누른 채로 물방울을 드래그하여 물방울을 두 개 더 만들고 위치를 옮겨 비 아이콘을 완성합니다.

19 비 그룹 레이어를 복제하고 복제한 그룹 레이어 이름을 '야간 흐림'으로 변경합니다. 복제한 오브젝트를 다음 칸으로 이동시킨 다음 Ellipse 2의 빗방울 레이어를 삭제합니다.

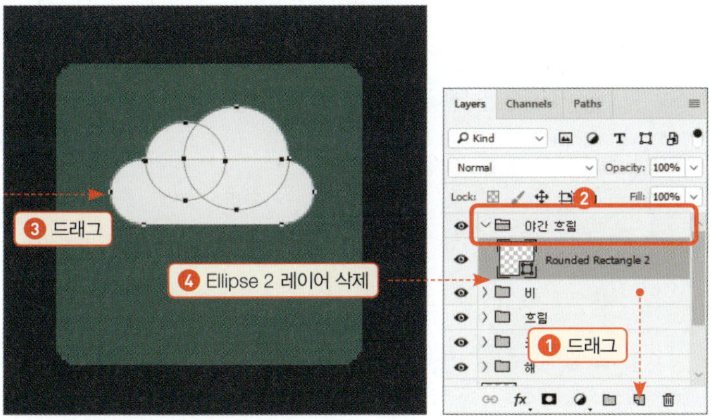

20 원형 툴( )로 노란색 원(#FFDE02)을 그리고 Alt 를 누른 채로 작은 원을 하나 더 그려 초승달 모양이 되도록 합니다.

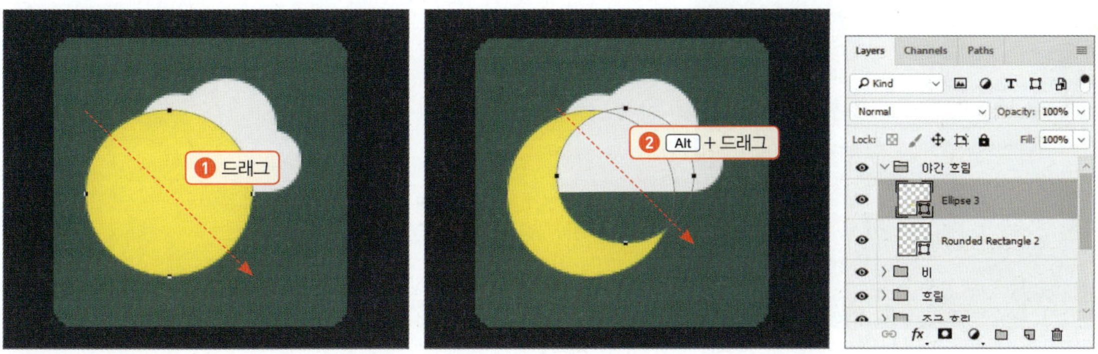

Tip Alt 를 누른 상태에서 그리면 겹치는 부분의 셰이프 영역이 보이지 않게 됩니다.

21 Ctrl+T를 눌러 구름을 조금 작게 줄이고 위치를 잡아 야간 흐림 아이콘을 완성합니다.

22 야간 흐림 그룹 레이어를 복제하고 복제한 그룹 레이어 이름을 '야간 맑음'으로 바꿉니다. 구름이 포함된 레이어를 삭제하여 달 이미지만 남깁니다.

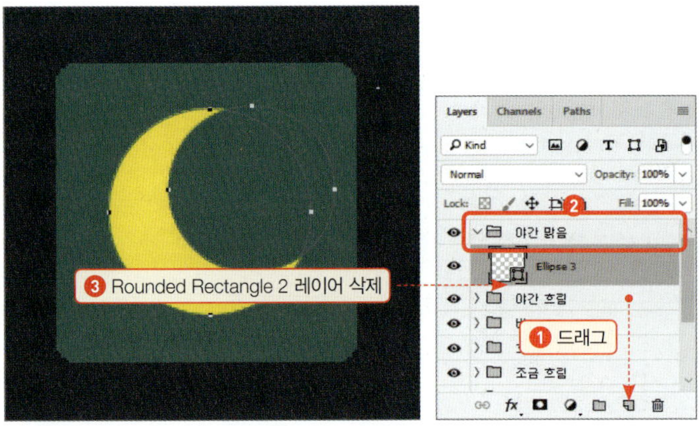

23 날씨 앱 아이콘 6종 세트가 완성됩니다.

응용 예제 | 패스를 이용하여 다양한 형태의 텍스트 만들기

패스 내부를 채우는 텍스트와 패스를 따라 흐르는 텍스트를 만들어 봅니다.

■ 준비 이미지

■ 완성 이미지

01 Chapter_06 ▸ Section_08 ▸ coffee.jpg 파일을 불러옵니다.

02 원형 툴(◯)을 선택하고 옵션 바에서 옵션을 Path로 설정합니다. 화면을 드래그해서 커피 잔보다 조금 큰 타원을 그립니다.

Tip 타원의 위치를 이동하려면 직접 선택 툴(↖)을 선택하고 타원을 드래그합니다.

03 텍스트 툴([T])을 선택하고 옵션 바에서 색상을 하늘색(#87D2FD)으로 설정합니다. 패스 위로 마우스 포인터를 가져가면 마우스 포인터가 [⌶] 모양으로 바뀝니다. 이때 패스를 클릭하고 'coffee' 문구를 반복하여 입력합니다.

04 [Ctrl]을 누른 채로 입력 커서 부분을 드래그하여 텍스트 위치를 패스 안쪽으로 반전시킵니다.

05 텍스트 레이어의 이름을 마우스 오른쪽 버튼으로 클릭하고 [Rasterize Type]을 선택합니다. Rasterize Type은 텍스트 속성을 일반 이미지 속성으로 바꾸는 기능입니다.

06 사각형 선택 툴([⬚])을 선택하고 커피 잔 뒤에 놓이는 텍스트가 포함되도록 드래그한 다음 Delete 를 눌러 삭제합니다.

07 올가미 툴([ ])로 손잡이에 겹쳐지는 텍스트도 정밀하게 선택한 후 Delete 를 눌러 삭제합니다. 선택 영역은 Ctrl + D 를 눌러 해제합니다.

08 커스텀 셰이프 툴([ ])을 선택하고 옵션을 Path로 설정합니다. Shape를 물방울 모양으로 선택하고 커피 잔 위쪽으로 드래그합니다.

09 텍스트 툴(T)을 선택하고 옵션 바에서 폰트 크기를 12pt, 정렬은 가운데 정렬로 설정합니다. 물방울 패스 안쪽으로 마우스 포인터를 가져가면 마우스 포인터가 (Ⓘ) 모양으로 바뀝니다. 이때 클릭하여 'coffee' 문자를 반복 입력하면 패스 안쪽에 텍스트가 자연스럽게 채워집니다.

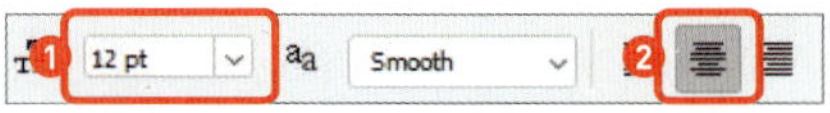

10 옵션 바에서 색상을 좀 더 밝은 하늘색(#D7F0FF)으로 바꾸면 완성됩니다.

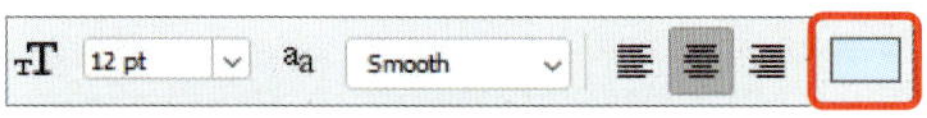

SECTION 09

다양한 도형에 이미지 삽입하기

• **핵심 기능 |** 프레임 툴⊠(단축키 K)

프레임 툴의 기능

프레임 툴(Frame Tool, ⊠)은 벡터 형태에 마스크를 적용하는 기능입니다. 사각형과 원형 같은 기본 도형에 이미지를 바로 삽입할 수 있고, 텍스트나 다양한 셰이프도 프레임으로 전환하여 이미지를 바로 삽입하여 활용할 수 있습니다.

■ 사각형에 이미지 삽입(option.psd)

■ 원형에 이미지 삽입

■ 셰이프에 이미지 삽입

프레임 툴의 사용

01 사각형 프레임 삽입하기 Chapter_06 ▸ Section_09 ▸ frame.psd 파일을 불러옵니다. 프레임 툴(⊠)을 선택하고 옵션 바에서 사각형 형태를 선택한 후 그리드에 맞도록 작업 화면에 드래그합니다. 속성 패널에서 너비는 240px, 높이는 160px로 설정합니다.

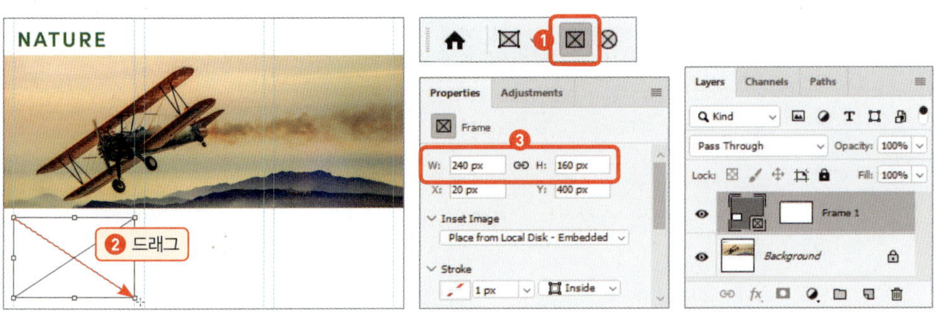

02 속성 패널에서 이미지 불러오기 속성 패널에서 Insert Image의 목록을 펼쳐 Place from Local Disk - Embedded를 선택합니다. 창이 뜨면 Chapter_06 ▶ Section_09 폴더에서 dandelion.jpg 파일을 선택한 후 〈Place〉를 클릭하여 프레임에 배치합니다.

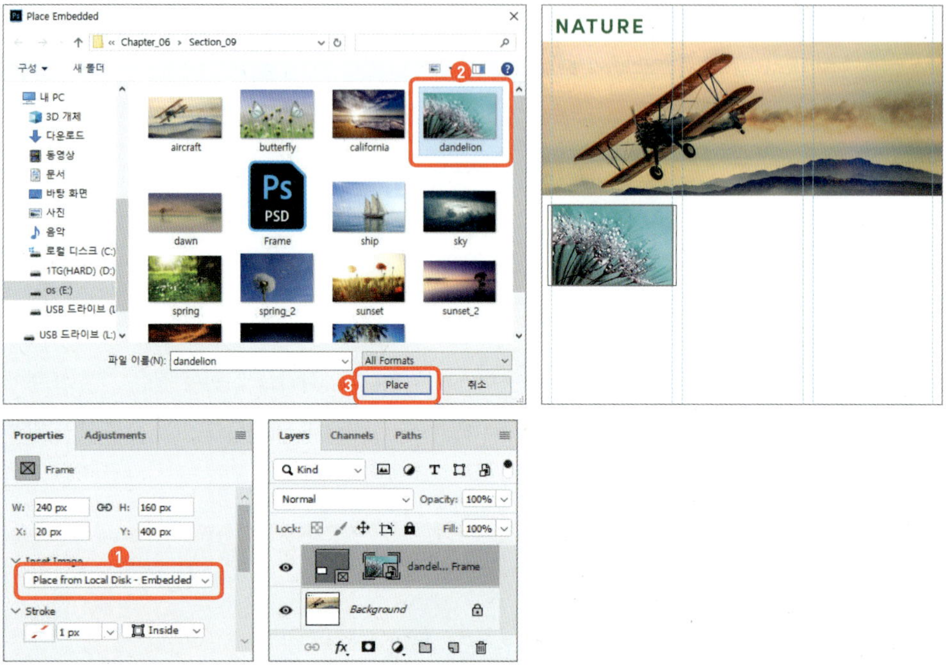

03 드래그 앤 드롭으로 이미지 불러오기 프레임 툴(⊠)로 화면 가운데에 같은 크기(너비 240px, 높이 160px)의 프레임을 하나 더 그립니다. 윈도우 파일 탐색기의 Chapter_06 ▶ Section_09 폴더 창에서 sunset.jpg 파일을 선택하고 작업 화면의 프레임으로 드래그하여 이미지를 배치합니다.

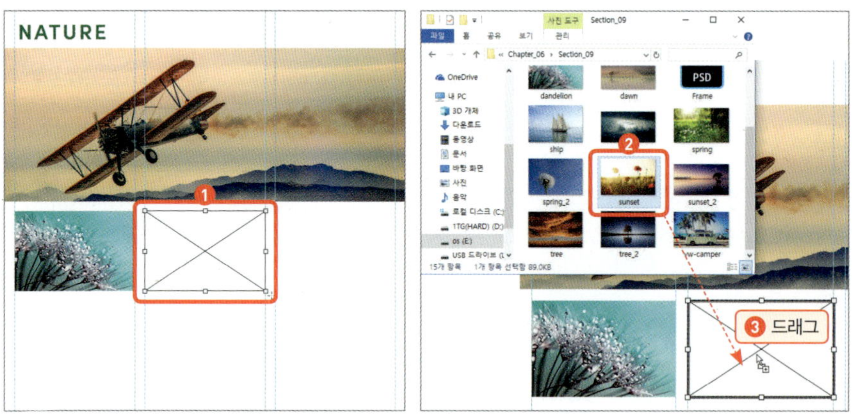

04 이미지의 크기와 위치 변경하기 sunset Frame 레이어에서 이미지 영역을 선택한 후 Ctrl+T를 누릅니다. 바운딩 박스가 나타나면 모서리를 드래그하여 이미지의 크기를 키우고 바운딩 박스 안쪽을 드래그하여 프레임에서 이미지의 위치를 변경하고 Enter를 눌러 적용합니다.

05 원형 프레임 삽입하기 프레임 툴(⊠)을 선택하고 옵션 바에서 원형 형태를 선택한 후 Shift를 누른 채 드래그하여 정원을 그립니다.

06 프레임 크기와 위치 변경하기 속성 패널에서 Insert Image의 목록을 펼쳐 Place from Local Disk – Embedded를 선택합니다. 창이 뜨면 Chapter_06 ▸ Section_09 폴더에서 spring_2.jpg 파일을 선택하고 프레임으로 드래그하여 이미지를 배치합니다. spring_2 Frame 레이어에서 프레임 영역을 선택한 후 Ctrl+T를 누릅니다. 바운딩 박스가 나타나면 프레임의 모서리를 드래그하여 크기를 줄이고 바운딩 박스 안쪽을 드래그하여 위치를 변경합니다.

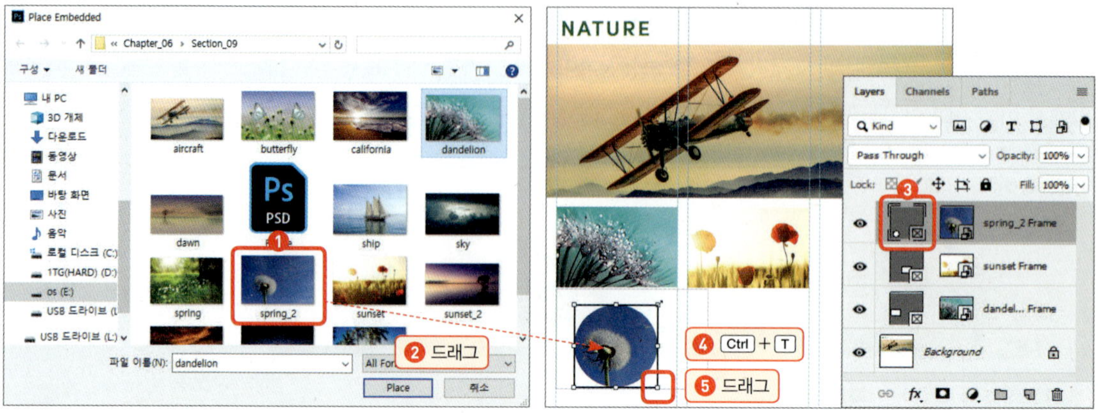

07 **프레임 테두리 설정하기** spring_2 Frame 레이어의 프레임 영역이 선택된 상태로 속성 패널에서 Stroke 옵션을 색상은 연두색(#8DC63F), 두께는 10px, 위치는 Outside로 설정합니다.

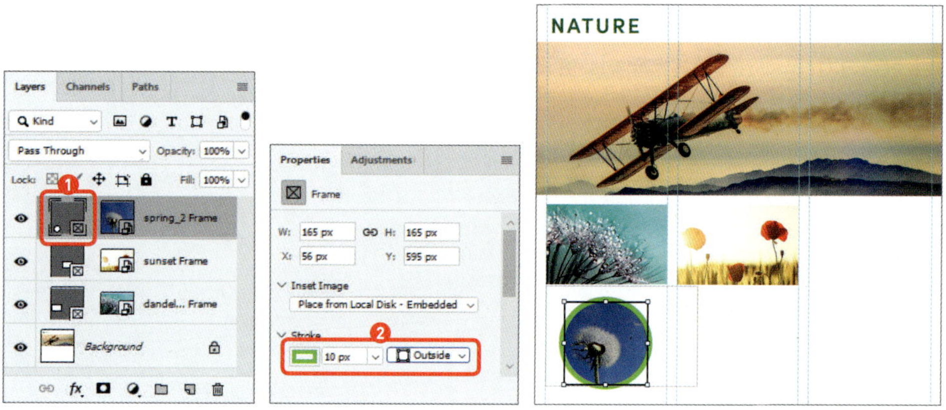

08 **원형 프레임 추가하기** 05~07 단계와 같은 방법으로 민들레 그림 오른쪽에 원형 프레임을 추가하고 sunset_2.jpg 파일을 삽입한 후 Stroke 옵션을 색상은 보라색(#92278F), 두께는 10px, 위치는 Outside로 설정합니다.

09 물방울 모양 벡터 형태 만들기 커스텀 셰이프 툴( )을 선택한 후 옵션 바에서 Shape를 선택하고 Fill과 Stroke는 색상 없음, Shape는 물방울 모양으로 선택한 후 작업 화면의 빈 곳을 드래그합니다.

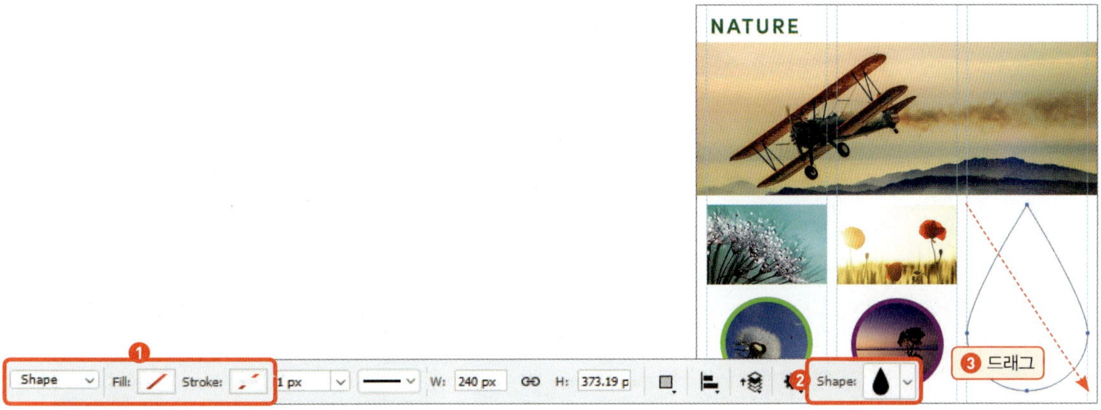

10 벡터를 프레임으로 변경하기 벡터가 그려진 Shape 1 레이어를 선택하고 마우스 오른쪽 버튼을 클릭하여 [Convert to Frame]을 선택합니다. 옵션 창에서 Width는 240px, Height는 375px로 설정한 후 〈OK〉를 클릭합니다. 벡터 형태의 셰이프가 프레임으로 변경됩니다. 윈도우 파일 탐색기의 Chapter_06 ▸ Section_09 폴더 창에서 tree_2.jpg 파일을 프레임으로 드래그하여 이미지를 완성합니다.

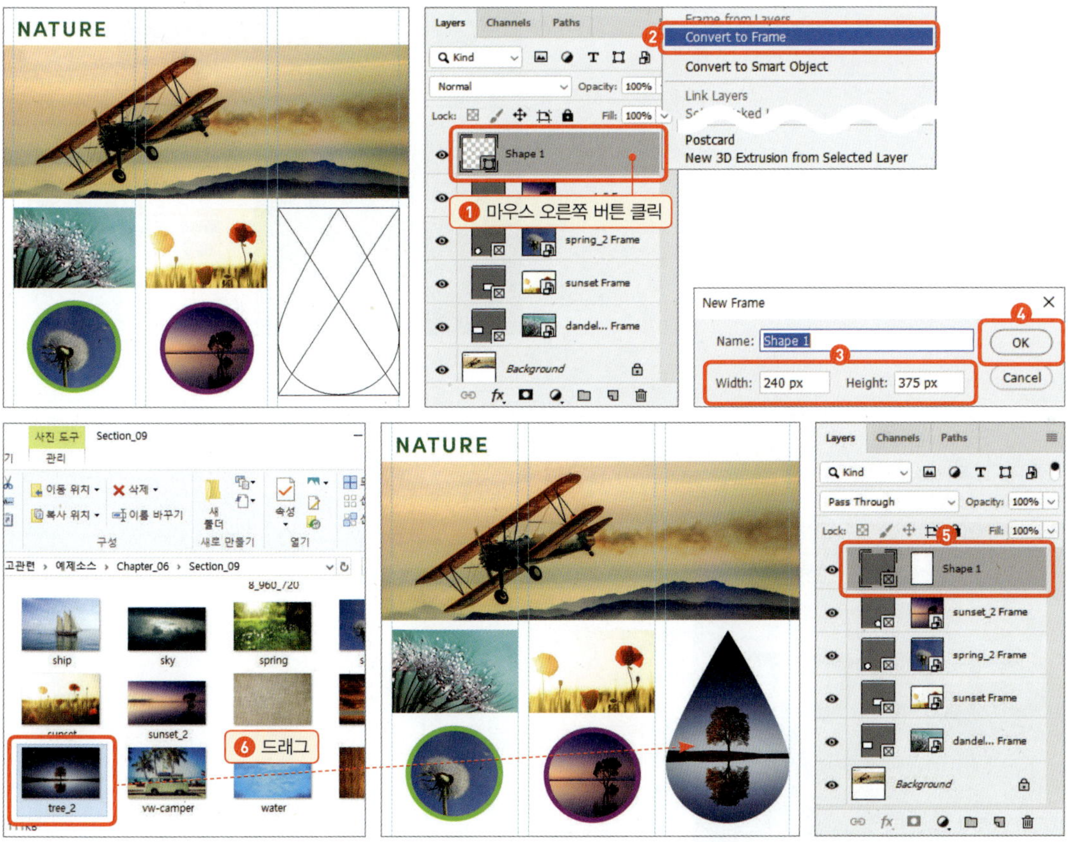

• **준비 파일** Cloud.psd, california.jpg • **완성 파일** Cloud_result.psd

응용 예제 | 텍스트를 프레임으로 전환하여 꾸미기

입력된 문자를 프레임으로 전환하고 이미지를 삽입한 후 레이어 스타일을 적용하여 꾸며 봅니다.

■ 준비 이미지

■ 완성 이미지

01 Chapter_06 ▸ Section_09 ▸ Cloud.psd 파일을 불러온 후 Layer 1을 선택합니다.

02 텍스트 툴(T)을 선택하고 옵션 바에서 두께감이 있는 폰트를 선택한 후 화면을 클릭하고 'CLOUD'를 입력합니다. 이때 문자의 색상과 크기는 중요하지 않습니다.

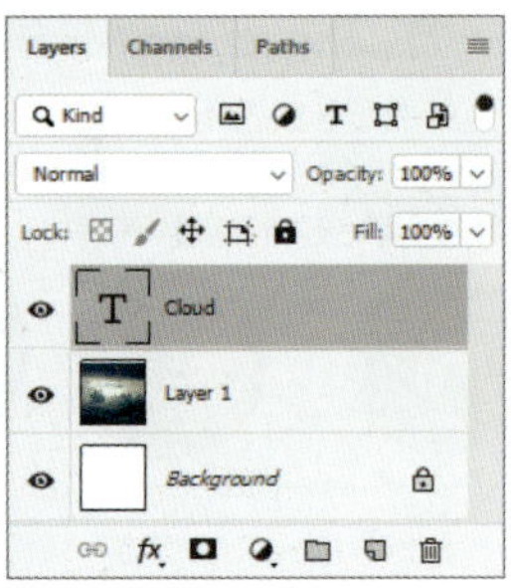

03 텍스트 레이어를 선택하고 마우스 오른쪽 버튼을 클릭하여 [Convert to Frame]을 선택합니다. 옵션 창이 뜨면 이름은 Cloud, Width는 445px, Height는 89px로 설정한 후 〈OK〉를 클릭하여 텍스트 레이어를 프레임 레이어로 전환합니다.

04 속성 패널에서 Insert Image를 Place from Local Disk – Embedded로 선택합니다. 윈도우 파일 탐색기의 Chapter _06 ▸ Section_09 폴더에서 california.jpg 이미지를 선택하여 프레임으로 불러옵니다.

05 프레임에서는 레이어 스타일이 활성화되지 않기 때문에 레이어 스타일을 적용하기 위해 레이어 하단의 새 그룹 만들기 버튼(□)을 클릭해 Group 1 레이어를 만듭니다. 프레임 레이어를 선택하고 Group 1 레이어로 드래그하여 그룹으로 포함시킵니다.

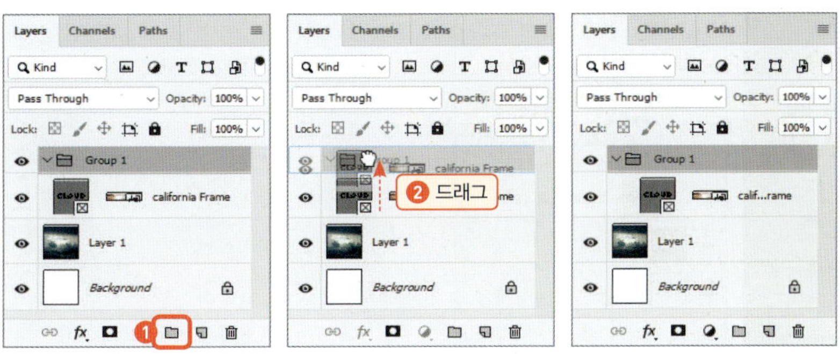

SECTION

01 밝기 조절하기

• **핵심 기능 |** Adjustments 메뉴

이미지의 밝기 조절하기

포토샵은 이미지의 밝기를 조절할 수 있는 여러 메뉴를 제공합니다. 밝기를 조절할 때는 이미지의 밝고 어두운 정도나 색상에 따라 한 가지 또는 여러 메뉴를 함께 사용하는 것이 좋습니다.

01 자동으로 조절하기 Chapter_07 ▸ Section_01 ▸ light.jpg 파일을 불러옵니다. 메뉴 바에서 [Image]–[Auto Tone]을 선택한 후 이미지를 확인합니다. 히스토리 패널에서 원본 이미지로 되돌리고 [Image] 메뉴의 [Auto Contrast]와 [Auto Color]도 차례대로 선택하여 적용해 봅니다.

■ 원본 이미지

■ Auto Tone을 적용한 이미지

■ Auto Contrast를 적용한 이미지

■ Auto Color를 적용한 이미지

02 Brightness/Contrast 조절하기

히스토리 패널에서 원본 이미지로 되돌리고 [Image]−[Adjustments]−[Brightness/Contrast] 메뉴를 선택하여 아래와 같이 설정한 후 〈OK〉를 클릭합니다. Brightness/Contrast는 밝기와 대비를 조절하는 메뉴로, Preview를 체크하면 값에 따라 이미지가 어떻게 변하는지 눈으로 직접 확인하면서 조절할 수 있습니다.

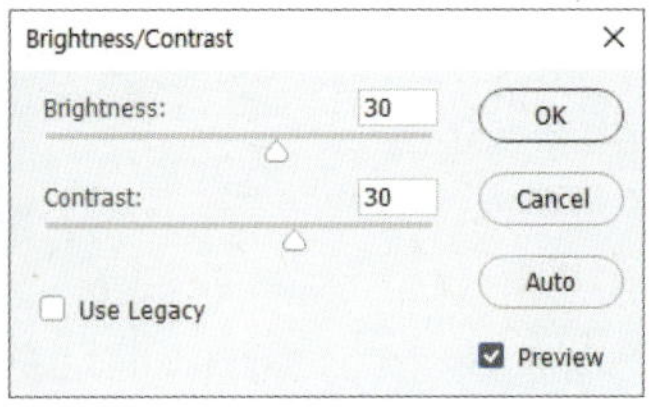

■ Brightness와 Contrast를 조절한 이미지

> **Tip** 옵션 창에서 Use Legacy는 어도비 제품군에서 CS 이전 버전의 효과를 의미합니다. 차이점은 아래 그림과 같습니다.

■ Brightness 100

■ Use Legacy+Brightness 100

■ Contrast 100

■ Use Legacy+Contrast 100

03 Levels 조절하기

히스토리 패널에서 원본 이미지로 되돌리고 [Image]−[Adjustments]−[Levels]를 선택합니다. Levels는 이미지의 빛과 색의 농도를 표현해 놓은 막대그래프로 Input Levels 아래에 보이는 작은 삼각형 세 개를 움직여 빛과 색의 농도를 조절합니다. 삼각형을 오른쪽으로 움직이면 어두워지고 왼쪽으로 움직이면 밝아집니다. Channel 옵션에서 Red, Green, Blue 채널별로 농도를 조절할 수도 있습니다. 삼각형을 움직여 이미지의 변화를 살펴보고 〈OK〉를 클릭하여 적용합니다.

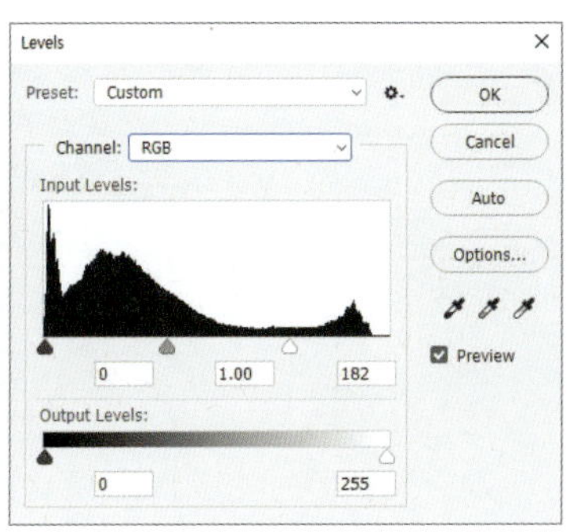

■ Levels를 조절한 이미지

04 Curves 조절하기 원본 이미지로 되돌리고 [Image]–[Adjustments]–[Curves]를 선택합니다. Curves는 Levels와 마찬가지로 빛과 색의 농도를 조절하는 역할을 하지만, 그중에서도 대비와 하이라이트를 조절합니다. 옵션 창에서 그래프 안쪽의 사선을 드래그하면 드래그한 부분에 앵커 포인트가 생깁니다. 앵커 포인트를 사선의 왼쪽 방향으로 이동하면 대비가 늘면서 밝아지고, 오른쪽 방향으로 이동하면 대비가 줄면서 어두워집니다. 사선을 움직여 이미지의 변화를 살펴보고 〈OK〉를 클릭하여 적용합니다.

■ Curves를 조절한 이미지

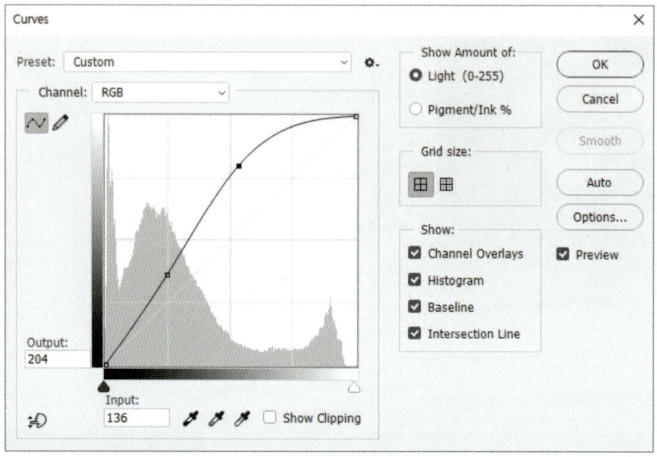

05 Exposure 조절하기 원본 이미지로 되돌리고 [Image]–[Adjustments]–[Exposure]를 선택합니다. Exposure는 필름에 적당한 빛을 주어 노출을 조절합니다. 옵션 창에서 Exposure는 빛의 양을 조절하며, Offset은 중간 톤의 대비를 강하게 또는 약하게 조절합니다. Gamma는 명암 대비를 조절합니다. 사진의 색상에 따라 값을 조금만 바꿔도 결과가 크게 차이 나므로 값을 조금씩 늘리거나 줄여나가는 것이 좋습니다. 수치를 조절하여 이미지의 변화를 살펴보고 〈OK〉를 클릭하여 적용합니다.

■ Exposure를 조절한 이미지

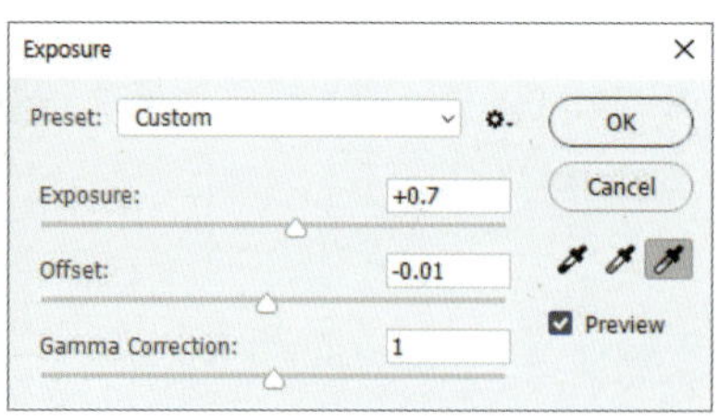

06 Shadows/Highlights 조절하기

원본 이미지로 되돌리고 [Image]-[Adjustments]-[Shadows/Highlights]를 선택합니다. Shadows/Highlights는 이미지 전체가 아닌 어두운 부분과 밝은 부분의 양을 조절합니다. 수치를 조절하여 이미지의 변화를 살펴보고 〈OK〉를 클릭하여 적용합니다.

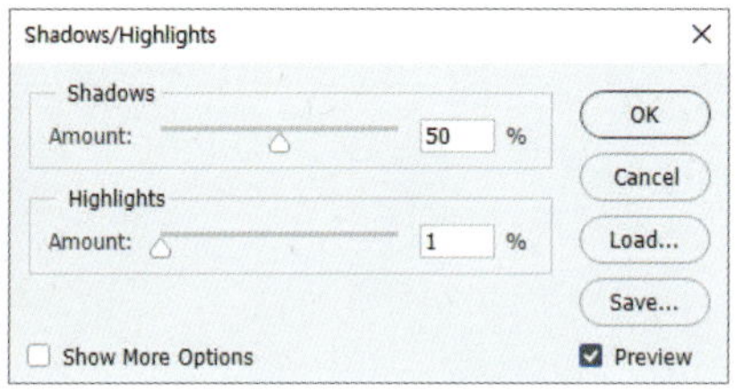

■ Shadows/Highlights를 조절한 이미지

07 HDR Toning 조절하기

원본 이미지로 되돌리고 [Image]-[Adjustments]-[HDR Toning]을 선택합니다. HDR은 High Dynamic Range의 약자로 이미지에서 가장 밝고 가장 어두운 부분의 농도 차를 조절합니다. 수치를 조절하여 이미지의 변화를 살펴보고 〈OK〉를 클릭하여 적용합니다.

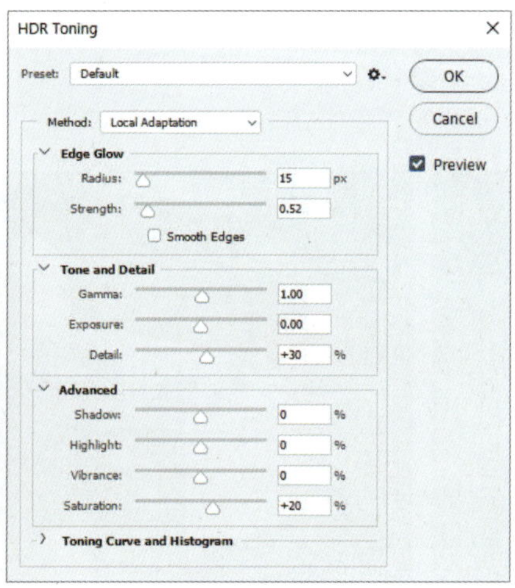

■ HDR Toning을 조절한 이미지

08 Equalize 조절하기

원본 이미지로 되돌리고 [Image]-[Adjustments]-[Equalize]를 선택하여 적용합니다. Equalize는 자동으로 평균값의 밝기와 어둡기를 조절합니다.

■ Equalize를 조절한 이미지

SECTION
02
색상 보정하기

• 핵심 기능 I Adjustments 메뉴

이미지의 색상 보정하기

포토샵을 사용하는 즐거움 중 하나는 이미지의 색상을 클릭 몇 번으로 자유롭게 조절할 수 있다는 것입니다. 이미지의 색상을 조절하는 메뉴를 살펴보고 용도와 목적에 맞게 사용하는 방법을 배워 봅니다.

01 Vibrance 조절하기 Chapter_07 ▸ Section_02 ▸ mailbox.jpg 파일을 불러옵니다. 메뉴 바에서 [Image]-[Adjustments]-[Vibrance]를 선택하면 옵션 창이 열립니다. Vibrance는 순색이 되도록 채도를 조절하는 기능으로 채도를 유지하면서 전문적인 교정을 할 수 있습니다. 수치를 조절하여 이미지의 변화를 살펴보고 〈OK〉를 클릭하여 적용합니다.

■ 원본 이미지

■ Vibrance를 조절한 이미지

02 Hue/Saturation 조절하기 히스토리 패널에서 원본 이미지로 되돌리고 [Image]-[Adjustments]-[Hue/Saturation]을 선택합니다. 옵션 창에서는 슬라이드 바를 움직여 색상, 채도, 명도를 조절할 수 있으며, Master에서 색상만 변경할 수도 있습니다. Colorize를 체크하면 전경색이 적용됩니다. 수치를 조절하여 이미지의 변화를 살펴보고 〈OK〉를 클릭하여 적용합니다.

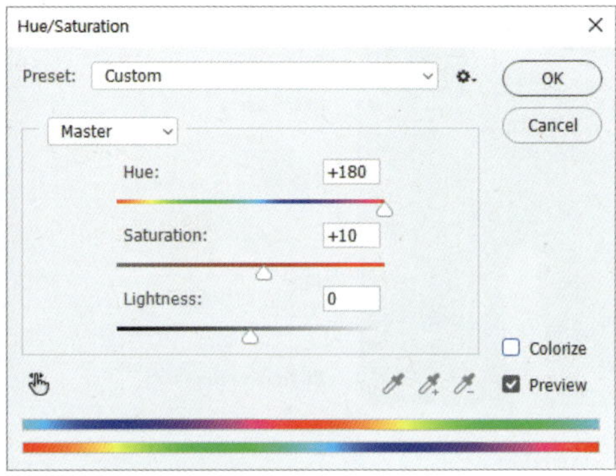

■ Hue/Saturation을 조절한 이미지

03 Color Balance 조절하기 히스토리 패널에서 원본 이미지로 되돌리고 [Image]-[Adjustments]-[Color Balance]를 선택합니다. 옵션 창의 Color Balance에서 세 가지 옵션으로 색상을 조절할 수 있습니다. Preserve Luminosity를 체크하면 발광을 유지한 채 색상만 변경됩니다. 수치를 조절하여 이미지의 변화를 살펴보고 〈OK〉를 클릭하여 적용합니다.

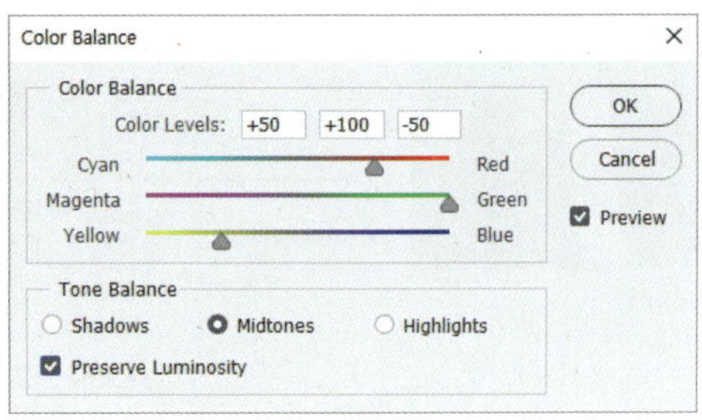

■ Color Balance를 조절한 이미지

04 Photo Filter 조절하기 원본 이미지로 되돌리고 [Image]-[Adjustments]-[Photo Filter]를 선택합니다. Photo Filter는 카메라에 끼는 필터와 같은 효과를 적용하는 기능입니다. 옵션 창의 Filter에서 필터 효과를 선택하고 Color에서 원하는 색상을 골라 이미지의 변화를 살펴보고 <OK>를 클릭하여 적용합니다.

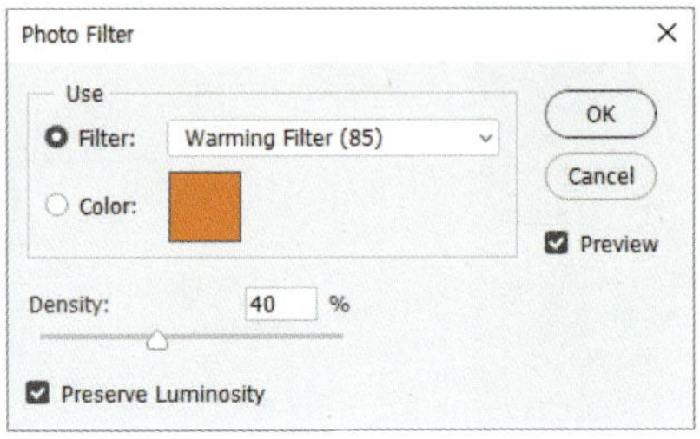

■ Photo Filter를 조절한 이미지

05 Channel Mixer 조절하기 원본 이미지로 되돌리고 [Image]-[Adjustments]-[Channel Mixer]를 선택합니다. 옵션 창에서는 각각의 색상 채널을 조절할 수 있고, Preset에서 여러 채널을 섞어 놓은 채널을 골라서 적용할 수도 있습니다. 수치를 조절하여 이미지의 변화를 살펴보고 <OK>를 클릭하여 적용합니다.

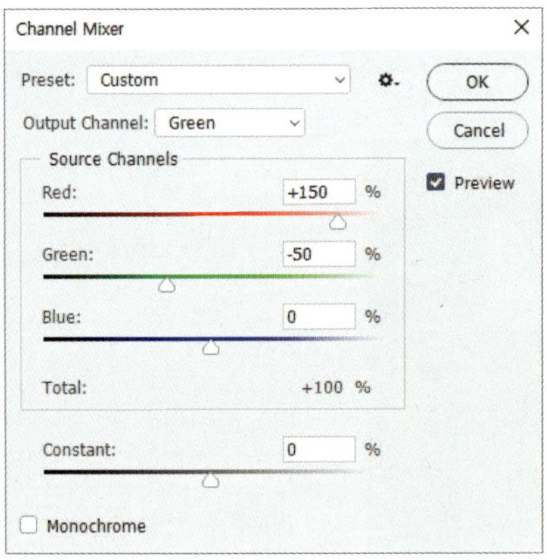

■ Channel Mixer를 조절한 이미지

06 Color Lookup 조절하기 원본 이미지로 되돌리고 [Image]-[Adjustments]-[Color Lookup]을 선택합니다. Color Lookup은 전문 사진가가 주로 사용하는 메뉴입니다. 옵션 창에 있는 3DLUT File은 서로 다른 소프트웨어에서 동일한 색상을 적용하기 위해 사용하는 옵션이고, Abstract와 Device Link는 서로 다른 시스템에서 일관되게 색을 보정할 수 있도록 표준 규격을 선택하는 옵션입니다. 수치를 조절하여 이미지의 변화를 살펴보고 〈OK〉를 클릭하여 적용합니다.

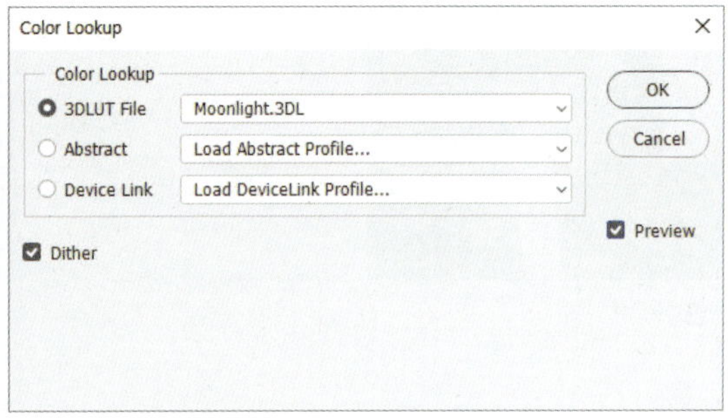

■ Color Lookup을 조절한 이미지

07 Invert 조절하기 원본 이미지로 되돌리고 [Image]-[Adjustments]-[Invert]를 선택합니다. Invert는 별다른 옵션 없이 바로 실행되는데, 네거티브 필름처럼 명암의 짙기와 옅기를 반전시켜 보여 줍니다.

■ Invert를 적용한 이미지

08 Posterize 조절하기 원본 이미지로 되돌리고 [Image]-[Adjustments]-[Posterize]를 선택합니다. 옵션 창에서 Levels 값을 조절하면 화면에 나타나는 색상 수가 조절되면서 이미지가 단순해집니다. 수치를 조절하여 이미지의 변화를 살펴보고 〈OK〉를 클릭하여 적용합니다.

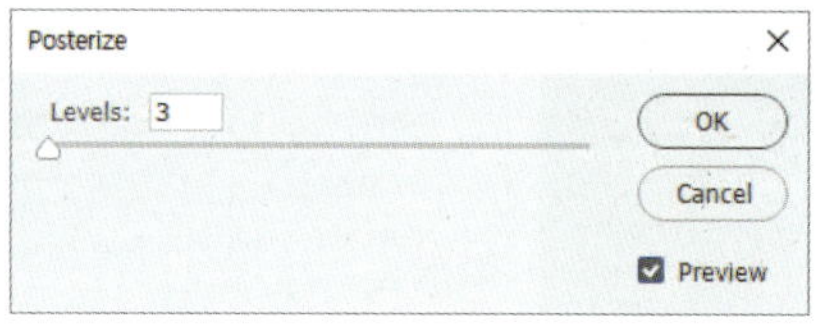

■ Posterize를 조절한 이미지

09 Gradient Map 조절하기 원본 이미지로 되돌리고 [Image]-[Adjustments]-[Gradient Map]을 선택합니다. Gradient Map을 적용하면 그레이디언트가 이미지 전체에 골고루 분포되는 것이 아니라, 이미지의 명암에 따라 다르게 적용됩니다. 수치를 조절하여 이미지의 변화를 살펴보고 〈OK〉를 클릭하여 적용합니다.

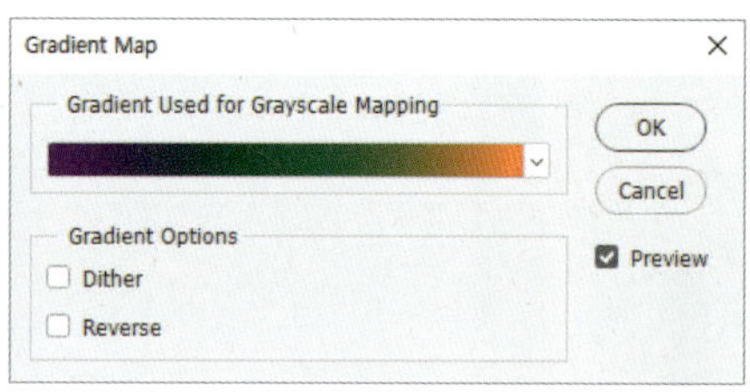

■ Gradient Map을 적용한 이미지

10 Selective Color 조절하기 원본 이미지로 되돌리고 [Image]–[Adjustments]–[Selective Color]를 선택합니다. Selective Color는 색을 CMYK 색상으로 보정합니다. 수치를 조절하여 이미지의 변화를 살펴보고 〈OK〉를 클릭하여 적용합니다.

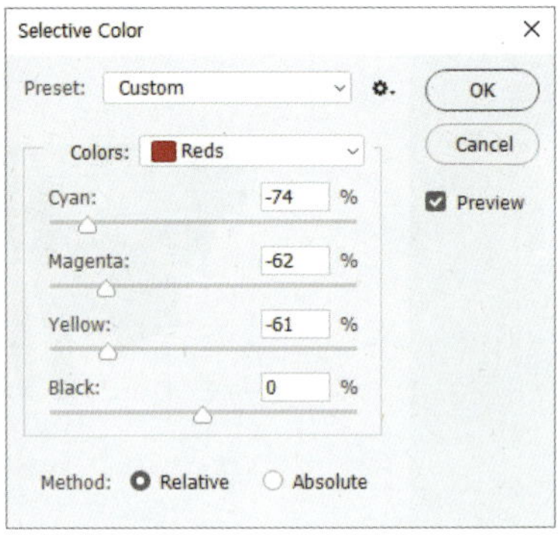

■ Selective Color를 조절한 이미지

11 Match Color 조절하기 원본 이미지로 되돌리고 [Image]–[Adjustments]–[Match Color]를 선택합니다. Match Color는 기준이 되는 소스 이미지를 불러와 유사한 색상과 채도로 자동 조절할 때 사용합니다. 기준이 되는 소스 파일은 반드시 열려 있어야 하며 자동으로 조절된 색상과 채도는 Image Options에서 조절할 수 있습니다. 수치를 조절하여 이미지의 변화를 살펴보고 〈OK〉를 클릭하여 적용합니다.

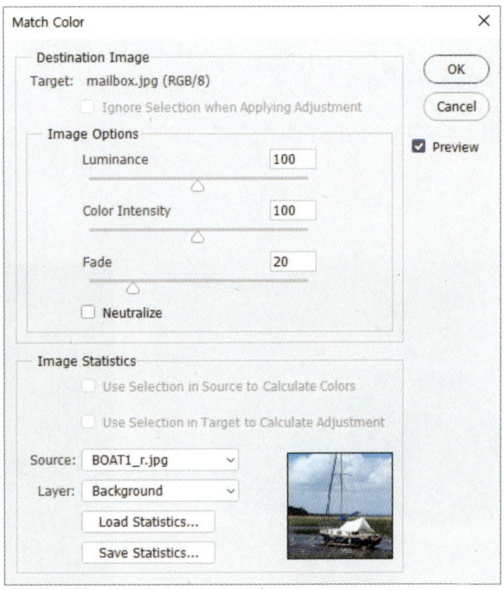

■ Match Color를 조절한 이미지

12 Replace Color 조절하기 원본 이미지로 되돌리고 [Image]−[Adjustments]−[Replace Color]를 선택하여 적용합니다. 옵션 창이 열리면 스포이트로 이미지의 특정 부분을 클릭하여 색상을 추출하고 Fuzziness 값을 조절하여 적용할 색상 영역을 지정한 다음 Result를 클릭하여 원하는 색상으로 변경합니다.

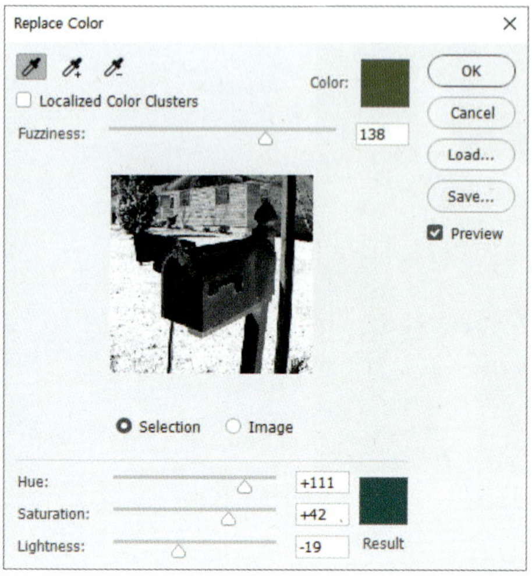

■ Replace Color를 조절한 이미지

• **준비 파일** camera.psd • **완성 파일** camera_result.psd

응용 예제 로모 효과 만들기

로모 효과는 사진 가장자리가 어둡게 표현되는 효과로 로모 카메라로 찍은 사진 느낌과 비슷하다고 해서 붙여진 이름입니다. 비네팅 효과나 터널 효과로도 불립니다. 이 효과를 [Adjustments]−[Gradient Map]을 이용하여 만들어 봅니다.

■ 준비 이미지

■ 완성 이미지

01 Chapter_07 ▸ Section_02 ▸ camera.psd 파일을 불러온 다음 Ctrl+J를 눌러 Background 레이어를 복제합니다.

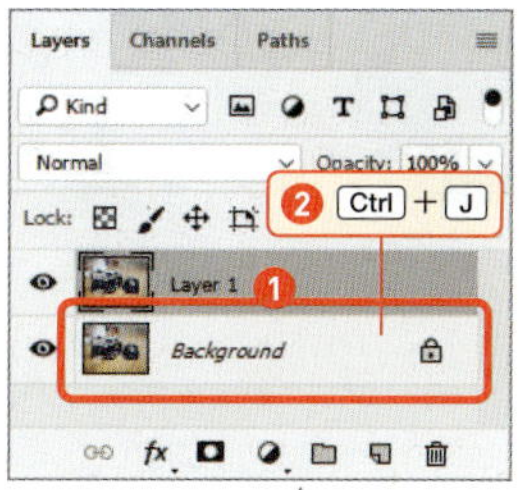

02 [Image]–[Adjustments]–[Gradient Map]을 선택합니다. 옵션 창에서 Gradient Used for Grayscale Mapping을 Violet, Orange로 선택한 후 〈OK〉를 클릭해서 적용합니다.

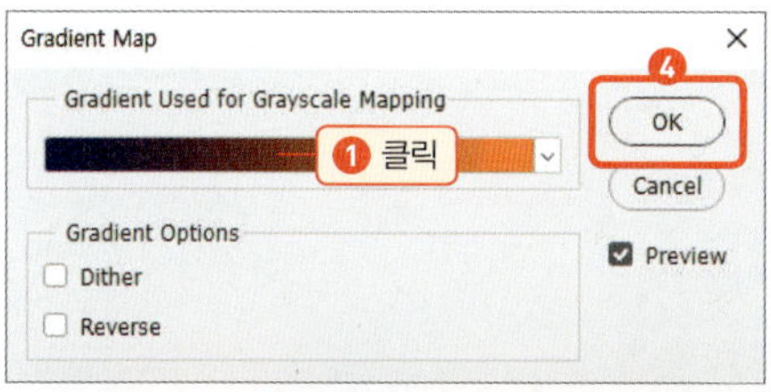

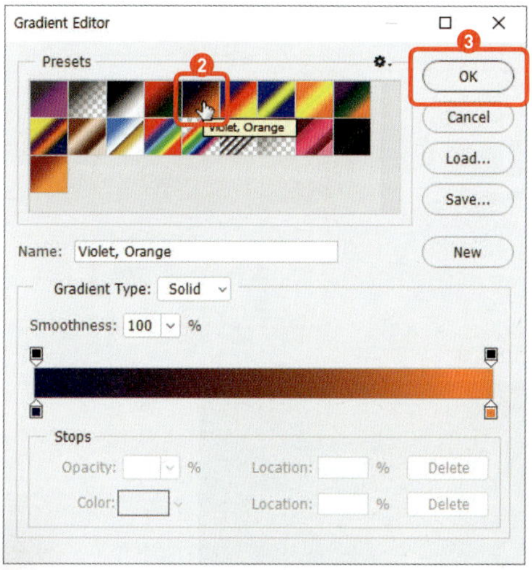

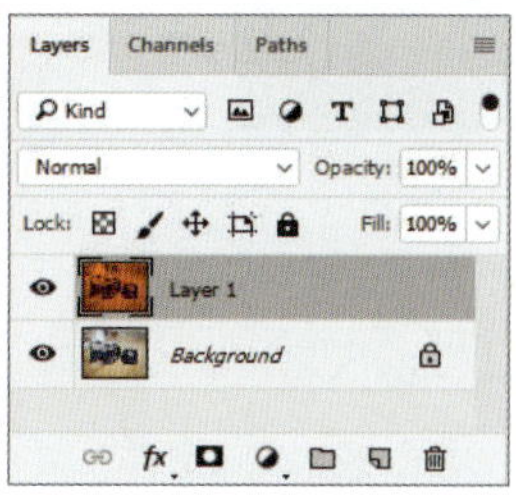

03 Layer 1의 Opacity를 30%로 낮춥니다.

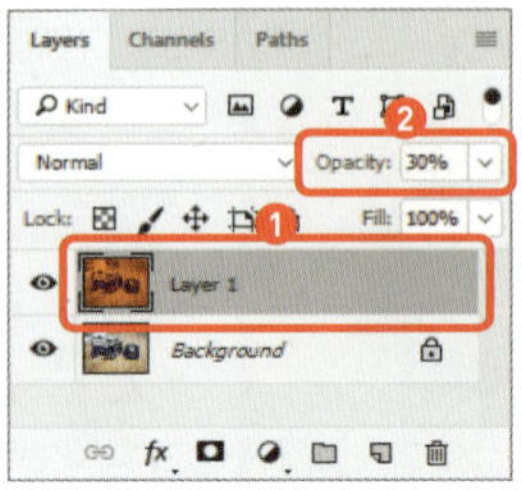

04 Layer 1이 선택된 상태에서 단축키 D를 눌러 전경색을 검은색으로 설정합니다. 레이어 패널의 Fill 또는 Adjustment 레이어 버튼( )를 클릭하여 [Gradient]를 선택합니다. 옵션 창에서 Style을 Radial, Scale을 180%로 설정하고 Reverse를 체크한 다음 〈OK〉를 클릭합니다.

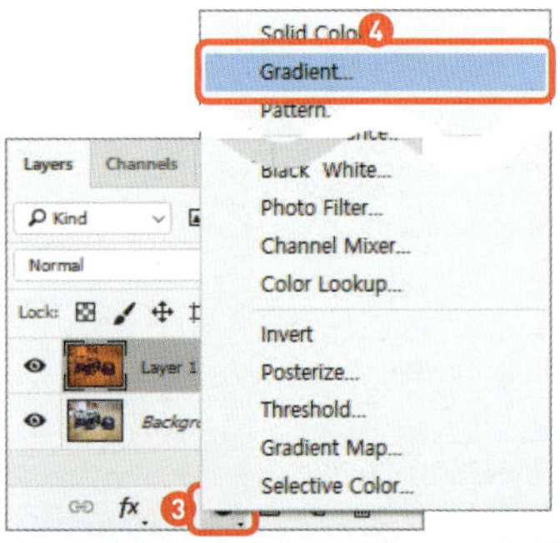

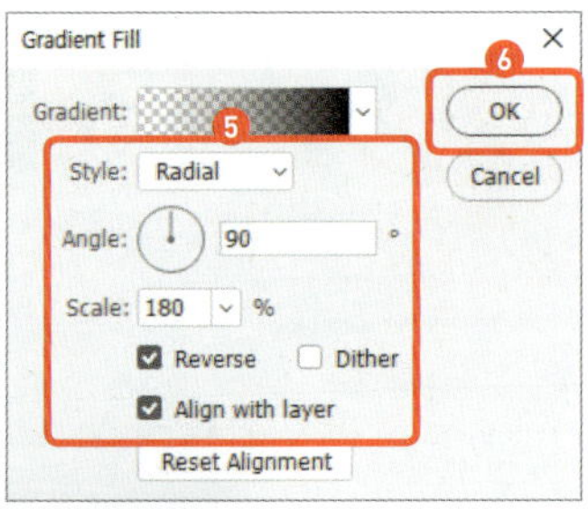

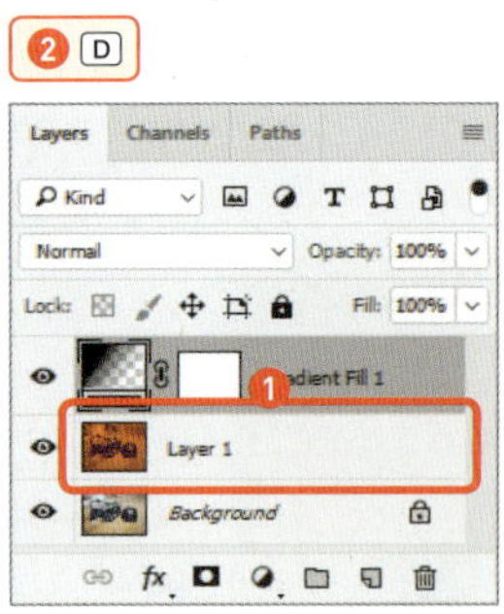

05 Gradient Fill 1 레이어의 Opacity를 80%로 낮춰 로모 효과를 완성합니다.

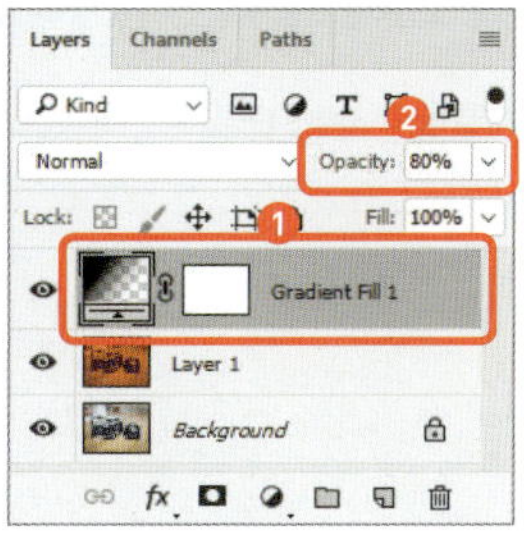

혼자 해 보기 | 로모 효과 연습하기

• **준비 파일** lomo.psd • **완성 파일** lomo_result.psd

[Adjustments]-[Gradient Map] 메뉴를 이용하여 로모 효과를 만들어 봅니다.

■ 준비 이미지

■ 완성 이미지

SECTION 03

흑백 이미지 만들기

• **핵심 기능 |** Adjustments 메뉴

컬러 이미지를 흑백 이미지로 만들기

포토샵은 이미지를 흑백으로 만들 수 있는 여러 메뉴를 제공합니다. 각 메뉴는 같은 흑백 이미지라도 색감을 조금씩 다르게 표현합니다. 이 Section에서는 여러 메뉴를 이용하여 흑백 이미지를 만드는 방법을 알아봅니다.

01 Vibrance 조절하기 Chapter_07 ▸ Section_03 ▸ flower.jpg를 불러옵니다. 메뉴 바에서 [Image]–[Adjustments]–[Vibrance]를 선택합니다. Vibrance를 이용하면 색감을 조절할 수도 있지만 채도를 떨어트려 흑백 이미지를 만들 수도 있습니다. 옵션 창에서 Saturation을 –100으로 설정하면 이미지가 흑백으로 바뀝니다. Vibrance 옵션에 따라 흑백 이미지에 미묘한 변화를 줄 수도 있습니다. 수치를 조절하여 이미지의 변화를 살펴보고 〈OK〉를 클릭하여 적용합니다.

■ 원본 이미지

■ Vibrance를 적용하여 만든 흑백 이미지

02 Hue/Saturation 조절하기 원본 이미지로 되돌리고 [Image]–[Adjustments]–[Hue/Saturation]을 선택합니다. 옵션 창에서 Saturation을 −100으로 조절하면 이미지가 흑백으로 바뀝니다. Lightness를 조절하여 흑백의 농도도 조절할 수 있습니다. 수치를 조절하여 이미지의 변화를 살펴보고 〈OK〉를 클릭하여 적용합니다.

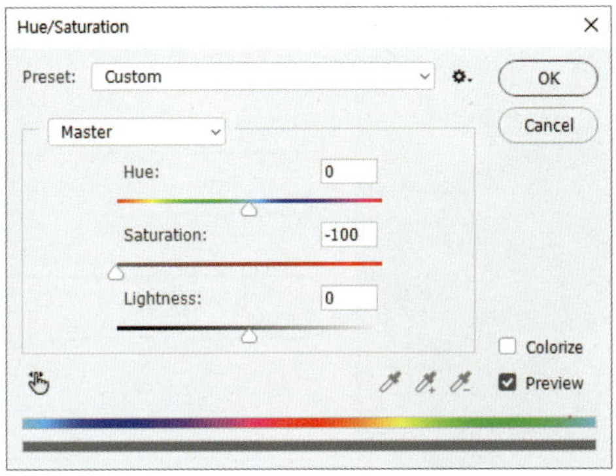

■ Hue/Saturation을 적용하여 만든 흑백 이미지

03 Black & White 조절하기 원본 이미지로 되돌리고 [Image]–[Adjustments]–[Black & White]를 선택하면 이미지가 자동으로 흑백으로 바뀝니다. 옵션 창에서 색상별 옵션을 이용해 원본 이미지의 색상에 따라 흑백 정도를 조절할 수 있습니다. 예를 들어 Reds 슬라이더를 오른쪽으로 밀면 붉은색이 흰색으로 바뀌고, 왼쪽으로 밀면 검은색으로 바뀝니다.

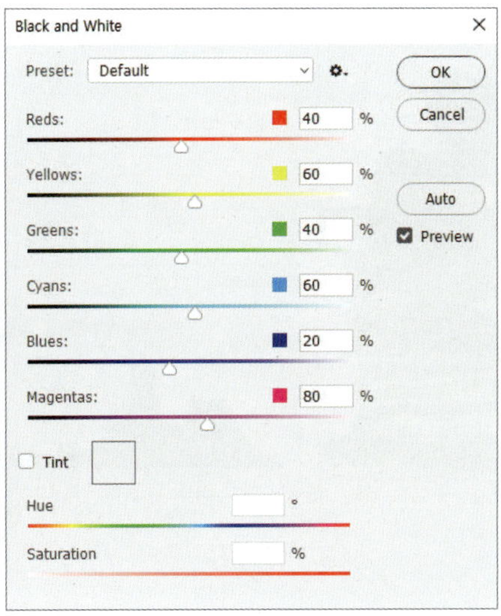

■ Black & White를 적용한 이미지

04 다음과 같이 Tint를 적용하면 흑백 이미지에 Tint 색상이 적용되면서 듀오톤 이미지가 만들어집니다. 수치를 조절하여 이미지의 변화를 살펴보고 〈OK〉를 클릭하여 적용합니다.

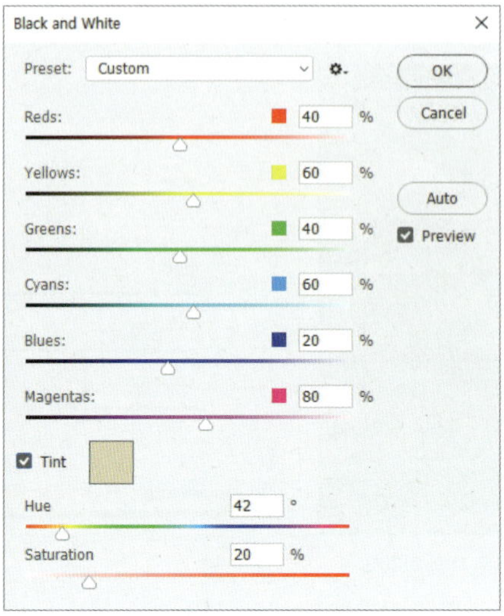

■ Tint를 적용하여 만든 듀오톤 이미지

05 **Threshold 조절하기** 원본 이미지로 되돌리고 [Image]–[Adjustments]–[Threshold]를 선택합니다. Threshold는 RGB를 검은색과 흰색으로만 구분하며, 구분된 영역은 Threshold Level 값에 따라 달라집니다. 수치를 조절하여 이미지의 변화를 살펴보고 〈OK〉를 클릭하여 적용합니다.

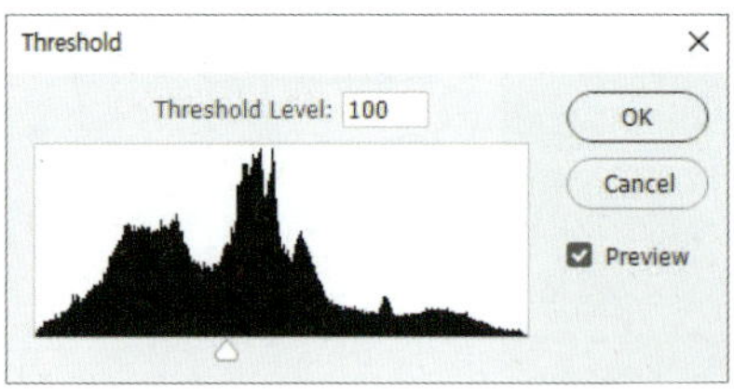

■ Threshold를 적용한 이미지

06 Desaurate 적용하기 원본 이미지로 되돌리고 메뉴 바에서 [Image]–[Adjustments]–[Desaurate]를 선택합니다. 이미지가 자동으로 흑백으로 바뀝니다.

■ Desaturate를 적용한 이미지

07 Grayscale 적용하기 원본 이미지로 되돌리고 [Image]–[Mode]–[Grayscale]을 선택합니다. 이미지가 자동으로 흑백으로 바뀝니다. Grayscale 모드에서는 이미지의 색상 정보가 모두 사라지고 오로지 검은색과 흰색만 사용할 수 있습니다. 반면 지금까지 살펴본 다른 메뉴는 화면에 보이는 이미지만 흑백으로 변경시킬 뿐 색상에 관한 정보를 모두 갖고 있어 필요할 때 색을 다시 사용할 수 있습니다.

■ Grayscale 모드를 적용한 이미지

Tip Grayscale 모드에서만 활성화되는 메뉴

[Image]–[Mode]–[Bitmap] 메뉴는 Grayscale 모드에서만 활성화됩니다. 1인치에 들어갈 픽셀 수를 지정하면 화면 이미지가 흑백 망점으로 보입니다. [Image]–[Mode]–[Duotone] 메뉴 역시 Grayscale 모드에서만 활성화됩니다. 듀오톤은 최대 네 가지의 색상을 섞어 쓸 수 있지만, 대개 흑백의 색감을 풍성하게 하려고 사용합니다.

■ Bitmap 모드를 적용한 이미지

■ Duotone 모드를 적용한 이미지

SECTION 04

필터 적용하기

• **핵심 기능 I** Filter Gallery 메뉴

스마트 필터의 기능

스마트 필터(Smart Filter)를 사용하면 원본을 변형하지 않은 상태에서 필터를 적용할 수 있고 필터를 수정하거나 삭제할 수도 있습니다.

01 필터 적용하기 Chapter_07 ▸ Section_04 ▸ strawberries.psd 파일을 불러옵니다. 메뉴 바에서 [Filter]–[Pixelate]–[Crystallize]를 선택합니다. 옵션 창에서 Cell Size를 10으로 설정하고 〈OK〉를 클릭합니다. 창을 저장하지 않고 그냥 닫습니다.

Tip 저장하고 창을 닫으면 원본을 되돌릴 수 없습니다.

02 스마트 필터 레이어 만들기 다시 strawberries.psd 파일을 열고 메뉴 바에서 [Filter]–[Convert for Smart Filters]를 선택합니다. 화면에는 아무런 변화가 없지만 레이어가 스마트 필터 레이어로 바뀐 것을 알 수 있습니다.

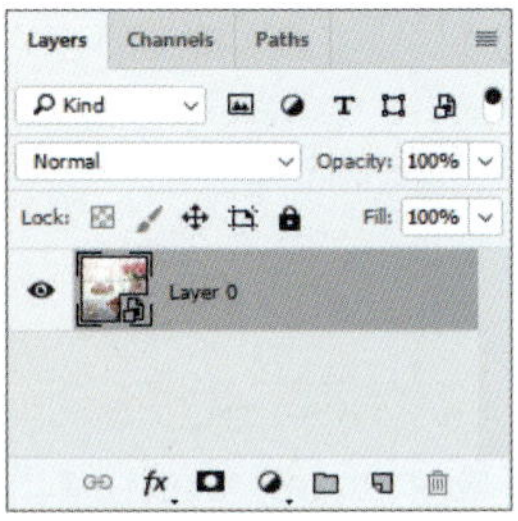

03 필터 적용하기 이 상태에서 [Filter]–[Pixelate]–[Crystallize]를 선택합니다. 옵션 창에서 Cell Size를 10으로 설정하고 〈OK〉를 클릭하면 레이어에 적용된 필터가 스마트 필터 상태로 나타납니다.

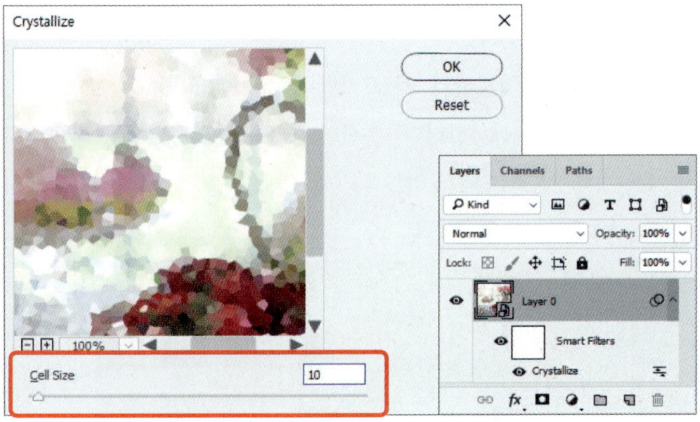

04 필터 보이지 않게 하기 스마트 필터의 눈 아이콘(👁)을 클릭하여 감추면 필터가 적용되지 않은 원본 상태를 확인할 수 있습니다. 특정 필터를 삭제하거나 변경하는 것도 가능합니다.

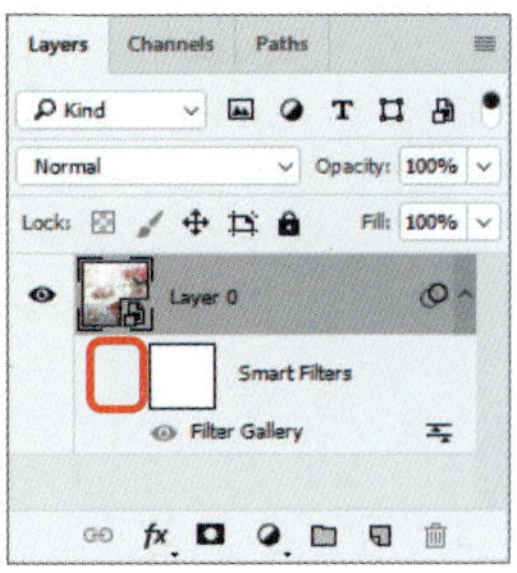

필터 갤러리의 기능

필터는 개별적으로 하나씩 사용할 수 있지만, 필터 갤러리(Filter Gallery)를 이용하면 여러 필터를 동시에 사용할 수 있습니다.

01 준비 파일 불러오기 Chapter_07 ▸ Section_04 ▸ drop.psd 파일을 불러옵니다.

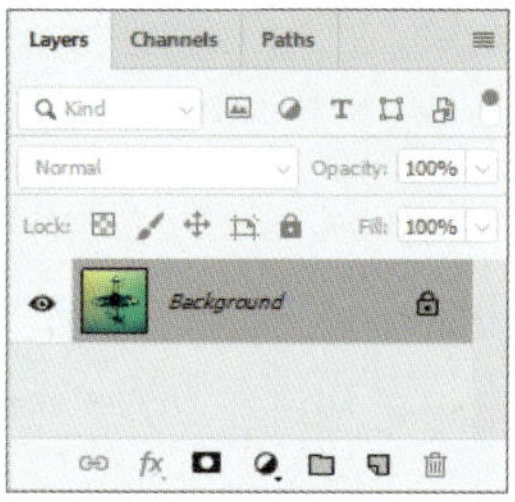

02 여러 필터 적용하기 메뉴 바에서 [Filter]-[Filter Gallery]를 선택하고 옵션 창이 열리면 [Artistic]-[Paint Daubs]를 적용합니다. 옵션 창 오른쪽 아래에 있는 새 필터 적용 버튼(▣)을 클릭하면 다른 필터를 함께 사용할 수 있고, 휴지통 버튼(▣)을 클릭하면 적용한 필터를 제거할 수 있습니다.

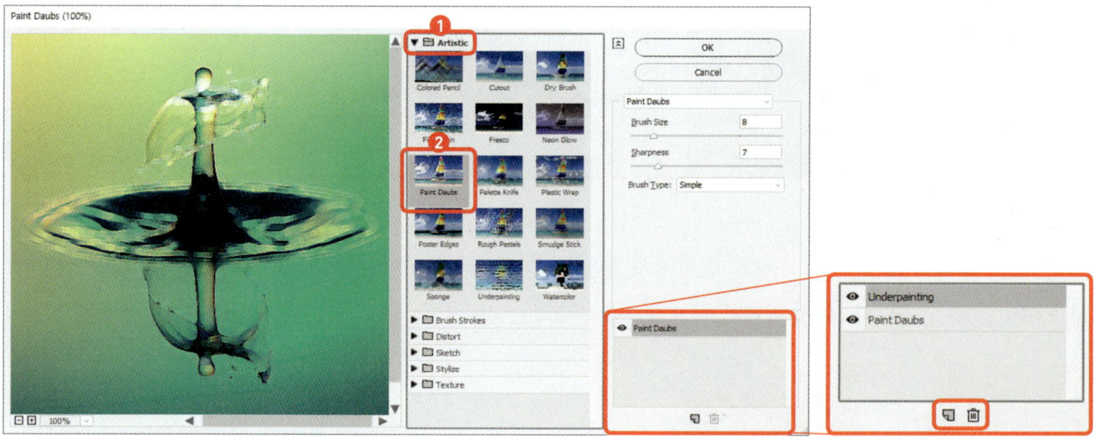

응용 예제 스케치 이미지 만들기

필터를 사용하여 이미지 반쪽을 연필로 스케치한 것처럼 만들고, 포토샵의 다양한 기능을 활용하여 매끈한 사진 질감을 거친 종이 질감으로 바꿔 봅니다.

■ 준비 이미지

■ 완성 이미지

01 Chapter_07 ▸ Section_04 ▸ girl.psd 파일을 불러옵니다.

02 Ctrl + J를 눌러 Background 레이어를 복제한 다음 메뉴 바에서 [Image]-[Adjustments]-[Desaturate]를 선택하여 이미지를 흑백으로 만듭니다.

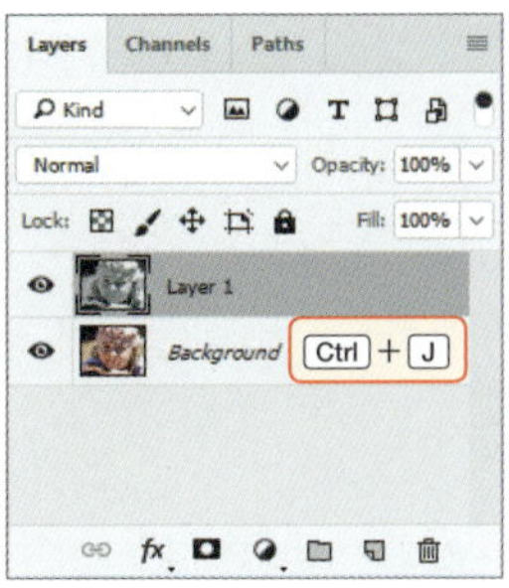

03 Layer 1이 선택된 상태에서 [Image]–[Adjustments]–[Brightness/Contrast]를 선택합니다. 옵션 창에서 Brightness를 -10, Contrast를 100으로 설정하고 〈OK〉를 클릭합니다.

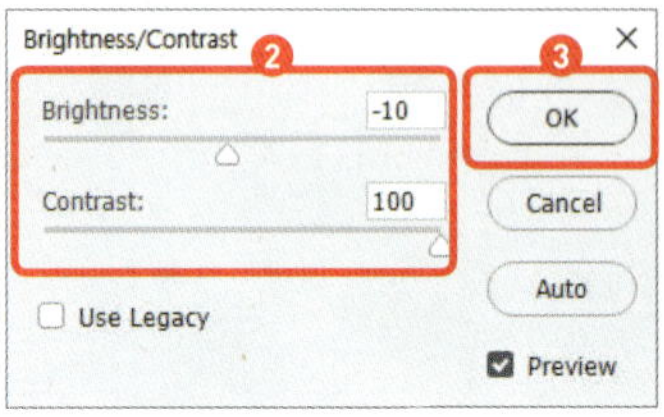

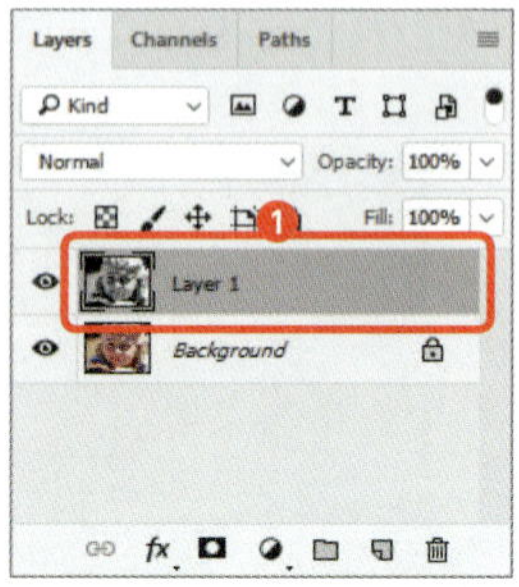

04 메뉴 바에서 [Filter]–[Filter Gallery]를 선택합니다. 옵션 창에서 [Artistic]–[Rough Pastels]를 선택하고 옵션을 다음과 같이 설정한 다음 〈OK〉를 클릭합니다.

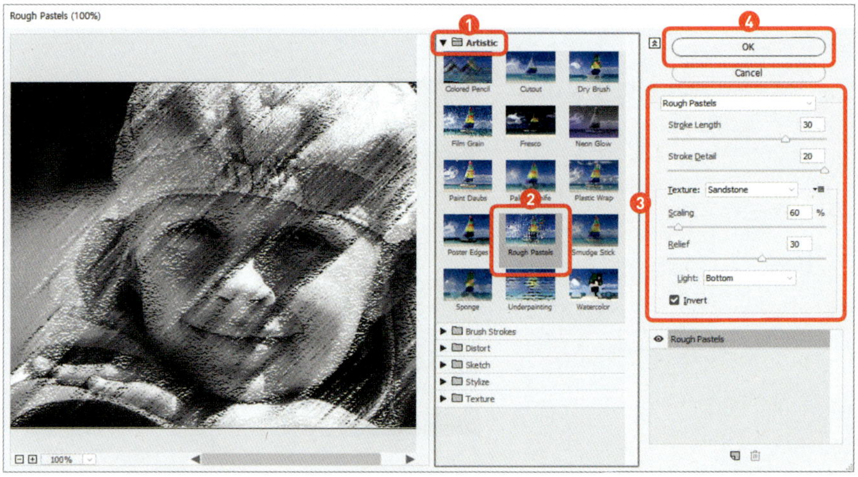

05 Background 레이어를 클릭하여 선택하고 Ctrl+J를 눌러 복제합니다. 복제한 Background copy 레이어의 위치를 Layer 1 위로 드래그하여 올립니다. Background copy 레이어가 선택된 상태에서 레이어 패널의 마스크 레이어 버튼(◘)을 클릭합니다.

06 전경색을 검은색으로 설정하고 브러시 툴(🖌)을 선택합니다. 옵션 바에서 Size는 100px, Hardness는 0%로 설정한 후 이미지의 절반 정도를 칠합니다. 검은색으로 칠해진 마스크 영역을 통해 Layer 1의 이미지가 보입니다.

07 Chapter_07 ▸ Section_04 ▸ paper.psd 파일을 불러온 다음 Ctrl + A, Ctrl + C를 눌러 전체를 복사하고 작업 중인 화면으로 돌아와 Ctrl + V를 눌러 붙여넣기 합니다. 복사한 이미지는 이동 툴(✥)로 오른쪽에 배치합니다.

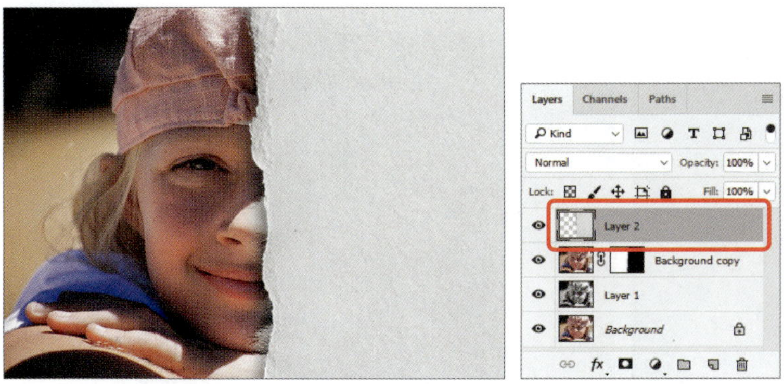

08 Layer 2가 선택된 상태에서 Alt 를 누른 채로 Background copy 레이어와 Layer 2 사이를 클릭하여 클리핑 마스크를 적용합니다.

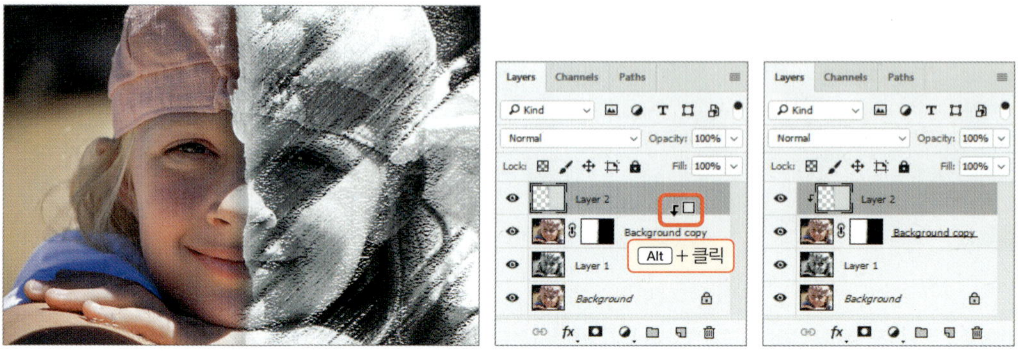

09 Background copy 레이어의 마스크 레이어를 클릭하여 선택합니다. 전경색을 흰색으로 설정하고 브러시 툴( )로 종이의 경계를 벗어난 스케치 효과에 흰색을 칠하여 이미지를 완성합니다.

혼자 해 보기 | 스케치 효과로 이미지 꾸미기

• **준비 파일** girl2.psd • **완성 파일** girl2_result.psd

필터 갤러리의 다양한 기능을 활용하여 이미지의 절반을 스케치 느낌으로 꾸며 봅니다.

■ 준비 이미지

■ 완성 이미지

SECTION

05

RAW 모드로 찍은 사진 보정하기

• 핵심 기능 | Camera Raw Filter 메뉴

Camera Raw Filter의 기능

디지털 카메라에서 RAW 모드로 사진을 찍으면 가공하거나 압축하지 않은 원본 그대로가 파일로 생성됩니다. 이 RAW 파일은 포토샵의 Camera Raw를 통해 효과적으로 보정할 수 있습니다.

01 Basic 패널로 보정하기 Chapter_07 ▸ Section_05 ▸ field.jpg 파일을 불러옵니다. 메뉴 바에서 [Filter]–[Camera Raw Filter]를 선택합니다. 옵션 창의 Basic 패널에서는 [Adjustments] 메뉴처럼 이미지의 색상, 채도, 대비 등을 조절할 수 있습니다. 그밖에 Temperature로 색 온도를 조절하거나 Tint로 색상을 변경할 수 있습니다. Exposure를 조절하여 과다 노출을 만들거나 Clarity를 조정하여 가장자리를 선명하게 만들 수도 있습니다.

02 Tone Curve 패널로 보정하기 Tone Curve 패널에서는 명암을 조절할 수 있습니다. [Adjustments]–[Curve]와 비슷한 기능을 하지만 RGB 색상별로 따로 조절할 수는 없습니다.

03 Detail 패널로 보정하기 Detail 패널에서는 선명도를 높이거나 노이즈를 제거할 수 있습니다. 이미지 색상 사이의 경계를 뚜렷하게 하거나 Refine Edge 기능과 Sharpen 필터 기능을 동시에 사용하는 효과를 낼 수도 있습니다.

04 HSL Adjustments 패널로 보정하기 HSL Adjustments 패널에서는 Hue(색상), Saturation(채도), Luminance(명도)를 조절하거나 이미지를 흑백으로 만들 수 있습니다.

05 Split Toning 패널로 보정하기 Split Toning 패널에서는 사진을 밝은 부분과 어두운 부분으로 나누어 색조를 변경할 수 있습니다.

06 Lens Corrections 패널로 보정하기 Lens Corrections 패널에서는 다양한 렌즈 효과를 만들거나 원근감을 줄 수 있습니다. 주로 로모 효과를 만들 때 사용됩니다.

07 Effects 패널로 보정하기 Effects 패널에서는 일부러 노이즈를 만들거나 사진을 잘라 비네팅 효과를 줄 수 있습니다.

08 Calibration 패널로 보정하기 Calibration 패널에서는 현재 사용하고 있는 색상을 프로파일로 지정합니다.

09 Presets 패널로 보정하기 Presets 패널에서는 자주 사용하는 설정 값을 저장해 두었다가 다른 이미지에 똑같이 적용할 수 있습니다.

SECTION 06

흐릿하게 만들기

• **핵심 기능 I** Blur Gallery 메뉴

블러 갤러리 효과

블러 갤러리(Blur Gallery)에는 이미지의 초점을 흐리게 만들어 부드러운 분위기를 연출하거나 이미지의 경계를 흐리게 하여 속도감 있게 보이도록 해주는 여러 필터가 있습니다. 다양한 이미지에 필터를 적용해 보고 각 필터가 만들어내는 효과를 기억해 봅니다.

원하는 부분만 흐릿하게 만들기

Field Blur 필터는 이미지에서 원하는 부분만 흐릿하게 만듭니다.

01 Field Blur 필터 적용하기 Chapter_07 ▸ Section_06 ▸ cookies.jpg 파일을 불러옵니다. 메뉴 바에서 [Filter]–[Blur Gallery]–[Field Blur]를 선택하면 블러 영역을 지정하는 원이 나타납니다.

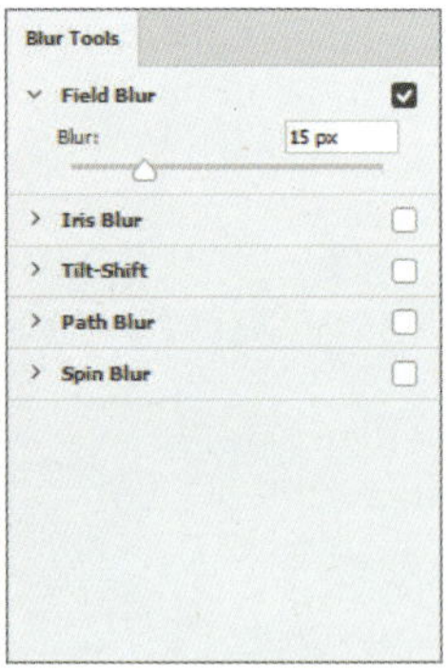

02 원하는 부분을 클릭하여 흐릿하게 만들기 각 지점을 선택하고 오른쪽 옵션에서 흐릿한 정도를 조절합니다. 원하는 영역과 흐릿한 정도의 조절이 완료되면 옵션 바에서 〈OK〉를 클릭해 이미지를 완성합니다.

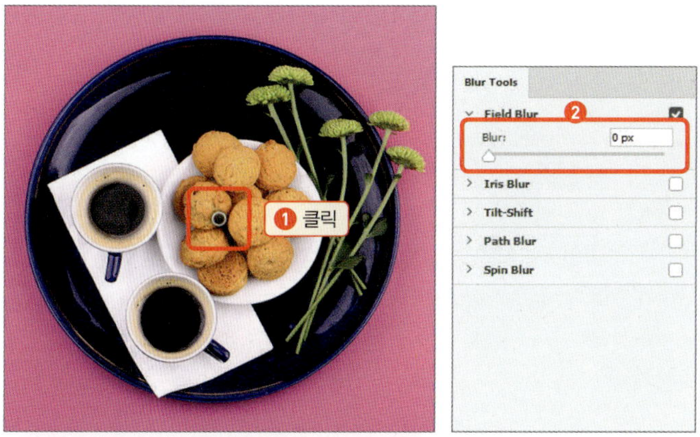

Tip 원을 클릭한 다음 드래그하면 위치를 옮길 수 있고, 다른 지점을 클릭하면 새로운 원이 생깁니다.

흐릿하게 만들 영역 지정하기

Iris Blur 필터는 도형 모양 포인트를 이용하여 흐릿하게 만들 영역을 지정한 다음 흐림 효과를 적용합니다.

01 Iris Blur 필터 적용하기 Chapter_07 ▸ Section_06 ▸ cake.jpg 파일을 불러옵니다. 메뉴 바에서 [Filter]–[Blur Gallery]–[Iris Blur]를 선택하면 커다란 원이 나타납니다.

02 흐릿하게 만들 영역 지정하기 원형 안쪽에 있는 앵커 포인트를 드래그하면 흐릿해지기 시작하는 지점을 조절할 수 있고, 바깥 원의 작은 점을 드래그하면 흐릿하게 만들 영역의 크기와 형태를 조절할 수 있습니다.

03 중앙 원을 드래그하면 흐릿하게 만들 영역의 위치를 변경할 수 있고, 바깥 원의 작은 사각형을 드래그하면 흐릿해지는 영역이 둥근 사각형으로 바뀝니다.

04 최종 적용하기 옵션 창에서 흐릿한 정도를 설정하고 〈OK〉를 클릭해 이미지를 완성합니다.

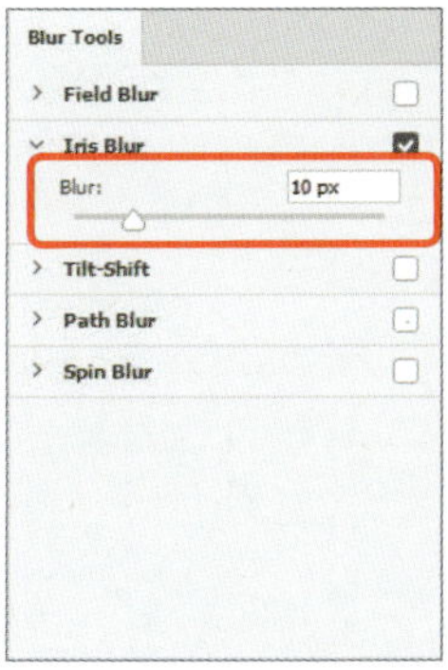

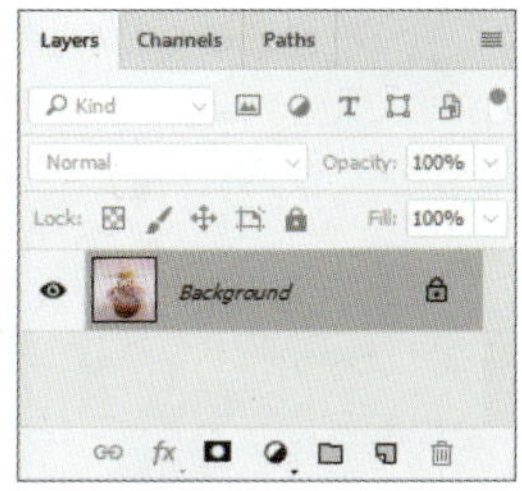

선형으로 흐릿하게 만들기

Tilt-Shift 필터는 수평선과 점선 간격을 조절하여 흐릿하게 만들 영역을 선형으로 지정합니다.

01 Tilt-Shift 필터 적용하기 Chapter_07 ▸ Section_06 ▸ cupcake.jpg 파일을 불러옵니다. 메뉴 바에서 [Filter]-[Blur Gallery]-[Tilt-Shift]를 선택하면 그림과 같이 수평선과 점선이 나타납니다.

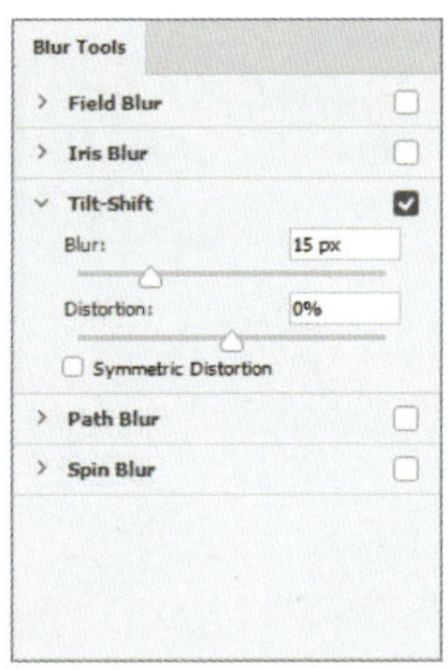

02 선형으로 흐릿하게 만들기 수평선의 원형 앵커 포인트를 드래그하면 선을 회전시킬 수 있습니다.

03 수평선으로 마우스 포인터를 가져가면 마우스 포인터가 화살표 모양으로 바뀝니다. 이때 선을 드래그하면 선 간격을 조절할 수 있습니다. 점선 간격은 유지된 채로 수평선만 이동합니다.

04 **최종 적용하기** 점선으로 마우스 포인터를 가져가서 드래그하면 점선 간격을 조절할 수 있습니다. 수평선과 점선을 이동해 흐릿한 간격을 조절하고 〈OK〉를 클릭하면 이미지가 완성됩니다.

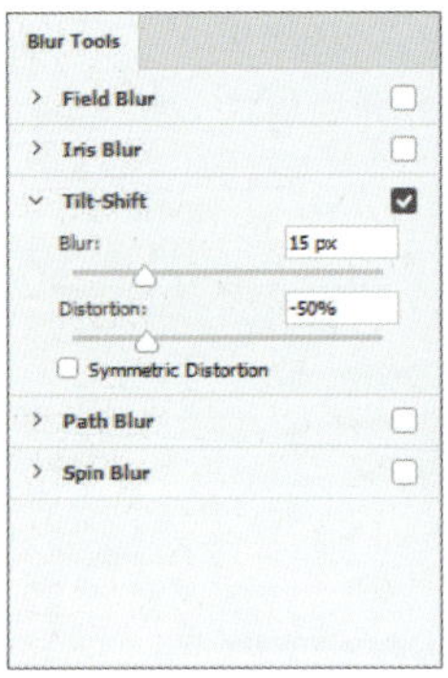

원하는 방향으로 흐릿하게 만들기

Path Blur 필터를 이용하면 흐릿해지는 방향을 지정할 수 있습니다.

01 **Path Blur 필터 적용하기** Chapter_07 ▸ Section_06 ▸ cup.jpg 파일을 불러옵니다. 메뉴 바에서 [Filter]−[Blur Gallery]−[Path Blur]를 선택하면 파란색 화살표가 나타납니다. 이 화살표를 움직이면 흐릿해지는 효과를 조절할 수 있습니다.

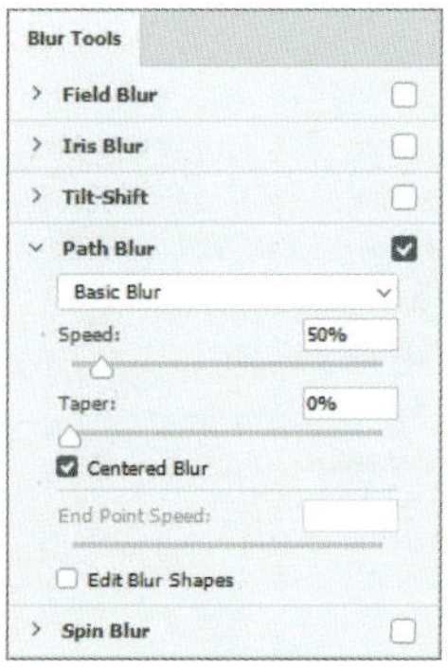

02 원하는 방향으로 흐릿하게 만들기 화살표 끝의 앵커 포인트를 드래그하여 흐릿해지는 방향을 지정할 수 있고 화살표 중간의 작은 원을 드래그하여 화살표를 곡선으로 만들면 블러 형태를 지정할 수 있습니다.

03 옵션 창에서 Edit Blur Shapes를 체크하면 빨간색 화살표가 나타나는데, 화살표를 조절하면 원하는 방향으로 전환할 수 있습니다.

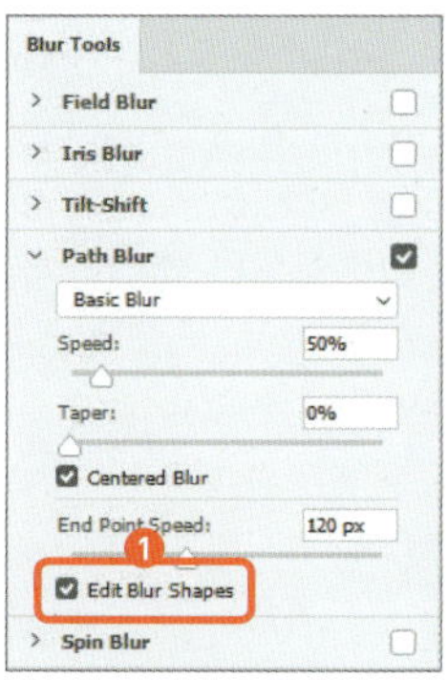

04 최종 적용하기 Rear Sync Flash 옵션을 선택한 후 빨간색 화살표를 조절하면 이미지도 함께 이동됩니다. 원하는 효과가 완성되면 〈OK〉를 클릭하여 이미지를 완성합니다.

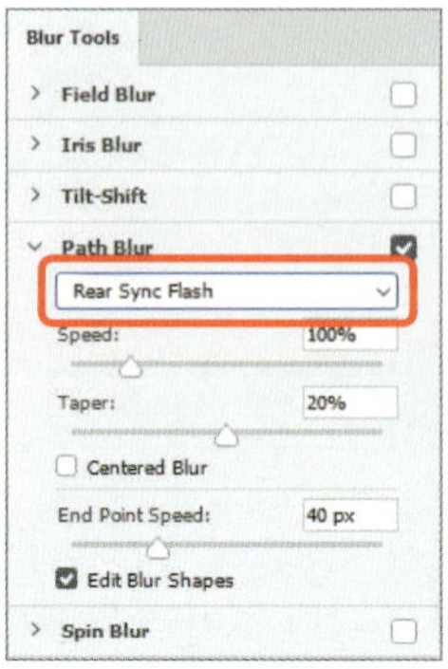

회오리 모양으로 흐릿하게 만들기

Spin Blur 필터를 이용하면 회오리 모양으로 이미지를 흐리게 만들 수 있습니다.

01 Spin Blur 필터 적용하기 Chapter_07 ▸ Section_06 ▸ choco.jpg 파일을 불러옵니다. 메뉴 바에서 [Filter]−[Blur Gallery]−[Spin Blur]를 선택하면 원형으로 돌아가는 흐림 효과가 나타납니다.

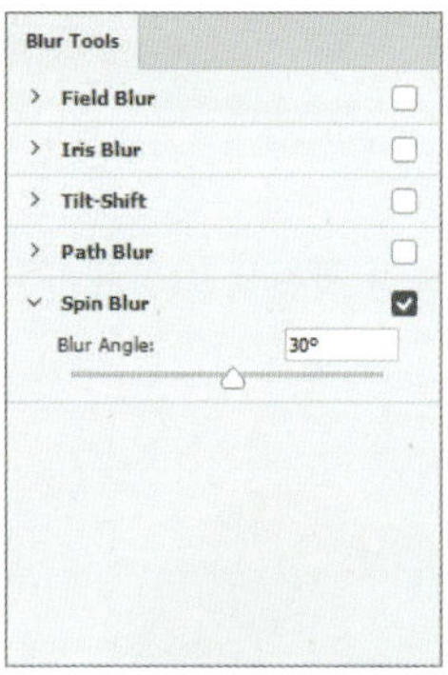

02 회오리 모양으로 흐릿하게 만들기 가장자리 회색 선을 드래그하면 회오리 효과를 확대하거나 축소할 수 있고, 회색 선에 있는 작은 앵커 포인트를 드래그하면 형태를 변형할 수 있습니다.

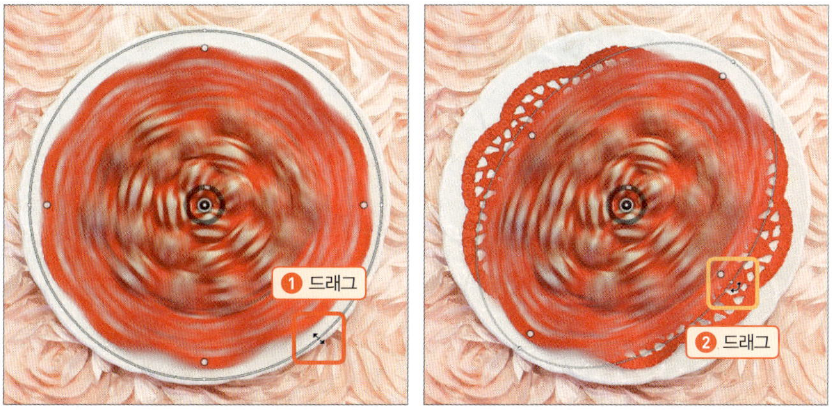

03 **적용 범위 지정하기** 안쪽의 앵커 포인트를 드래그하면 회오리 효과가 적용되는 범위를 지정할 수 있습니다. 옵션 창에서 Blur Angle을 100°로 지정하고 〈OK〉를 클릭하여 이미지를 완성합니다.

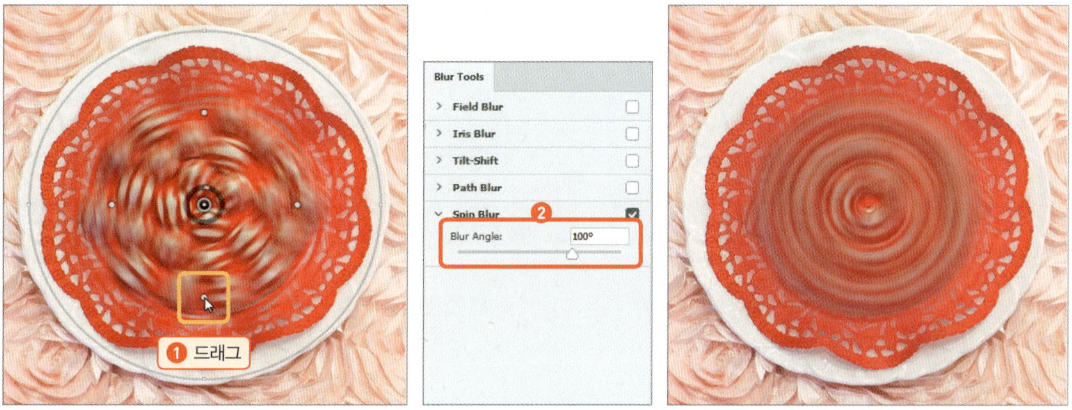

Tip 대부분의 필터는 원본 이미지나 옵션 값에 따라 결과가 다르게 나타납니다. 따라서 다양한 이미지에 필터를 적용해 보고 각 필터가 만들어 내는 효과를 기억해 두는 것이 좋습니다.

응용 예제 깔끔한 커튼 스타일 배경 만들기

필터와 레이어 블랜딩 모드를 이용해 커튼 스타일의 배경을 만들어 봅니다.

■ 준비 이미지 ■ 완성 이미지

01 메뉴 바에서 [File]–[New]를 선택하고 옵션 창에서 Width와 Height를 각각 500Pixels로 입력하고 〈Create〉를 클릭해 새 문서를 만듭니다. 전경색과 배경색을 검은색과 흰색으로 설정하고 [Filter]–[Render]–[Clouds] 메뉴를 선택합니다.

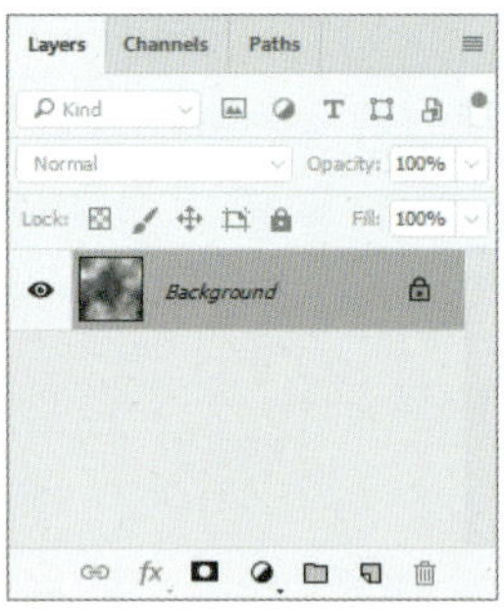

02 메뉴 바에서 [Filter]–[Pixelate]–[Mezzotint]를 선택하여 Long Strokes 옵션으로 설정하고 〈OK〉를 클릭합니다.

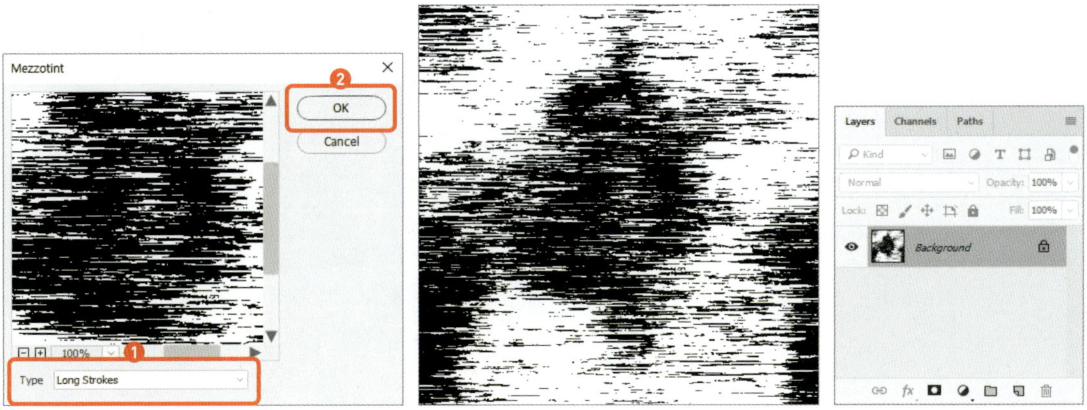

03 메뉴 바에서 [Filter]−[Blur]−[Motion Blur]를 선택하고 Angle을 90°, Distance를 800Pixels로 설정한 후 〈OK〉를 클릭합니다.

04 그레이디언트 툴(▣)을 선택하고 옵션 바에서 그레이디언트 편집 창을 열어 Gradient Type를 Noise로 설정한 후 〈Randomize〉를 계속 클릭하여 원하는 색상이 나오면 〈OK〉를 클릭합니다. 새 레이어 만들기 버튼(▣)을 클릭하여 Layer 1을 추가하고 선형 그레이디언트를 왼쪽에서 오른쪽으로 드래그합니다.

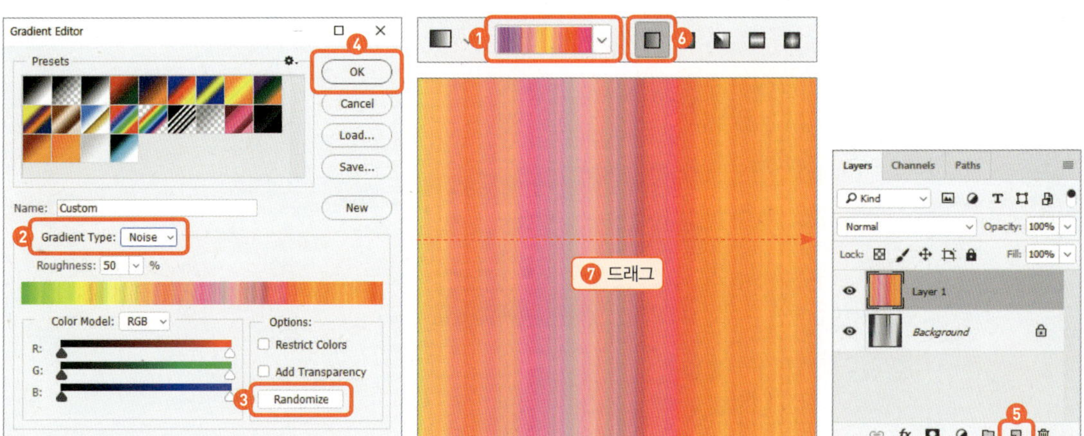

05 Layer 1의 레이어 블랜딩 모드를 Linear Burn으로 설정합니다.

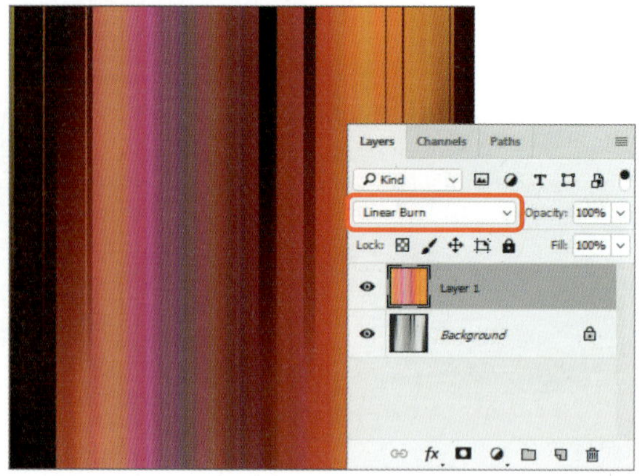

06 Background 레이어를 선택하고 메뉴 바에서 [Image]–[Adjustments]–[Brightness/Contrast]를 선택한 후 Brightness를 150, Contrast를 60으로 설정하여 색상이 환해지도록 합니다. Layer 1을 선택하고 Ctrl+E를 눌러 아래 레이어와 병합합니다.

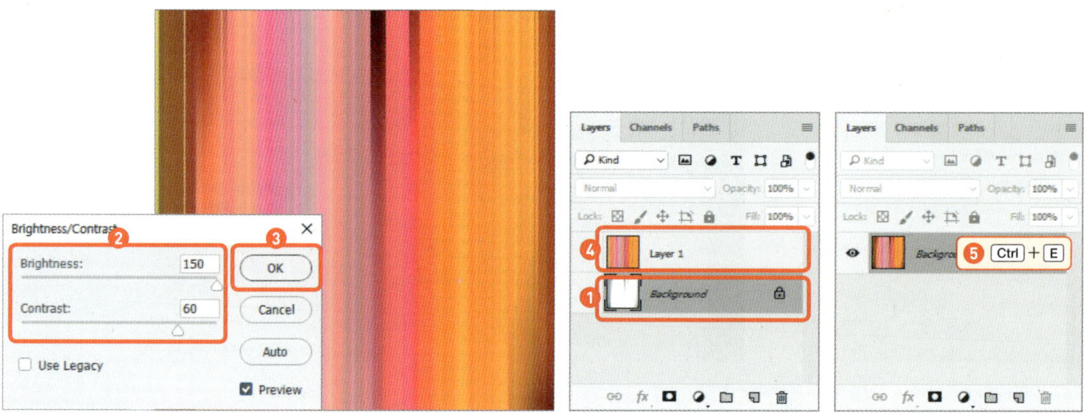

07 새 레이어 만들기 버튼( )을 클릭하여 Layer 1을 추가하고 사각형 선택 툴( )로 텍스트를 입력할 크기 정도의 영역을 드래그합니다. 전경색을 흰색으로 설정한 후 Alt+Delete를 눌러 선택 영역을 채우고 레이어의 Opacity를 40%로 줄입니다.

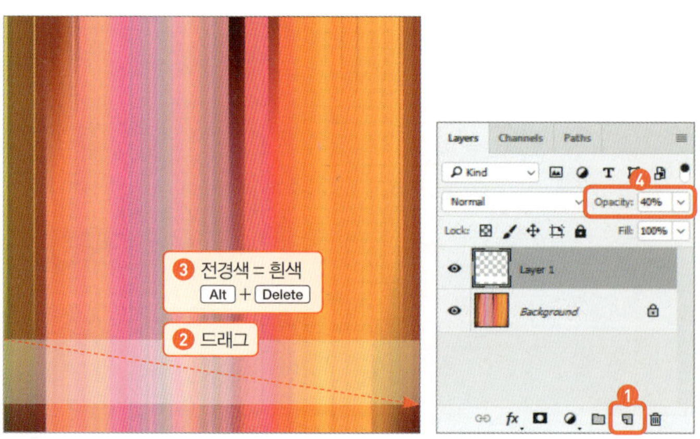

08 새 레이어 만들기 버튼( )을 클릭하여 Layer 2를 추가하고 연필 툴( )의 Size를 1px로 설정합니다. Shift를 누른 채 사각형 위 아래로 가느다란 선을 그린 후 Ctrl+E를 눌러 아래 레이어와 병합합니다.

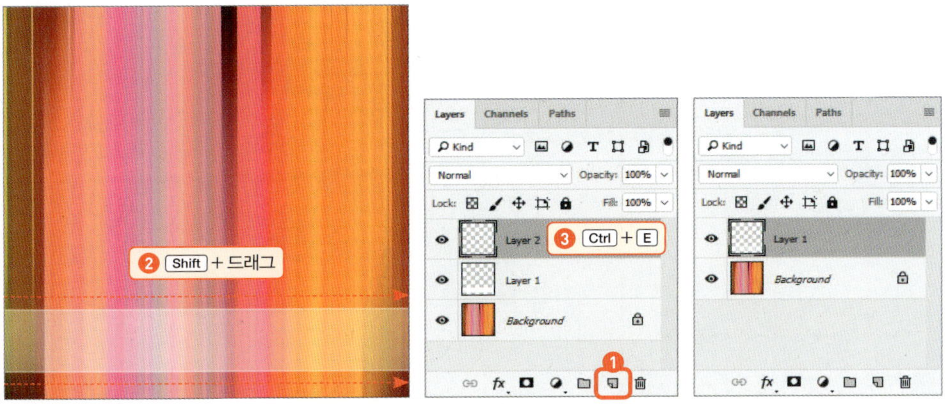

09 텍스트 툴(T)을 선택하고 사각형 영역에 'HAPPY BIRTHDAY'를 입력합니다.

10 Chapter_07 ▸ Section_06 ▸ bridal.psd 파일을 불러온 후 Ctrl+C를 누릅니다. 작업 중인 화면으로 돌아와 Ctrl+V를 눌러 꽃을 붙여 넣고 Ctrl+T를 눌러 바운딩 박스가 나타나면 크기를 줄입니다.

11 Layer 2에서 레이어 스타일 추가 버튼(fx)을 클릭하여 [Outer Glow]를 다음과 같이 적용하여 이미지를 완성합니다.

Blend Mode: Normal, Opacity: 80%, Noise: 0%, Color: #FFA7FD, Spread: 20%, Size: 30px, Range: 100%

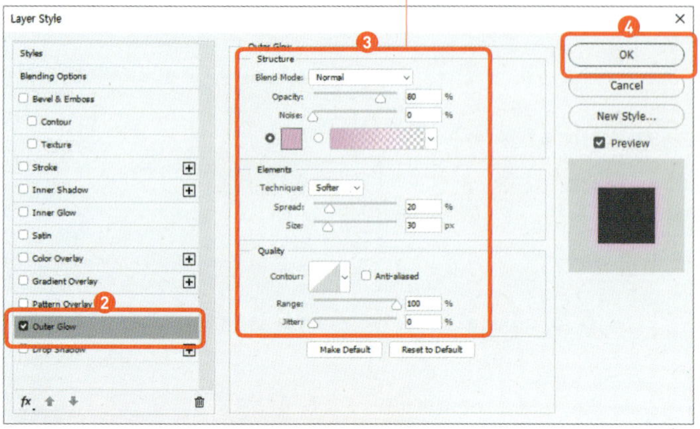

CHAPTER

08

이미지의 변형과 움직임

01 / **볼록한 사진 보정하기** ▶ Adaptive Wide Angle 필터

02 / **원근 때문에 생긴 왜곡 보정하기** ▶ Lens Collection 필터

03 / **갸름한 얼굴 만들기** ▶ Liquify 필터

04 / **원근감을 살려 합성하기** ▶ Vanishing Point 필터

05 / **움직임 조절하기** ▶ Puppet Warp 메뉴

06 / **입체적으로 원근감 살리기** ▶ Warp 메뉴

07 / **움직이는 이모티콘 만들기** ▶ 타임라인 패널

SECTION 01

볼록한 사진 보정하기

• **핵심 기능 |** Adaptive Wide Angle 필터

Adaptive Wide Angle 필터의 기능

Adaptive Wide Angle 필터는 어안 렌즈로 찍은 것처럼 볼록하거나 오목하게 왜곡된 이미지를 바로잡는 데 사용합니다. 이 필터를 이용하여 볼록하게 왜곡되어 찍힌 건물 사진을 바르게 보정해 봅니다.

■ 준비 이미지

■ 완성 이미지

01 필터 적용하기 Chapter_08 ▸ Section_01 ▸ wide.jpg 파일을 불러옵니다. 사진이 볼록하게 왜곡되어 있습니다. 메뉴 바에서 [Filter]-[Adaptive Wide Angle]을 선택합니다.

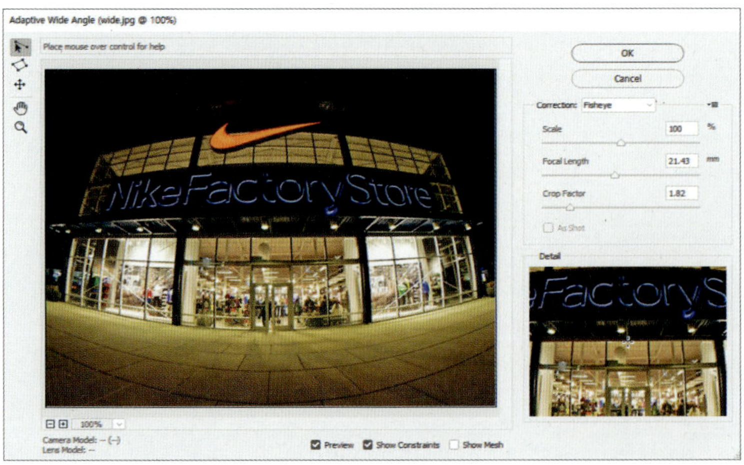

02 수평 맞추기 옵션 창에서 Constraint 툴(　)을 선택하고 건물 왼쪽 상단을 클릭한 다음 마우스 포인터를 움직이면 선이 따라 다닙니다. 건물 오른쪽 상단을 클릭하면 둥근 부분이 수평으로 바뀝니다.

03 수평이 완벽하지 않으면 선 중앙에 있는 앵커 포인트를 움직여 곡선 형태를 정밀하게 맞춥니다.

04 건물 하단과 보도블록도 같은 방법으로 수평으로 만듭니다.

05 이번에는 건물 왼쪽과 아래쪽을 연결하여 직선으로 펴지게 만듭니다.

06 건물 오른쪽 위와 아래도 연결하여 직선으로 펴지게 만듭니다. 이어서 기둥과 창살도 모두 직선으로 만듭니다.

07 건물 지붕도 같은 방법으로 직선으로 만듭니다.

08 가로로 그려진 선을 마우스 오른쪽 버튼으로 클릭하고 [Horizontal]을 선택하면 선 색이 노란색으로 바뀌면서 자동으로 수평을 맞춥니다.

09 **완성 이미지로 자르기** 같은 방법으로 모든 가로 선의 수평을 맞추고 〈OK〉를 클릭하여 필터를 적용합니다. 자르기 툴(⌗)로 투명한 여백을 잘라내 이미지를 완성합니다.

10 **보정 완성하기** 볼록하게 왜곡되어 찍힌 건물 사진이 바르게 보정되었습니다.

SECTION

02

원근 때문에 생긴 왜곡 보정하기

• **핵심 기능 I** Lens Collection 필터

Lens Collection 필터의 기능

Lens Collection 필터의 Custom 패널에는 원근 때문에 생긴 왜곡을 보정할 수 있는 옵션이 포함되어 있습니다. 이 옵션을 이용하여 아래에서 위로 올려다보며 찍은 건물 사진을 정면에서 찍은 것처럼 변경해 봅니다.

■ 준비 이미지

■ 완성 이미지

01 필터 적용하기 Chapter_08 ▸ Section_02 ▸ church.jpg 파일을 불러옵니다. 메뉴 바에서 [Filter]–[Lens Correction]을 선택하고 옵션 창의 아래쪽에 있는 Show Grid를 선택하여 그리드가 보이도록 하고 Custom 패널을 선택합니다.

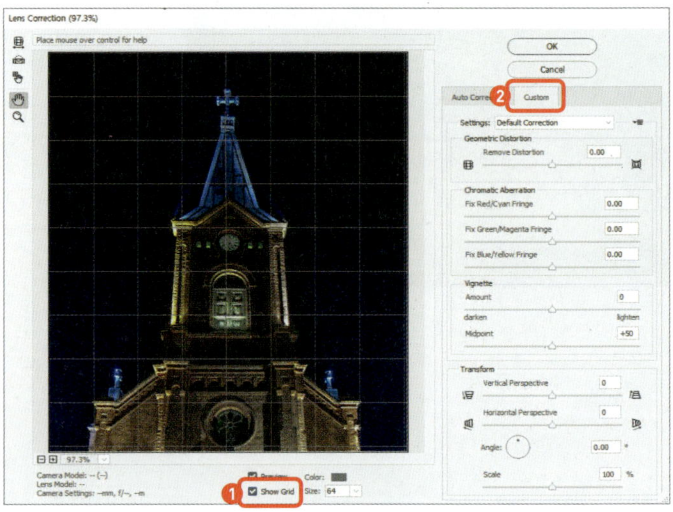

02 각도 조절하기 Transform 옵션에서 Vertical Perspective를 음수(−60)로 설정하여 건물 외벽의 각도가 그리드와 일치하도록 조절합니다.

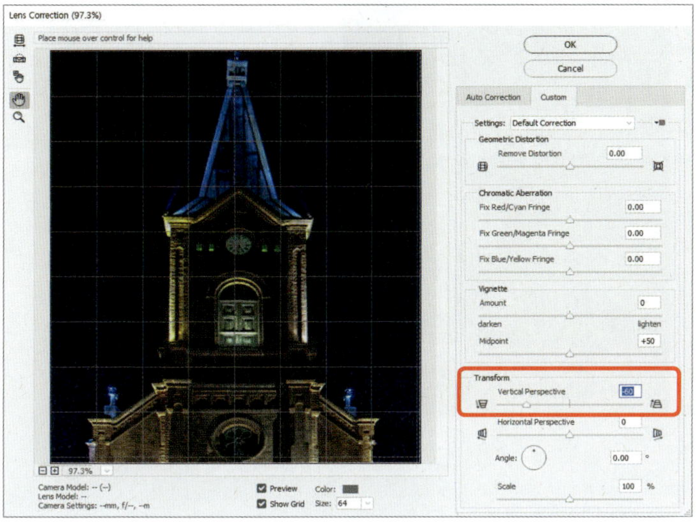

03 크기 조절하기 이 상태에서 〈OK〉를 클릭하면 윗부분이 잘리므로 Transform 옵션에서 Scale을 66%로 조절하여 전체 사진이 다 보이도록 만든 다음 〈OK〉를 클릭합니다.

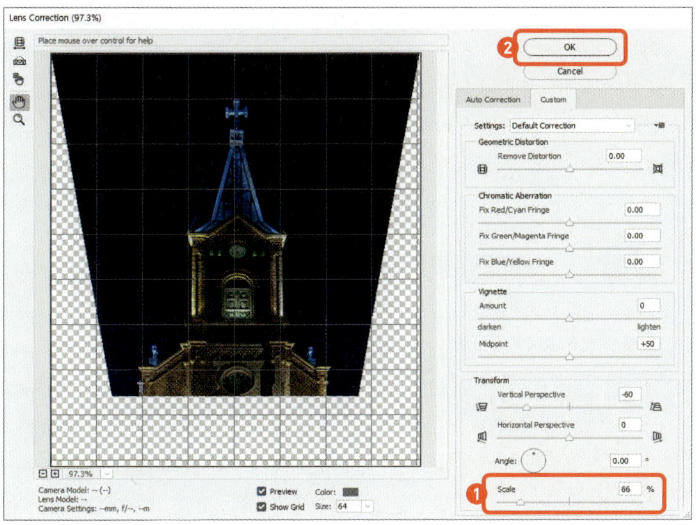

04 이미지 완성하기 자르기 툴(⌗)로 여백을 잘라 내고 이미지를 완성합니다.

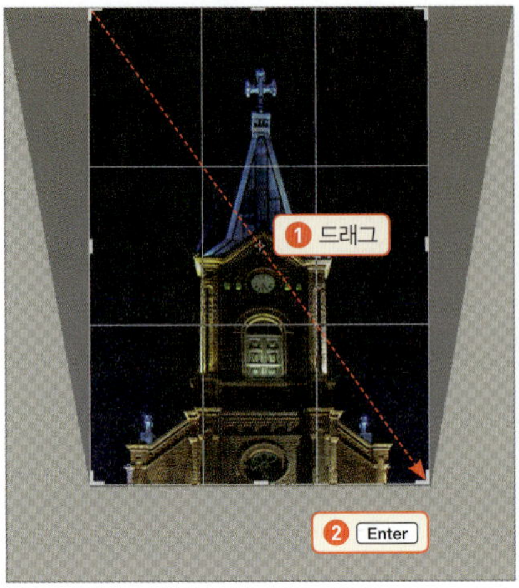

SECTION

03

갸름한 얼굴 만들기

• **핵심 기능 I** Liquify 필터

Liquify 필터의 기능

Liquify 필터는 몸매, 얼굴 형태, 눈 크기 등을 보정할 때 자주 사용합니다. 이 필터를 사용하여 얼굴 크기를 줄여 갸름하게 만들어 봅니다.

■ 준비 이미지

■ 완성 이미지

01 필터 적용하기 Chapter_08 ▸ Section_03 ▸ face.jpg 파일을 불러옵니다. 메뉴 바에서 [Filter]−[Liquify]를 선택하고 옵션 창에서 페이스 툴()을 선택합니다.

02 패스를 이용하여 얼굴 크기 조절하기 마우스 포인터를 얼굴로 가져가면 얼굴선에 맞춰 패스가 만들어집니다. 앵커 포인트를 드래그하여 원하는 방향으로 조절합니다.

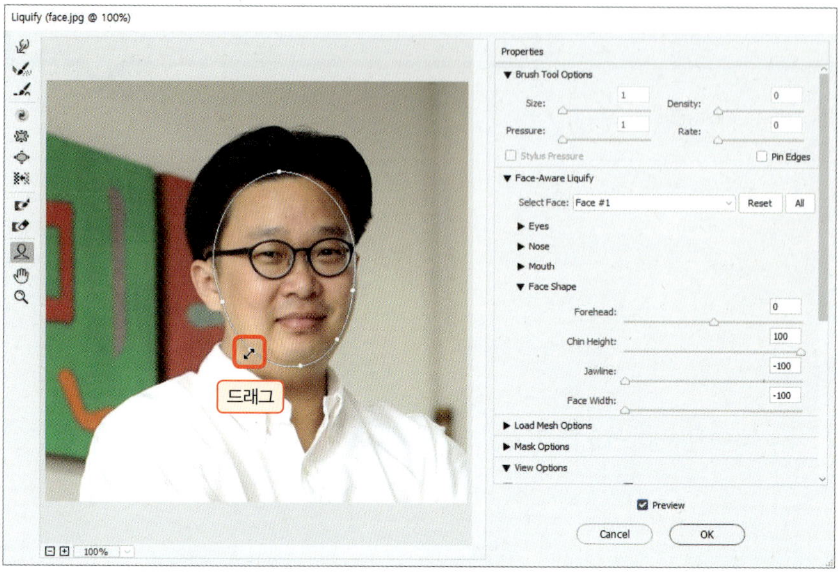

03 눈 크기 조절하기 옵션 창 오른쪽에 보이는 Eyes에 속한 Eye Size를 79, 63, Eye Height를 49, 13, Eye Width를 22, 26, Eye Tilt를 −38, −38, Eye Distance를 33으로 조절하여 눈을 약간 크게 만듭니다.

04 입 모양 조절하기 이번에는 Mouth에 속한 Smile을 53으로 조절해 좀 더 환하게 웃는 얼굴을 만듭니다.

05 얼굴 추가 보정하기 좀 더 날씬해 보이도록 Forward Warp 툴( )을 선택하고 Brush Tool Options에서 Size를 30으로 줄이고 턱 아래쪽 어두운 부분에서 턱 경계까지 살살 밀어 줍니다. 얼굴 경계도 바깥쪽에서 안쪽으로 드래그하여 줄여 줍니다.

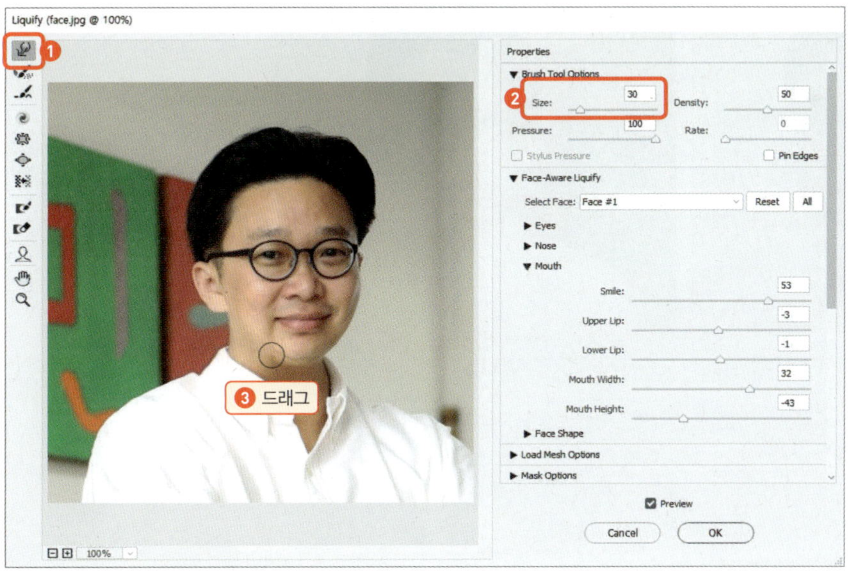

06 이미지 완성하기 이번에는 브러시 크기를 150으로 늘리고 머리 윗부분을 바깥에서 안쪽으로 드래그하여 머리를 줄여 봅니다. 만족스럽게 수정되면 〈OK〉를 클릭하여 이미지를 완성합니다.

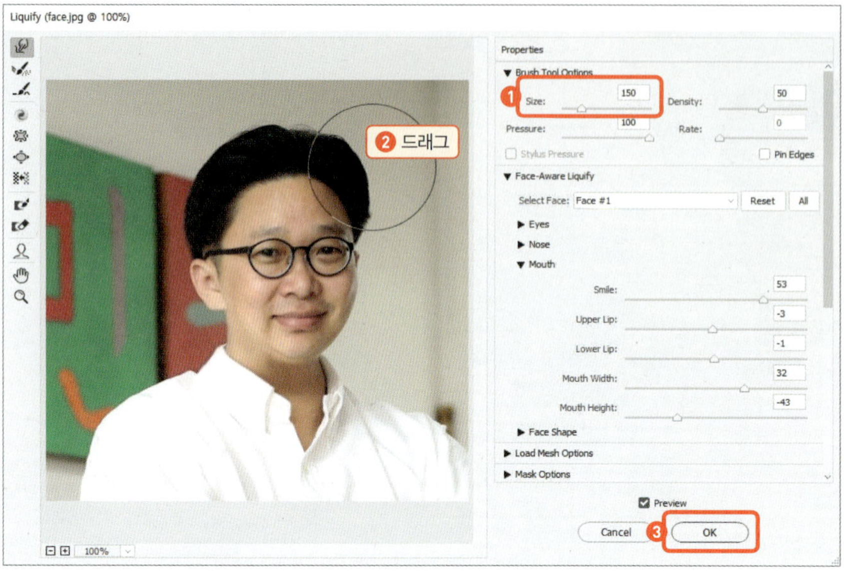

07 결과 확인하기 원본 사진과 비교해 보면 차이가 뚜렷이 보입니다.

SECTION 04

원근감을 살려 합성하기

• 핵심 기능 I Vanishing Point 필터

Vanishing Point 필터의 기능

Vanishing Point 필터는 원근감을 살린 합성을 할 때 사용하는 필터로 이 필터를 이용하면 여러 번 꺾인 면도 한 번에 합성할 수 있습니다. 검은 TV 화면에 준비한 이미지를 합성해 봅니다.

■ 준비 이미지

■ 완성 이미지

01 합성할 이미지 복사하기 Chapter_08 ▸ Section_04 ▸ office.psd 파일을 불러옵니다. Layer 1을 선택하고 Ctrl+A를 눌러 전체를 선택 영역으로 지정한 다음 Ctrl+C를 눌러 복사합니다. Layer 1의 눈 아이콘( ) 을 클릭해 이미지를 감춥니다. Ctrl+D를 눌러 선택 영역을 해제합니다.

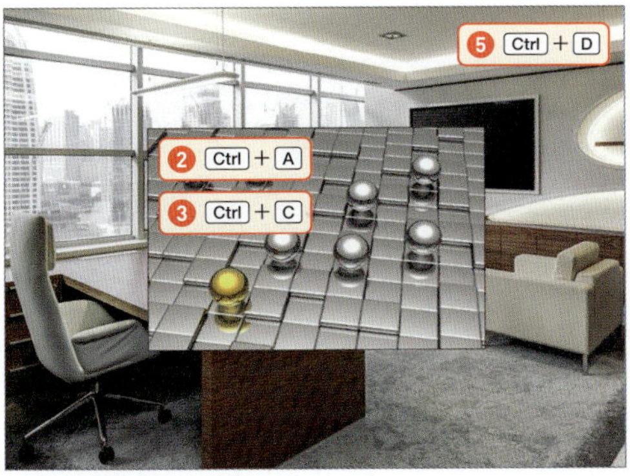

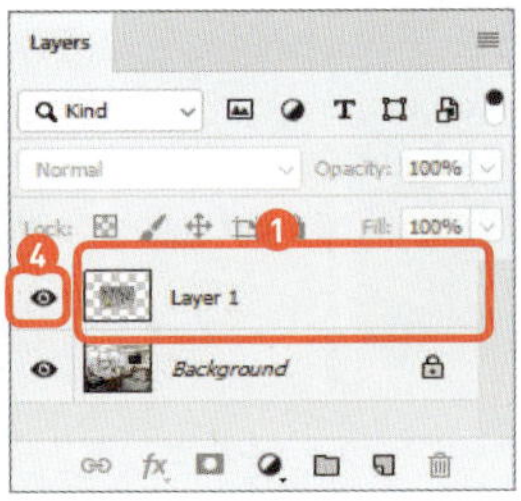

02 필터 적용하기 Background 레이어를 클릭하여 선택하고 메뉴 바에서 [Filter]–[Vanishing Point]를 선택합니다. 옵션 창이 열리면 Grid Size를 25로 조절합니다.

03 합성 영역 지정하기 옵션 창의 Create Plane 툴( )을 선택하고 TV 안쪽의 모서리 4군데를 클릭합니다. 형태가 원근감에 맞지 않으면 빨간색 박스가 만들어지고, 조금 맞지 않으면 노란색 박스가 만들어집니다. 아래 그림에서는 빨간색 박스가 만들어졌습니다.

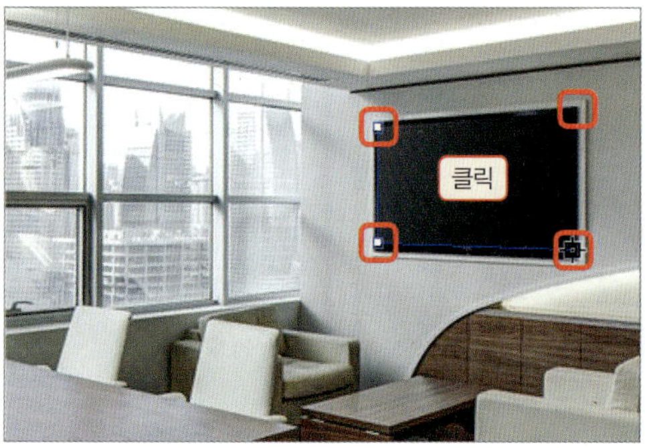

Tip 빨간색 박스나 노란색 박스가 나타나지 않으면 Edit Plane 툴( )로 앵커 포인트를 드래그해 줍니다.

04 합성 영역 세밀하게 조정하기 돋보기 툴( )로 클릭하여 TV 부분이 잘 보이게 확대합니다. Edit Plane 툴( )로 앵커 포인트를 드래그하여 그물망이 파란색이 되도록 정밀하게 조정합니다.

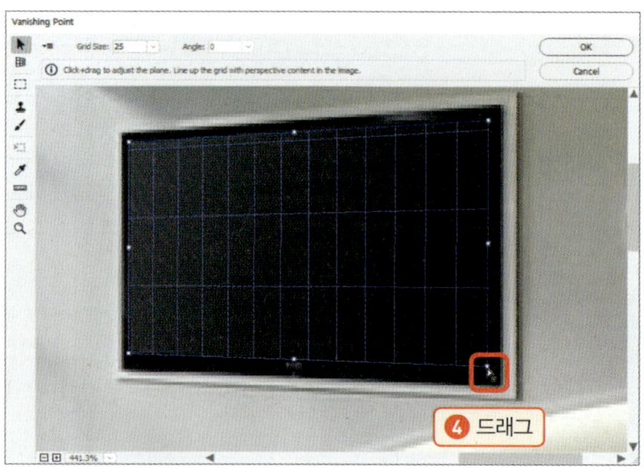

05 합성할 이미지 붙여넣기 돋보기 툴(🔍)로 Alt를 누른 채로 클릭하여 이미지의 크기를 줄입니다. Ctrl+V를 눌러 복사해 둔 이미지를 붙여 넣습니다. 이미지를 파란색 박스 안쪽으로 드래그하면 원근감에 맞는 형태로 바뀝니다.

06 합성 완성하기 Transform 툴(⊡)로 노란색 구슬이 보이도록 이미지를 조절합니다. 최종적으로 〈OK〉를 클릭하면 두 이미지가 자연스럽게 합성됩니다.

혼자 해 보기 | 돌벽에 나무판 합성하기

• **준비 파일** wall.psd • **완성 파일** wall_result.psd

Vanishing Point 필터를 이용하여 돌벽에 나무판을 합성해 봅니다.

■ 준비 이미지

■ 완성 이미지

SECTION

05

움직임 조절하기

• **핵심 기능** | Puppet Warp 메뉴

퍼펫 비틀기

퍼펫 비틀기(Puppet Warp)를 사용하면 오브젝트의 움직임을 자유롭게 조절할 수 있습니다. 퍼펫 비틀기를 이용하여 줄에 매달린 개구리의 움직임을 변형해 봅니다.

■ 준비 이미지

■ 완성 이미지

01 필터 적용하기 Chapter_08 ▸ Section_05 ▸ puppet.psd 파일을 불러옵니다. Layer 1을 선택하고 메뉴 바에서 [Edit]–[Puppet Warp]를 선택하면 오브젝트에 다각형 그물망이 생깁니다.

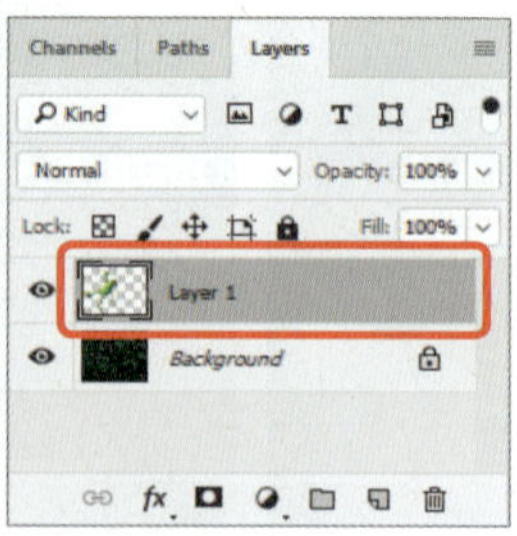

02 기준이 될 앵커 포인트 추가하기

그물망 안쪽을 클릭하면 원형 앵커 포인트가 생깁니다. 이 앵커 포인트는 관절처럼 위치가 고정된 채 방향 전환을 지지하는 역할을 합니다. 팔과 다리의 관절 부위에 약간 간격을 두고 클릭하여 앵커 포인트를 여러 개 만듭니다.

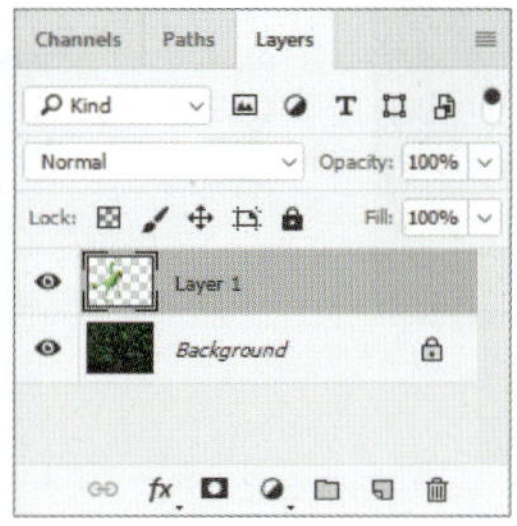

03 움직임 만들기

앵커 포인트로 마우스 포인터를 가져가면 마우스 포인터가 모양으로 바뀝니다. 이때 앵커 포인트를 드래그하면 움직임을 만들 수 있습니다. 한 번에 멀리 옮기면 부자연스러워 보이므로 조금씩 적당한 간격으로 움직입니다.

04 움직임 조절하기

Ctrl+H를 누르면 그물망이 사라지므로 결과를 확인하면서 자연스럽게 움직일 수 있습니다. 필요한 부분은 클릭하여 앵커 포인트를 추가하고, 원하지 않는 부분은 움직이지 않도록 앵커 포인트를 삭제한 후 작업합니다.

Tip 앵커 포인트를 삭제하려면 클릭하고 Delete를 누르면 됩니다.

05 이미지 완성하기 원하는 형태의 움직임이 만들어졌으면 Enter 를 눌러 이미지를 완성합니다.

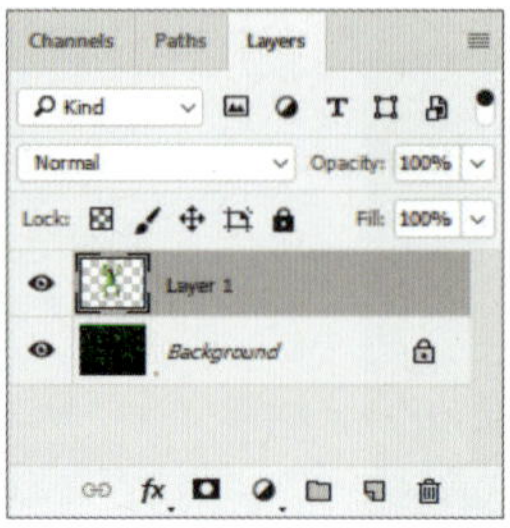

혼자해보기 | 움직임 변형하기

• **준비 파일** puppet2.psd • **완성 파일** puppet2_result.psd

퍼펫 비틀기를 이용하여 핑크팬더의 움직임을 변형해 봅니다.

■ 준비 이미지

■ 완성 이미지

SECTION

06

입체적으로 원근감 살리기

• **핵심 기능** I Warp 메뉴

워프 적용하기

워프(Warp) 기능을 이용하면 평면적인 이미지를 입체적으로 비틀 수 있습니다. Vanishing Point 필터가 이미지에 직선 형태의 원근감을 주었다면 워프는 곡선을 포함한 다양한 형태의 원근감을 줍니다. 워프 기능을 이용하여 필름 형태에 맞도록 강아지 사진을 삽입해 봅니다.

■ 준비 이미지

■ 완성 이미지

01 준비 파일 불러오기 Chapter_08 ▸ Section_06 ▸ movie.psd 파일을 불러옵니다. Layer 1의 눈 아이콘([눈 아이콘])을 클릭하여 강아지 이미지가 보이도록 합니다.

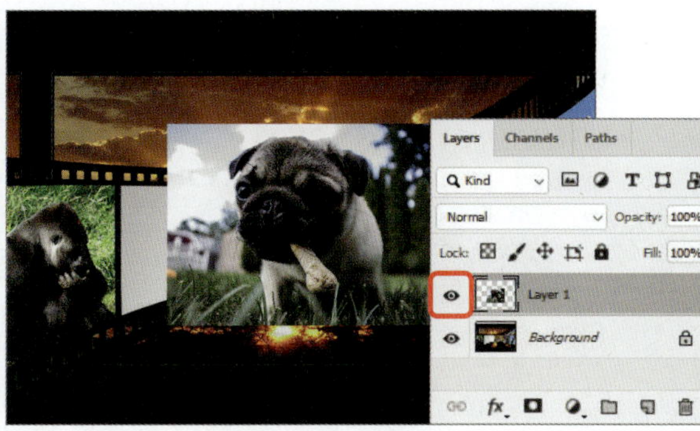

02 이미지 조절하기 Layer 1이 선택된 상태로 Ctrl+T를 눌러 바운딩 박스를 표시합니다. 바운딩 박스의 모서리를 드래그하여 필름의 빈칸보다 작게 크기를 조정한 후 빈칸 안쪽으로 배치합니다. 메뉴 바에서 [Edit]-[Trasnform]-[Warp]를 선택하면 이미지에 그리드가 나타납니다.

03 앵커 포인트 조절하기 사각 그리드 외곽의 앵커 포인트를 드래그하여 필름 빈칸의 가장자리에 맞도록 조절합니다.

04 이미지 가장자리 조절하기 그리드의 왼쪽과 오른쪽의 핸들러를 드래그하여 이미지의 가장자리가 필름의 회색 라인에 맞도록 조절합니다.

05 그리드 아래의 패스를 드래그하여 필름의 회색 부분이 보이도록 곡선으로 만든 후 다시 핸들러를 조절하여 회색 라인에 꼭 맞춥니다.

06 오른쪽 수직 라인의 패스를 조금씩 이동 시켜 필름의 형태에 꼭 맞도록 조절합니다.

07 **이미지 완성하기** 하단의 수평 라인의 패스도 조금씩 움직여 곡선 부분이 자연스럽게 필름 형태를 따라가도록 만든 후 Enter를 눌러 이미지를 완성합니다.

SECTION

07

움직이는 이모티콘 만들기

• **핵심 기능 |** 타임라인 패널

벡터 GIF 파일 만들기

벡터 이미지는 형태를 변형해도 이미지가 깨지는 일이 없어 애니메이션을 만들 때 많이 사용합니다. 벡터 이미지를 만들고 레이어별로 애니메이션을 적용하여 SNS에서 사용하는 움직이는 GIF 이모티콘을 만들어 봅니다.

■ 완성 이미지

01 준비 파일 불러오기 Chapter_08 ▸ Section_07 ▸ cute.psd 파일을 불러옵니다.

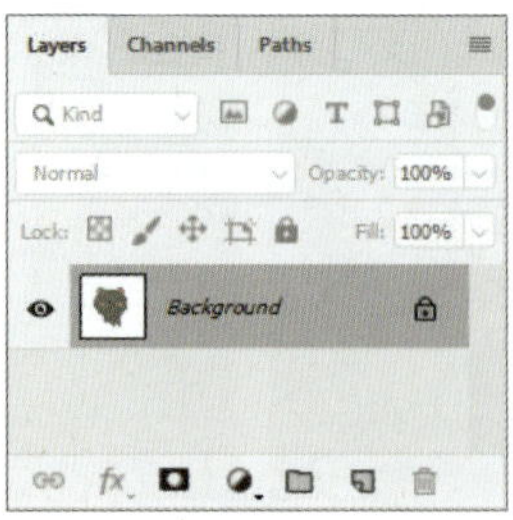

02 얼굴 모양 만들기 원형 툴(◯)을 선택하고 옵션 바에서 Shape, 면색과 선색은 색상 없음으로 설정한 후 곰 이미지의 얼굴에 맞게 드래그합니다. 원이 얼굴 모양에 꼭 맞지 않게 그려지면 직접 선택 툴(↖)로 앵커 포인트를 클릭한 후 드래그하여 얼굴 모양에 맞게 조절합니다.

03 옵션 바에서 면색(#827C73)과 선색(#221815)을 설정하고 선의 두께를 3px로 지정합니다.

Tip 옵션 바에서 면색과 선색을 설정할 때는 Color Picker를 클릭하여 설정합니다.

04 면의 색상 때문에 뒤의 얼굴 표정이 보이지 않으므로 Ellipse 1 레이어의 Opacity를 30%로 줄여 Background 레이어의 얼굴 표정이 보이도록 합니다.

05 얼굴 꾸미기 원형 툴(◯)을 선택하고 드래그하여 왼쪽 눈을 그린 후 면색(#040000)을 적용합니다. 패스 선택 툴(▶)로 Alt 를 누른 채 드래그하여 오른쪽 눈도 만들고 다시 Alt 를 누른 채 드래그하여 코 위치에 배치한 후 Ctrl + T 를 눌러 코의 크기에 맞게 원을 조절한 후 Enter 를 누릅니다.

Tip 복제한 오브젝트가 새 레이어로 추가되면 옵션 바에서 Combine Shapes(◫) 옵션이 선택되어 있는지 확인합니다. Combine Shapes(◫) 옵션이 선택되어 있으면 원형 툴(◯)로 그리거나 복제한 오브젝트가 새 레이어에 추가되지 않고 현재 레이어에 배치됩니다.

06 원형 툴(◯)로 왼쪽 볼에 원을 하나 그린 후 옵션 바에서 면색(#EB9F80)과 선색(색상 없음)을 변경합니다. 패스 선택 툴(▶)을 선택하고 Alt 를 누른 채 드래그하여 오른쪽 볼에 원을 복제합니다.

07 원형 툴(◯)로 왼쪽 귀를 그린 후 옵션 바에서 면색(#827C73)과 선색(#221815)을 변경합니다. 패스 선택 툴(▶)로 Alt 를 누른 채 드래그하여 오른쪽 귀도 만듭니다.

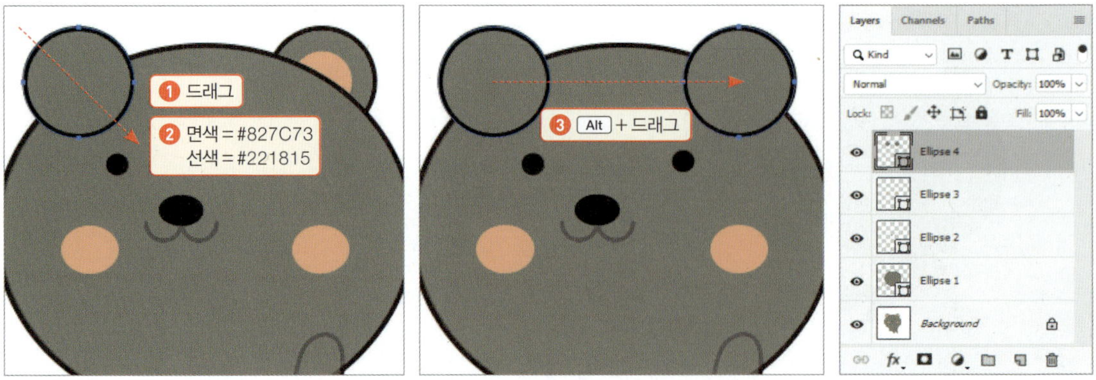

08 같은 방법으로 귀의 내부에도 아래와 같이 둥근 오브젝트를 배치합니다.

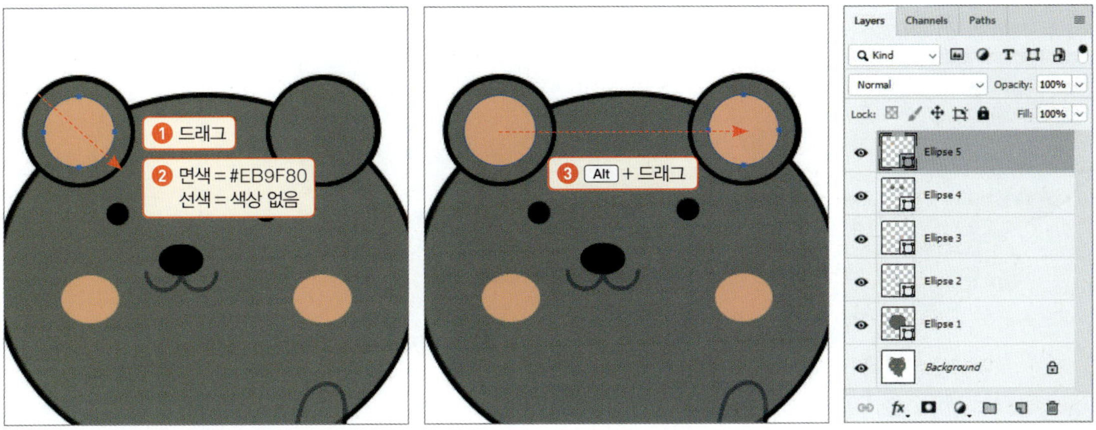

09 펜 툴( )로 캐릭터의 입 부분을 그린 후 면색(색상 없음)과 선색(#221815)을 변경합니다.

10 **몸 만들기** Background 레이어를 선택하고 펜 툴( )로 몸통을 그리고 옵션 바에서 면색(#827C73), 선색(#221815), 선 두께(3px)를 변경합니다. 방금 추가한 몸통(Shape 2) 레이어의 Opacity를 30%로 줄여 Background 레이어의 이미지가 보이도록 합니다.

11 같은 방법으로 오른쪽 팔(Shape 3 레이어)과 왼쪽 팔(Shape 4 레이어)를 그립니다. 오른쪽 팔을 그릴 때 펜 툴을 종료하려면 Ctrl을 누른 채로 빈 여백을 클릭하면 됩니다.

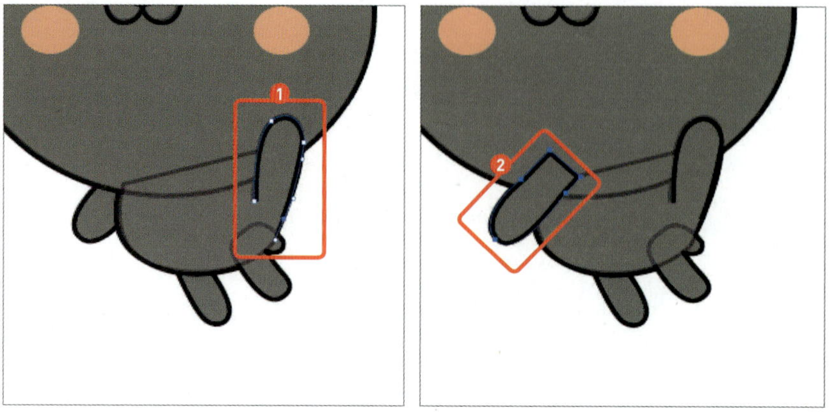

12 같은 방법으로 왼쪽 다리(Shape 5 레이어)와 오른쪽 다리(Shape 6 레이어)도 그립니다. 원형 툴(◎)로 캐릭터 아래에 드래그하여 그림자(Ellipse 6 레이어)를 만들고 옵션 바에서 면색(#D2D2D2)과 선색(색상 없음)을 변경합니다. 레이어의 순서를 아래와 같이 조절하여 캐릭터 모양을 완성하고 Ellipse 1 레이어, Shape 2 레이어의 Opacity를 100%로 되돌립니다.

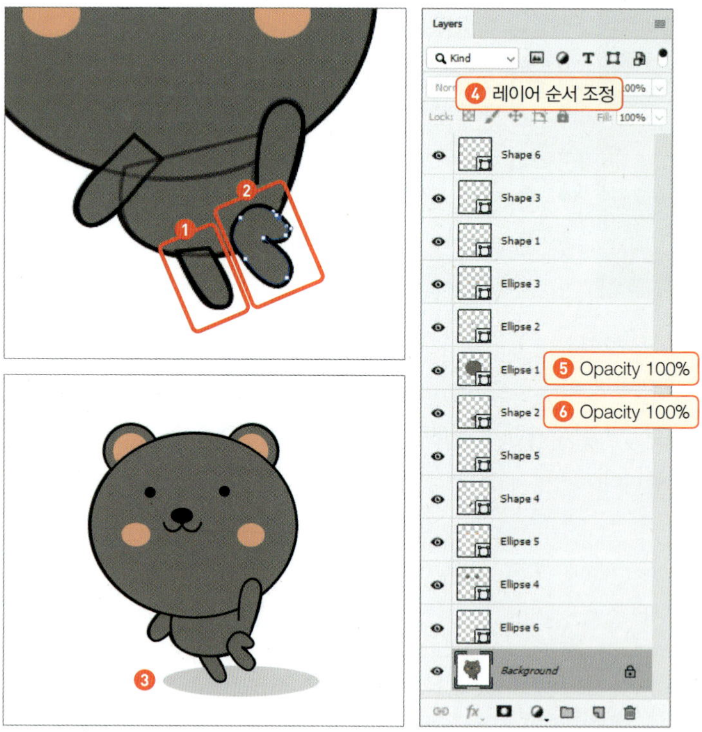

13 그룹 레이어 만들고 복제하기 제일 위의 Shape 6 레이어를 클릭하고 Shift를 누른 채 Ellipse 6 레이어를 클릭한 후 레이어 패널 하단의 새 그룹 만들기 버튼(□)을 클릭해 그룹 레이어를 만듭니다. Group 1이 선택된 상태로 Ctrl+J를 눌러 그룹 레이어를 복제하고 이름 위에서 더블클릭하여 입력 상태가 되면 레이어 이름을 Group 2로 변경합니다.

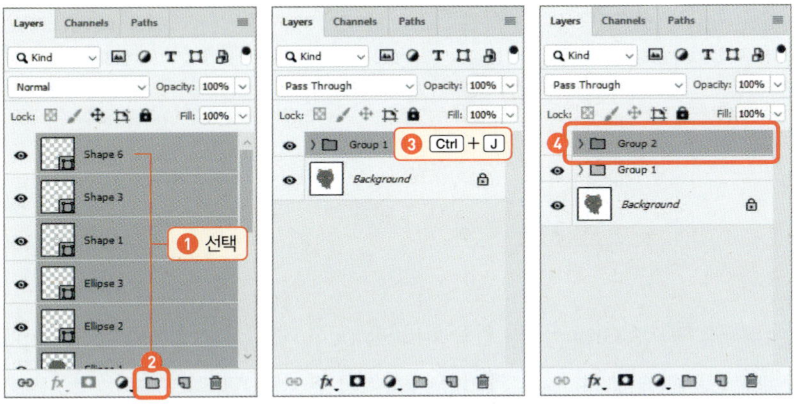

14 팔 동작 변경하기 Group 2 레이어를 펼친 후 오른쪽 팔(Shape 3 레이어)을 선택하고 직접 선택 툴(↖)로 드래그하여 팔의 위치를 조금 바깥쪽으로 변경합니다.

15 하트 추가하기 커스텀 셰이프 툴(☆)을 선택하고 옵션 바에서 하트 셰이프를 선택한 후 오른쪽 팔 위에 드래그하여 하트 모양(Shape 7 레이어)을 추가하고 Ctrl+T를 눌러 바운딩 박스가 나타나면 옆으로 살짝 회전합니다. 옵션 바에서 면색(#F19EC2)과 선색(색상 없음)을 변경합니다. Shape 7 레이어는 Shape 6 레이어 위로 이동합니다.

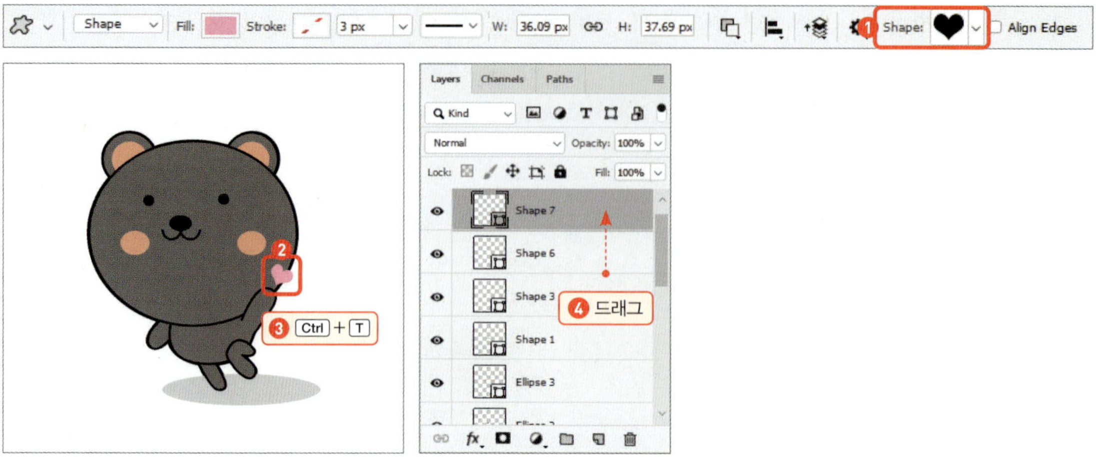

16 **다리 동작 변경하기** 직접 선택 툴( )로 Group 2의 왼쪽 다리(Shape 5 레이어)와 오른쪽 다리(Shape 6 레이어)를 오른쪽으로 조금 움직여 주고 왼쪽 팔(Shape 4 레이어)의 동작도 변경합니다.

17 **그룹 레이어 복제하기** Group 2를 선택한 후 Ctrl+J를 눌러 그룹 레이어를 복제하고 그룹 레이어 이름을 Group 3으로 변경합니다. Group 3을 펼치고 하트(Shape 7 레이어)를 선택한 후 Ctrl+T를 눌러 크기를 키우고 위치를 이동한 후 레이어의 Opacity를 70%로 변경합니다. 나머지 팔과 다리(Shape 3, Shape 4, Shape 5, Shape 6 레이어)의 동작도 조금씩 변경합니다.

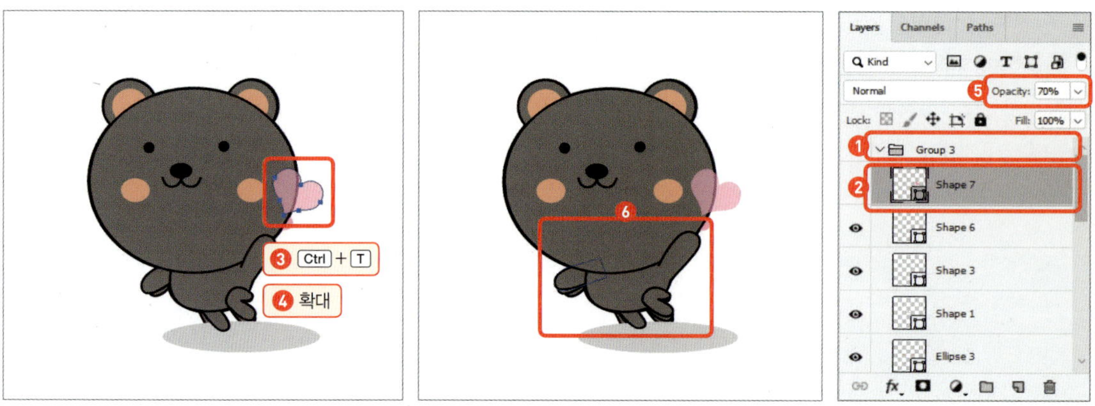

18 그룹 레이어 복제하기 같은 방법으로 Ctrl+J를 눌러 Group 3을 Group 4로 복제하고 Group 4의 하트(Shape 7 레이어)를 선택한 후 Ctrl+T를 눌러 크기를 키우고 위치를 이동한 후 레이어의 Opacity를 30%로 변경합니다. 나머지 팔과 다리(Shape 3, Shape 4, Shape 5, Shape 6 레이어)의 동작도 조금씩 변경합니다.

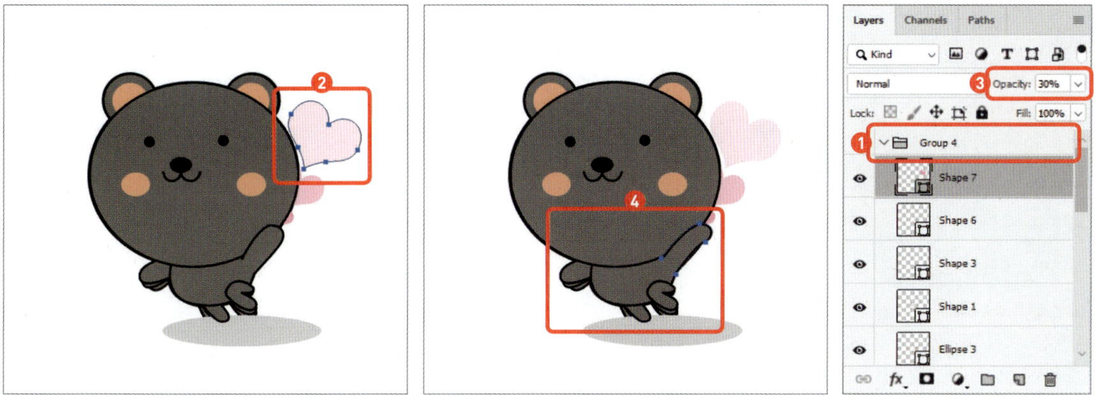

19 스마트 오브젝트로 변환하기 펼쳐진 그룹 레이어들을 모두 접은 후 Group 1 레이어 위에서 마우스 오른쪽 버튼을 클릭하고 [Convert to Smart Object]를 선택합니다. Group 2, Group 3, Group 4도 같은 방법으로 스마트 오브젝트로 전환합니다.

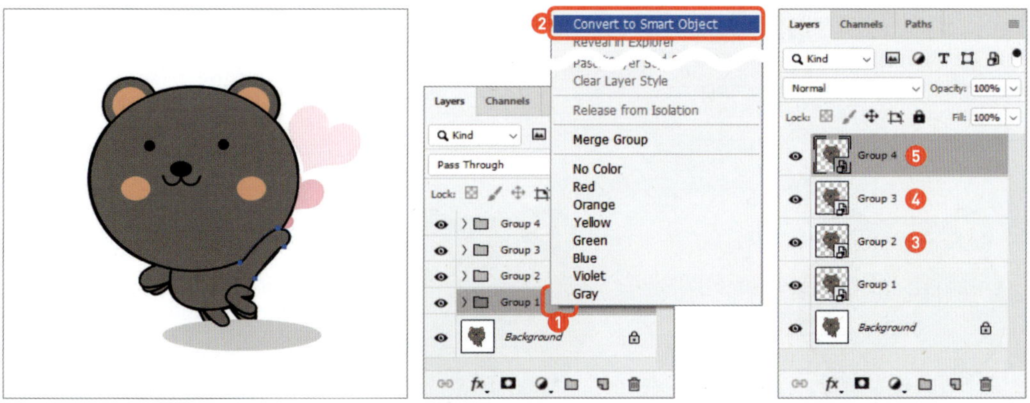

20 그룹 레이어 복제하기 Group 1을 클릭하고 Shift를 누른 채 Group 4를 클릭하여 모두 선택한 후 Ctrl+J를 눌러 레이어를 복제하고 복제된 순서대로 Group 5, Group 6, Group 7, Group 8로 이름을 변경합니다.

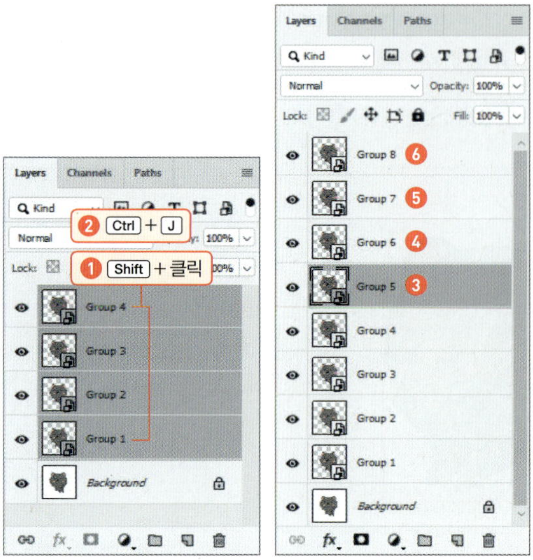

21 그룹 레이어 변형하기 Group 5를 선택하고 Shift를 누른 채 Group 8을 클릭하여 Group 5~8까지 선택한 후 메뉴 바에서 [Edit]–[Transform]–[Flip Horizontal]을 선택합니다. Group 5~8까지 레이어가 좌우 반전되면 이동 툴(✥)로 선택된 오브젝트를 가운데로 드래그하여 중심으로 약간 이동시킵니다.

22 프레임 애니메이션 만들기 메뉴 바에서 [Window]–[Timeline]을 선택하여 애니메이션을 만들 패널을 불러옵니다. 〈Create Frame Animation〉 버튼을 클릭하면 Background의 레이어가 타임라인에 배치됩니다.

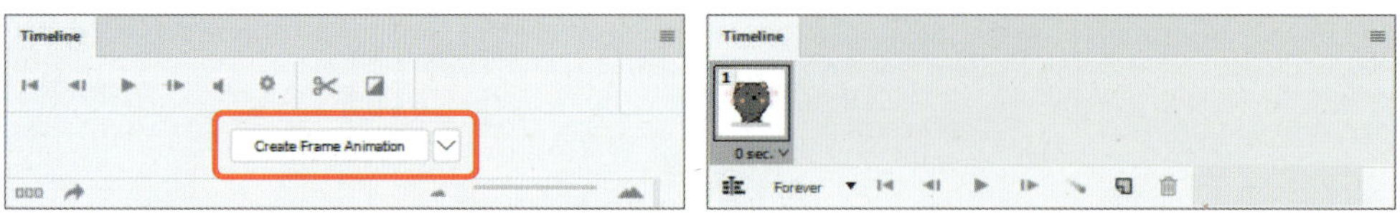

23 프레임 추가하기 Group 8 레이어를 선택하고 Shift 를 누른 채 Group 1 레이어를 클릭하여 Background 레이어를 제외한 모든 레이어를 선택합니다. 타임라인 패널 오른쪽 상단의 목록 버튼을 클릭한 후 [Make Frames From Layers]를 선택하면 각 레이어가 타임라인에 배치됩니다. 이때 첫 번째 프레임은 Background 레이어이므로 1번 프레임을 선택하고 휴지통(🗑)을 클릭하여 삭제합니다.

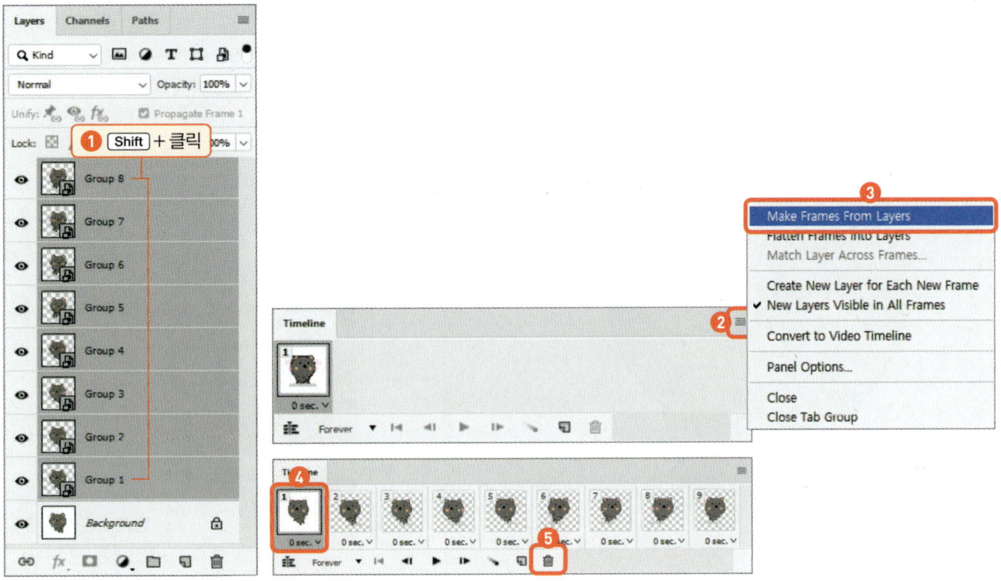

24 프레임 속도 조절하기 1번 프레임을 선택하고 Shift 를 누른 채 8번 프레임을 클릭하여 전체 프레임을 선택하고 1번 프레임 하단의 속도 표시를 클릭하여 프레임의 속도를 0.2로 설정합니다. 플레이 버튼(▶)을 클릭해 애니메이션의 움직임을 확인합니다. 움직임이 마음에 들지 않으면 특정 레이어를 선택하고 움직임을 조절해 주면 바로 적용됩니다.

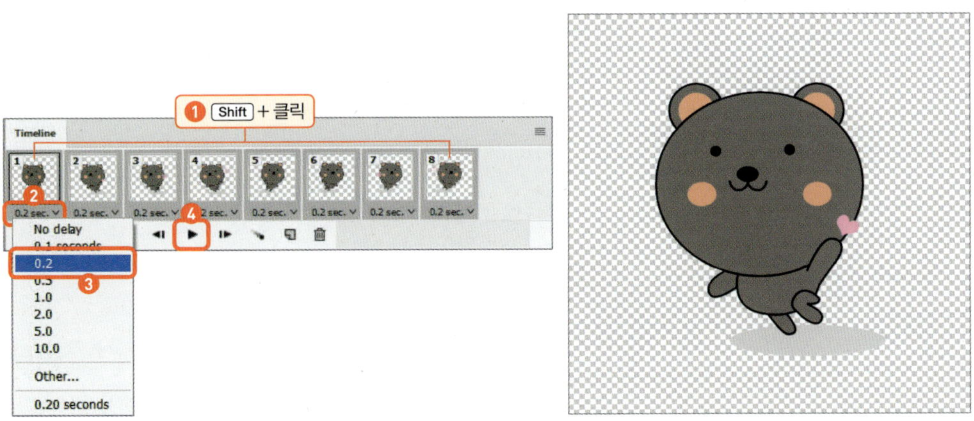

25 완성 애니메이션 저장하기 메뉴 바에서 [File]–[Export]–[Save for Web]을 선택하여 저장 옵션 창을 엽니다. 투명 배경 그대로 저장하기 위해 파일 포맷을 GIF로 설정하고 Transparency를 체크합니다. 이 옵션 창에서는 GIF 파일의 크기도 조절할 수 있습니다. 마지막으로 〈Save〉를 클릭하면 GIF 애니메이션 파일이 저장됩니다.

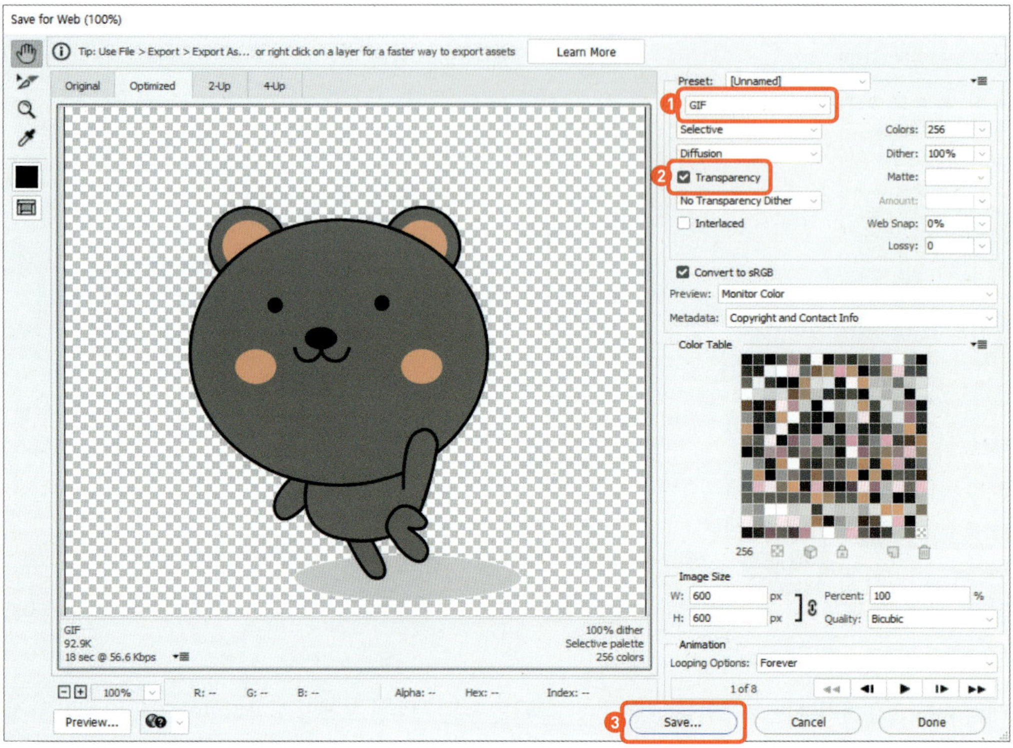

PART 02

일러스트레이터 CC

포토샵에서는 다양한 이미지를 불러와 변화를 주는 작업을 주로 하는데 반해, 일러스트레이터에서는 처음부터 끝까지 새 오브젝트를 만드는 작업을 주로 합니다. 일러스트레이터의 다양한 툴을 이용해 다양한 모양의 벡터 이미지를 만들어 봅니다.

CHAPTER

09

일러스트레이터 CC 기본 사용법

01 / 일러스트레이터 CC 작업 화면 살펴보기 ▶ User Interface 메뉴, 툴 박스

02 / 일러스트레이터 CC 패널 살펴보기 ▶ 패널

03 / 파일 열고 닫고 프로그램 종료하기 ▶ Open 메뉴

04 / 새 문서와 아트보드 만들기 ▶ New 메뉴

05 / 다양한 형식으로 파일 저장하고 내보내기 ▶ Save 메뉴

SECTION 01

일러스트레이터 CC 작업 화면 살펴보기

• **핵심 기능 |** User Interface 메뉴, 툴 박스

일러스트레이터 CC 시작 화면

일러스트레이터 CC를 실행하면 다음과 같은 화면이 나타납니다.

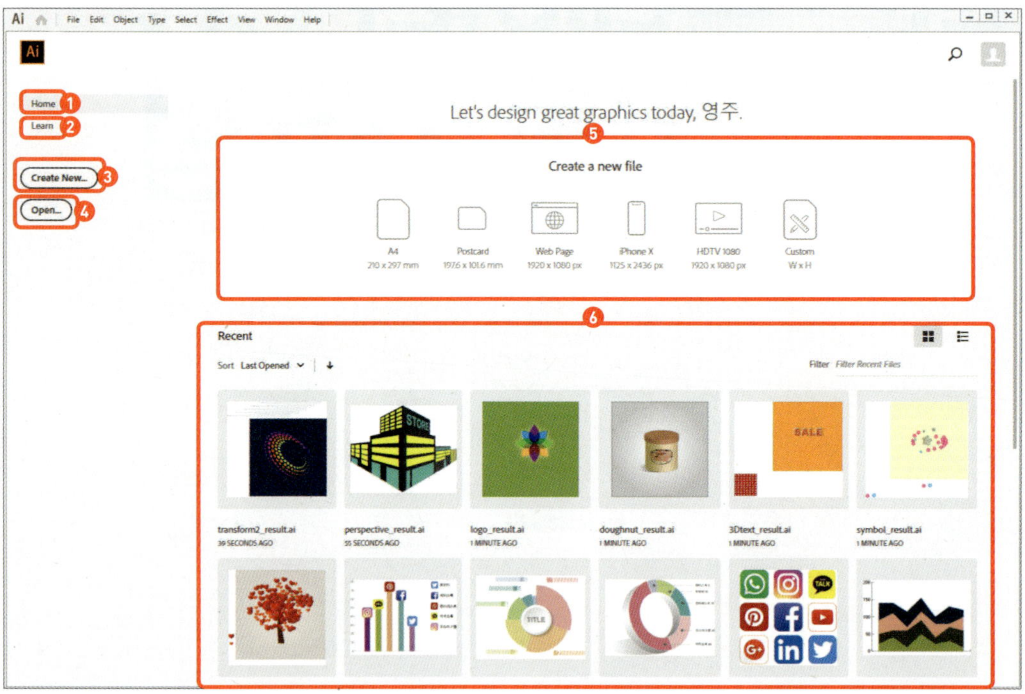

❶ Home Learn 페이지로 이동했다가 현재 보이는 페이지로 돌아올 때 선택할 수 있습니다.

❷ Learn 웹 사이트에서 제공하는 동영상 튜터리얼을 선택할 수 있습니다.

❸ Create New 새로운 빈 화면을 열 수 있습니다.

❹ Open 컴퓨터 또는 저장장치에 저장되어 있는 파일을 불러올 수 있습니다.

❺ Create a new file 새로운 빈 화면을 원하는 미디어로 설정하여 열 수 있습니다.

❻ Recent 최근에 사용한 파일을 섬네일 또는 텍스트 목록으로 보여 줍니다.

Tip 일러스트레이터를 실행할 때 시작 화면이 나오지 않게 하려면 메뉴 바에서 [Edit]–[Preferences]–[General]을 선택하거나 Preferences 창을 호출하는 단축키 Ctrl+K를 누른 후 Show The Start Workspace When No Documents Are Open의 체크를 해제합니다.

일러스트레이터 CC 작업 화면

일러스트레이터 CC를 실행하고 이미지를 열거나 새 파일을 만들면 다음과 같은 화면이 나타납니다.

❶ **메뉴 바** 명령을 실행할 수 있는 메뉴를 모아 둔 공간입니다. 각 메뉴를 클릭하면 세부 항목을 볼 수 있습니다.

❷ **옵션 바** 툴 박스에서 선택한 툴의 추가 옵션을 지정할 수 있습니다.

❸ **툴 박스** 작업하는 데 필요한 여러 툴을 상자 형태로 모아 둔 공간입니다.

❹ **패널 모음** 레이어, 색상, 심벌, 브러시 등 자주 사용하는 기능의 옵션 패널을 모아 둔 공간입니다.

❺ **이미지 작업 창** 실제로 작업하는 이미지를 보여 주는 창입니다.

❻ **작업 화면 설정** 작업 종류에 따라 패널을 새로 정렬할 수 있고 시작 화면을 열 수도 있습니다.

❼ **찾기** 일러스트레이터 툴이나 메뉴의 사용법 등을 검색할 수 있습니다.

❽ **스냅** 자동으로 높이나 간격을 조절할 수 있습니다.

❾ **옵션 목록** 옵션 바의 옵션 항목을 조절할 수 있습니다.

❿ **제목 표시줄** 작업 중인 이미지의 파일명, 화면 확대 비율, 색상 모드 등의 정보를 보여 줍니다.

⓫ **화면 크기 조절** 작업 중인 이미지의 화면 크기를 조절할 수 있습니다.

⓬ **아트보드 이동** 아트보드를 여러 개 사용할 때 각 아트보드로 이동할 수 있습니다.

작업 화면의 색상과 크기 변경하기

01 메뉴 바에서 [Edit]–[Preferences]–[User Interface]를 선택하거나 Preferences 창을 호출하는 단축키 Ctrl+K를 누릅니다.

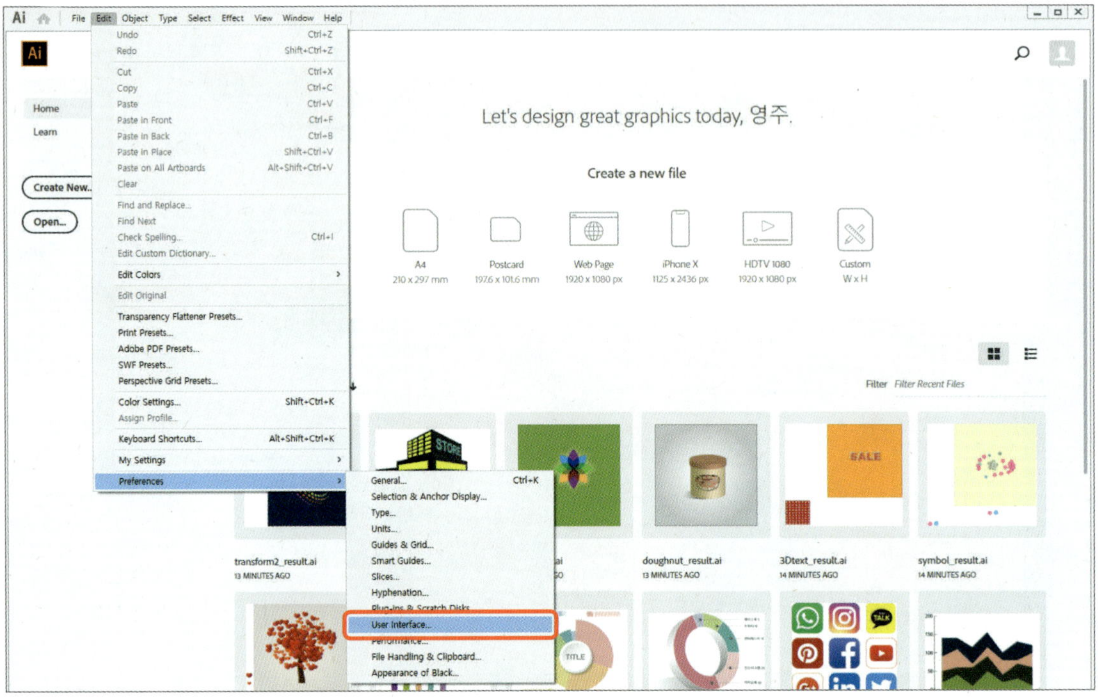

02 옵션 창의 Brightness 항목에서 4단계 색상 중 하나를 선택하면 화면이 선택한 색상으로 바뀝니다. 또한 UI Scaling 항목에서 슬라이더를 드래그하여 화면 크기를 선택하면 화면의 메뉴와 툴이 선택한 크기로 바뀝니다.

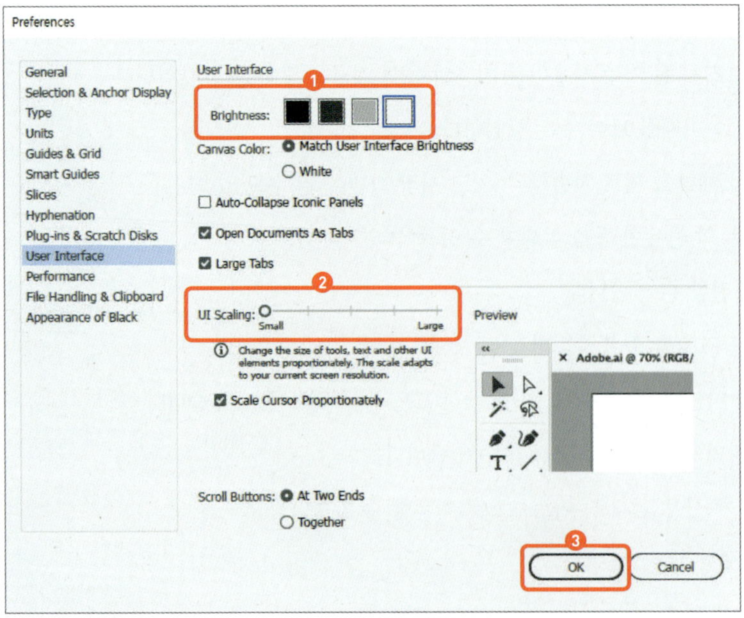

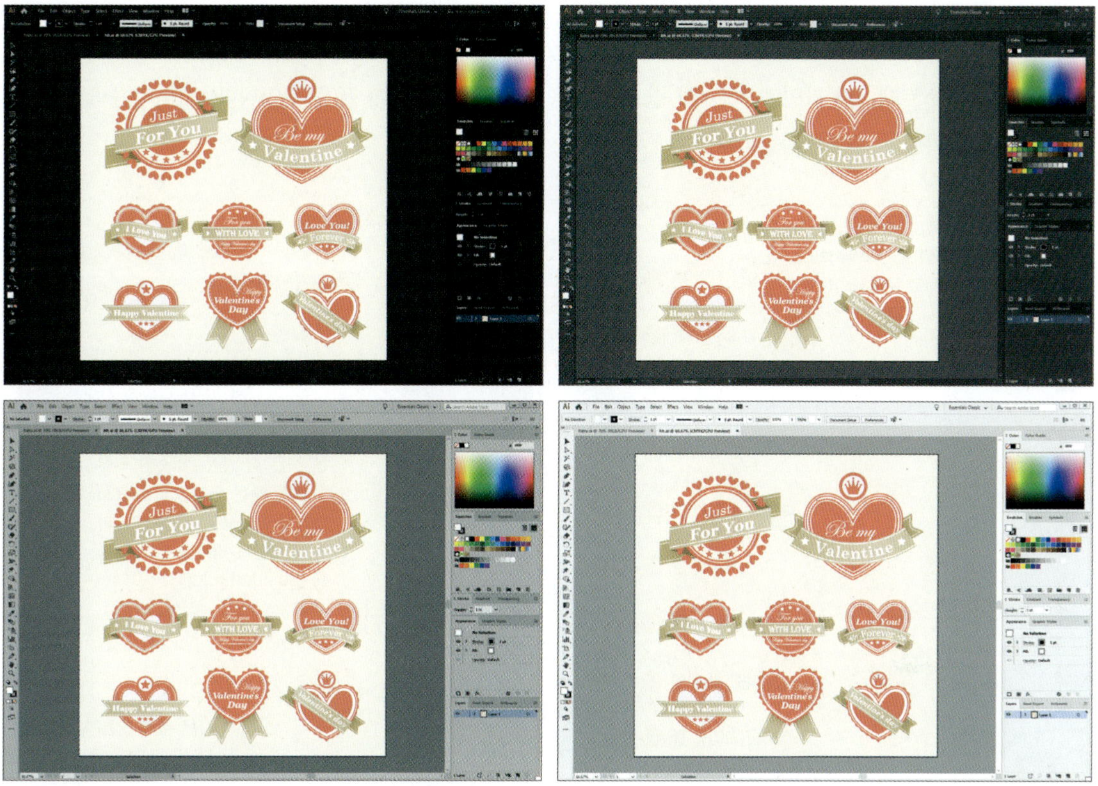

■ 화면 색상 변경(왼쪽 위부터 검정, 어두운 회색, 회색, 밝은 회색)

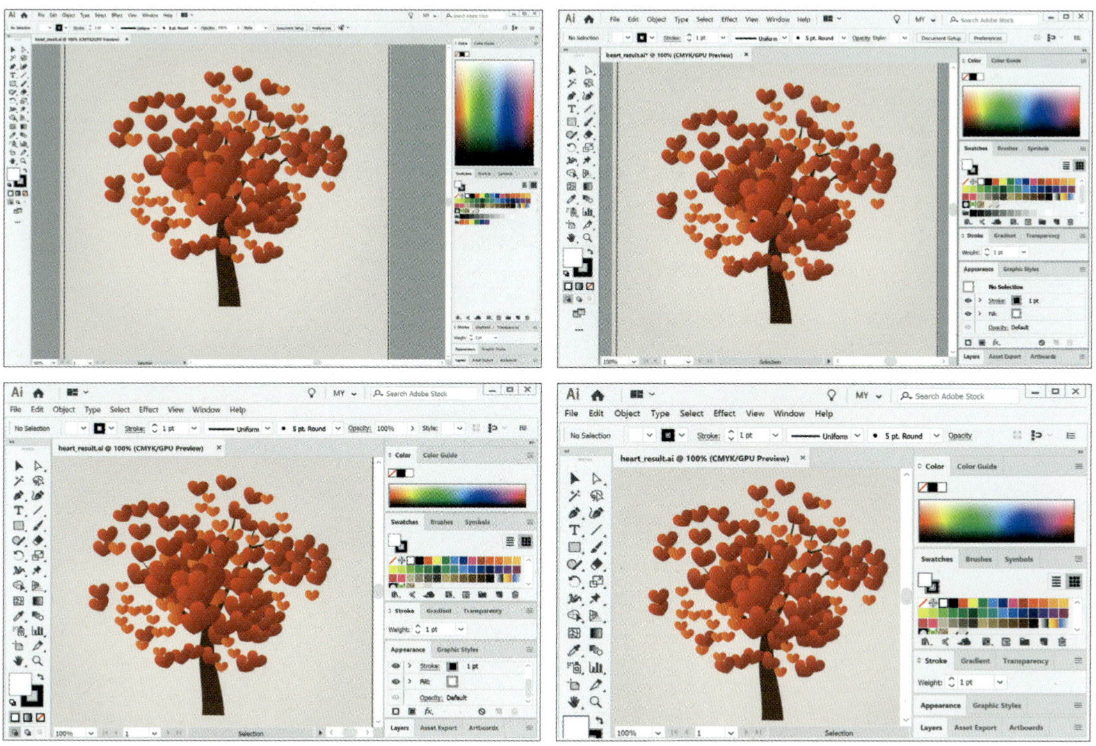

■ 화면 크기 변경(왼쪽 위가 Small, 오른쪽 아래가 Large)

툴 박스의 명칭과 사용법

툴 박스는 일러스트레이터 작업을 하는 데 필요한 툴을 상자 형태로 모아 둔 공간입니다. 이미지를 열거나 빈 화면을 만들면 화면 왼쪽에 나타납니다.

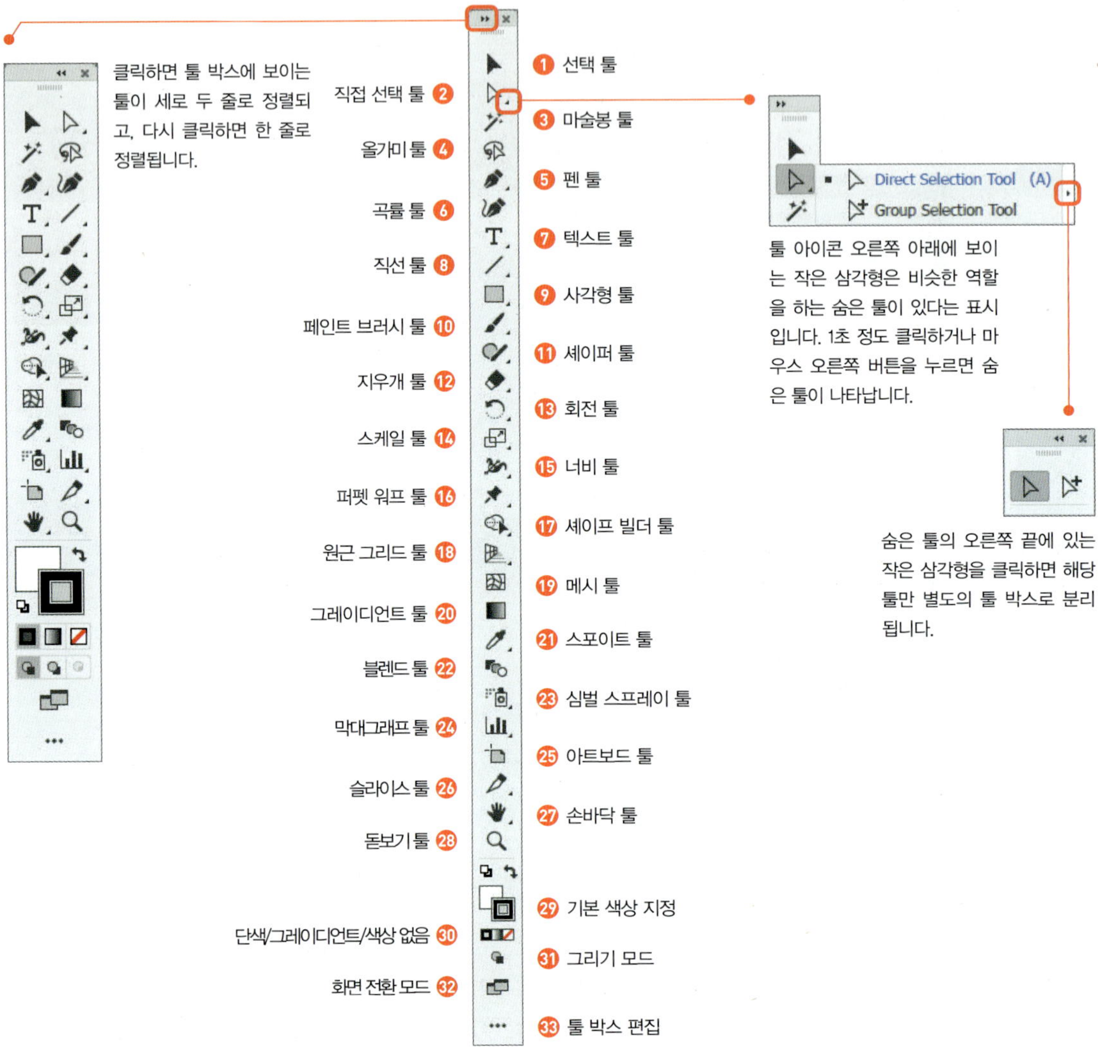

SECTION 02

일러스트레이터 CC 패널 살펴보기

- **핵심 기능 I** 패널

다양한 패널 모드 설정하기

일러스트레이터로 작업할 때 자주 사용하는 색상, 레이어, 각 툴의 옵션 창 등은 작업 화면의 오른쪽에 패널 형태로 위치합니다.

01 패널 확인하기 일러스트레이터에 담긴 모든 패널은 메뉴 바에서 [Windows]를 선택하여 확인할 수 있습니다. 메뉴에서 원하는 패널 이름을 클릭하면 화면에 해당 패널이 나타납니다.

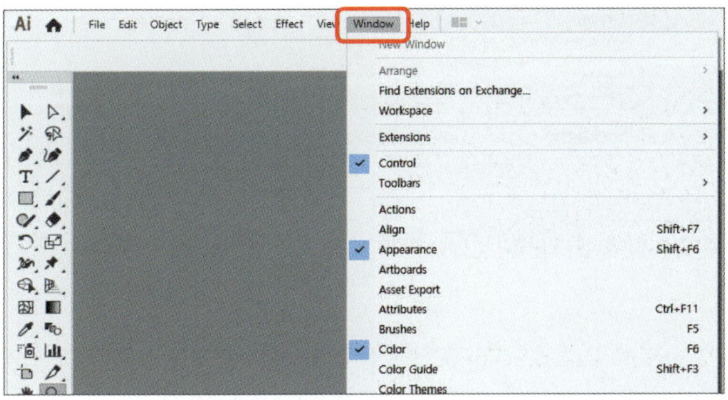

02 패널 모드 선택하기 일러스트레이터 화면의 상단 오른쪽에 있는 작업 화면 설정 버튼을 누르면 작업 특성에 따라 자주 쓰는 패널이 자동으로 나타납니다. 이 목록은 [Window]-[Workspace]에서도 볼 수 있습니다.

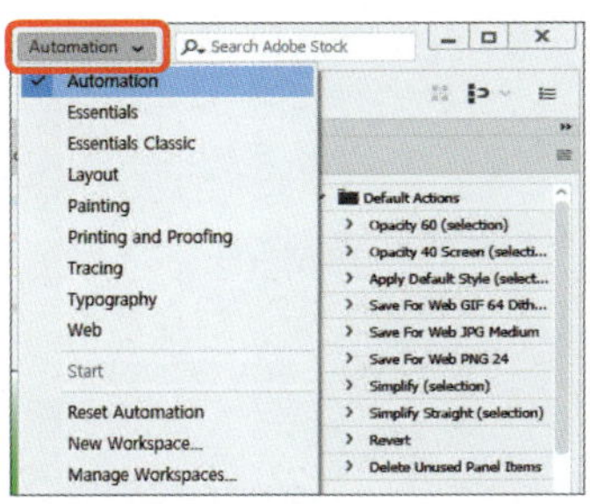

■ 작업별 패널 목록

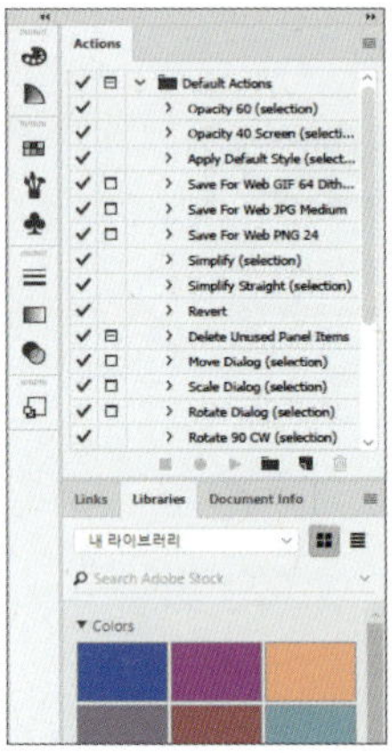

■ Automation

■ Essentials

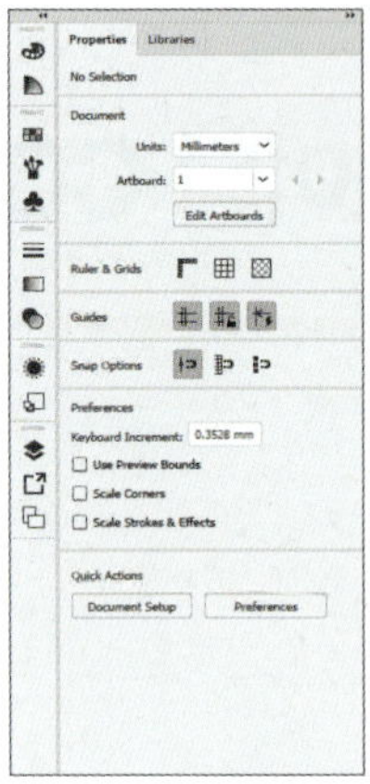

■ Essentials Classic

■ Layout

■ Painting

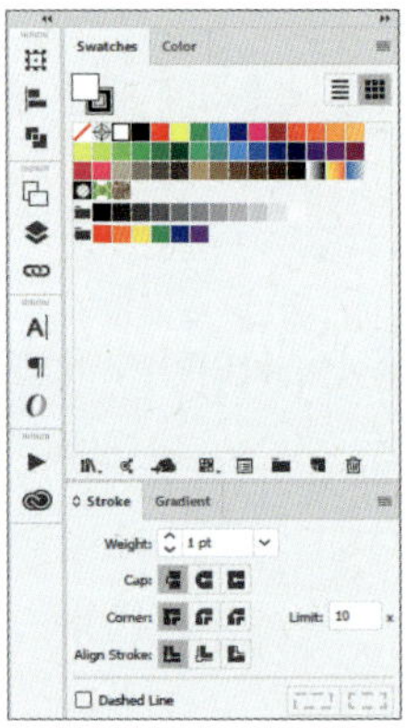

■ Printing&Proofing

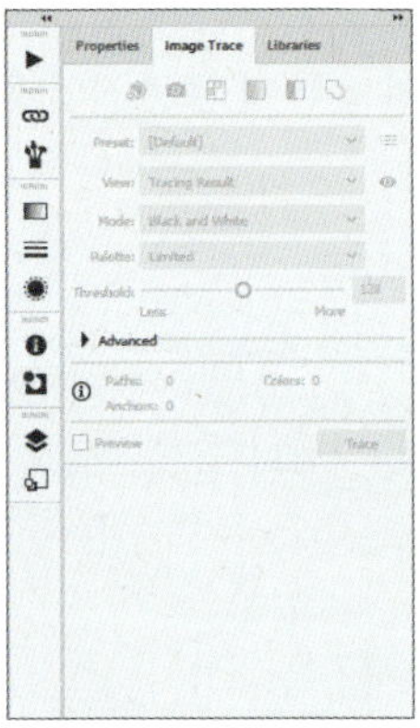

■ Tracing

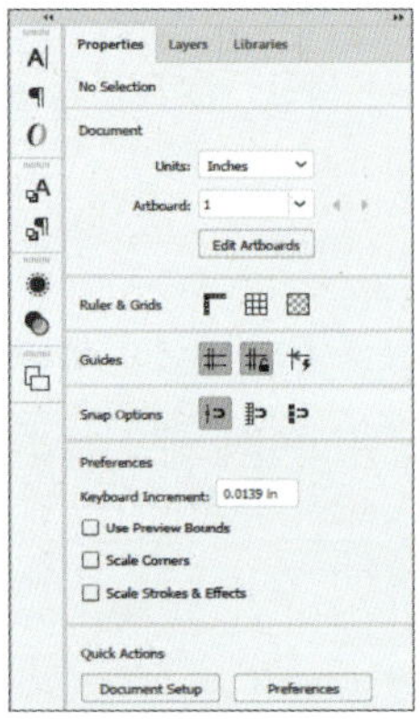

■ Typography

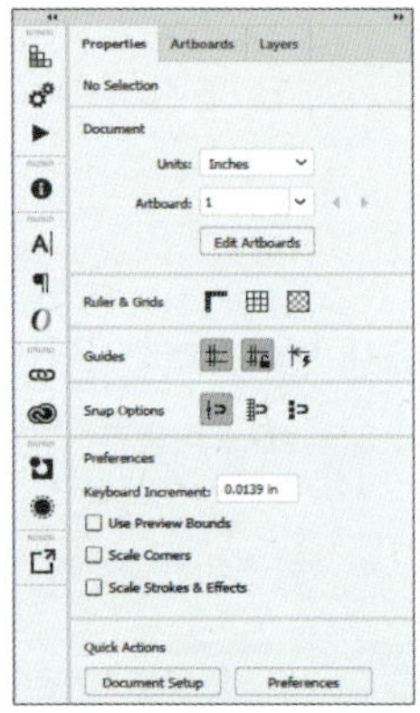

■ Web

03 패널 축소·확장하기 패널 목록에서 Automation을 선택합니다. 각 패널 상단에 있는 작은 삼각형을 클릭하여 패널을 축소하거나 확장할 수 있습니다.

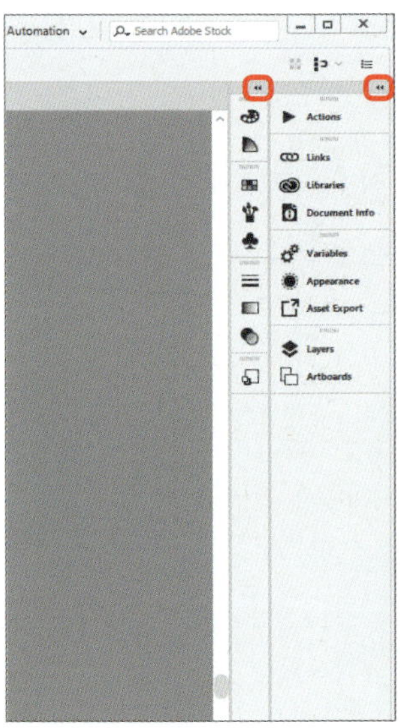

■ 패널을 모두 축소했을 때

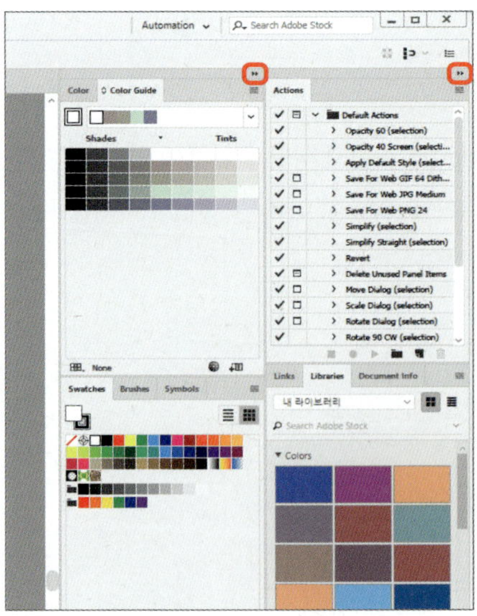

■ 패널을 모두 확장했을 때

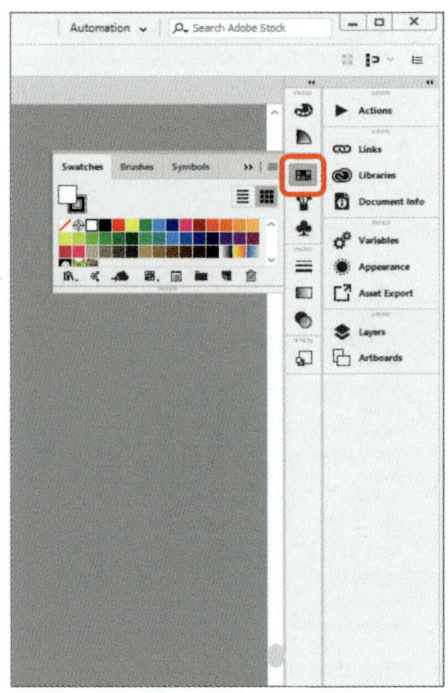

■ 패널이 축소된 상태에서 클릭했을 때

04 패널 분리하기/합치기 패널 이름을 패널 영역 바깥으로 드래그하면 패널이 분리됩니다. 반대로 분리된 패널을 패널 영역 안쪽으로 드래그하면 다시 삽입됩니다. 패널을 분리하거나 합쳐 사용자가 원하는 조합을 구성할 수 있습니다.

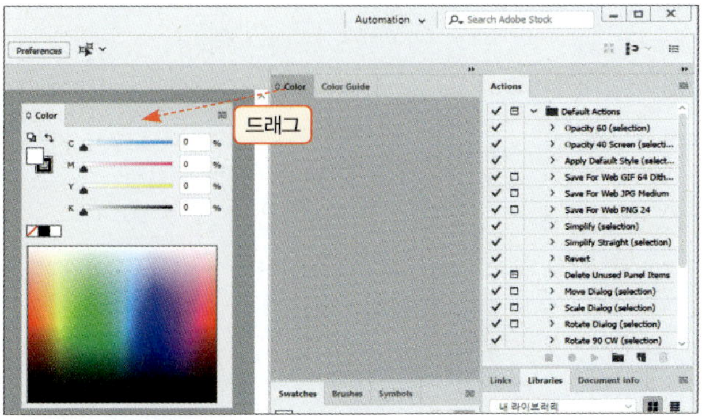

■ 패널을 바깥으로 드래그하여 빼기

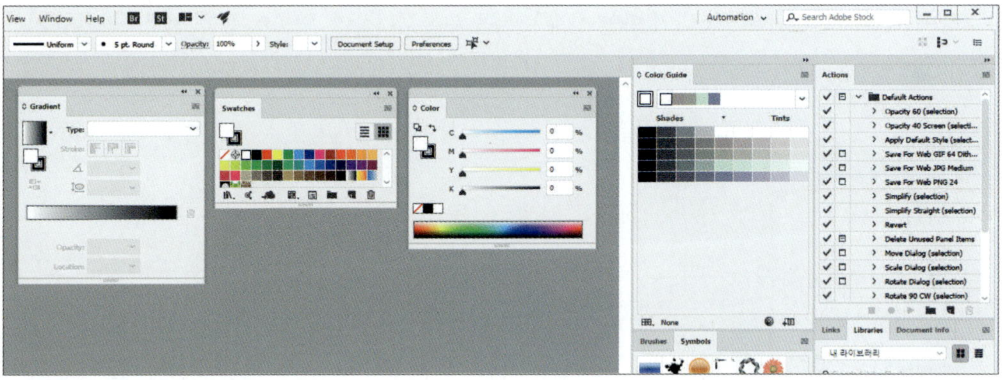

■ 패널을 바깥으로 빼 놓은 상태

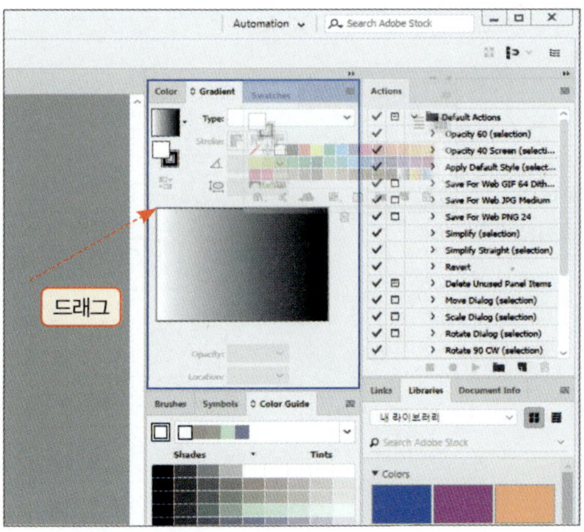

■ 패널을 패널 영역 안쪽으로 드래그하여 넣기

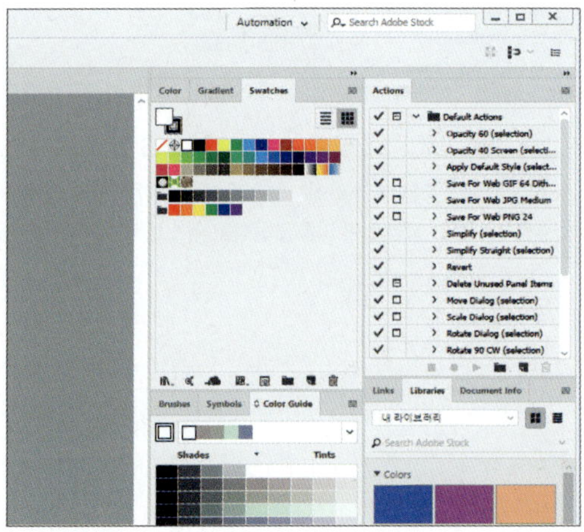

■ 원하는 조합으로 패널 구성하기

05 나만의 작업 화면 저장하기 작업 환경에 맞게 패널을 구성했다면 작업 화면 설정 버튼을 누르고 [New Workspace]를 선택합니다. 옵션 창에서 새 작업 화면 이름을 입력하고 〈OK〉를 클릭합니다.

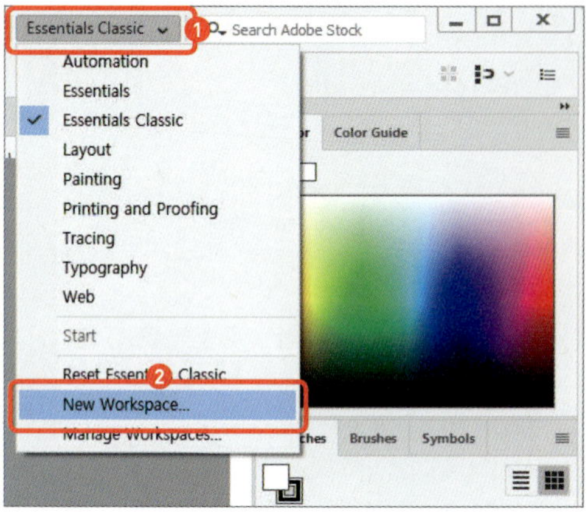

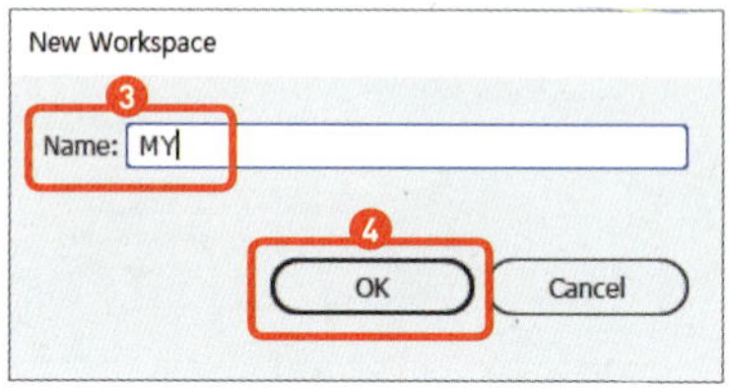

06 작업 도중에 화면이 변경되더라도 작업 화면 설정 버튼을 누른 후 [작업 화면 이름]을 선택하면 사용자가 저장해 둔 작업 화면으로 되돌릴 수 있습니다.

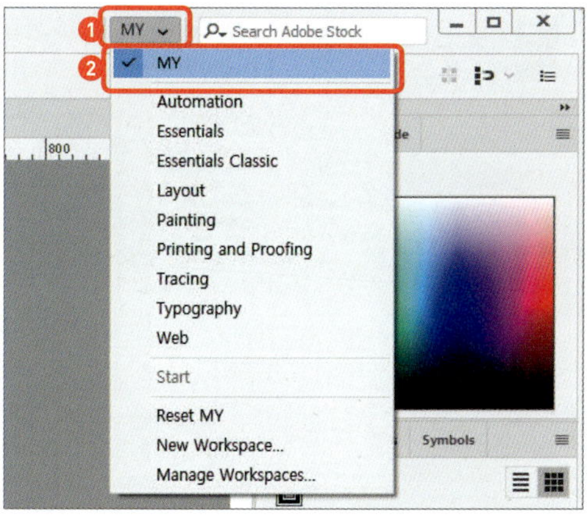

Tip 사용자가 저장한 작업 화면을 삭제하려면 메뉴 바에서 [Window]–[Workspace]–[Manage Workspaces]를 선택하고 작업 화면 이름을 선택한 후 오른쪽 휴지통( )을 클릭합니다.

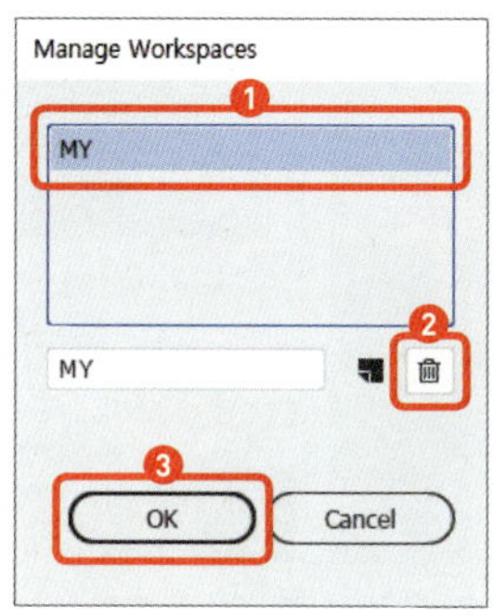

SECTION 03

파일 열고 닫고 프로그램 종료하기

• **핵심 기능 |** Open 메뉴(단축키 Ctrl+O)

파일 열고 닫기

01 파일 열기 메뉴 바에서 [File]-[Open]을 선택하거나 단축키 Ctrl+O를 누릅니다. Chapter_09 ▸ Section_03 ▸ Grouping.ai 파일을 선택하고 〈Open〉을 클릭합니다.

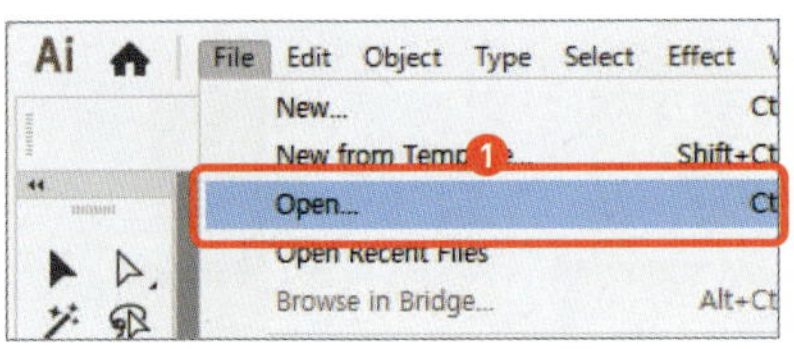

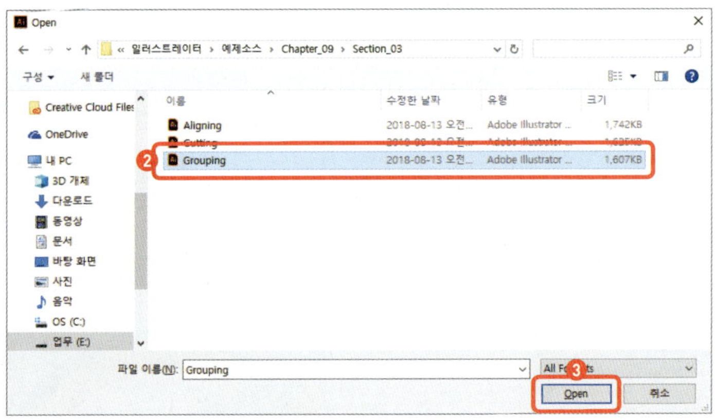

02 제목 표시줄 보기 열린 이미지의 제목 표시줄에 파일명, 화면 확대 비율, 색상 모드가 표시됩니다. 이미지는 모니터의 크기와 해상도에 따라 화면 확대 비율이 다르게 열릴 수 있습니다. 왼쪽 그림은 170%로 확대되어 열린 화면입니다. 실제 크기(100%)로 축소하면 오른쪽 그림처럼 작아집니다.

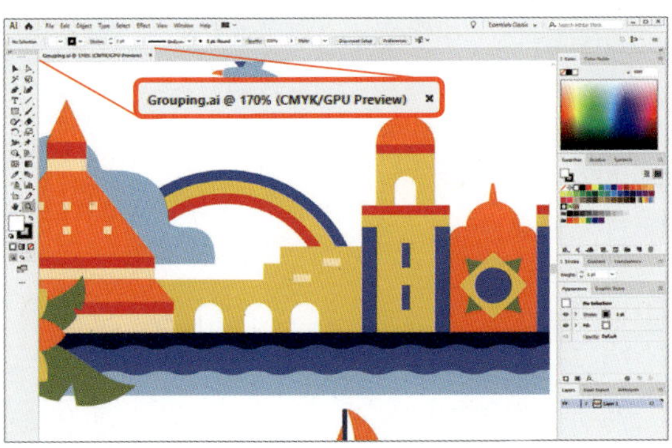

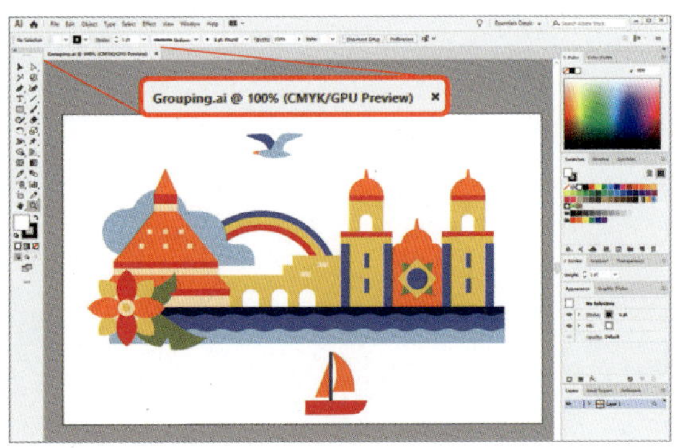

Tip Ctrl+0을 누르면 이미지가 작업 창을 꽉 채우는 크기로 변경되고, Ctrl+1을 누르면 100% 크기로 변경됩니다.

03 파일 닫기 파일을 한 개만 닫으려면 제목 표시줄 오른쪽에 보이는 [×]를 클릭하거나 단축키 [Ctrl]+[W]를 누릅니다.

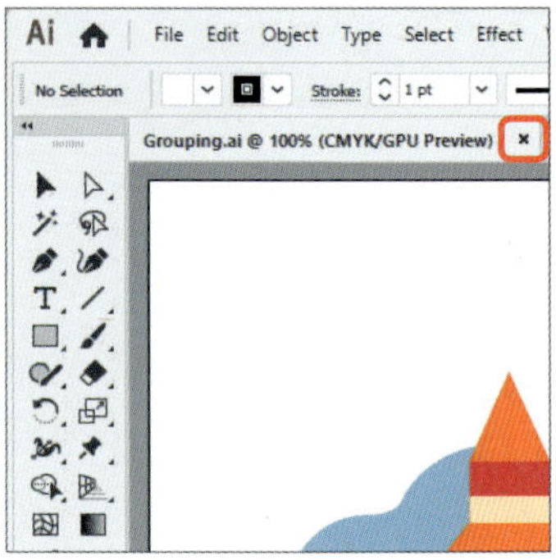

04 프로그램 종료하기 일러스트레이터를 종료하려면 메뉴 바에서 [File]-[Exit]를 선택합니다. 작업 화면 오른쪽 위에 보이는 [×]를 클릭하거나 단축키 [Ctrl]+[Q]를 눌러도 종료됩니다.

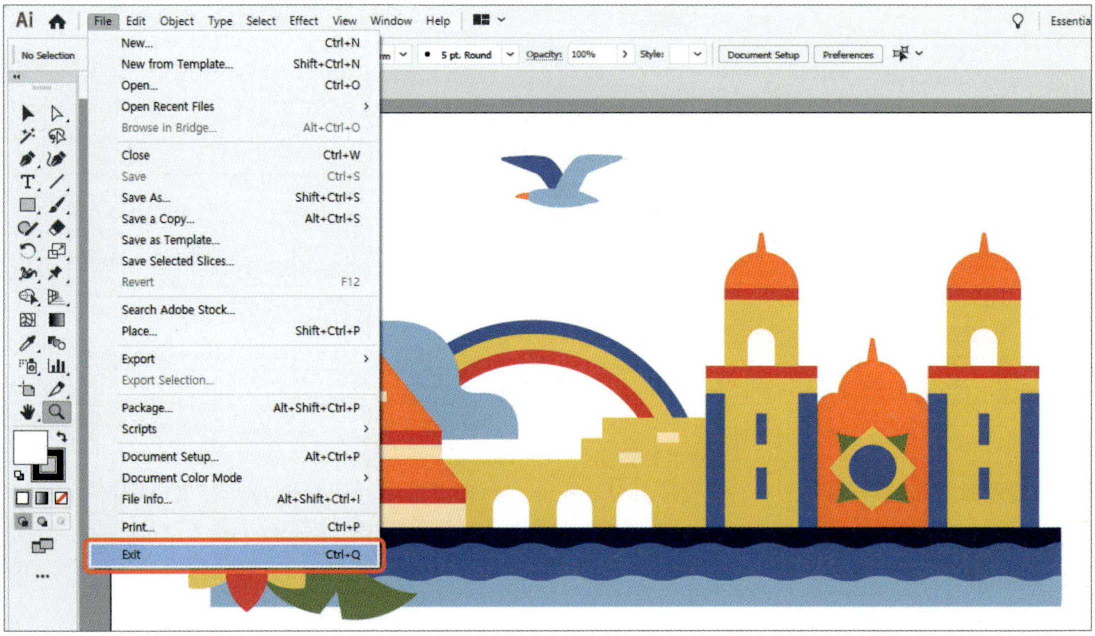

SECTION 04

새 문서와 아트보드 만들기

• **핵심 기능 |** New 메뉴(단축키 Ctrl+N)

새 문서 만들기

01 메뉴 바에서 [File]–[New]를 선택하거나 단축키 Ctrl+N을 누릅니다. 옵션 창이 열리면 원하는 너비와 높이 값을 직접 입력하거나 프로그램에서 제공하는 템플릿 중 하나를 선택한 후 〈Create〉를 클릭합니다. 다음 옵션 창은 Print 항목에서 A4 템플릿을 선택했을 때 나타나는 화면입니다.

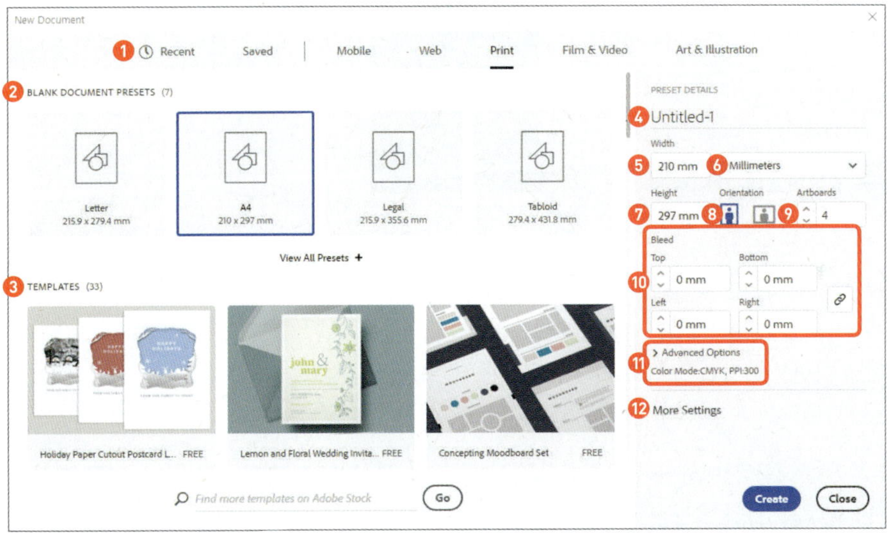

❶ Recent 미리 설정해 둔 이미지 크기를 볼 수 있습니다.

❷ BLANK DOCUMENT PRESETS 용도별로 규격화된 템플릿을 선택할 수 있습니다.

❸ TEMPLATES 디자인 템플릿을 내려받을 수 있습니다.

❹ Name 새 문서의 이름을 입력합니다.

❺ Width 문서 너비를 설정합니다.

❻ Unit 문서의 너비와 높이에 쓸 단위를 선택합니다.

❼ Height 문서 높이를 설정합니다.

❽ Orientation 문서 방향을 가로 또는 세로로 설정합니다.

❾ Artboards 아트보드 수를 입력합니다.

⑩ Bleed 아트보드의 상하좌우 여백을 설정합니다.

⑪ Advanced Options 문서의 색상 모드를 설정합니다.

⑫ More Settings 일러스트레이터 CC 이전 버전의 새 문서 화면을 보여 줍니다.

02 문서가 A4 크기로 만들어진 것을 확인할 수 있습니다.

아트보드 만들기

아트보드를 이용하면 작업 화면을 다양한 크기로 여러 개 구성할 수 있습니다.

01 메뉴 바에서 [File]–[New]를 선택하거나 단축키 Ctrl+N을 누릅니다. 옵션 창에서 Print 항목을 선택하고 A4 템플릿을 선택한 후 Artboards를 4로 입력하고 〈Create〉를 클릭합니다.

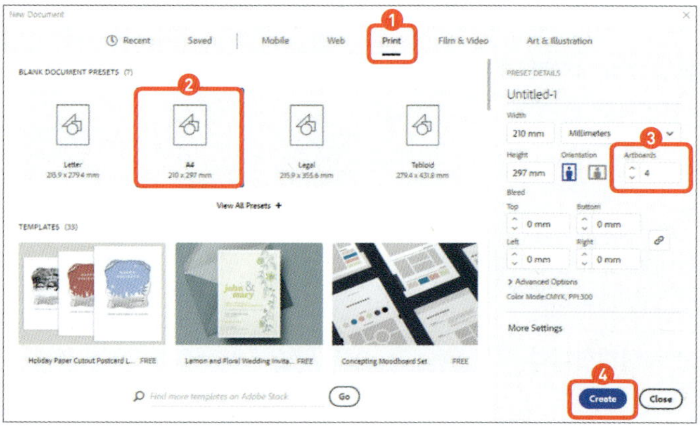

02 입력한 수만큼 아트보드가 만들어집니다.

03 01 단계의 옵션 창에서 More Settings를 선택한 후 아트보드의 방향을 변경할 수 있습니다.

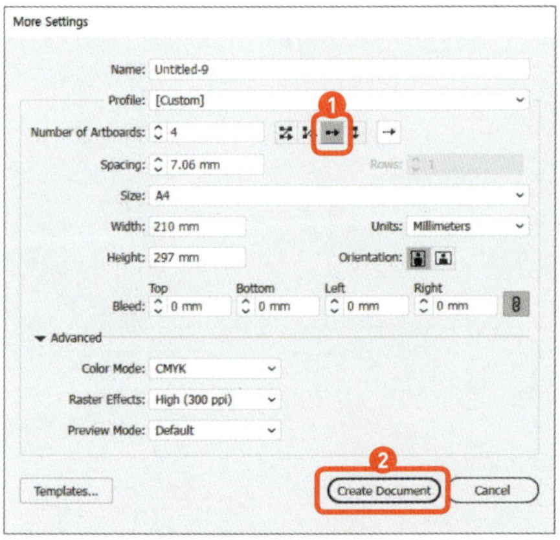

04 메뉴 바에서 [File]-[New from Template]을 선택하면 미리 저장되어 제공되는 템플릿을 불러와 사용할 수 있습니다.

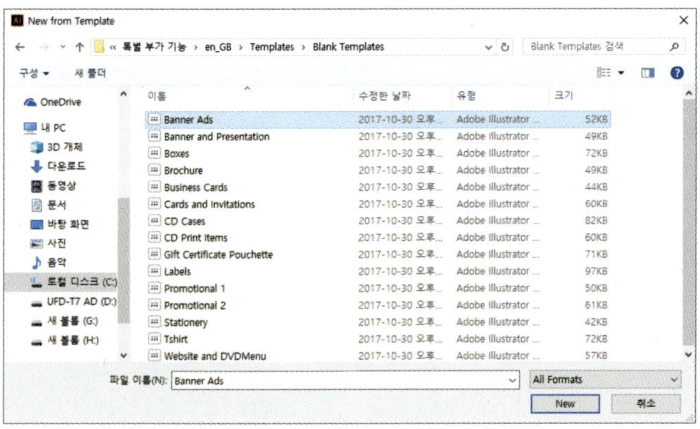

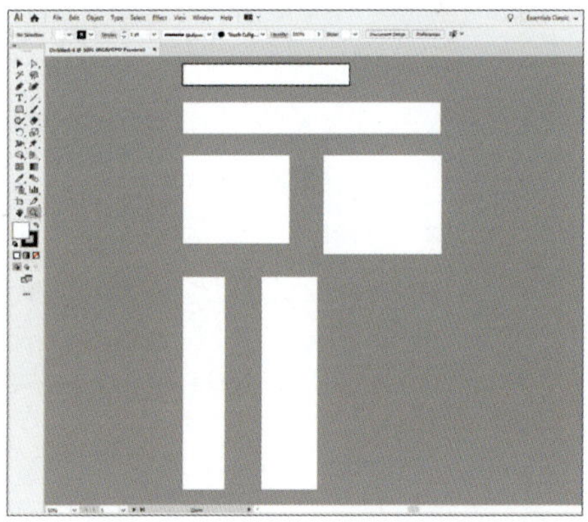

SECTION

05

다양한 형식으로 파일 저장하고 내보내기

- **핵심 기능 I** Save 메뉴(단축키 Ctrl+S)

기본 저장하기

01 AI 파일로 저장하기 새 문서를 열고 작업한 후 저장할 때는 메뉴 바에서 [File]–[Save]를 선택합니다. 파일을 저장할 폴더를 선택하고 파일명을 입력한 후 파일 형식을 AI로 선택하고 〈저장〉을 클릭합니다.

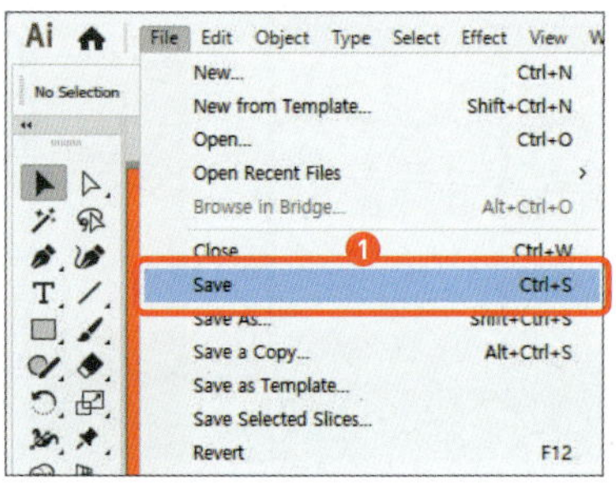

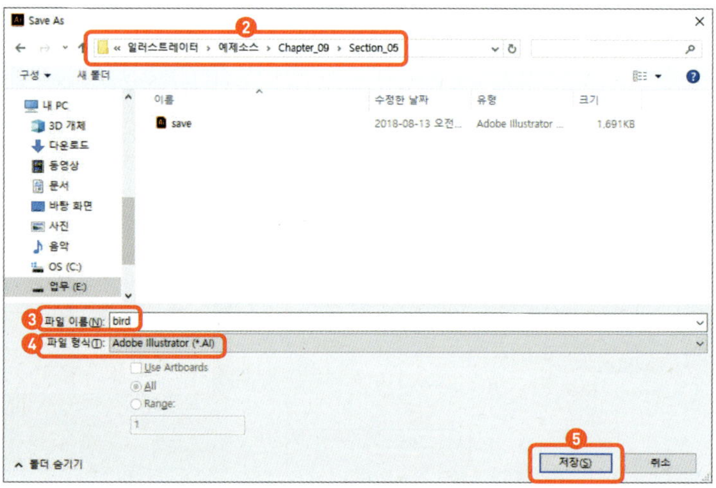

Tip 일러스트레이터 파일 형식

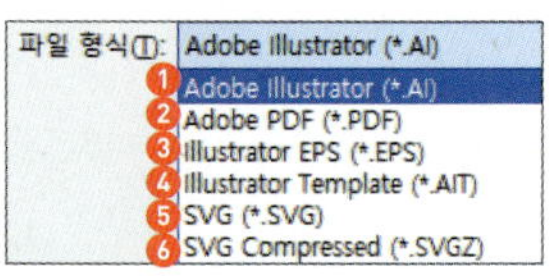

❶ **Adobe Illustrator (*.AI)** 일러스트레이터의 기본 형식입니다. 일러스트레이터에서 작업한 모든 구성 요소를 기본으로 저장하는 벡터 형식입니다.

❷ **Adobe PDF (*.PDF)** 저장된 모든 요소를 다른 시스템에서도 동일한 정보로 확인할 수 있는 파일 형식입니다.

❸ **Illustrator EPS (*.EPS)** 비트맵과 벡터 형식을 모두 지원하고 분판 출력이 가능한 형식입니다. 인쇄물을 작업할 때 주로 저장하는 형식입니다.

❹ **Illustrator Template (*.AIT)** 일러스트레이터에서 사용할 수 있는 템플릿으로 저장하는 형식입니다.

❺ **SVG (*.SVG)** XML 기반 파일 형식으로 벡터 정보를 문서 편집기로 편집할 수 있는 형식입니다.

❻ **SVG Compressed (*.SVGZ)** SVG 파일을 압축하여 저장하는 형식입니다.

02 저장할 버전 선택하기 옵션 창에서 저장할 일러스트레이터 버전을 선택하고 〈OK〉를 클릭합니다.

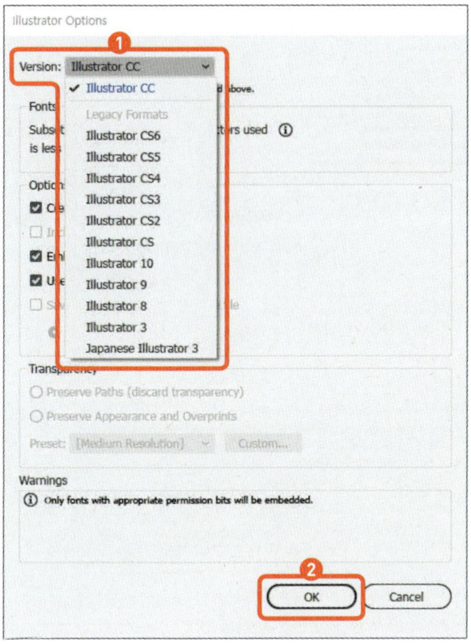

Tip 여러 가지 효과를 적용한 파일을 하위 버전으로 저장하면 작업한 파일과 다르게 저장될 수 있습니다. 이렇게 되면 이후에 다시 열어 작업을 이어가기 어렵습니다. 다만 완성된 이미지를 인쇄소로 전송할 때는 CS4 버전 이하로 저장하는 것이 좋습니다.

03 제목 표시줄 확인하기 저장이 완료되면 제목 표시줄의 파일명이 앞에서 지정한 파일명으로 바뀝니다.

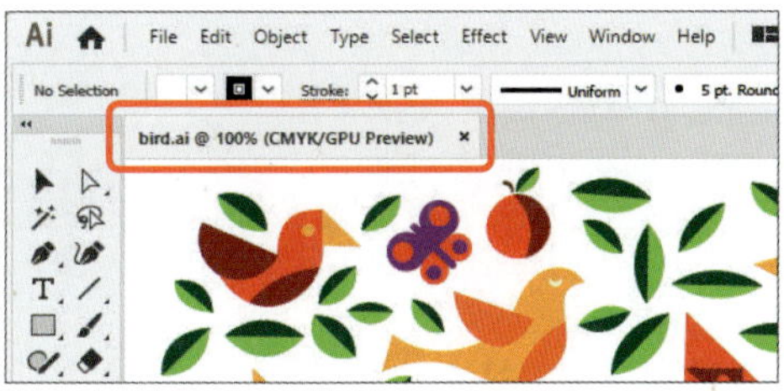

다른 이름으로 저장하기

01 Chapter_09 ▸ Section_05 ▸ save.ai 파일을 불러옵니다.

02 이미 저장된 파일을 불러오거나 작업 중인 파일을 추가로 저장할 때는 다른 이름으로 저장할 수 있습니다. 메뉴 바에서 [File]–[Save As]를 선택하고 파일을 저장할 위치를 지정한 후 파일 이름을 입력하고 〈저장〉을 클릭합니다.

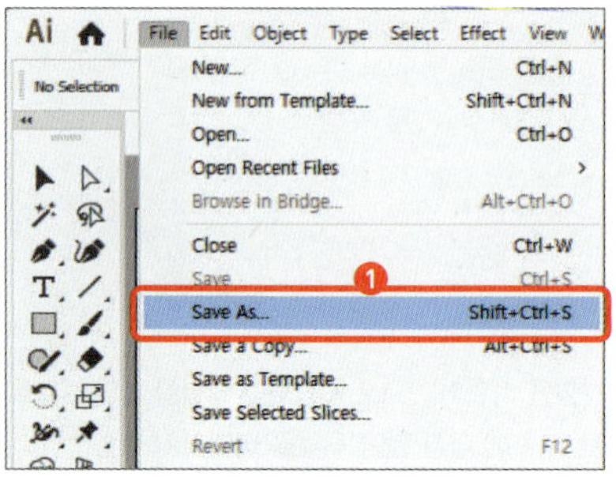

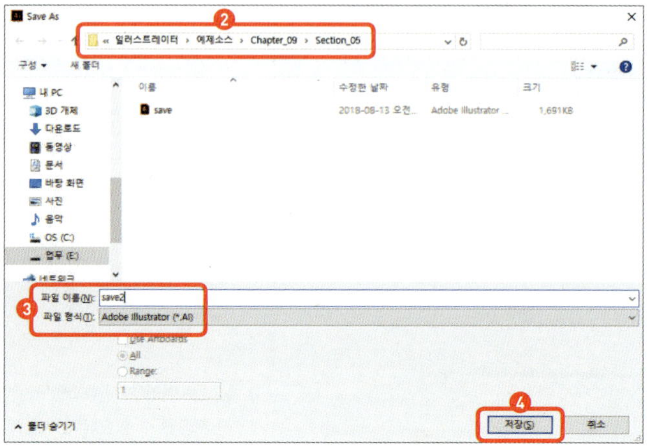

Tip Save 메뉴

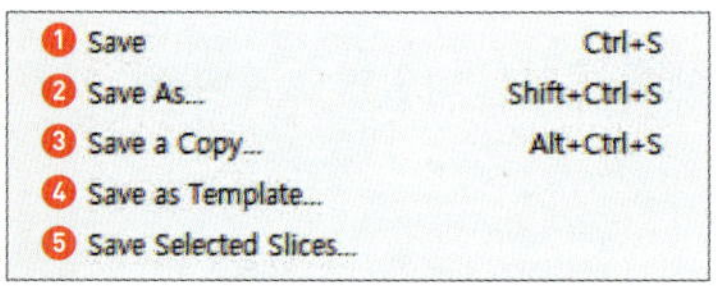

1. **Save** 작업 중인 파일을 저장합니다.
2. **Save As** 작업 중이거나 불러온 파일을 다른 이름으로 저장합니다.
3. **Save a Copy** 작업 중인 파일의 복사본을 저장합니다. 저장하는 파일명 끝에 Copy가 자동으로 붙습니다.
4. **Save as Template** 작업 중인 파일을 템플릿으로 저장합니다.
5. **Save Selected Slices** 선택한 분할 이미지를 저장합니다.

03 제목 표시줄의 파일명이 변경되고 폴더에 파일이 하나 더 생성된 것을 확인할 수 있습니다.

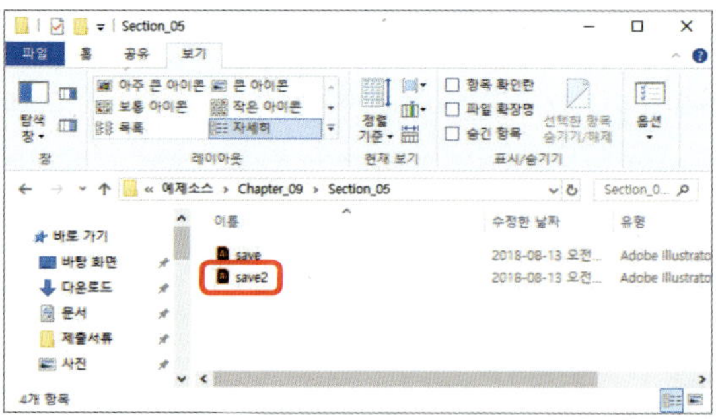

iOS나 안드로이드에 필요한 비율로 저장하기

01 Chapter_09 ▸ Section_05 ▸ mobile.ai 파일을 불러옵니다. 메뉴 바에서 [File]–[Export]–[Export for Screens]를 선택합니다.

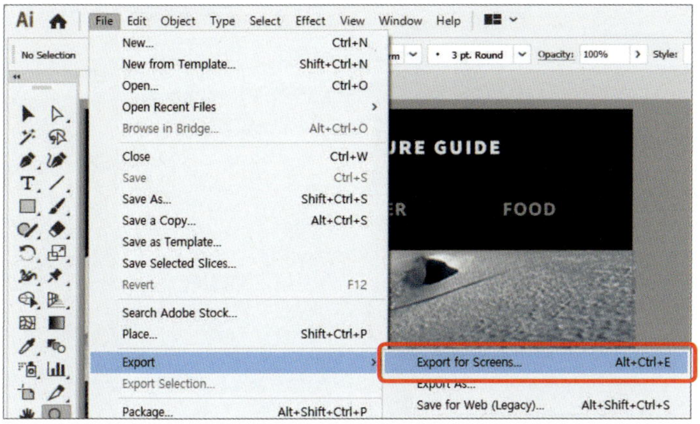

Tip Export 메뉴

❶ Export for Screens 작업 파일을 iOS나 안드로이드에 필요한 모든 화면 비율로 자동 저장합니다.

❷ Export As JPG, PSD, PNG 등의 파일 형식으로 저장합니다.

❸ Save for Web (Legacy) 웹에 적합한 이미지로 최적화하여 저장합니다.

02 문서 파일 한 개나 아트보드 여러 개를 iOS나 안드로이드 화면 비율로 한꺼번에 자동 저장할 수 있는 옵션 창이 나타납니다. Select에서 All, Formats에서 iOS를 선택한 후 〈Export Artboard〉를 클릭합니다.

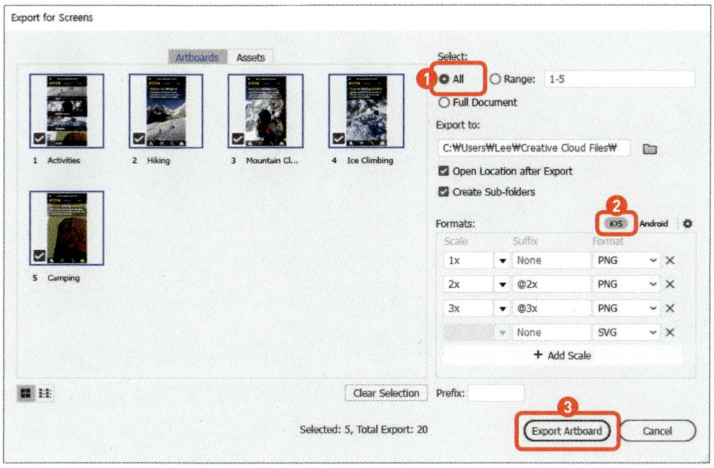

03 C:\Users\사용자이름\Creative Cloud Files 폴더를 확인해 보면 iOS 기기 화면에 필요한 아트보드 이미지가 비율별로 저장된 것을 확인할 수 있습니다.

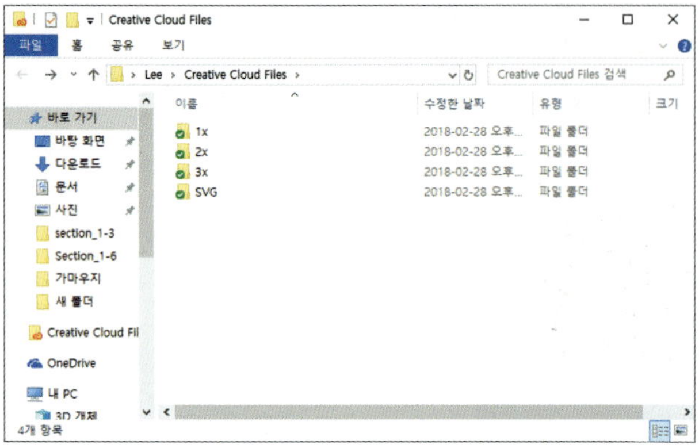

CHAPTER

10

오브젝트의 선택과 배치

01 / **기본 선택하기** ▶ 선택 툴

02 / **부분/그룹으로 선택하기** ▶ 직접 선택 툴, 그룹 선택 툴

03 / **작업 화면 확대·축소하기/이동하기** ▶ 돋보기 툴, 손바닥 툴

04 / **오브젝트 정렬 및 배열하기** ▶ 정렬 패널, Arrange 메뉴

SECTION 01 기본 선택하기

• **핵심 기능 |** 선택 툴(▶)(단축키 V)

선택 툴의 기능 익히기

01 오브젝트 선택하기 Chapter_10 ▸ Section_01 ▸ select.ai 파일을 불러옵니다. 선택 툴(▶)로 오브젝트를 클릭하면 바운딩 박스가 생기면서 클릭한 오브젝트가 선택됩니다. 선택을 해제하려면 빈 곳을 클릭합니다.

02 여러 오브젝트 선택하기 오브젝트가 선택된 상태에서 Shift를 누른 채 다른 오브젝트를 클릭하면 기존에 선택된 오브젝트에 추가로 클릭한 오브젝트가 함께 선택됩니다. 이미 선택된 오브젝트는 Shift를 누른 채 한 번 더 클릭하면 선택이 해제됩니다.

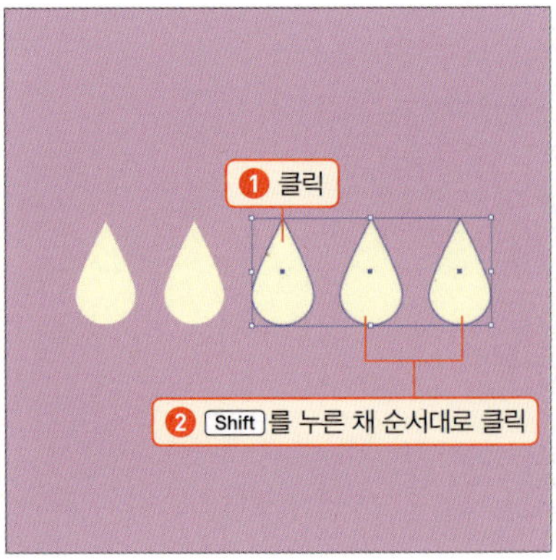

03 드래그하여 선택하기 선택 툴(▶)로 오브젝트 일부가 포함되도록 드래그하면 선택 툴이 드래그한 공간에 들어가는 오브젝트가 모두 선택됩니다.

04 오브젝트 이동하기 선택 툴(▶)로 오브젝트를 선택한 후 원하는 곳으로 드래그하면 오브젝트가 옮겨집니다.

05 오브젝트 복제하기 오브젝트가 선택된 상태에서 Alt를 누른 채 오브젝트 안쪽으로 마우스 포인터를 가져가면 마우스 포인터가 ▶ 모양으로 바뀝니다. 이때 오브젝트를 드래그하면 오브젝트가 복제됩니다.

06 여러 오브젝트 복제하기 오브젝트 여러 개를 선택한 후 Alt 를 누른 채 드래그하면 오브젝트 여러 개가 한꺼번에 복제됩니다.

07 오브젝트 크기 조절하기 선택한 오브젝트의 바운딩 박스 모서리로 마우스 포인터를 가져가면 마우스 포인터가 [↗] 모양으로 바뀝니다. 이때 바운딩 박스 모서리를 바깥으로 드래그하면 오브젝트가 커집니다.

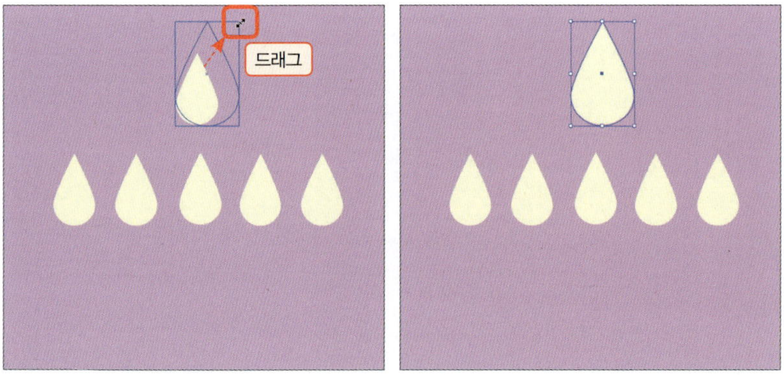

08 바운딩 박스 좌우 중앙으로 마우스 포인터를 가져가면 마우스 포인터가 [↔] 모양으로 바뀝니다. 이때 가로 방향으로 드래그하면 오브젝트 너비가 늘어나거나 줄어듭니다. 같은 방법으로 바운딩 박스 상하 중앙으로 마우스 포인터를 가져가면 마우스 포인터가 [↕] 모양으로 바뀌는데, 이때 세로 방향으로 드래그하면 오브젝트 높이가 늘어나거나 줄어듭니다.

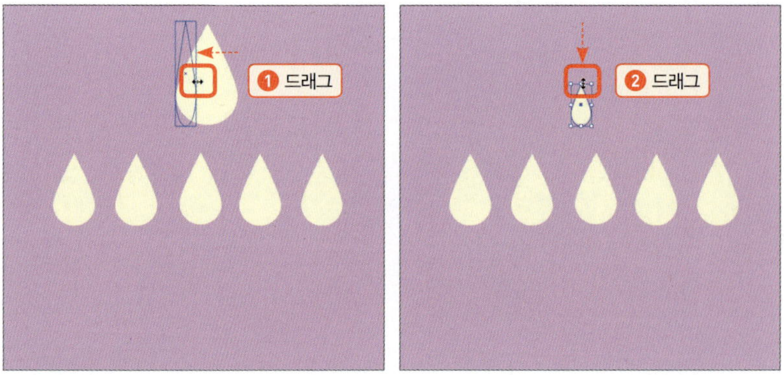

Tip 바운딩 박스의 어느 점에서든 Shift 를 누른 채 드래그하면 원래 크기의 비율을 유지한 채로 확대 또는 축소됩니다.

09 오브젝트 회전시키기 마우스 포인터를 바운딩 박스에서 살짝 벗어난 위치로 가져가면 마우스 포인터가 ⤵ 모양으로 바뀝니다. 이때 원하는 방향으로 드래그하면 오브젝트가 회전합니다.

Tip Shift를 누른 채 드래그하면 45°, 90°, 180°에 맞춰 회전합니다.

10 오브젝트 삭제하기 오브젝트가 선택된 상태에서 Delete를 누르면 오브젝트가 삭제됩니다.

11 면 색과 선 색 반전시키기 오브젝트가 선택된 상태에서 툴 박스의 기본 색상 지정 오른쪽 위에 보이는 양방향 굽은 화살표(⤵)를 클릭하면 면 색과 선 색이 맞바뀝니다.

응용 예제 어미 북극곰을 복제하여 새끼 북극곰 만들기

어미 북극곰을 복제한 후 크기를 조절하여 새끼 북극곰을 만들어 봅니다.

■ 준비 이미지

■ 완성 이미지

01 Chapter_10 ▶ Section_01 ▶ bear.ai 파일을 불러옵니다.

02 선택 툴(▶)로 구름을 클릭한 후 Alt 를 누른 채 왼쪽으로 드래그하여 복제합니다. 복제한 구름의 바운딩 박스 왼쪽 상단 모서리를 바깥쪽으로 드래그하여 구름 크기를 늘립니다.

03 툴 박스에서 면 색을 더블클릭하여 옵션 창을 엽니다. 색상 바의 슬라이더를 움직여 하늘색 계열 색상을 선택하고 원하는 밝기의 색상을 선택한 후 〈OK〉를 클릭합니다.

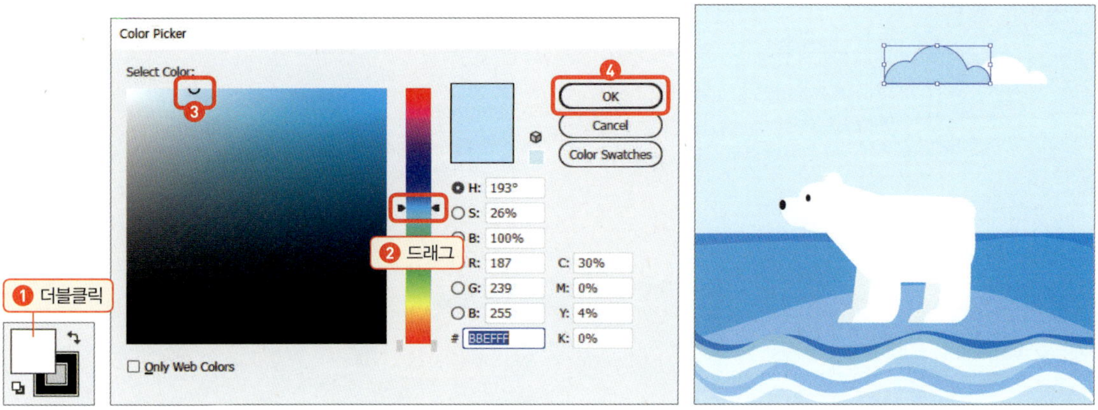

04 Shift를 누른 채 선택 툴(▶)로 곰의 몸통, 뒷다리, 귀, 눈, 코 등을 꼼꼼하게 클릭하여 선택한 후 오른쪽으로 드래그합니다.

05 곰이 선택된 상태에서 Alt를 누른 채 왼쪽으로 드래그하여 복제합니다.

06 복제된 곰이 선택된 상태에서 Shift를 누른 채 바운딩 박스의 왼쪽 상단 모서리를 안쪽으로 드래그하여 크기를 줄입니다. Shift를 누른 채 크기를 조절하면 원본과 같은 비율로 조절됩니다. 왼쪽으로 드래그하여 어미 곰 앞으로 옮깁니다.

혼자 해 보기 | 카메라 만들기

• **준비 파일** camera.ai • **완성 파일** camera_result.ai

주어진 오브젝트를 옮겨 카메라를 만듭니다. 완성한 카메라를 복제하고 크기를 줄여 봅니다.

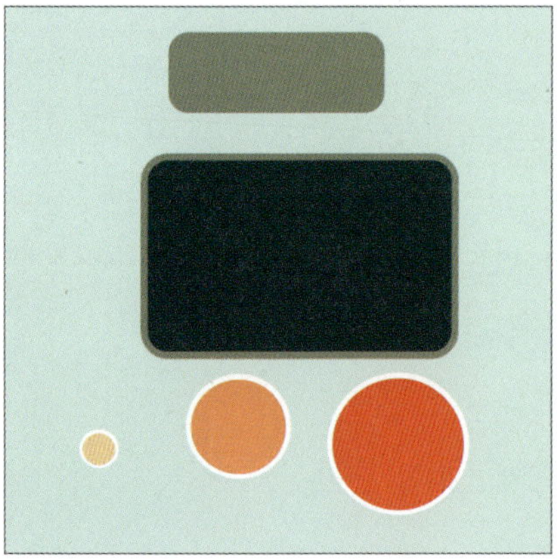

■ 준비 이미지

■ 완성 이미지

SECTION 02

부분/그룹으로 선택하기

• **핵심 기능 |** 직접 선택 툴(단축키 A), 그룹 선택 툴

직접 선택 툴의 기능 익히기

01 선택 툴로 선택하기 Chapter_10 ▸ Section_02 ▸ d_select.ai 파일을 불러옵니다. 선택 툴()로 오른쪽 수박 한 쪽을 클릭하면 그룹으로 묶인 수박 한 쪽과 수박씨가 모두 선택되고 가장자리에 바운딩 박스가 생깁니다.

02 직접 선택 툴로 선택하기 빈 곳을 클릭하여 바운딩 박스를 없애고 직접 선택 툴()로 수박 속인 빨간 면을 클릭합니다. 수박 속과 수박씨가 그룹으로 묶여 있어도 빨간 면만 선택됩니다. 이번에는 수박 한 쪽의 꼭대기에 있는 앵커 포인트를 클릭합니다. 클릭한 앵커 포인트만 선택됩니다.

Tip 직접 선택 툴()로 앵커 포인트를 클릭하면 클릭한 지점의 앵커 포인트만 색상이 채워집니다. Shift를 누른 채 앵커 포인트를 클릭하면 앵커 포인트를 여러 개 선택할 수 있습니다.

03 앵커 포인트로 오브젝트 변형하기 수박 한 쪽의 꼭대기 부분 앵커 포인트를 직접 선택 툴( )로 위로 드래그합니다. 수박 양옆의 앵커 포인트는 고정된 채 선택된 앵커 포인트와 연결된 패스만 늘어납니다.

04 위젯으로 오브젝트 변형하기 직접 선택 툴( )로 딸기를 클릭하면 딸기 안쪽에 동그란 위젯이 나타납니다. 위젯으로 마우스 포인터를 가져가면 마우스 포인터가 ( ) 모양으로 바뀝니다. 이때 드래그하면 가장자리가 둥글어집니다.

05 직접 선택 툴( )로 수박 한 쪽의 꼭대기 앵커 포인트를 클릭합니다. 딸기를 클릭했을 때와 달리 라이브 코너 위젯이 하나만 나타납니다. 위젯을 드래그하면 꼭대기 모서리만 둥글어집니다.

06 곡선의 앵커 포인트 다루기 직접 선택 툴(▷)로 수박 껍질 곡선 부분의 가운데 앵커 포인트를 클릭합니다. 앵커 포인트를 아래로 드래그하면 껍질 영역이 넓어집니다.

07 수박 껍질에 있는 곡선 앵커 포인트를 클릭하면 좌우 핸들러가 나타납니다. 좌우 핸들러를 드래그하면 곡선 각도가 조절됩니다.

그룹 선택 툴의 기능 익히기

01 Chapter_10 ▸ Section_02 ▸ group.ai 파일을 불러옵니다. 선택 툴(▶)로 모바일 아이콘 4개 중 하나를 클릭합니다. 아이콘을 구성하는 오브젝트가 모두 분리되어 있는 것을 알 수 있습니다.

02 오브젝트 여러 개를 그룹으로 묶기 선택 툴(▶)로 첫 번째 아이콘을 드래그하여 개별 오브젝트를 모두 선택합니다. 메뉴 바에서 [Object]−[Group]을 선택하거나 단축키 Ctrl+G를 눌러 선택된 오브젝트를 그룹으로 묶습니다.

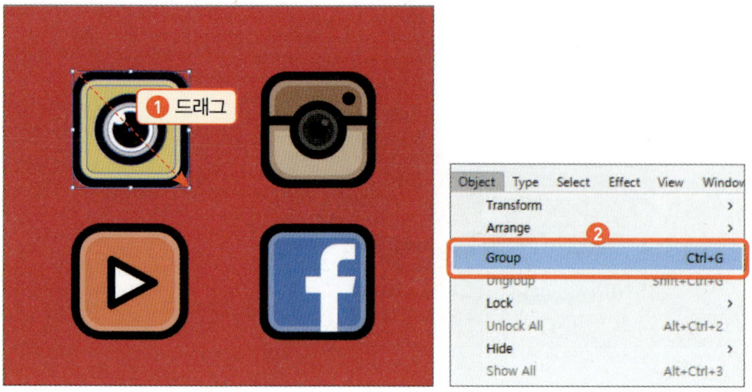

03 나머지 아이콘 세 개도 각각 드래그하여 개별 오브젝트를 모두 선택한 후 Ctrl+G를 눌러 그룹으로 묶습니다.

04 그룹을 다시 그룹으로 묶기 이미 그룹으로 묶인 첫 번째 아이콘과 두 번째 아이콘을 Shift를 누른 채 선택 툴(▶)로 클릭한 후 Ctrl+G를 누릅니다. 아이콘 2개가 그룹으로 묶입니다. 세 번째 아이콘을 Shift를 누른 채 선택 툴(▶)로 클릭한 후 Ctrl+G를 누르면 아이콘 3개가 그룹으로 묶입니다.

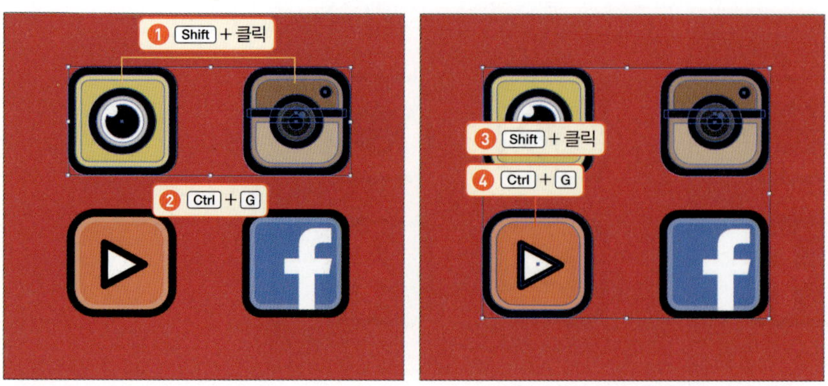

05 그룹 선택 툴로 오브젝트 선택하기 빈 곳을 클릭하여 바운딩 박스를 없앱니다. 그룹 선택 툴( )로 첫 번째 아이콘의 진한 노란색 면을 클릭하면 클릭한 오브젝트만 선택됩니다. 같은 위치를 한 번 더 클릭합니다. 처음 클릭한 오브젝트와 그룹인 오브젝트가 한꺼번에 선택됩니다.

06 그룹 선택 툴( )로 진한 노란색 면을 반복해서 클릭합니다. 클릭할 때마다 그룹으로 묶인 오브젝트가 순차적으로 선택됩니다. 이처럼 그룹 선택 툴( )을 이용하면 그룹 일부분만 선택하거나 그룹으로 묶인 순서대로 오브젝트를 선택할 수 있습니다. 어떤 오브젝트가 그룹으로 묶여 있는지 확인하기 어려울 때 사용하면 유용합니다.

Tip 선택 툴( )로 그룹을 선택하면 그룹으로 묶인 오브젝트가 모두 선택됩니다.

07 그룹 해제하기 선택 툴( )로 그룹 오브젝트를 선택한 후 메뉴 바에서 [Object]–[Ungroup]을 선택하거나 단축키 Ctrl+Shift+G를 누릅니다. 현재 그룹으로 묶이기 바로 전 단계로 그룹이 해제됩니다. Ctrl+Shift+G를 누를 때마다 단계별로 그룹이 해제됩니다.

SECTION 03

작업 화면 확대·축소하기/이동하기

• **핵심 기능 I** 돋보기 툴(단축키 Z), 손바닥 툴(단축키 H)

돋보기 툴과 손바닥 툴의 기능 익히기

01 화면 확대하기 Chapter_10 ▸ Section_03 ▸ zoom.ai 파일을 불러옵니다. 돋보기 툴()로 화면을 클릭합니다. 클릭할 때마다 화면이 확대됩니다.

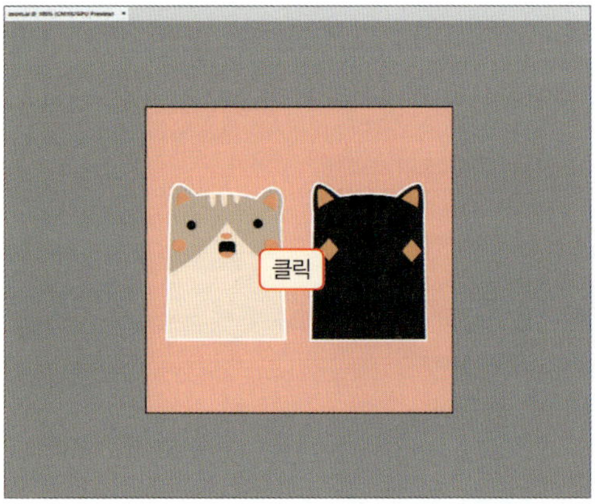

02 화면 축소하기 Alt를 누른 채 돋보기 툴()로 화면을 클릭합니다. 클릭할 때마다 화면이 축소됩니다.

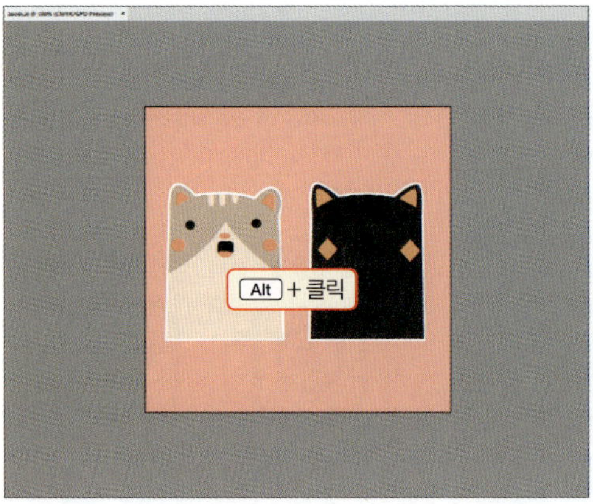

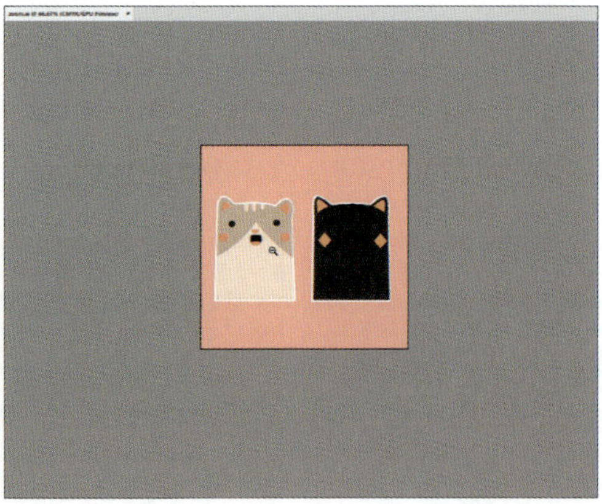

03 드래그하여 화면 확대·축소하기 돋보기 툴(🔍)로 화면을 오른쪽으로 드래그하면 화면이 확대됩니다. 반대로 왼쪽으로 드래그하면 화면이 축소됩니다.

■ 화면 확대

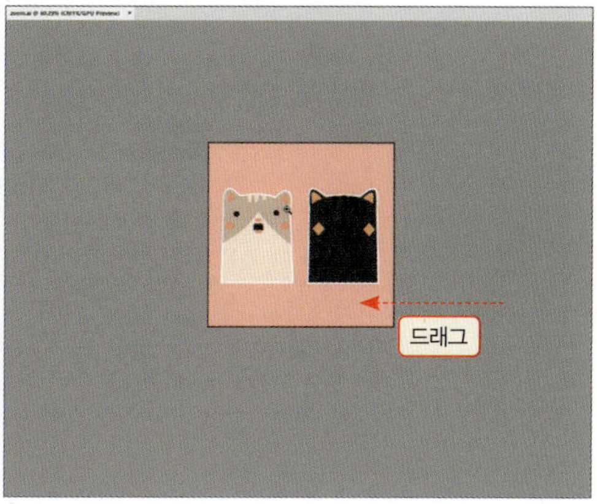

■ 화면 축소

Tip 단축키 Ctrl+-를 누르면 화면이 축소되고 Ctrl++를 누르면 화면이 확대됩니다.

04 내비게이터 패널로 화면 확대·축소하기 메뉴 바에서 [Window]-[Navigator]를 선택합니다. 내비게이터 패널에 화면이 보입니다. 패널 하단의 확대·축소 비율을 직접 입력하거나 화면 축소(▲) 또는 화면 확대(▲)를 클릭하면 화면이 확대 또는 축소됩니다.

05 확대된 화면에서 원하는 부분 보기 내비게이터 패널에 보이는 빨간색 사각형 테두리는 전체 이미지에서 이미지 작업 창에 보이는 부분을 나타냅니다. 빨간색 사각형 안쪽을 드래그하면 전체 이미지에서 화면에 보일 부분을 조절할 수 있습니다.

06 화면 위치 옮기기 손바닥 툴()로 화면을 드래그합니다. 드래그한 곳으로 화면이 옮겨집니다. 다른 툴을 선택한 상태에서 Space Bar 를 누르면 임시로 마우스 포인터 모양이 손바닥 모양으로 바뀝니다. 이때 드래그하면 화면을 옮길 수 있습니다.

07 화면 크기 변경하기 단축키 Ctrl + 0 을 누르면 화면이 이미지 작업 창을 꽉 채우는 크기로 바뀝니다. Ctrl + 1 을 누르면 화면이 이미지의 100% 크기로 바뀝니다.

SECTION 04

오브젝트 정렬 및 배열하기

• **핵심 기능 |** 정렬 패널, Arrange 메뉴

오브젝트 정렬하기

01 오브젝트 정렬하기 Chapter_10 ▸ Section_04 ▸ align.ai 파일을 불러옵니다. 선택 툴(▶)로 오브젝트 3개를 드래그하여 선택하고 메뉴 바에서 [Window]–[Align]을 선택합니다. 정렬 패널에서 정렬 옵션을 하나씩 클릭하여 적용해 봅니다.

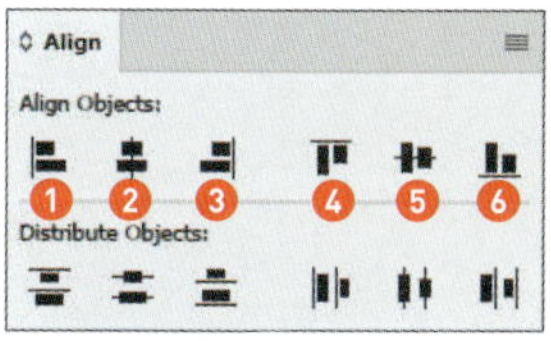

■ 정렬 패널의 정렬 옵션

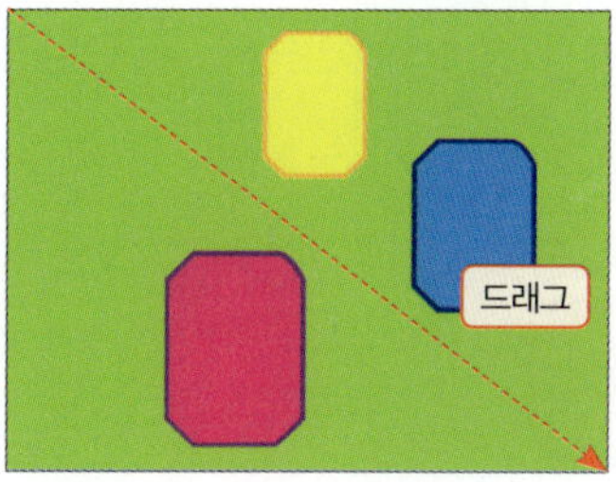

■ 정렬 전

❶ 수평 왼쪽 정렬

가장 왼쪽에 있는 오브젝트의 왼쪽 가장자리를 기준으로 왼쪽 정렬합니다.

❷ 수평 가운데 정렬

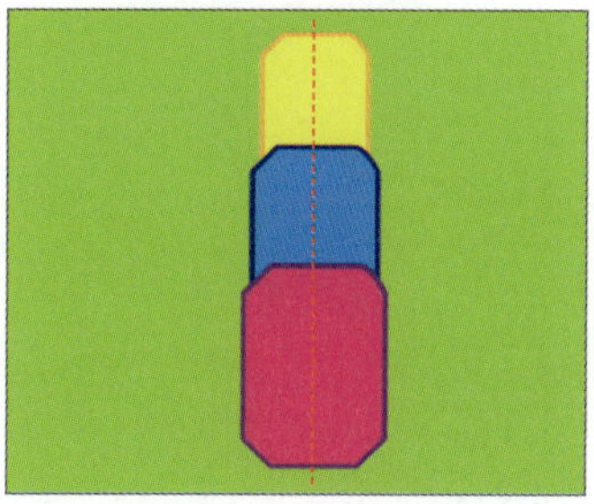

선택된 오브젝트 중에서 가장 왼쪽과 가장 오른쪽 오브젝트의 너비 가운데를 기준으로 가운데 정렬합니다.

❸ 수평 오른쪽 정렬

가장 오른쪽에 있는 오브젝트의 오른쪽 가장자리를 기준으로 오른쪽 정렬합니다.

❹ 수직 위쪽 정렬

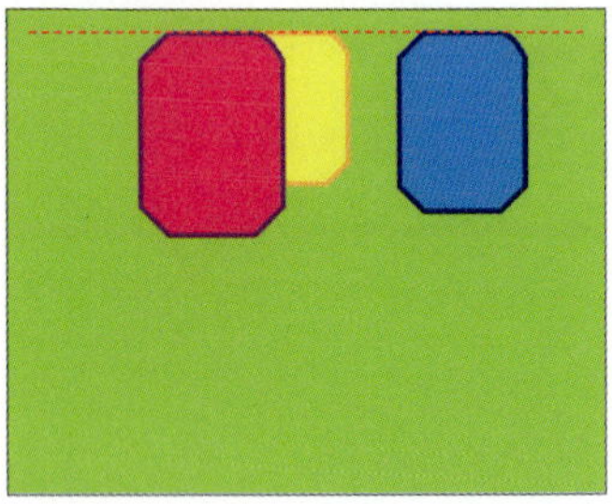

가장 위쪽에 있는 오브젝트의 상단을 기준으로 위쪽 정렬합니다.

❺ 수직 가운데 정렬

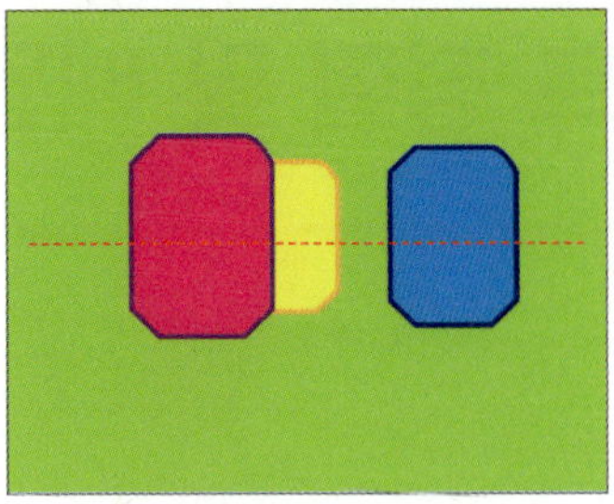

선택된 오브젝트에서 가장 위쪽과 가장 아래쪽 오브젝트의 높이 가운데를 기준으로 가운데 정렬합니다.

❻ 수직 아래쪽 정렬

가장 아래쪽에 있는 오브젝트의 하단을 기준으로 아래쪽 정렬합니다.

Tip 다음 정렬 옵션을 적용하기 전에 Ctrl+Z를 눌러 처음 배치 상태로 되돌린 후 새로운 정렬 옵션을 클릭합니다.

02 오브젝트 분배하기

선택 툴(▶)로 오브젝트 3개를 다음과 같이 배치한 후 드래그하여 선택합니다. 정렬 패널에서 분배 옵션을 하나씩 클릭하여 적용해 봅니다.

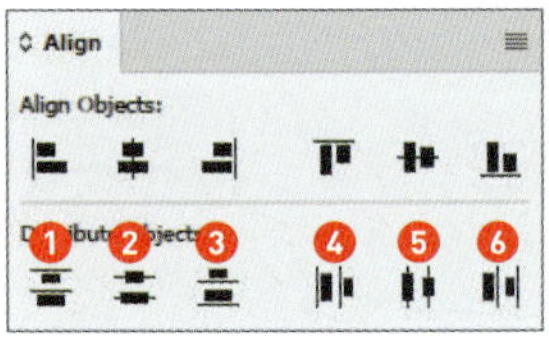

■ 정렬 패널의 분배 옵션

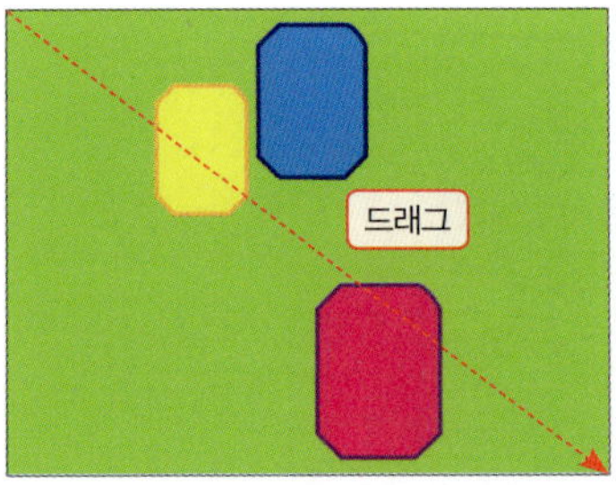

■ 분배 전

❶ 수직 위쪽 분배

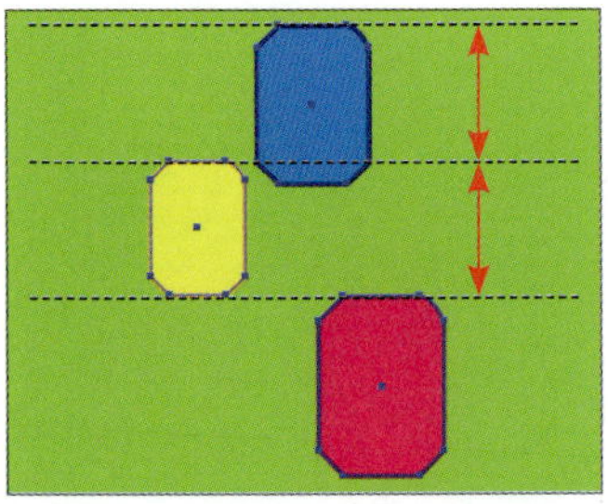

수직 방향으로 각 오브젝트의 상단을 기준으로 동일한 간격으로 정렬합니다.

❷ 수직 가운데 분배

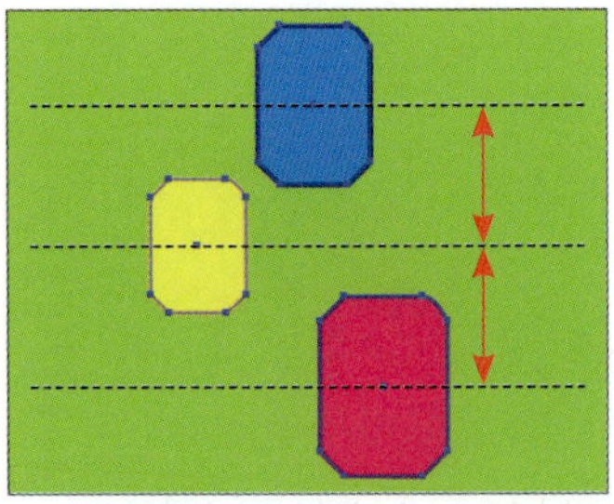

수직 방향으로 각 오브젝트의 가운데를 기준으로 동일한 간격으로 정렬합니다.

❸ 수직 아래쪽 분배

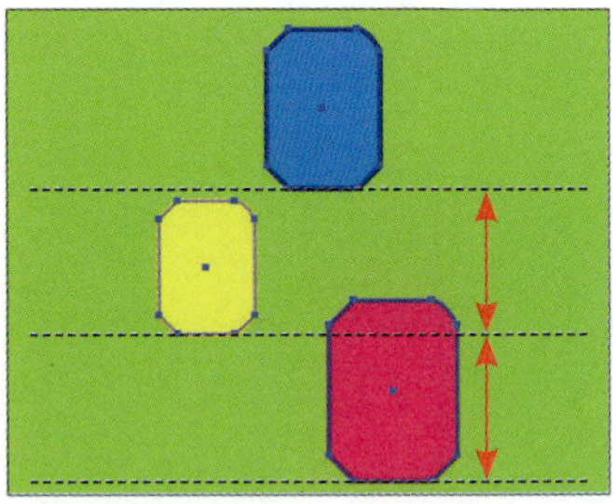

수직 방향으로 각 오브젝트의 하단을 기준으로 동일한 간격으로 정렬합니다.

❹ 수평 왼쪽 분배

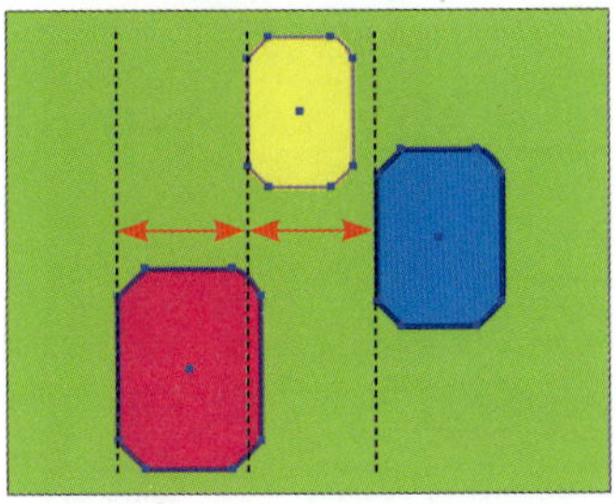

수평 방향으로 각 오브젝트의 왼쪽 가장자리를 기준으로 동일한 간격으로 정렬합니다.

❺ 수평 가운데 분배

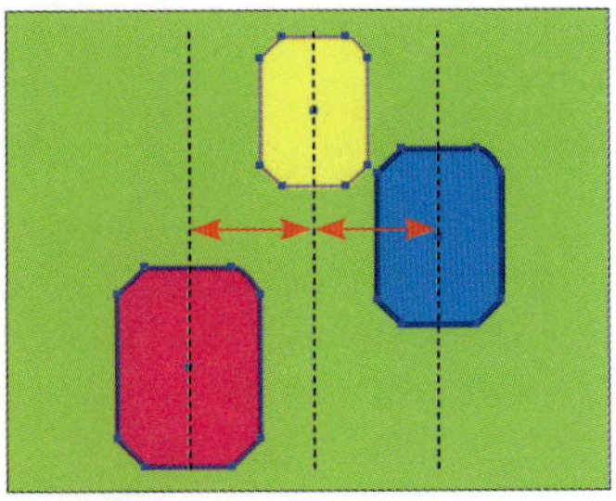

수평 방향으로 각 오브젝트의 가운데를 기준으로 동일한 간격으로 정렬합니다.

❻ 수평 오른쪽 분배

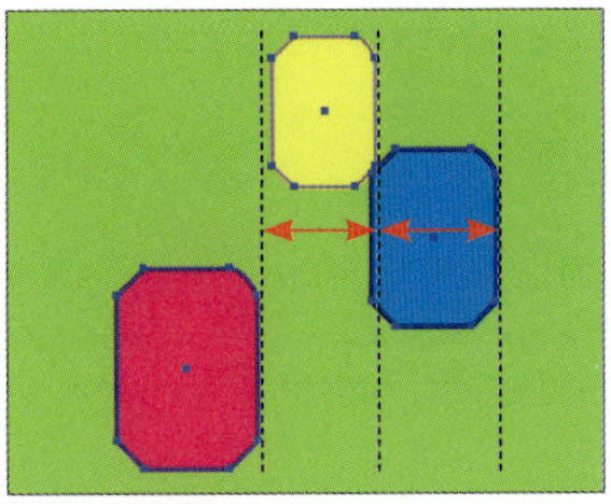

수평 방향으로 각 오브젝트의 오른쪽 가장자리를 기준으로 동일한 간격으로 정렬합니다.

Tip 다음 분배 옵션을 적용하기 전에 Ctrl+Z를 눌러 처음 배치 상태로 되돌린 후 새로운 분배 옵션을 클릭합니다.

오브젝트가 겹친 순서 조절하기

01 오브젝트 앞으로 옮기기 Chapter_10 ▸ Section_04 ▸ arrange.ai 파일을 불러옵니다. 선택 툴(▶)로 가장 뒤에 위치한 노란색 오브젝트를 클릭하여 선택합니다. 메뉴 바에서 [Object]−[Arrange]에 있는 [Bring to Front]와 [Bring Forward]를 클릭하여 적용합니다.

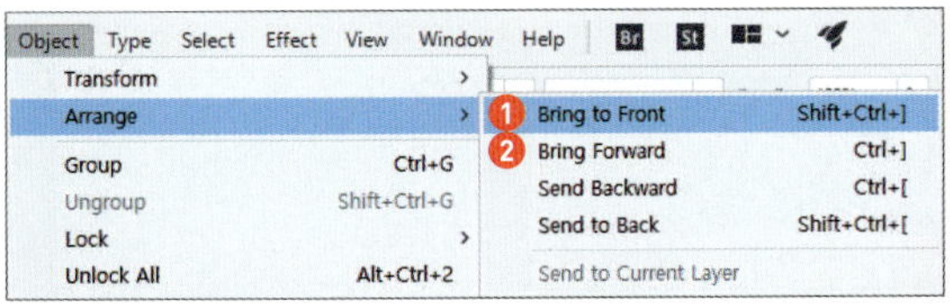

■ Arrange 메뉴

■ 배열 전

❶ Bring to Front

겹쳐진 오브젝트 수와 상관없이 선택된 오브젝트가 맨 앞으로 나옵니다.

❷ Bring Forward

오브젝트의 현재 위치에서 한 단계 앞으로 나옵니다. 여러 번 반복하면 원하는 위치로 옮길 수 있습니다.

Tip 오브젝트를 선택하고 마우스 오른쪽 버튼을 클릭하여 [Arrange] 메뉴를 바로 적용할 수도 있습니다.

02 **오브젝트를 뒤로 옮기기** Ctrl+Z를 눌러 다음과 같이 원래 배열 상태로 되돌립니다. 선택 툴(▶)로 맨 앞에 있는 주황색 오브젝트를 선택한 후 메뉴 바에서 [Object]–[Arrange]에 있는 [Send Backward]와 [Send to Back]을 클릭하여 적용합니다.

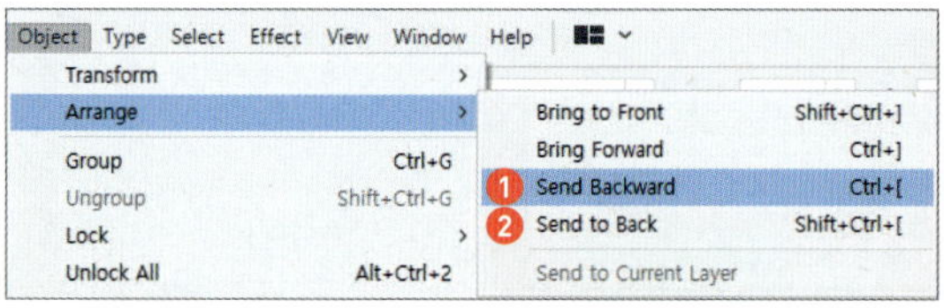

■ Arrange 메뉴

■ **배열 전**

❶ Send Backward

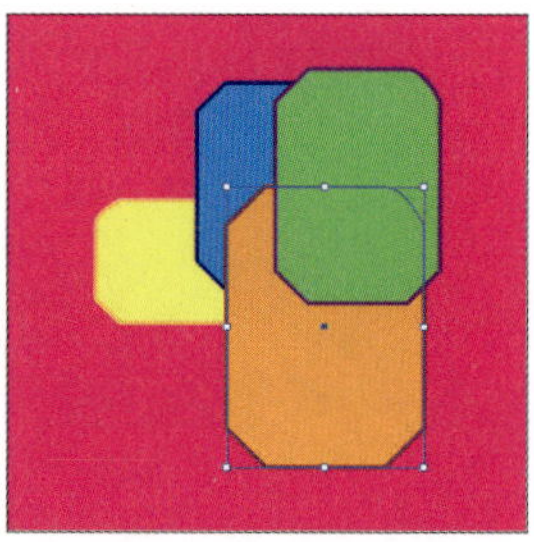

오브젝트의 현재 위치에서 한 단계 뒤로 갑니다. 여러 번 반복하면 원하는 위치로 옮길 수 있습니다.

❷ Send to Back

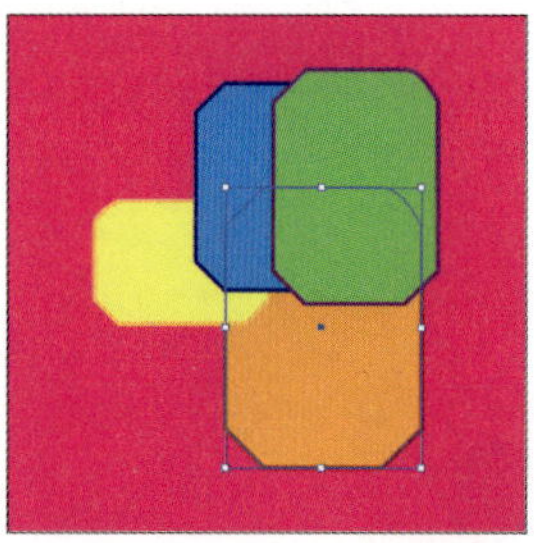

겹쳐진 오브젝트 수와 상관없이 선택된 오브젝트가 맨 뒤로 갑니다.

CHAPTER

11

직선 및 곡선 그리기

01 / **직선 그리기** ▶ 펜 툴

02 / **곡선 그리기** ▶ 펜 툴

03 / **앵커 포인트 추가/삭제하기** ▶ 앵커 포인트 추가 툴, 앵커 포인트 삭제 툴

04 / **직선을 곡선으로, 곡선을 직선으로 바꾸기** ▶ 앵커 포인트 전환 툴

05 / **곡률을 보며 곡선 그리기** ▶ 곡률 전환 툴

SECTION

01

직선 그리기

• **핵심 기능 |** 펜 툴(단축키 P)

펜 툴의 기능

펜 툴( )은 점과 점을 연결하여 직선이나 곡선을 그립니다. 펜 툴은 벡터 드로잉 프로그램인 일러스트레이터에서 쓸 수 있는 가장 기본적인 그리기 툴입니다. 다음은 펜 툴로 그린 다양한 형태의 선입니다. 각 선의 내부에 보이는 파란색 선을 패스, 패스를 연결하는 점을 앵커 포인트라고 합니다.

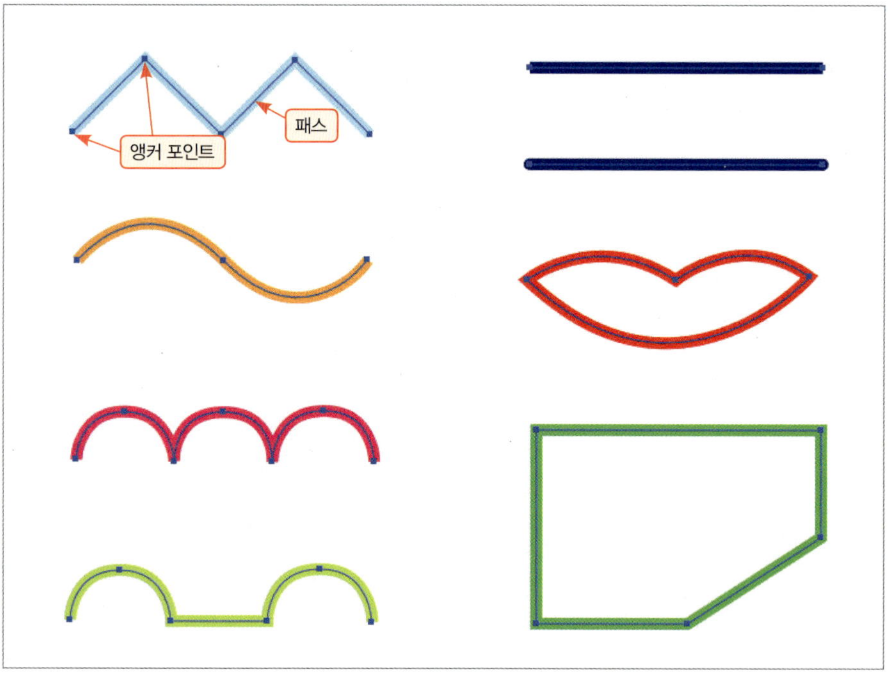

■ 다양한 형태의 선

펜 툴의 옵션

펜 툴의 옵션 바에서는 펜 툴로 그린 패스의 다양한 속성을 조절할 수 있습니다.

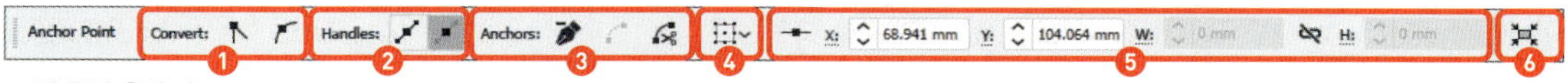

■ 펜 툴의 옵션 바

❶ Convert 선택한 지점의 앵커가 직선이면 곡선으로 바꾸고, 곡선이면 직선으로 바꿉니다.

❷ Handles 곡선 핸들이 여러 개 선택되었을 때 핸들을 보이게 하거나 숨깁니다.

❸ Anchors 선택한 앵커 포인트 혹은 패스를 삭제합니다.

❹ Align to Selection 선택한 앵커 포인트를 아트보드나 가이드에 맞춰 정렬합니다.

❺ Transform 패스의 상하좌우 너비와 높이를 조절합니다.

❻ Isolate Selected Object 선택한 오브젝트만 편집 모드에서 별도로 편집합니다.

닫힌 도형 만들기

펜 툴()로 각 지점을 클릭하여 선을 연결하다가 처음 클릭한 지점을 클릭하면 닫힌 도형이 만들어집니다.

01 면 색과 선 색 설정하기 Chapter_11 ▸ Section_01 ▸ c_pen_guide.ai 파일을 불러옵니다. 펜 툴()을 선택하고 옵션 바에서 면 색과 선 색을 원하는 대로 설정한 후 Stroke를 12pt로 변경합니다.

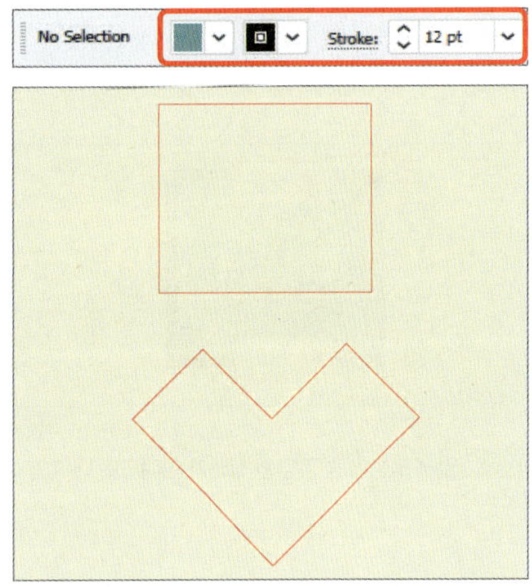

02 시작 지점 클릭하기 펜 툴()로 사각형 왼쪽 위 꼭짓점을 클릭하면 앵커 포인트가 생깁니다. 그 상태에서 마우스 포인터를 움직이면 마우스 포인터를 따라 가이드 선이 움직입니다.

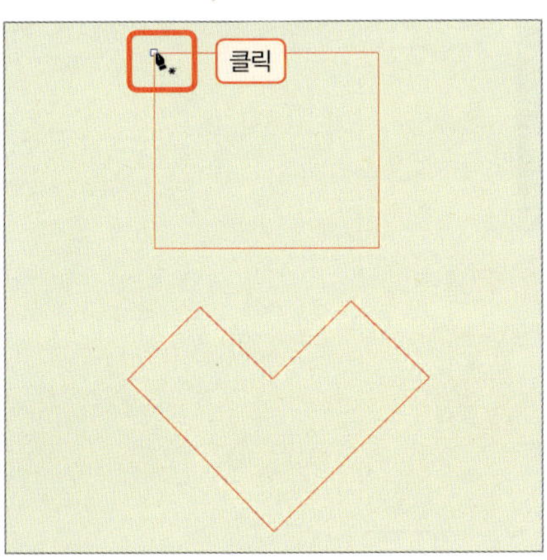

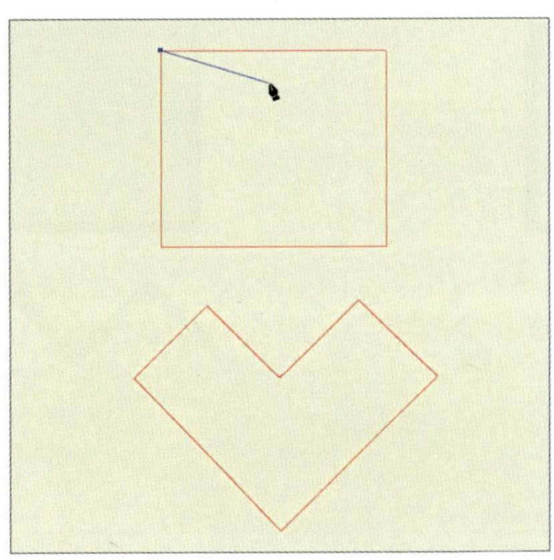

03 도형을 따라 그리기 마우스 포인터를 오른쪽으로 움직여 사각형 오른쪽 위 꼭짓점을 클릭합니다. 옵션 바에서 설정한 대로 굵기가 12pt인 선이 그려집니다. 다음 지점을 클릭하면 선이 이어지고, 시점 지점과 마지막으로 클릭한 지점을 이었을 때 만들어지는 부분이 면 색으로 채워집니다.

Tip 펜 툴(✒)로 선을 이어 나가면 앵커 포인트의 시작 지점과 마지막으로 클릭한 지점이 가상의 선으로 연결되어 그 내부가 면 색으로 채워집니다.

04 시작 지점으로 돌아와 도형 완성하기 다음 지점을 클릭하면 면이 사각형 형태로 바뀝니다. 시작 지점으로 마우스 포인터를 가져가면 마우스 포인터가 [아이콘] 모양으로 바뀝니다. 이때 시작 지점을 클릭하면 닫힌 도형이 완성됩니다. 펜 툴도 종료되어 마우스 포인터를 움직여도 더 이상 가이드 선이 다음 지점으로 연결되지 않습니다.

Tip 일부 도형의 경우 닫힌 상태가 아니라도 내부의 색상이 채워지며, 여전히 열린 도형으로 남아 있습니다.

05 두 번째 도형 그리기 옵션 바에서 면 색을 다른 색상으로 변경합니다. 사각형 아래 도형의 꼭짓점 한 곳을 클릭하여 앵커 포인트를 만든 후 인접한 꼭짓점마다 클릭하여 선을 이어갑니다.

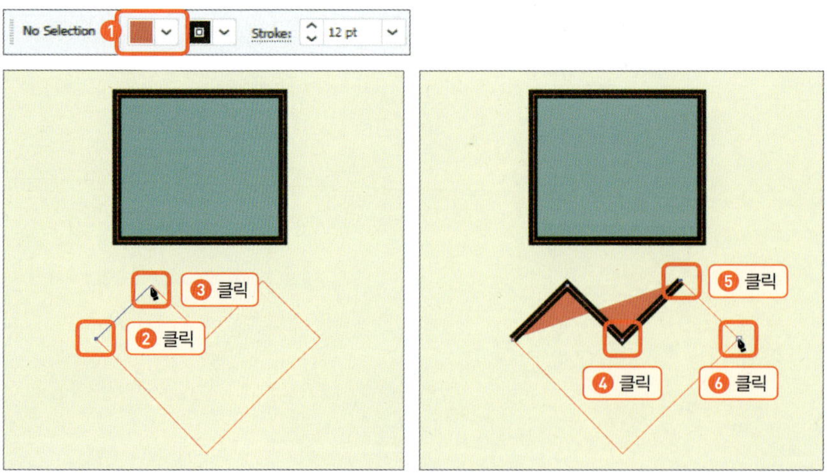

06 시작 지점으로 돌아와 완성하기 시작 지점으로 돌아와 해당 지점을 클릭하면 닫힌 도형이 완성됩니다.

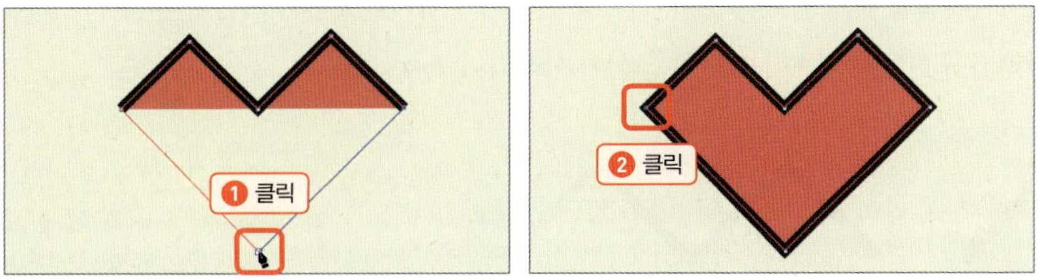

Tip 도형을 그리는 동안 선의 시작 지점과 마지막으로 클릭하는 지점까지 이어지는 면이 채워지면서 면의 형태가 달라지는데 도형이 완성될 때까지는 채워지는 면의 형태를 신경 쓰지 않아도 됩니다.

열린 선 그리기

펜 툴()로 열린 선을 그릴 때는 시작 지점을 클릭한 후 방향을 바꿔가며 클릭하여 선을 연결합니다. 열린 선을 여러 개 그릴 때는 펜 툴을 한 번 종료해야 다음 지점에서 새롭게 시작할 수 있습니다. 펜 툴을 종료할 때는 Ctrl 또는 Alt를 누른 채 화면의 빈 곳을 클릭합니다.

01 면 색과 선 색 설정하기 Chapter_11 ▸ Section_01 ▸ line_guide.ai 파일을 불러옵니다. 펜 툴()을 선택하고 옵션 바에서 면 색을 색상 없음, 선 색을 원하는 색으로 설정한 후 Stroke를 12pt로 변경합니다.

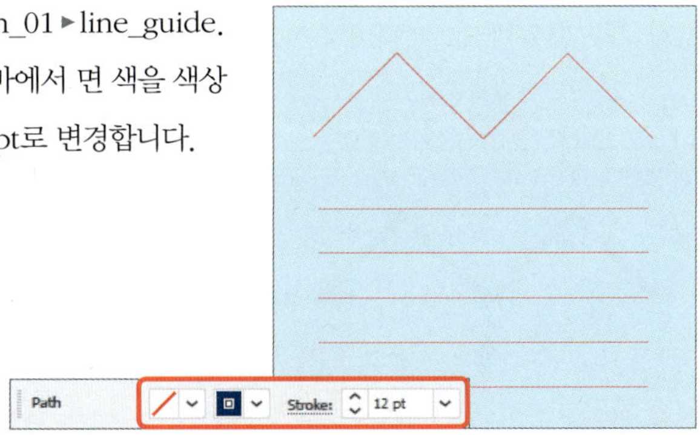

02 대각선 그리기 첫 번째 선의 시작 지점을 클릭하여 앵커 포인트를 만든 후 다음 꼭짓점을 클릭합니다. 이때 Shift를 누른 채 마우스 포인터를 이동하면 각도가 45°인 대각선을 그릴 수 있습니다.

03 펜 툴 종료하기 대각선을 모두 그리고 마우스 포인터를 아래로 옮기면 가이드 선이 따라다닙니다. 이때 다음 지점을 클릭하면 선이 연결되므로 펜 툴을 종료했다가 다시 시작해야 합니다. Ctrl 또는 Alt를 누른 채 화면의 빈 곳을 클릭합니다. 앵커 포인트를 연결하는 가이드 선이 사라집니다.

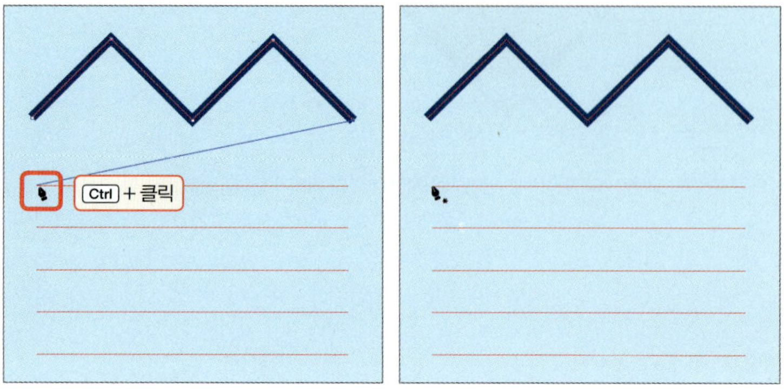

04 다음 지점에서 새로 시작하기 옵션 바에서 선 색을 원하는 색으로 변경합니다. 두 번째 선의 시작 지점을 클릭하고 오른쪽 끝부분을 클릭하여 직선을 그립니다. 이때 Shift를 누른 채 마우스 포인터를 옮기면 90° 수직선 또는 180° 수평선을 쉽게 그릴 수 있습니다. Ctrl 또는 Alt를 누른 채 화면의 빈 곳을 클릭하여 펜 툴을 종료합니다. 같은 방식으로 나머지 선을 그려 완성합니다.

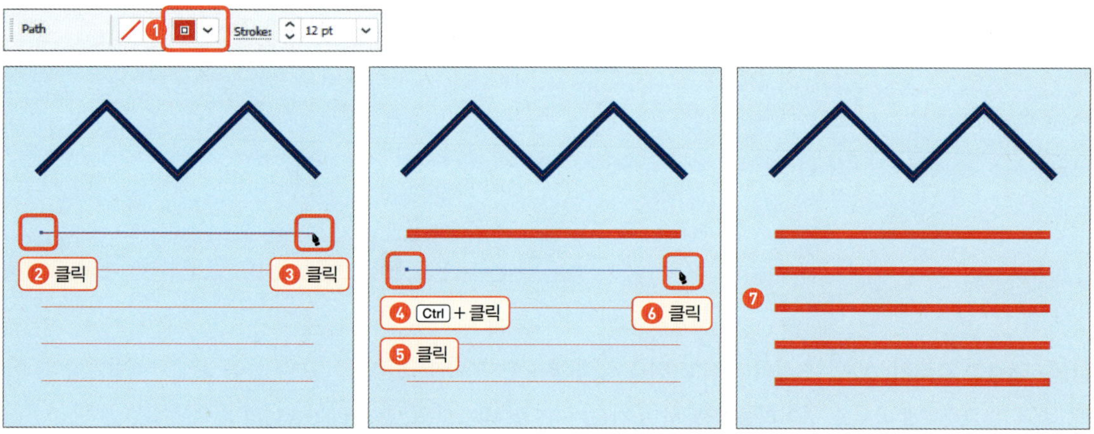

Tip 실수로 선이 연결되었다면 Ctrl+Z를 눌러 작업을 한 단계 앞으로 되돌린 후 작업합니다.

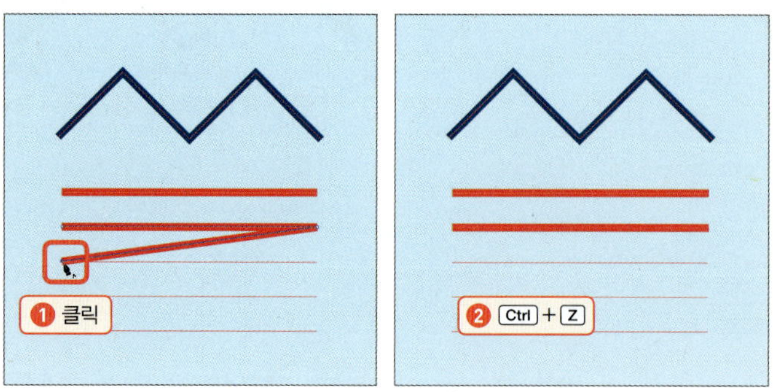

SECTION

02

곡선 그리기

• **핵심 기능 |** 펜 툴(단축키 P)

곡선을 그리기 위한 펜 툴의 기능

펜 툴( )로 곡선을 그릴 때는 직선을 그릴 때와 마찬가지로 시작 지점을 클릭하여 앵커 포인트를 만든 후 다음 지점을 클릭한 채 드래그하여 곡선 방향이나 굽어지는 정도를 조절하고 마우스에서 손가락을 뗍니다. 이어서 다음 지점을 클릭하면 곡선이 자연스럽게 연결됩니다. 다음 지점을 클릭하지 않고 핸들이 생성된 앵커 포인트를 클릭하여 핸들의 한쪽 선을 잘라내면 원하는 방향과 각도로 새 곡선을 그릴 수 있습니다.

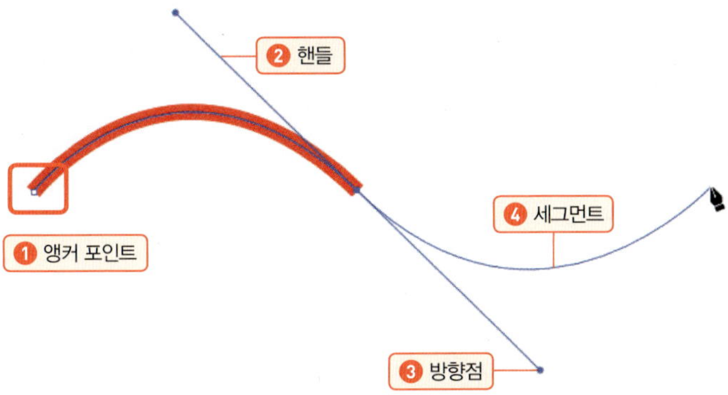

■ 패스 관련 용어

❶ **앵커 포인트** 클릭한 지점에 생성되는 점입니다.

❷ **핸들** 곡선의 방향이나 각도를 조절하는 선입니다.

❸ **방향점** 핸들 양 끝에 있는 점입니다. 이미 만들어진 곡선의 크기나 각도를 조정할 수 있습니다.

❹ **세그먼트** 앵커 포인트와 앵커 포인트를 연결한 선입니다.

Tip 세그먼트는 모두 패스의 일부이므로 패스라고 불러도 무방합니다.

자연스럽게 연결되는 곡선 그리기

펜 툴로 처음 곡선을 그려 보면 생각처럼 쉽게 그려지지 않습니다. 빨리 익숙해지려면 펜 툴로 다양한 형태의 패스를 그려 보고 이 과정을 반복해서 연습해야 합니다.

01 곡선 그리기 Chapter_11 ▸ Section_02 ▸ empty.ai 파일을 불러옵니다. 펜 툴()을 선택하고 시작 지점을 클릭하여 앵커 포인트를 만듭니다. 마우스 포인터를 수평으로 이동한 다음 드래그합니다. 드래그하는 방향과 크기에 따라 곡선이 나타납니다. 마우스에서 손가락을 떼면 처음 클릭한 지점과 방금 드래그한 지점에 곡선이 생깁니다.

Tip 이 책에서는 가독성을 위해 배경색이 있는 준비 파일을 불러와 실습합니다. 준비 파일을 불러오지 않고 새 문서를 열어 작업해도 됩니다. 새 문서는 메뉴 바에서 [File]-[New]를 선택하고 Width와 Height에 적당한 크기를 입력한 후 〈Create〉를 클릭하면 만들 수 있습니다.

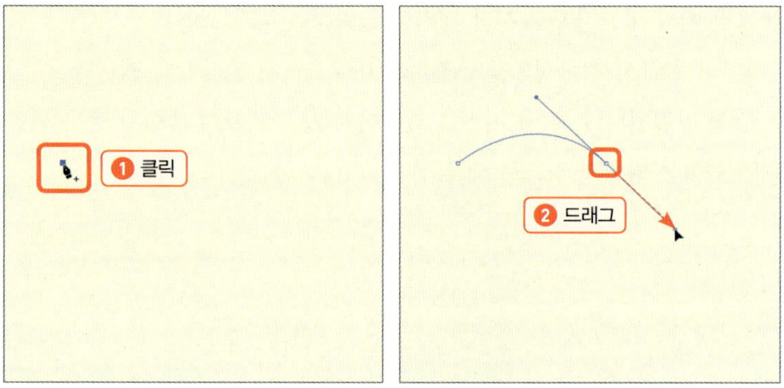

Tip 패스 사이에 면이 생겼다면 툴 박스의 면 색을 색상 없음()으로 지정합니다.

02 곡선 연결하기 다시 마우스 포인터를 수평으로 이동하면 첫 번째 곡선의 각도에 맞게 가이드 선이 자동으로 나타납니다. 오른쪽에 원하는 지점을 클릭하여 두 번째 곡선을 그리고 Ctrl 또는 Alt를 누른 채 화면의 빈 곳을 클릭하여 곡선을 완성합니다.

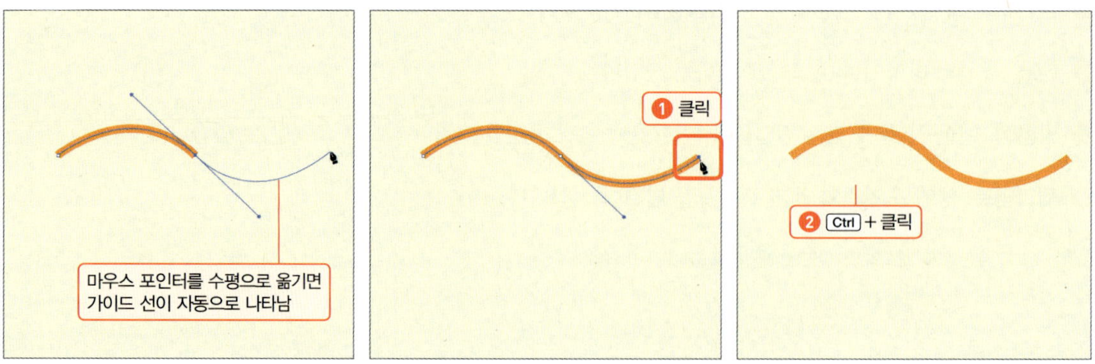

반원 형태의 곡선을 연속하여 그리기

반원을 그릴 때는 Shift를 눌러 각도를 일정하게 조절하면서 작업해야 편합니다.

01 일정한 각도로 반원 그리기 Chapter_11 ▸ Section_02 ▸ curve_guide1.ai 파일을 불러옵니다. 펜 툴(✒)로 첫 번째 가이드의 시작 지점을 클릭하여 앵커 포인트를 만듭니다. Shift를 누른 채 45° 대각선 방향에 있는 가이드 곡선의 꼭대기를 오른쪽으로 드래그하여 가이드 선에 맞게 곡선을 그립니다. 곡선이 가이드에 잘 맞을 때까지 Shift를 누른 상태로 드래그하면 가이드 선에 맞춰 그릴 수 있습니다.

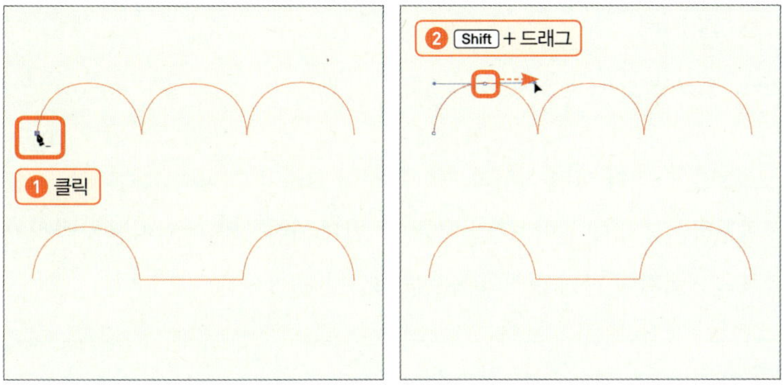

02 마우스 포인터를 다음 지점으로 이동하면 자동으로 가이드 선에 맞는 곡선이 나타납니다. 이때 클릭하여 반원을 완성합니다. 같은 방법으로 Shift를 누른 채 45° 대각선 방향에 있는 가이드 곡선의 꼭대기를 오른쪽으로 드래그합니다.

Tip 한 번에 반원을 그리지 않고 절반씩 끊어 그리는 이유는 오른쪽 그림과 같이 반원을 한 번에 그리기가 쉽지 않기 때문입니다.

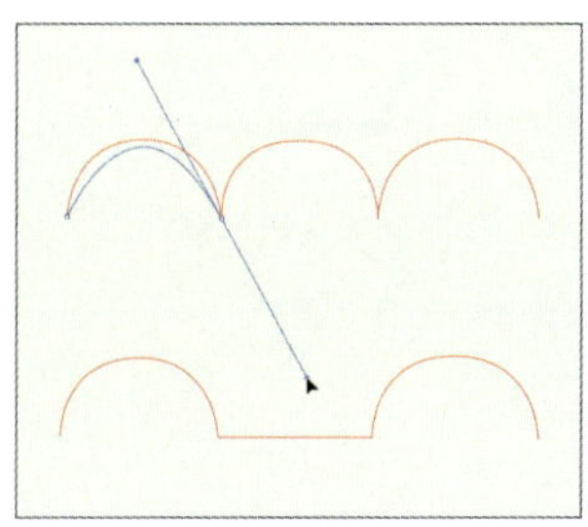

03 첫 번째 곡선 완성하기 01~02 과정을 반복하여 마지막 지점까지 그립니다. 반원을 완성한 후에는 Ctrl 또는 Alt를 누른 채 화면의 빈 곳을 클릭하여 펜 툴 사용을 종료합니다.

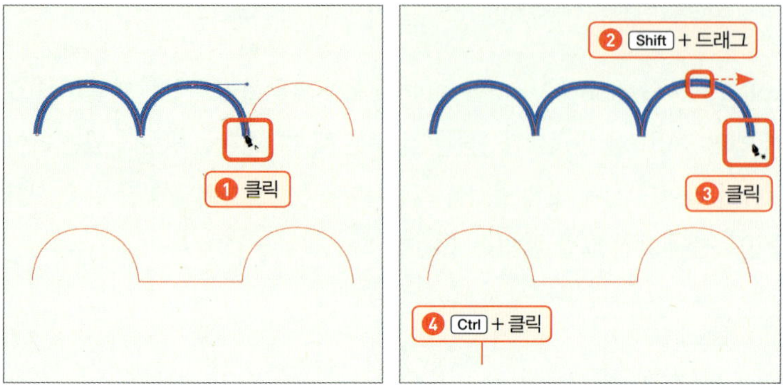

04 곡선에서 직선으로 변경하기 오브젝트를 그리다 보면 직선과 곡선을 섞어 그려야 할 때가 많습니다. 곡선에서 직선으로 또는 직선에서 곡선으로 변경하는 방법을 알아보겠습니다. 두 번째 가이드의 시작 지점을 클릭하여 앵커 포인트를 만듭니다. 01~02 과정을 반복하여 반원 형태의 곡선을 그립니다.

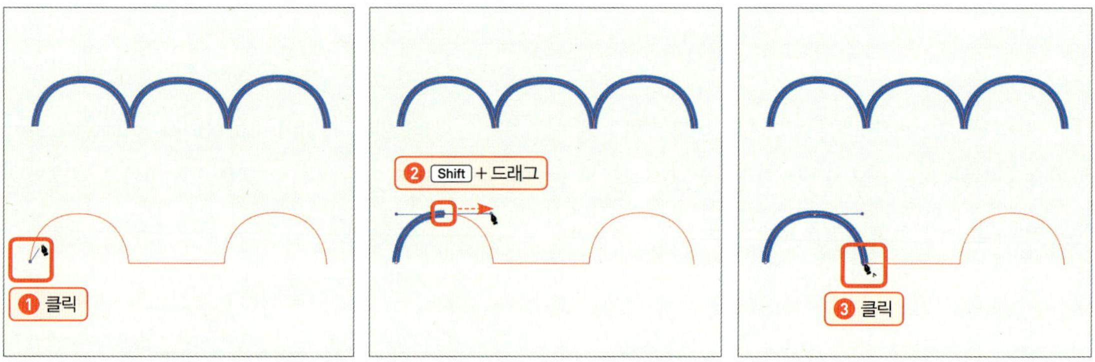

05 마우스 포인터로 수평 방향의 직선 끝 지점을 클릭합니다. 곡선에서 직선으로 연결되는 선이 그려집니다.

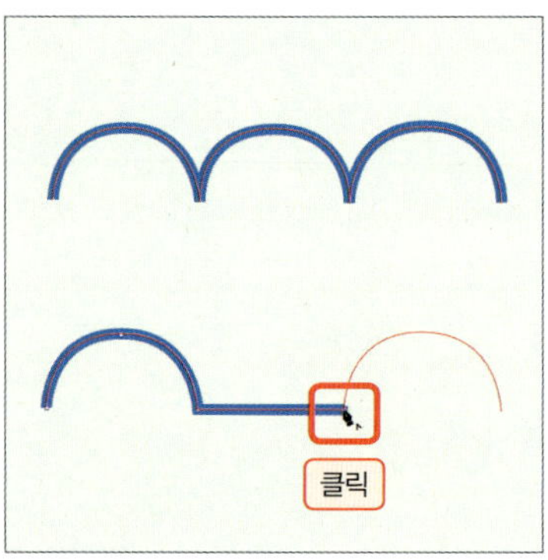

06 직선에서 곡선으로 변경하기 다시 반원을 그리는 과정을 반복합니다. Ctrl 또는 Alt 를 누른 채 화면의 빈 곳을 클릭하여 펜 툴 사용을 종료합니다.

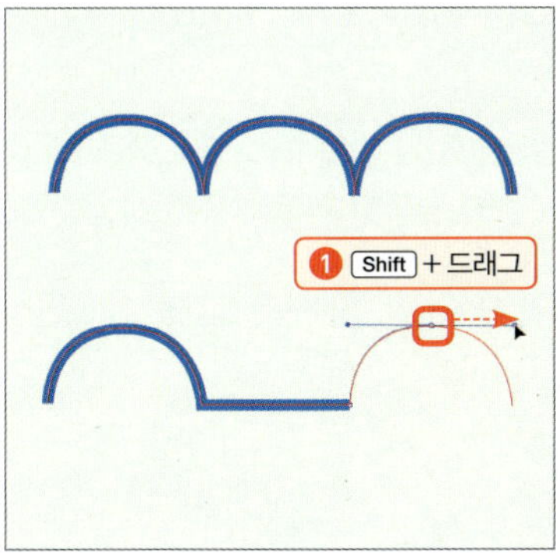

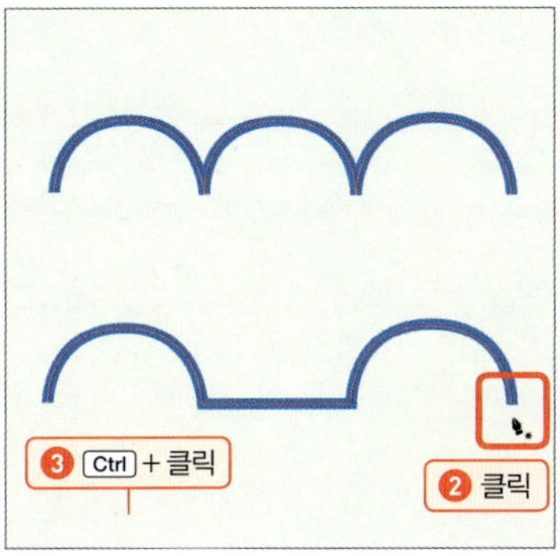

Tip 마지막으로 앵커 포인트가 생성된 곳을 클릭했는지 드래그했는지에 따라 다음에 이어지는 패스의 성격이 결정됩니다.

- **클릭한 경우** 다음 지점을 클릭하여 직선을 만들 수도 있고 드래그하여 곡선을 만들 수도 있습니다.
- **드래그한 경우** 다음 지점을 클릭하든 드래그하든 자연스러운 각도로 이어지는 곡선만 생성됩니다.

핸들을 제거하여 곡선을 여러 각도로 그리기

정원에 가깝지만 정원이 아닌 패스를 그릴 때는 임의의 지점에 앵커 포인트를 생성하면서 곡선을 이어갑니다. 곡선을 원하는 방향으로 이어가려면 진행 방향에 붙은 핸들을 제거합니다.

01 시작 지점 클릭하기 Chapter_11 ▸ Section_02 ▸ curve_guide2.ai 파일을 불러옵니다. 시작 지점을 클릭하여 앵커 포인트를 만듭니다.

02 곡선 그리기 곡선 중간에서 약간 못 미친 지점을 드래그하여 가이드에 맞게 곡선을 그립니다.

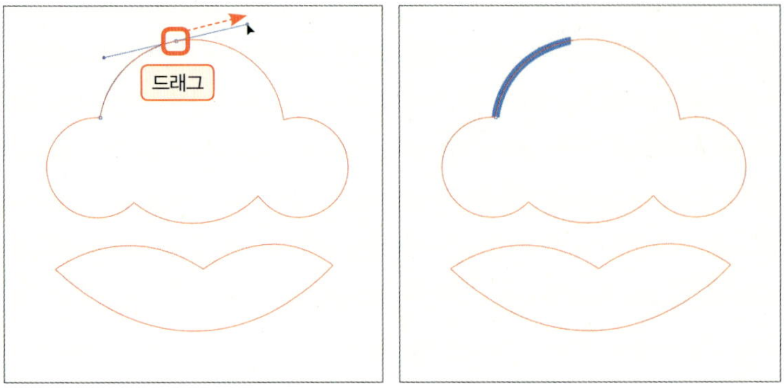

03 진행 방향에 붙은 핸들 제거하기 다음 지점으로 마우스 포인터를 가져가면 곡선이 가이드에서 벗어납니다. 곡선을 원하는 형태로 그리려면 진행 방향의 핸들을 제거해야 합니다. 핸들이 생성된 앵커 포인트로 마우스 포인터를 가져가면 마우스 포인터가 모양으로 바뀝니다. 이때 앵커 포인트를 클릭하면 진행 방향에 붙은 핸들이 제거됩니다.

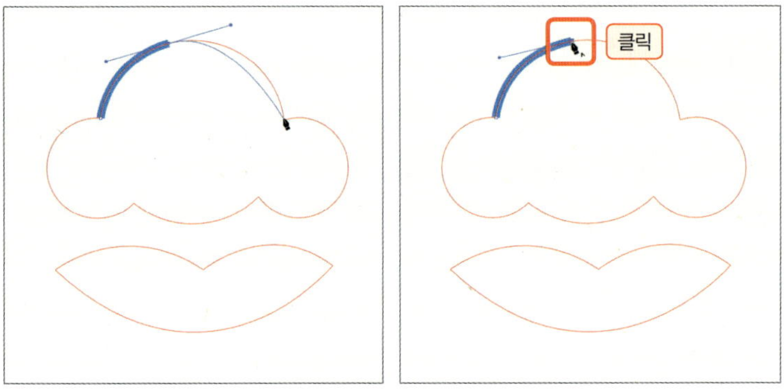

04 첫 번째 곡선 완성하기 다음 지점을 드래그하여 가이드에 맞게 곡선을 그립니다. 이어서 다음 곡선을 그려야 하므로 앵커 포인트를 클릭하여 진행 방향에 붙은 핸들을 제거합니다.

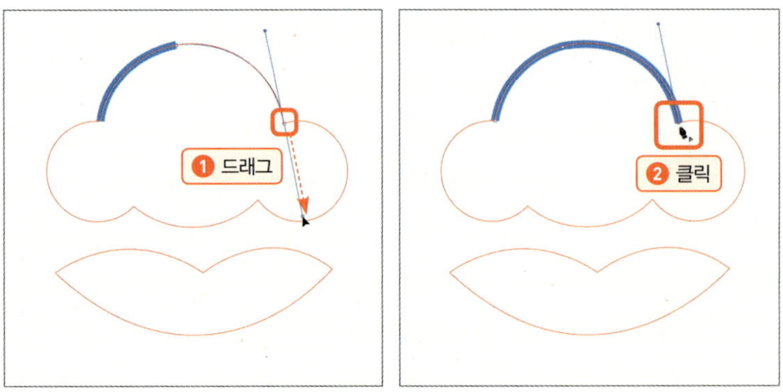

> **Tip** 마지막 지점을 클릭하지 않고 드래그했기 때문에 진행 방향의 핸들을 제거하지 않으면 오른쪽 그림처럼 원하는 방향으로 곡선이 그려지지 않습니다. 반드시 앵커 포인트를 클릭하여 진행 방향의 핸들을 제거해야 합니다.

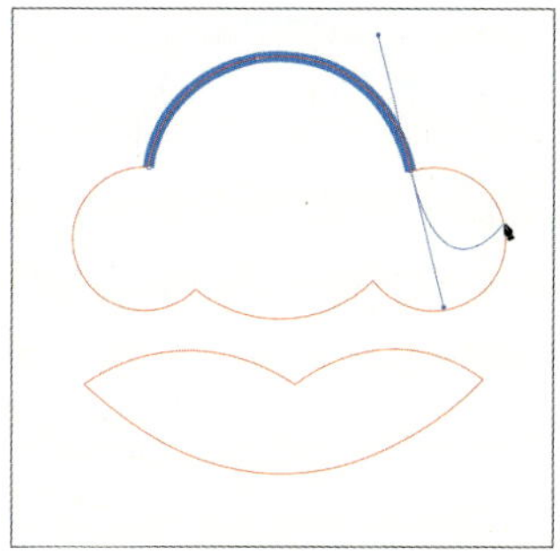

05 두 번째 곡선 그리기 다음 원은 두 번 만에 그리기 어려우므로 세 번에 나눠서 그리겠습니다. 1/3 지점을 드래그하여 가이드를 따라 곡선을 그린 후 앵커 포인트를 클릭하여 진행 방향의 핸들을 제거합니다. 2/3 지점을 드래그하여 가이드에 맞춰 곡선을 그리고 앵커 포인트를 클릭하여 진행 방향의 핸들을 제거합니다. 마지막 지점을 드래그하여 곡선을 완성하고 앵커 포인트를 클릭하여 진행 방향의 핸들을 제거합니다.

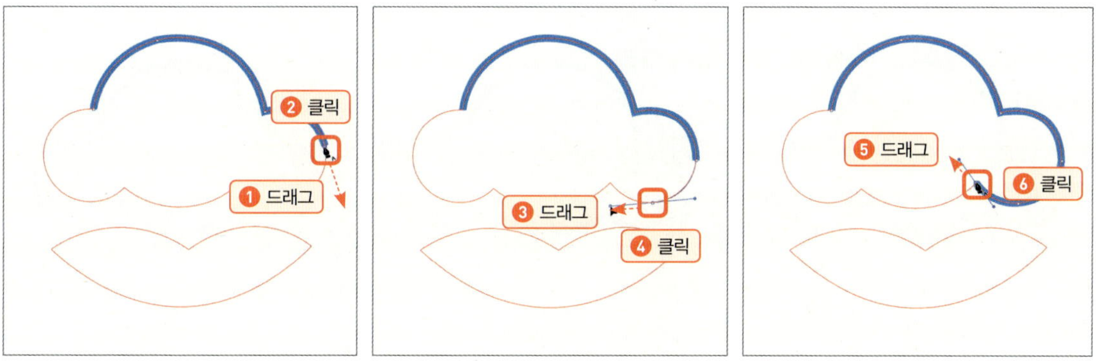

> **Tip** 다음 지점까지 간격을 너무 넓혀 드래그하면 곡선을 자연스럽게 연결하기 어렵거나 가이드에 맞지 않을 수 있습니다. 이때는 다음 지점까지 간격을 좁혀서 드래그하는 것이 좋습니다.

06 세 번째 곡선 그리기 이번 곡선은 길이는 길지만 곡률이 크지 않으므로 한 번에 그리겠습니다. 마지막 지점을 드래그하여 가이드를 따라 곡선을 완성한 후 앵커 포인트를 클릭하여 진행 방향의 핸들을 제거합니다.

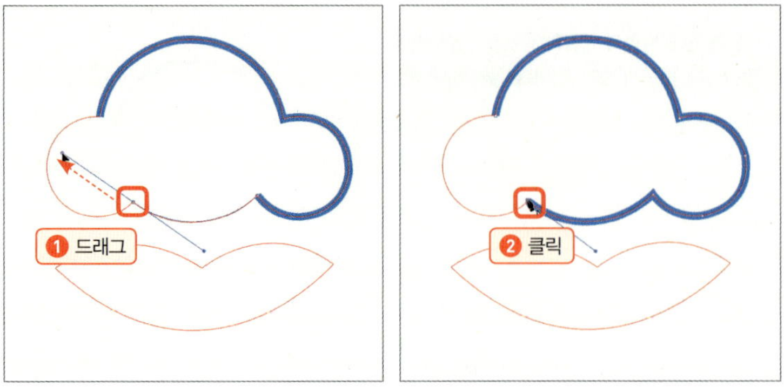

Tip 잘못 그렸을 때는 메뉴 바에서 [Edit]-[Undo Pen]을 선택하거나 Ctrl+Z를 눌러 한 단계 뒤로 돌아가면 됩니다. Ctrl+Z를 여러 번 누르면 계속해서 한 단계 뒤로 거슬러 갈 수 있는데, 원하는 지점을 지나쳤을 때는 메뉴 바에서 [Edit]-[Redo Pen]을 선택하거나 Ctrl+Shift+Z를 눌러 다시 한 단계씩 앞으로 돌아오면 됩니다.

07 구름 완성하기 마지막 곡선은 두 번 만에 그리기 어려우므로 1/3씩 패스를 나눠서 그립니다. 시작 지점으로 돌아와 클릭하거나 드래그하면 패스가 닫히면서 자동으로 펜 툴 사용이 종료됩니다.

08 입술 그리기 시작 지점을 클릭하여 앵커 포인트를 만듭니다. 윗입술 가운데 지점을 드래그하여 가이드를 따라 곡선을 그리고 앵커 포인트를 클릭하여 진행 방향의 핸들을 제거합니다.

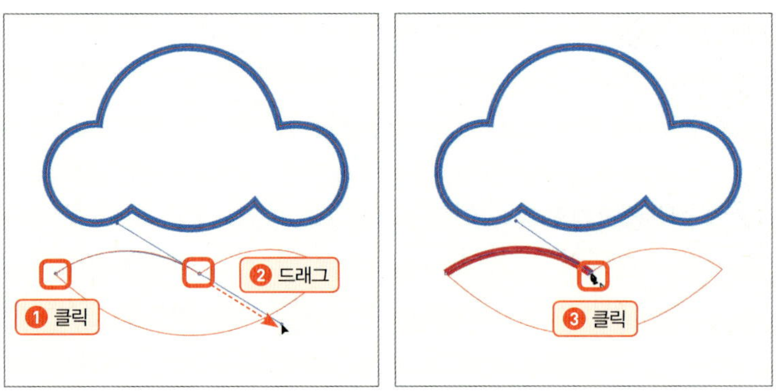

09 입술 완성하기 왼쪽 지점을 드래그하여 가이드를 따라 곡선을 그리고 앵커 포인트를 클릭하여 진행 방향의 핸들을 제거합니다. 마지막으로 아랫입술은 다른 곡선에 비해 길지만 곡률이 작으므로 한 번에 그려도 되고, 다음 그림처럼 두 번으로 나눠서 그려도 됩니다.

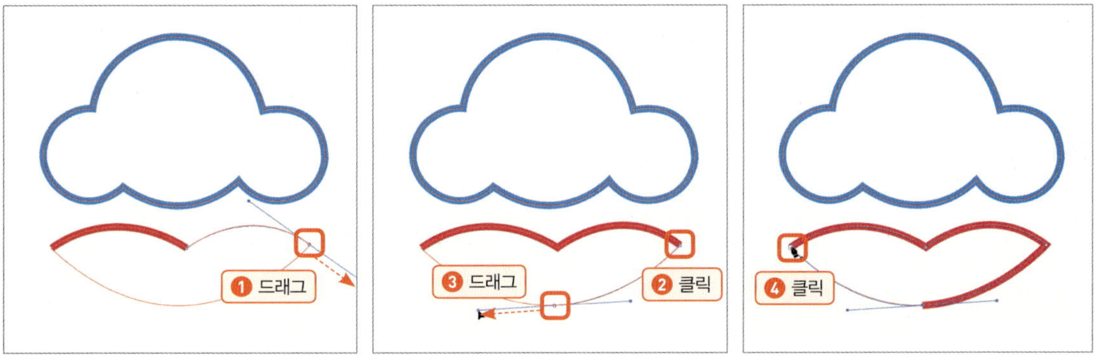

Tip 곡률이 작은 곡선은 큰 곡선보다 긴 패스로 한 번에 그릴 수 있습니다. 패스가 길고 짧은 것 중 무엇이 더 좋다고 할 수는 없지만 앵커 포인트 간격이 지나치게 좁으면 패스 길이가 짧아져 곡선이 직선처럼 보일 수 있고 이후에 수정하거나 보완하기가 어렵습니다. 따라서 핸들로 조절할 수 있는 곡선의 길이를 가늠하여 앵커 포인트 간격을 감각적으로 조절하는 것이 좋습니다.

Tip 핸들의 역할

핸들은 다음에 그릴 곡선을 원하는 방향으로 조절하기 위해 사용하지만 이미 그려진 곡선의 곡률이나 방향을 바꿀 때도 사용합니다. 직접 선택 툴(▷)로 수정하고자 하는 부분의 앵커 포인트를 클릭한 후 핸들이 나타나면 핸들의 끝부분을 회전시키거나 길이를 조절하여 이미 그려진 곡선의 방향과 크기를 바꿉니다.

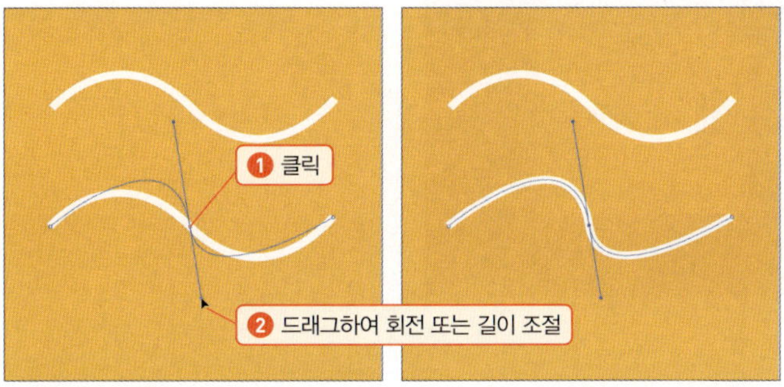

■ 핸들을 이용하여 곡선의 형태를 수정

SECTION 03

앵커 포인트 추가/삭제하기

• **핵심 기능 I** 앵커 포인트 추가 툴(단축키 +), 앵커 포인트 삭제 툴(단축키 -)

앵커 포인트 추가/삭제하기

01 직선에 앵커 포인트 추가하기 Chapter_11 ▸ Section_03 ▸ anchor.ai 파일을 불러옵니다. 앵커 포인트 추가 툴( )로 사각형 오브젝트 상단 패스 가운데를 클릭하여 앵커 포인트를 추가합니다. 직접 선택 툴( )로 추가된 앵커 포인트를 위로 드래그하여 옮깁니다. 직선 패스에 생성된 앵커 포인트가 직선으로 연결되는 것을 알 수 있습니다.

02 곡선에 앵커 포인트 추가하기 앵커 포인트 추가 툴( )로 원의 왼쪽 상단 패스를 클릭합니다. 앵커 포인트가 추가되고 좌우에 핸들이 나타납니다. 직접 선택 툴( )로 앵커 포인트를 옮기거나 핸들을 조절하여 곡선 형태를 바꿔 봅니다.

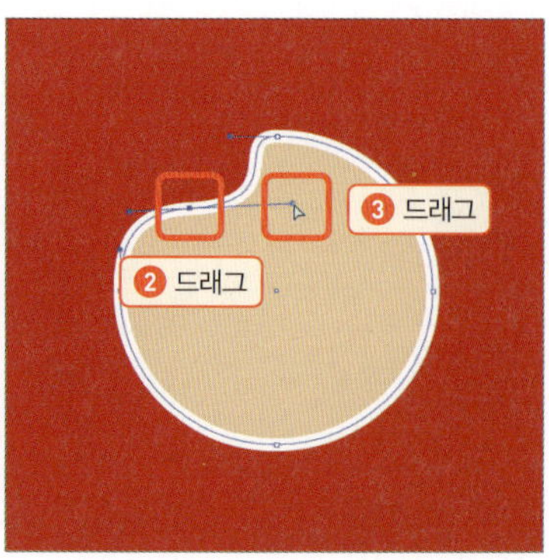

03 앵커 포인트 삭제하기 앵커 포인트 삭제 툴( )로 사각형 오브젝트 상단의 왼쪽 앵커 포인트를 클릭합니다. 클릭한 지점의 앵커 포인트가 삭제되면서 양쪽 앵커 포인트가 직선 패스로 연결됩니다.

■ 직선으로 연결된 패스

04 앵커 포인트 삭제 툴( )로 원형 오브젝트 상단의 가운데 앵커 포인트도 클릭합니다. 클릭한 지점의 앵커 포인트가 삭제되면서 곡선 패스로 연결됩니다.

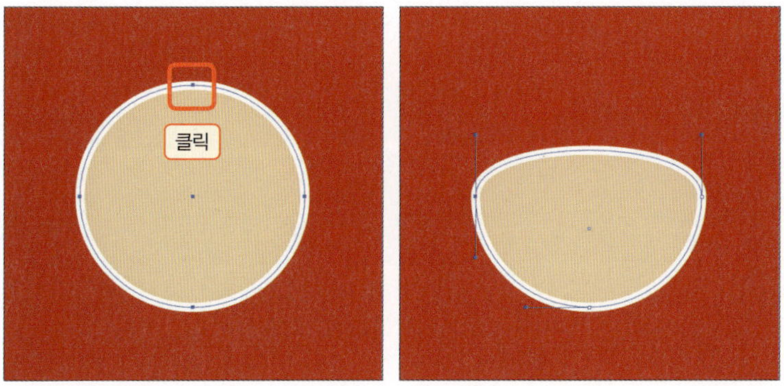

■ 곡선으로 연결된 패스

SECTION 04

직선을 곡선으로, 곡선을 직선으로 바꾸기

• **핵심 기능 |** 앵커 포인트 전환 툴(단축키 Shift+C)

앵커 포인트 전환 툴의 기능 익히기

01 곡선을 직선으로 바꾸기 Chapter_11 ▸ Section_04 ▸ convert.ai 파일을 불러옵니다. 앵커 포인트 전환 툴( )로 원형 오브젝트의 상단 가운데 앵커 포인트를 클릭합니다. 곡선이 직선으로 바뀝니다. 나머지 세 군데 앵커 포인트도 클릭하여 마름모로 바꿉니다.

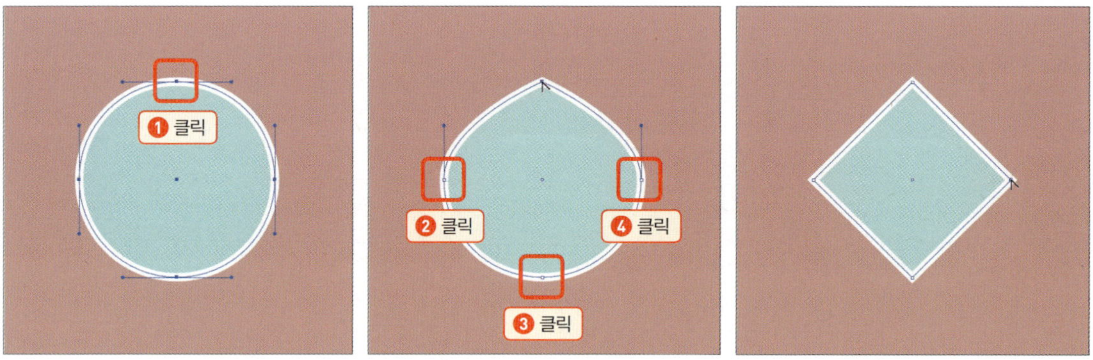

02 직선을 곡선으로 바꾸기 앵커 포인트 전환 툴( )로 사각형 오브젝트의 상단 가운데 앵커 포인트를 드래그합니다. 직선이 곡선으로 바뀝니다. 곡선에 있는 앵커 포인트는 클릭만 하면 직선으로 바뀌지만 직선에 있는 앵커 포인트는 드래그하여 핸들을 원하는 방향과 크기로 조절해 주어야 합니다.

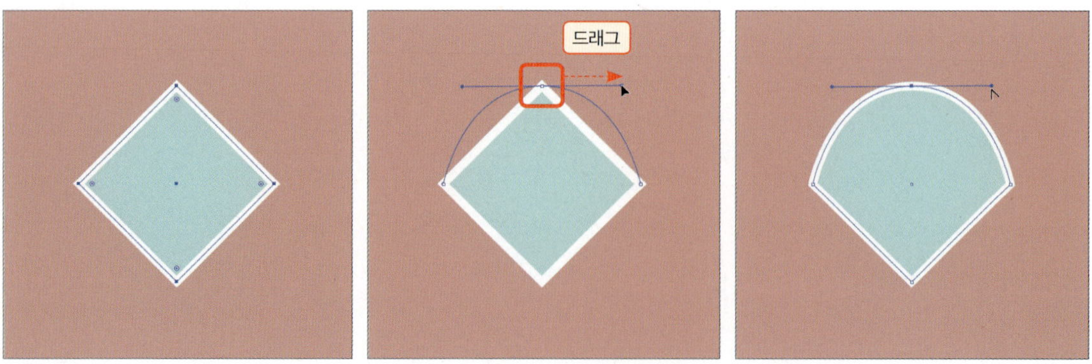

SECTION 05

곡률을 보며 곡선 그리기

• **핵심 기능 |** 곡률 전환 툴(단축키 Shift+~)

곡률 전환 툴로 곡선 그리기

곡률 전환 툴()은 클릭한 지점을 지지대 삼아 다음 지점과 연결되는 곡선을 가이드로 보여 줍니다. 따라서 가이드 형태를 보면서 곡선을 쉽게 그릴 수 있습니다. 또한 무빙 앵커 포인트를 드래그하여 이미 그려진 곡선의 크기나 곡률도 변경할 수 있습니다.

01 시작 지점 클릭하기 Chapter_11 ▸ Section_05 ▸ flower.ai 파일을 불러옵니다. 곡률 전환 툴()로 시작 지점을 클릭한 후 위로 조금 떨어진 지점을 클릭합니다.

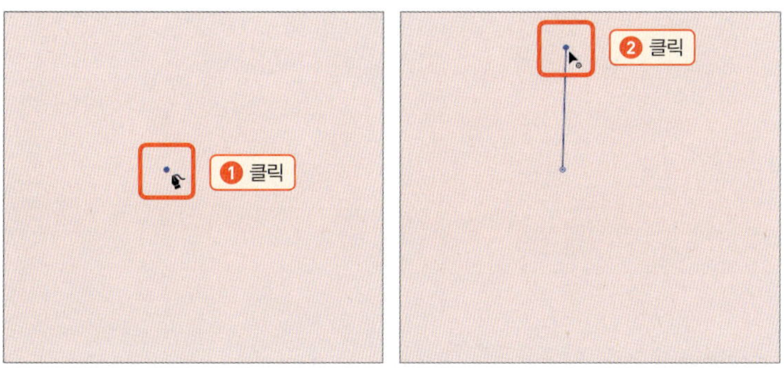

02 꽃잎 형태 만들기 마우스 포인터를 움직여 보면 두 번째 클릭한 지점을 지지대 삼아 곡선 형태가 만들어 집니다. 오른쪽으로 조금 떨어진 지점과 바로 아래 지점을 클릭하여 꽃잎 형태가 되도록 만듭니다.

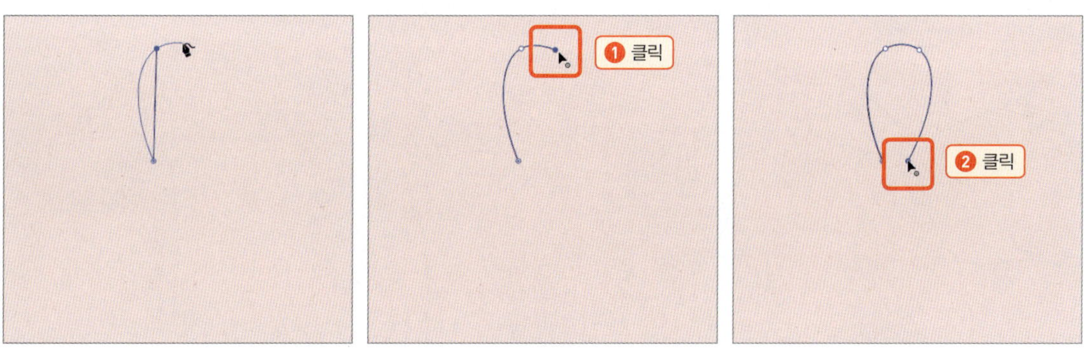

03 자연스러운 곡선 형태 만들기 두 번째 꽃잎을 그리려면 다음 지점으로 마우스 포인터를 옮깁니다. 앞에서 그린 곡선이 변형되는데 일단은 다음 지점을 클릭하여 곡선을 만들고 이어서 오른쪽 아래 지점도 클릭합니다. 자연스럽지 않은 꽃잎과 꽃잎의 연결 부분을 더블클릭하여 매끄러운 굴곡을 각지게 바꿔 줍니다. 이처럼 원하는 형태가 아닌 곡선 부분 또는 앵커 포인트를 더블클릭하면 각이 생깁니다.

04 같은 방법으로 계속해서 꽃 모양을 만듭니다. 시작 지점으로 돌아와 클릭하면 곡률 전환 툴 사용이 종료됩니다.

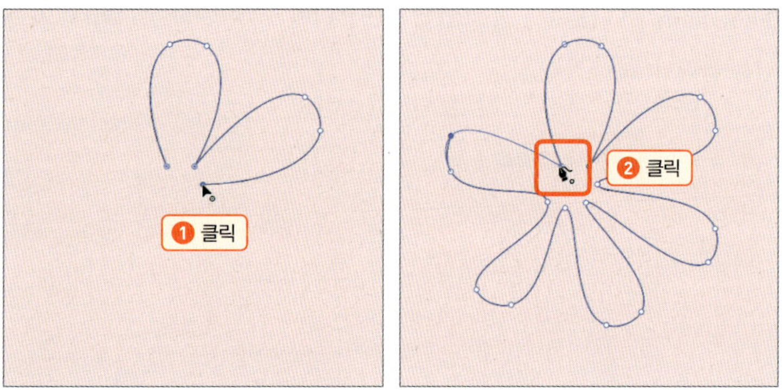

05 완성하기 곡률 전환 툴( )이 계속 선택된 상태로 패스를 드래그하면 곡선 형태를 수정할 수 있습니다. 원하는 꽃 모양으로 만든 후 옵션 바에서 면 색과 선 색, Stroke를 설정하여 완성합니다.

응용 예제 배트맨 그리기

곡률 전환 툴(✎)로 가이드를 따라 배트맨 모양을 그려 봅니다.

■ 가이드 이미지 ■ 완성 이미지

01 Chapter_11 ▸ Section_05 ▸ batman_guide.ai 파일을 불러옵니다. 옵션 바에서 면 색을 색상 없음, 선 색을 흰색으로 설정합니다. 곡률 전환 툴(✎)로 시작 지점을 클릭한 후 Alt를 누른 채 왼쪽 날개의 아래쪽 꼭짓점을 클릭합니다. Alt를 누른 채 클릭하면 마우스 포인터를 따라 곡선이 생기지 않으므로 직선을 그릴 수 있습니다.

02 계속해서 Alt를 누른 채 배트맨의 각 꼭짓점을 클릭합니다. 마지막 시작 지점으로 돌아와 Alt에서 손가락을 떼고 클릭합니다.

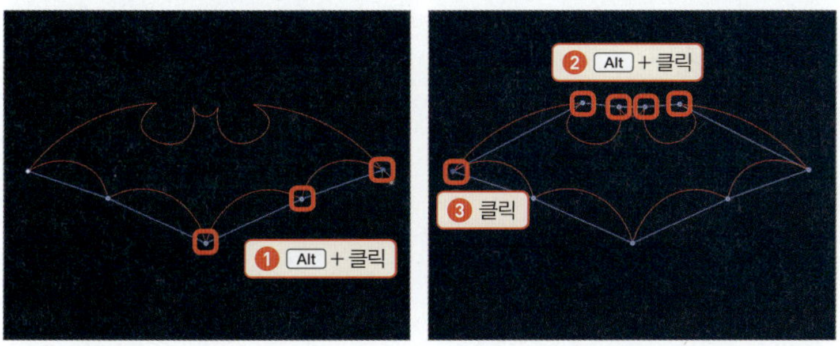

03 곡률 전환 툴()로 패스를 가이드 쪽으로 드래그하면 직선이 곡선으로 바뀝니다. 클릭한 패스 위에 생성되는 무빙 앵커 포인트 위치에 따라 곡선의 곡률과 형태를 조절할 수 있습니다.

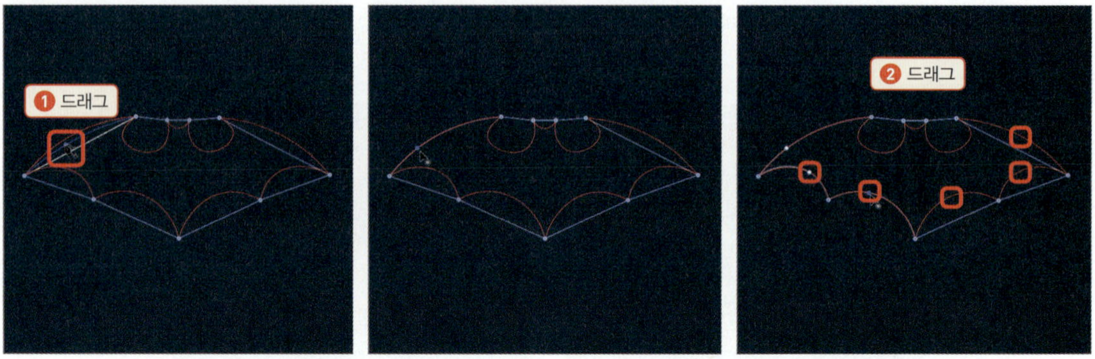

04 오른쪽 날갯죽지처럼 곡률 전환 툴()을 드래그해도 곡선이 한 번에 그려지지 않을 때는 기존 앵커 포인트와 앵커 포인트 사이에 있는 패스를 드래그하여 무빙 앵커 포인트를 추가로 생성한 후 가이드에 맞게 드래그합니다.

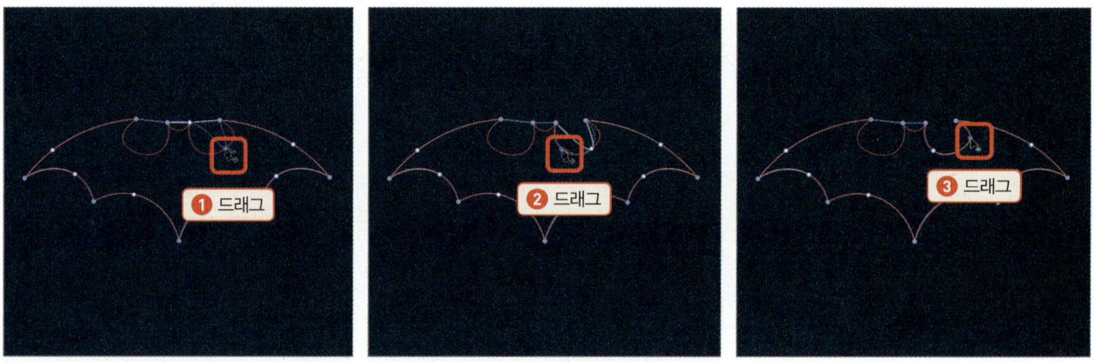

05 왼쪽 날갯죽지 곡선도 한 번에 그려지지 않습니다. 무빙 앵커 포인트를 추가로 생성하여 가이드에 맞게 그립니다. 옵션 바에서 면 색을 빨간색으로 설정하여 배트맨을 완성합니다.

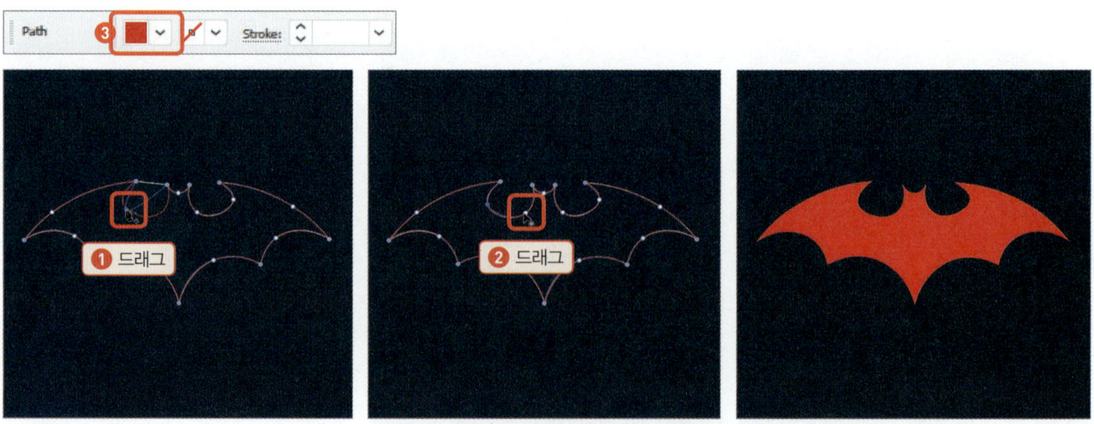

CHAPTER

12

도형 및 오브젝트 다루기

01 / **사각형/원형 그리기** ▶ 사각형 툴, 모서리가 둥근 사각형 툴, 원형 툴

02 / **다각형/별 모양 그리기** ▶ 다각형 툴, 별 툴

03 / **패스파인더 패널로 합치고 분할하기** ▶ 패스파인더 패널

04 / **셰이프 빌더 툴로 합치고 분할하기** ▶ 셰이프 빌더 툴

05 / **오브젝트를 분할하지 않고 채색하기** ▶ 라이브 페인트 버킷 툴

06 / **다양한 분할 기법 익히기** ▶ 지우개 툴, 나이프 툴, 가위 툴

SECTION 01

사각형/원형 그리기

• **핵심 기능 |** 사각형 툴(단축키 M), 모서리가 둥근 사각형 툴, 원형 툴(단축키 L)

기본 사각형과 원형 그리기

01 사각형 그리기 Chapter_12 ▸ Section_01 ▸ rectangle.ai 파일을 불러옵니다. 사각형 툴()을 선택하고 옵션 바에서 면 색과 선 색을 원하는 색상으로 바꾸고 Stroke도 원하는 굵기로 입력합니다. 화면을 드래그하면 다양한 사각형을 그릴 수 있습니다.

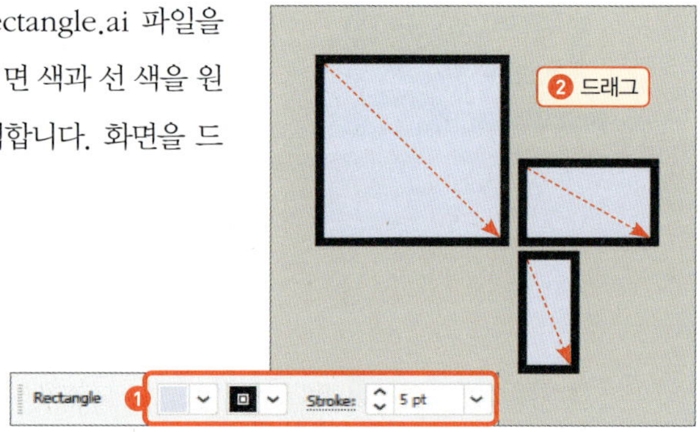

02 정사각형 그리기 사각형 툴()로 Shift를 누른 채 드래그합니다. 클릭한 지점에서 드래그하는 방향으로 정사각형이 그려집니다. Alt+Shift를 누른 채 드래그합니다. 클릭한 지점이 중심이 되어 상하좌우로 커지면서 정사각형이 그려집니다.

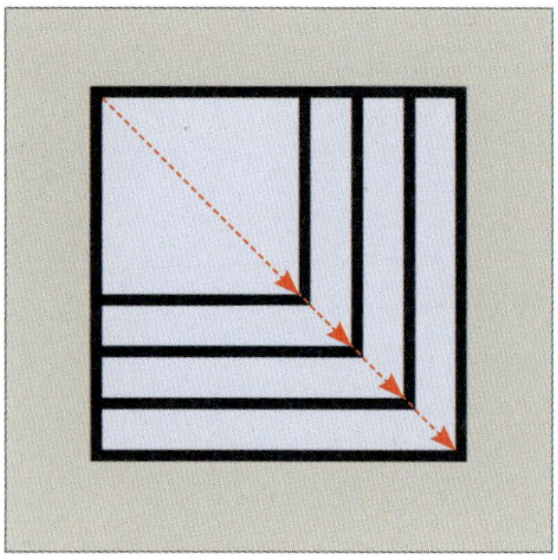

■ Shift를 누른 채 드래그

■ Alt+Shift를 누른 채 드래그

Tip Shift와 Alt를 눌러 정사각형을 그리는 원리는 다른 도형에서도 똑같이 적용됩니다.

03 원 그리기 원형 툴( )을 선택하고 화면을 드래그합니다. 다양한 원을 그릴 수 있습니다.

04 정원 그리기 원형 툴( )로 Shift 를 누른 채 드래그합니다. 클릭한 지점에서 드래그하는 방향으로 정원이 그려집니다. Alt + Shift 를 누른 채 드래그합니다. 클릭한 지점이 중심이 되어 상하좌우로 커지며 정원이 그려집니다.

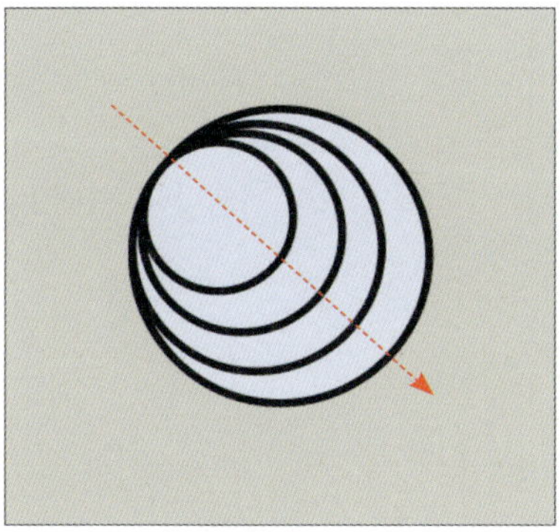

■ Shift 를 누른 채 드래그

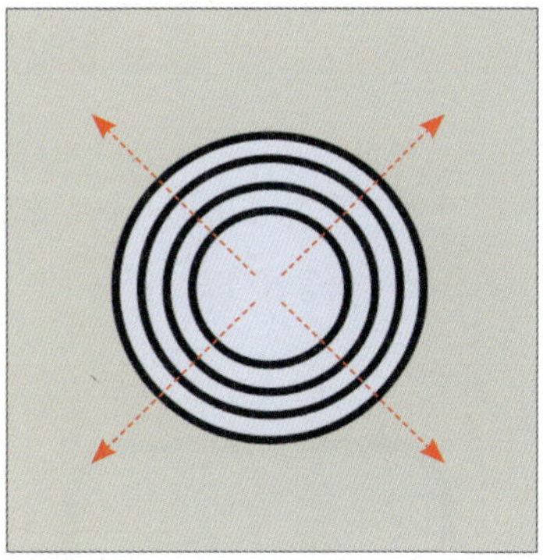

■ Alt + Shift 를 누른 채 드래그

05 값을 입력하여 사각형 그리기 사각형 툴( )을 선택하고 화면을 클릭합니다. 옵션 창에서 원하는 Width(너비)와 Height(높이)를 입력한 후 〈OK〉를 클릭하면 입력한 크기대로 사각형이 그려집니다.

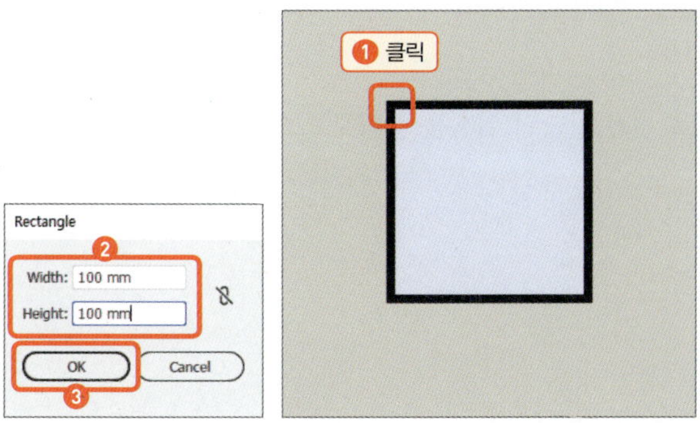

Tip 각 도형 툴을 선택하고 화면을 클릭하면 도형마다 크기와 각도를 입력할 수 있는 옵션 창이 나타납니다.

라이브 코너 이용하기

사각형 같이 모서리가 있는 도형을 선택 툴(▶)로 선택하면 오브젝트 내부에 작은 위젯이 나타납니다. 위젯을 드래그하면 모서리를 다양하게 변형할 수 있습니다.

01 위젯 확인하기 Chapter_12 ▸ Section_01 ▸ corner.ai 파일을 불러옵니다. 사각형 툴(□)로 Shift를 누른 채 드래그하여 정사각형을 그리고 선택 툴(▶)로 클릭하여 선택합니다. 모서리마다 작은 위젯이 나타납니다.

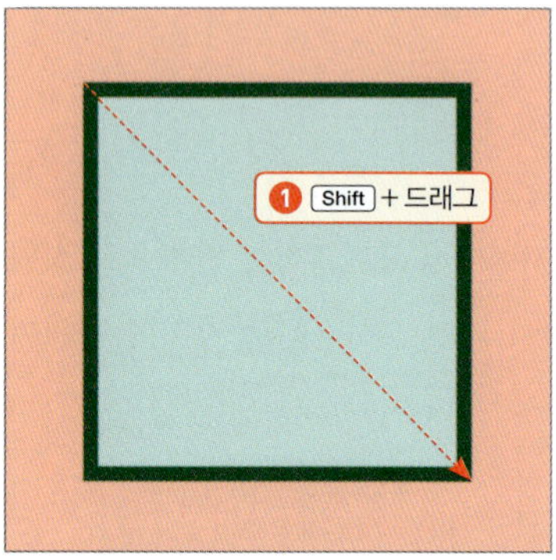

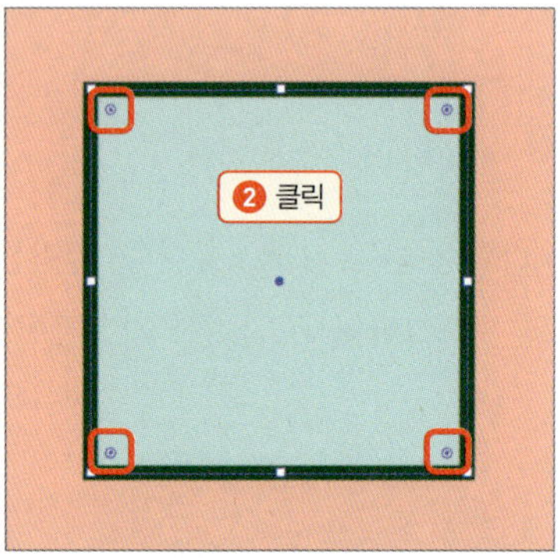

02 모서리 둥글게 하기 위젯에 마우스 포인터를 가져가면 마우스 포인터가 ▷ 모양으로 바뀝니다. 이때 위젯을 안쪽으로 드래그하면 드래그한 만큼 모서리가 둥글어집니다.

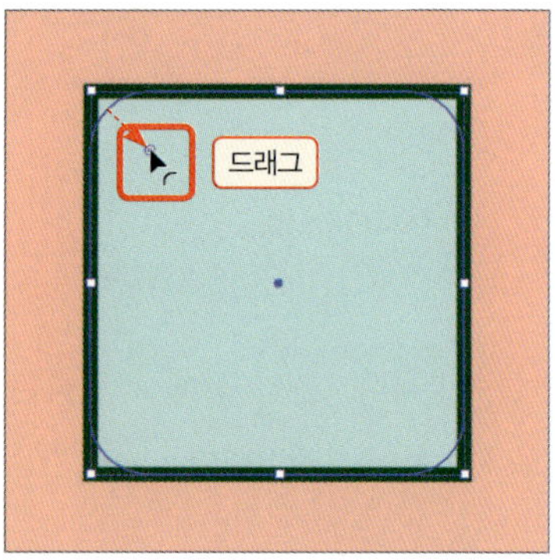

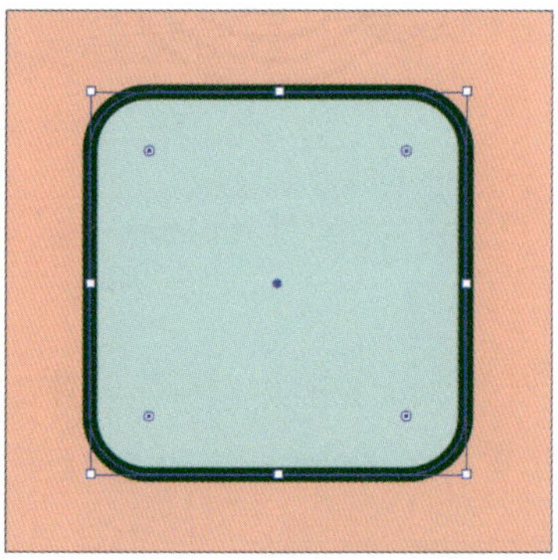

03 한쪽 모서리만 둥글게 하기 직접 선택 툴(▷)로 왼쪽 상단의 위젯을 클릭하고 안쪽으로 드래그합니다. 선택한 위젯의 모서리만 둥글어집니다.

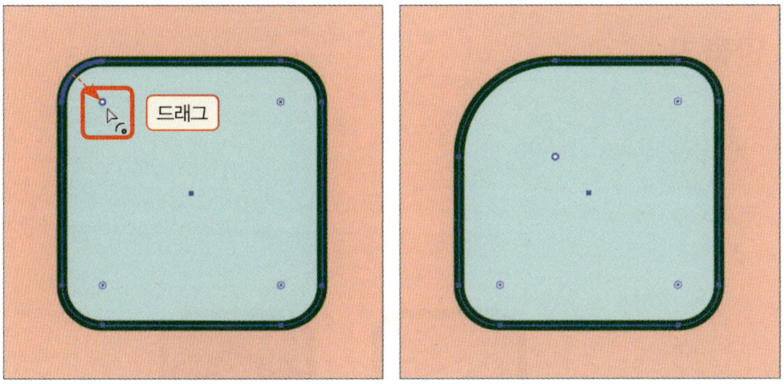

04 여러 모서리를 한꺼번에 둥글게 하기 직접 선택 툴(▷)로 오른쪽 상단 위젯을 클릭한 후 Shift를 누른 채 왼쪽 위젯도 클릭하여 위젯 두 개를 선택합니다. 선택된 위젯 중 하나를 안쪽으로 드래그하면 선택된 모서리가 모두 같은 곡률로 둥글어집니다.

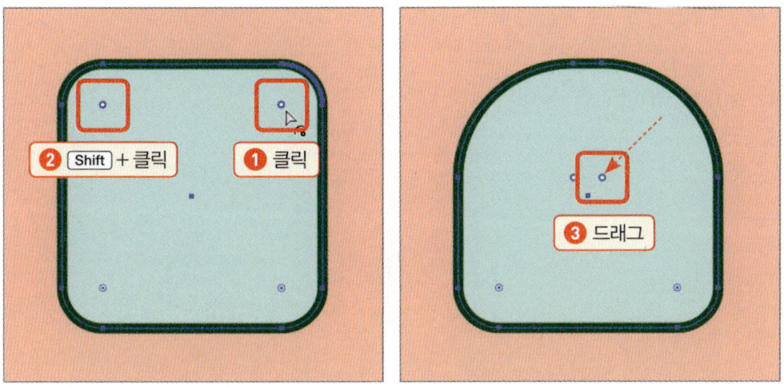

05 옵션 창에서 조절하기 변형하고자 하는 위젯을 선택하고 더블클릭합니다. 옵션 창에서 Corner(모서리 모양), Radius(모서리를 둘러싼 원의 반지름), Rounding(둥근 정도)을 설정하고 〈OK〉를 클릭하면 모서리의 모양을 다양하게 조절할 수 있습니다.

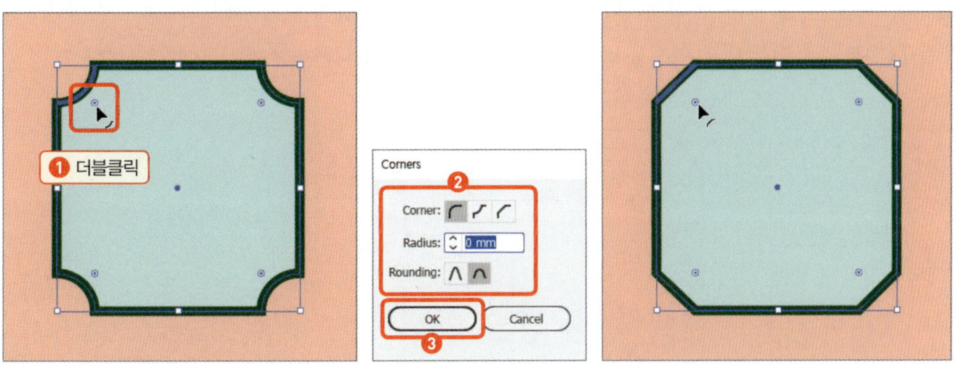

Tip 위젯이 선택된 상태에서 Alt를 누르면 Corner 옵션( )의 순서대로 모서리 모양이 변경됩니다.

응용 예제 앱 아이콘 만들기

도형 툴을 이용하여 뮤직 앱과 사진 앱 아이콘을 만들어 봅니다.

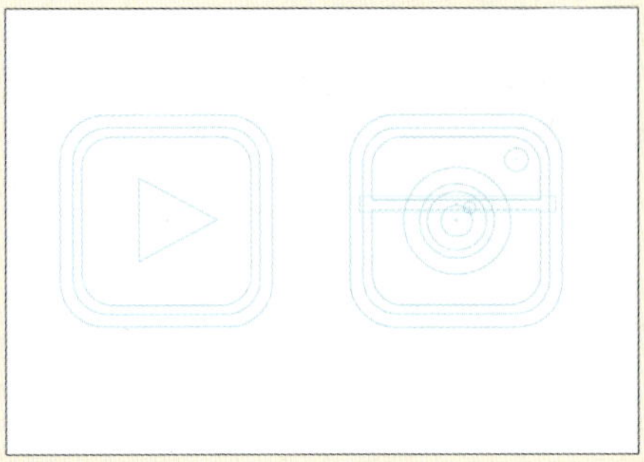

■ 가이드 이미지

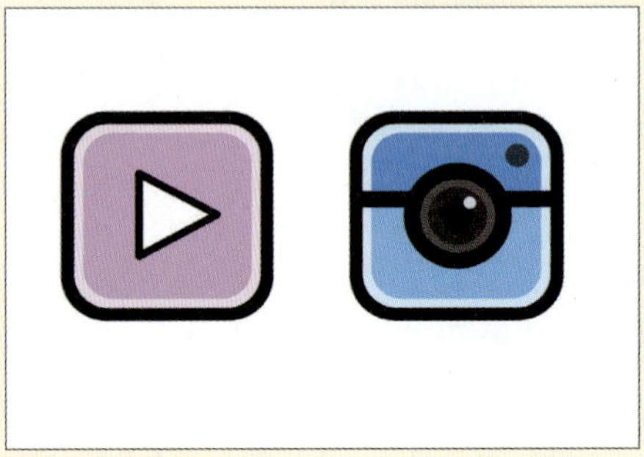

■ 완성 이미지

01 Chapter_12 ▸ Section_01 ▸ icon_guide.ai 파일을 불러옵니다.

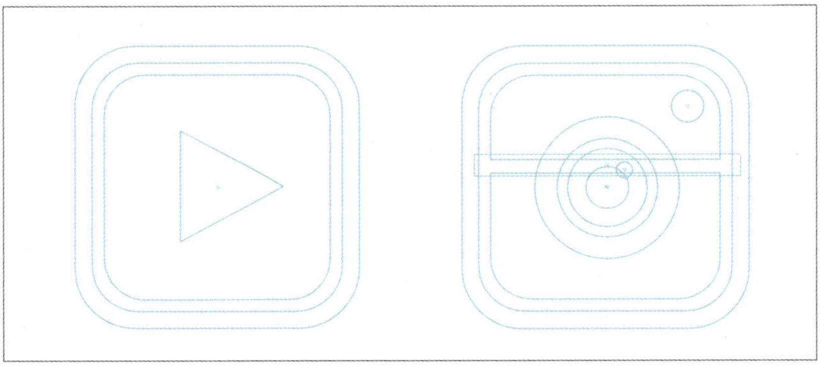

02 사각형 툴(▢)로 Shift를 누른 채 드래그하여 왼쪽 아이콘의 가장 바깥에 있는 가이드에 맞게 정사각형을 그립니다. 선택 툴(▶)로 정사각형 내부 위젯을 안쪽으로 드래그하여 모서리를 곡선 가이드에 맞춥니다.

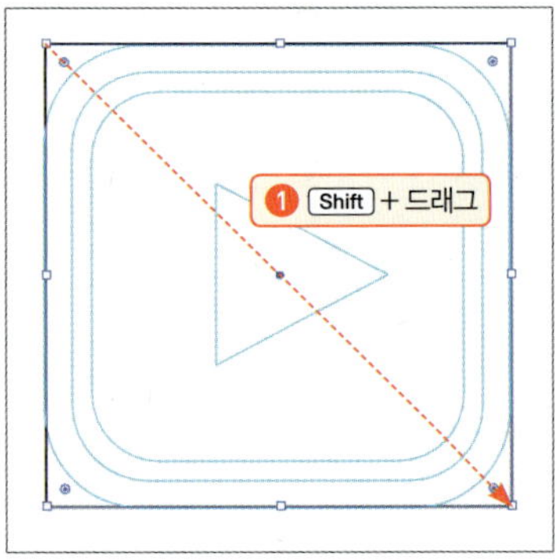

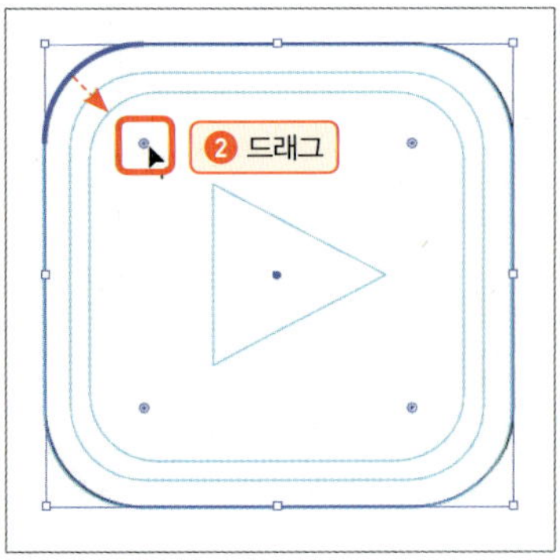

03 색상 패널에서 면 색을 클릭한 후 C=70, M=81, Y=76, K=54로 설정하고, 선 색을 클릭한 후 색상 없음으로 설정합니다.

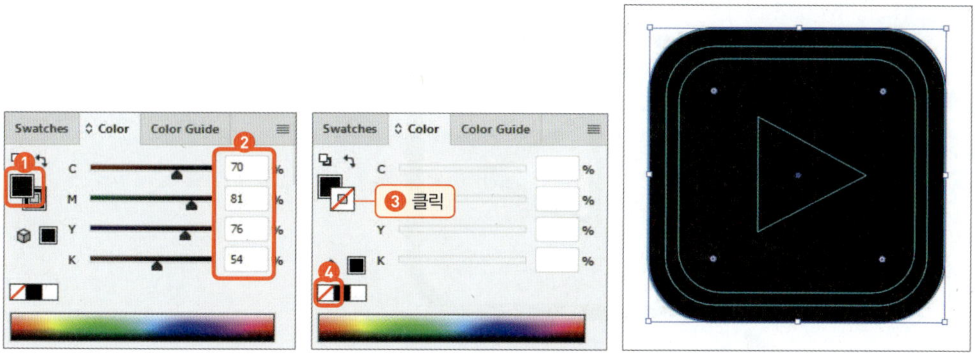

Tip 색상 패널에서 CMYK 색상으로 보려면 패널 오른쪽 상단 목록(☰)을 클릭한 후 CMYK를 선택합니다.

04 02~03 단계를 반복하여 내부에 크기가 다른 정사각형 두 개를 만들고 색상 패널에서 면 색을 각각 C=7, M=20, Y=0, K=0과 C=22, M=42, Y=0, K=0으로 설정합니다. 면 색을 채울 때는 툴 박스의 면 색을 클릭하여 면 색이 선 색 앞에 놓이도록 한 다음 작업합니다.

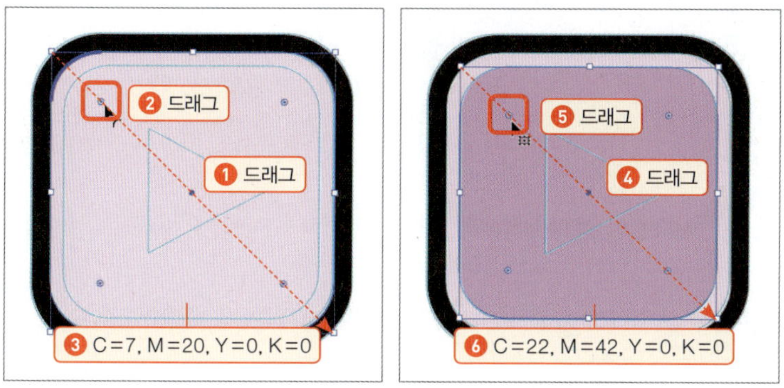

05 펜 툴(✒)로 가이드를 따라 삼각형을 그린 뒤 색상 패널에서 면 색을 흰색, 선 색을 가장 바깥에 있는 정사각형 면 색인 C=70, M=81, Y=76, K=54로 설정합니다. 옵션 바에서 Stroke를 12pt로 설정합니다.

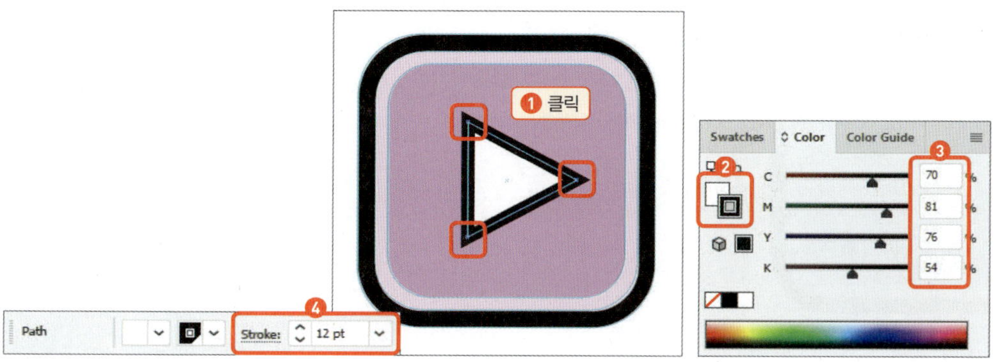

06 화면을 확대한 후 직접 선택 툴(▷)로 삼각형 내부 위젯을 안쪽으로 약간만 드래그합니다. 패스의 모서리는 각진 채로 유지되지만 도형의 모서리는 둥글게 바뀝니다.

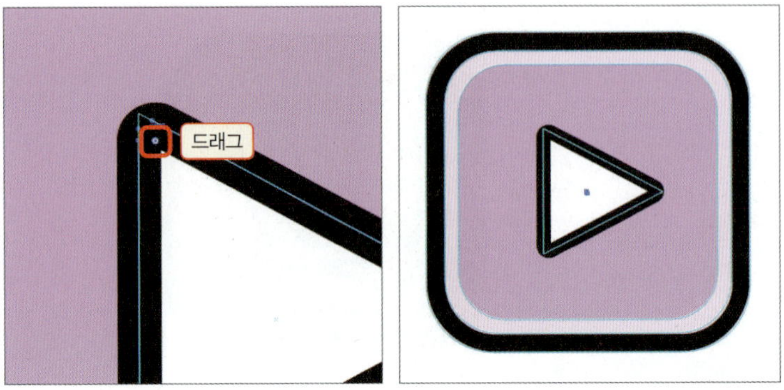

07 선택 툴(▶)로 정사각형 3개가 모두 포함되도록 오른쪽 상단 흰 바탕부터 드래그한 후 Alt 를 누른 채 드래그하여 오른쪽으로 복제합니다.

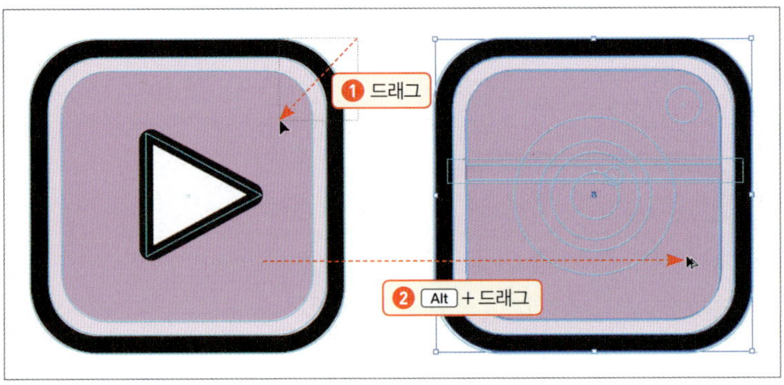

Tip 선택 툴(▶)로 오브젝트 일부만 드래그해도 오브젝트 전체가 선택됩니다. 이처럼 여러 오브젝트를 한꺼번에 선택할 때는 드래그하는 것이 Shift 를 누른 채 하나하나 클릭하여 선택하는 방법보다 편리합니다.

08 선택 툴(▶)로 안쪽 두 번째 정사각형을 선택하고 색상 패널에서 면 색을 C=21, M=2, Y=2, K=0으로 변경합니다. 같은 방법으로 맨 안쪽 정사각형의 면 색을 C=61, M=8, Y=5, K=0으로 변경합니다.

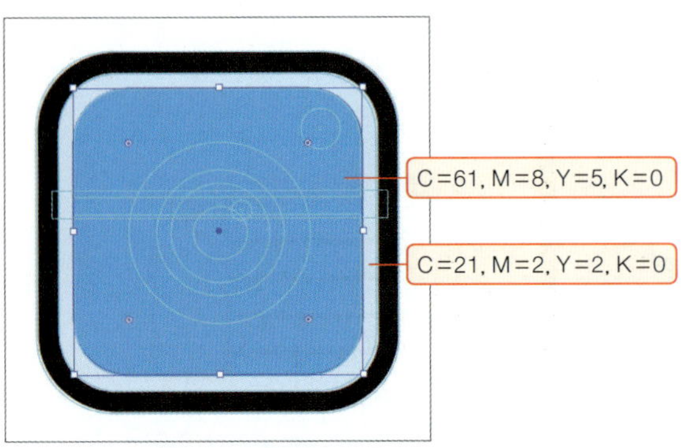

09 직접 선택 툴(▷)로 맨 안쪽 정사각형 내부를 클릭합니다. Shift를 누른 채 정사각형 내부의 상단 위젯 두 개를 순서대로 클릭한 후 바깥쪽으로 드래그하여 정사각형 상단의 곡선 모서리가 직각이 되도록 만듭니다.

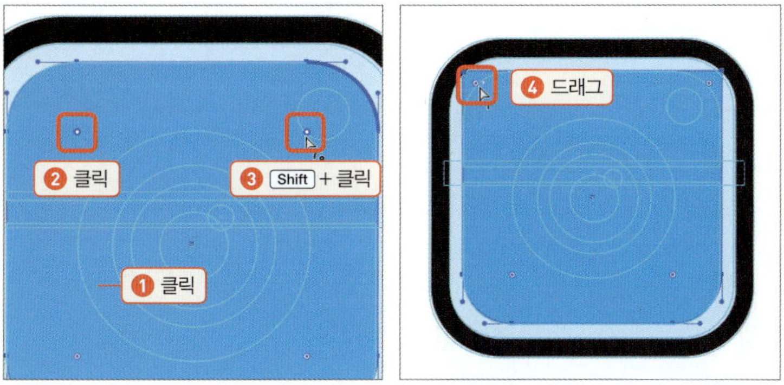

Tip 선택 툴(▶)로 위젯을 드래그하면 오브젝트의 모든 모서리가 변경되지만 직접 선택 툴(▷)로 특정 위젯만 선택하고 드래그하면 선택된 위젯이 있는 모서리만 모양이 바뀝니다.

10 직접 선택 툴(▷)로 Shift를 누른 채 정사각형 상단 양쪽 앵커 포인트와 앵커 포인트 사이에 있는 패스를 클릭하여 선택한 후 아래로 드래그하여 가이드에 맞게 배치합니다.

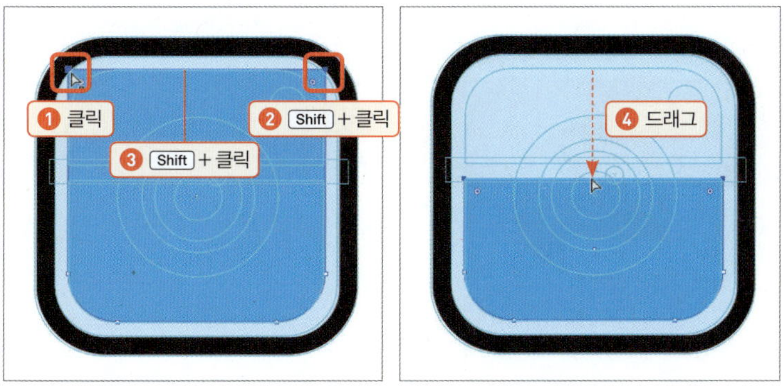

11 선택 툴(▶)로 아래에 있는 오브젝트를 선택하고 Alt를 누른 채 위로 드래그하여 복제합니다. 복사한 오브젝트의 바운딩 박스 모서리에서 살짝 벗어난 위치에 마우스 포인터를 가져가면 마우스 포인터가 ⤵ 모양으로 바뀝니다. 이때 Shift를 누른 채 드래그하여 180° 회전시킵니다.

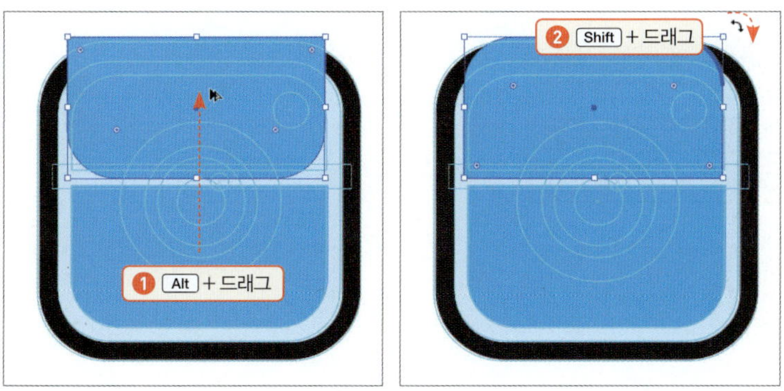

12 선택 툴(▶)로 회전한 오브젝트를 가이드에 맞게 아래로 내립니다. 직접 선택 툴(▷)로 하단 양쪽 앵커 포인트와 앵커 포인트 사이에 있는 패스를 위로 드래그하여 가이드에 맞춥니다. 색상 패널에서 면 색을 C=75, M=26, Y=0, K=0으로 변경합니다.

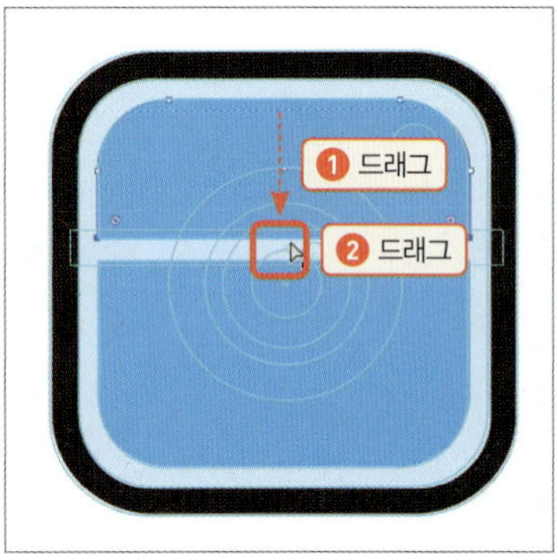

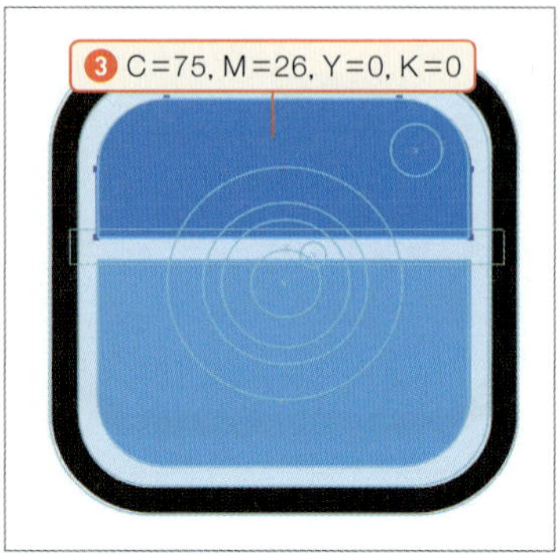

13 사각형 툴(□)로 가로로 긴 직사각형을 가이드에 맞춰 그립니다. 색상 패널에서 색상을 바깥쪽 정사각형의 면 색인 C=70, M=81, Y=76, K=54로 설정합니다. 같은 면 색을 유지한 채로 원형 툴(○)을 선택하고 Shift를 누른 채 드래그하여 아이콘 중앙에 정원을 그립니다.

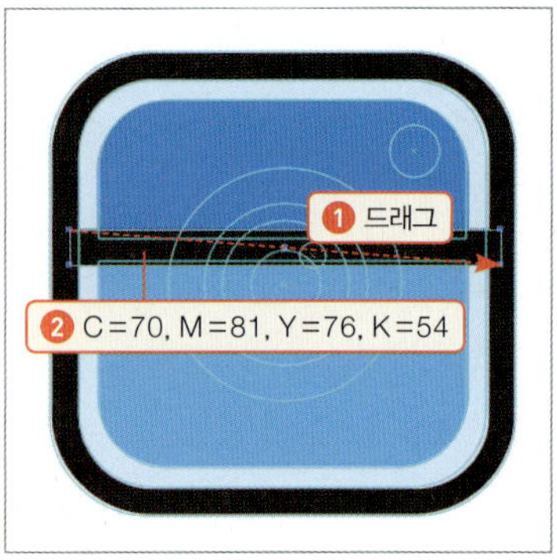

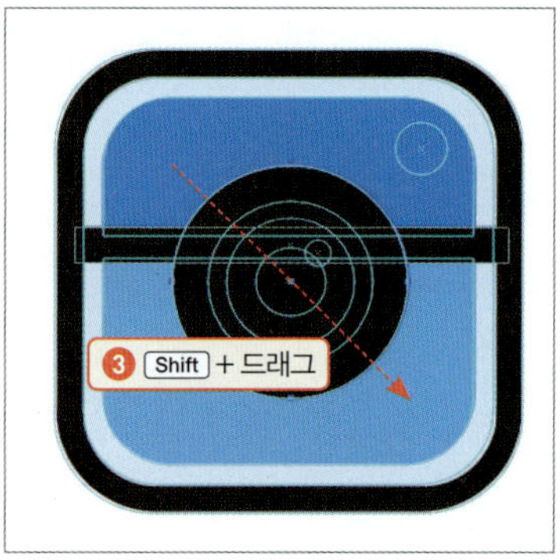

14 원형 툴(○)로 Shift를 누른 채 드래그하여 원을 5개 더 그리고 면 색을 각각 다음과 같이 변경하여 완성합니다.

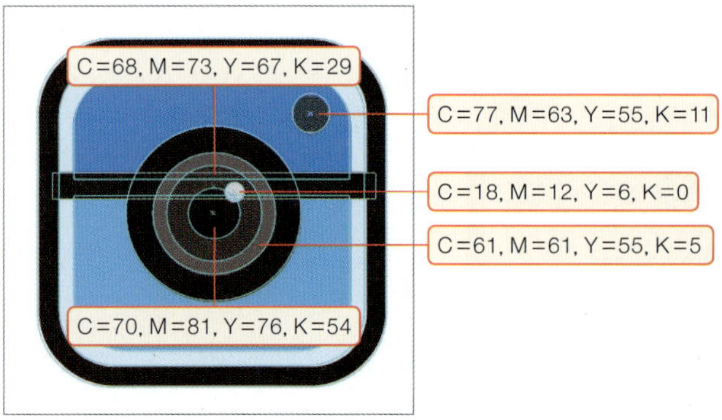

SECTION 02

다각형/별 모양 그리기

• **핵심 기능 I** 다각형 툴, 별 툴

다각형 그리기

01 드래그하여 그리기 Chapter_12 ▸ Section_02 ▸ polygon.ai 파일을 불러옵니다. 다각형 툴()을 선택하고 화면에 드래그하여 원하는 크기와 방향이 되었을 때 마우스에서 손가락을 뗍니다. 기본으로 육각형이 그려집니다.

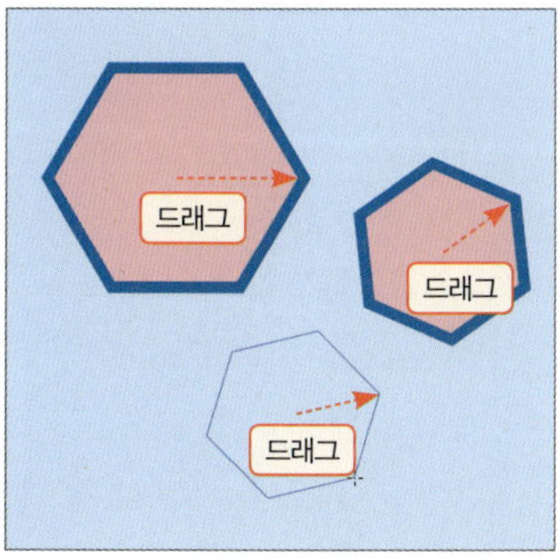

02 클릭하여 그리기 다각형 툴()로 화면을 클릭합니다. 옵션 창에서 다각형을 둘러싼 Radius(원의 반지름)와 Sides(꼭짓점 개수)를 입력한 후 〈OK〉를 클릭하면 육각형 이외의 다각형을 그릴 수 있습니다.

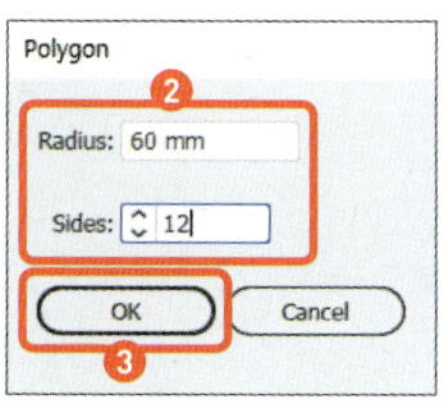

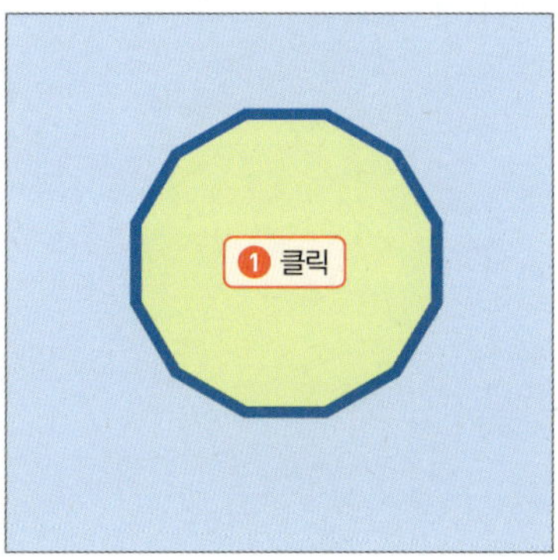

Tip Radius(원의 반지름)보다 Sides(꼭짓점 개수)가 커지면 원에 가까워 보입니다.

03 모서리 변형하기 직접 선택 툴(▷)로 다각형 내부 위젯을 드래그하여 모서리를 다양하게 변형해봅니다.

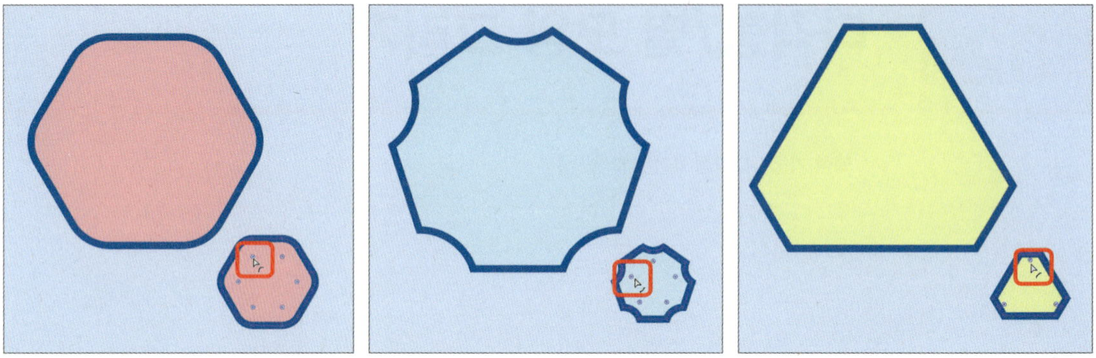

Tip 다각형 내부에 위젯이 하나밖에 보이지 않을 때는 직접 선택 툴(▷)로 다각형을 선택하면 모든 꼭짓점의 위젯이 보입니다.

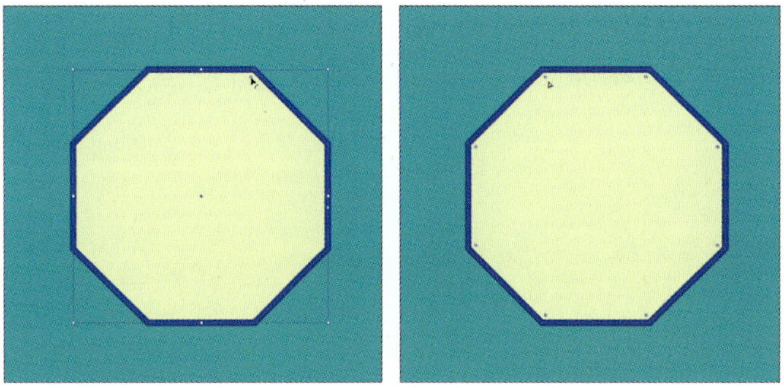

별 그리기

01 드래그하여 그리기 Chapter_12 ▸ Section_02 ▸ star.ai 파일을 불러옵니다. 별 툴(☆)을 선택하고 화면에 드래그하여 원하는 크기와 방향이 되었을 때 마우스에서 손가락을 떼면 별이 그려집니다. Shift 를 누른 채 드래그하면 너비와 높이가 같은 별을 그릴 수 있습니다.

02 클릭하여 그리기 별 툴(★)을 선택하고 화면을 클릭합니다. 옵션 창에서 Radius 1(별의 솟은 부분의 반지름), Radius 2(파인 부분의 반지름), Points(별의 다리 개수)를 입력하고 〈OK〉를 클릭합니다. Radius 1과 Radius 2의 값의 차가 작을수록 별의 다리 길이가 짧아집니다.

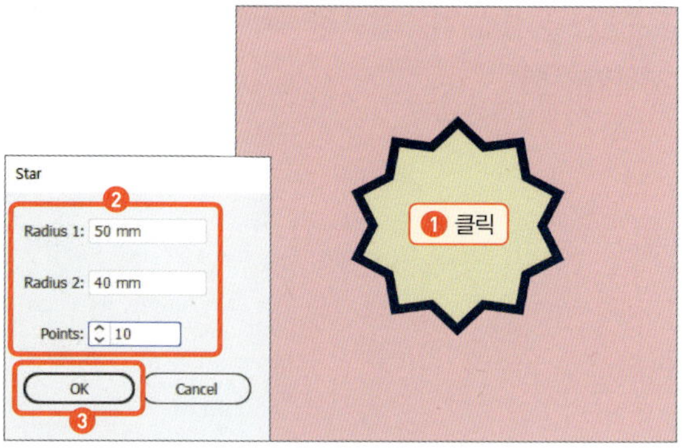

■ Radius 1과 Radius 2의 값의 차가 10mm일 때

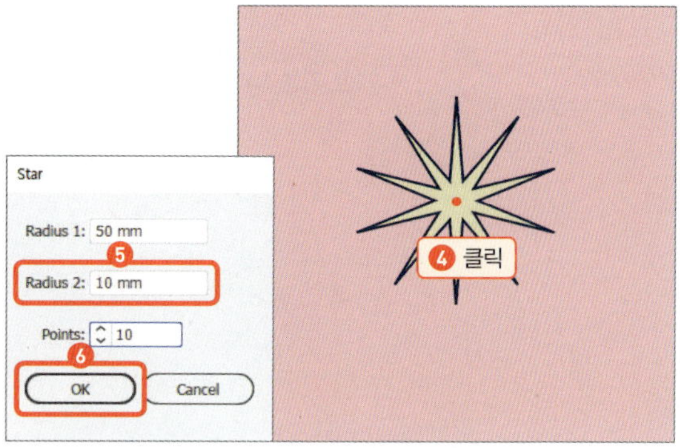

■ Radius 1과 Radius 2의 값의 차가 40mm일 때

03 별의 다리 길이 조절하기 별 툴(★)로 드래그하는 도중 Ctrl을 누르면 Ctrl을 누른 지점의 별 크기에서 다리 길이를 조절할 수 있습니다. Ctrl을 누른 채 마우스 포인터를 아래로 드래그하면 Radius 2 값이 고정된 채로 다리 길이가 늘어납니다. 반대로 Ctrl을 누른 채 마우스 포인터를 위로 드래그하면 Radius 1 값이 고정된 채로 다리 길이가 조절됩니다.

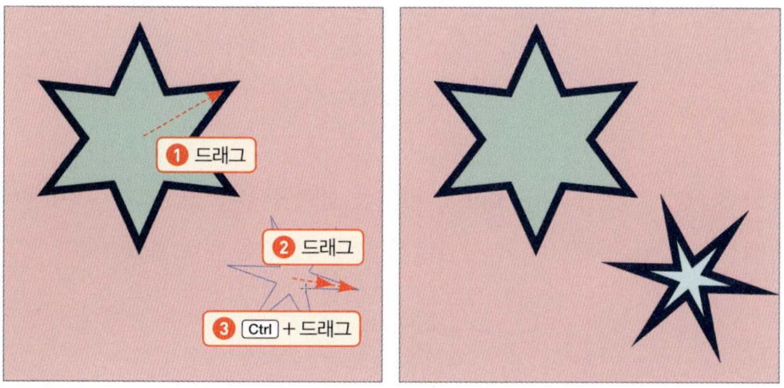

SECTION 03

패스파인더 패널로 합치고 분할하기

• **핵심 기능 |** 패스파인더 패널(단축키 Ctrl+Shift+F9)

패스파인더 패널의 기능

패스파인더 패널을 이용하면 겹쳐 있는 여러 오브젝트를 하나로 합치거나 겹쳐진 영역만 남길 수 있습니다. 또 선으로 면을 나눌 수도 있습니다.

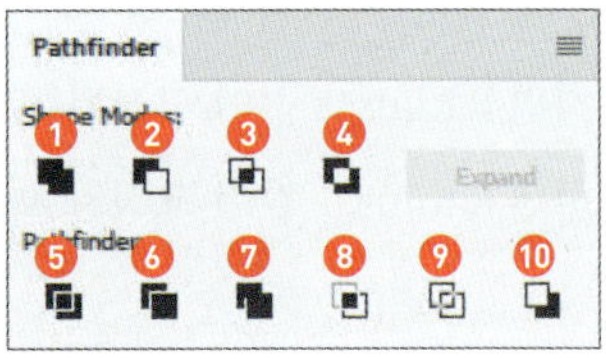

■ 패스파인더 패널

❶ 합치기
❷ 앞쪽 지우기
❸ 겹친 영역 남기기
❹ 겹친 영역 지우기
❺ 나누기
❻ 자르기
❼ 병합하기
❽ 앞쪽 기준으로 나누기
❾ 외곽선
❿ 뒤쪽 지우기

패스파인더 패널로 오브젝트 합치고 분할하기

01 준비 파일 불러오기 Chapter_12 ▸ Section_03 ▸ pathfinder.ai 파일을 불러옵니다. 원 3개가 준비되어 있습니다. 선택 툴( )로 원의 크기와 배치 등을 변경하면서 패스파인더 패널의 사용법을 익혀 보겠습니다.

02 합치기 선택 툴( )로 원 2개를 첫 번째 그림과 같이 크기를 조절하여 배치합니다. 드래그하여 원 2개를 모두 선택한 후 패스파인더 패널의 합치기( )를 클릭합니다. 원 2개가 맨 앞 오브젝트 면 색으로 합쳐집니다.

■ 오브젝트 2개를 합치기한 결과

03 Ctrl+Z를 눌러 합치기 전 상태로 돌아갑니다. 선택 툴(▶)로 원 3개를 첫 번째 그림과 같이 배치합니다. 드래그하여 원 3개를 모두 선택한 후 패스파인더 패널의 합치기( )를 클릭합니다. 맨 앞의 오브젝트의 면 색으로 합쳐집니다.

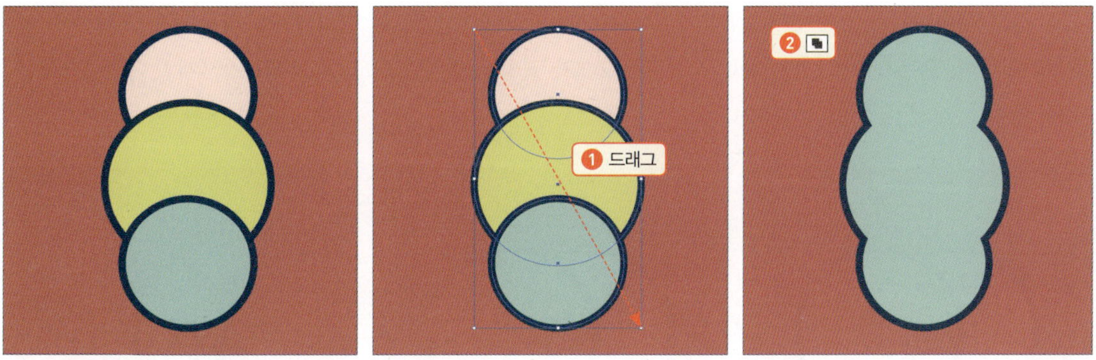

■ 오브젝트 3개를 합치기한 결과

04 **앞쪽 지우기** Ctrl+Z를 눌러 합치기 전 상태로 돌아갑니다. 선택 툴(▶)로 원 2개를 첫 번째 그림과 같이 배치합니다. 드래그하여 원 2개를 모두 선택한 후 패스파인더 패널의 앞쪽 지우기( )를 클릭합니다. 앞쪽 오브젝트가 제거되면서 앞쪽 오브젝트와 겹치는 뒤쪽 오브젝트의 영역까지 제거됩니다.

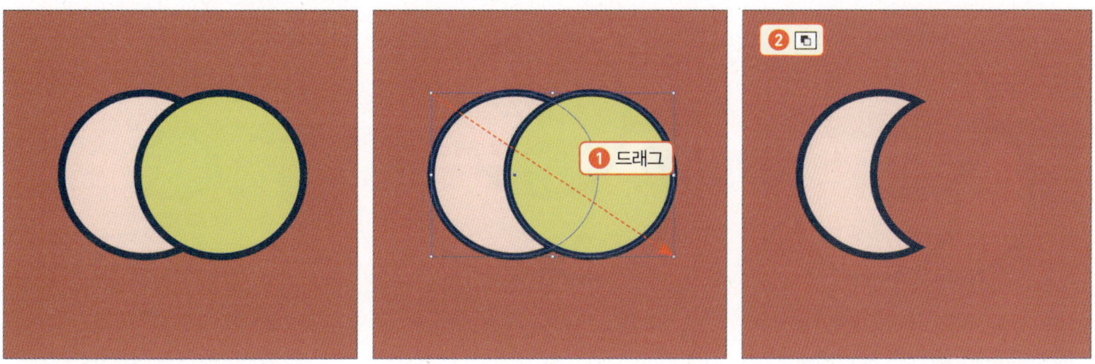

■ 오브젝트 2개를 앞쪽 지우기한 결과

05 [Ctrl]+[Z]를 눌러 앞쪽 지우기 전 상태로 돌아갑니다. 선택 툴(▶)로 원 3개를 첫 번째 그림과 같이 배치합니다. 드래그하여 원 3개를 모두 선택한 후 패스파인더 패널의 앞쪽 지우기()를 클릭합니다. 앞쪽의 오브젝트 2개가 제거되면서 두 오브젝트와 겹치는 뒤쪽 오브젝트의 영역까지 제거됩니다.

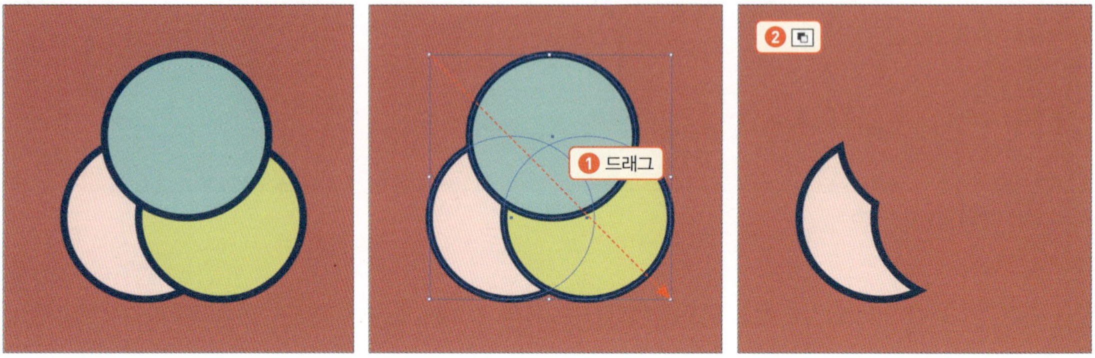

■ 오브젝트 3개를 앞쪽 지우기한 결과

06 **겹친 영역 남기기** 같은 방법으로 오브젝트가 2개일 때와 3개일 때 패스파인더 패널의 겹친 영역 남기기()를 클릭합니다. 오브젝트가 2개일 때는 오브젝트 2개가 겹치는 영역만 남고, 오브젝트가 3개일 때는 오브젝트 3개가 공통으로 겹치는 영역만 남습니다.

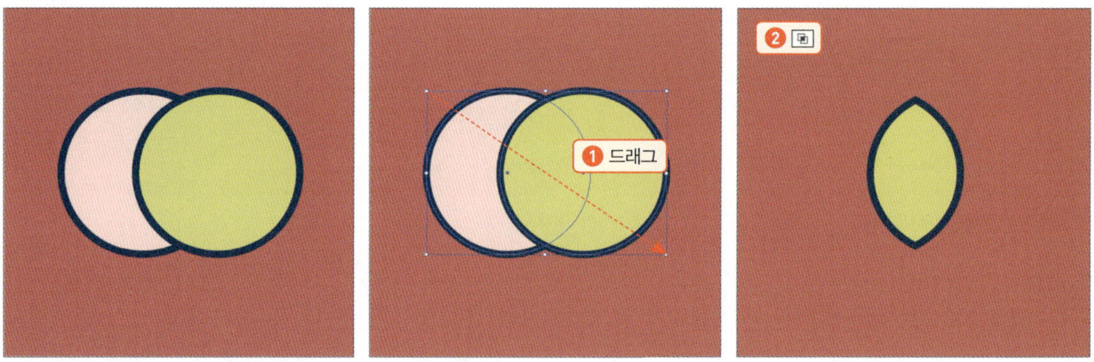

■ 오브젝트 2개를 겹친 영역 남기기한 결과

■ 오브젝트 3개를 겹친 영역 남기기한 결과

07 겹친 영역 지우기

겹친 영역 지우기 같은 방법으로 오브젝트가 2개일 때와 3개일 때 패스파인더 패널의 겹친 영역 지우기( )를 클릭합니다. 오브젝트 2개가 겹친 경우에는 겹친 영역이 모두 제거됩니다. 반면 오브젝트 3개 이상이 겹친 경우에는 겹친 영역은 제거되지만 3개 이상의 오브젝트가 겹친 영역은 남습니다.

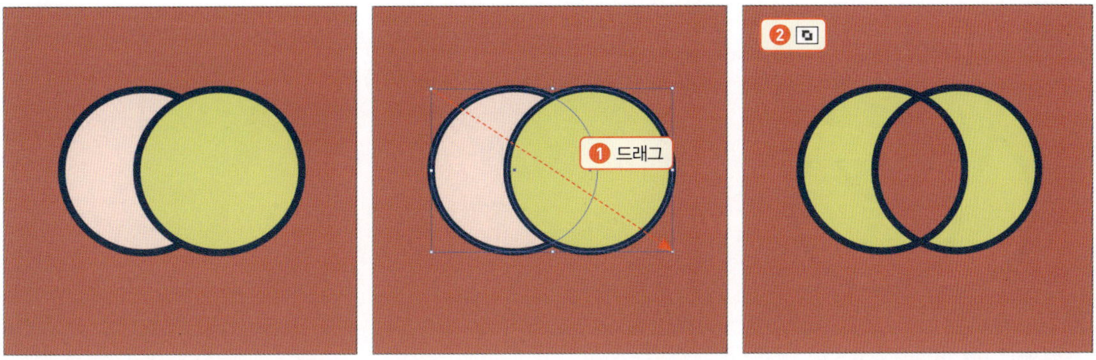

■ 오브젝트 2개를 겹친 영역 지우기한 결과

■ 오브젝트 3개를 겹친 영역 지우기한 결과

08 분할하기

분할하기 선택 툴( )로 오브젝트 3개를 모두 선택한 후 패스파인더 패널의 나누기( )를 클릭합니다. 패스가 겹치는 모든 영역이 분할됩니다. 패스파인더 패널로 오브젝트를 분할하면 분할된 오브젝트는 그룹 상태로 남습니다. Ctrl + Shift + G를 눌러 그룹을 해제하고 선택 툴( )로 각 조각을 드래그하면 분할된 결과를 확인할 수 있습니다.

■ 오브젝트 3개를 나누기한 결과

09 자르기 선택 툴(▶)로 오브젝트 3개를 모두 선택하고 패스파인더 패널의 자르기(■)를 클릭합니다. 외곽선이 모두 제거되고 오브젝트가 보이는 그대로 분할됩니다. Ctrl+Shift+G를 눌러 그룹을 해제하고 선택 툴(▶)로 각 조각을 드래그하면 분할된 결과를 확인할 수 있습니다.

■ 오브젝트 3개를 자르기한 결과

10 병합하기 선택 툴(▶)로 오른쪽 오브젝트를 클릭하고 Delete를 눌러 삭제합니다. 가운데 오브젝트를 선택하고 Ctrl+C, Ctrl+V를 눌러 복제한 후 오른쪽에 배치합니다.

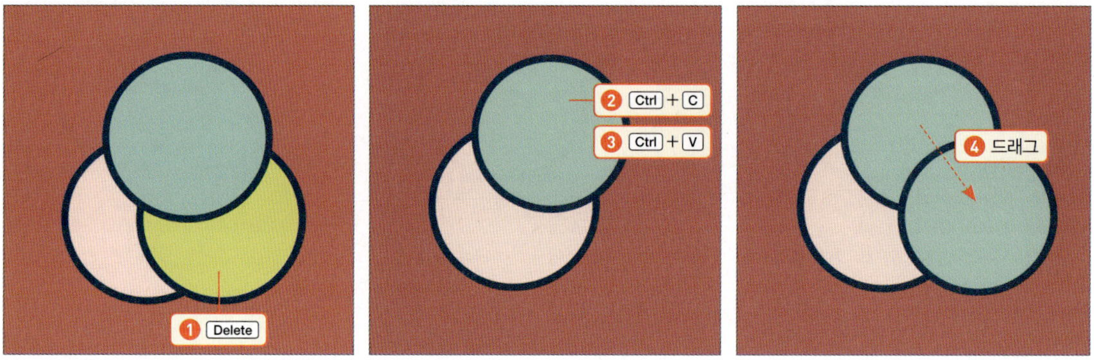

11 선택 툴(▶)로 드래그하여 오브젝트 3개를 모두 선택하고 패스파인더 패널의 병합하기(■)를 클릭합니다. 자르기(■)와 마찬가지로 오브젝트가 분할되는데 동일한 색상의 오브젝트는 합쳐진 채로 분할됩니다. Ctrl+Shift+G를 눌러 그룹을 해제하고 선택 툴(▶)로 각 조각을 드래그하면 분할된 결과를 확인할 수 있습니다.

■ 오브젝트 3개를 병합하기한 결과

12 앞쪽 기준으로 나누기 오브젝트 3개를 선택한 후 패스파인더 패널의 앞쪽 기준으로 나누기( )를 클릭합니다. 맨 앞 오브젝트에서 다른 오브젝트와 겹치는 영역만 외곽선 없이 남습니다.

■ 오브젝트 3개를 앞쪽 기준으로 나누기한 결과

13 외곽선만 남기기 오브젝트 3개를 선택한 후 패스파인더 패널의 외곽선( )을 클릭합니다. 각 오브젝트의 면 색이 외곽선에 적용되면서 면은 사라지고 선만 남습니다. Ctrl+Shift+G를 눌러 그룹을 해제하고 선택 툴( )로 각 선을 드래그해 보면 모두 분할된 것을 확인할 수 있습니다.

■ 오브젝트 3개를 외곽선만 남긴 결과

14 뒤쪽 지우기 오브젝트 3개를 선택한 후 패스파인더 패널의 뒤쪽 지우기( )를 클릭합니다. 맨 앞쪽 오브젝트에서 다른 오브젝트와 겹치지 않는 영역만 남습니다.

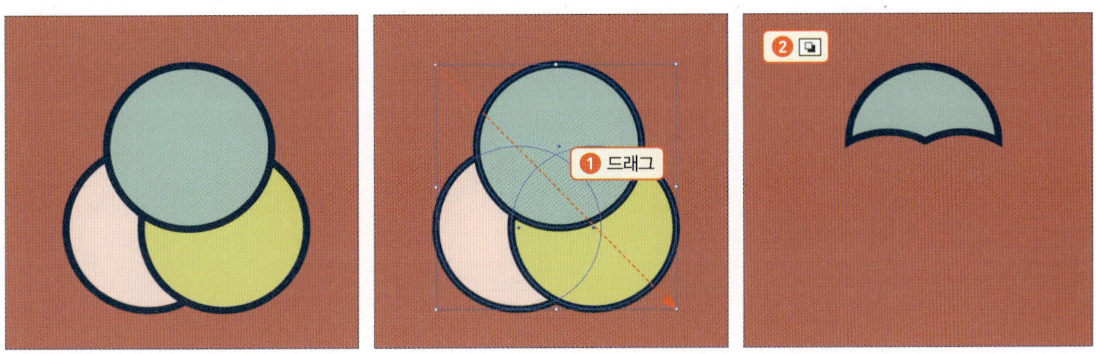

■ 오브젝트 3개를 뒤쪽 지우기한 결과

응용 예제 꿀벌과 벌통 만들기

패스파인더 패널로 오브젝트를 합치거나 분할해 꿀벌과 벌통 이미지를 만들어 봅니다.

■ 가이드 이미지

■ 완성 이미지

01 Chapter_12 ▸ Section_03 ▸ bee_guide.ai 파일을 불러옵니다.

02 원형 툴( )을 선택하고 Alt 를 누른 채 드래그하여 벌의 얼굴을 정원으로 그립니다. 선택 툴( )로 Alt 를 누른 채 오른쪽으로 드래그하여 원을 복제합니다.

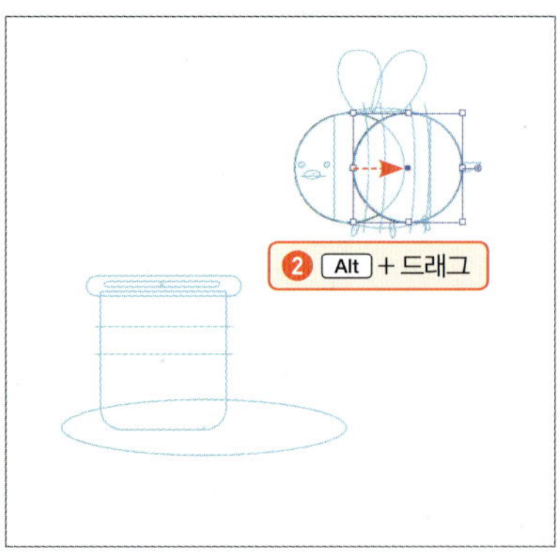

03 화면을 확대한 후 펜 툴( )로 다음과 같은 모양으로 패스를 그립니다.

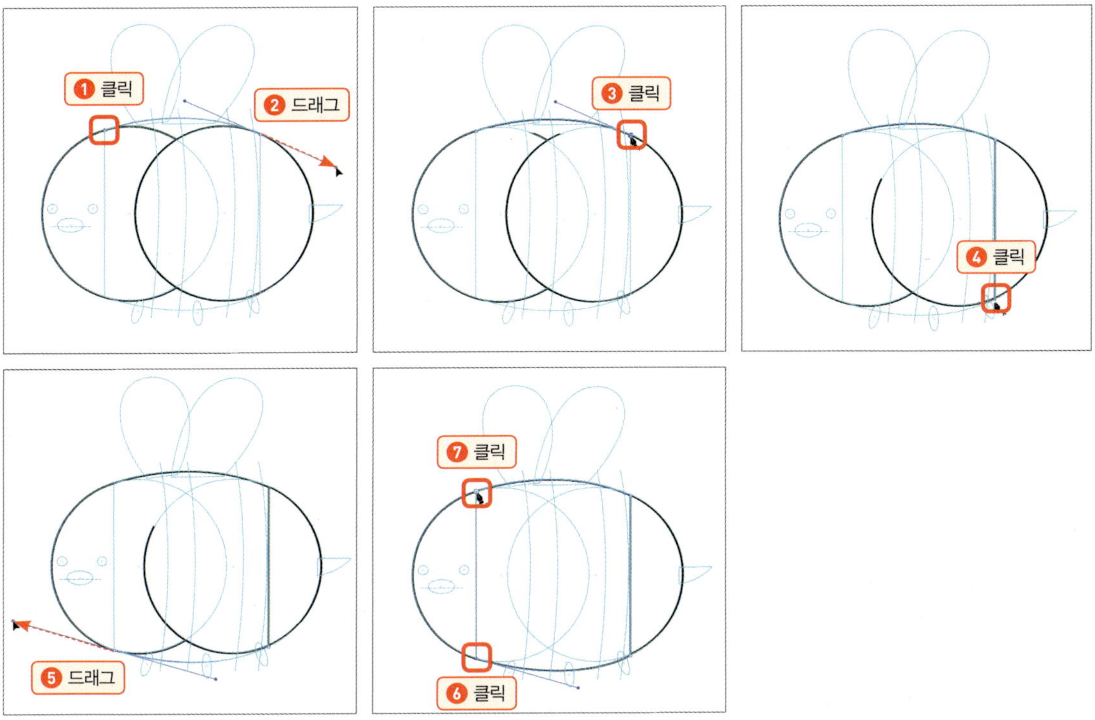

04 선택 툴( )로 Shift 를 누른 채 방금 그린 형태와 원 두 개를 모두 선택한 후 패스파인더 패널에서 합치기( )를 클릭하여 오브젝트를 합칩니다.

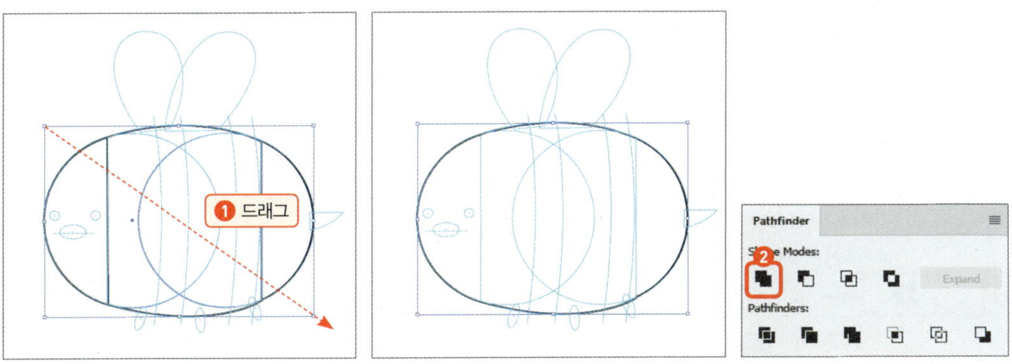

05 펜 툴( )을 선택하고 옵션 바에서 면 색을 색상 없음으로 설정한 후 벌의 몸통 바깥에서 시작되는 곡선 한 줄을 가이드를 따라 그립니다. 선택 툴( )로 Alt 를 누른 채 오른쪽으로 드래그하여 곡선 3개를 복제합니다.

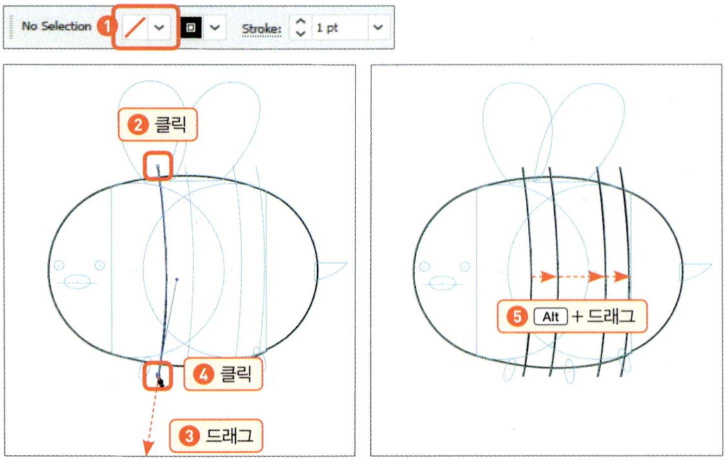

06 선택 툴(▶)로 벌의 몸통과 선 4개가 모두 선택되도록 드래그한 후 패스파인더 패널에서 나누기(◧)를 클릭하여 오브젝트를 분할합니다. Ctrl + Shift + G를 눌러 그룹을 해제한 후 색상 패널에서 각 오브젝트의 면 색과 선 색을 다음과 같이 설정합니다.

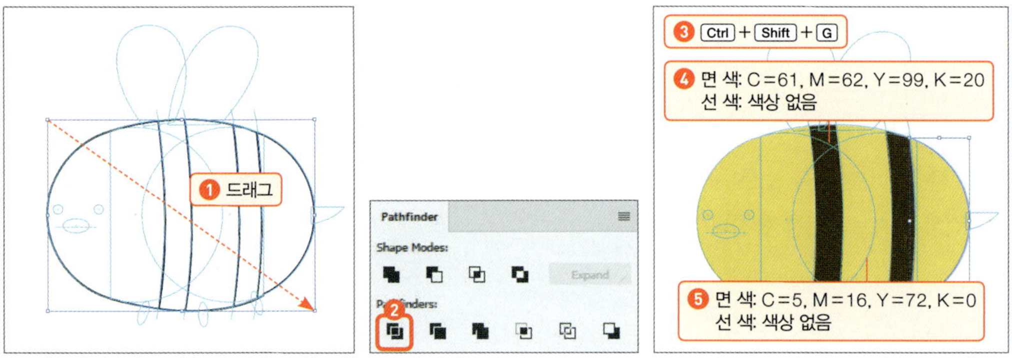

07 원형 툴(◯)을 선택하고 옵션 바에서 면 색을 흰색, 선 색을 검은색으로 설정한 후 입술을 타원으로 그립니다. 펜 툴(✒)을 선택하고 타원 절반을 가로지르는 선을 그립니다.

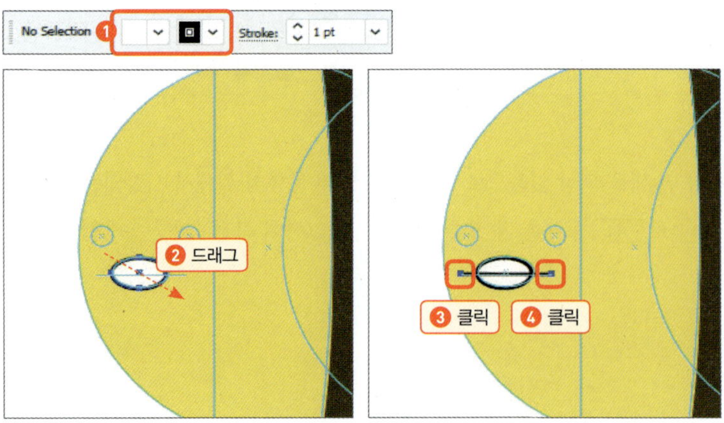

08 선택 툴( )로 Shift 를 누른 채 타원과 선을 클릭하여 선택하고 패스파인더 패널의 나누기( )를 클릭하여 오브젝트를 분할합니다. Ctrl + Shift + G 를 눌러 그룹을 해제하고 선택 툴( )로 위쪽 타원만 클릭하여 선택한 후 Delete 를 눌러 삭제합니다. 색상 패널에서 아래쪽 타원의 면 색과 선 색을 다음과 같이 설정합니다.

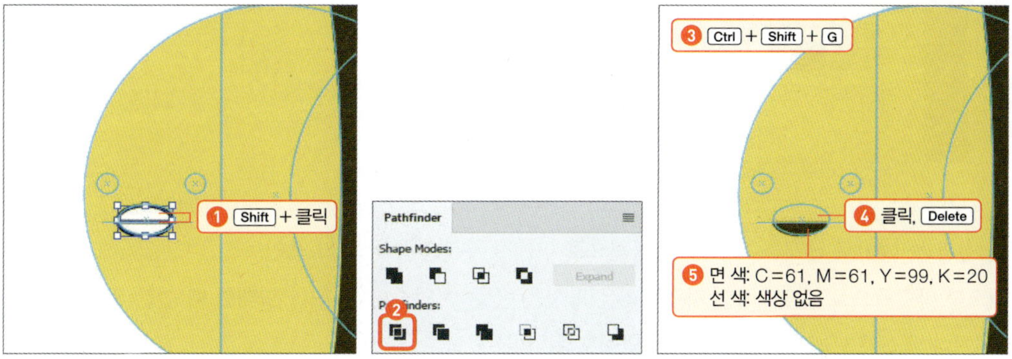

09 원형 툴( )로 Alt 를 누른 채 드래그하여 눈을 2개 그립니다.

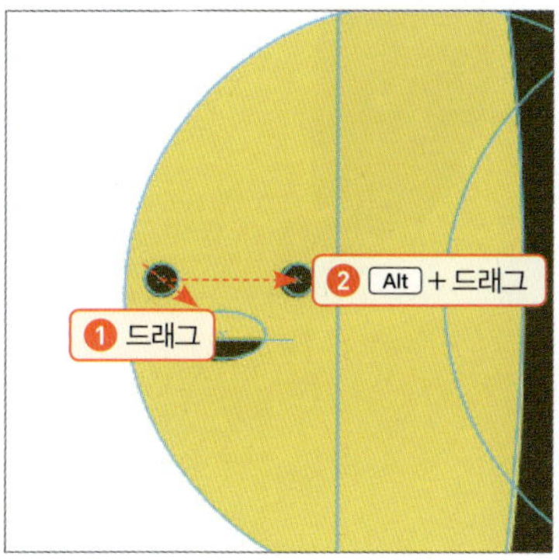

10 원형 툴( )로 타원을 그려 다리를 만들고 선택 툴( )로 바운딩 박스를 회전시켜 가이드에 맞게 배치합니다. 완성한 다리는 선택 툴( )로 Alt 를 누른 채 오른쪽으로 드래그하여 2개 더 복제하고 바운딩 박스를 회전시켜 가이드에 맞게 배치합니다.

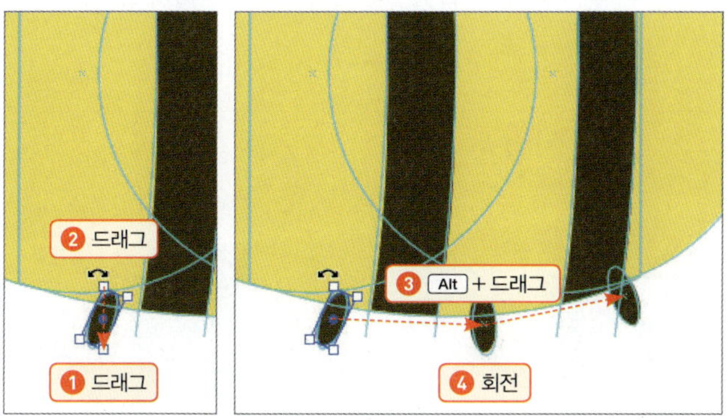

11 펜 툴()로 가이드에 맞게 꼬리를 그립니다.

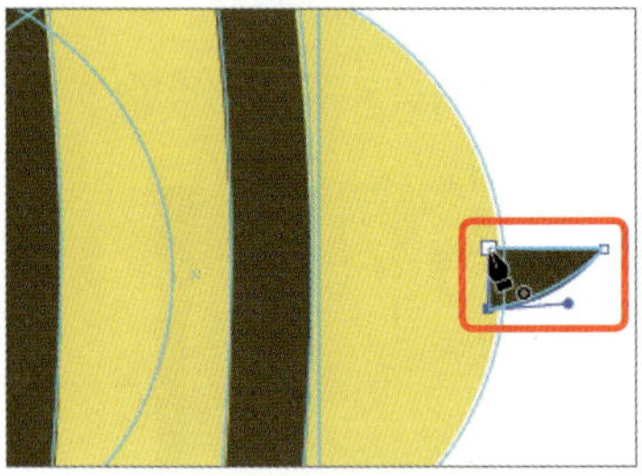

12 곡률 전환 툴()로 날개를 그립니다. 곡선으로 이어진 부분은 무빙 앵커 포인트를 더블클릭해 직선으로 만든 후 패스를 바깥쪽으로 드래그하면 자연스러운 곡선을 만들 수 있습니다. 또한 형태를 다 만든 후 앵커 포인트를 움직이거나 패스를 드래그하여 가이드에 맞춰도 됩니다.

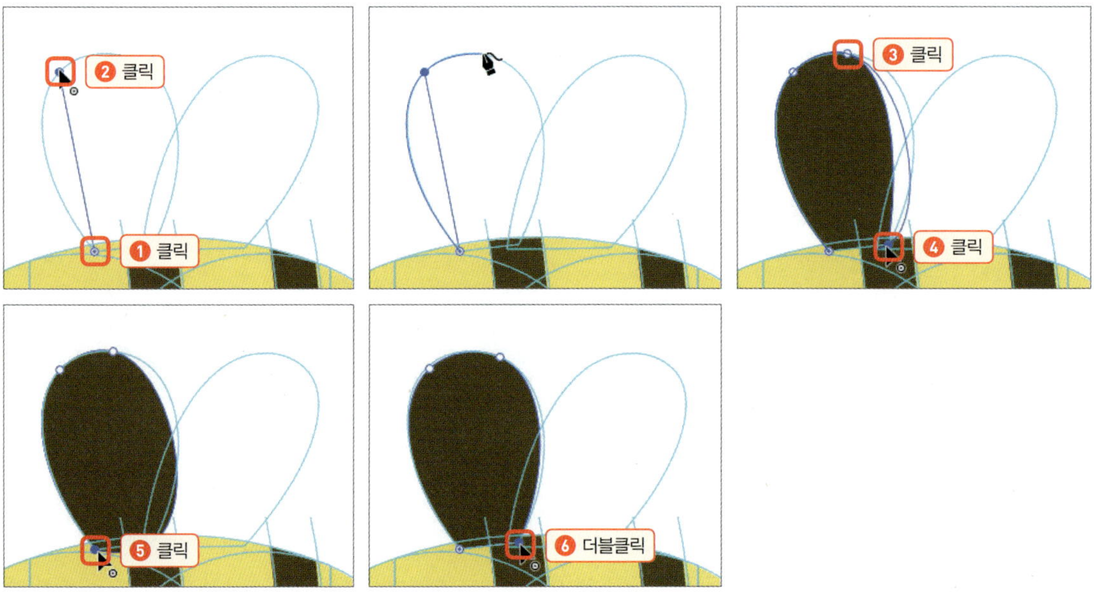

13 색상 패널에서 날개의 면 색과 선 색을 다음과 같이 변경합니다. 곡률 전환 툴()로 나머지 날개도 완성합니다.

14 선택 툴(▶)로 Shift 를 누른 채 날개 2개, 다리 3개, 꼬리를 선택하고 메뉴 바에서 [Object]–[Arrange]–[Send to Back]을 선택하여 몸통 오브젝트 뒤에 배치합니다.

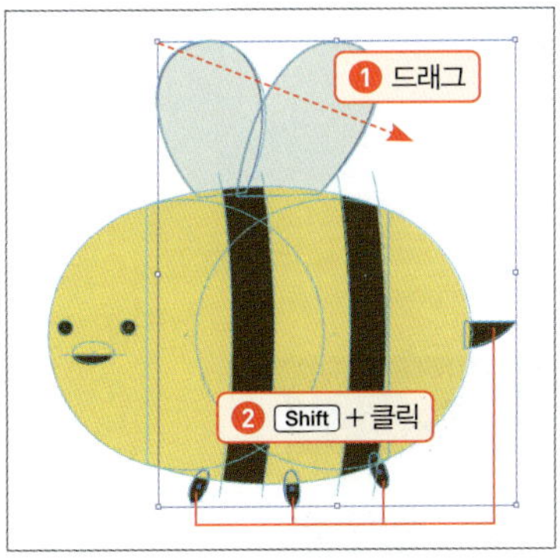

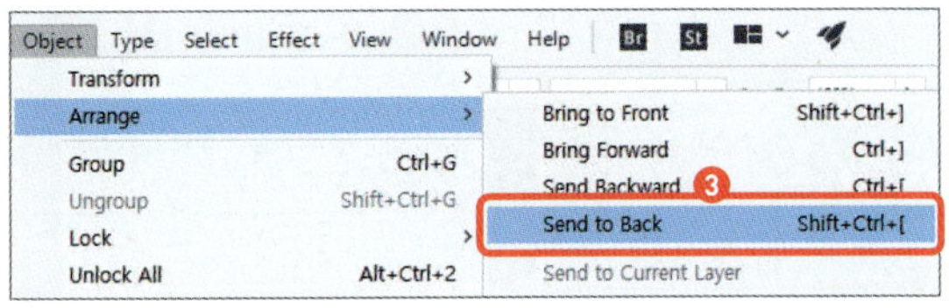

15 모서리가 둥근 사각형 툴(▢)로 꿀을 담는 병을 그립니다. 직접 선택 툴(▷)로 오브젝트를 선택하고 Shift 를 누른 채 하단 위젯 두 개를 아래로 드래그하여 가이드의 곡선에 맞추고, Shift 를 누른 채 상단 위젯 두 개를 위로 드래그하여 직선 형태로 만듭니다.

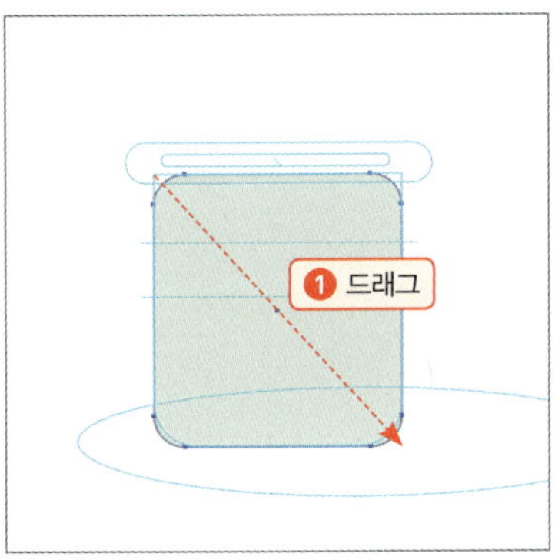

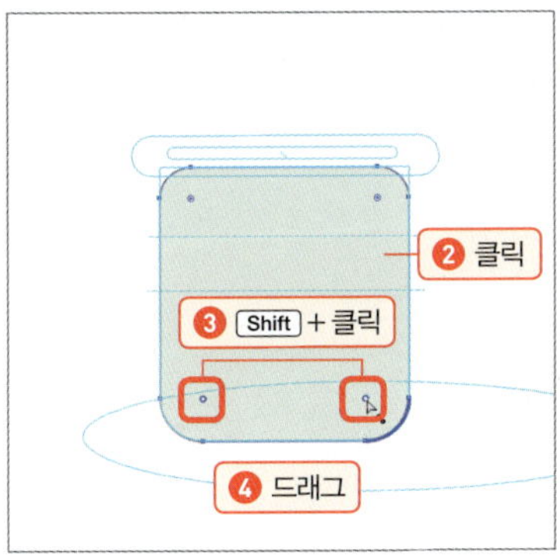

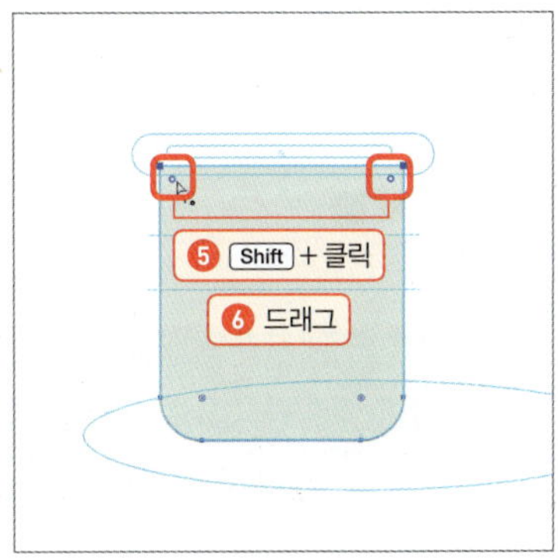

16 모서리가 둥근 사각형 툴(▢)로 병의 입구를 그립니다. 선택 툴(▷)로 Shift 를 누른 채 오브젝트 2개를 선택하고 패스파인더 패널에서 합치기(◼)를 클릭합니다.

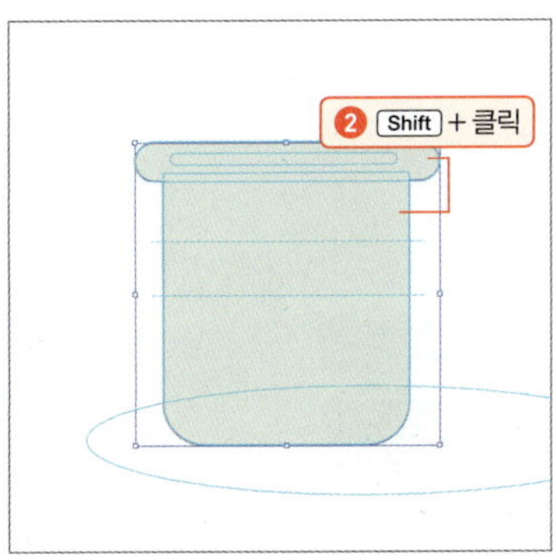

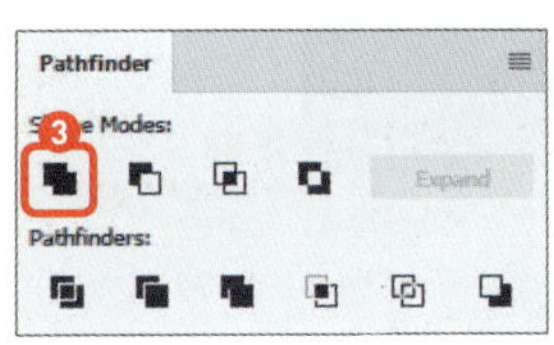

17 펜 툴( )을 선택하고 옵션 바에서 면 색을 색상 없음, 선 색을 검은색으로 설정한 후 병을 가로지르는 선을 2개 그립니다. 선택 툴( )로 병과 선 2개가 모두 선택되도록 드래그한 후 패스파인더 패널에서 나누기( )를 클릭하여 오브젝트를 분할합니다. Ctrl+Shift+G를 눌러 그룹을 해제하고 색상 패널에서 각 오브젝트의 면 색과 선 색을 다음과 같이 설정합니다.

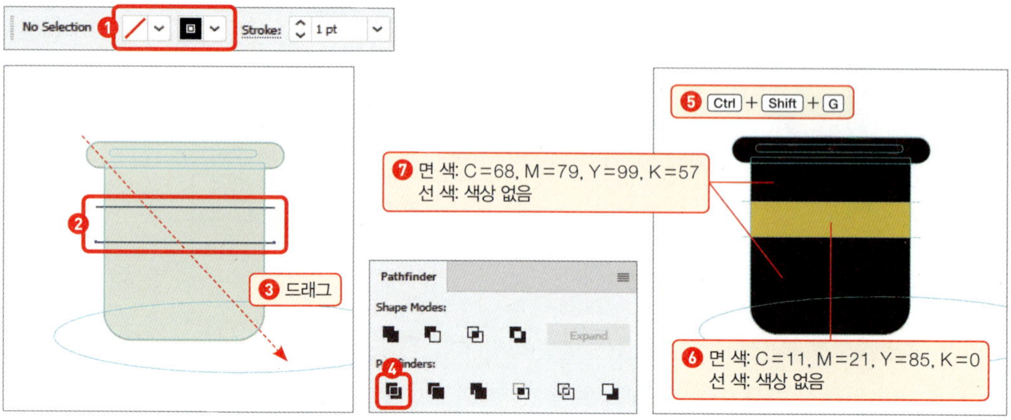

18 모서리가 둥근 사각형 툴( )을 선택하고 옵션 바에서 면 색을 검은색, 선 색을 색상 없음으로 설정한 후 병의 입구 앞쪽에 직사각형을 그립니다.

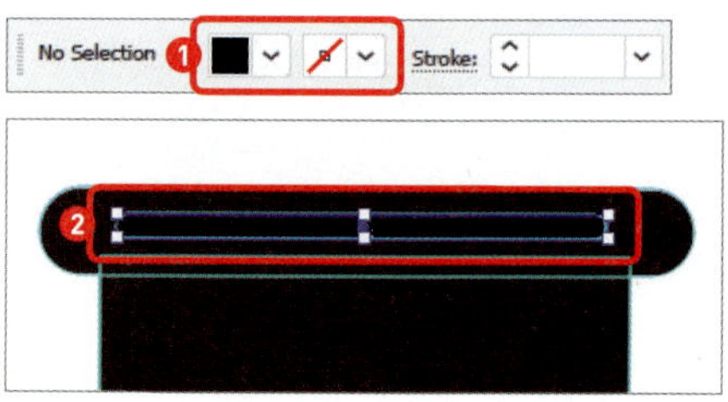

19 원형 툴( )로 병의 그림자를 그린 후 색상 패널에서 면 색과 선 색을 다음과 같이 설정합니다. 메뉴 바에서 [Object]–[Arrange]–[Send to Back]을 선택하거나 단축키 Ctrl+Shift+[를 눌러 그림자를 병 뒤쪽에 배치합니다. 배경에 색상을 넣어 주면 이미지가 더 아기자기해 보입니다.

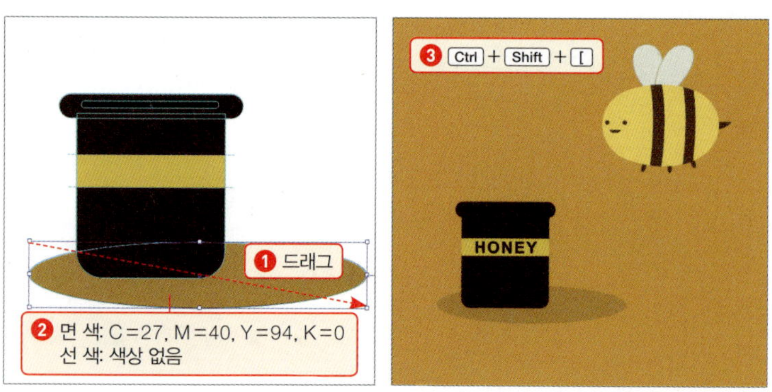

SECTION 04

셰이프 빌더 툴로 합치고 분할하기

• **핵심 기능** | 셰이프 빌더 툴(단축키 Shift+M)

셰이프 빌더 툴의 기능 익히기

01 오브젝트 합치기 Chapter_12 ▸ Section_04 ▸ shape.ai 파일을 불러옵니다. 선택 툴( )로 드래그하여 위쪽 오브젝트 2개를 선택하고 셰이프 빌더 툴( )로 내부를 드래그합니다. 지나간 영역이 모두 합쳐집니다.

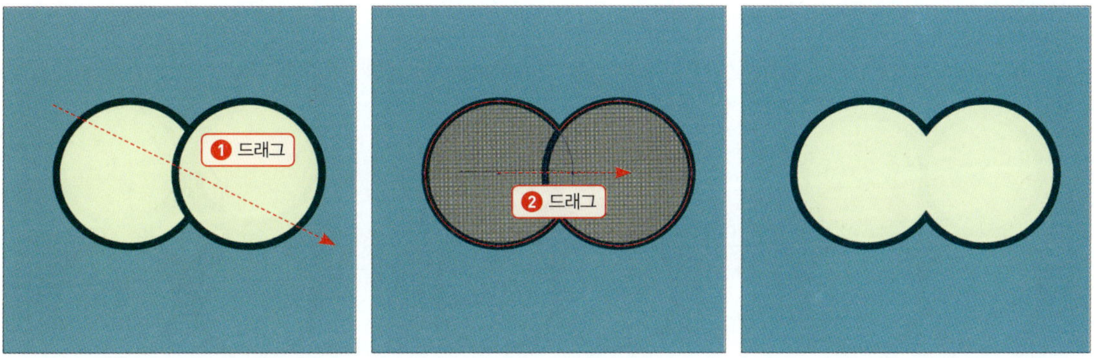

02 오브젝트 분할하기 Ctrl+Z를 눌러 합치기 전 상태로 돌아간 후 셰이프 빌더 툴( )로 선택된 오브젝트에서 겹쳐진 부분을 클릭합니다. 선택 툴( )로 각 조각을 드래그하면 오브젝트가 분할된 것을 확인할 수 있습니다.

Tip 패스파인더 패널과 달리 셰이프 빌더 툴을 이용하면 개별 오브젝트로 바로 분할할 수 있습니다.

03 앞쪽 지우기 Ctrl+Z를 눌러 분할하기 전 상태로 돌아간 후 셰이프 빌더 툴()로 Alt를 누른 채 오른쪽 오브젝트 내부를 드래그합니다. 지나간 영역이 제거됩니다.

04 같은 속성의 새 오브젝트 만들기 선택 툴()로 드래그하여 아래쪽 오브젝트 4개를 선택합니다. 셰이프 빌더 툴()로 오브젝트 사이의 빈 공간을 클릭합니다. 선택 툴()로 각 조각을 드래그하면 같은 속성을 가진 오브젝트가 만들어진 것을 확인할 수 있습니다.

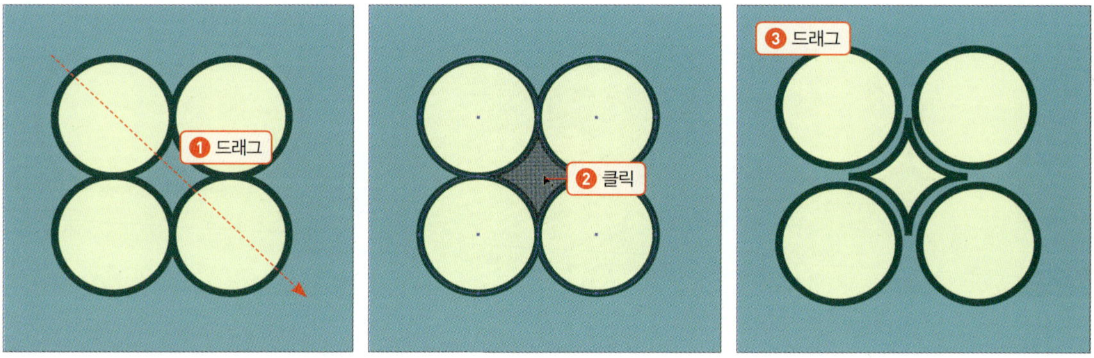

05 빈 공간을 면 하나로 합치기 Ctrl+Z를 눌러 오브젝트 4개가 선택된 상태로 만듭니다. 셰이프 빌더 툴()로 오브젝트 사이의 빈 공간을 포함하여 다음과 같이 드래그합니다. 마우스가 지나간 자리가 면 하나로 합쳐집니다.

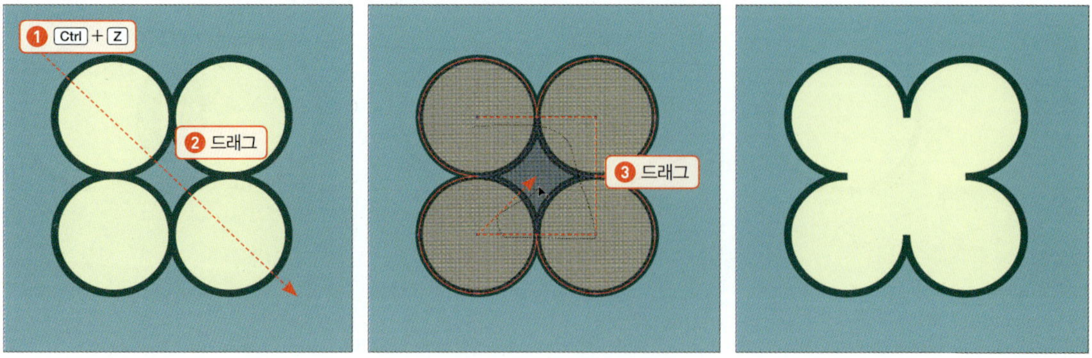

SECTION
05
오브젝트를 분할하지 않고 채색하기

- **핵심 기능 |** 라이브 페인트 버킷 툴(단축키 K)

라이브 페인트 버킷 툴의 기능 익히기

01 준비 파일 불러오기 Chapter_12 ▸ Section_05 ▸ paint.ai 파일을 불러옵니다. 선택 툴()로 오브젝트가 모두 선택되도록 드래그합니다.

02 선택한 영역 채색하기 셰이프 빌더 툴()의 숨은 툴인 라이브 페인트 버킷 툴()을 선택하고 각 영역으로 마우스 포인터를 가져가면 개별 조각으로 선택됩니다. 이때 해당 영역을 클릭하면 현재 설정된 면 색이 채워집니다.

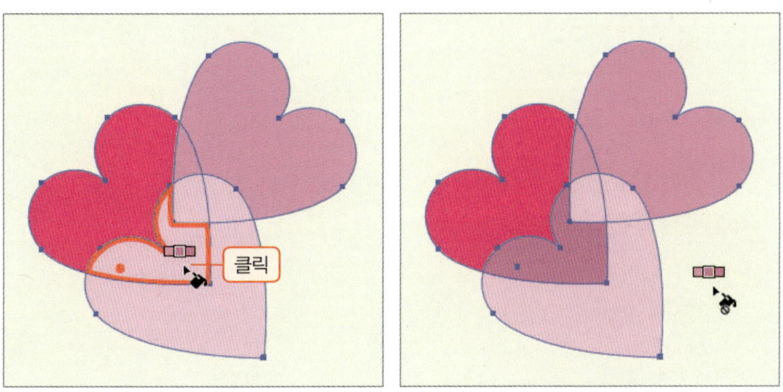

03 라이브 페인트 실행 상태 확인하기 라이브 페인트 버킷 툴( )로 각 조각을 채색하고 선택 툴( )로 오브젝트를 선택하면 바운딩 박스가 이전과 다른 형태라는 것을 알 수 있습니다. 라이브 페인트가 실행 중이라는 뜻입니다.

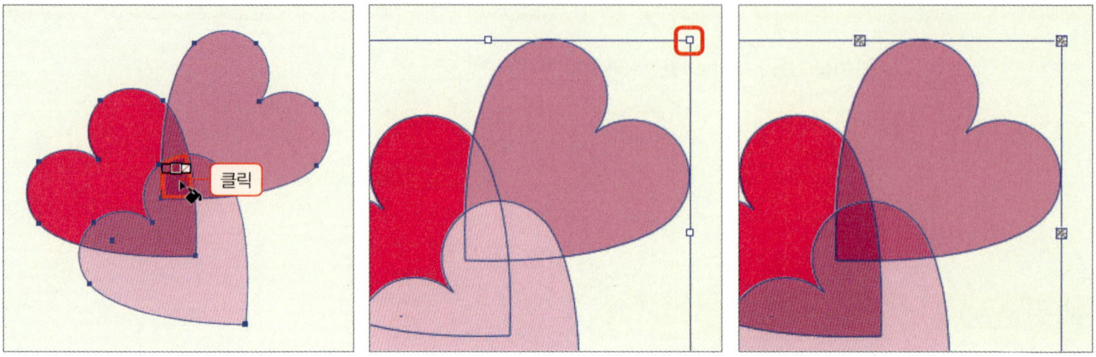

■ 라이브 페인트 실행 전 ■ 라이브 페인트 실행 중

Tip 라이브 페인트가 실행 중일 때는 라이브 페인트 선택 툴( )로 각 영역을 클릭한 후 색상 패널에서 다른 색상을 설정하여 색상을 변경할 수 있습니다.

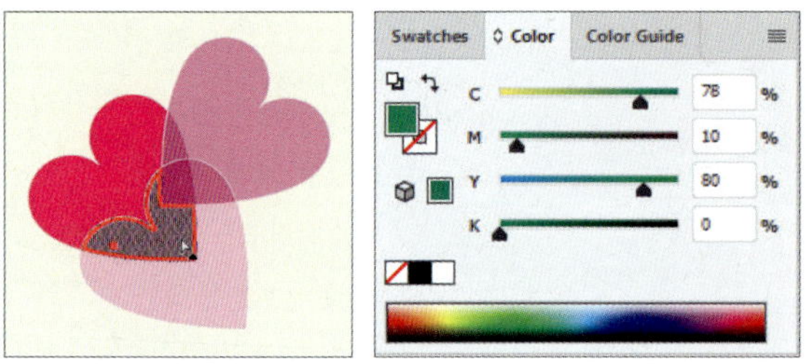

04 라이브 페인트 종료하기 선택 툴( )로 오브젝트를 선택하고 옵션 바에서 [Expand]를 클릭합니다. 라이브 페인트 실행이 끝나고 일반 바운딩 박스 형태로 돌아옵니다. 지금까지 채색된 영역은 모두 그룹으로 지정되어 있습니다. Ctrl+Shift+G를 눌러 그룹을 해제하고 선택 툴( )로 각 영역을 분리해 보면 라이브 페인트 툴로 채색한 면만 분리되고 선은 색상이 바뀌지 않은 채 보이는 형태로 묶여 있는 것을 볼 수 있습니다.

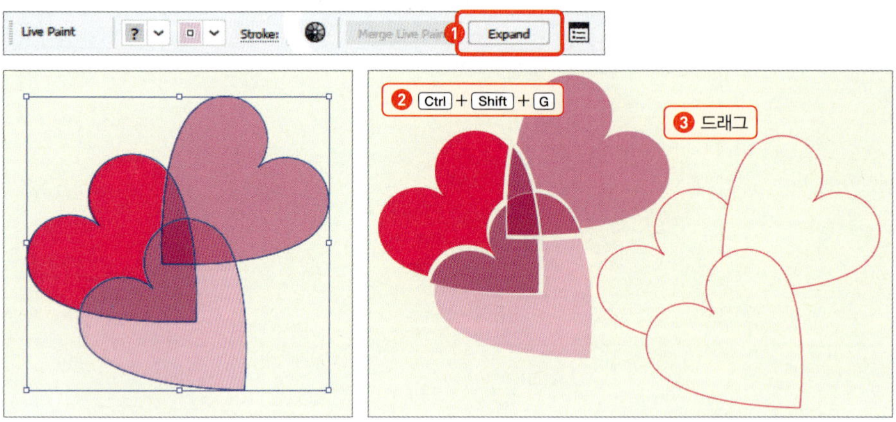

SECTION 06

다양한 분할 기법 익히기

• **핵심 기능 |** 지우개 툴(단축키 Shift+E), 나이프 툴, 가위 툴(단축키 C)

지우개 툴로 오브젝트 분할하기

지우개 툴( )로 브러시 옵션을 조절하면 닫힌 오브젝트를 다양한 형태로 분할할 수 있습니다.

01 자유롭게 드래그하여 분할하기 Chapter_12 ▸ Section_06 ▸ eraser.ai 파일을 불러옵니다. 지우개 툴( )로 오브젝트를 가로지르도록 자유롭게 드래그하면 지나간 흔적대로 오브젝트가 분할됩니다.

02 수평으로 분할하기 Shift를 누른 채 지우개 툴( )로 드래그하면 오브젝트가 수평으로 분할됩니다.

03 대각선/수직으로 분할하기 Shift를 누른 채 지우개 툴( )로 드래그하면 수평뿐만 아니라 45° 대각선 또는 수직으로 오브젝트를 분할할 수 있습니다.

04 오브젝트의 일부 삭제하기 지우개 툴( )로 오브젝트를 관통하지 않고 내부를 드래그하면 드래그한 부분이 삭제됩니다.

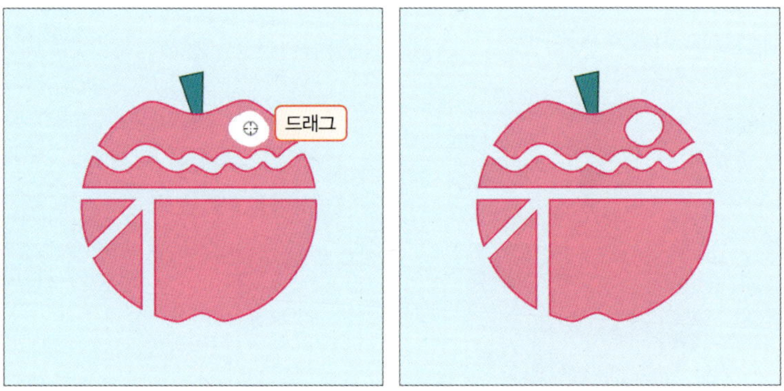

05 사각형 모양으로 삭제/분할하기 Alt를 누른 채 지우개 툴( )로 드래그하면 드래그한 사각형 크기만큼 삭제됩니다. 오브젝트를 가로지르는 사각형을 드래그하면 오브젝트가 분할됩니다.

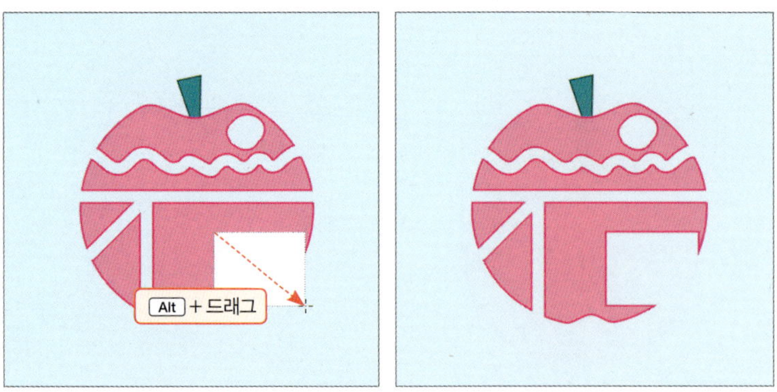

06 브러시 크기 조절하기 지우개 툴()을 더블클릭합니다. 옵션 창에서 지우개 브러시의 방향과 크기 등을 조절할 수 있습니다. Size를 60pt로 입력하고 〈OK〉를 클릭한 후 화면을 드래그합니다. 지우개 브러시의 크기가 커진 것을 확인할 수 있습니다.

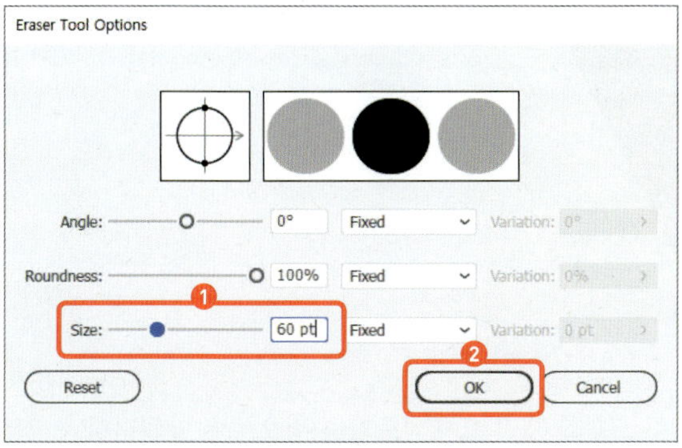

Tip 단축키 [또는]를 누르면 옵션 창을 열지 않고도 브러시 크기를 확대하거나 축소할 수 있습니다.

나이프 툴로 오브젝트 분할하기

나이프 툴()로 닫힌 오브젝트에 가는 선을 그어 오브젝트를 분할할 수 있습니다.

01 오브젝트를 가로질러 분할하기 Chapter_12 ▸ Section_06 ▸ knife.ai 파일을 불러옵니다. 나이프 툴()로 오브젝트의 일부를 가로질러 드래그합니다. 나이프 툴()이 지나간 흔적대로 오브젝트가 분할됩니다. 직접 선택 툴()로 오브젝트 조각을 드래그해 보면 분할된 것을 확인할 수 있습니다.

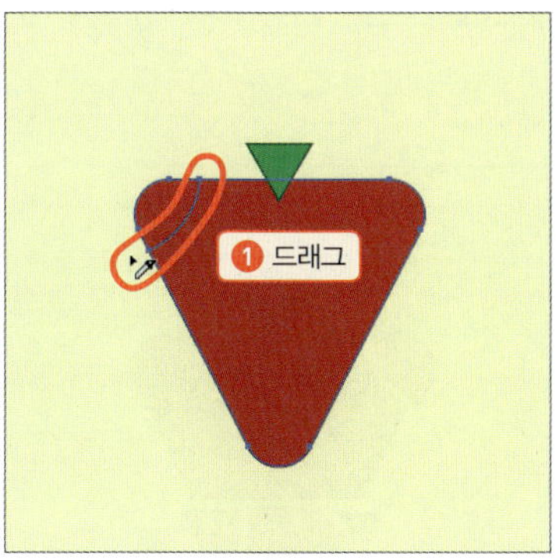

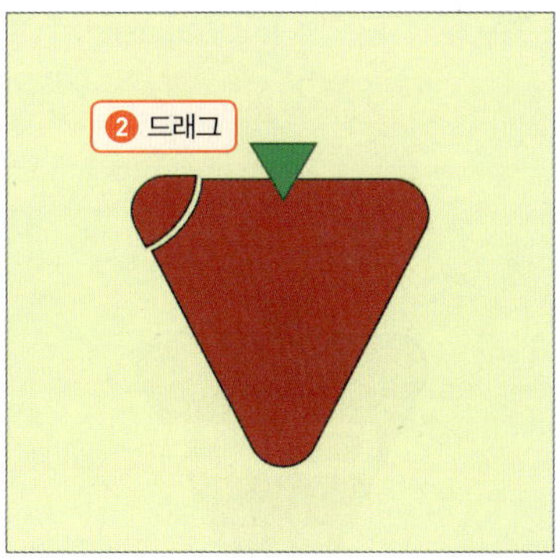

02 오브젝트 내부의 일부만 드래그하면 패스만 생성되고 오브젝트가 분할되지 않습니다.

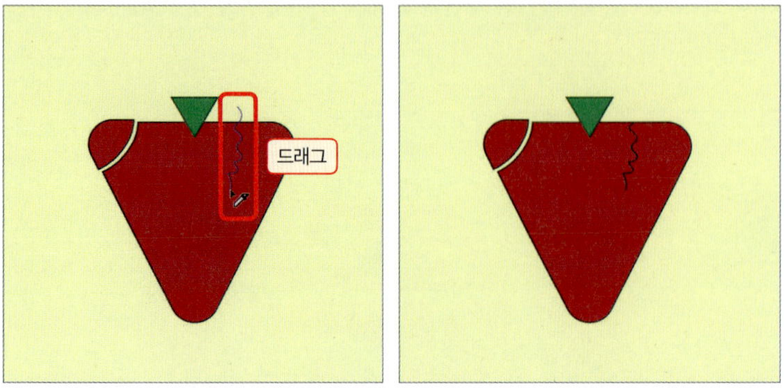

03 **수평으로 분할하기** [Alt]를 누른 채 나이프 툴( )로 드래그하면 오브젝트가 수평으로 분할됩니다.

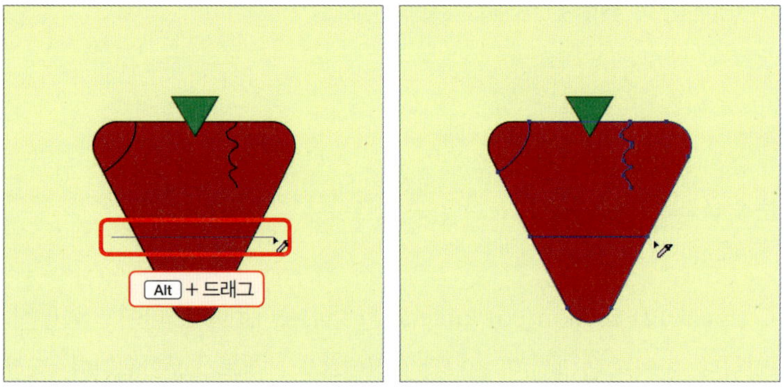

04 **45° 대각선/수직으로 분할하기** [Alt]를 누른 채 나이프 툴( )로 드래그하면 오브젝트를 대각선 방향 또는 수직으로 분할할 수 있습니다.

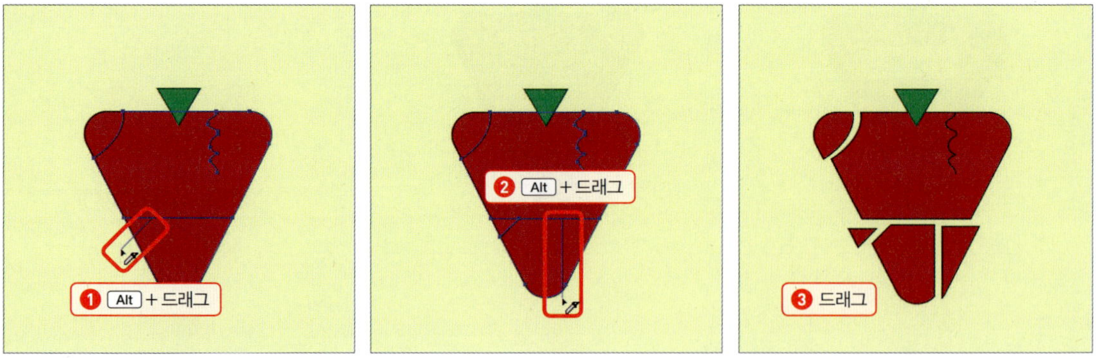

가위 툴로 오브젝트 분할하기

가위 툴(✂)을 사용하면 열린 패스 상태로 오브젝트를 분할할 수 있습니다.

01 오브젝트 분할하기 Chapter_12 ▸ Section_06 ▸ scissors.ai 파일을 불러옵니다. 선택 툴(▶)로 분할하려는 오브젝트(노란 풍선에서 빛이 반사되는 부분)를 선택합니다.

Tip 가위 툴(✂)은 지우개 툴이나 나이프 툴과 달리 분할하고자 하는 오브젝트를 먼저 선택한 후 작업해야 합니다.

02 가위 툴(✂)을 선택하고 오브젝트에서 분할하고 싶은 부분의 두 지점을 앵커 포인트를 추가하듯 클릭합니다.

03 선택 툴(▶)로 오브젝트를 옮겨 보면 클릭한 지점의 앵커 포인트와 앵커 포인트를 가위로 자른 것처럼 오브젝트가 분할됩니다. 가위 툴(✂)은 지우개 툴(◆)이나 나이프 툴(🖊)과 달리 분할한 결과가 닫힌 오브젝트가 아니라 열린 패스 형태로 남아 있습니다.

04 **오브젝트 닫기** 직접 선택 툴(▷)로 Shift를 누른 채 위쪽 오브젝트의 열린 앵커 포인트 2개를 선택합니다. 앵커 포인트 2개가 선택된 상태에서 마우스 오른쪽 버튼을 클릭하여 [Join]을 선택하면 앵커 포인트 2개가 연결되면서 닫힌 오브젝트가 됩니다.

05 같은 방법으로 아래쪽 열린 오브젝트도 닫힌 오브젝트로 만듭니다.

CHAPTER

13

선의 편집과 변형

01 / **선 스타일 설정하기** ▶ 선 툴의 옵션 바, 스트로크 패널

02 / **자유롭게 드로잉하기** ▶ 연필 툴, 페인트 브러시 툴, 물방울 브러시 툴

03 / **브러시 패널 활용하기** ▶ 브러시 패널

04 / **오브젝트 회전하기** ▶ 회전 툴

05 / **오브젝트 반전시키기** ▶ 반전 툴

06 / **오브젝트 크기 조절하기** ▶ 스케일 툴

07 / **오브젝트 기울이기/휘기/왜곡하기** ▶ 셰어 툴, 리셰이프 툴, 퍼펫 워프 툴, 프리 트랜스폼 툴

SECTION 01

선 스타일 설정하기

• **핵심 기능 |** 선 툴의 옵션 바, 스트로크 패널

선 스타일 설정하기

01 옵션 바 활용하기 Chapter_13▸Section_01▸linestyle.ai 파일을 불러옵니다. 직선 툴(/)을 선택하면 다음과 같은 옵션 바가 나타납니다. 각 옵션 값을 변경한 후 화면에 드래그하여 색상, 모양, 굵기 등이 어떻게 바뀌는지 살펴봅니다.

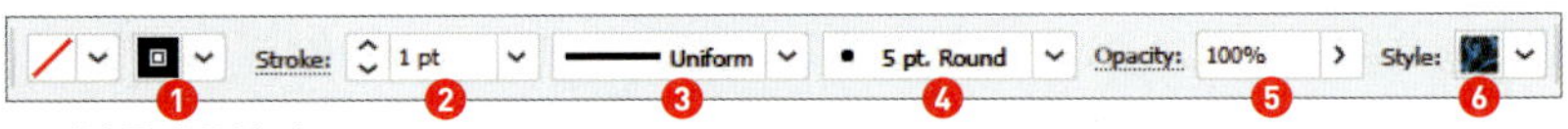

■ 직선 툴의 옵션 바

Tip Style 옵션은 면에만 적용되고 선에는 적용되지 않습니다.

❶ Stroke Color

선의 색상을 설정합니다.

❷ Stroke

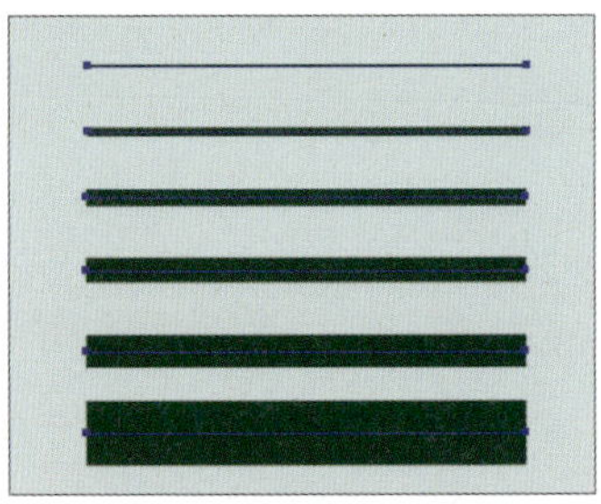

선의 굵기를 설정합니다.

❸ Profile

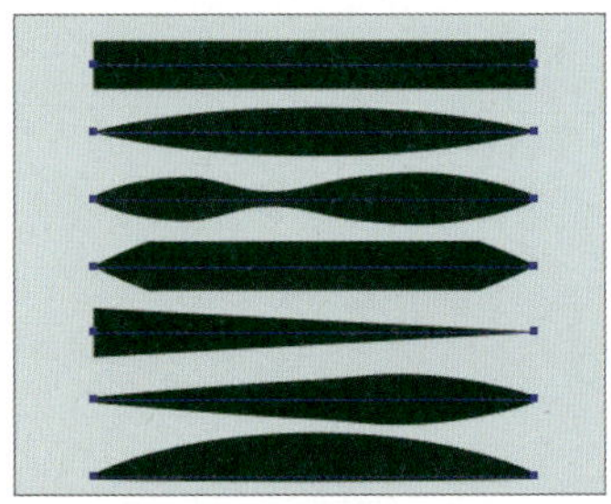

선의 형태를 변경합니다.

❹ Brush

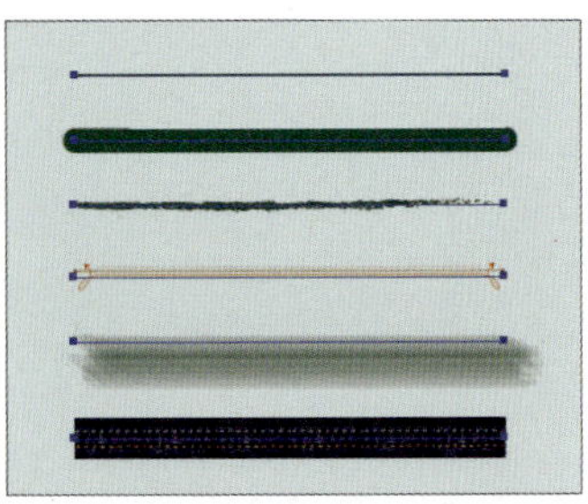

선에 다양한 브러시 효과를 적용합니다.

❺ Opacity

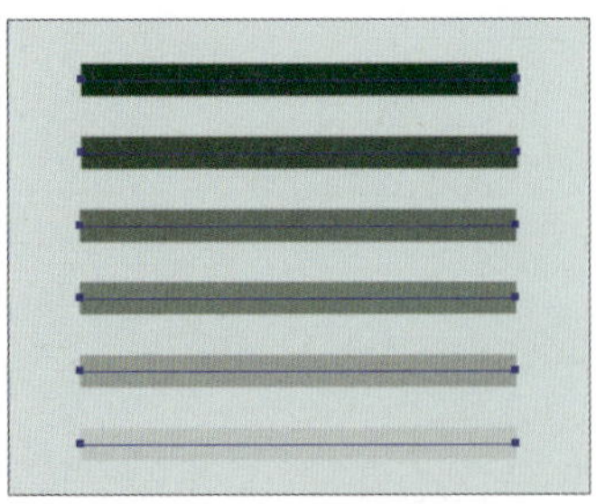

선의 불투명도를 조절합니다.

❻ Style

면에 미리 저장된 스타일을 적용합니다.

02 스트로크 패널 활용하기

스트로크 패널 활용하기 메뉴 바에서 [Window]-[Stroke]를 선택합니다. 스트로크 패널에서는 선 툴은 물론 펜 툴과 도형 툴로 그린 선의 스타일을 다양하게 변경할 수 있습니다.

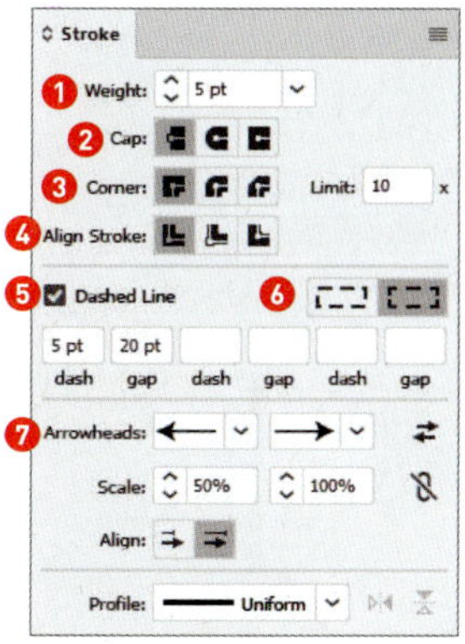

■ 스트로크 패널

❶ Weight

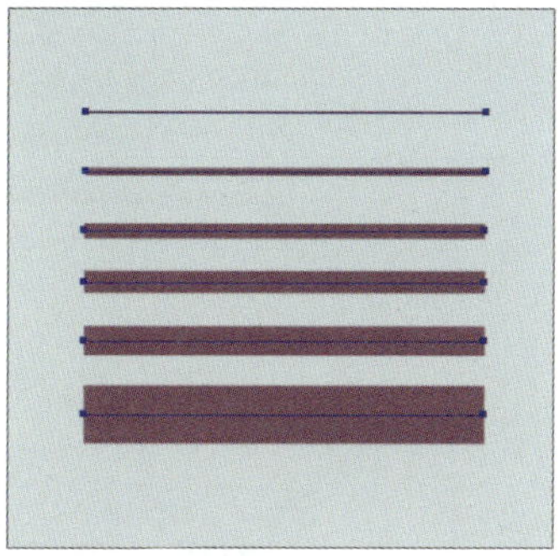

선의 굵기를 설정합니다.

❷ Cap

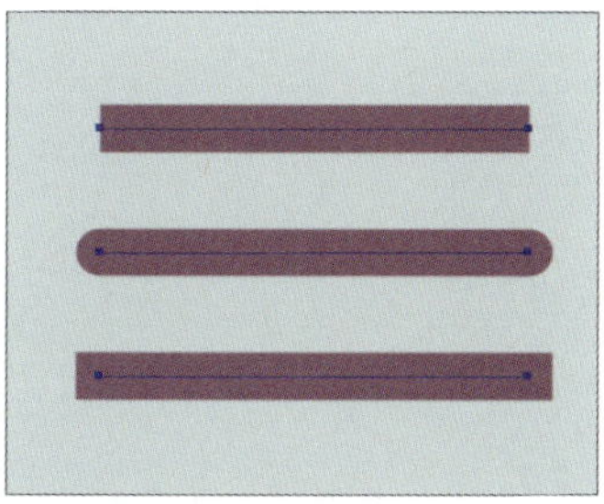

열린 선에서 선의 끝 모양과 패스의 앵커 포인트 위치를 조절합니다.

❸ Corner

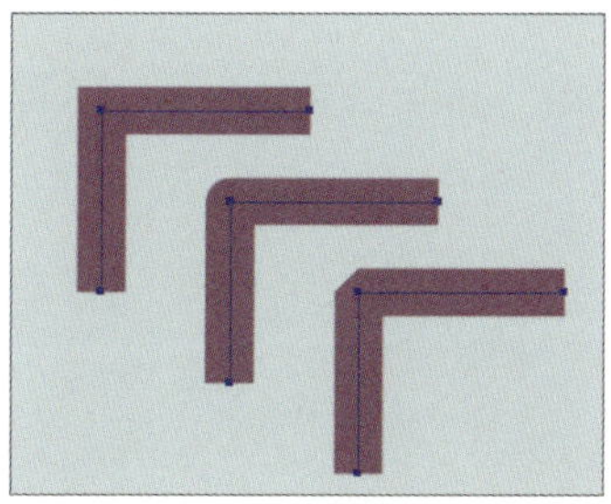

도형에서 각지거나 꺾인 부분의 형태를 조절합니다. Limit가 1인 경우에는 바깥 영역이 45°가 됩니다.

❹ Align Stroke

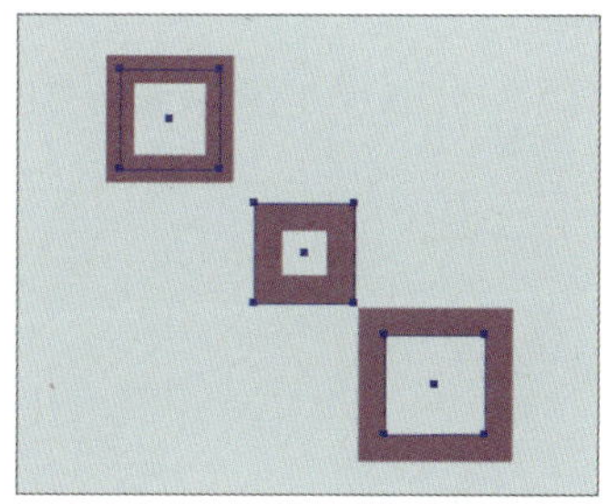

닫힌 도형의 패스 위치를 조절합니다. 패스가 선의 중심, 안쪽, 바깥쪽 중 어디에 위치하느냐에 따라 도형 크기가 달라집니다.

❺ Dashed Line

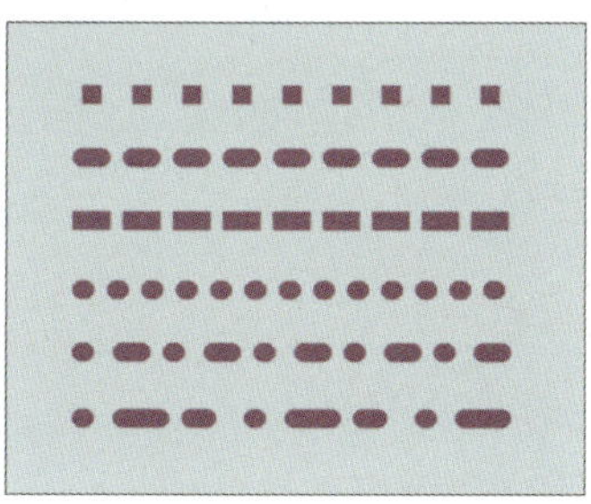

다양한 형태와 간격으로 점선을 만듭니다.

❻ 점선 간격 길이

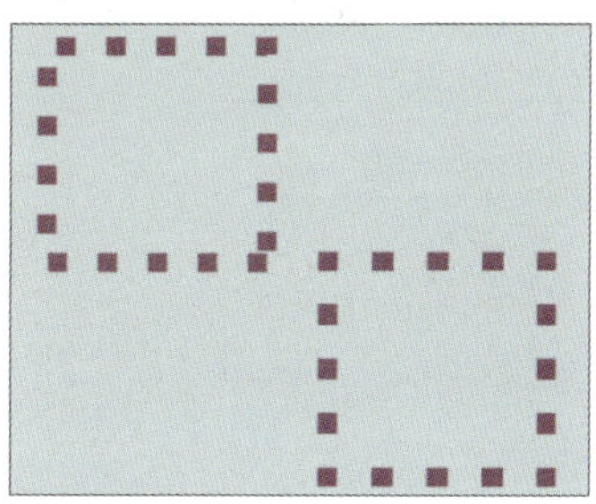

도형 모서리의 점선을 연결시킬지 말지 설정합니다.

❼ Arrowheads

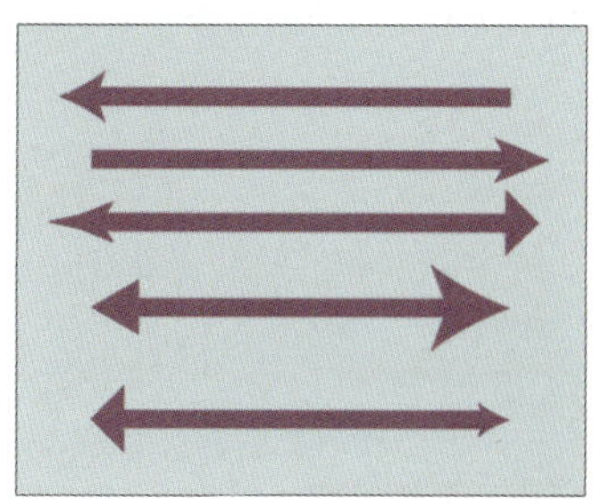

선을 화살표로 변경합니다. 화살촉의 방향과 크기, 화살촉을 패스에 포함시킬지 말지 설정합니다.

응용 예제 쿠폰 만들기

선 스타일을 변형하여 다양한 곳에서 활용할 수 있는 쿠폰을 만들어 봅니다.

■ 가이드 이미지

■ 완성 이미지

01 Chapter_13 ▸ Section_01 ▸ coupon_guide.ai 파일을 불러옵니다.

02 사각형 툴(▣)을 선택하고 화면을 클릭합니다. 옵션 창에서 Width를 120mm, Height를 70mm로 입력하고 〈OK〉를 클릭한 후 선택 툴(▶)을 이용해 가이드 위로 배치합니다.

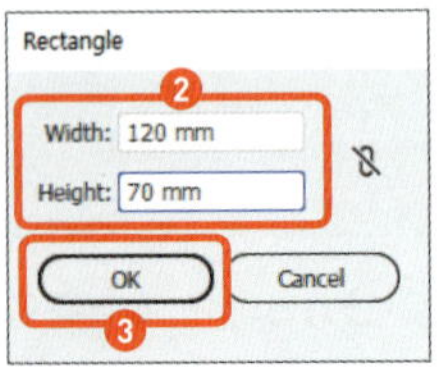

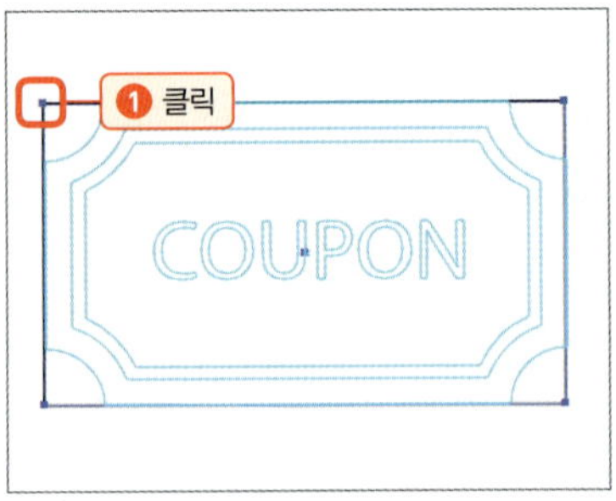

03 선택 툴(▶)로 사각형을 선택한 후 사각형 내부 위젯을 안쪽으로 드래그하여 모서리를 둥글게 만듭니다.

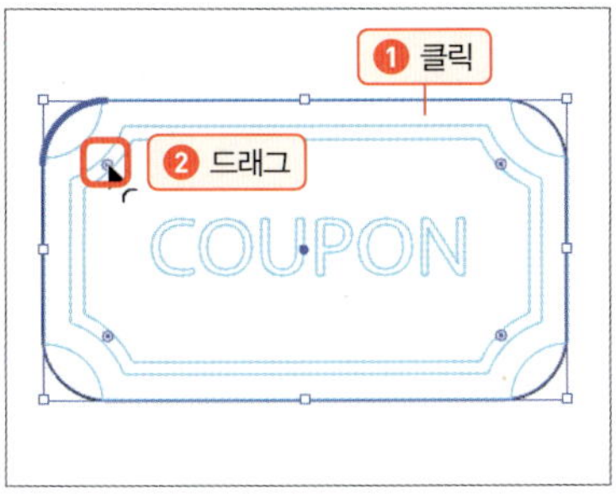

04 직접 선택 툴(▷)로 Shift를 누른 채 사각형 내부 위젯 4개를 모두 선택합니다. Alt를 누른 채 선택된 위젯 중 하나를 클릭하면 모서리 모양이 오목하게 바뀝니다.

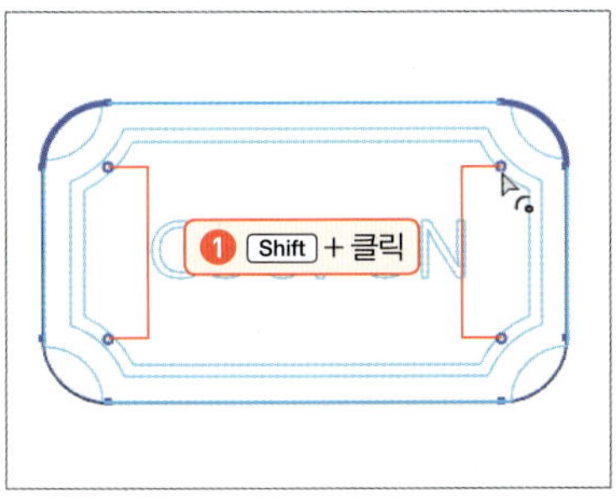

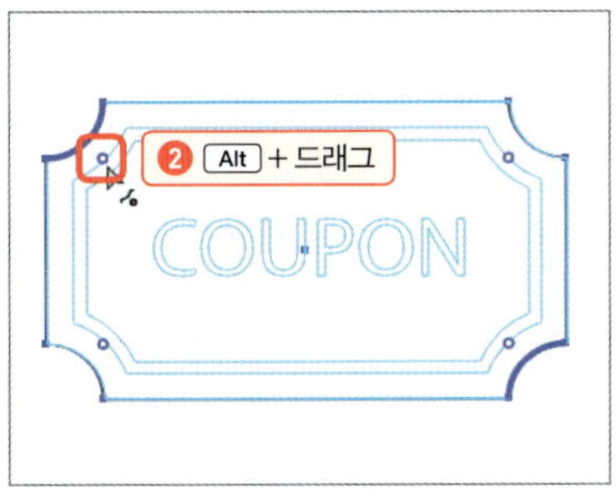

05 색상 패널에서 오브젝트 선 색을 C=44, M=86, Y=3, K=0으로 변경하고 옵션 바에서 Stroke를 6pt로 설정합니다.

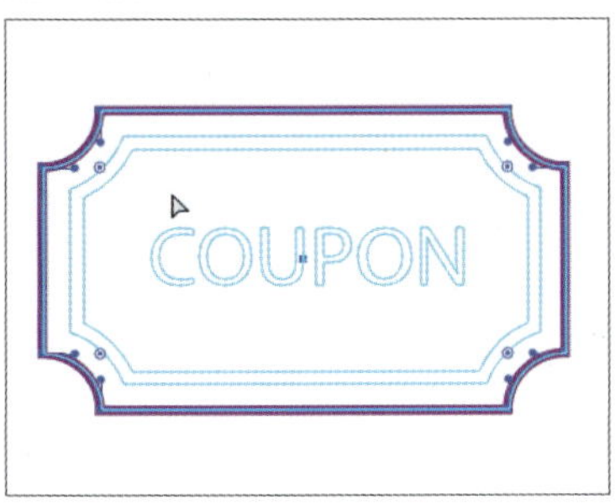

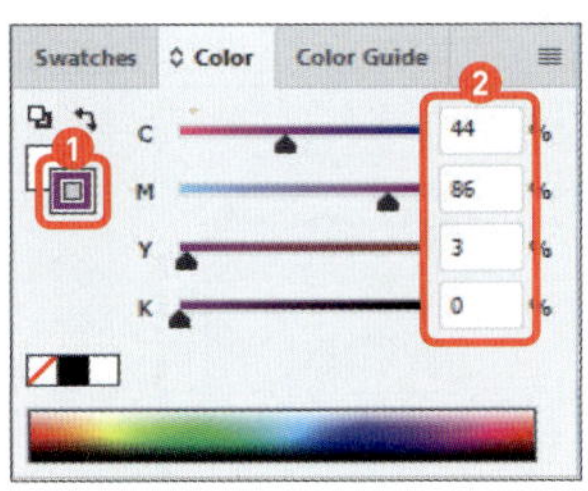

06 오브젝트가 선택된 상태로 메뉴 바에서 [Object]–[Path]–[Offset Path]를 선택합니다. 옵션 창에서 Offset을 -6mm로 입력하고 〈OK〉를 클릭하면 기존 오브젝트보다 약간 작은 오브젝트가 만들어집니다.

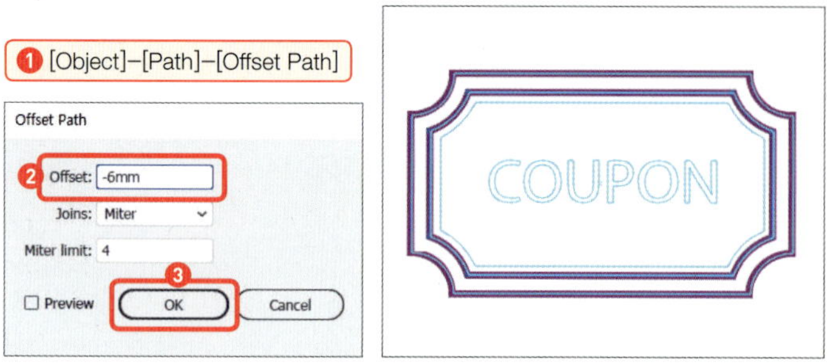

07 스트로크 패널에서 Weight를 4pt, Dashed Line을 체크, dash를 8pt, gap을 10pt로 설정합니다. 색상 패널에서 오브젝트의 선 색을 바깥쪽 오브젝트 선 색보다 조금 연한 색인 C=12, M=37, Y=1, K=0으로 변경합니다.

08 메뉴 바에서 [Object]–[Path]–[Offset Path]를 선택합니다. 옵션 창에서 Offset을 -3mm로 입력하고 〈OK〉를 클릭합니다.

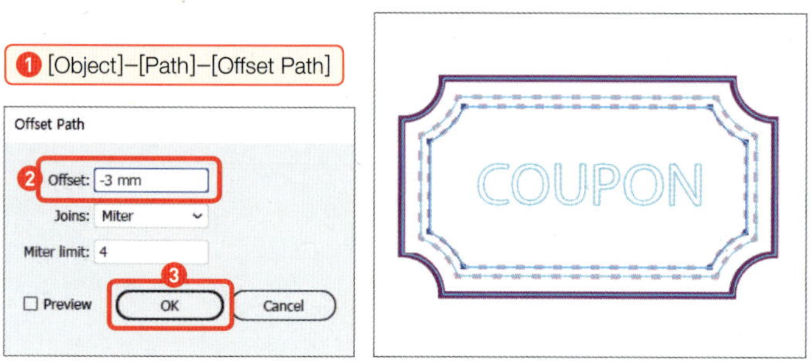

09 스트로크 패널에서 Weight를 2pt, Dashed Line을 체크, dash를 2pt, gap을 5pt로 설정하여 얇은 점선을 만듭니다.

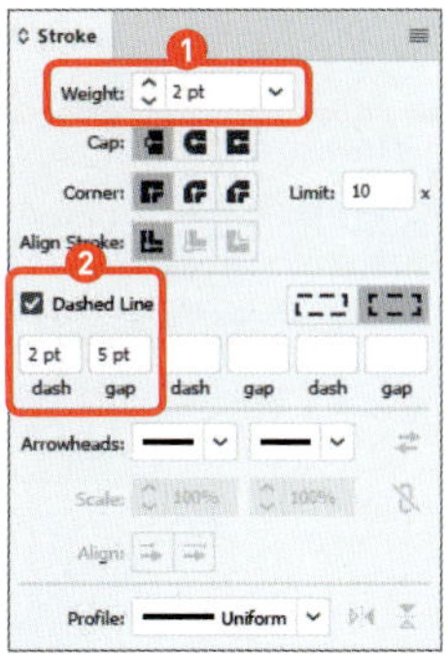

10 텍스트 툴(T)로 오브젝트 가운데를 클릭한 후 COUPON을 입력합니다. 선택 툴(▶)로 문자를 선택하고 색상 패널에서 면 색을 흰색, 선 색을 C=44, M=86, Y=3, K=0으로 설정합니다. 옵션 바에서 Stroke를 2pt, Character 옵션을 Arial, Bold, 48pt로 설정해 스티커를 완성합니다.

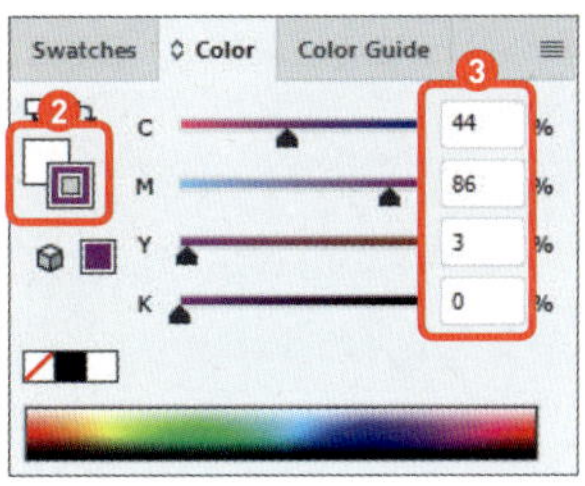

혼자해보기 | **다양한 쿠폰 만들기**

• **준비 파일** coupon_guide.ai • **완성 파일** coupon_result2.ai

선의 두께, 점선, 색상 등을 변경하여 다양한 쿠폰을 만들어 봅니다.

SECTION 02

자유롭게 드로잉하기

- **핵심 기능 |** 연필 툴(단축키 N), 페인트 브러시 툴(단축키 B), 물방울 브러시 툴

연필 툴의 기능 익히기

01 연필 툴의 옵션 창 열기 Chapter_13 ▸ Section_02 ▸ pencil.ai 파일을 불러옵니다. 툴 박스에서 연필 툴( )을 더블클릭하면 다음과 같은 옵션 창이 나타납니다.

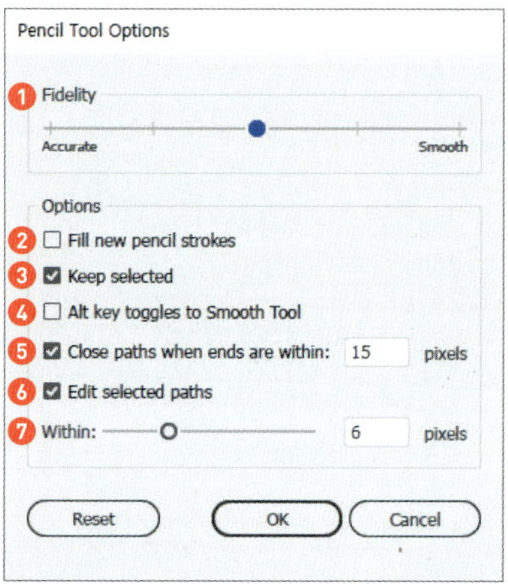

■ 연필 툴의 옵션 창

❶ Fidelity 사용자가 그리는 곡선의 부드러운 정도를 나타냅니다.

❷ Fill new pencil strokes 오브젝트에 선 색과 함께 면 색이 적용됩니다.

❸ Keep selected 오브젝트를 그린 후 오브젝트가 선택된 상태를 유지합니다.

❹ Alt key toggles to Smooth Tool Alt 를 눌러 스무드 툴( )로 전환시킵니다.

❺ Close paths when ends are within 값에 따라 시작 패스 지점과 종료 패스 지점이 멀어도 닫히도록 설정합니다.

❻ Edit selected paths 그려진 패스를 연필 툴( )로 수정할 수 있습니다.

❼ Within 수정이 가능한 거리입니다. 거리가 설정한 값보다 크면 새 패스가 만들어집니다.

02 연필 툴로 자유롭게 드로잉하기 연필 툴의 옵션 창에서 Fidelity를 기본값인 가운데로 두고 〈OK〉를 클릭합니다. 화면을 연필 툴( )로 드래그하면 선이 실제로 드래그한 선보다 조금 부드럽게 그려집니다.

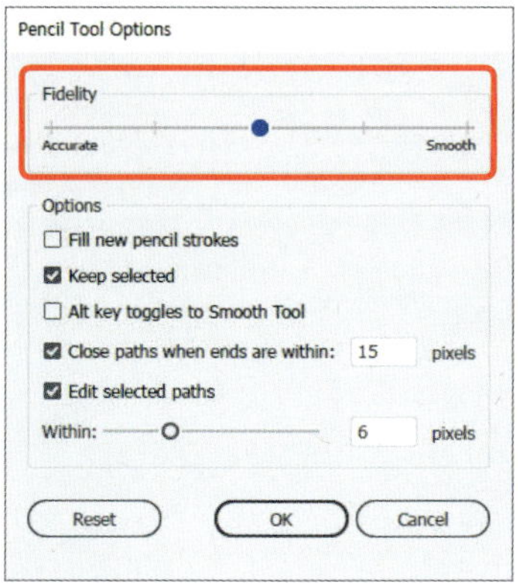

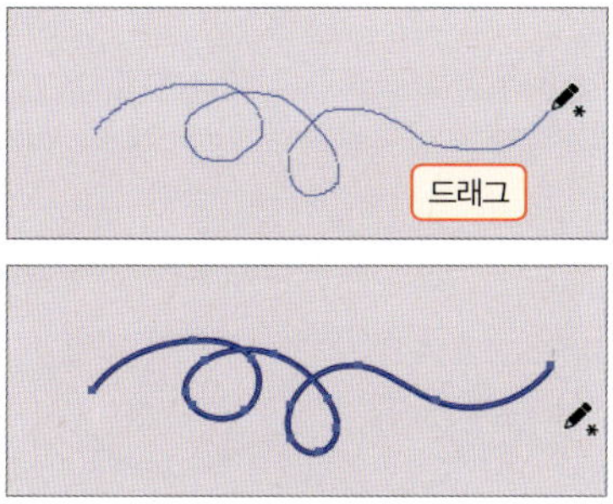

■ Fidelity를 기본으로 설정한 경우

03 연필 툴의 옵션 창에서 Fidelity를 Smooth로 선택하고 화면을 드래그합니다. 선이 실제 드래그한 선보다 훨씬 부드럽고 자연스럽게 그려집니다. Fidelity를 Accurate로 선택하고 화면을 드래그하면 실제 드래그한 선 그대로 그려집니다.

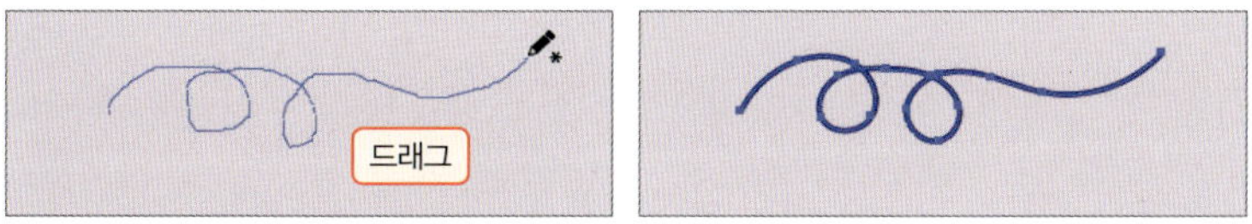

■ Fidelity를 Smooth로 설정한 경우

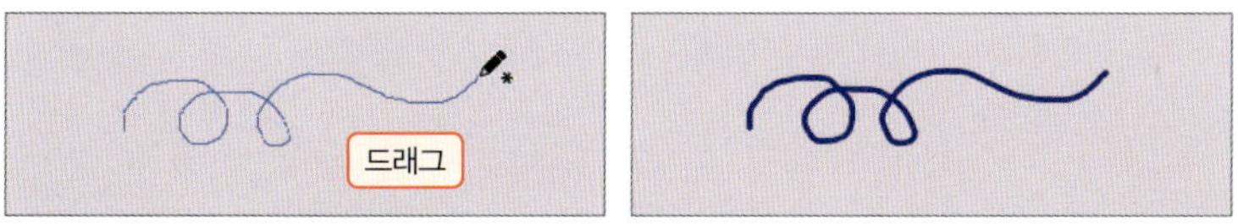

■ Fidelity를 Accurate로 설정한 경우

04 곡선을 부드럽게 수정하기 연필 툴의 옵션 창에서 Fidelity를 기본값으로 두고 화면을 자유롭게 드래그합니다. 스무드 툴( )을 선택하고 드래그한 선에서 각지거나 자연스럽지 않은 부분을 드래그합니다. 스무드 툴( )이 지나간 자리가 부드럽게 변합니다.

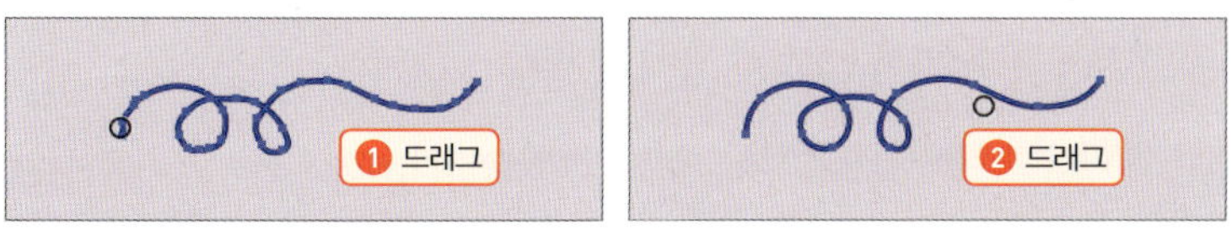

05 선의 일부분 지우기 선택 툴(▶)로 앞에서 그린 선 중에 하나를 선택하고 패스 지우개 툴(✎)로 패스 중간을 드래그합니다. 패스 지우개 툴(✎)이 지나간 영역만큼 선이 지워집니다.

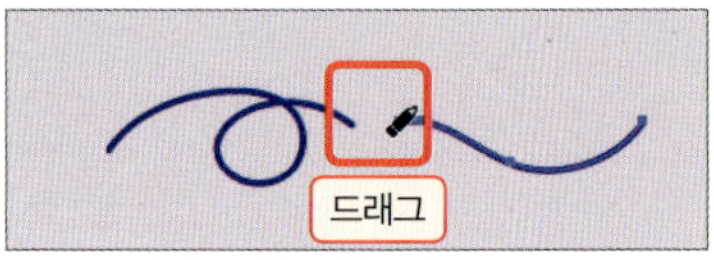

06 끊긴 선 연결하기 연결 툴(⋈)로 선의 끊긴 부분을 드래그하면 연결됩니다.

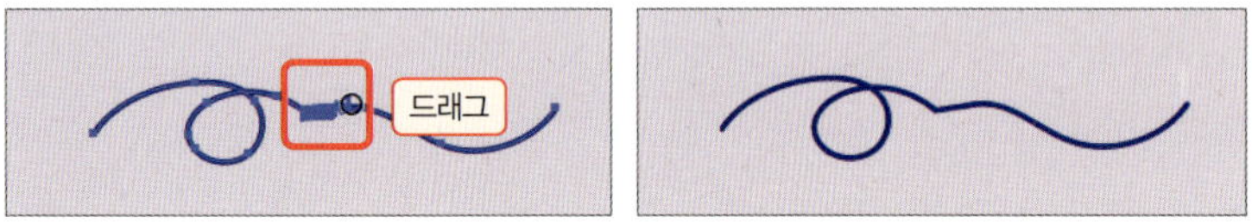

페인트 브러시 툴, 물방울 브러시 툴의 기능 익히기

01 페인트 브러시 툴의 옵션 창 열기 Chapter_13 ▸ Section_02 ▸ paintbrush.ai 파일을 불러옵니다. 툴 박스에서 페인트 브러시 툴(✎)을 더블클릭하면 다음과 같은 옵션 창이 나타납니다.

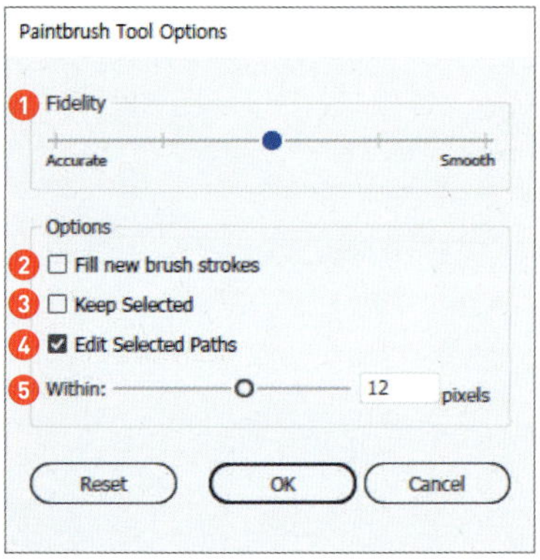

■ 페인트 브러시 툴의 옵션 창

❶ Fidelity 사용자가 그리는 곡선의 부드러운 정도를 나타냅니다.

❷ Fill new brush strokes 오브젝트에 선 색과 함께 면 색이 적용됩니다.

❸ Keep Selected 오브젝트를 그린 후 오브젝트가 선택된 상태를 유지합니다.

❹ Edit Selected Paths 그려진 패스를 페인트 브러시 툴(✎)로 수정할 수 있습니다.

❺ Within 수정이 가능한 거리입니다. 거리가 설정한 값보다 크면 새 패스가 만들어집니다.

02 페인트 브러시 툴로 자유롭게 드로잉하기 페인트 브러시 툴의 옵션 창에서 Fidelity를 기본값인 가운데로 두고 〈OK〉를 클릭합니다. 화면을 페인트 브러시 툴( )로 드래그하면 선이 실제 드래그한 선보다 조금 부드럽게 그려집니다.

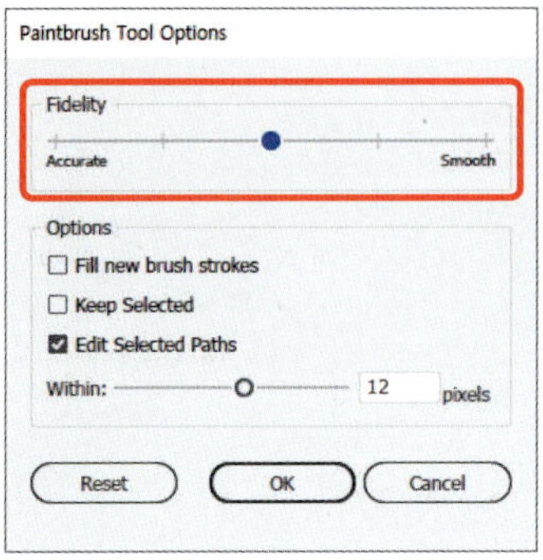

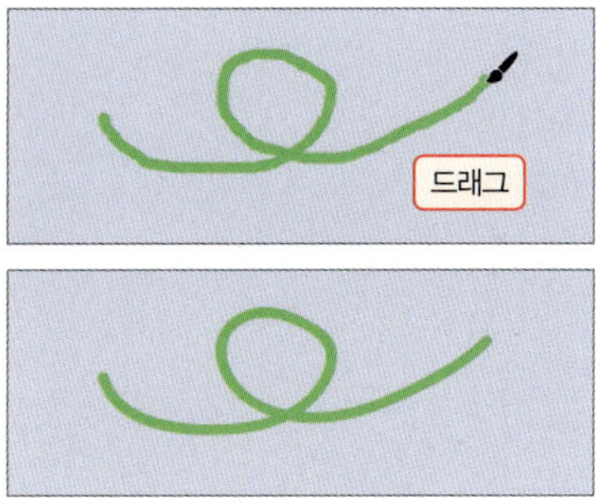

■ Fidelity를 기본으로 설정한 경우

03 페인트 브러시 툴의 옵션 창에서 Fidelity를 Smooth로 선택하고 화면을 드래그합니다. 선이 실제 드래그한 선보다 훨씬 부드럽고 자연스럽게 그려집니다. Fidelity를 Accurate로 선택하고 화면을 드래그하면 실제 드래그한 선 그대로 그려집니다.

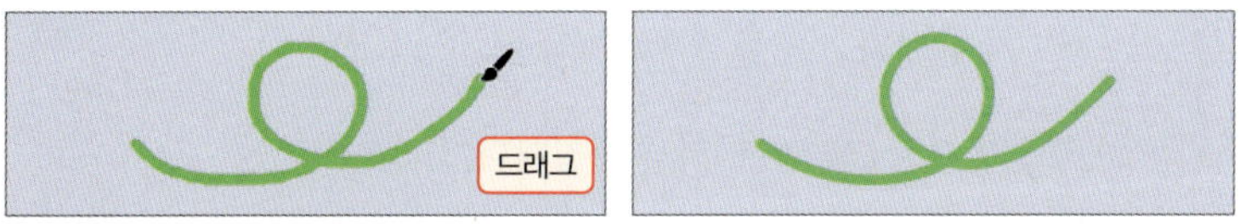

■ Fidelity를 Smooth로 설정한 경우

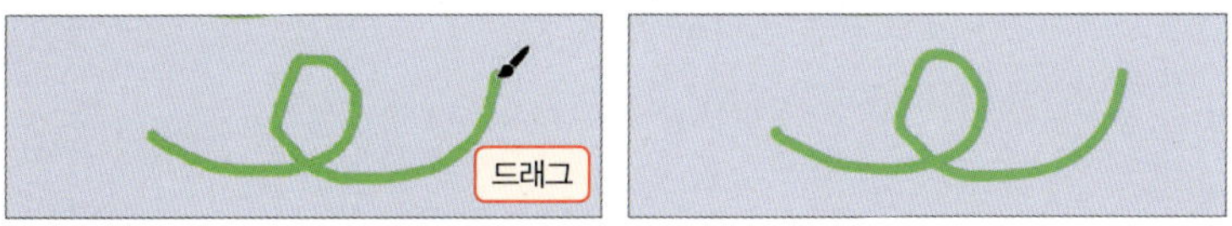

■ Fidelity를 Accurate로 설정한 경우

04 선 수정하기 페인트 브러시 툴( )로 수정하고 싶은 부분을 다시 드래그하면 드래그한 형태로 수정됩니다.

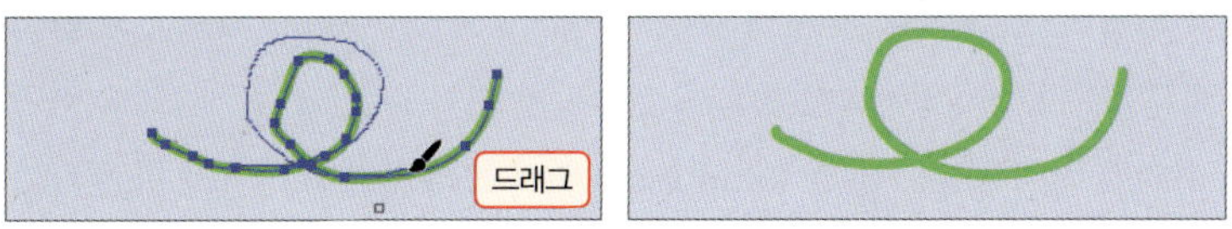

Tip 태블릿에서 작업할 때 페인트 브러시 툴을 사용하면 압력을 감지합니다. 반면 연필 툴은 PC에서 마우스를 사용하는 것과 같습니다.

05 물방울 브러시 툴의 옵션 창 보기 툴 박스에서 물방울 브러시 툴( )을 더블클릭하면 다음과 같은 옵션 창이 나타납니다.

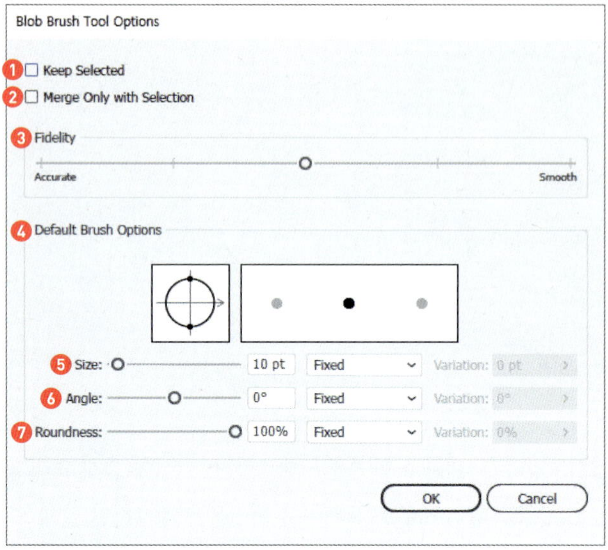

■ 물방울 브러시 툴의 옵션 창

❶ Keep Selected 오브젝트를 그린 후 오브젝트가 선택된 상태를 유지합니다.

❷ Merge Only with Selection 선택된 오브젝트와 새로 그리는 영역을 합칩니다.

❸ Fidelity 사용자가 그리는 곡선의 부드러운 정도를 나타냅니다.

❹ Default Brush Options 아래 옵션을 조절하면 미리보기로 보여 줍니다.

❺ Size 물방울 브러시 툴의 크기를 조절합니다.

❻ Angle 물방울 브러시 툴의 회전 각도를 조절합니다.

❼ Roundness 물방울 브러시 툴의 둥근 정도를 조절합니다.

06 물방울 브러시 툴로 자유롭게 드로잉하기 물방울 브러시 툴의 옵션 창에 Fidelity, Size, Angle, Roundness 값을 변경한 후 화면을 드래그합니다. Fidelity를 기본으로 설정하면 선이 조금 더 부드럽게 그려지고, Size 값을 크게 설정할수록 선이 두꺼워집니다. Angle 값과 Roundness 값을 조절하면 브러시의 회전 각도와 둥근 정도가 달라집니다.

■ Fidelity를 기본으로 설정한 경우

■ Size 값을 조절한 경우

■ Angle 값과 Roundness 값을 조절한 경우

07 물방울 브러시 툴([아이콘])로 드래그한 선을 선택 툴([아이콘])로 선택합니다. 연필 툴([아이콘])이나 페인트 브러시 툴([아이콘])로 드래그하여 그린 선은 선으로 그려지지만 물방울 브러시 툴([아이콘])로 드래그하여 그린 선은 면으로 그려집니다.

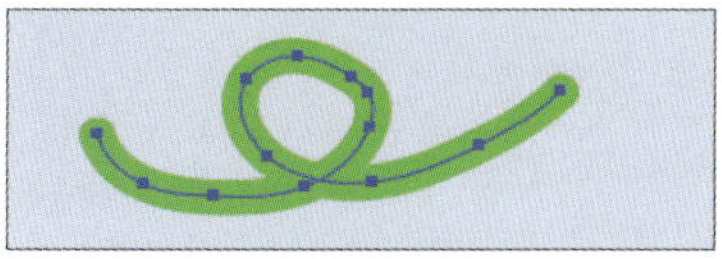

■ 페인트 브러시로 그린 선

■ 물방울 브러시 툴로 그린 선

• **준비 파일** cookie_guide.ai • **완성 파일** cookie_result.ai

응용 예제 | 쿠키와 물병 그리기

손으로 그린 그림처럼 보이는 쿠키와 물병 이미지를 만들어 봅니다.

■ 가이드 이미지

■ 완성 이미지

01 Chapter_13 ▸ Section_02 ▸ cookie_guide.ai 파일을 불러옵니다.

02 연필 툴( )로 병의 입구를 드래그합니다. 마우스에서 손가락을 떼면 가장자리가 자동으로 둥글게 변합니다. 같은 방법으로 병의 입구 중간에 선을 그립니다.

03 계속해서 연필 툴( )로 병을 그립니다. 선이 어색한 부분은 스무드 툴( )로 드래그하여 부드럽게 만듭니다.

04 연필 툴( )로 스푼을 그리고 스무드 툴( )로 보정합니다.

05 연필 툴(✎)로 왼쪽 쿠키는 동그랗게, 오른쪽 쿠키는 가이드를 따라 꽃 모양으로 그립니다.

06 물방울 브러시 툴(🖌)을 더블클릭하여 옵션 창을 연 후 Size를 15pt로 설정하고 〈OK〉를 클릭합니다. 색상 패널에서 면 색을 C=14, M=2, Y=4, K=0, 선 색을 색상 없음으로 설정하고 물방울 브러시 툴(🖌)로 병을 드래그하여 채색합니다. 채색할 때는 가장자리에 딱 맞추기보다 약간 벗어나거나 안쪽으로 드래그해야 자연스럽습니다. 채색이 끝나면 선택 툴(▶)로 오브젝트를 선택한 후 마우스 오른쪽 버튼을 클릭하고 [Arrange]–[Send to Back]을 선택하여 맨 뒤로 보냅니다.

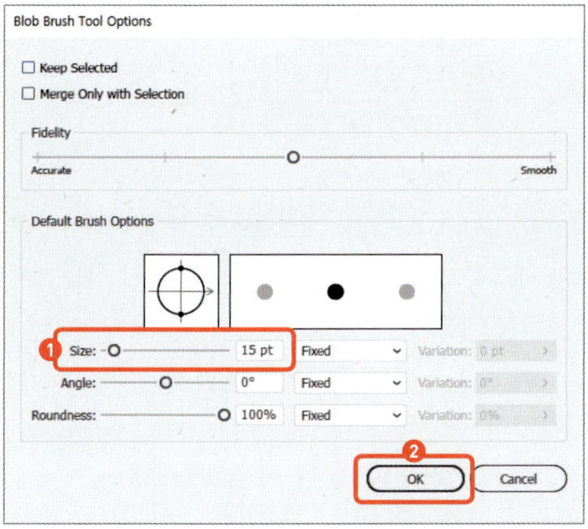

07 색상 패널에서 면 색을 흰색으로 변경하고 물방울 브러시 툴( )로 병 내부를 드래그하여 채색합니다. 선택 툴( )로 스푼을 선택하고 마우스 오른쪽 버튼을 클릭한 후 [Arrange]–[Bring to Front]를 선택해 스푼이 맨 앞에 오도록 만듭니다.

08 색상 패널에서 면 색을 C=23, M=22, Y=41, K=0으로 설정하고 물방울 브러시 툴( )로 왼쪽 쿠키와 오른쪽 쿠키를 드래그합니다. 채색이 끝나면 Shift를 누른 채 선택 툴( )로 왼쪽 쿠키와 오른쪽 쿠키를 선택하고 마우스 오른쪽 버튼을 클릭한 후 [Arrange]–[Send to Back]을 선택해 맨 뒤로 보냅니다.

09 색상 패널에서 면 색을 색상 없음, 선 색을 C=51, M=60, Y=68, K=39로 설정합니다. 페인트 브러시 툴( )로 왼쪽 쿠키는 크기가 다른 초코 쿠키 형태가 되도록 드래그하고 오른쪽 쿠키는 균일한 크기로 점을 찍어 비스킷 모양을 만듭니다.

10 물방울 브러시툴( )을 더블클릭하여 옵션 창을 연 후 Size를 30pt로 변경하고 〈OK〉를 클릭합니다. 색상 패널에서 면 색을 C=7, M=17, Y=2, K=0, 선 색을 색상 없음으로 설정하고 물방울 브러시 툴( )로 아래 배경을 드래그하여 채색합니다. 채색이 끝나면 선택 툴( )로 배경을 선택하고 마우스 오른쪽 버튼을 클릭한 후 [Arrange]–[Send to Back]을 선택해 맨 뒤로 보냅니다. 손 그림 쿠키 이미지가 완성됩니다.

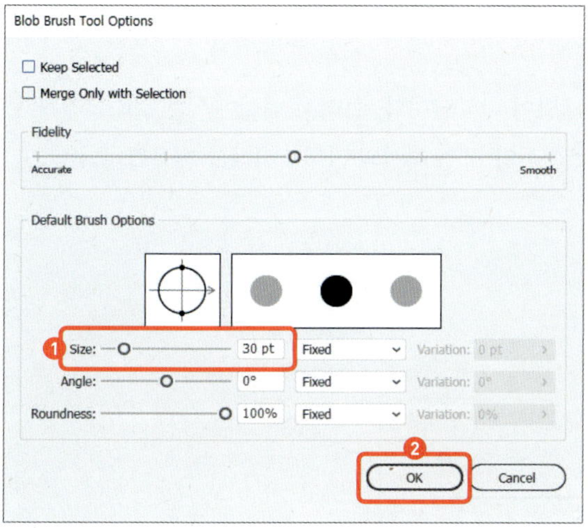

SECTION 03

브러시 패널 활용하기

• **핵심 기능 |** 브러시 패널

브러시 패널의 기능

메뉴 바에서 [Window]–[Brushes]를 선택하면 브러시 패널이 나타납니다. 브러시 패널에서는 캘리그래픽 브러시, 아트 브러시, 브리슬 브러시, 스캐터 브러시, 패턴 브러시와 각 브러시의 라이브러리를 제공합니다.

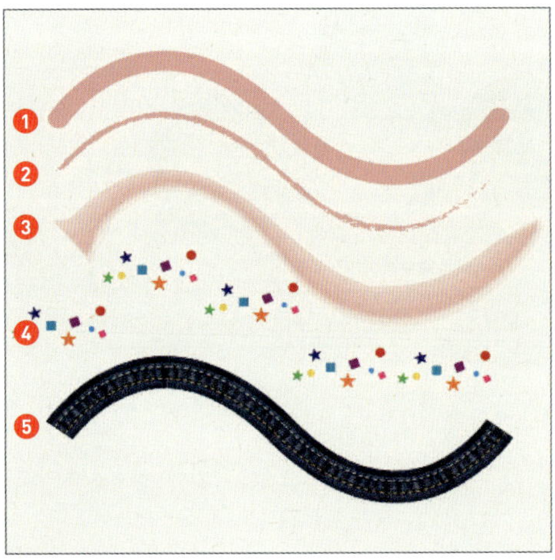

■ 브러시 모양

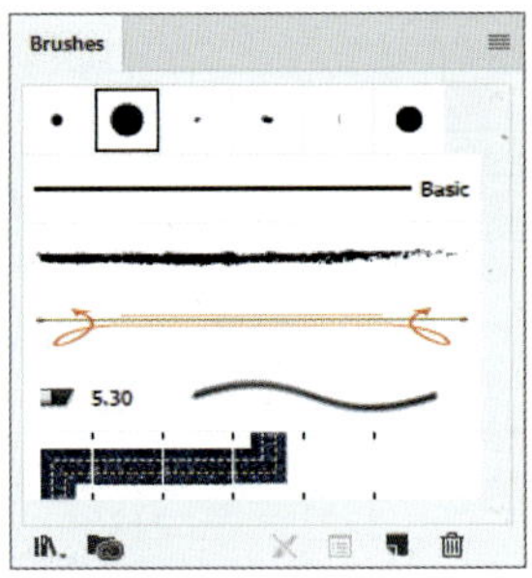

■ 브러시 패널

❶ **캘리그래픽 브러시** 일반적으로 손글씨를 쓸 때 자주 사용하는 브러시입니다. 붓으로 그린 느낌이 납니다.

❷ **아트 브러시** 크레파스로 그린 느낌이 나는 브러시입니다. 동일한 아트 브러시라도 옵션 값에 따라 다른 느낌이 납니다.

❸ **브리슬 브러시** 유화나 수채화 느낌이 납니다.

❹ **스캐터 브러시** 등록된 오브젝트를 흩뿌려 놓은 느낌이 납니다.

❺ **패턴 브러시** 등록된 오브젝트를 패턴으로 반복하여 보여 줍니다. 주로 원이나 사각형 같은 도형의 가장자리에 효과를 줄 때 사용합니다.

캘리그래픽 브러시, 아트 브러시 활용하기

01 캘리그래픽 브러시 적용하기 Chapter_13 ▸ Section_03 ▸ brushes.ai 파일을 불러옵니다. 페인트 브러시 툴(🖌)로 곡선을 그린 후 브러시 패널의 캘리그래픽 브러시 중 하나를 클릭합니다. 캘리그래픽 브러시가 패스에 적용됩니다.

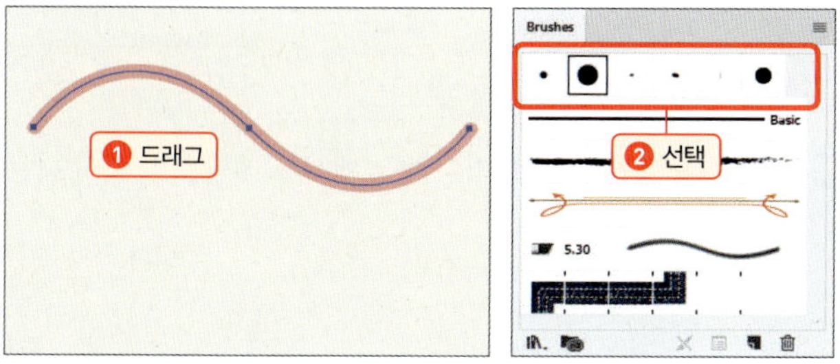

02 새 캘리그래픽 브러시 등록하기 브러시 패널의 오른쪽 상단에서 목록(☰)을 클릭한 후 [New Brush]를 선택합니다. 옵션 창에서 Calligraphic Brush를 선택하고 〈OK〉를 클릭합니다.

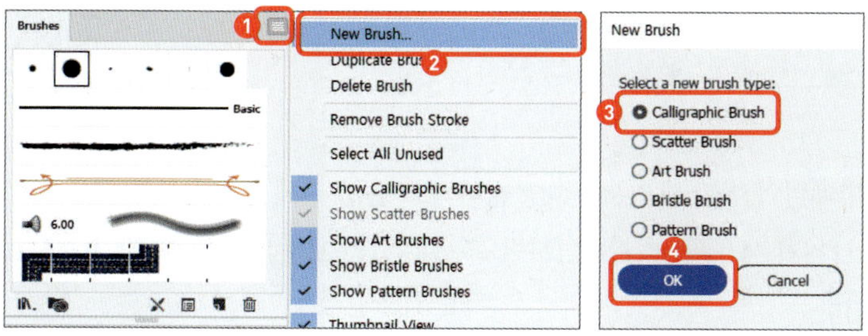

03 캘리그래픽 브러시 옵션 창에서 Angle(브러시의 각도), Roundness(둥근 정도), Size(크기)를 입력하고 〈OK〉를 클릭하면 브러시 패널에 새 브러시가 등록됩니다. 새 브러시를 선택하고 페인트 브러시 툴(🖌)로 곡선을 그려 봅니다.

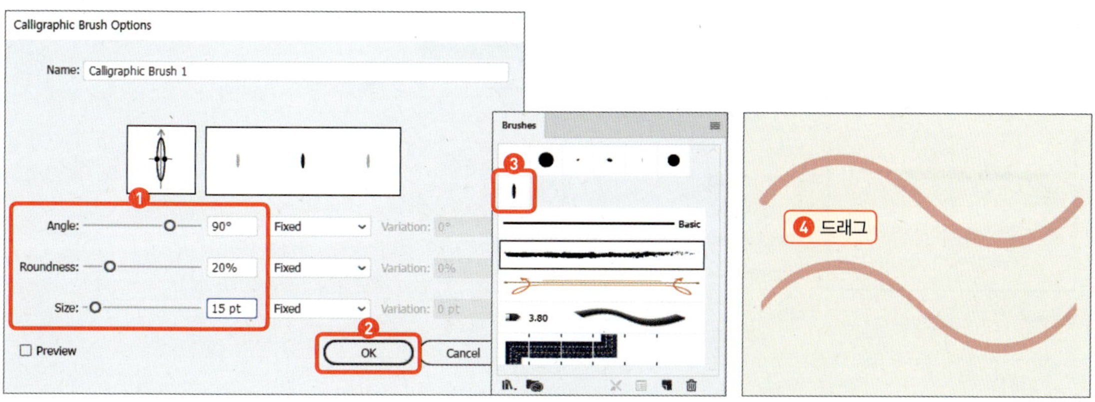

Tip 화면의 오브젝트를 선택한 상태에서 캘리그래픽 브러시의 옵션을 변경하고 〈OK〉를 클릭하면 다음과 같은 알림 창이 나타납니다. 〈Apply to Strokes〉를 클릭하면 화면의 오브젝트에 바로 적용되고 〈Leave Strokes〉를 클릭하면 브러시 패널의 옵션만 변경되고 화면의 오브젝트에는 적용되지 않습니다.

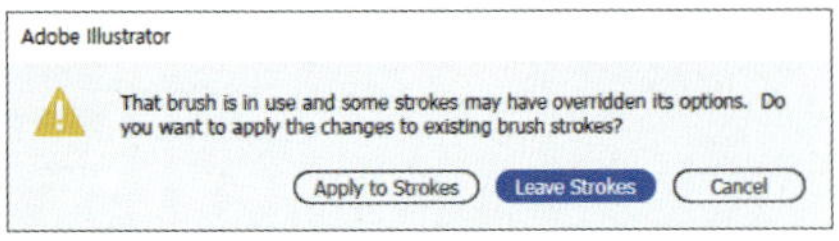

04 아트 브러시 적용하기

페인트 브러시 툴(![])로 곡선을 그립니다. 브러시 패널에서 크레파스 느낌이 나는 아트 브러시를 클릭하여 패스에 적용합니다.

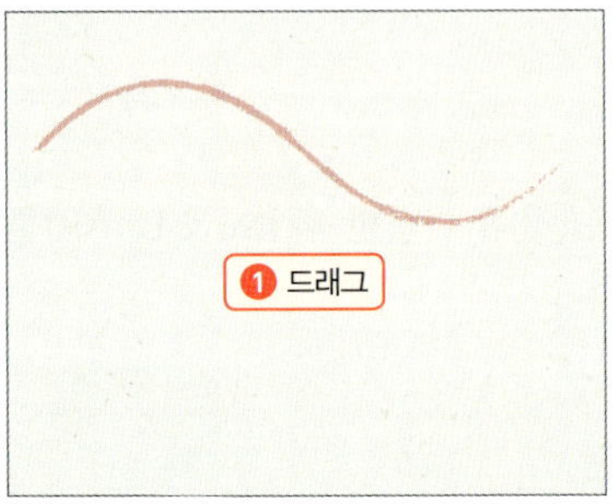

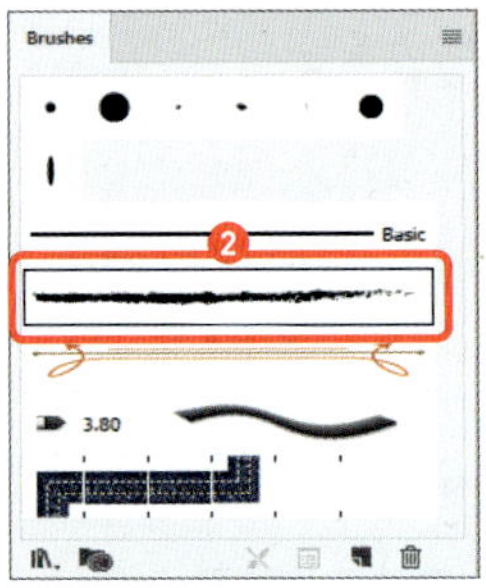

05 아트 브러시 옵션 조절하기

브러시 패널의 아트 브러시를 더블클릭하고 옵션 창에서 브러시 방향을 위로 선택한 후 〈OK〉를 클릭합니다. 페인트 브러시 툴(![])로 드래그하여 곡선을 그려 보면 같은 아트 브러시라도 좀 더 거친 느낌이 나는 것을 알 수 있습니다.

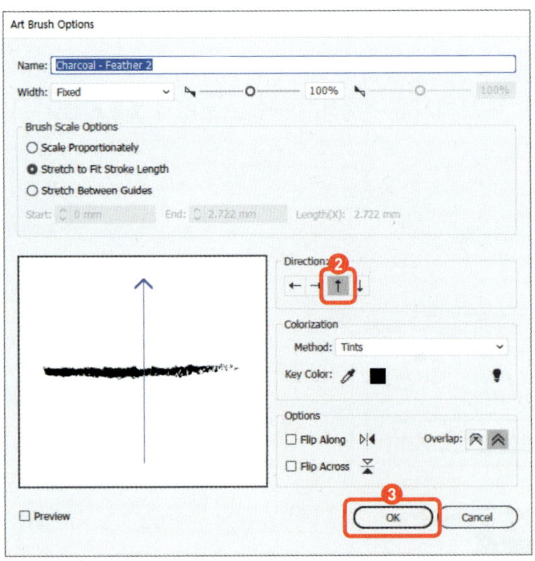

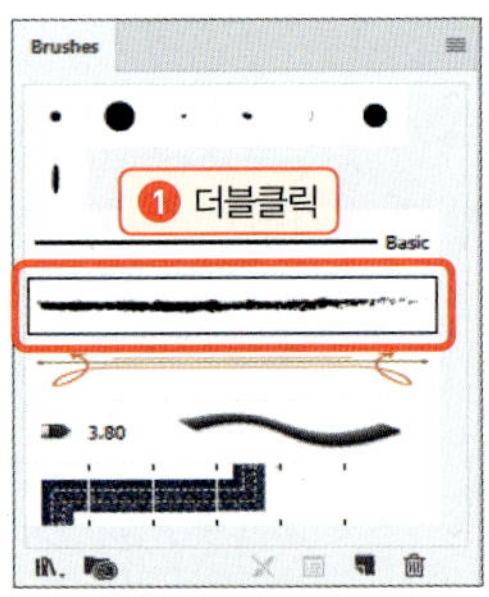

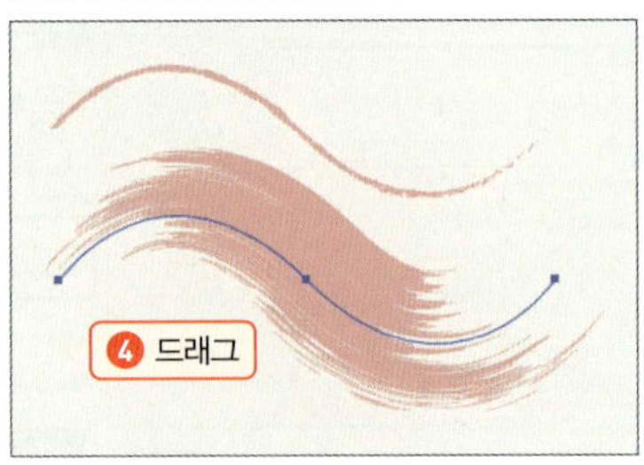

브리슬 브러시, 스캐터 브러시, 패턴 브러시 활용하기

01 브리슬 브러시 적용하기 Chapter_13 ▸ Section_03 ▸ brushes.ai 파일을 불러옵니다. 페인트 브러시 툴( )로 곡선을 그립니다. 브러시 패널에서 브리슬 브러시를 클릭하여 패스에 적용합니다.

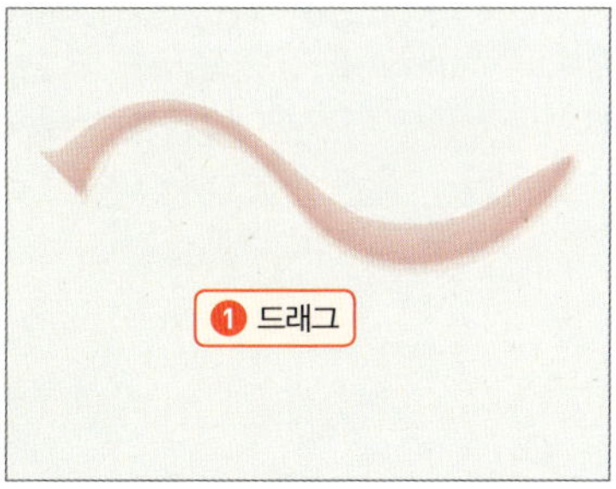

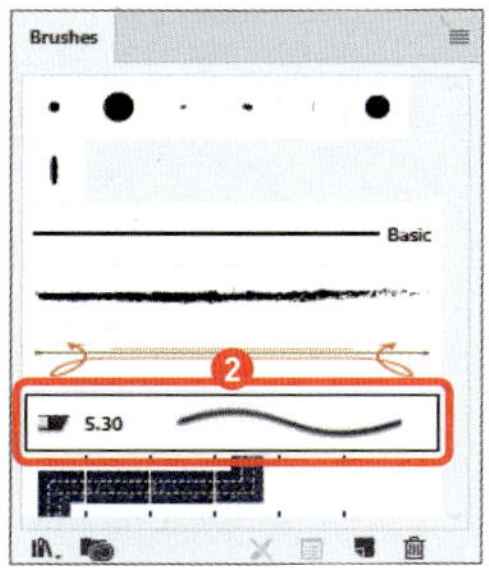

02 브리슬 브러시 옵션 조절하기 브러시 패널의 브리슬 브러시를 더블클릭합니다. 옵션 창의 Shape에서는 다양한 브리슬 브러시를 선택할 수 있고, 선택한 브러시는 다시 Brush Options에서 크기, 길이, 밀집도 등을 조절할 수 있습니다. 브리슬 브러시의 옵션을 다음과 같이 설정하고 〈OK〉를 클릭한 후 페인트 브러시 툴( )로 곡선을 그려 봅니다.

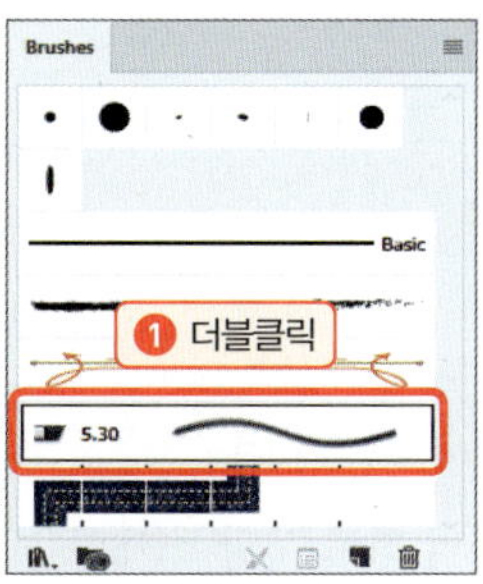

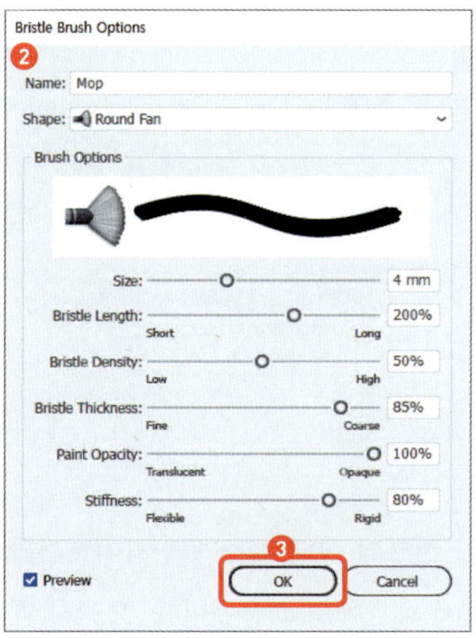

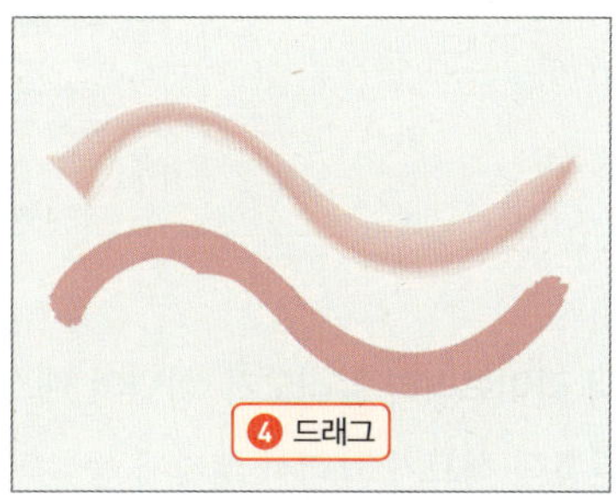

03 옵션 값에 따라 유화나 수채화 느낌을 낼 수도 있고 파스텔의 부드러운 느낌을 낼 수도 있습니다.

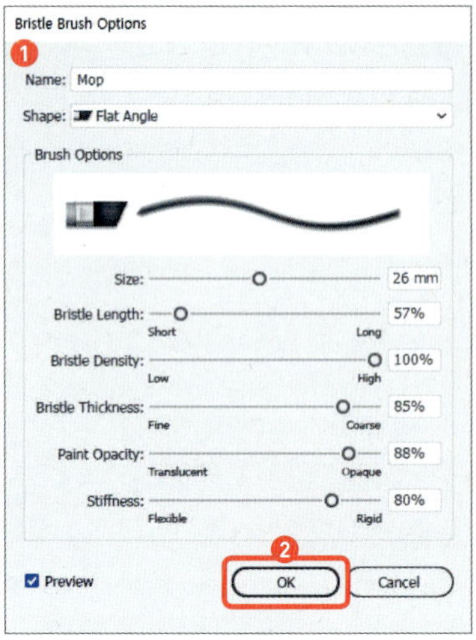

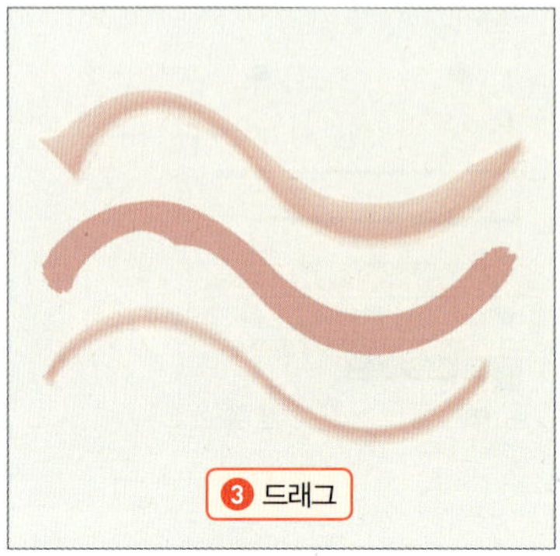

04 **스캐터 브러시 적용하기** 페인트 브러시 툴( )로 곡선을 그린 후 브러시 패널 하단의 브러시 라이브러리( )를 클릭하고 [Decorative]–[Decorative_Scatter]를 선택합니다.

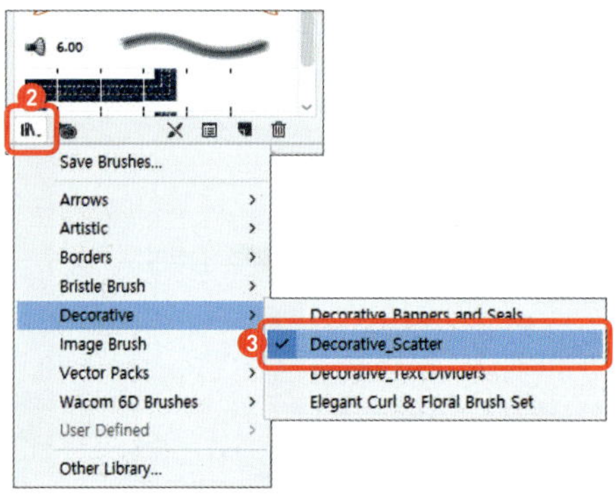

05 **스캐터 라이브러리 불러오기** 화면의 패스가 선택된 상태로 스캐터 라이브러리의 분홍색 하트 모양을 클릭합니다. 분홍색 하트가 브러시 패널에 등록되면서 패스에도 적용됩니다. 브러시 패널의 하트 모양 스캐터 브러시를 더블클릭합니다.

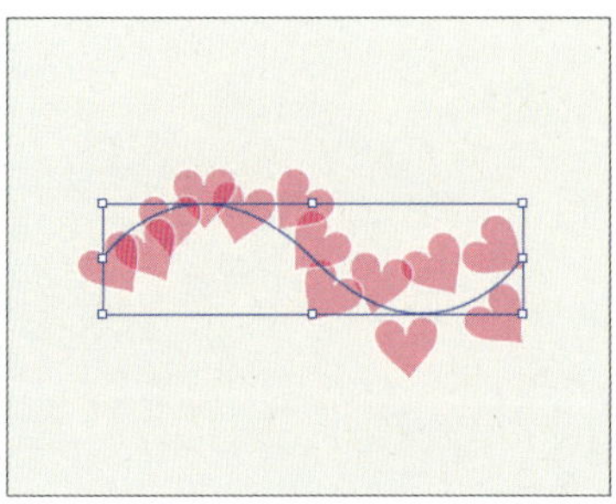

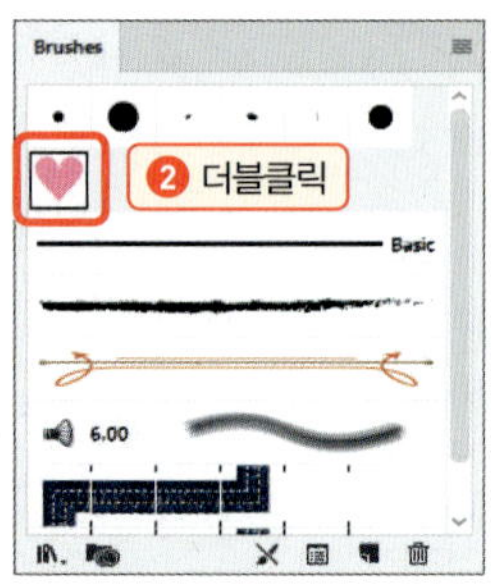

06 스캐터 브러시 옵션 조절하기 옵션 창이 열리면 Size(브러시의 크기), Spacing(간격), Scatter(흩뿌려지는 정도), Rotation(회전)을 고정시키거나 무작위로 변경할 수 있습니다. 옵션 창에서 왼쪽 아래에 있는 Preview를 체크하고 각 옵션 값을 변경하여 스캐터 브러시가 어떻게 바뀌는지 살펴봅니다.

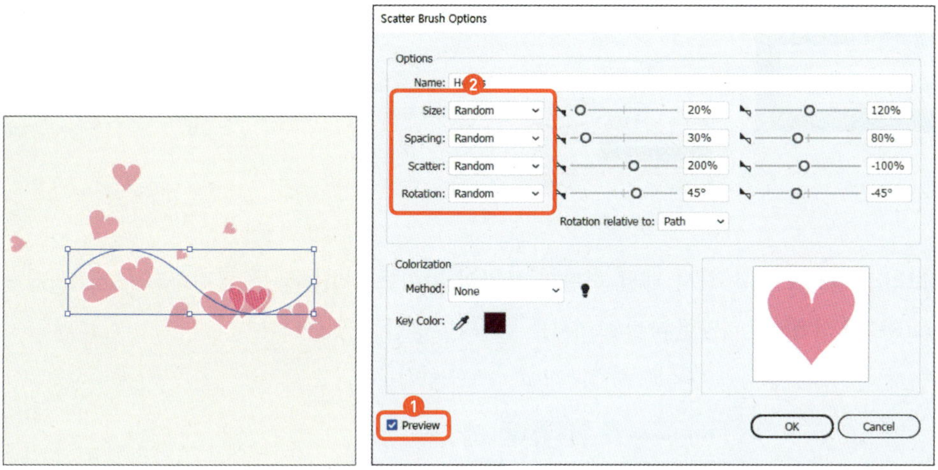

07 모든 옵션을 Fixed로 고정하면 하트가 규칙적인 크기와 간격으로 패스를 따라 회전합니다. 옵션을 조절하여 마음에 드는 형태가 되면 〈OK〉를 클릭하여 적용합니다.

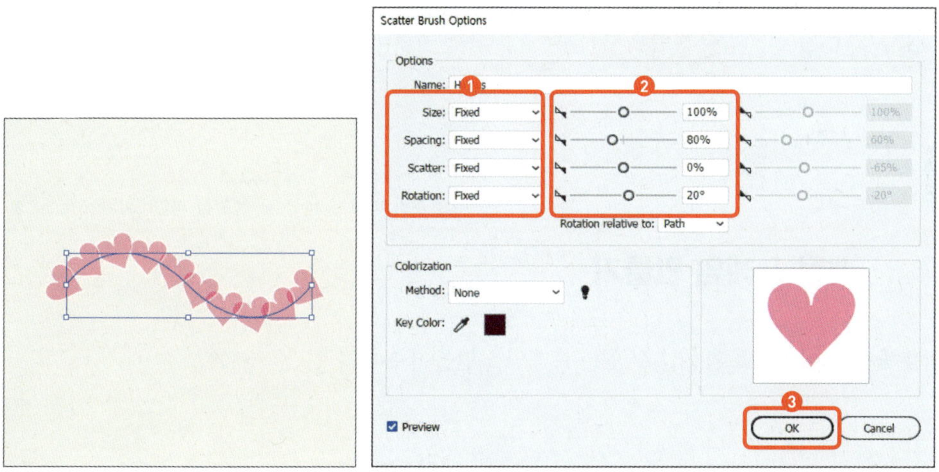

08 패턴 브러시 적용하기 페인트 브러시 툴(🖌)로 곡선을 그립니다. 브러시 패널에서 패턴 브러시를 클릭하면 패스에 적용됩니다.

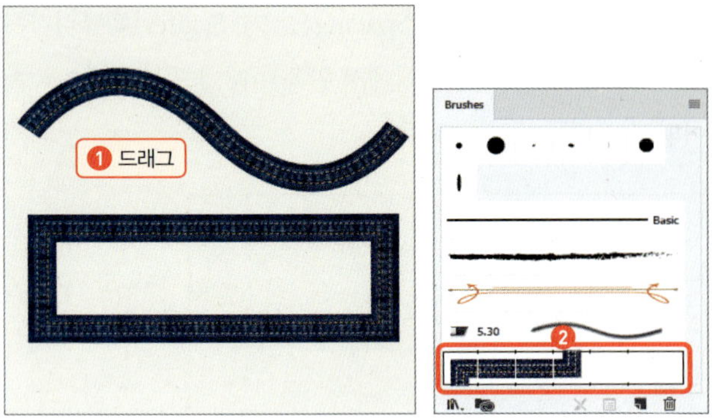

09 패턴 라이브러리 불러오기 브러시 패널 하단의 브러시 라이브러리( )를 클릭하고 [Borders]–[Borders_Decorative]를 선택하면 다양한 패턴 브러시를 불러와 사용할 수 있습니다.

• **준비 파일** pattern.ai • **완성 파일** pattern_result.ai

응용 예제 패턴 프레임 만들기

패턴 브러시를 이용해 액자 이미지로 활용할 수 있는 프레임을 만들어 봅니다.

■ 완성 이미지

01 Chapter_13 ▸ Section_03 ▸ pattern.ai 파일을 불러옵니다. 사각형 툴(□)을 선택하고 화면을 클릭합니다. 옵션 창에서 Width와 Height를 각각 20mm로 입력하고 〈OK〉를 클릭합니다. 정사각형이 만들어지면 색상 패널에서 면 색을 다음과 같이 설정합니다.

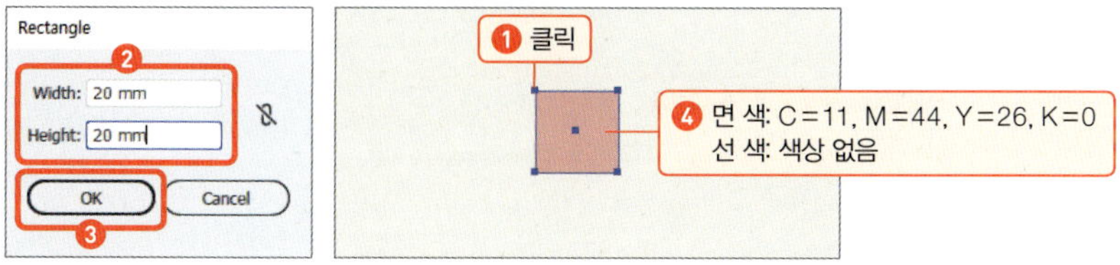

02 사각형 툴(□)로 화면을 클릭한 후 옵션 창에서 Width를 10mm, Height를 20mm로 입력하고 〈OK〉를 클릭합니다. 색상 패널에서 면 색을 다음과 같이 설정합니다. 선택 툴(▶)로 드래그하여 사각형 2개를 모두 선택하고 옵션 바에서 정렬 옵션을 수직 위쪽 정렬(▀)과 수평 오른쪽 정렬(▐)로 설정하여 처음 만든 사각형의 오른쪽에 배치합니다.

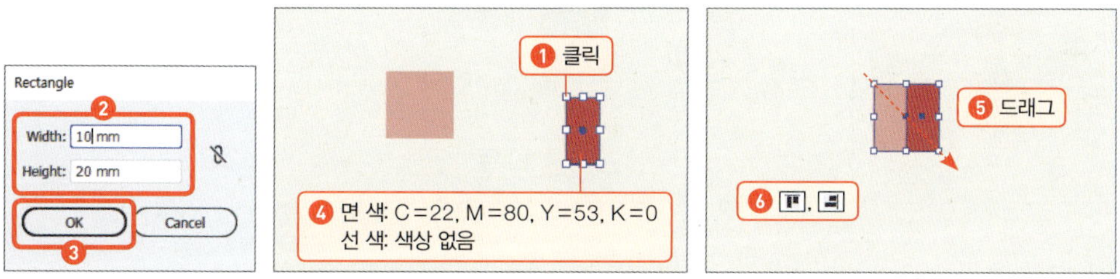

03 직접 선택 툴(▷)로 Shift를 누른 채 나중에 만든 작은 사각형의 아래쪽 앵커 포인트만 선택한 후 왼쪽으로 드래그하여 사선으로 배치합니다.

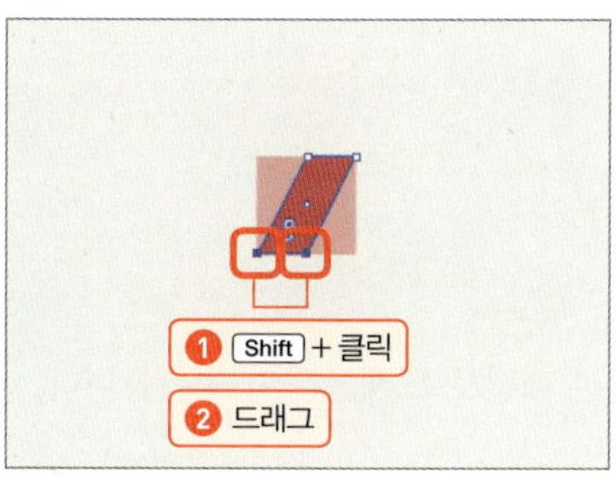

04 사각형 툴(□)로 화면을 클릭합니다. 옵션 창에서 Width와 Height를 각각 20mm로 입력하고 〈OK〉를 클릭합니다.

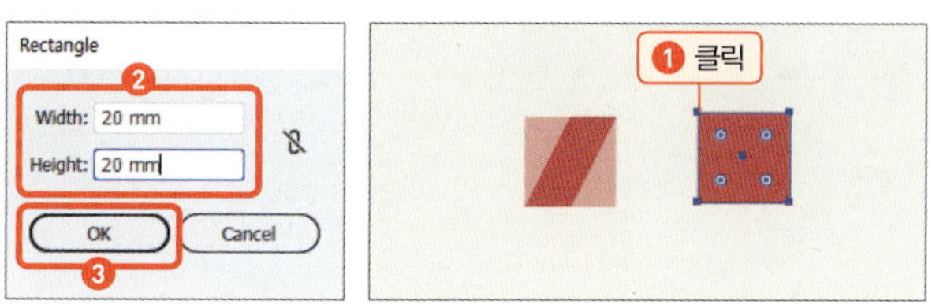

05 원형 툴(◎)로 화면을 클릭합니다. 옵션 창에서 Width와 Height를 각각 20mm로 입력하고 〈OK〉를 클릭합니다. 색상 패널에서 면 색을 사각형과 다른 색상으로 채웁니다.

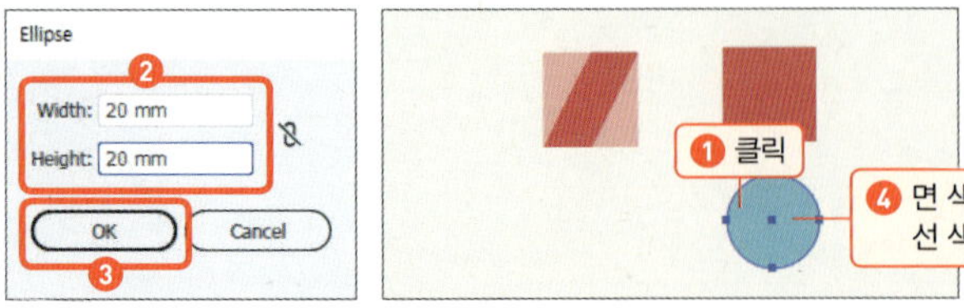

06 앵커 포인트 전환 툴(▷)로 원의 상하좌우 앵커 포인트를 클릭하여 마름모로 만듭니다. 선택 툴(▶)로 드래그하여 정사각형과 마름모를 모두 선택하고 옵션 바에서 정렬 옵션을 수직 가운데 정렬(▮)과 수평 가운데 정렬(▮)로 설정하여 마름모를 정사각형 중앙에 배치합니다.

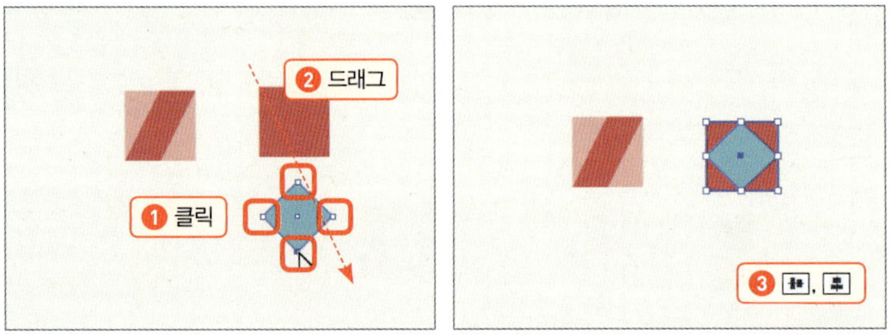

07 선택 툴(▶)로 앞에서 만든 오브젝트 2개를 모두 선택한 후 Shift 를 누른 채 바운딩 박스의 모서리를 드래그하여 크기를 줄입니다.

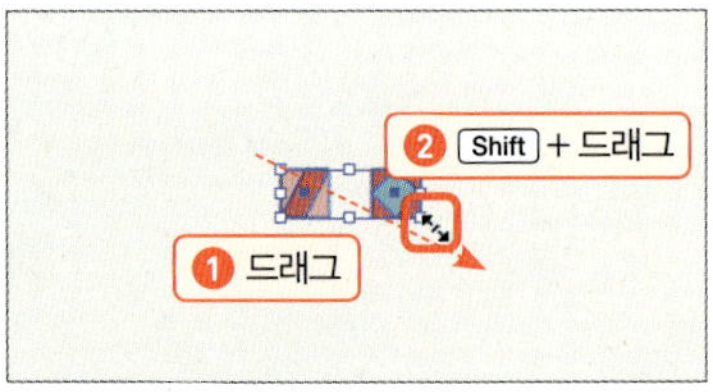

08 선택 툴(▶)로 오른쪽 오브젝트를 드래그하여 모두 선택하고 색상 견본 패널로 드래그하여 등록합니다.

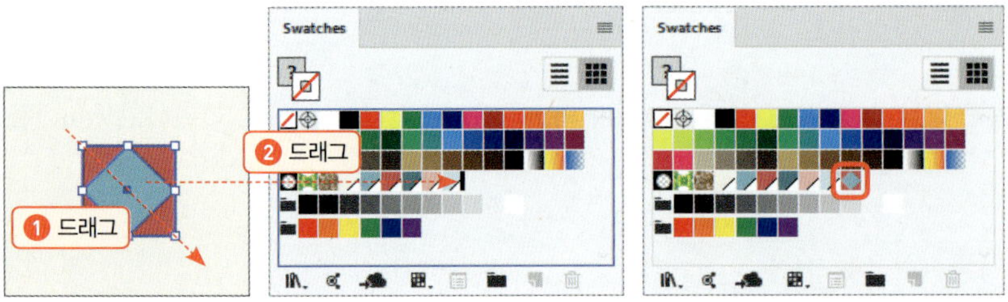

09 사각형 툴(□)로 화면을 클릭합니다. 옵션 창에서 Width와 Height를 각각 73mm로 입력하고 〈OK〉를 클릭합니다. 색상 패널에서 면 색을 흰색으로 설정합니다.

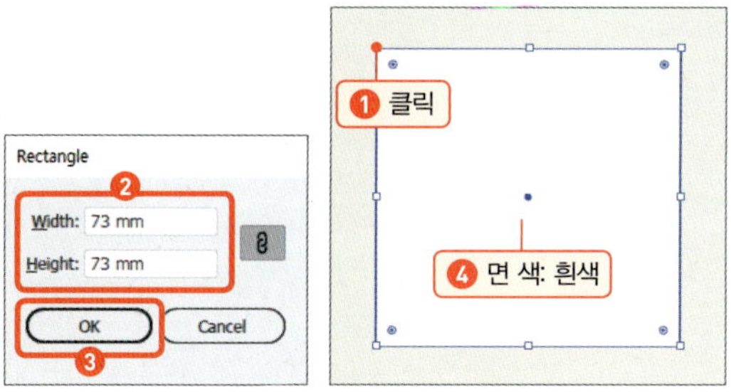

10 선택 툴(▶)로 왼쪽 오브젝트를 드래그하여 모두 선택합니다. 브러시 패널 오른쪽 상단의 목록(≡)을 클릭해 New Brush를 선택합니다. 옵션 창에서 Pattern Brush를 선택하고 〈OK〉를 클릭합니다.

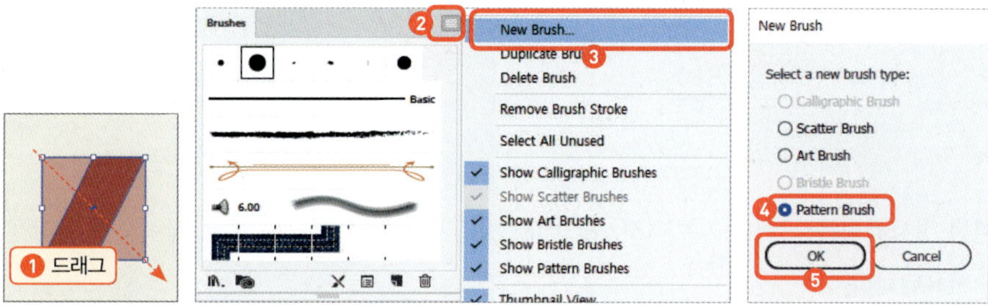

11 패턴 브러시의 옵션 창을 보면 사각형의 모서리 부분이 비어 있습니다. 이 상태로 패턴을 등록하면 정사각형 모서리가 오른쪽과 같아집니다.

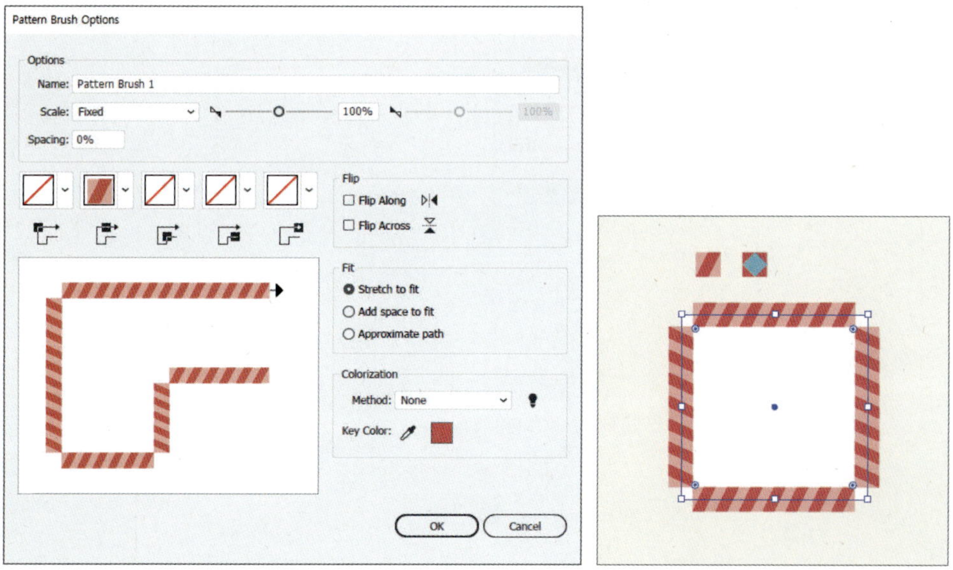

12 패턴 브러시 옵션 창의 가장 왼쪽 옵션을 클릭하고 색상 견본 패널에 등록한 이미지를 선택한 후 〈OK〉를 클릭합니다.

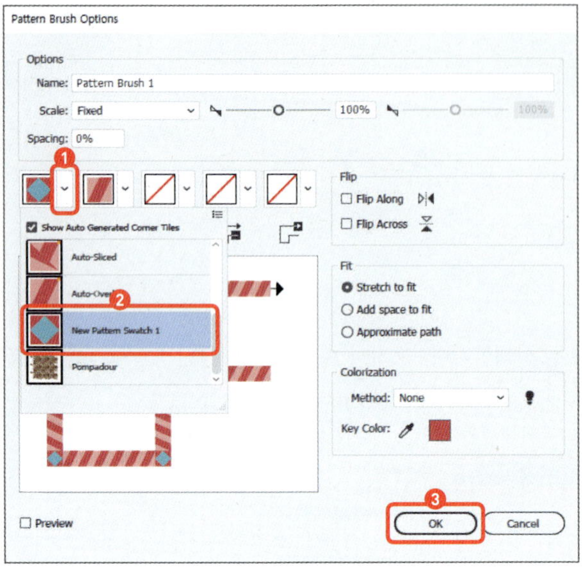

13 선택 툴(▶)로 흰색 정사각형을 선택하고 브러시 패널에서 방금 등록한 패턴 브러시를 클릭하면 사각형 모서리에 패턴 브러시가 적용됩니다.

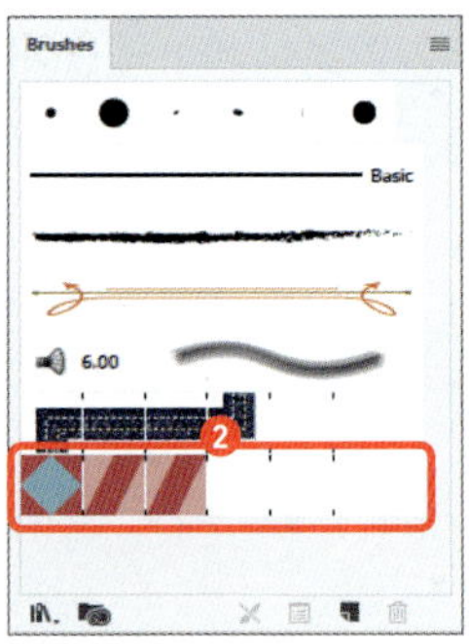

SECTION 04

오브젝트 회전하기

• **핵심 기능 |** 회전 툴(단축키 R)

회전 툴의 기능 익히기

회전 툴()을 이용하면 기준점을 중심으로 오브젝트를 회전시키거나 회전 영역을 복제할 수 있습니다.

01 회전 기준점 보기 Chapter_13 ▸ Section_04 ▸ rotate.ai 파일을 불러옵니다. 선택 툴()로 오브젝트를 선택한 후 회전 툴()을 클릭하면 오브젝트 중심에 기준점이 생깁니다.

02 원하는 각도로 회전시키기 회전 툴()을 더블클릭하여 옵션 창을 연 후 Angle(각도)을 45°로 입력하고 〈OK〉를 클릭합니다. 오브젝트가 기준점을 중심으로 45° 회전합니다.

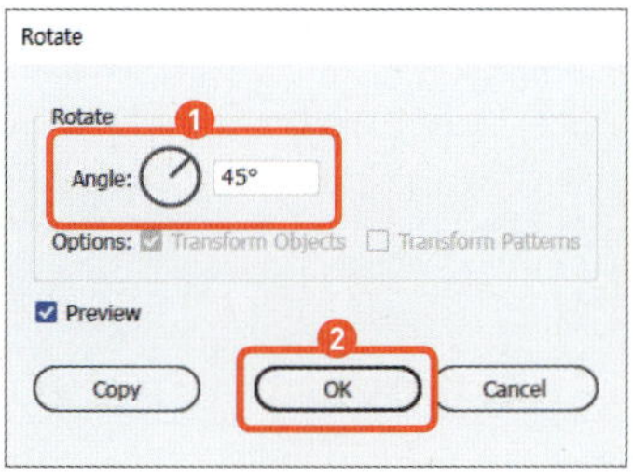

03 기준점을 변경한 후 회전시키기 Ctrl+Z를 눌러 회전하기 전 상태로 되돌립니다. 회전 툴()을 선택하고 Alt를 누른 채 오브젝트 아래의 한 지점을 클릭합니다. 클릭한 지점으로 기준점이 옮겨지고 옵션 창이 자동으로 열립니다. 옵션 창에서 Angle(각도)을 45°로 입력한 후 〈OK〉를 클릭하면 변경된 기준점을 중심으로 오브젝트가 회전합니다.

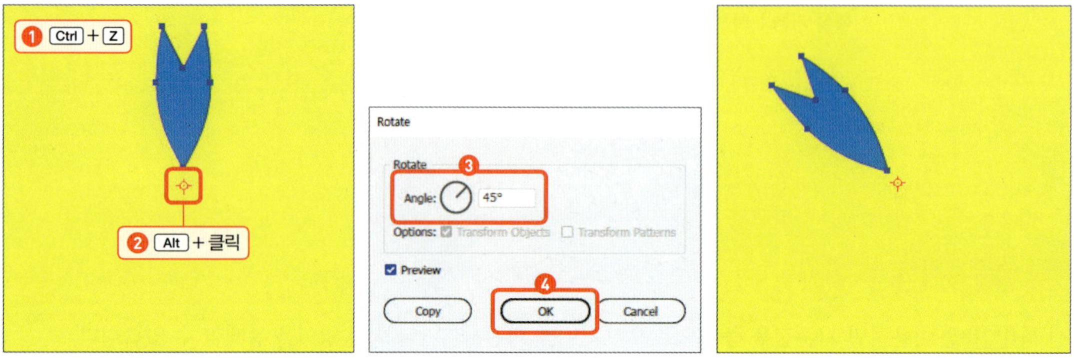

04 복제하기 Ctrl+Z를 눌러 회전하기 전 상태로 되돌립니다. 회전 툴()을 선택하고 Alt를 누른 채 오브젝트 아래의 한 지점을 클릭하여 기준점을 옮깁니다. 옵션 창이 열리면 Angle(각도)을 45°로 입력하고 〈Copy〉를 클릭합니다. 원래 오브젝트는 그대로 있고 기준점을 중심으로 45° 회전한 오브젝트가 복제됩니다.

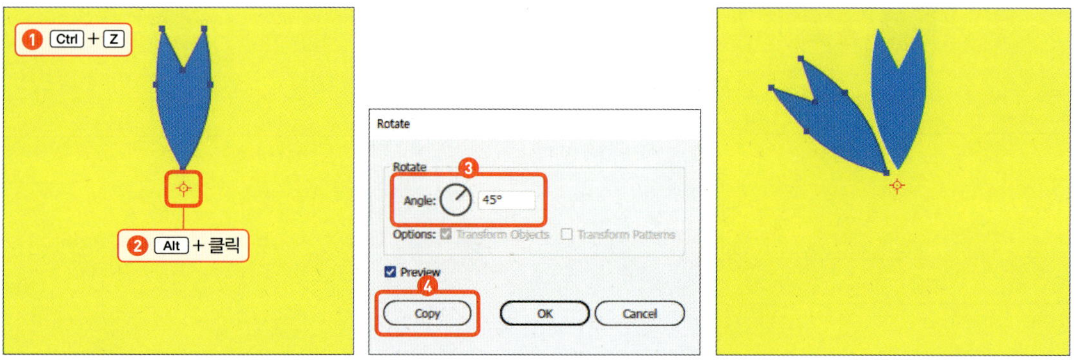

05 단축키로 복제하기 한 번 복제된 오브젝트는 Ctrl+D를 누르면 계속해서 같은 각도로 복제됩니다.

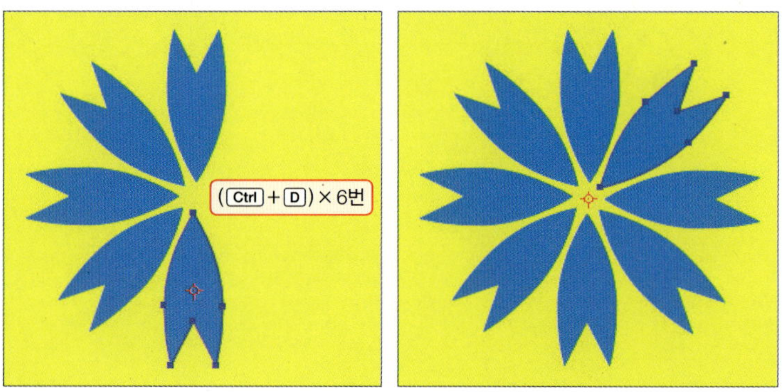

응용 예제 원형 인포그래픽 만들기

회전 툴과 빠른 복제 기능을 이용해 원형 인포그래픽을 만들어 봅니다.

■ 완성 이미지

01 Chapter_13 ▸ Section_04 ▸ rotation.ai 파일을 불러옵니다. 원형 툴( )로 화면을 클릭해 옵션 창을 연 후 Width(너비)와 Height(높이)를 각각 20mm로 입력하고 〈OK〉를 클릭합니다.

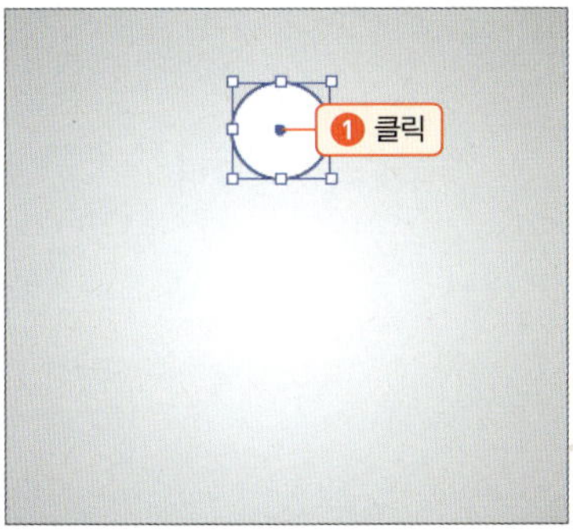

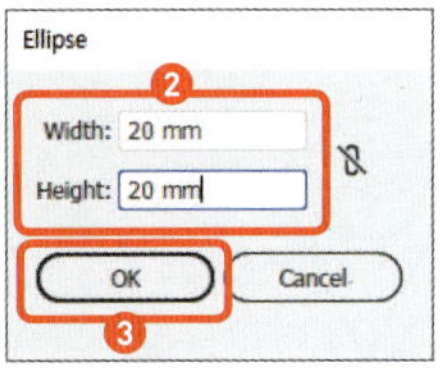

02 메뉴 바에서 [Object]–[Path]–[Offset Path]를 선택한 후 Offset을 3mm로 입력하고 〈OK〉를 클릭합니다. 처음 그린 원보다 약간 큰 원이 생성됩니다.

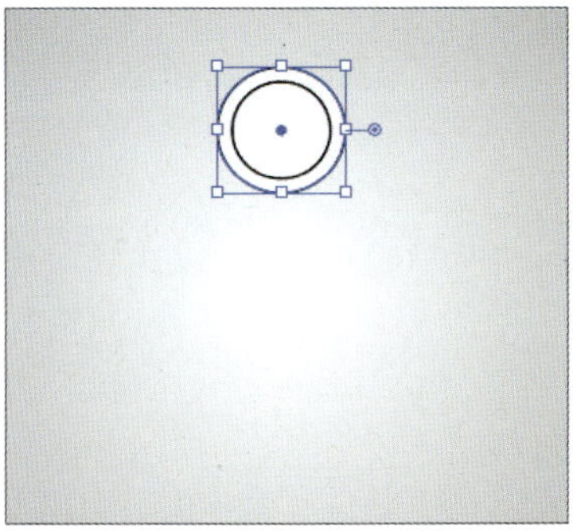

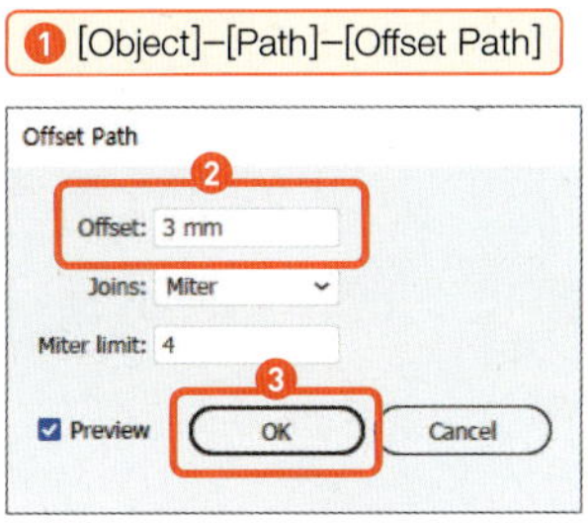

03 앵커 포인트 전환 툴( )로 바깥 원의 하단 앵커 포인트를 클릭하여 직선으로 바꿉니다. 직접 선택 툴( )로 앵커 포인트를 아래로 드래그하여 늘립니다.

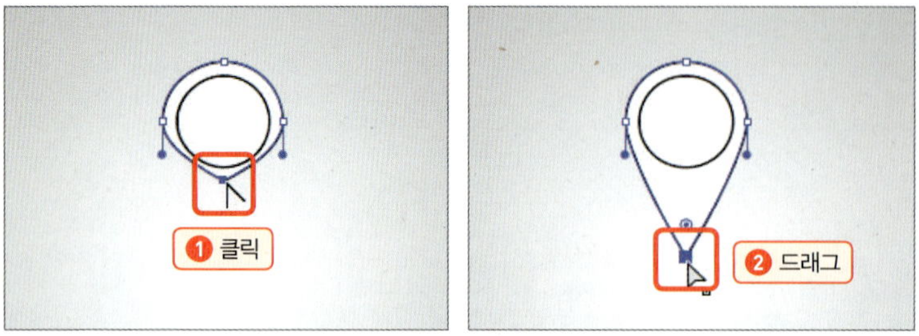

04 선택 툴( )로 드래그하여 오브젝트 2개를 모두 선택한 후 Ctrl+G를 눌러 그룹으로 묶습니다. 회전 툴( )을 선택하고 Alt를 누른 채 오브젝트 하단의 한 지점을 클릭하여 기준점을 옮깁니다. 옵션 창이 열리면 Angle(각도)을 60°로 입력하고 〈Copy〉를 클릭합니다.

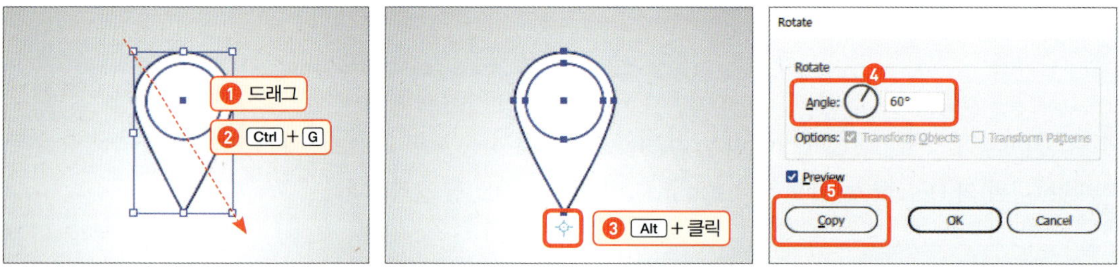

05 선택된 오브젝트가 60° 각도에 복제됩니다. Ctrl+D를 4번 눌러 오브젝트를 4개 더 복제합니다.

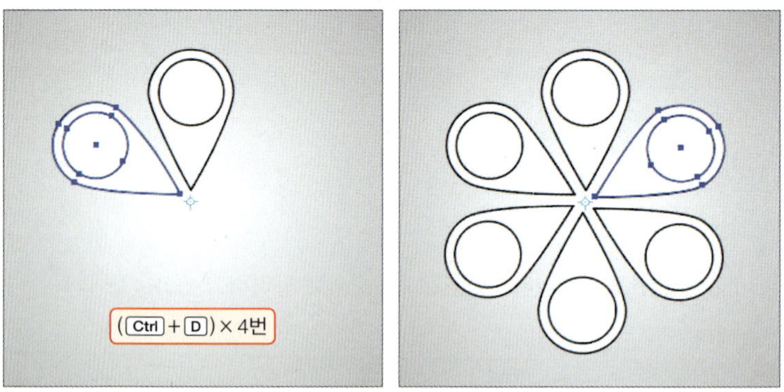

06 직접 선택 툴(▷)로 각 그룹의 바깥에 있는 오브젝트를 선택하고 색상 패널에서 면 색을 다음과 같이 설정합니다. 선택 툴(▶)로 드래그하여 전체 오브젝트를 선택하고 옵션 바에서 선 색을 색상 없음으로 설정합니다.

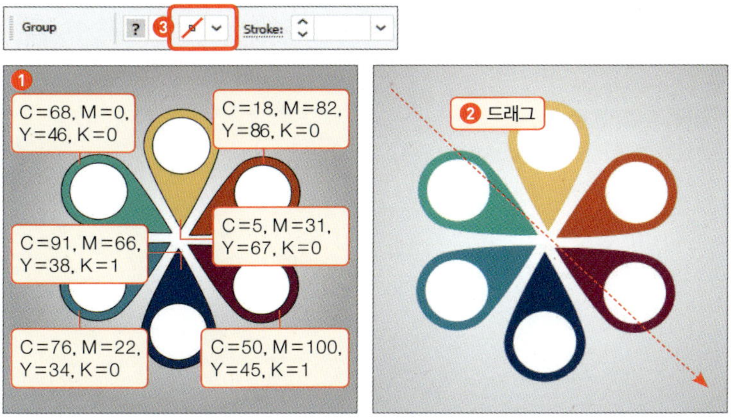

07 메뉴 바에서 [File]-[Open]을 선택하고 icon.ai 파일을 불러옵니다. 선택 툴(▶)로 휴지통 아이콘을 드래그하여 선택한 후 Ctrl+C를 눌러 복사합니다. 화면으로 돌아와 Ctrl+V를 눌러 붙여 놓고 바운딩 박스를 드래그하여 크기를 줄인 후 노란색 오브젝트 원의 한가운데에 배치합니다. 같은 방법으로 나머지 아이콘을 배치하여 인포그래픽을 완성합니다.

SECTION 05 오브젝트 반전시키기

• **핵심 기능 I** 반전 툴[▷◁](단축키 [O])

반전 툴의 기능 익히기

반전 툴([▷◁])을 이용하면 기준점을 중심으로 오브젝트를 수직 · 수평 또는 원하는 각도로 반전시킬 수 있고 반전한 영역을 복제할 수도 있습니다.

01 반전 기준점 보기 Chapter_13 ▸ Section_05 ▸ reflect.ai 파일을 불러옵니다. 선택 툴([▶])로 오브젝트를 선택한 후 반전 툴([▷◁])을 클릭하면 오브젝트 중심에 기준점이 생깁니다.

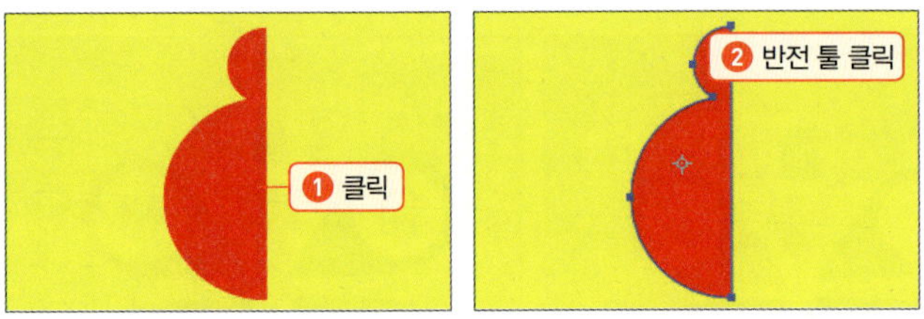

02 수직/수평 방향으로 반전하기 반전 툴([▷◁])을 더블클릭하여 옵션 창을 엽니다. Axis(축)를 Horizontal(수평)로 설정하면 오브젝트가 기준점을 중심으로 수직 방향으로 반전하고, Vertical(수직)로 설정하면 수평 방향으로 반전합니다. 각 옵션을 선택한 후 〈OK〉를 클릭하여 결과를 확인합니다.

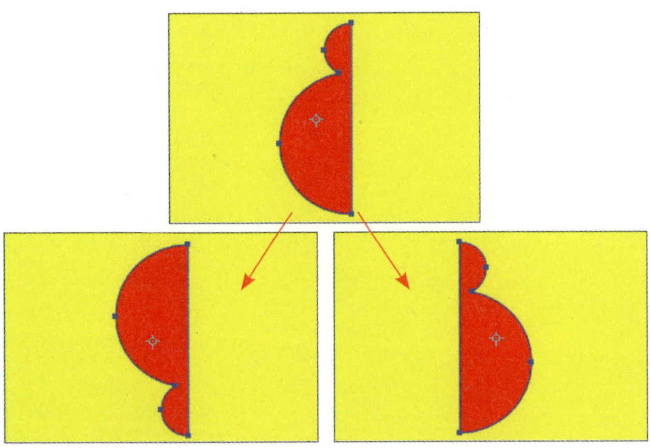

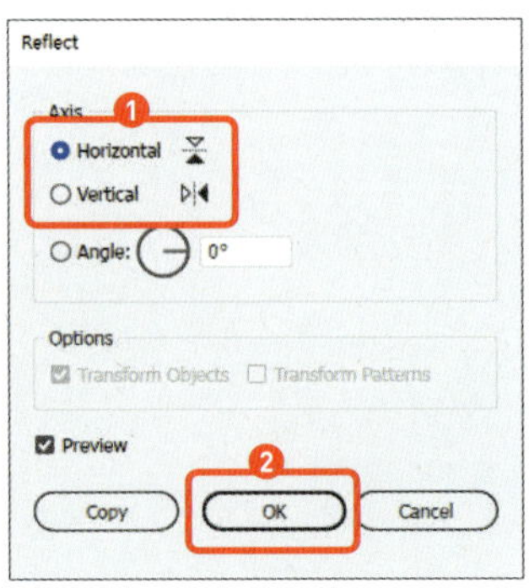

■ Horizontal을 선택한 결과 ■ Vertical을 선택한 결과

03 원하는 각도로 반전시키기 Ctrl+Z를 눌러 반전하기 전 상태로 되돌립니다. 반전 툴()을 더블클릭하여 옵션 창을 열고 Angle(각도)을 120°로 입력한 후 〈OK〉를 클릭합니다. 오브젝트가 기준점을 중심으로 입력한 각도만큼 반전합니다.

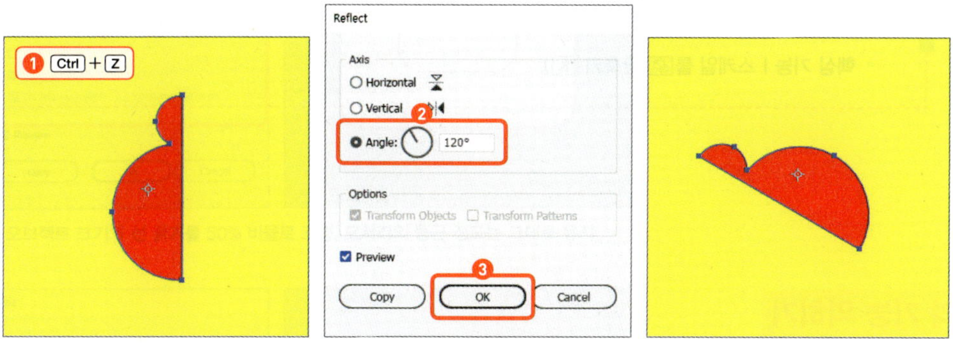

04 기준점을 변경한 후 반전시키기 Ctrl+Z를 눌러 반전하기 전 상태로 되돌립니다. 반전 툴()을 선택한 상태에서 Alt를 누른 채 오브젝트의 오른쪽 한 지점을 클릭합니다. 클릭한 지점으로 기준점이 옮겨지고 옵션 창이 열립니다. Axis(축)를 Vertical(수직)로 설정하고 〈OK〉를 클릭하면 이동된 기준점을 중심으로 오브젝트가 수평 방향으로 반전합니다.

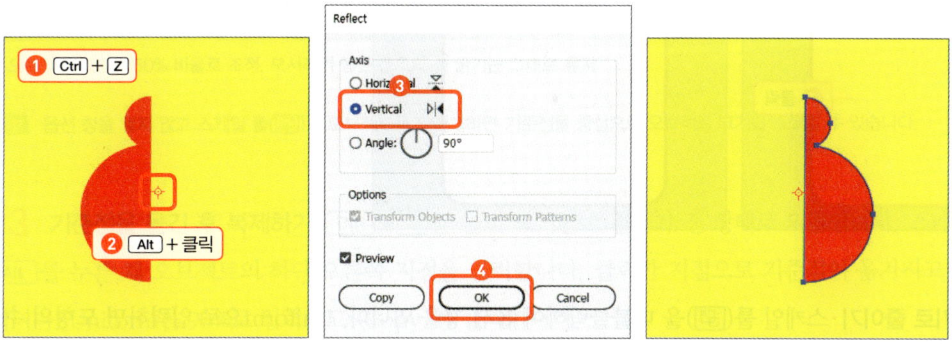

05 복제하기 Ctrl+Z를 눌러 반전하기 전 상태로 되돌립니다. 반전 툴()을 선택하고 Alt를 누른 채 오브젝트의 오른쪽 한 지점을 클릭하여 기준점을 옮기고 옵션 창을 엽니다. Axis(축)을 Vertical(수직)로 설정하고 〈Copy〉를 클릭합니다. 원래 오브젝트는 그대로 있고 기준점을 중심으로 수평 반전한 오브젝트가 복제됩니다.

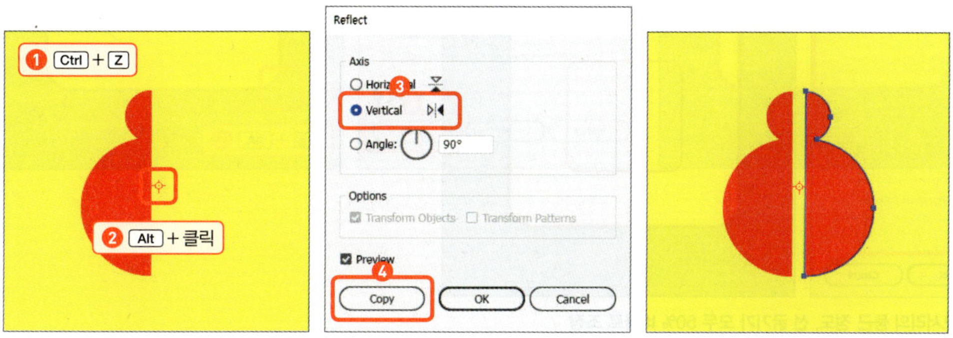

04 단축키로 복제하기 계속해서 Ctrl+D를 누르면 같은 옵션 값을 유지한 채로 기준점을 중심으로 하는 오브젝트가 복제됩니다.

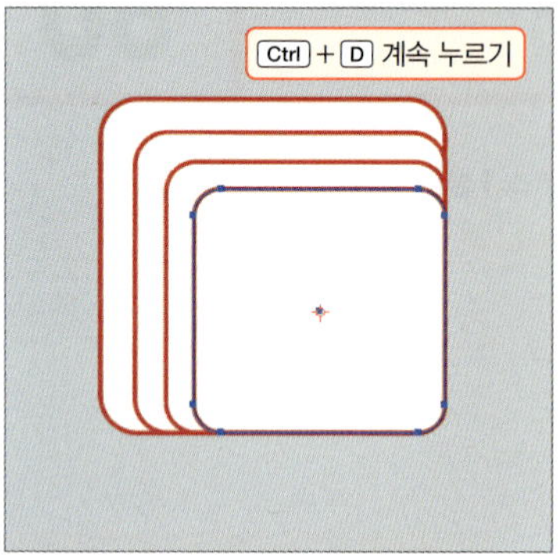

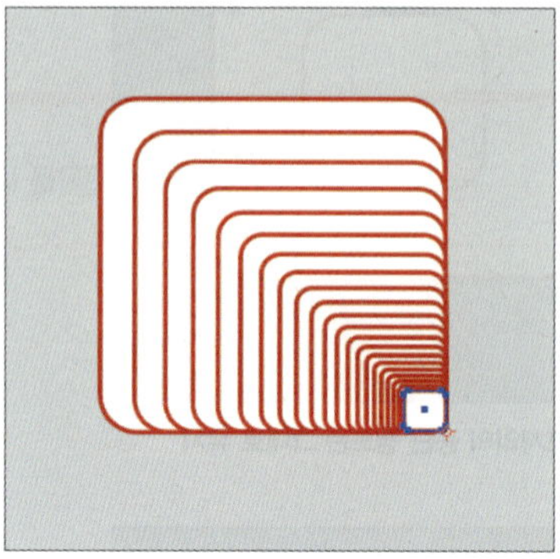

SECTION 07

오브젝트 기울이기/휘기/왜곡하기

• **핵심 기능 |** 셰어 툴, 리셰이프 툴, 퍼펫 워프 툴, 프리 트랜스폼 툴

셰어 툴의 기능 익히기

셰어 툴()은 오브젝트를 비스듬하게 기울일 때 사용합니다.

01 **기준점 보기** Chapter_13 ▸ Section_07 ▸ shear.ai 파일을 불러옵니다. 선택 툴()로 오브젝트를 선택하고 스케일 툴()의 숨은 툴인 셰어 툴()을 클릭하면 오브젝트 중심에 기준점이 생깁니다.

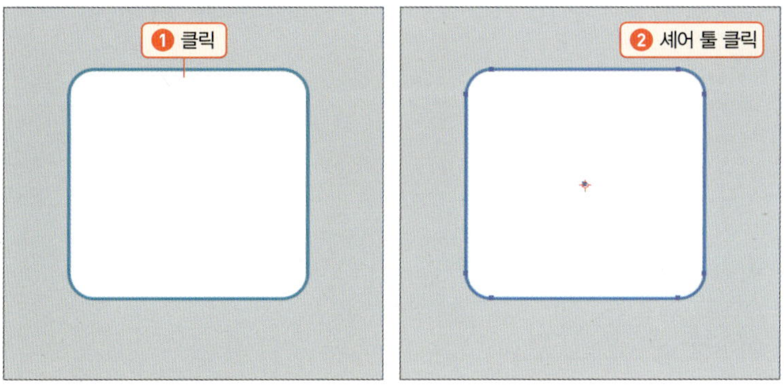

02 **오브젝트 기울이기** 셰어 툴()로 오브젝트를 드래그합니다. 드래그하는 방향에 따라 오브젝트가 기울어집니다.

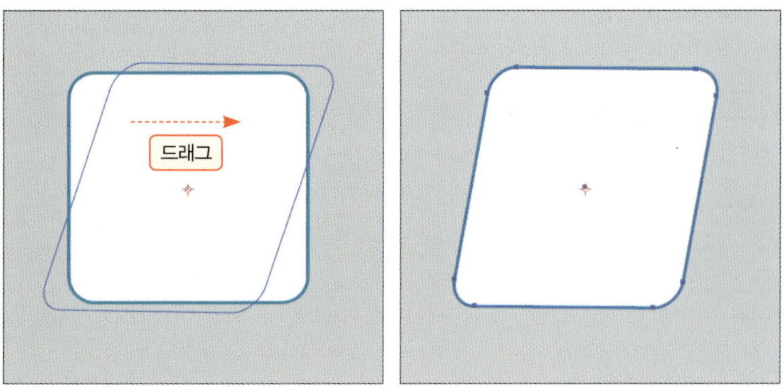

03 기울기 각도와 축 설정하기 Ctrl+Z를 눌러 기울기 전 상태로 되돌린 후 셰어 툴( )을 더블클릭하여 옵션 창을 엽니다. Shear Angle(기울기 각도)을 설정하고, Axis(기울어지는 축)를 Horizontal(수평) 또는 Vertical(수직)로 선택하거나 Angle(각도)을 직접 입력하여 설정할 수 있습니다. Shear Angle, Axis를 각각 다음과 같이 설정한 후 〈OK〉를 클릭하여 결과를 비교합니다.

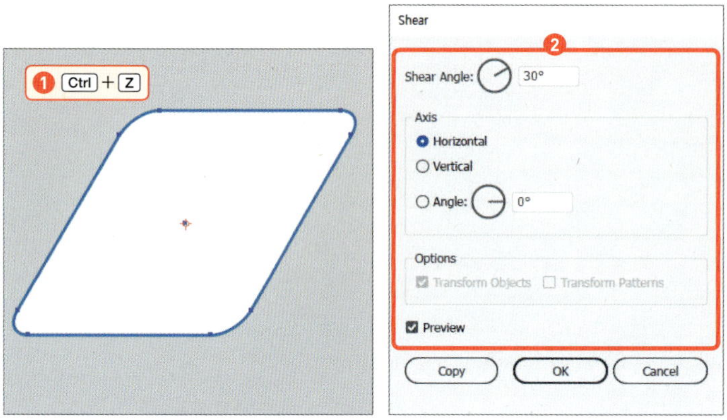

■ 오브젝트가 기준점의 수평 방향으로 30˚ 기울어짐

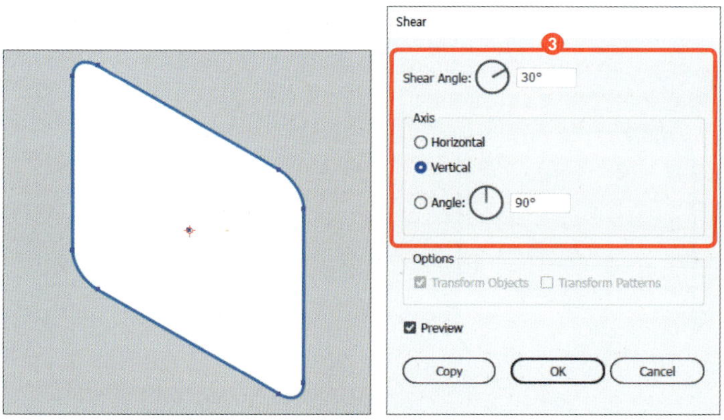

■ 오브젝트가 기준점의 수직 방향으로 30˚ 기울어짐

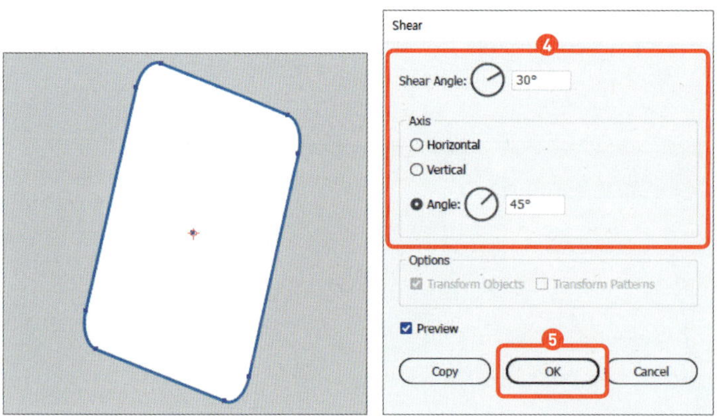

■ 오브젝트가 기준점의 45˚ 방향으로 30˚ 기울어짐

04 기준점을 이동한 후 복제하기 Ctrl+Z를 눌러 기울기 전 상태로 되돌립니다. 셰어 툴( )로 Alt를 누른 채 오브젝트 하단의 오른쪽 한 지점을 클릭하여 기준점을 옮깁니다. 옵션 창이 열리면 Shear Angle을 30°로 입력하고 Axis를 Horizontal로 설정한 후 〈Copy〉를 클릭합니다. 오브젝트가 이동된 기준점을 중심으로 30° 기울어진 채 복제됩니다.

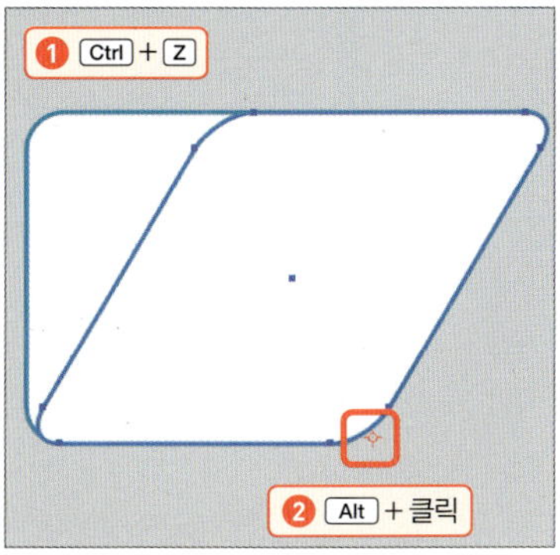

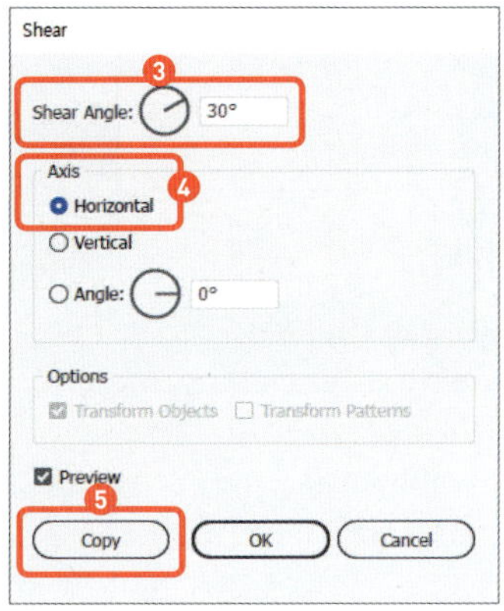

리셰이프 툴의 기능 익히기

리셰이프 툴( )은 오브젝트의 패스를 곡선으로 변형할 때 사용합니다.

01 패스만 선택하기 Chapter_13 ▸ Section_07 ▸ reshape.ai 파일을 불러옵니다. 직접 선택 툴( )로 오브젝트의 패스만 선택합니다.

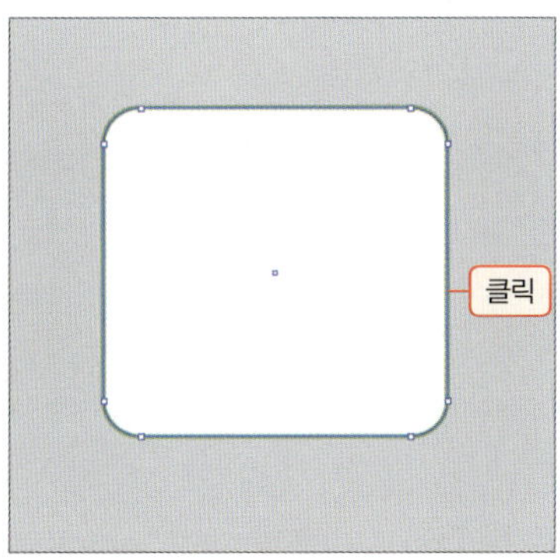

Tip 직접 선택 툴( )로 면을 클릭하면 면과 패스가 함께 선택되어 앵커 포인트가 푸른색으로 채워집니다. 반면 패스만 선택하면 앵커 포인트가 흰색으로 나타납니다.

02 곡선 패스로 변형하기 리셰이프 툴(![icon])로 패스를 드래그합니다. 드래그하는 방향과 크기에 따라 패스가 곡선 형태로 바뀝니다.

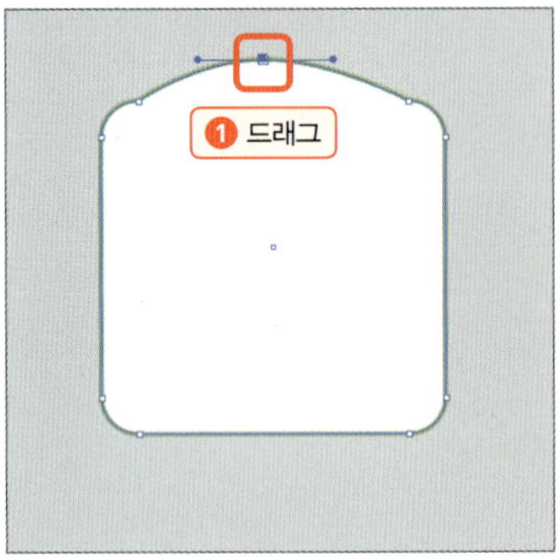

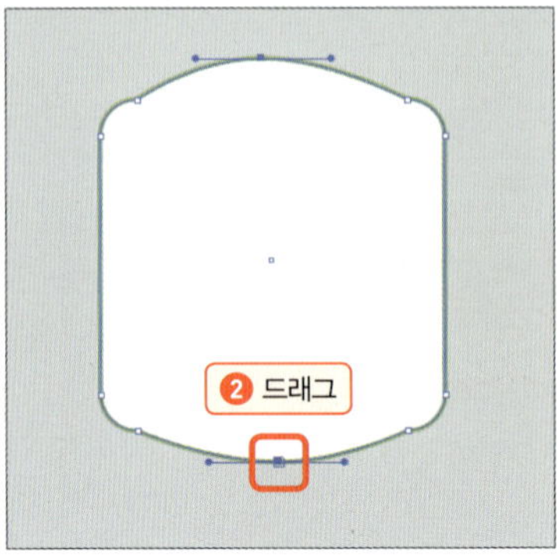

퍼펫 워프 툴의 기능 익히기

퍼펫 워프 툴(![icon])은 오브젝트의 패스를 다각형 형태로 고정시킨 후 휘게 할 때 사용합니다. 오브젝트에 변화를 주어 움직임을 표현할 수 있습니다.

01 변형할 부분 선택하기 Chapter_13 ▸ Section_07 ▸ warp.ai 파일을 불러옵니다. 오징어 다리가 움직이는 것처럼 표현해 보겠습니다. 선택 툴(![icon])로 오징어 왼쪽 다리를 선택합니다.

02 변형 포인트 추가하기 퍼펫 워프 툴(![icon])로 선택된 영역 내부를 클릭합니다. 오브젝트 내부에 자동으로 폴리곤 형태와 변형 포인트가 나타납니다. 선택된 영역 내부의 다른 지점을 클릭하여 변형 포인트를 추가합니다.

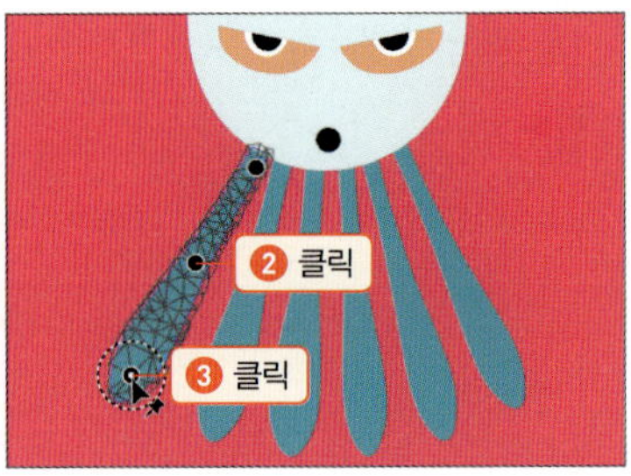

03 왼쪽으로 휘기 퍼펫 워프 툴( )로 맨 아래의 변형 포인터를 왼쪽으로 드래그합니다. 위의 변형 포인터 2개는 고정된 채 드래그하는 부분만 자연스럽게 휩니다. 가운데 변형 포인트도 드래그하여 휘게 합니다.

04 여러 방향으로 휘기 두 번째 다리도 선택 툴( )로 선택한 후 퍼펫 워프 툴( )로 선택된 영역 내부를 클릭하여 변형 포인터를 여러 개 만듭니다. 각 위치의 변형 포인트를 드래그하여 꼬불꼬불한 오징어 다리를 만듭니다.

05 나머지 다리도 각각 선택하여 다음과 같이 완성합니다.

프리 트랜스폼 툴의 기능 익히기

프리 트랜스폼 툴( )은 오브젝트의 크기 조절, 회전, 비틀기를 모두 할 수 있습니다.

01 프리 트랜스폼 툴의 툴 박스 보기 Chapter_13 ▸ Section_07 ▸ transform.ai 파일을 불러옵니다. 선택 툴( )로 오브젝트를 선택하고 퍼펫 워프 툴( )의 숨은 툴인 프리 트랜스폼 툴( )을 클릭합니다. 화면에 프리 트랜스폼 툴( )이 기본으로 선택된 툴 박스가 나타납니다.

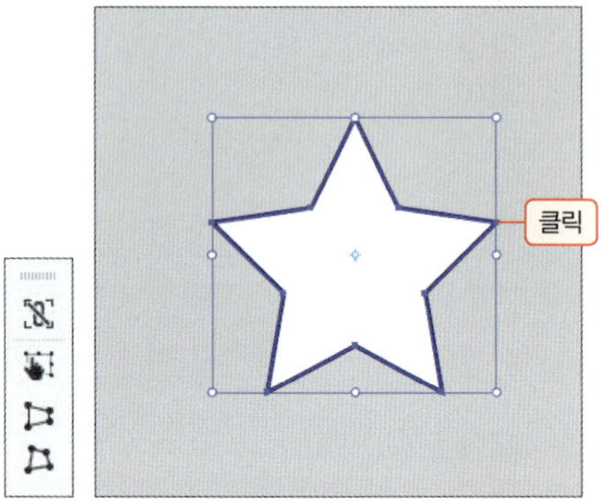

02 크기 조절하기/회전시키기 마우스 포인터를 바운딩 박스의 상하좌우 모서리로 가져가면 마우스 포인터가 모양으로 바뀝니다. 이때 오브젝트를 드래그하여 크기를 조절하거나 회전시킬 수 있습니다.

■ 크기 조절

■ 회전

Tip 마우스 포인터가 바운딩 박스의 모서리에서 멀어지면 마우스 포인터가 모양으로 바뀝니다. 이때는 오브젝트를 회전시킬 수만 있습니다.

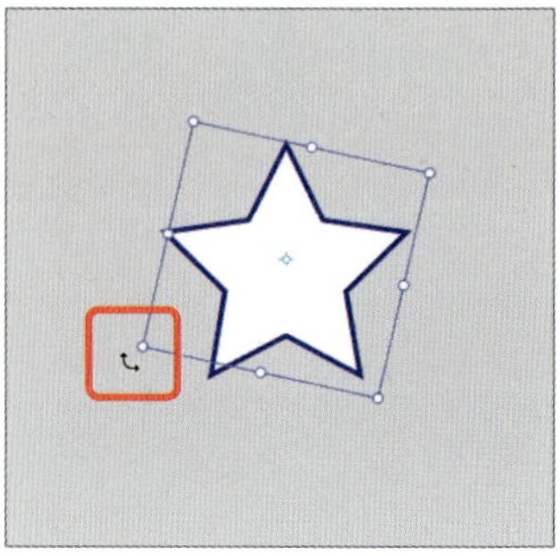

03 기울이기 마우스 포인터를 바운딩 박스의 모서리가 아닌 바운딩 박스의 가장자리 지점으로 가져가면 마우스 포인터가 [아이콘] 모양으로 바뀝니다. 이때 드래그하면 오브젝트가 수평 방향으로 기울어지면서 크기까지 조절됩니다.

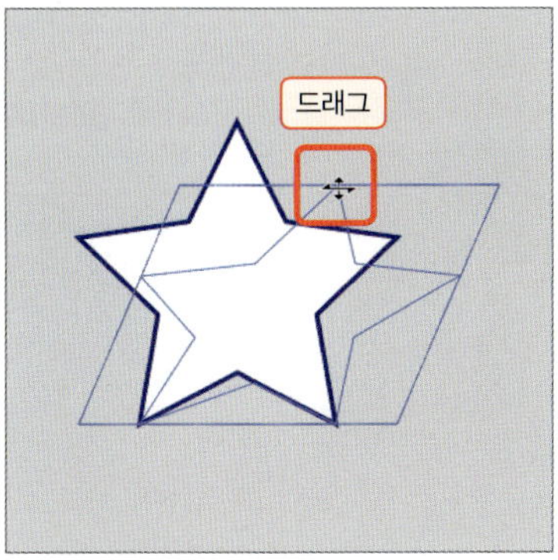

■ 수평 방향으로 기울이기

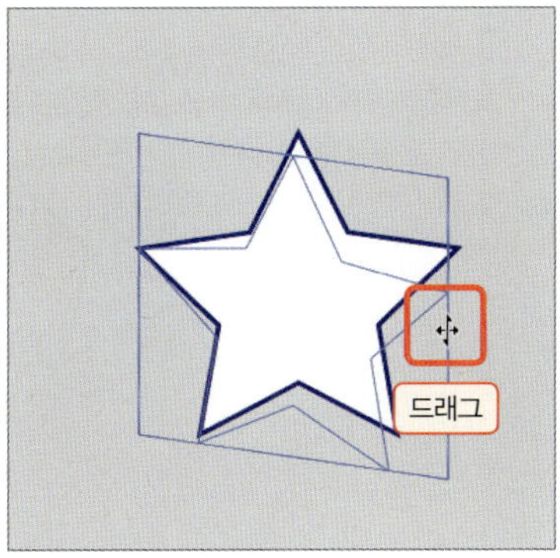

■ 수직 방향으로 기울이기

Tip 프리 트랜스폼 툴의 툴 박스에서 콘스트레인 툴([아이콘])을 클릭하면 오브젝트 크기는 조절할 수 없고 기울기만 조절할 수 있습니다.

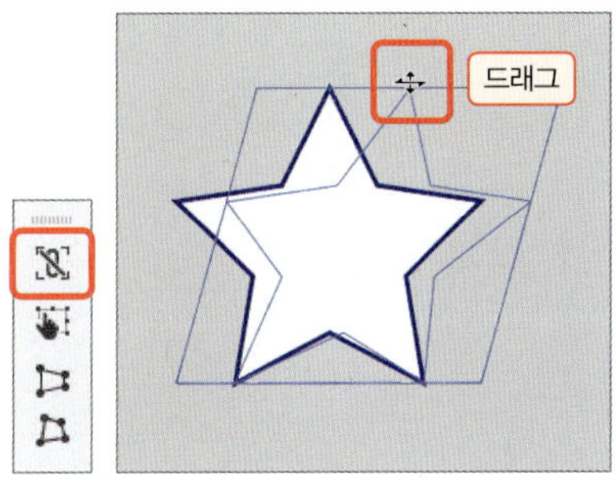

04 원근 변형하기 툴 박스에서 원근 변형 툴([아이콘])을 선택하고 오브젝트를 드래그합니다. 오브젝트가 드래그하는 방향에 따라 원근감 있게 변형됩니다.

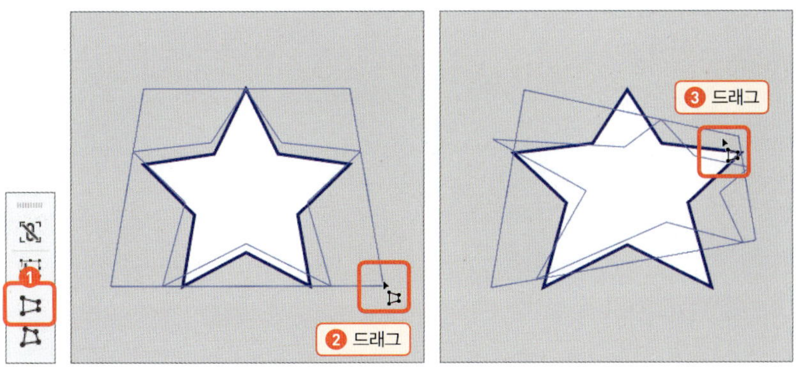

05 자유 변형하기 툴 박스에서 자유 변형 툴( )을 선택하고 오브젝트를 드래그합니다. 선택한 지점의 앵커 포인트 방향으로 오브젝트가 변형됩니다.

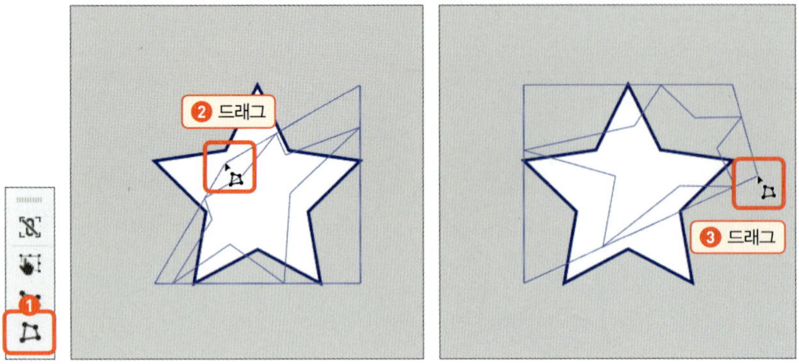

CHAPTER

14

오브젝트의 채색

01 / **단색과 배색으로 채색하기** ▶ 색상 견본 패널, 색상 패널, 색상 가이드 패널, 어도비 색상 테마 패널

02 / **그레이디언트 적용하기** ▶ 그레이디언트 패널, 그레이디언트 툴

03 / **오브젝트의 형태와 색상 연결하기** ▶ 블렌드 툴

04 / **패턴 적용하기** ▶ 패턴 옵션, 패턴 라이브러리

05 / **사진을 문양처럼 활용하기** ▶ 클리핑 마스크, 투명 마스크

06 / **실사처럼 보이도록 채색하기** ▶ 메시 툴

SECTION 01

단색과 배색으로 채색하기

• **핵심 기능 |** 색상 견본 패널, 색상 패널, 색상 가이드 패널, 어도비 색상 테마 패널

색상 견본 패널과 색상 피커 창

01 색상 견본 살펴보기 색상 견본(Swatches) 패널은 단색, 그레이디언트, 패턴 등의 요소를 모아 둔 곳입니다. 사용자가 자주 사용하는 색상이나 패턴을 등록할 수 있습니다.

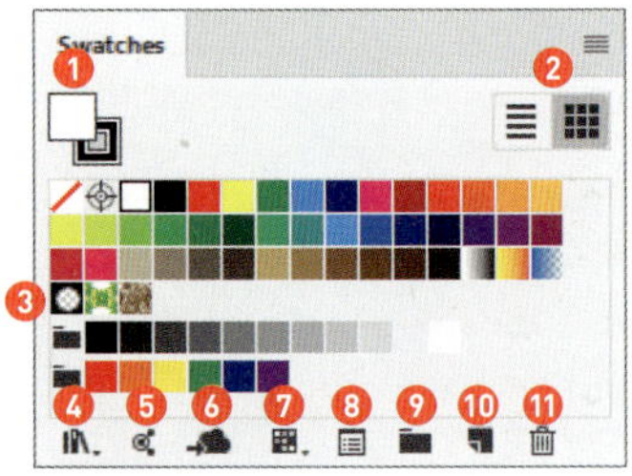

■ 색상 견본 패널

❶ **면 색/선 색** 면의 색상과 선의 색상을 지정합니다.

❷ **패널 보기** 패널의 보기 형태를 목록 또는 그리드 중에서 선택합니다.

❸ **색상 목록** 기본 색상, 그레이디언트, 패턴 등을 제공합니다. 사용자가 지정한 색상이나 패턴을 등록할 수도 있습니다.

❹ **라이브러리 메뉴** 색상 견본 라이브러리에서 다양한 색상 표와 패턴을 불러옵니다.

❺ **색상 테마 열기** 현재 선택한 색상에 대한 어도비 색상 테마를 불러옵니다.

❻ **라이브러리에 추가하기** 패널에 등록한 색상을 라이브러리에 저장합니다.

❼ **색상 꺼내기/숨기기** 패널의 보기 상태를 변경합니다. 단색, 그레이디언트, 패턴 등만 보이도록 할 수 있습니다.

❽ **색상 수정하기** 옵션 창에서 색상의 이름, 형식, 모드 등을 설정합니다.

❾ **그룹 만들기** 원하는 색상을 그룹으로 묶습니다.

❿ **새 색상 만들기** 새 색상 견본을 등록합니다.

⓫ **휴지통** 불필요한 색상 견본을 삭제합니다.

02 색상 피커 창에서 색상 지정하기

색상 견본 패널에서 면 색 또는 선 색을 더블클릭하여 색상 피커 창을 엽니다. 원하는 색상을 선택하고 〈OK〉를 클릭하면 클릭한 지점의 색상이 면 색 또는 선 색으로 설정됩니다.

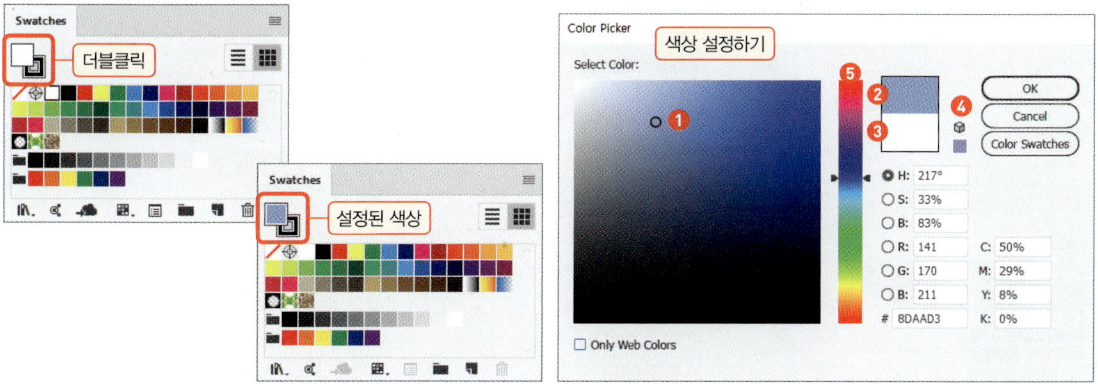

■ 색상 피커 창

❶ **색상 영역** 색상을 클릭한 지점입니다.

❷ **선택한 색상** 색상 피커 창에서 클릭한 지점의 색상을 보여 줍니다.

❸ **현재 색상** 선택한 오브젝트의 색상 또는 클릭하기 전의 색상을 보여 줍니다.

❹ **웹용 색상 전환** 웹용 색상으로 바꿔 줍니다.

❺ **스펙트럼** 색상을 선택하기 위한 스펙트럼 슬라이더입니다. 상하로 드래그하여 색상을 선택합니다.

Tip 색상 피커 창에서 Only Web Colors를 체크하면 웹용 색상 모드로 볼 수 있습니다.

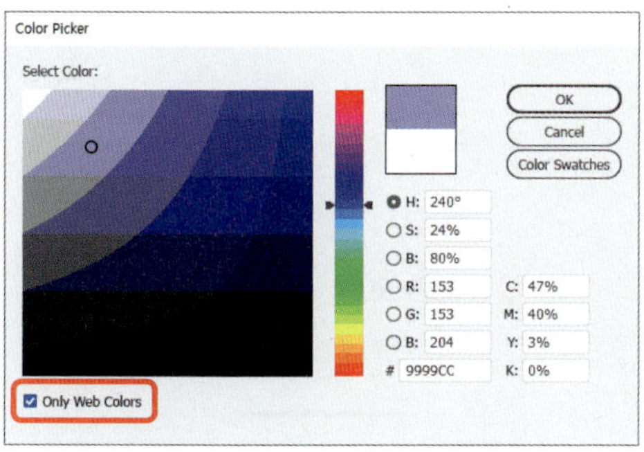

03 새 색상 등록하기 색상 견본 패널 하단의 새 색상(■)을 클릭합니다. 옵션 창에서 C, M, Y, K 값을 입력하고 〈OK〉를 클릭하면 패널에 새로운 색상이 등록됩니다.

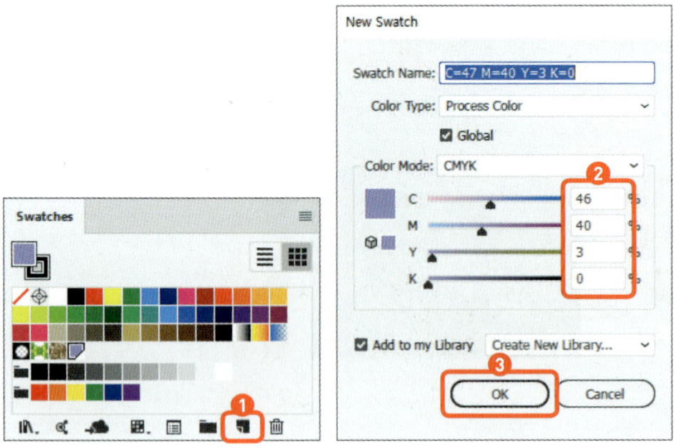

색상 패널과 색상 모드

색상(Color) 패널은 다양한 색상 모드를 이용하여 색상을 지정하는 곳입니다. 작업 목적에 맞는 색상 모드를 선택한 후 스펙트럼에서 원하는 색상을 선택하고 개별 슬라이더를 움직이면서 정교하게 색상을 설정할 수 있습니다.

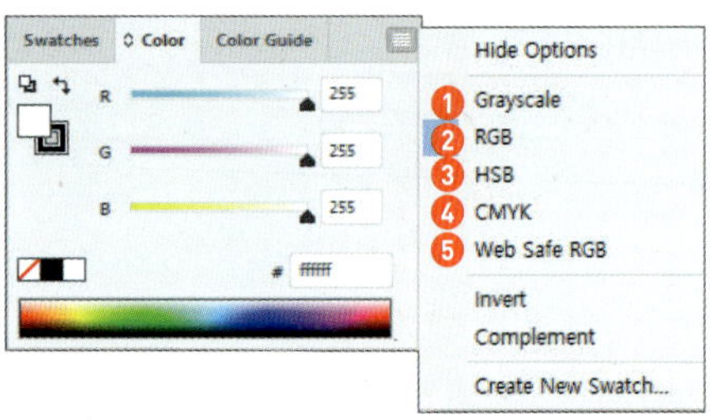

■ 색상 패널과 색상 모드

❶ Grayscale 모드

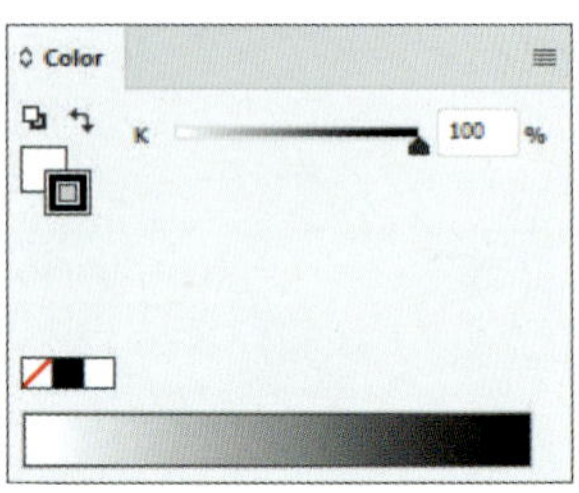

흑백 이미지에 사용되는 색상 모드로 이미지를 검은색, 회색, 흰색으로만 표현합니다.

❷ RGB 모드

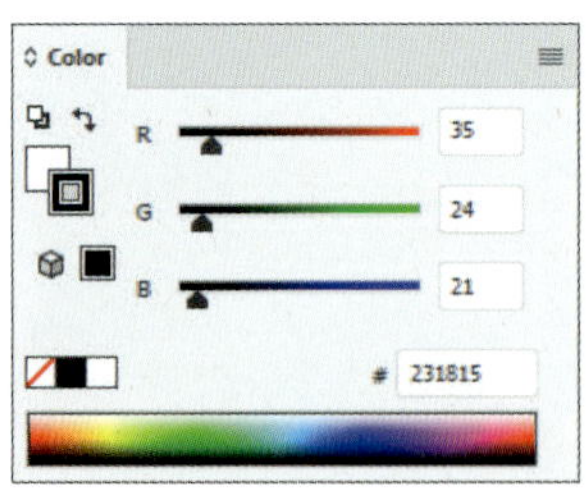

온라인 이미지에 적합한 색상 모드로 빛의 삼원색인 빨강(Red), 초록(Green), 파랑(Blue)으로 이루어져 있습니다.

❸ HSB 모드

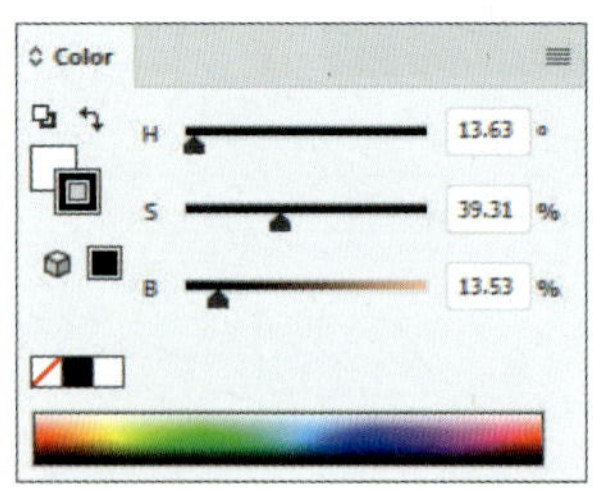

Hue, Saturation, Brightness로 구성되어 있어 색상, 채도, 명도를 조절할 수 있습니다.

❹ CMYK 모드

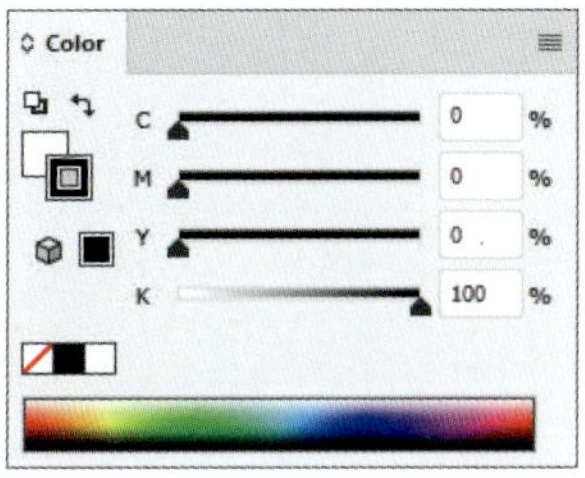

인쇄 출력을 위한 색상 모드로 청록색(Cyan), 자홍색(Magenta), 노란색(Yellow), 검은색(blacK)으로 이루어져 있습니다.

❺ Web Safe RGB 모드

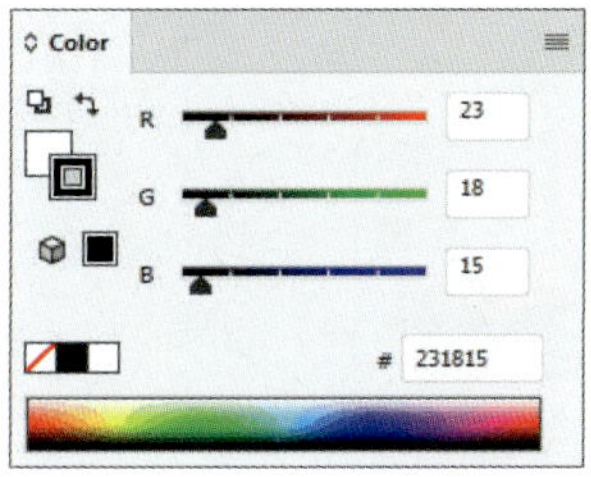

웹 안전 RGB 색상 모드로 웹 브라우저마다 색상이 다르게 표현되는 현상을 막기 위해 적용합니다. 웹 브라우저에서 공통으로 사용하는 216가지 색상으로 표현합니다.

Tip 작업 문서의 색상 모드를 변경하려면 메뉴 바에서 [File]-[Document Color Mode]를 선택하고 RGB 모드 또는 CMYK 모드를 선택합니다.

색상 가이드 패널의 배색 적용하기

01 색상 가이드 패널 열기 Chapter_14 ▸ Section_01 ▸ icebar1.ai 파일을 불러온 후 메뉴 바에서 [Window]-[Color Guide]를 선택하여 색상 가이드 패널을 엽니다.

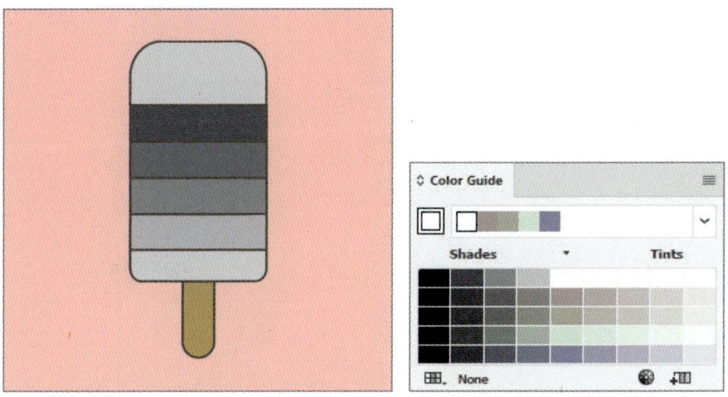

02 아이스 바에 배색 적용하기 색상 가이드 패널에서 오른쪽 상단의 목록 펼침(⌄)을 클릭하고 마음에 드는 배색을 선택합니다. 선택 툴(▶)로 아이스 바의 맨 위 오브젝트를 클릭한 후 선택한 색상 가이드의 색상을 클릭해 적용합니다. 같은 방법으로 아이스 바의 나머지 오브젝트도 색상을 변경합니다.

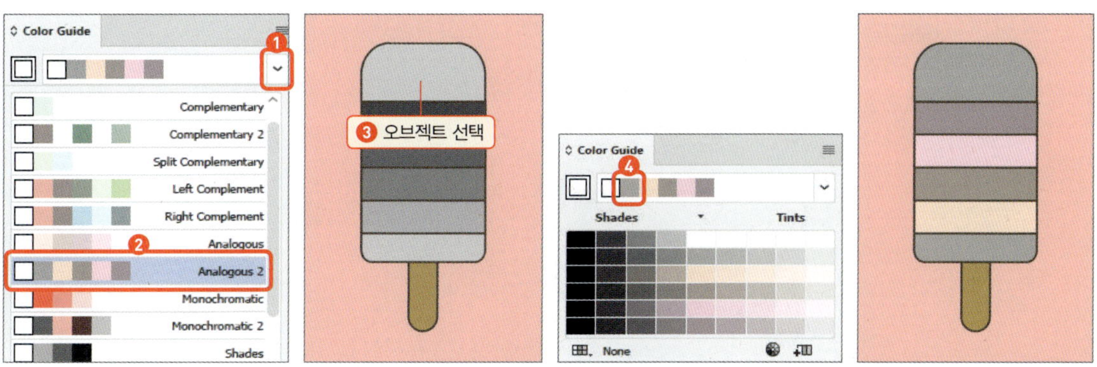

03 **배색 저장하기** 색상 가이드 패널 하단의 색상 견본 패널에 저장(![icon])을 클릭합니다. 현재 선택된 색상 가이드가 색상 견본 패널에 저장됩니다.

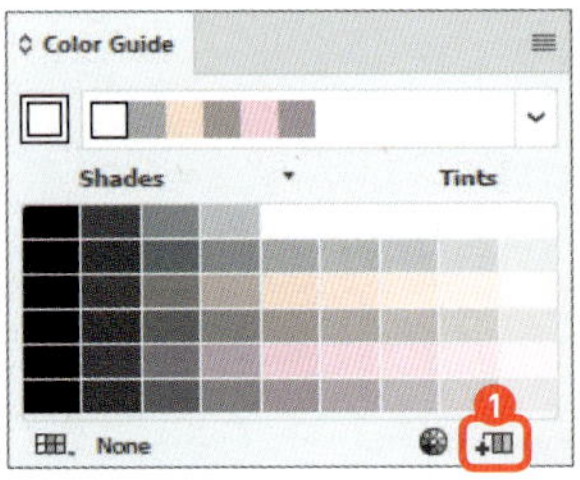

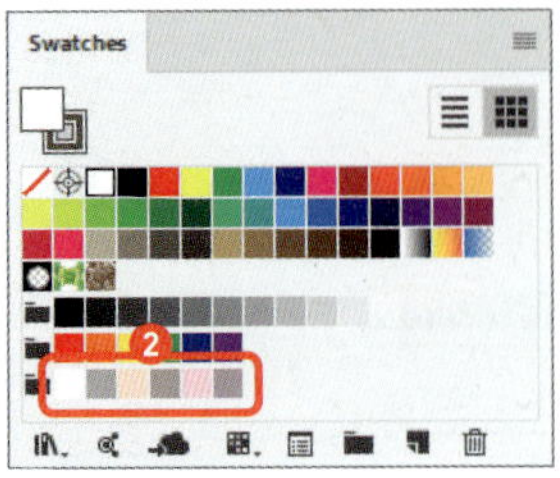

04 **배색 변경하기** 색상 가이드 패널 하단의 색상 편집(![icon])을 클릭합니다. 색상 편집 창이 뜨면 색상환의 동그라미를 회전시켜 현재 배색에 색상을 변경하거나 추가 및 제거합니다. 설정이 끝나면 〈OK〉를 클릭합니다.

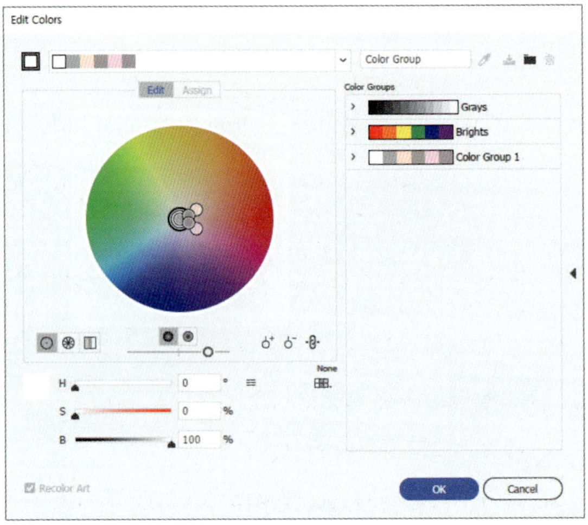

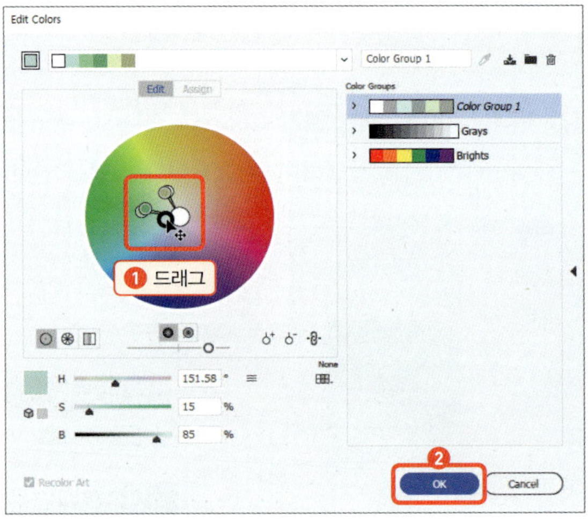

05 다음과 같은 알림 창이 뜹니다. 〈Yes〉를 클릭하면 색상 견본 패널의 색상이 변경한 색상으로 바로 바뀌고, 〈No〉를 클릭하면 색상 견본 패널의 색상 그룹은 그대로 유지된 채 색상 가이드 패널의 색상만 변경됩니다. 〈Yes〉를 클릭합니다.

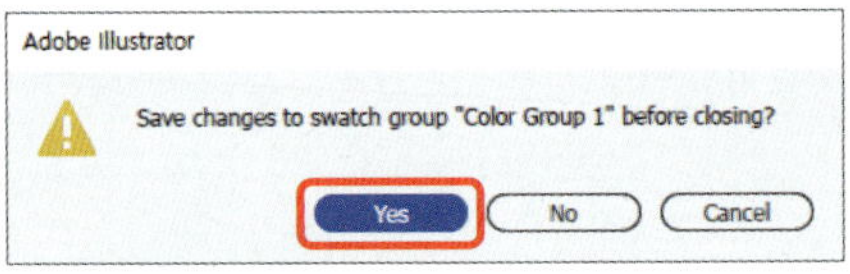

06 변경한 배색 적용하기 선택 툴(▶)로 아이스 바 전체를 드래그하여 선택한 후 Alt 를 누른 채 왼쪽으로 드래그하여 복제합니다. 복제한 아이스 바의 오브젝트를 하나씩 선택하여 색상 견본 패널에서 변경된 색상으로 적용합니다.

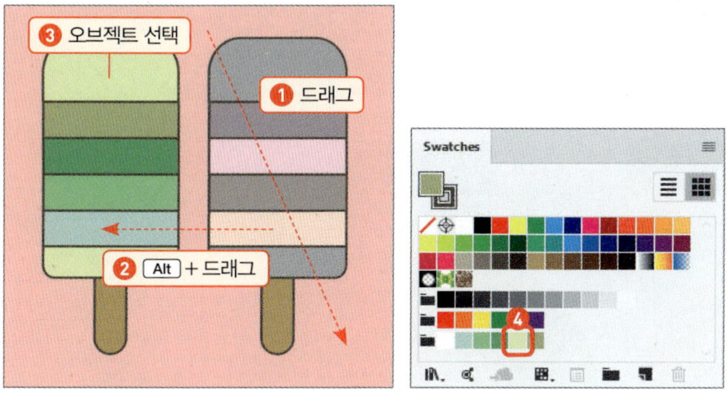

어도비 색상 테마 패널의 배색 적용하기

01 어도비 색상 테마 패널 열기 Chapter_14▶Section_01▶icebar2.ai 파일을 불러온 후 색상 견본 패널 하단의 색상 테마 패널 열기( )를 클릭합니다.

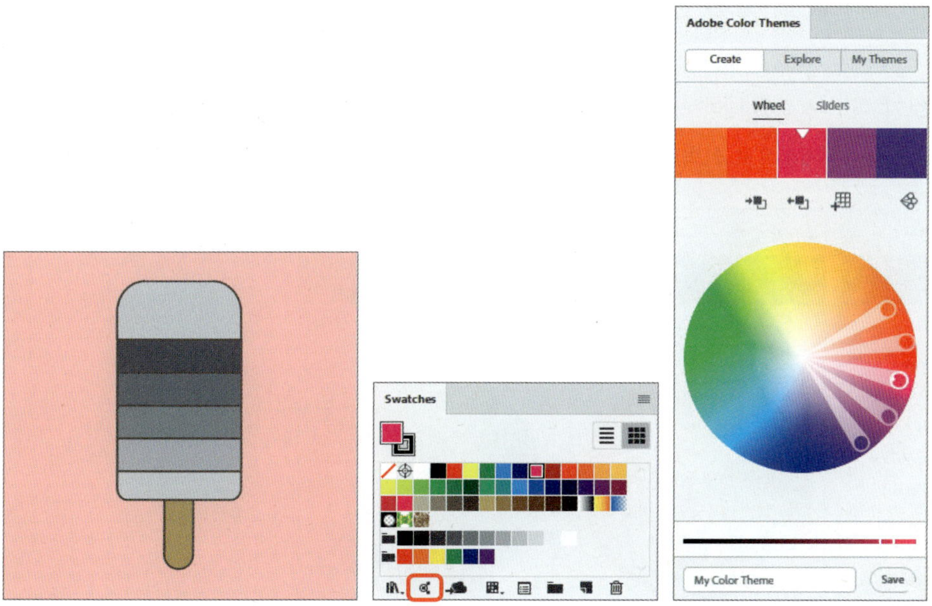

02 배색 변경하기 중앙의 기본 색상 부분을 드래그하면 전체 색상이 함께 회전합니다. 중앙의 기본 색상 이외의 색상을 움직이면 색상들이 같은 간격으로 벌어집니다. 색상의 개별 위치를 변경시켜 원하는 배색을 만들어 봅니다.

■ 중앙의 기본 색상 회전

■ 가장 왼쪽 색상 회전

■ 원하는 배색이 될 때까지 회전

03 색상 규칙 보기 어도비 색상 테마 창에서 오른쪽의 색상 규칙( )을 클릭하면 다양한 옵션이 나타납니다. 유사색인 Analogous가 기본으로 선택되어 있습니다.

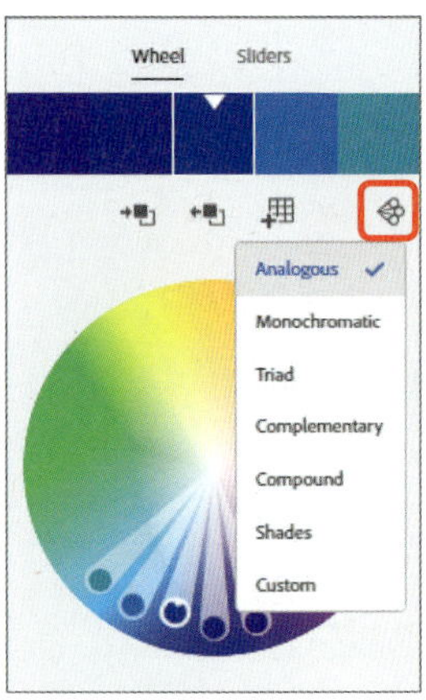

■ Analogous

■ Monochromatic

■ Triad

■ Complementary

■ Compound

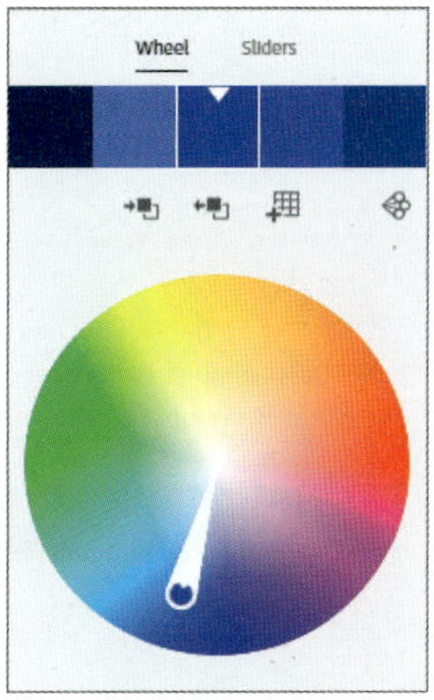

■ Shades

Tip 어도비 색상 테마 창의 색상 견본에서 추가(▦)를 클릭하면 선택한 배색이 색상 견본 패널에 저장됩니다.

04 클라우드에 등록된 색상 테마 저장하기 Explore를 클릭하면 다른 사용자가 라이브러리 클라우드에 등록해 놓은 색상 테마를 볼 수 있습니다. 마음에 드는 색상 테마를 고른 후 오른쪽 하단의 더 보기(•••)를 클릭하여 색상 견본 패널에 저장합니다.

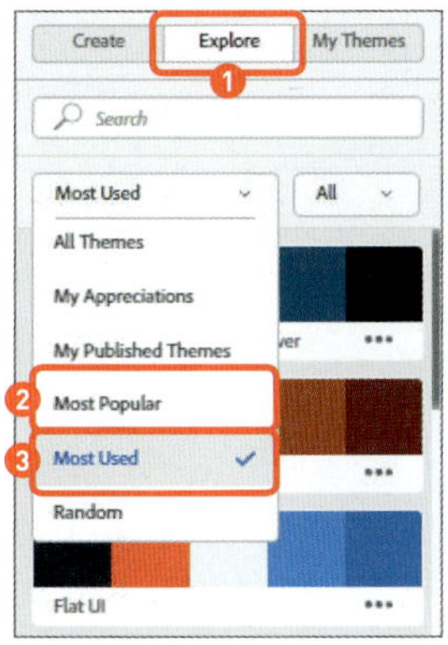

■ 보기 옵션 선택

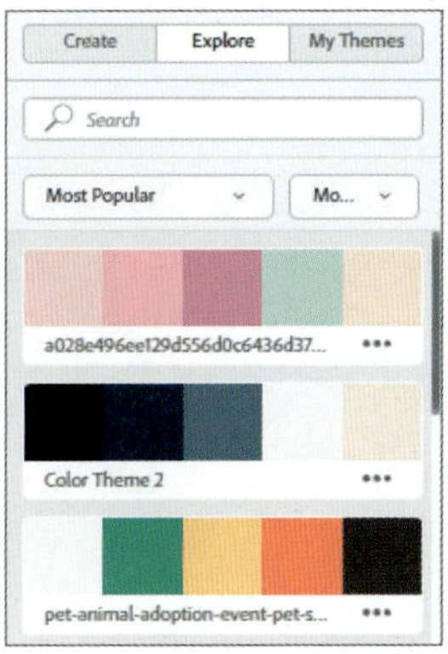

■ 가장 인기 있는 색상 테마 보기

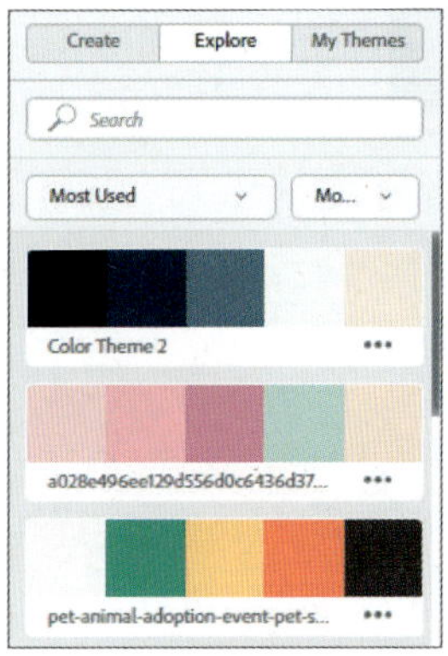

■ 가장 많이 사용한 색상 테마 보기

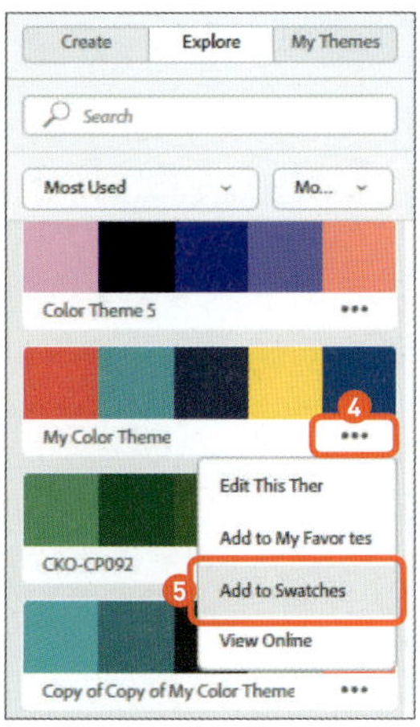

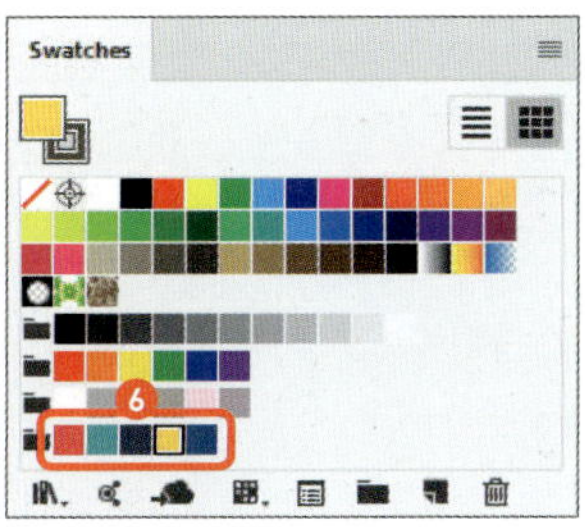

05 오브젝트에 적용하기 선택 툴(▶)로 아이스 바의 맨 위의 오브젝트를 클릭한 후 색상 견본 패널에서 방금 등록한 색상을 클릭해 적용합니다. 같은 방법으로 아이스 바의 나머지 오브젝트도 색상을 변경합니다.

Tip http://color.adobe.com 사이트에 접속하면 웹 브라우저에서 색상을 직접 조절할 수 있고, 내가 만든 색상 테마를 클라우드에 저장한 후 일러스트레이터에서 불러와 사용할 수 있습니다.

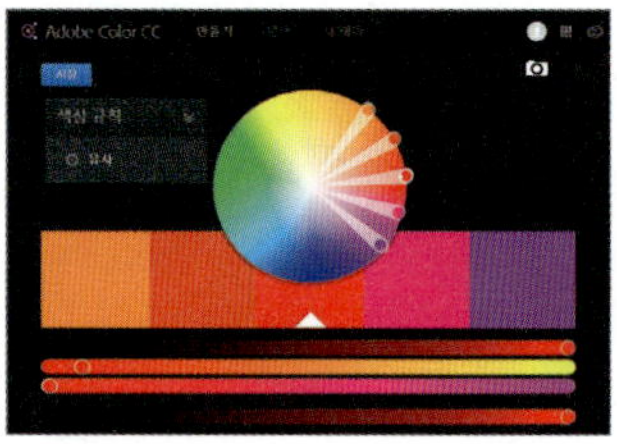

SECTION 02

그레이디언트 적용하기

• **핵심 기능 |** 그레이디언트 패널, 그레이디언트 툴(단축키 G)

선형 그레이디언트 적용하기

01 선형 그레이디언트 적용하기 Chapter_14 ▸ Section_02 ▸ linear.ai 파일을 불러옵니다. 사각형 툴()을 선택하고 Alt + Shift 를 누른 채 드래그하여 정사각형을 그립니다. 그레이디언트 패널에서 Type을 선형 그레이디언트로 설정합니다.

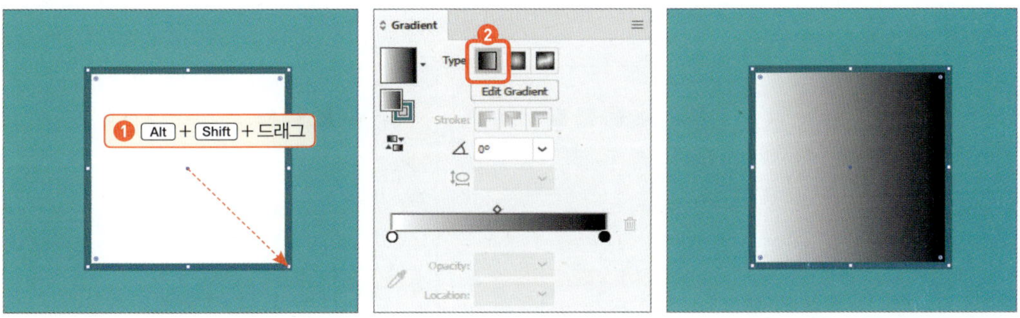

02 그레이디언트 색상 변경하기 그레이디언트 스펙트럼 아래에 있는 왼쪽 슬라이더 아이콘()을 더블클릭합니다. 원하는 색상을 색상 견본 패널 또는 색상 패널에서 선택할 수 있습니다. 여기서는 색상 견본 패널을 클릭하고 원하는 색상을 선택합니다. 같은 방법으로 오른쪽 슬라이더 아이콘의 색상도 변경합니다.

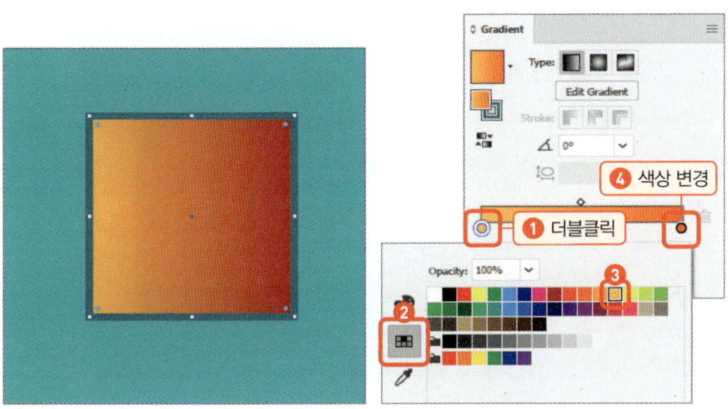

Tip 그레이디언트 패널의 스포이트 아이콘()을 선택하여 색상 패널 또는 화면 내에서 원하는 색상을 가져와도 됩니다.

03 그레이디언트 색상 추가하기 그레이디언트 슬라이더와 슬라이더 사이를 클릭하면 새로운 슬라이더가 나타납니다. 새로 생긴 슬라이더 아이콘을 더블클릭하여 02 단계와 같은 방법으로 색상을 변경합니다. 사각형의 그레이디언트 색상이 더욱 다양해집니다.

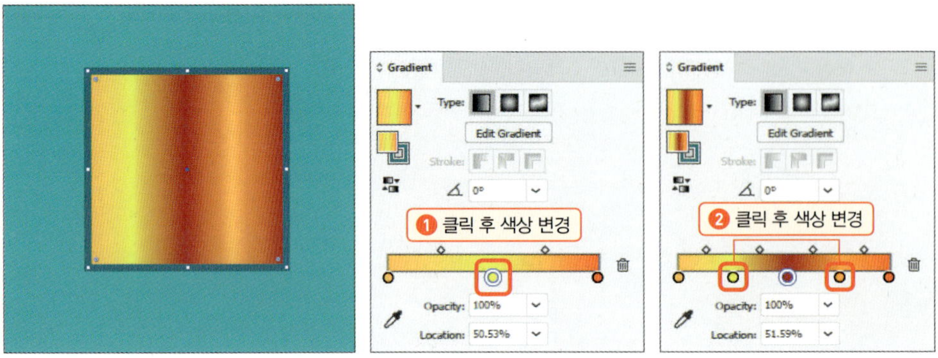

04 그레이디언트 색상 제거하기 삭제할 슬라이더 아이콘을 선택하고 패널 아래로 드래그하면 선택한 색상이 제거됩니다. 슬라이더 아이콘이 선택된 상태에서 휴지통(🗑)을 클릭해도 제거할 수도 있습니다.

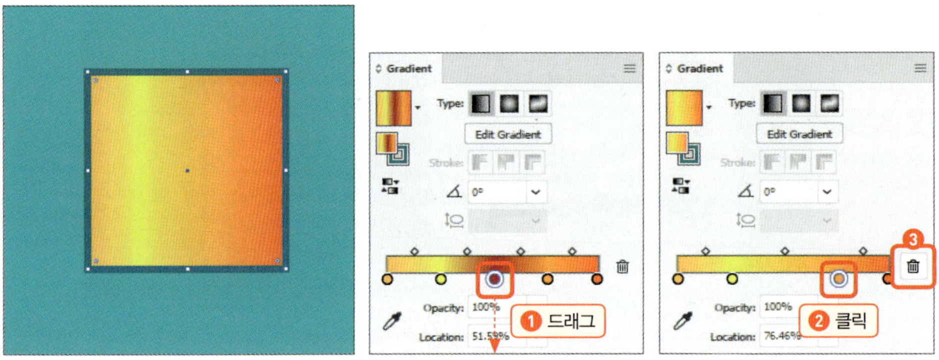

05 그레이디언트 간격 조절하기 슬라이더 아이콘을 좌우로 드래그하면 그레이디언트의 간격을 조절할 수 있습니다.

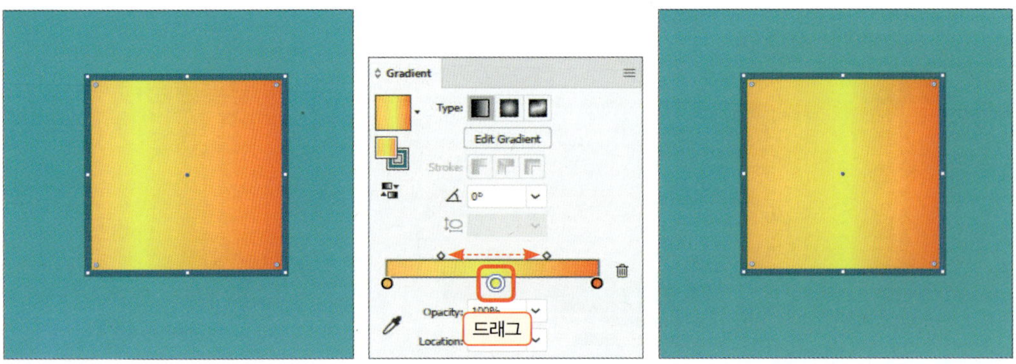

06 그레이디언트 색상의 불투명도 조절하기 슬라이더 아이콘을 선택하고 Opacity 값을 변경하여 불투명도를 조절할 수 있습니다. 수치가 0%에 가까울수록 투명해지고 100%에 가까울수록 불투명해집니다.

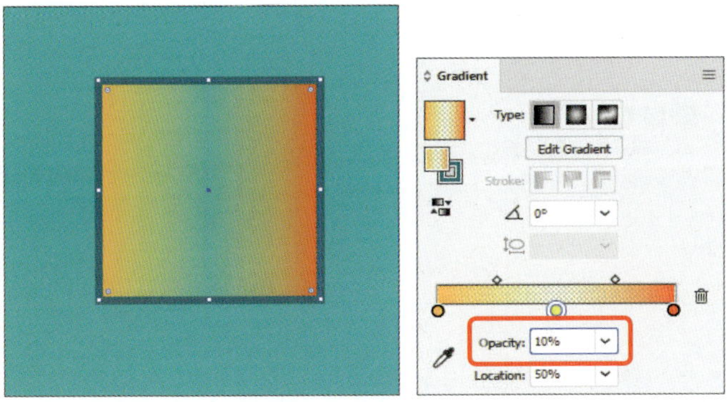

07 그레이디언트 색상 비율 조절하기 슬라이더 상단의 다이아몬드 모양를 좌우로 드래그하여 색상과 색상 사이의 그레이디언트 비율을 조절할 수 있습니다.

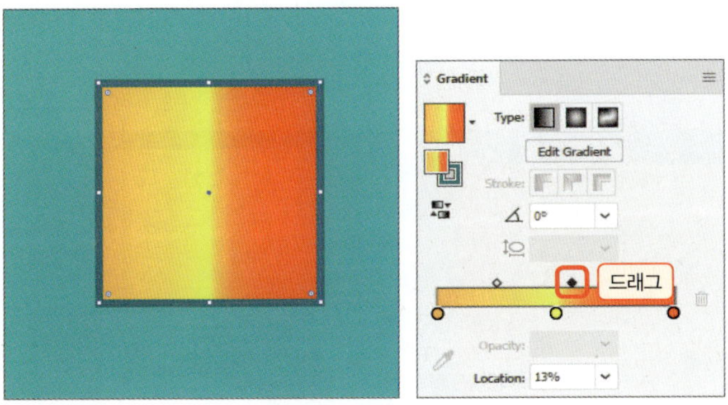

08 그레이디언트 각도 조절하기 그레이디언트 패널의 각도에 값을 입력하여 그레이디언트의 기울기를 조절할 수 있습니다.

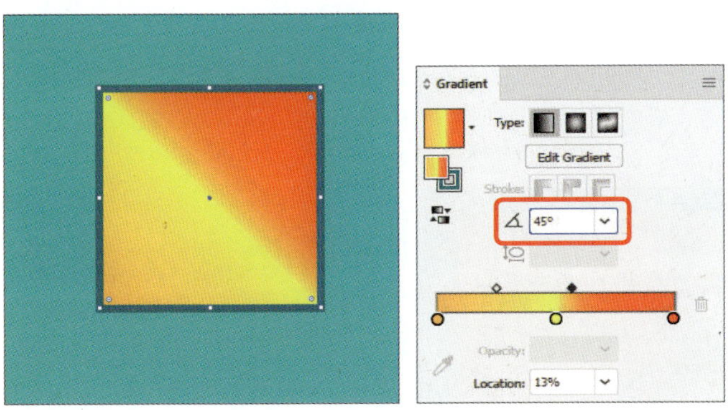

09 그레이디언트 조절 바 보기 그레이디언트 패널의 〈Edit Gradient〉 또는 스포이트 아이콘( )을 클릭하면 사각형 내부에 그레이디언트 조절 바가 나타납니다.

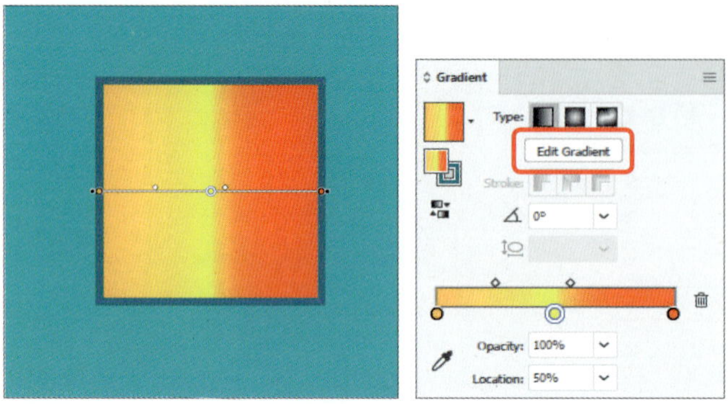

Tip 툴 박스의 그레이디언트 툴( )을 클릭해도 사각형 내부에 그레이디언트 조절 바가 나타납니다.

10 조절 바에서 슬라이더 아이콘 추가하기 그레이디언트 조절 바에 마우스 포인터를 가져가면 마우스 포인터가 모양으로 바뀝니다. 이때 클릭하여 슬라이더 아이콘을 추가합니다. 추가된 슬라이더 아이콘을 더블클릭하면 색상을 변경할 수 있습니다.

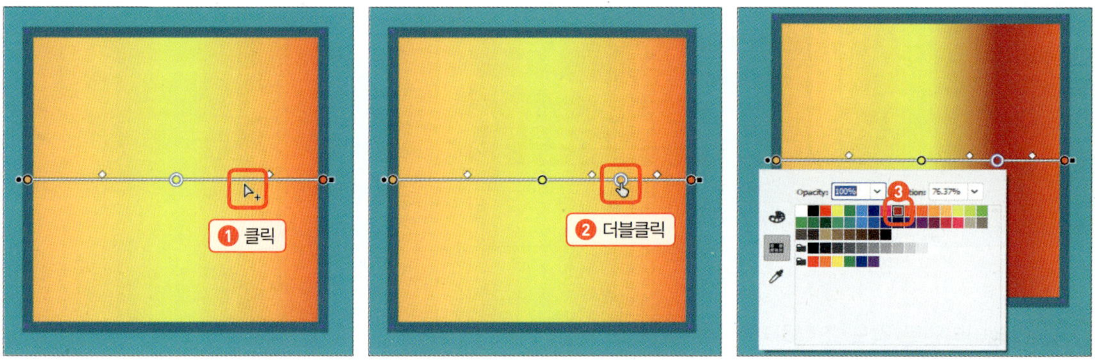

11 조절 바에서 그레이디언트 크기 변경하기 그레이디언트 조절 바의 오른쪽 가장자리에 마우스 포인터를 가져가면 마우스 포인터가 모양으로 바뀝니다. 그 상태에서 드래그하여 그레이디언트가 적용되는 범위의 너비를 조절합니다.

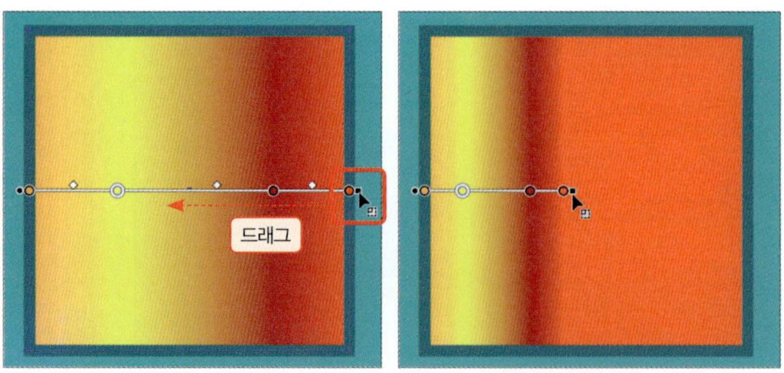

12 조절 바에서 그레이디언트 위치 변경하기 그레이디언트 조절 바의 왼쪽 가장자리 검은 점에 마우스 포인터를 가져가면 마우스 포인터가 [▶] 모양으로 바뀝니다. 이때 드래그하여 그레이디언트의 위치를 변경할 수 있습니다. 마우스에서 손가락을 떼면 드래그할 때 나타났던 점선의 하단에 그레이디언트 조절 바가 위치합니다.

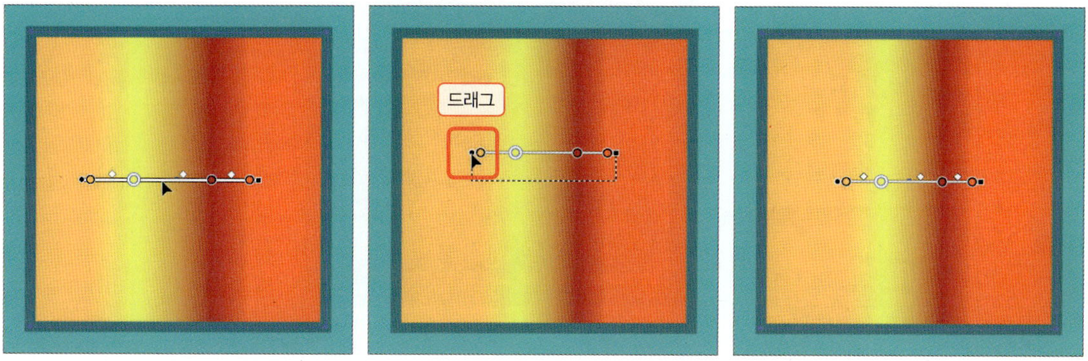

13 조절 바에서 그레이디언트 회전시키기 그레이디언트 조절 바의 오른쪽 가장자리에 마우스 포인터를 가져가면 마우스 포인터가 [⟳] 모양으로 바뀝니다. 이때 드래그하여 그레이디언트의 각도를 변경합니다. 마찬가지로 마우스에서 손가락을 떼면 드래그할 때 나타났던 점선의 하단에 그레이디언트 조절 바가 위치합니다.

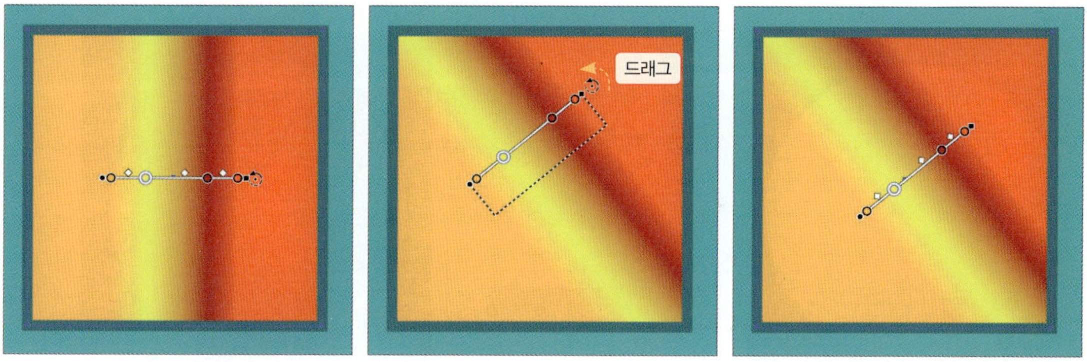

14 그레이디언트 툴([■])로 조절 바의 위치를 옮기거나 길이를 조정하거나 회전시켜 그레이디언트의 크기와 방향을 자유자재로 변경해 봅니다.

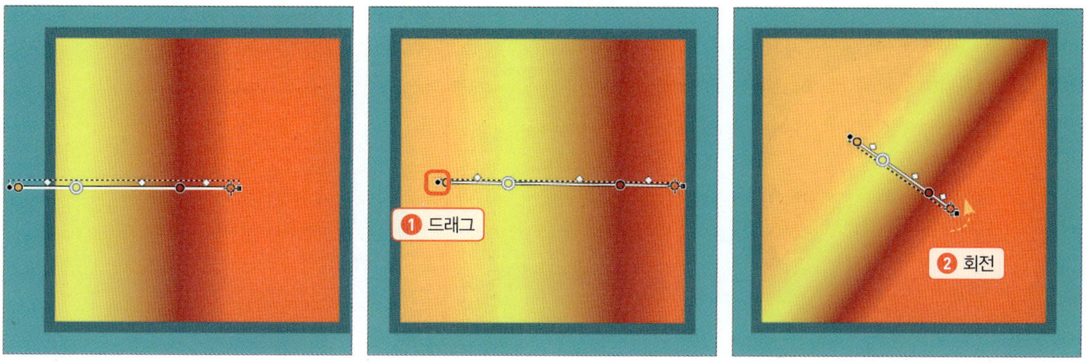

15 선 영역에 그레이디언트 적용하기 툴 박스에서 면 색과 선 색을 반전시키면 그레이디언트 패널의 면 색과 선 색도 같이 반전되면서 도형의 선 영역에 그레이디언트가 적용됩니다.

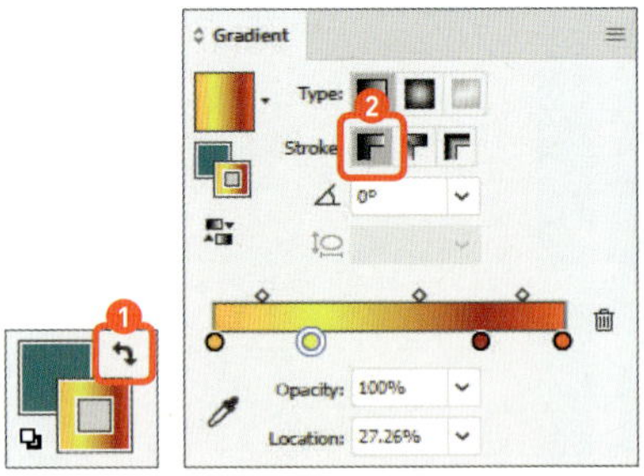

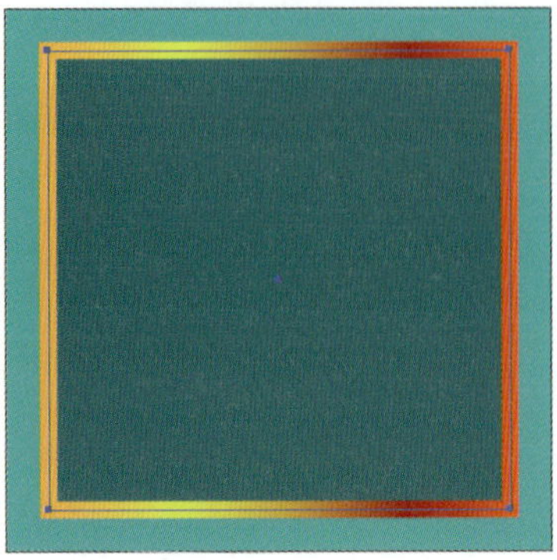

원형 그레이디언트 적용하기

01 원형 그레이디언트 적용하기 Chapter_14 ▸ Section_02 ▸ radial.ai 파일을 불러옵니다. 원형 툴(◎)을 선택하고 Alt + Shift 를 누른 채 드래그하여 정원을 그린 후 그레이디언트 패널에서 Type을 Radial로 설정해 원형 그레이디언트를 적용합니다. 그레이디언트 슬라이더의 색상도 자유롭게 변경합니다.

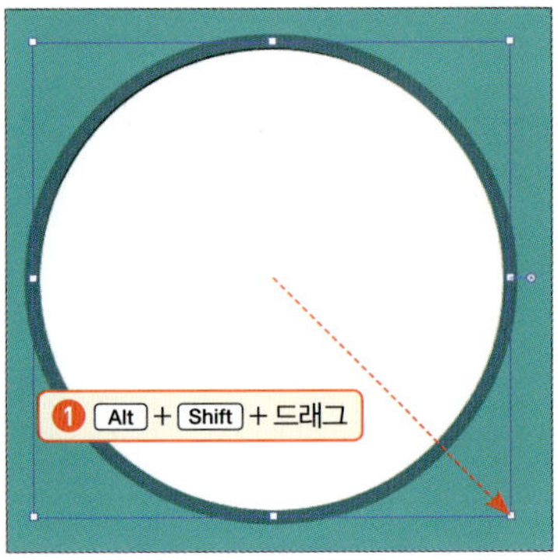

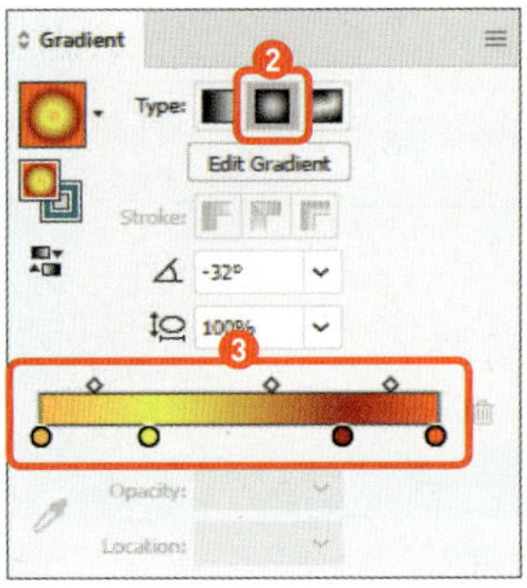

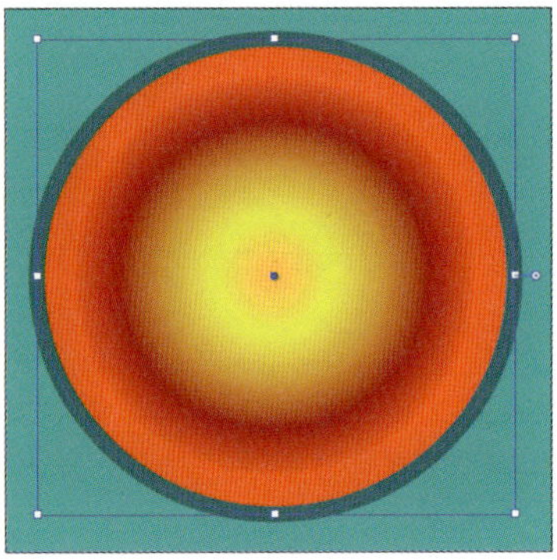

02 그레이디언트 조절 바 보기 그레이디언트 패널에서 〈Edit Gradient〉를 클릭하거나 그레이디언트 툴(■)을 선택합니다. 정원 내부에 그레이디언트 조절 바가 나타납니다.

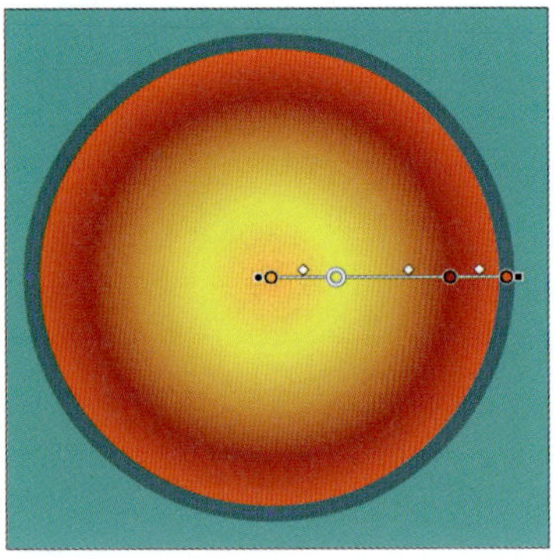

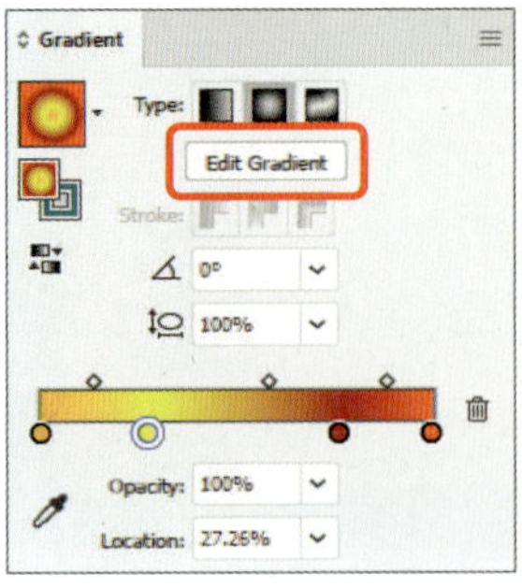

03 그레이디언트 크기 조절하기 그레이디언트 조절 바의 오른쪽 가장자리에 마우스 포인터를 가져가면 마우스 포인터가 모양으로 바뀝니다. 이때 드래그하여 그레이디언트의 크기를 조절합니다. 점선 가운데 ◎ 표시를 안쪽 또는 바깥쪽으로 드래그해도 그레이디언트의 크기를 조절할 수 있습니다.

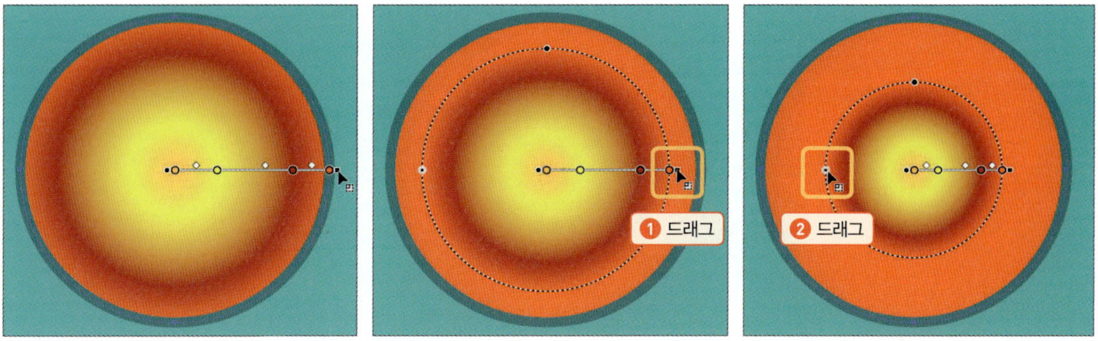

04 그레이디언트 위치 변경하기 그레이디언트 조절 바로 마우스 포인터를 가져가면 마우스 포인터가 모양으로 바뀝니다. 이때 드래그하여 그레이디언트의 위치를 변경합니다. 반면 그레이디언트 조절 바의 왼쪽 가장자리에 마우스를 가져가면 포인터가 모양으로 바뀌는데, 이때 드래그하면 그레이디언트가 적용되는 점선 내부의 그레이디언트 중심 위치를 변경할 수 있습니다.

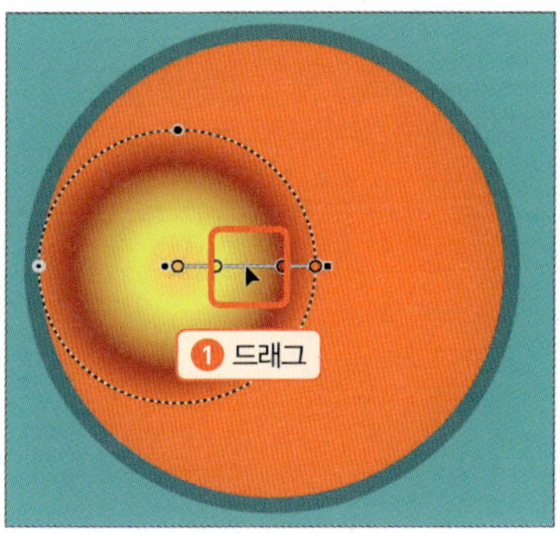

■ 그레이디언트 위치 변경

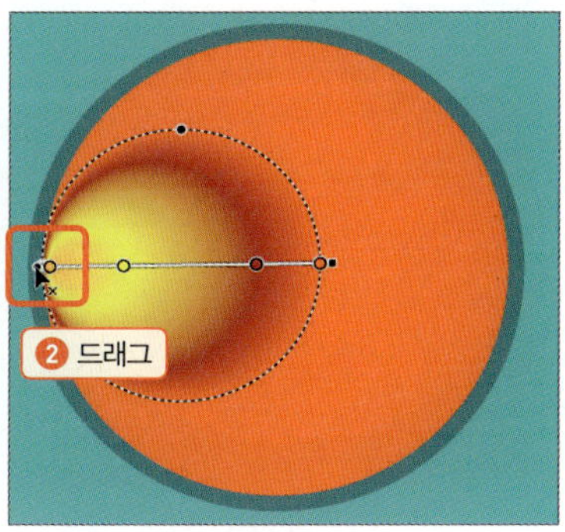

■ 그레이디언트 중심 옮기기

05 타원형 그레이디언트 만들기 마우스 포인터를 점선 상단의 ● 표시로 가져가면 마우스 포인터가 모양으로 바뀝니다. 이때 아래로 드래그하여 타원형의 그레이디언트를 만듭니다.

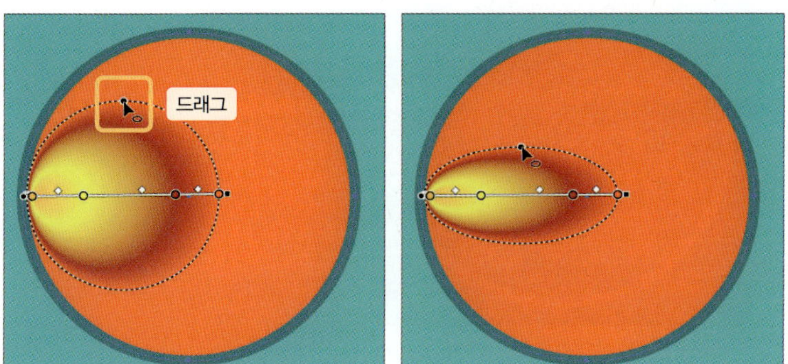

06 그레이디언트 회전시키기 마우스 포인터를 그레이디언트 가장자리의 점선으로 가져가면 마우스 포인터가 [⟲] 모양으로 바뀝니다. 이때 드래그하면 점선이 회전하면서 그레이디언트 방향이 바뀝니다. 반면 그레이디언트 오른쪽 가장자리 부분을 클릭한 후 드래그하면 점선의 형태는 유지된 채 내부 그레이디언트만 회전합니다.

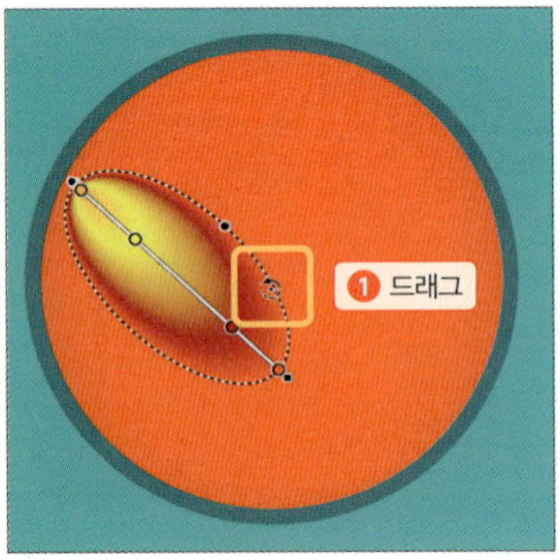

■ 점선과 그레이디언트 회전

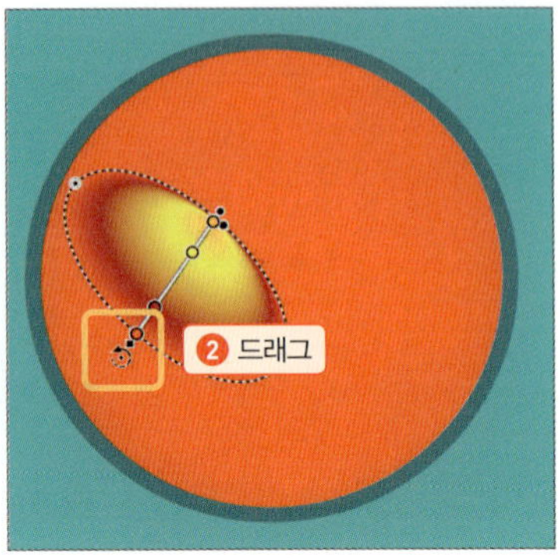

■ 그레이디언트만 회전

07 그레이디언트 툴(■)로 조절 바의 위치를 옮기거나 길이를 조정하여 그레이디언트의 크기와 방향을 자유자재로 변경해 봅니다.

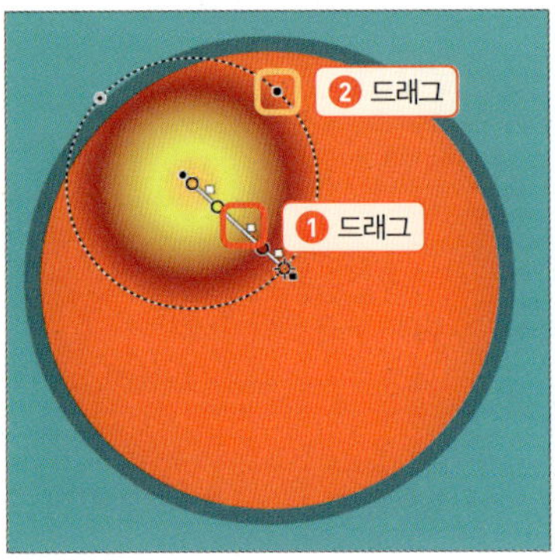

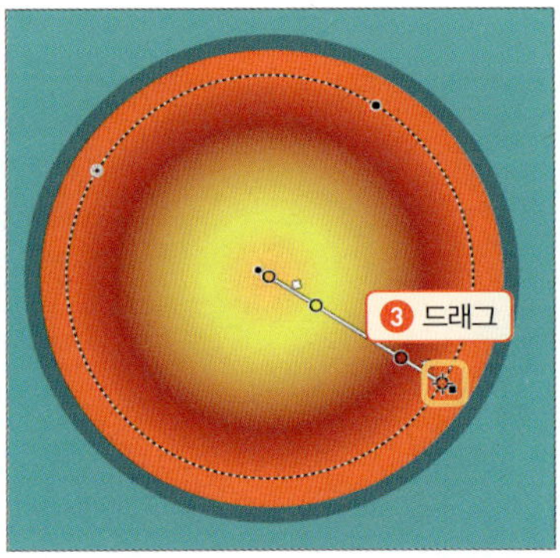

08 선 영역에 그레이디언트 적용하기 툴 박스에서 면 색과 선 색을 반전시키면 그레이디언트 패널의 면 색과 선 색도 같이 반전되면서 도형의 선 영역에 그레이디언트가 적용됩니다.

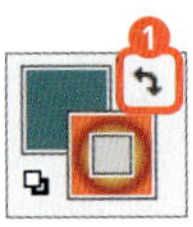

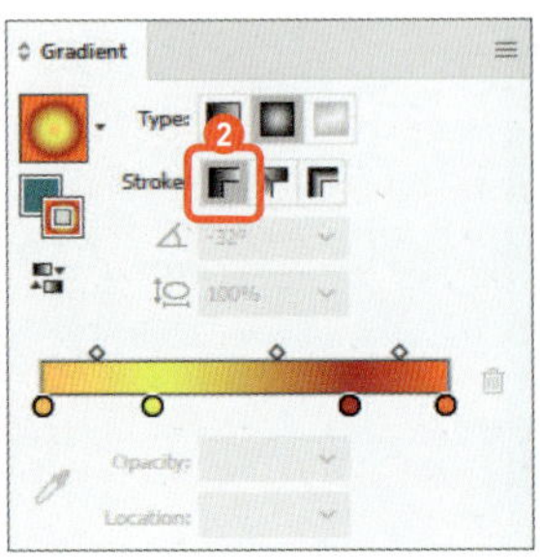

Tip 그레이디언트 패널의 섬네일 하단에 있는 색상 반전( )을 클릭하면 그레이디언트에 적용된 색상의 순서가 바뀝니다.

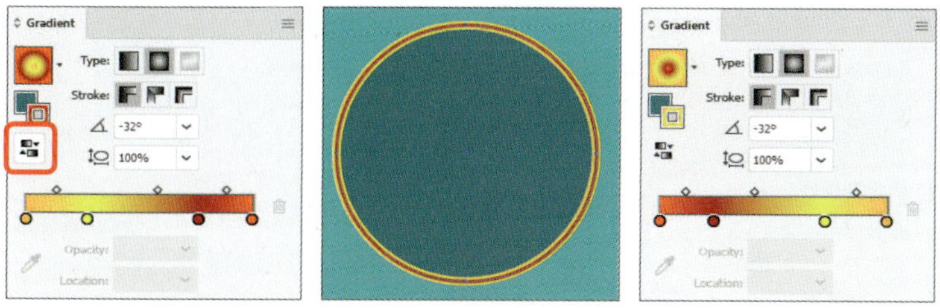

프리폼 그레이디언트 적용하기

01 프리폼 그레이디언트 적용하기 Chapter_14 ▸ Section_02 ▸ freeform.ai 파일을 불러온 후 선택 툴( )로 하트를 선택합니다. 그레이디언트 패널에서 Type을 Freeform으로 설정하면 자동으로 오브젝트 내부에 컬러 스톱이 생성되면서 색상이 변경됩니다.

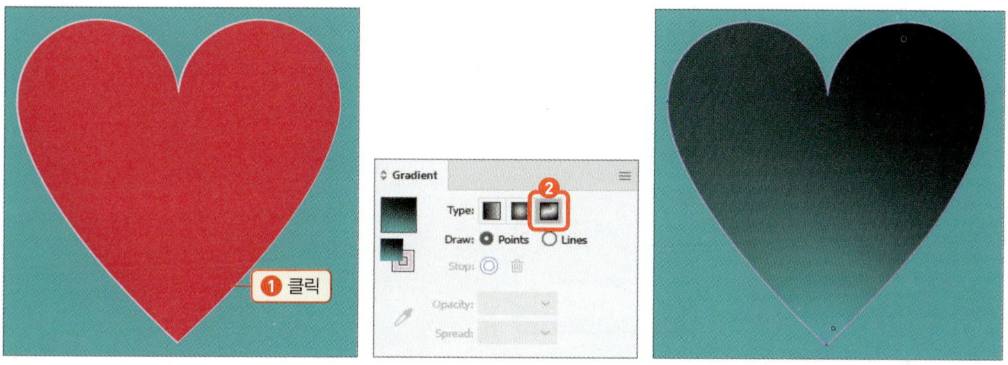

Tip 오브젝트 내부에 컬러 스톱의 개수나 색상은 자동으로 변경되므로 오브젝트에 따라 다르게 적용될 수 있습니다.

02 프리폼 그레이디언트 색상과 범위 변경하기 하트 오른쪽 상단에 있는 컬러 스톱을 더블클릭하여 색상 견본이 뜨면 원하는 색상을 선택한 후 화면의 빈 곳을 클릭합니다. 다시 마우스 포인터를 컬러 스톱으로 가져가 점선이 나타나면 ◎ 표시를 바깥쪽으로 드래그하여 색상의 적용 영역을 넓힙니다.

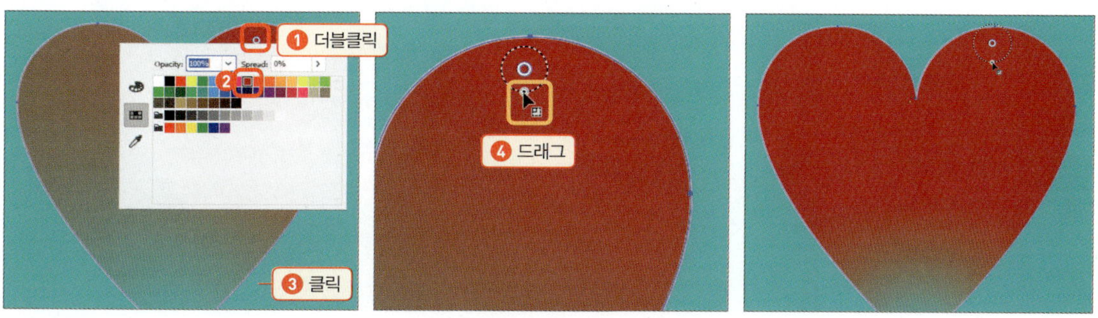

Tip 컬러 스톱이 선택된 상태에서 그레이디언트 패널의 Spread 값을 변경하여 색상 범위를 넓힐 수도 있습니다.

03 컬러 스톱 옮기기 하트 하단의 컬러 스톱을 선택한 후 살짝 위로 드래그합니다. 그레이디언트가 적용되는 위치가 변경됩니다. 옮긴 컬러 스톱을 더블클릭하여 색상을 변경합니다.

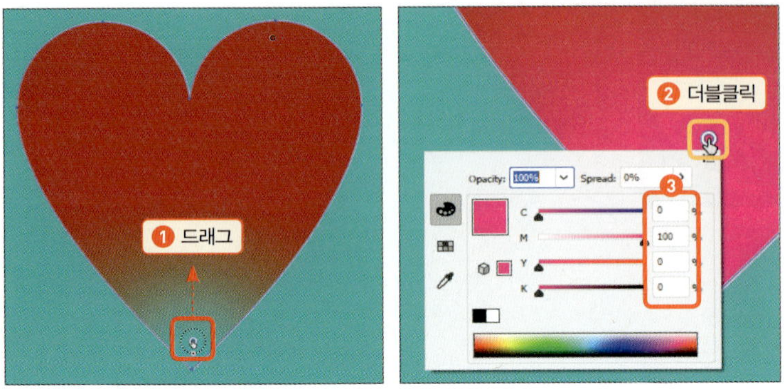

04 컬러 스톱 추가하기 마우스 포인터를 컬러 스톱이 없는 곳으로 옮기면 마우스 포인터가 ⌗ 모양으로 바뀝니다. 이때 클릭해 컬러 스톱을 추가하고 추가된 컬러 스톱을 더블클릭하여 색상을 변경합니다.

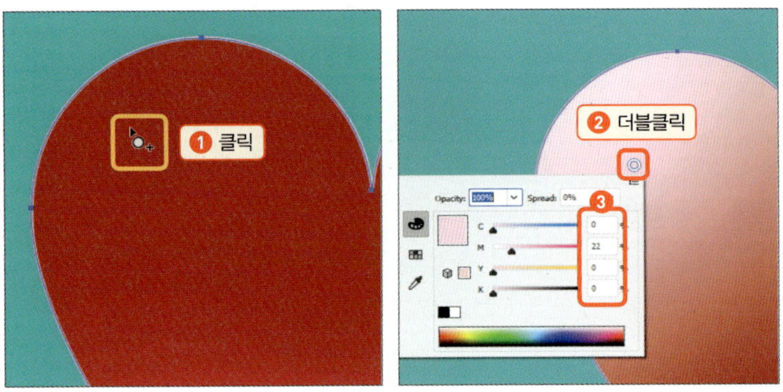

05 프리폼 그레이디언트 선 추가하기 그레이디언트 패널에서 Draw를 Lines로 선택하고 오브젝트를 클릭하면 컬러 스톱이 추가되면서 선이 마우스 포인터를 따라 다닙니다. 다음 지점을 클릭해 봅니다. 곡률 툴로 선을 그리는 것처럼 다음 포인트를 지지하는 곡선이 그려집니다.

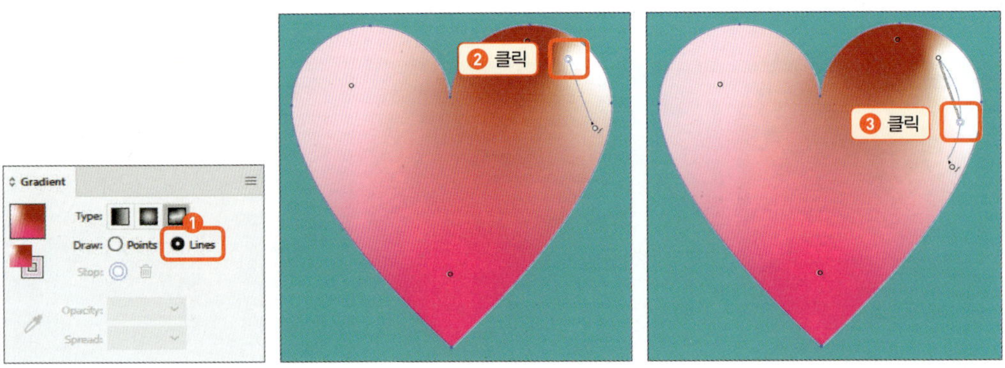

06 프리폼 그레이디언트 선 종료하고 색상 변경하기 원하는 지점까지 클릭하여 선을 연결한 후 Ctrl 을 눌러 라인 옵션의 사용을 종료합니다. 선을 연결하는 지점에 있는 컬러 스톱을 더블클릭하여 색상을 변경합니다.

Tip 오브젝트의 바깥 영역을 클릭해도 라인 옵션의 사용이 종료됩니다. 선을 다시 연결하려면 Shift 를 누른 채 선의 가장자리에 있는 컬러 스톱을 클릭합니다.

07 프리폼 그레이디언트 선의 컬러 스톱 옮기기 방금 그린 선에서 두 번째 지점에 있는 컬러 스톱을 클릭하여 선택한 후 드래그하여 아래로 내립니다. 선 모양도 같이 바뀝니다.

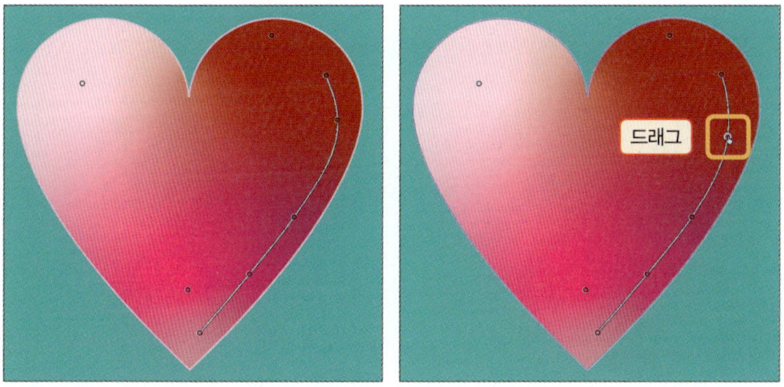

08 컬러 스톱 제거하기 하트 아래쪽에 있는 컬러 스톱을 화면 밖으로 드래그하여 제거합니다. 같은 방법으로 선의 마지막 지점에 있는 컬러 스톱도 드래그하여 제거합니다.

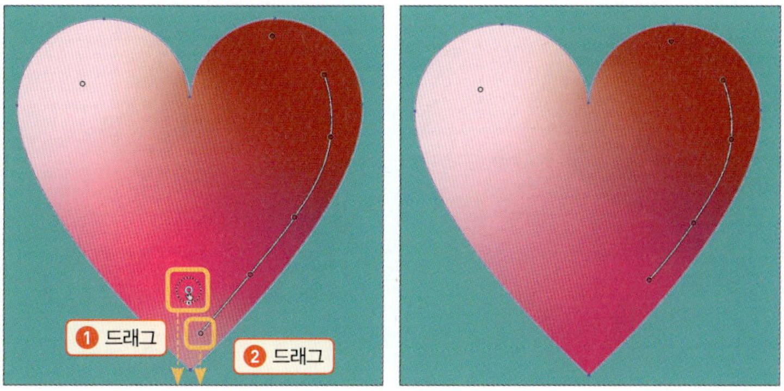

Tip 컬러 스톱이 선택된 상태에서 Delete 를 누르거나 그레이디언트 패널의 휴지통(🗑)을 클릭해도 제거됩니다.

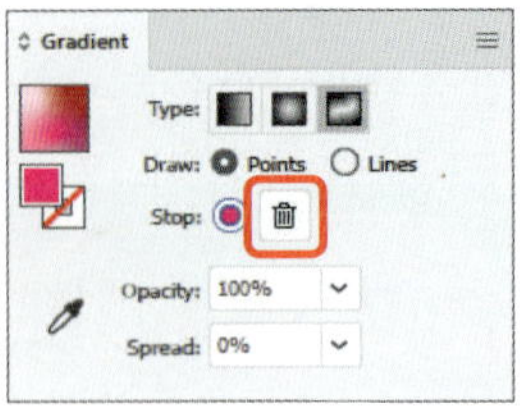

Tip **프리폼 그레이디언트의 라인 옵션 사용법**

01 Chapter_14 ▸ Section_02 ▸ freeform_use.ai 파일을 불러옵니다. 프리폼 그레이디언트 라인을 그릴 때 시작 지점으로 돌아가 클릭하면 패스가 닫히면서 라인 옵션의 사용이 종료됩니다.

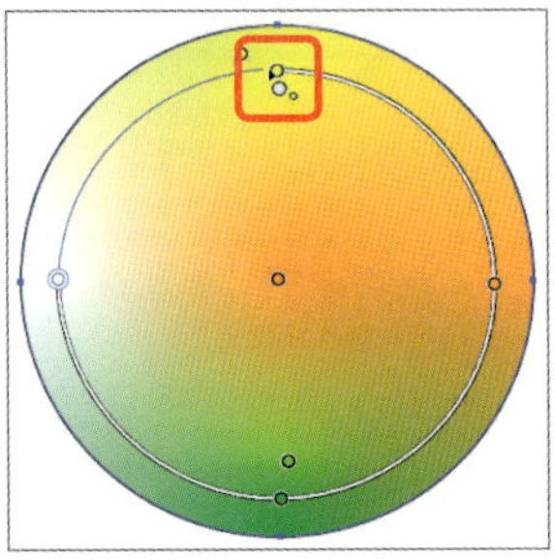

02 Alt 를 누른 채 컬러 스톱을 클릭하면 곡선이 직선으로 변경됩니다. 직선인 상태에서 Alt 를 누른 채 클릭하면 곡선으로 변경됩니다.

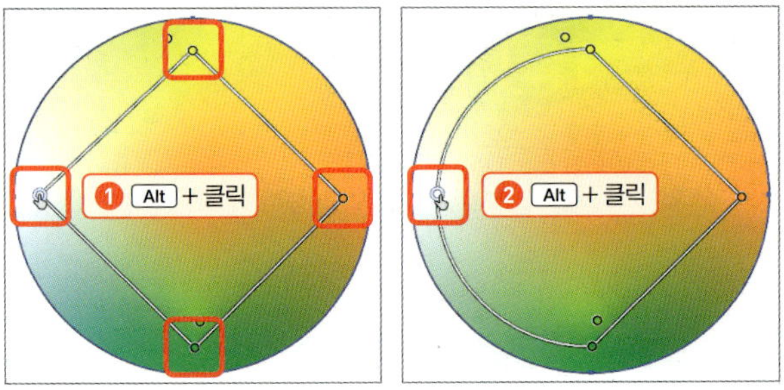

03 특정 부분만 곡선으로 변경하고 싶다면 선의 가운데 부분을 클릭하여 컬러 스톱을 추가한 후 컬러 스톱을 바깥으로 드래그합니다.

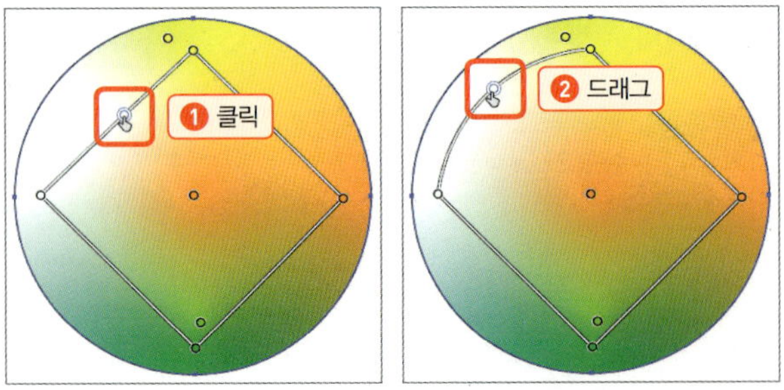

응용 예제 입체 로고 만들기

그레이디언트 패널을 이용해 리본 모양 입체 로고를 만들어 봅니다.

■ 완성 이미지

■ 응용 이미지

01 Chapter_14 ▸ Section_02 ▸ logo.ai 파일을 불러옵니다. 원형 툴(◎)을 선택하고 옵션 바에서 면 색을 색상 없음, 선 색을 검은색으로 설정합니다. 원형 툴(◎)로 Shift를 누른 채 드래그하여 정원을 그립니다. 선택 툴(▶)로 Alt를 누른 채 오른쪽으로 드래그하여 원을 복제합니다.

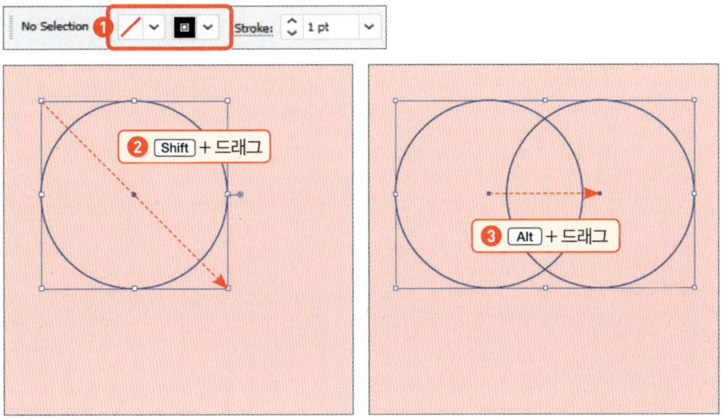

02 선택 툴(▶)로 오른쪽의 정원을 선택하고 Alt 를 누른 채 아래로 드래그하여 원 3개를 다음과 같이 배치합니다. 다시 아래쪽 원을 선택하고 Alt 를 누른 채 위로 드래그하여 중앙에 원을 복제합니다.

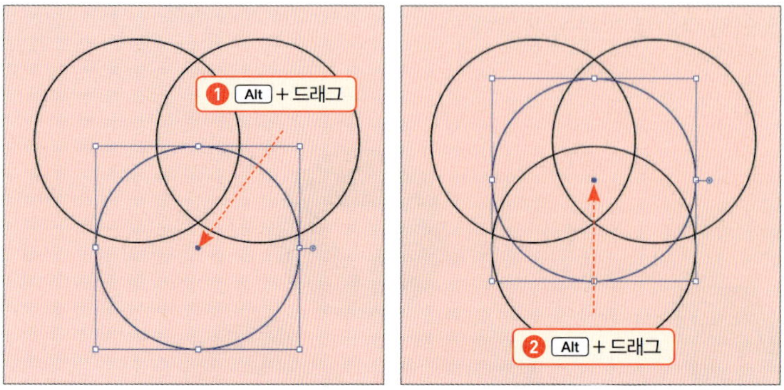

03 선택 툴(▶)로 전체 오브젝트가 모두 선택되도록 드래그한 후 셰이프 빌더 툴( )로 다음과 같이 원이 겹치는 부분을 드래그하여 합칩니다.

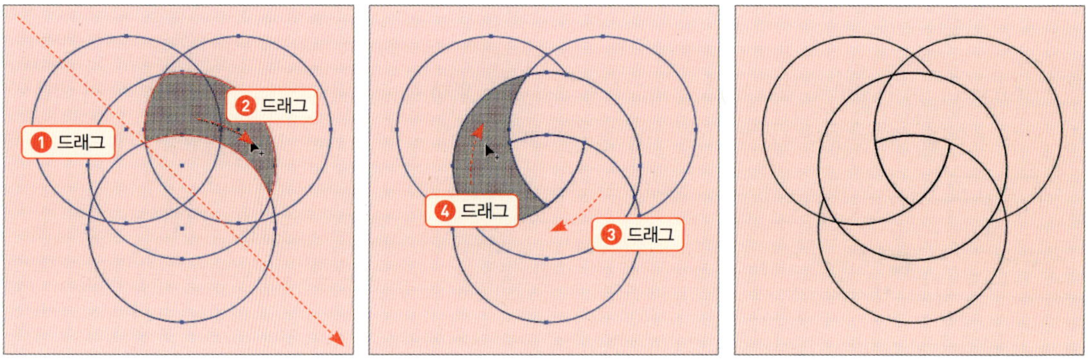

04 선택 툴(▶)로 Shift 를 누른 채 오른쪽의 바깥쪽 원, 왼쪽 원, 아래쪽 원을 클릭하여 선택한 후 Delete 를 눌러 삭제합니다.

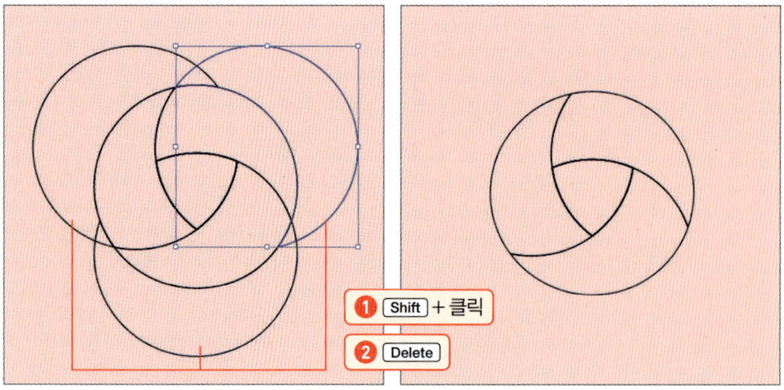

05 선택 툴(▶)로 오른쪽 면을 클릭하여 선택한 후 그레이디언트 패널의 섬네일을 클릭하여 그레이디언트를 적용합니다.

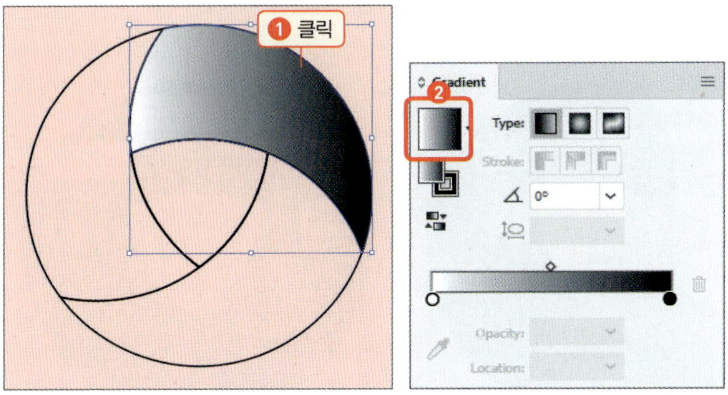

06 그레이디언트 패널의 왼쪽 슬라이더 아이콘을 더블클릭하여 색상을 C=100, M=100, Y=0, K=0으로 변경합니다. 오른쪽 슬라이더 아이콘도 더블클릭하여 색상을 C=100, M=0, Y=0, K=0으로 변경합니다.

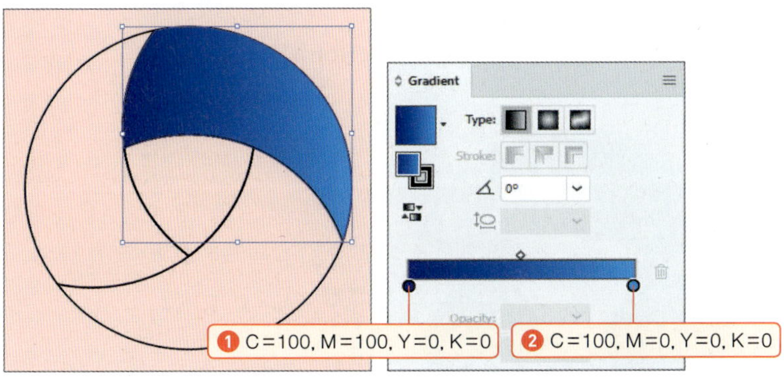

07 그레이디언트 툴(■)을 선택하고 마우스 포인터를 조절 바의 오른쪽 끝 부분에서 살짝 벗어나도록 가져갑니다. 마우스 포인터가 회전 모양으로 바뀌면 아래로 드래그하여 그레이디언트 방향을 변경합니다.

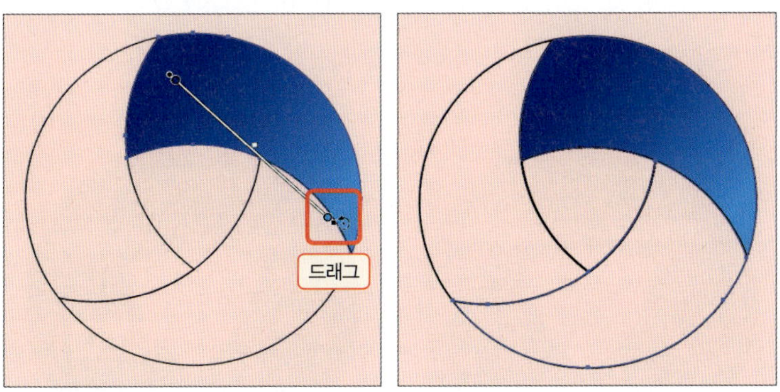

08 선택 툴( )로 아래쪽 면을 선택하고 스포이트 툴( )로 그레이디언트가 적용된 오른쪽 면을 클릭하여 그레이디언트를 복제합니다. 그레이디언트 툴( )로 아래쪽 면의 조절 바를 위로 드래그하여 그레이디언트 방향을 변경합니다. 왼쪽 면도 같은 방법으로 그레이디언트를 적용하고 조절 바를 위로 드래그합니다.

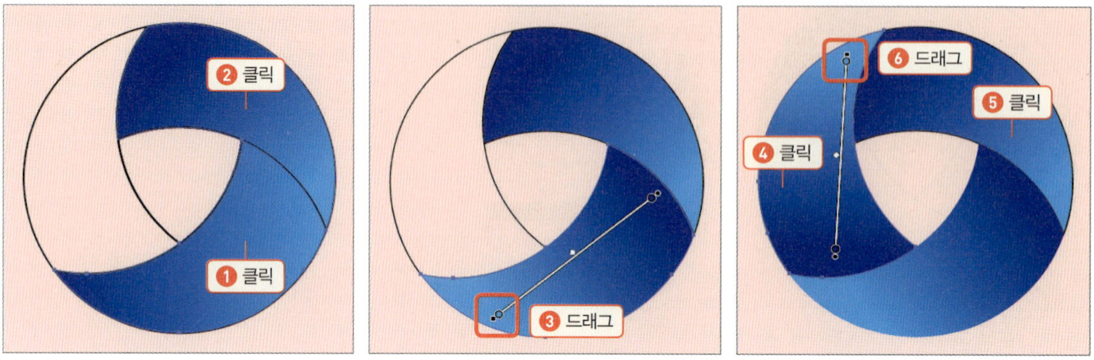

09 선택 툴( )로 전체 오브젝트가 모두 선택되도록 드래그한 후 옵션 바에서 선 색을 색상 없음으로 변경합니다. 그레이디언트가 적용된 상태로도 좋지만 다양한 색상으로 프리폼 그레이디언트를 적용해 봅니다. 선택 툴( )로 오른쪽 면을 클릭하여 선택한 후 그레이디언트 패널에서 Type을 Freeform으로 설정합니다.

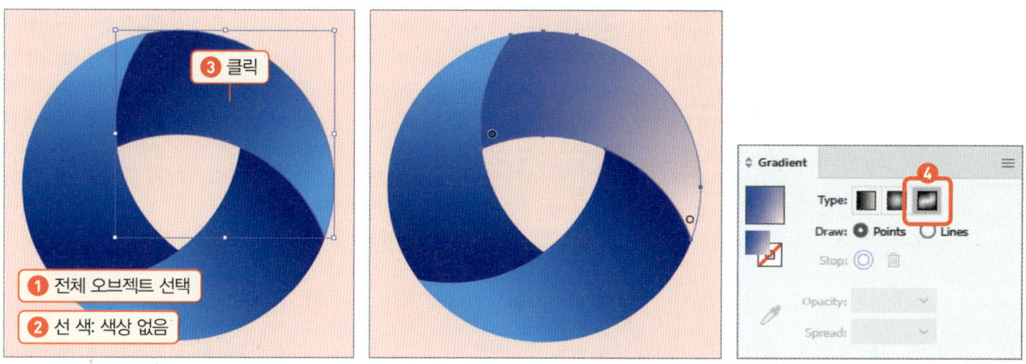

10 오른쪽 면의 상단에 있는 컬러 스톱을 클릭하여 선택하고 그레이디언트 패널의 스포이트를 클릭한 후 아래쪽 면의 남색 부분을 클릭합니다. 나머지 컬러 스톱도 같은 방법으로 색상을 하늘색으로 변경합니다.

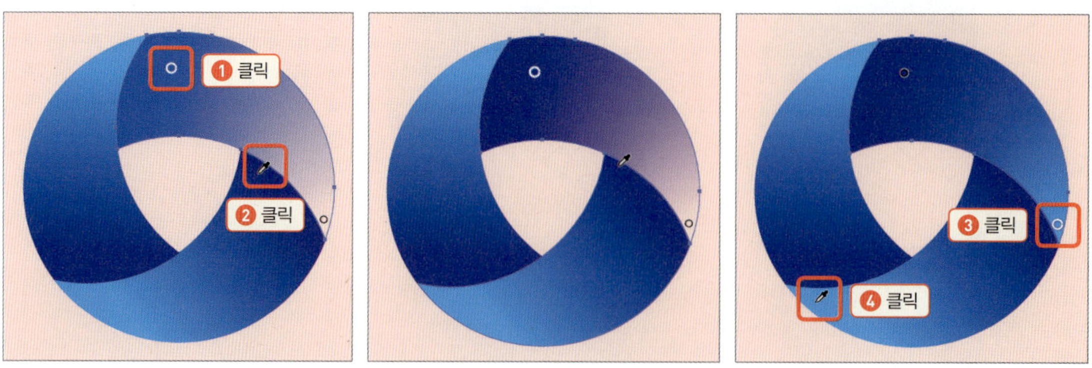

11 그레이디언트 패널의 스포이트를 클릭하여 선택을 해제합니다. 컬러 스톱이 없는 가운데 부분을 클릭하여 컬러 스톱을 생성한 후 더블클릭하여 색상을 우윳빛 연두색(C=35, M=0, Y=46, K=0)으로 변경합니다.

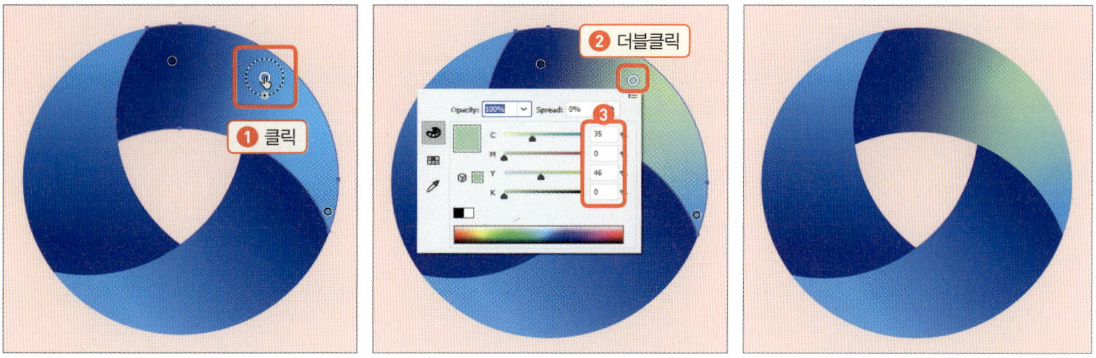

12 같은 방법으로 아래쪽 면과 왼쪽 면에도 컬러 스톱이 없는 부분을 클릭하여 컬러 스톱을 생성한 후 더블클릭하여 색상을 우윳빛 연두색(C=35, M=0, Y=46, K=0)으로 변경합니다.

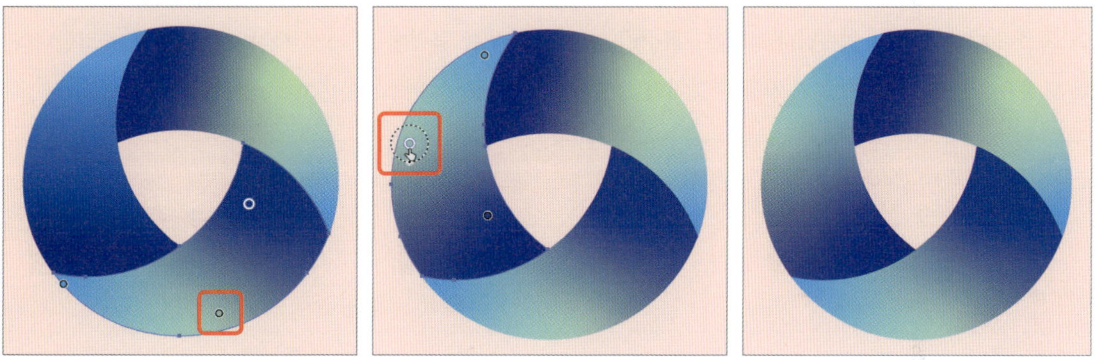

SECTION 03

오브젝트의 형태와 색상 연결하기

• **핵심 기능 |** 블렌드 툴(단축키 W)

블렌드 툴의 기능 익히기

블렌드 툴()을 이용하면 두 도형의 형태와 색상을 자연스럽게 연결한 블렌드 이미지를 만들 수 있습니다.

01 두 도형 연결하기 Chapter_14 ▸ Section_03 ▸ blend.ai 파일을 불러옵니다. 맨 밑에 외곽선이 없고 형태와 색상이 다른 도형이 있습니다. 블렌드 툴()로 원의 내부를 클릭한 후 다시 사각형의 내부를 클릭합니다. 두 도형 사이가 그레이디언트가 적용된 것처럼 색상이 채워지면서 자연스러운 형태로 연결됩니다.

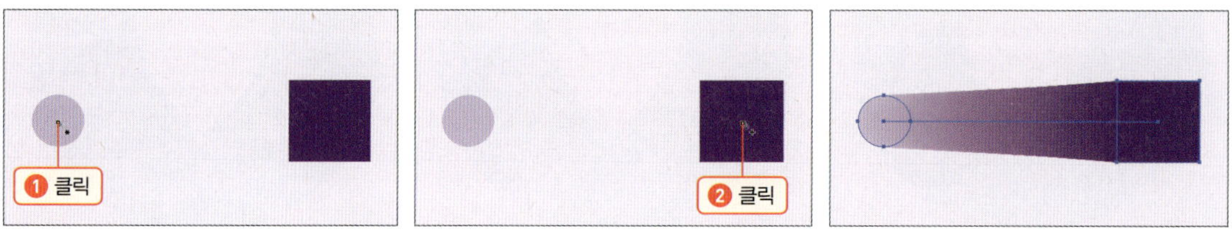

Tip 도형의 외곽선에 색상이 지정되어 있다면 다음과 같이 색의 변화를 알아보기가 어렵습니다.

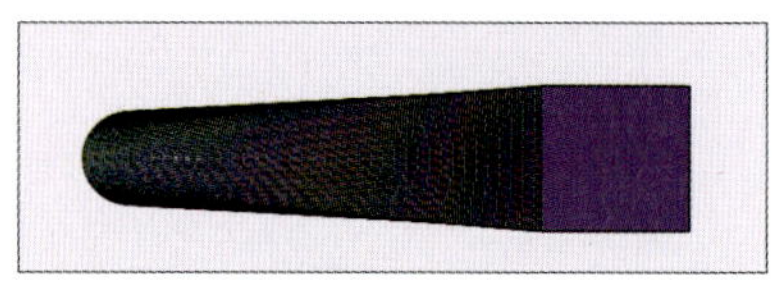

02 블렌드 단계 지정하기 블렌드가 적용된 오브젝트가 선택된 상태로 블렌드 툴()을 더블클릭합니다. 옵션 창에서 Spacing의 Specified Steps를 10으로 변경하고 〈OK〉를 클릭합니다. 오브젝트와 오브젝트 사이에 방금 입력한 값(10)만큼 오브젝트가 생성됩니다.

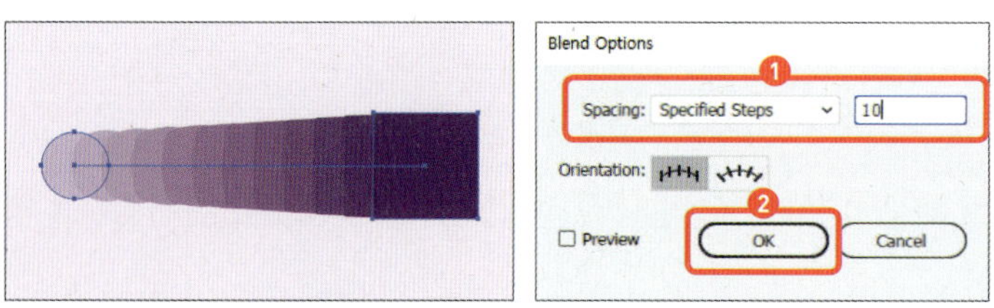

Tip 블렌드 툴( )을 처음으로 실행하면 오브젝트와 오브젝트 사이에 Smooth Color가 적용되어 01 단계와 같이 그레이디언트가 적용된 것처럼 색상이 연결됩니다.

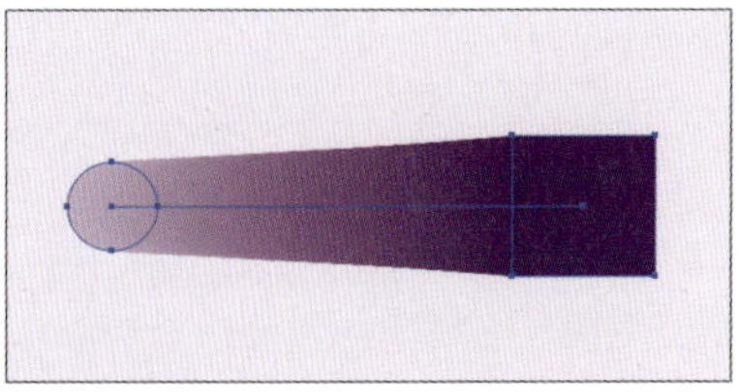

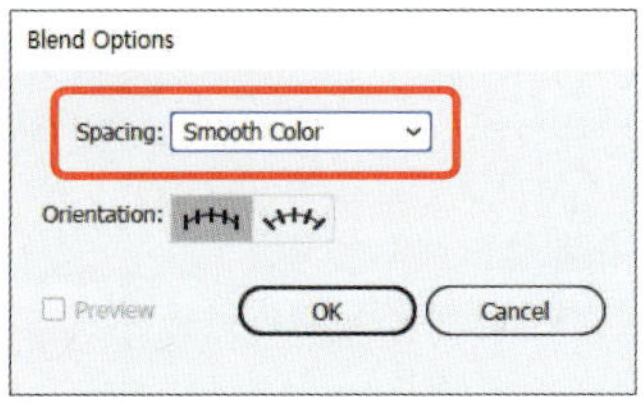

03 블렌드 간격 지정하기 블렌드가 적용된 오브젝트가 선택된 상태에서 다시 블렌드 툴( )을 더블클릭합니다. 옵션 창에서 Spacing의 Specified Distance를 30mm로 변경하고 〈OK〉를 클릭합니다. 오브젝트와 오브젝트 사이에 30mm 간격으로 오브젝트가 생성됩니다.

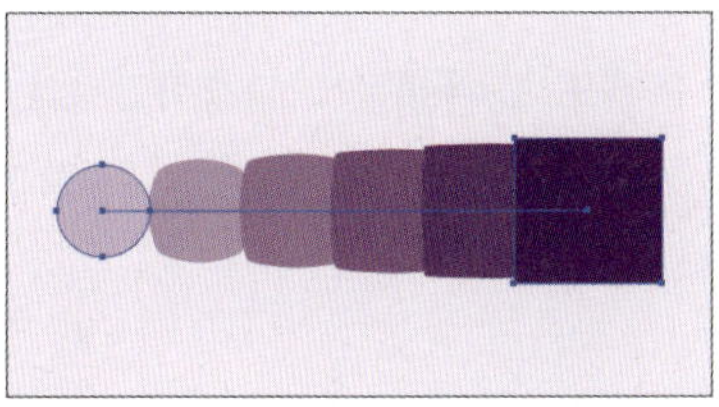

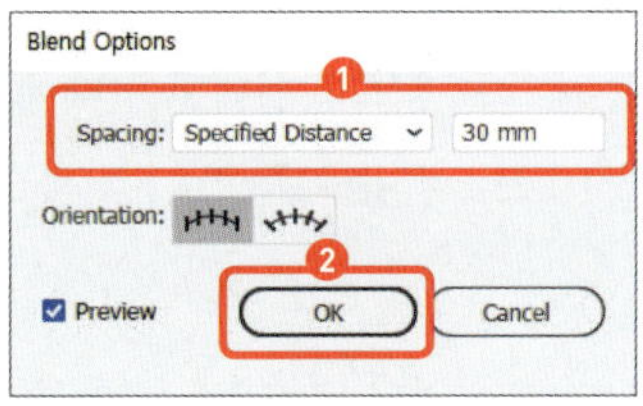

04 다음 실습을 위해 작업 화면의 바깥을 클릭하여 선택을 해제합니다. 블렌드 툴( )을 더블클릭하여 옵션 창을 열고 Spacing을 Smooth Color로 선택한 후 〈OK〉를 클릭합니다.

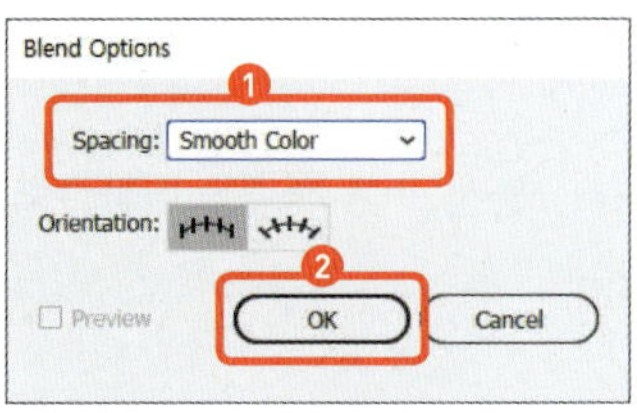

05 두 도형 연결하기 블렌드 툴( )을 선택하고 마우스 포인터를 오각형의 왼쪽 지점으로 가져갑니다. 마우스 포인터가 모양으로 바뀌면 색상이 채워졌다는 뜻이므로 그 지점을 그대로 클릭합니다. 다시 마우스 포인터를 오른쪽 원의 왼쪽 지점으로 가져갑니다. 마우스 포인터가 모양으로 바뀌면 그 지점을 클릭합니다. 두 오브젝트에서 클릭한 지점의 색이 섞이면서 자연스럽게 연결됩니다.

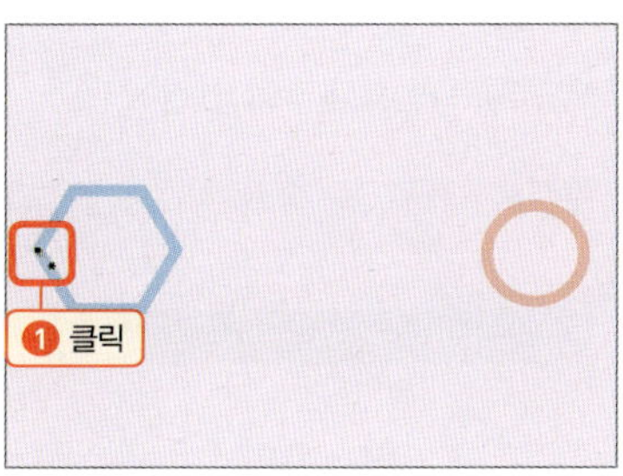

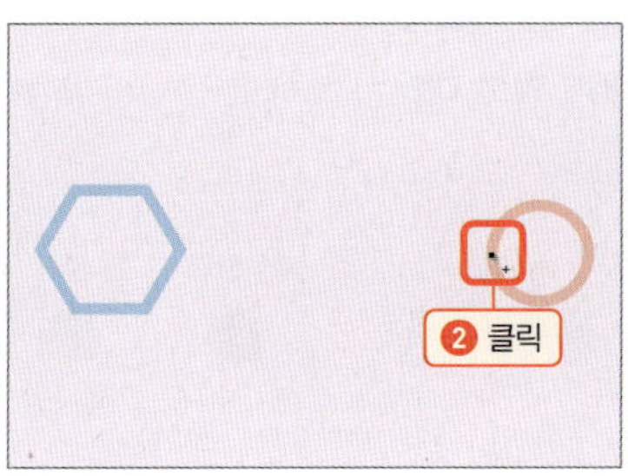

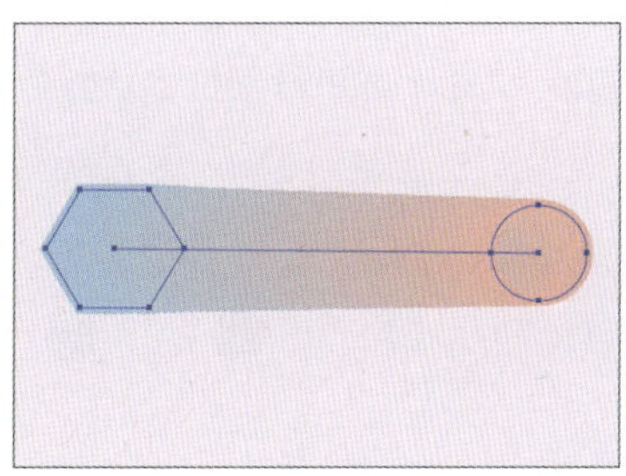

06 연결 형태 다르게 하기 Ctrl+Z를 눌러 이전 상태로 되돌린 후 블렌드 툴( )로 오각형의 왼쪽 지점을 클릭합니다. 그다음에는 원의 왼쪽이 아닌 위쪽을 클릭합니다. 두 오브젝트 사이에 색이 채워지는 형태가 05 단계와 다른 것을 알 수 있습니다.

07 블렌드 간격 지정하기 블렌드가 적용된 오브젝트가 선택된 상태에서 블렌드 툴( )을 더블클릭합니다. 옵션 창에서 Spacing의 Specified Steps를 10으로 변경하고 〈OK〉를 클릭합니다. 오브젝트와 오브젝트 사이에 10mm 간격으로 오브젝트가 생성됩니다.

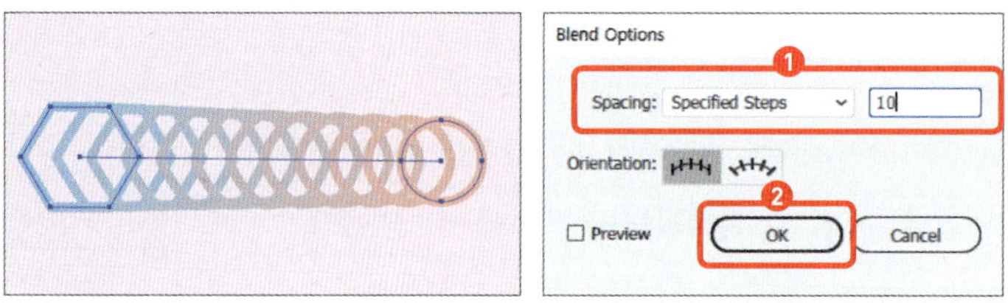

08 다음 실습을 위해 작업 화면의 바깥을 클릭하여 오브젝트 선택을 해제합니다. 블렌드 툴( )을 더블클릭하여 옵션 창을 열고 Spacing을 Smooth Color로 선택한 후 〈OK〉를 클릭합니다.

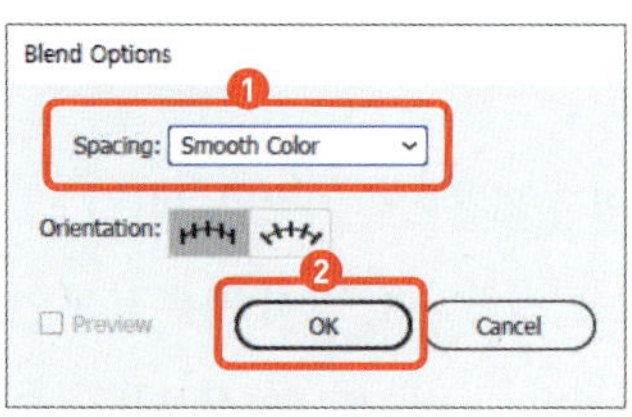

09 여러 오브젝트 연결하기 블렌드 툴( )로 첫 번째 원의 내부를 클릭하고 다시 두 번째 원의 내부를 클릭합니다. 이어서 세 번째 원의 내부와 네 번째 원의 내부를 차례로 클릭하면 여러 오브젝트가 블렌드로 연결됩니다.

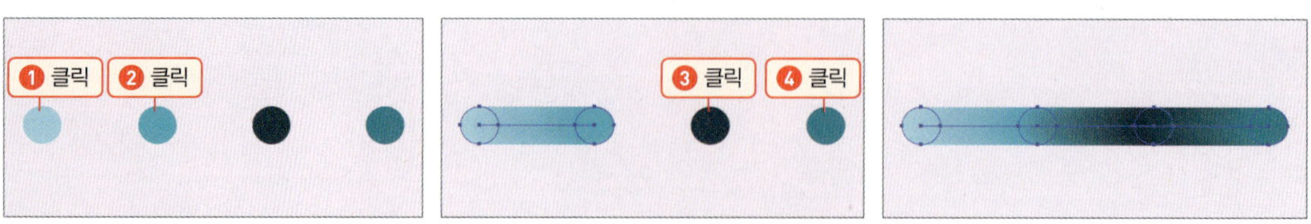

10 블렌드 내부의 패스 조절하기 직접 선택 툴(▷)로 블렌드 내부의 패스에 있는 앵커 포인트 하나를 클릭합니다. 클릭한 앵커 포인트는 드래그하여 옮길 수 있고 옵션 바의 곡선 변환 옵션을 클릭하여 직선을 곡선으로 변경할 수 있습니다.

11 두 선 연결하기 블렌드 툴(◙)로 왼쪽의 패스를 클릭한 후 다시 오른쪽의 패스를 클릭합니다. 두 패스가 자연스러운 색상으로 채워지면서 연결됩니다. 클릭한 오른쪽 패스의 앵커 포인트 위치에 따라 패스 사이를 연결하는 중간 단계의 형태가 달라집니다.

12 내부 창으로 이동하기 선택 툴(▶)로 블렌드된 오브젝트를 더블클릭하면 별도의 편집 모드 창으로 이동합니다. 여기에서는 원래 패스를 개별적으로 선택하여 크기, 위치, 색상 등을 조절할 수 있습니다. 편집 모드 창에서 빠져나올 때는 창의 상단 왼쪽에 있는 화살표(⇦)를 클릭합니다.

13 새 패스에 블렌드 적용하기 펜 툴(✒)로 자유롭게 패스를 그립니다. 선택 툴(▶)로 패스와 이미 만들어진 블렌드 오브젝트를 드래그하여 함께 선택한 후 메뉴 바에서 [Object]–[Blend]–[Replace Spine]을 선택합니다. 기존의 블렌드가 새 패스에 적용됩니다.

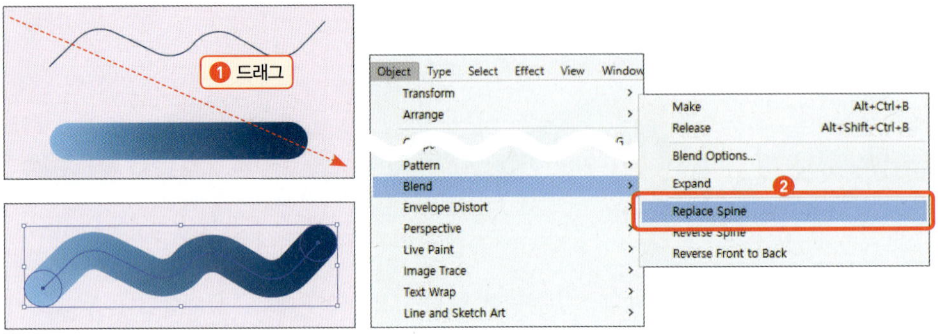

SECTION 04

패턴 적용하기

• **핵심 기능 |** 패턴 옵션, 패턴 라이브러리

패턴 생성하고 변경하기

01 패턴 요소 등록하기 Chapter_14 ▸ Section_04 ▸ pattern.ai 파일을 불러옵니다. 원형 툴(◎)을 선택하고 색상 패널에서 면 색을 C=6, M=22, Y=0, K=0, 선 색을 색상 없음으로 설정한 후 Alt + Shift 를 누른 채 드래그하여 정원을 그립니다. 선택 툴(▶)로 원을 선택하고 색상 견본 패널로 드래그하여 등록합니다.

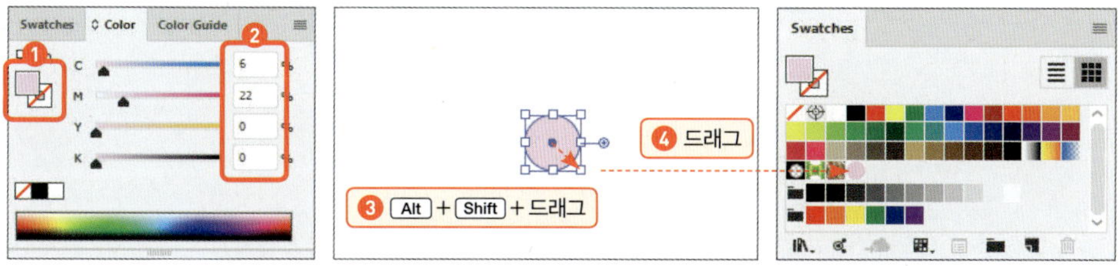

02 패턴으로 채우기 선택 툴(▶)로 원을 선택하고 Delete 를 눌러 삭제합니다. 사각형 툴(□)로 Alt + Shift 를 누른 채 드래그하여 정사각형을 그린 후 색상 견본 패널에서 방금 등록한 패턴을 클릭하여 사각형에 적용합니다.

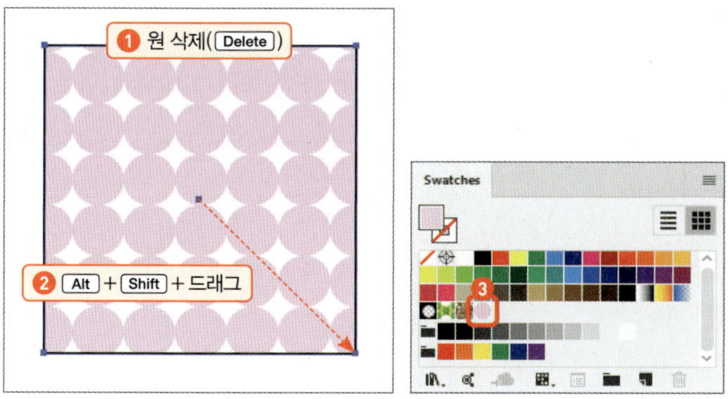

03 사각형 크기 조절하기 선택 툴(▶)로 사각형을 선택한 후 바운딩 박스를 드래그하여 크기를 조절합니다. 사각형을 축소하거나 확대해도 패턴의 위치와 크기가 고정됩니다.

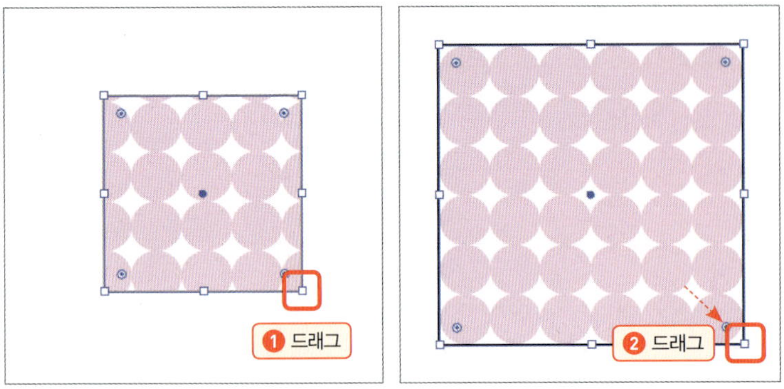

04 스케일 툴(▶)을 더블클릭한 후 옵션 창에서 Transform Patterns를 체크하고 〈OK〉를 클릭합니다. 다시 선택 툴(▶)로 사각형의 바운딩 박스를 드래그하여 크기를 조절합니다. 사각형이 확대되거나 축소되면 패턴 크기도 같은 비율로 확대되거나 축소됩니다. 단 패턴 위치는 고정되어 있습니다.

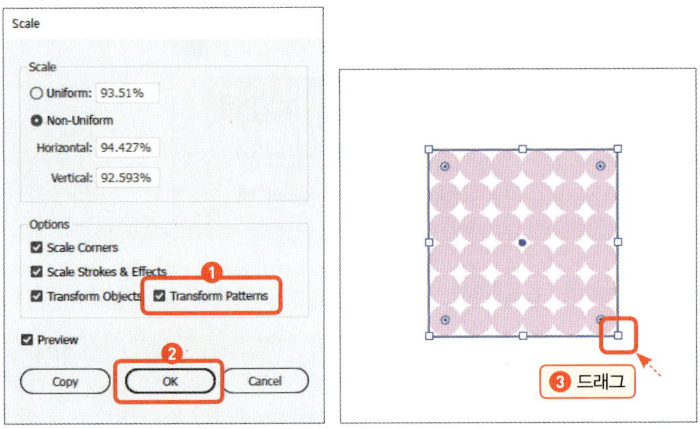

05 패턴 간격 벌리기 메뉴 바에서 [Widow]–[Pattern Options]를 선택한 후 옵션 창의 섬네일을 더블클릭하면 화면이 패턴 편집 모드로 전환됩니다. 옵션 창에서 Size Tile to Art를 체크하고 H Spacing과 V Spacing을 각각 15mm로 입력합니다. 패턴 간격이 벌어집니다.

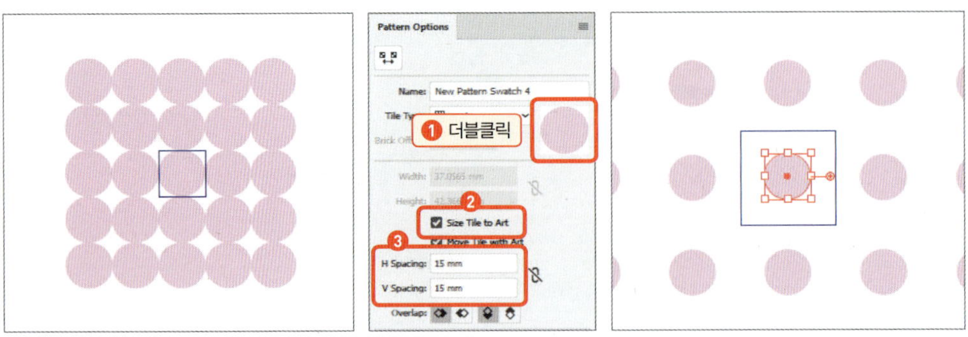

06 패턴 색상 변경하기 선택 툴(▶)로 패턴 내부의 원을 선택한 후 색상 패널에서 색상을 C=22, M=2, Y=2, K=0으로 변경합니다.

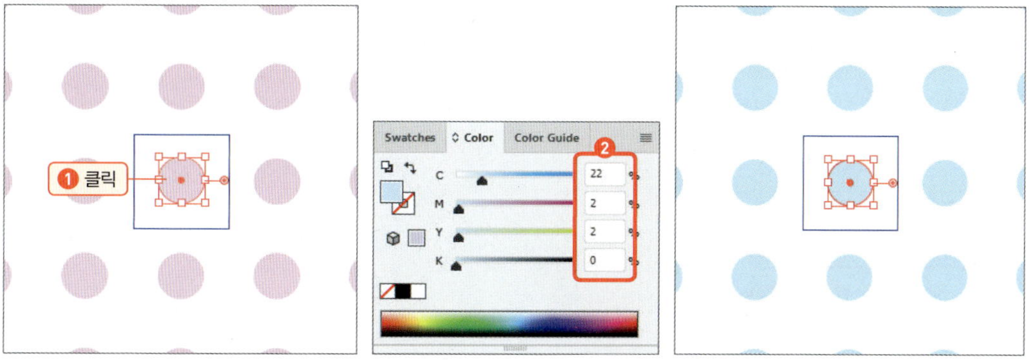

07 패턴 모양 변경하기 앵커 포인트 전환 툴(N)로 원의 상단 앵커 포인트를 클릭하여 직선 모드로 변경합니다. 직접 선택 툴(▷)로 상단 앵커 포인트를 위로 드래그하여 원을 물방울 모양으로 바꿉니다. 선택 툴(▶)로 물방울 모양을 Alt 를 누른 채 드래그하여 복제한 후 바운딩 박스를 드래그하여 크기를 줄입니다.

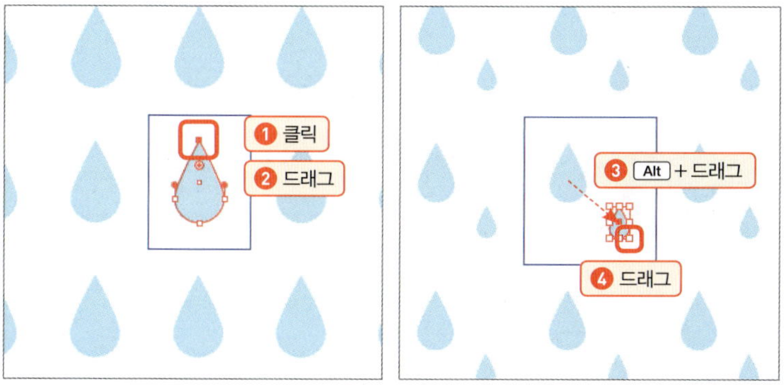

08 옵션 창에서 H Spacing과 V Spacing을 각각 0mm로 입력합니다.

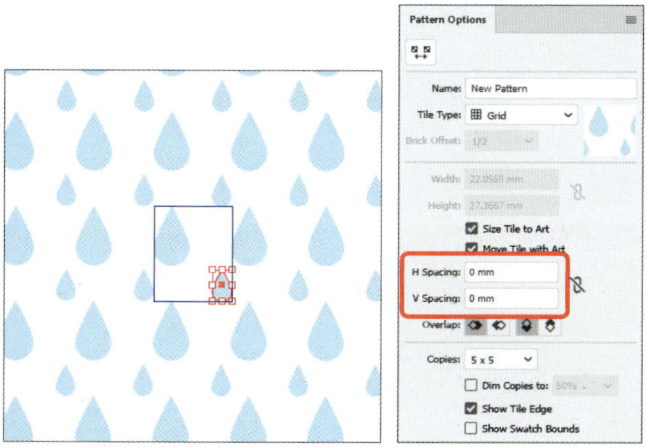

09 **수정한 패턴 저장하기** 화면 상단의 Save a Copy를 클릭합니다. 새 패턴 창이 뜨면 패턴 이름을 입력하고 〈OK〉를 클릭합니다. 색상 견본 패널에 수정한 패턴이 등록됩니다. 화면 상단의 왼쪽 화살표를 클릭하여 일반 모드로 돌아옵니다. 사각형의 패턴이 수정된 패턴으로 바뀌어 있습니다.

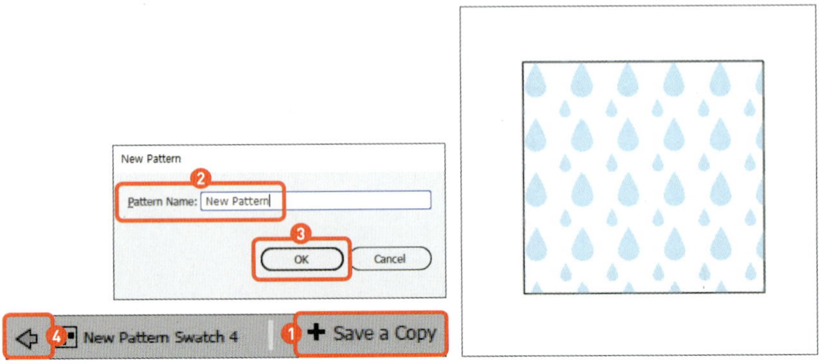

10 실습에서는 배경을 따로 만들지 않아 화면이 투명하게 처리되어 있습니다. 이 상태에서 배경색을 적용하면 다양한 느낌을 낼 수 있습니다.

SECTION 05

사진을 문양처럼 활용하기

• **핵심 기능 |** 클리핑 마스크, 투명 마스크

마스크의 원리

마스크에는 두 가지 종류가 있습니다. 어떤 형태 속에 이미지나 패턴을 적용하는 클리핑 마스크와 투명도를 조절하는 투명 마스크입니다. 클리핑 마스크를 이용하면 겹친 두 오브젝트 중 위에 있는 오브젝트 내부에만 뒤에 있는 이미지나 배경이 보이도록 할 수 있습니다. 투명 마스크를 이용하면 흑백 그레이디언트를 적용한 부분만 반투명하게 만들 수 있습니다.

■ 클리핑 마스크

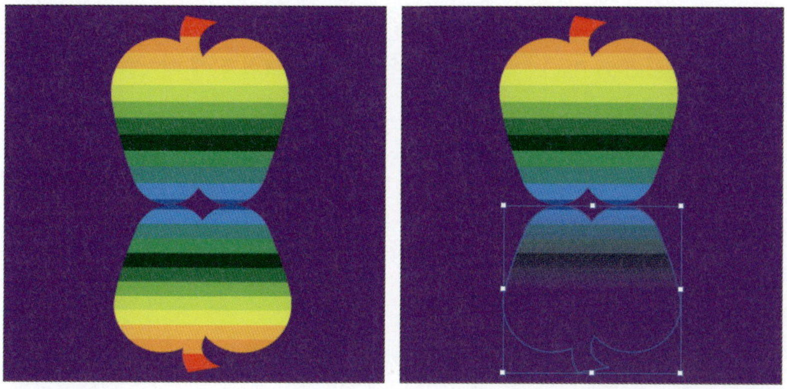

■ 투명 마스크

응용 예제 막대 아이스 바 만들기

막대 아이스 바를 만들고 마스크 기능을 활용해 반투명한 그림자를 추가해 봅니다.

■ 준비 이미지

■ 완성 이미지

01 Chapter_14 ▸ Section_05 ▸ ice.ai 파일을 불러옵니다.

02 메뉴 바에서 [File]–[Place]를 선택하여 wood.jpg 파일을 불러온 후 화면을 드래그하여 삽입합니다. 마우스 오른쪽 버튼을 클릭하고 [Arrange]–[Send to Back]을 선택하여 왼쪽 아이스크림 뒤에 배치합니다.

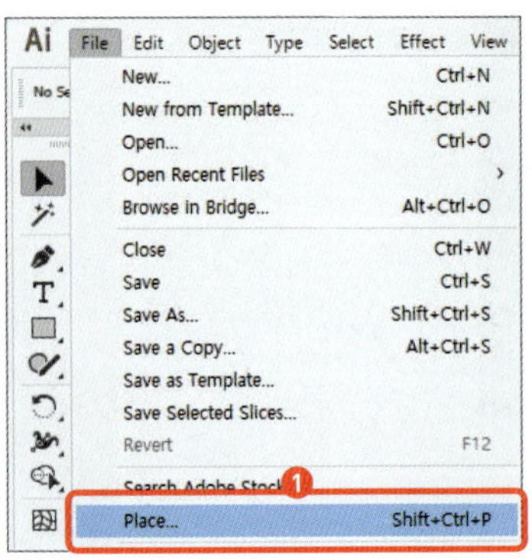

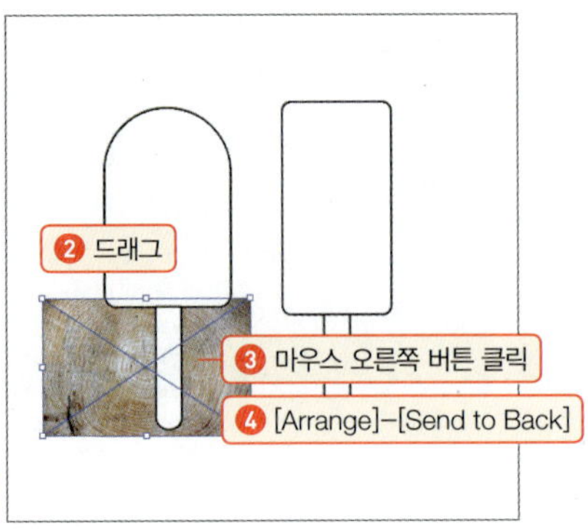

03 선택 툴(▶)로 Shift 를 누른 채 나무 막대와 방금 삽입한 나무 배경을 클릭하여 선택한 후 마우스 오른쪽 버튼을 클릭하고 [Make Clipping Mask]를 선택합니다. 나무 막대 내부에만 나무 배경이 적용됩니다.

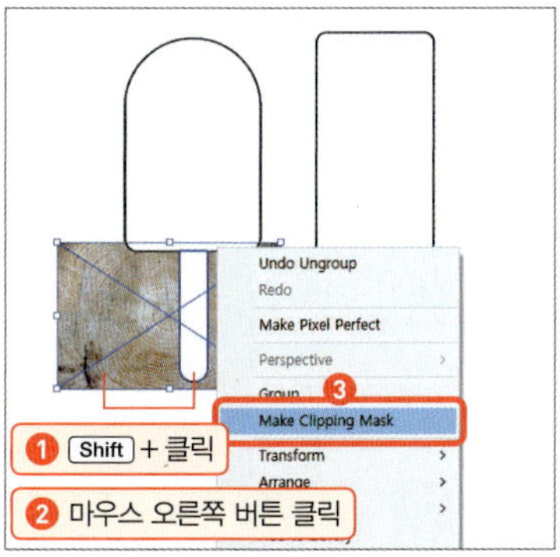

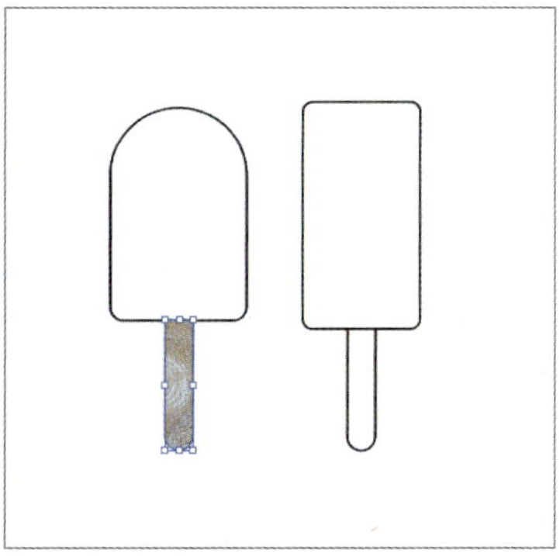

04 메뉴 바에서 [File]−[Place]를 선택하여 bg2.jpg 파일을 불러온 후 화면을 드래그하여 왼쪽 아이스크림보다 크게 삽입합니다. 마우스 오른쪽 버튼을 클릭하고 [Arrange]−[Send to Back]을 선택하여 왼쪽 아이스크림 뒤에 배치합니다. 선택 툴(▶)로 Shift 를 누른 채 왼쪽 아이스크림과 불러온 배경 이미지를 클릭하여 선택한 후 마우스 오른쪽 버튼을 클릭하고 [Make Clipping Mask]를 선택합니다.

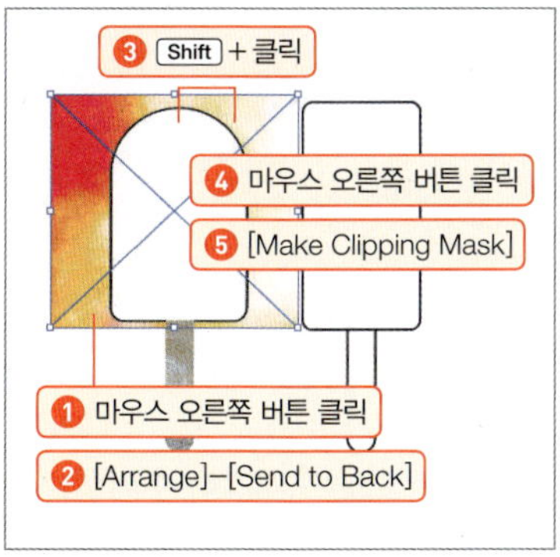

05 직접 선택 툴(▷)로 왼쪽 아이스크림 부분을 클릭하면 네모난 마스크 영역이 선택됩니다. 이 상태에서 배경의 마스크 이미지를 오른쪽으로 살짝 드래그하여 원하는 부분이 보이도록 만듭니다.

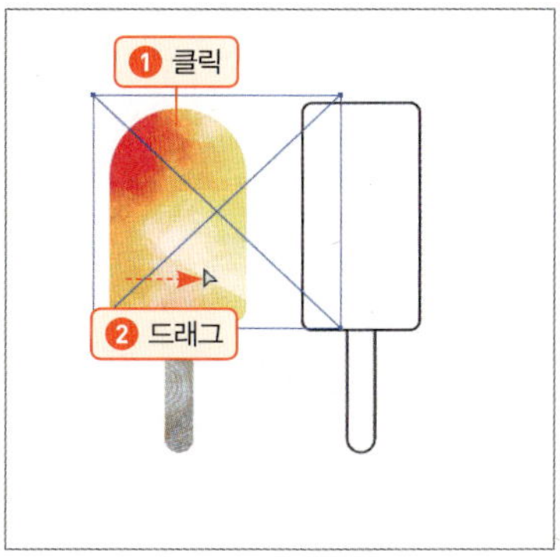

06 04~05 단계와 같은 방법으로 wood.jpg, bg3.jpg 파일을 불러와 오른쪽 아이스크림에 클리핑 마스크를 적용합니다. 선택 툴(▶)로 왼쪽 아이스크림 전체를 드래그하여 선택한 후 Ctrl+G를 눌러 그룹으로 묶습니다. 같은 방법으로 오른쪽 아이스크림도 그룹으로 묶습니다.

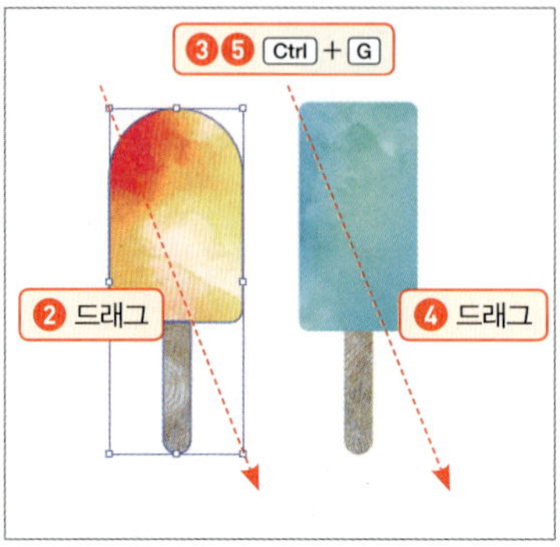

Tip 마스크를 취소하려면 오브젝트를 선택하고 마우스 오른쪽 버튼을 클릭한 후 [Release Clipping Mask]를 선택합니다. 마스크를 취소하면 오브젝트와 마스크 이미지가 분리되는데, 이때 오브젝트는 선과 면의 색상이 지정되지 않은 채 형태만 보입니다.

07 선택 툴(▶)로 드래그하여 전체 오브젝트를 선택한 후 Alt를 누른 채 오른쪽으로 드래그하여 아이스크림 2개를 복제합니다.

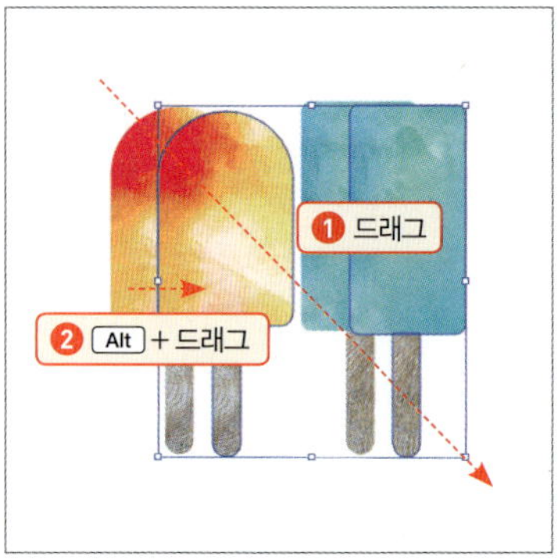

08 선택 툴(▶)로 Shift를 누른 채 뒤쪽에 보이는 아이스크림 2개를 선택합니다. 기울이기 툴(◪)로 상단 오른쪽 모서리를 드래그하여 45° 기울입니다. 선택 툴(▶)로 드래그하여 크기를 줄이고 각 아이스크림을 앞에 서 있는 아이스크림의 나무 막대 쪽으로 옮깁니다.

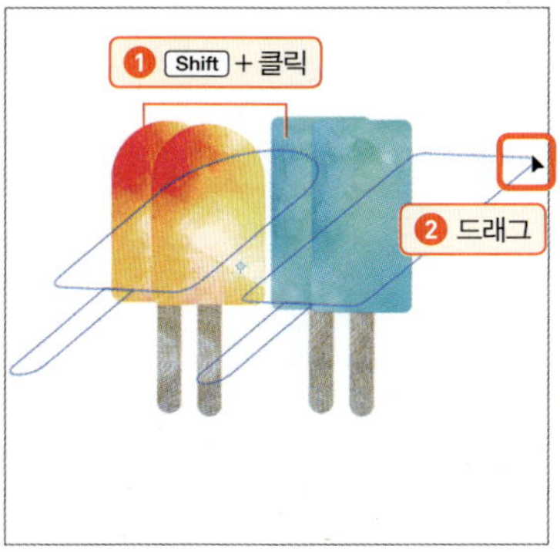

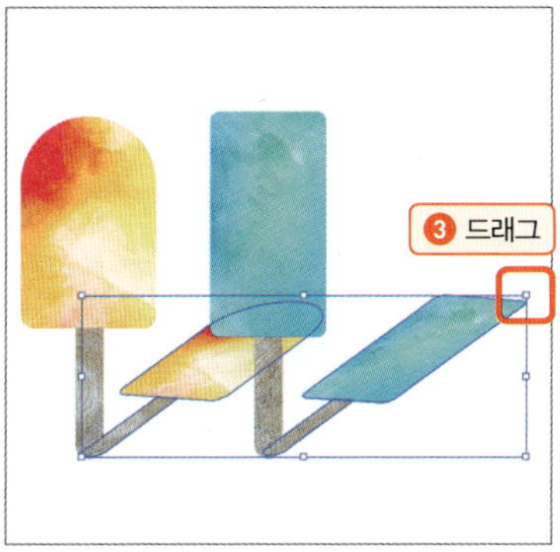

09 사각형 툴(□)로 기울어진 아이스크림 2개를 덮을 만한 크기의 사각형을 그립니다. 메뉴 바에서 [Window]-[Gradient]를 선택하고 그레이디언트 패널의 섬네일을 클릭합니다. 그레이디언트 툴(■)을 선택하고 마우스 포인터를 그레이디언트 조절 바로 가져가 회전시킨 후 그레이디언트의 검은색 부분이 위로 오도록 조절합니다.

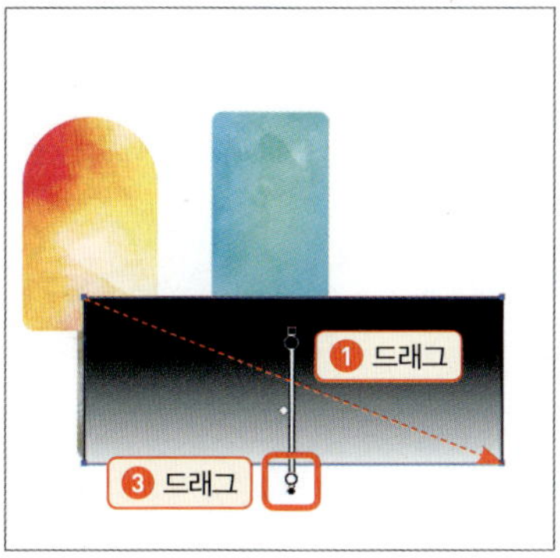

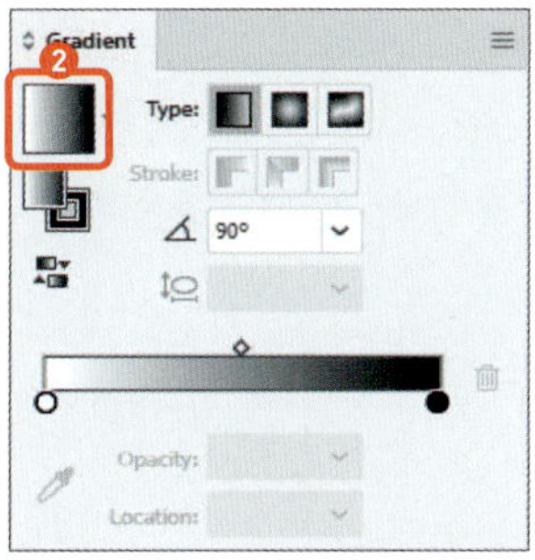

Tip 투명 마스크에서 순도 100% 검은색은 오브젝트를 100% 투명하게 보여 주고, 순도 100% 흰색은 오브젝트를 100% 그대로 보여 줍니다. 또한 중간 단계인 회색은 밝기에 따라 투명도가 달라지는데, 어두운 회색일수록 더 투명하게 보입니다.

10 선택 툴(▶)로 Shift를 누른 채 기울어진 아이스크림 그룹 2개와 그레이디언트가 적용된 사각형을 모두 선택합니다. 메뉴 바에서 [Window]-[Transparency]를 선택한 후 투명도 패널에서 〈Make Mask〉를 클릭합니다. 그레이디언트의 검은색 영역이 투명하게 변하면서 이미지가 완성됩니다.

Tip 투명 마스크 영역을 해제하고 싶다면 투명도 패널에서 〈Release〉를 클릭합니다. 오브젝트와 마스크 영역이 분리됩니다.

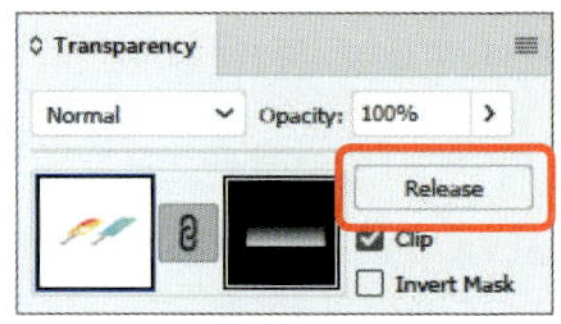

SECTION 06 실사처럼 보이도록 채색하기

• **핵심 기능 |** 메시 툴(▦)(단축키 U)

메시 툴의 기능 익히기

메시 툴(▦)은 여러 색상을 그레이디언트보다 더 다양한 형태로 자연스럽게 섞어 줍니다. 주로 실사 이미지의 색상을 표현할 때 사용합니다.

01 원 그리기 Chapter_14 ▸ Section_06 ▸ mesh.ai 파일을 불러옵니다. 원형 툴(◯)로 Alt + Shift 를 누른 채 드래그하여 원을 그립니다.

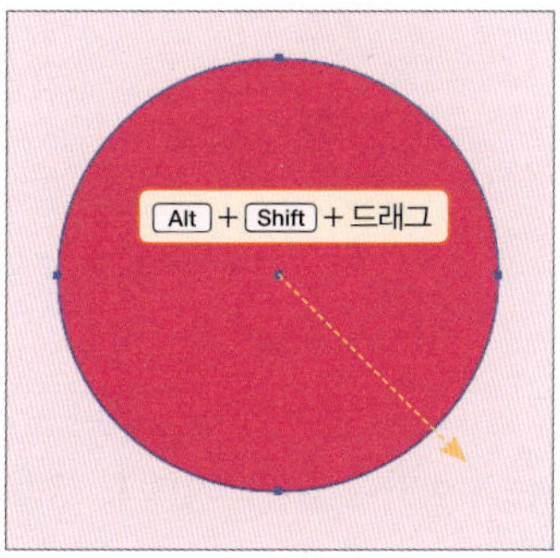

02 메뉴를 이용해 메시 만들기 메뉴 바에서 [Object]–[Create Gradient Mesh]를 선택하고 옵션 창에서 메시의 Rows(가로 선의 개수)를 4, Columns(세로 선의 개수)를 4, Appearance(색상 표시)를 To Center, Highlight(하이라이트)를 100%로 설정하고 〈OK〉를 클릭합니다.

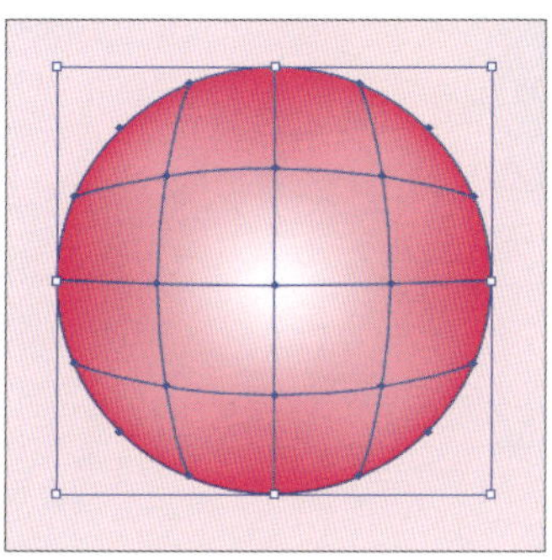

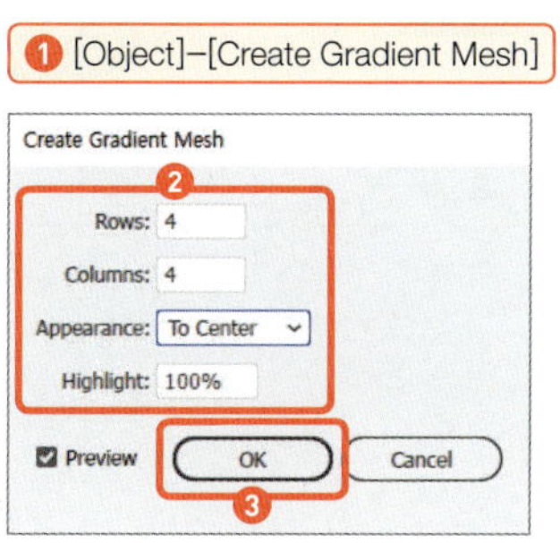

03 메시의 색상 변경하기 메시가 생성되면 직접 선택 툴(▷)로 원의 왼쪽 상단 앵커 포인트를 클릭한 후 색상 견본 패널에서 원하는 색상을 클릭합니다. 나머지 앵커 포인트도 다른 색상으로 지정합니다.

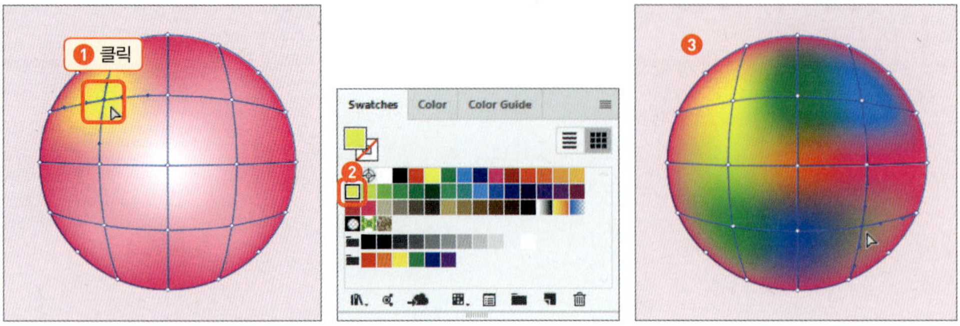

04 메시 툴로 메시 만들기 다시 원형 툴(◯)로 Alt + Shift 를 누른 채 드래그하여 원을 그립니다. 색상 견본 패널에서 면 색을 흰색으로 설정하고 메시 툴(⊞)로 원의 내부를 클릭하면 클릭한 지점에 앵커 포인트와 패스가 생기면서 메시가 생성됩니다. 클릭한 지점의 색상은 현재 면 색인 흰색이 적용됩니다.

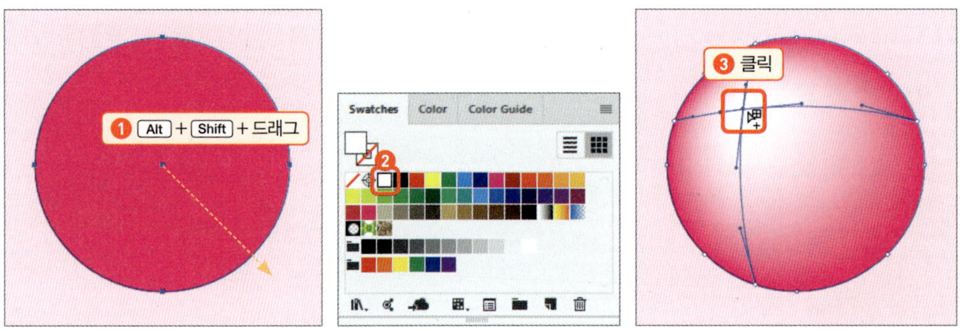

05 메시의 색상 변경하기 메시 툴(⊞)로 원의 다른 지점을 클릭하면 클릭하는 지점마다 앵커 포인트가 생깁니다. 직접 선택 툴(▷)로 앵커 포인트 하나를 클릭하고 색상 견본 패널에서 원하는 색상을 클릭하여 적용합니다.

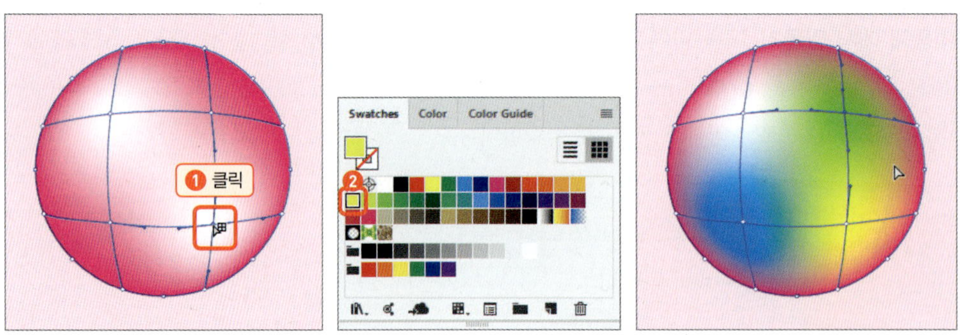

06 그레이디언트 크기와 방향 조절하기 직접 선택 툴(▷)로 앵커 포인트의 위치를 옮기거나 핸들러를 조절하면 그레이디언트의 크기나 방향을 조절할 수 있습니다.

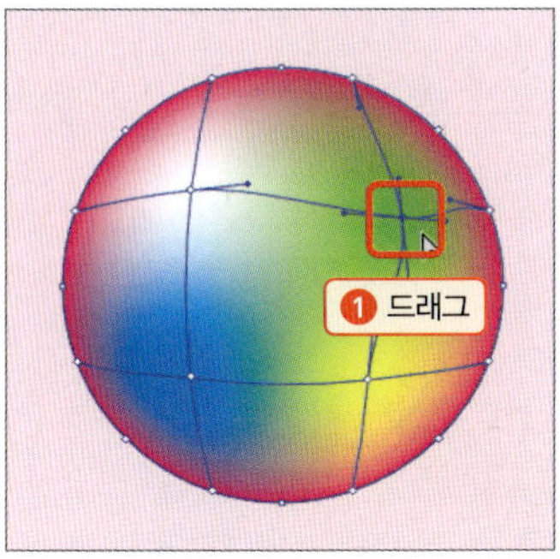

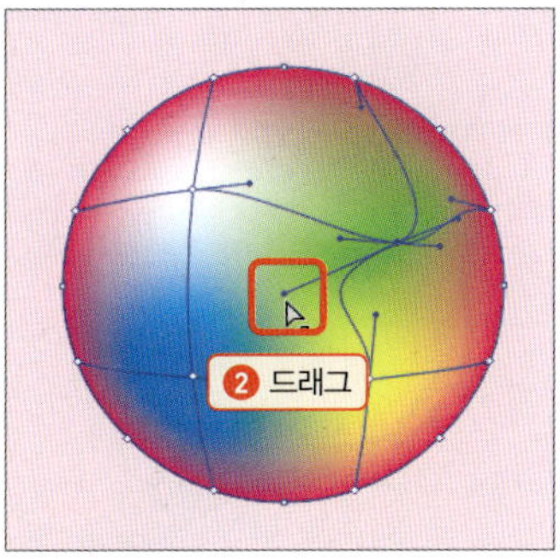

• **준비 파일** banana.jpg • **완성 파일** banana_result.ai

응용 예제 진짜처럼 보이는 바나나 이미지 만들기

메시 툴(▦)을 이용해 진짜 바나나처럼 보이는 이미지를 만들어 봅니다.

■ 준비 이미지

■ 완성 이미지

01 메뉴 바에서 [File]–[New]를 선택하고 New Document 창에서 Print를 선택한 후 Width와 Height를 각각 210mm로 입력하고 〈Create〉를 클릭합니다.

02 메뉴 바에서 [File]–[Place]를 선택하고 banana.jpg 파일을 불러 온 후 화면을 드래그하여 원하는 크기로 배치합니다.

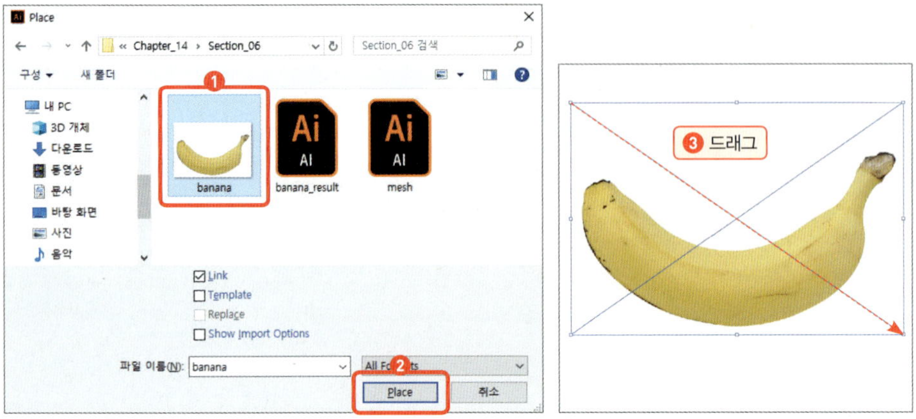

03 레이어 패널에서 Layer 1의 눈 아이콘(◉) 옆을 클릭하여 자물쇠(🔒)로 잠그고 새 레이어(■) 버튼을 클릭하여 Layer 2를 추가합니다.

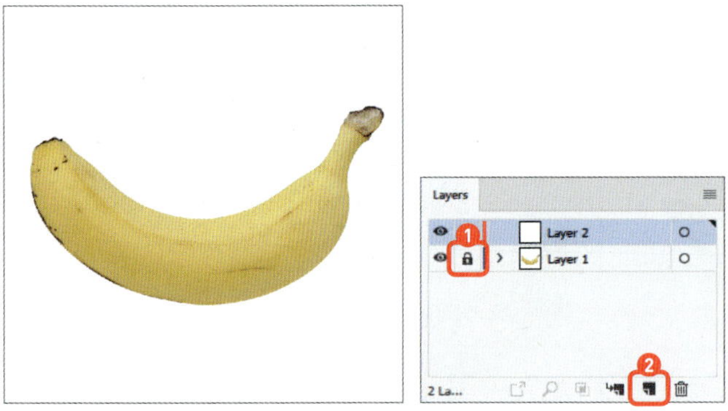

04 사각형 툴(▭)로 바나나를 덮을 만한 크기의 사각형을 그린 후 Ctrl 을 누른 채 Layer 2의 눈 아이콘을 클릭합니다. 도형 색상은 보이지 않고 형태만 보입니다. 선택 툴(▶)로 사각형의 바운딩 박스를 드래그하여 크기를 바나나 몸통에 딱 맞게 맞춥니다.

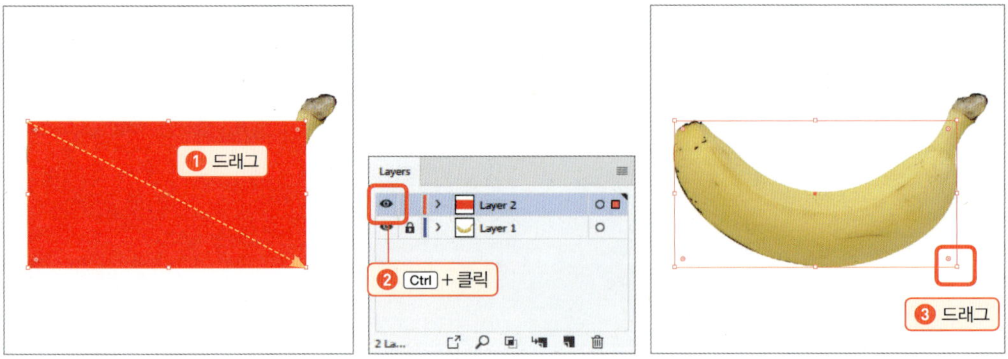

05 메시 툴()로 사각형의 가운데를 클릭합니다. 앵커 포인트와 패스가 나타나면 가운데 앵커 포인트와 상단 앵커 포인트를 각각 드래그하여 바나나 형태에 맞도록 옮깁니다.

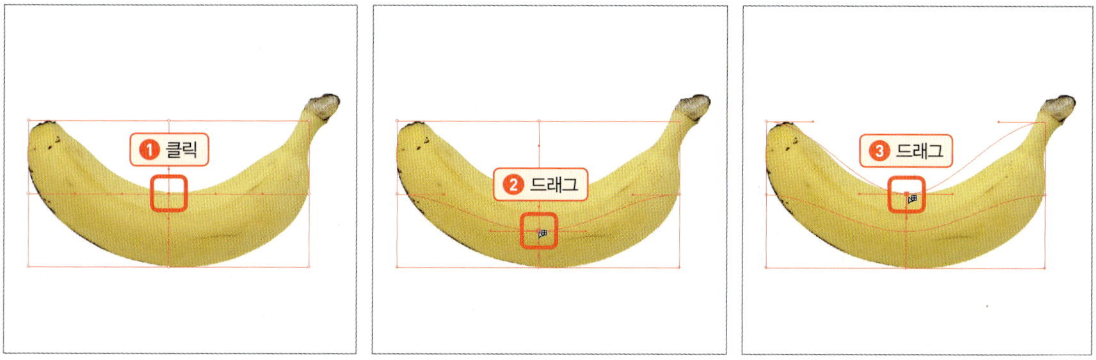

06 직접 선택 툴()로 사각형 왼쪽 가장자리 부분을 드래그하여 앵커 포인트 3개를 모두 선택한 후 가운데 앵커 포인트가 바나나 머리 중앙에 가도록 드래그하여 옮깁니다.

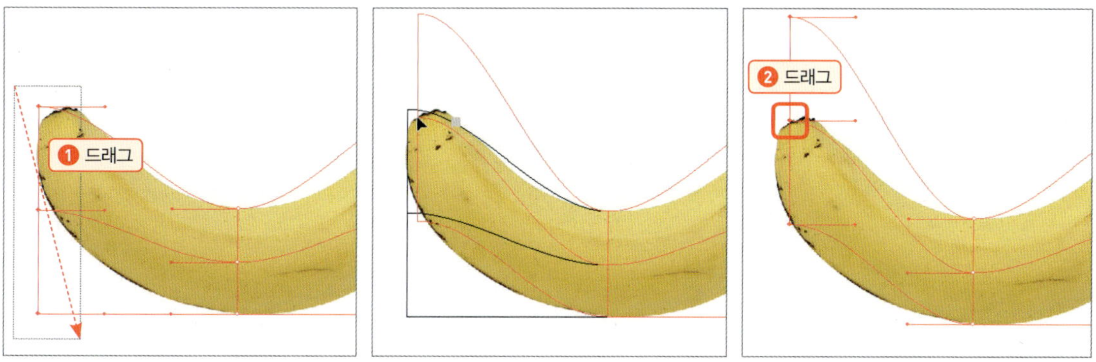

07 스케일 툴()로 사각형 왼쪽 가장자리 맨 위의 앵커 포인트를 아래로 드래그하여 선택된 앵커 포인트 영역을 축소합니다. 바나나 왼쪽 끝부분과 너비가 비슷해질 때까지 줄입니다.

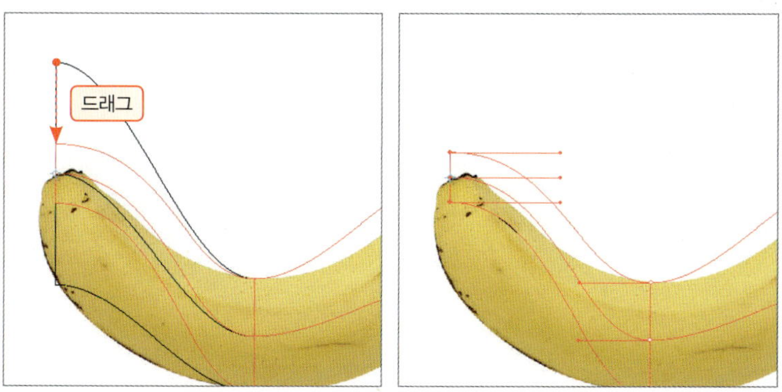

08 회전 툴( )로 사각형 왼쪽 가장자리 맨 위의 앵커 포인트를 아래로 드래그합니다. 다음과 같이 선택된 앵커 포인트 영역이 회전합니다. 바나나 각도와 비슷해지도록 회전시킵니다.

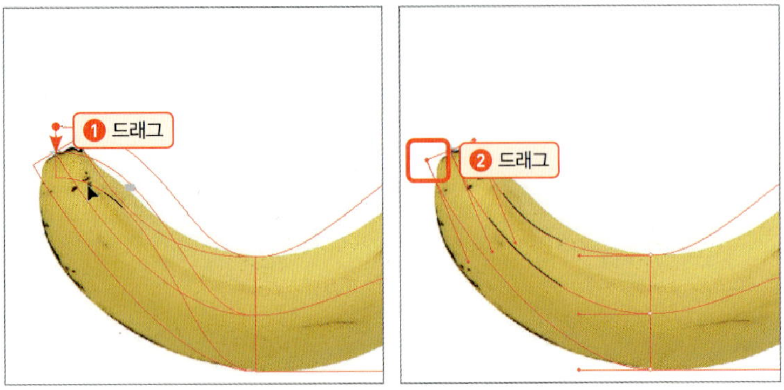

09 오른쪽 끝부분의 앵커 포인트 3개도 06~08 단계를 반복하여 바나나 형태와 비슷하게 맞춥니다.

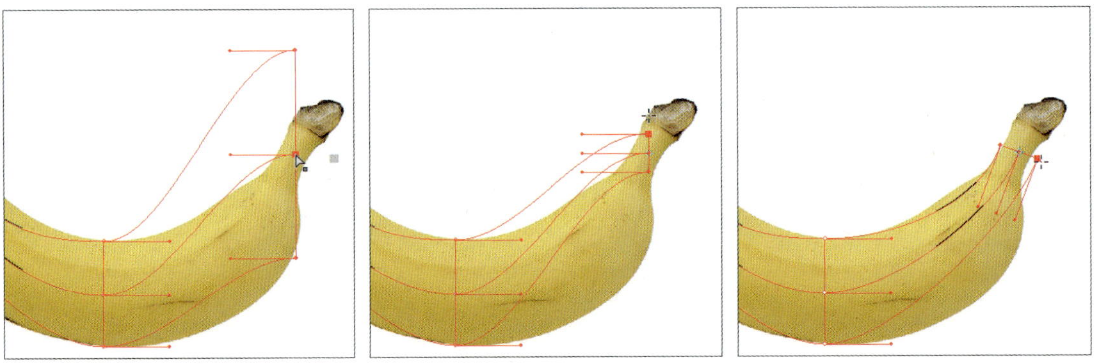

10 메시 툴( )을 선택하고 각 앵커 포인트를 클릭한 후 핸들러를 조절하여 곡선을 대강 바나나에 맞춰 조절합니다.

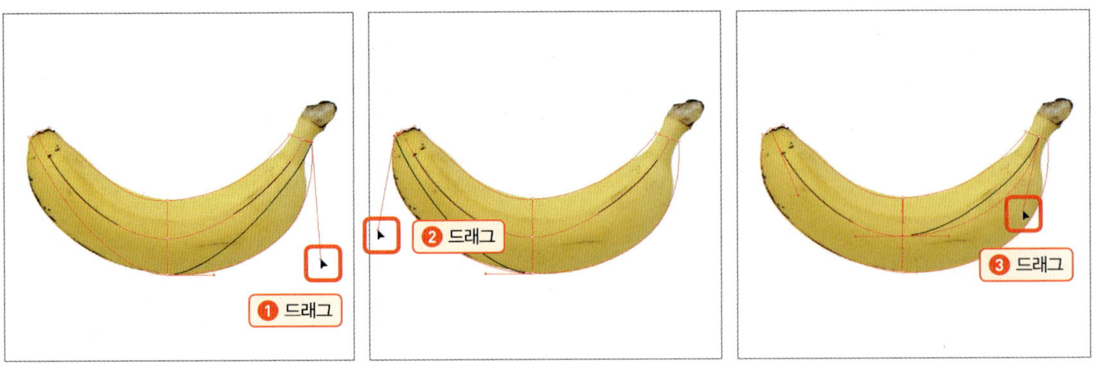

11 곡선을 정밀하게 작업할 수 있도록 돋보기 툴()로 화면을 확대합니다. 메시 툴()로 바나나 가장자리에서 떨어진 부분의 패스를 클릭하면 다음과 같이 앵커 포인트와 패스가 추가됩니다. 이때 앵커 포인트를 클릭하면 핸들러가 나타나는데 핸들러를 드래그하여 바나나에 맞도록 패스 곡선을 조절합니다. 다른 부분에도 앵커 포인트를 추가하여 바나나를 둘러싸게 만듭니다.

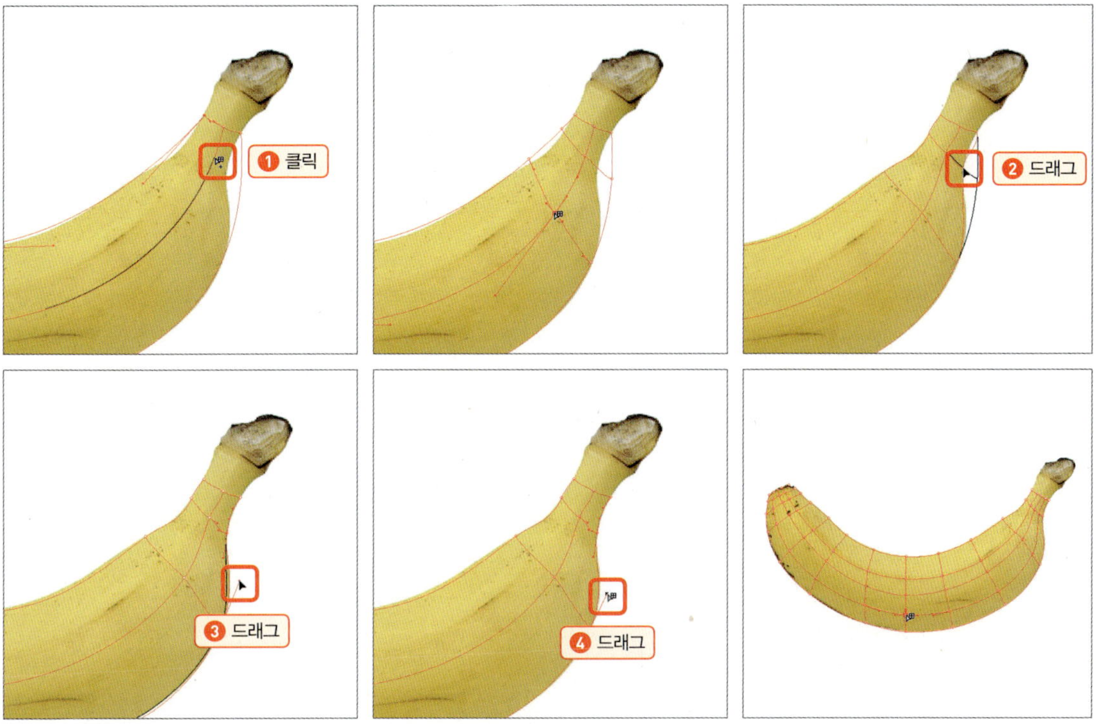

12 이제 바나나 색상으로 메시 영역을 채워 보겠습니다. 색상이 변해가는 것을 확인할 수 있도록 메뉴 바에서 [Window]-[Navigator]를 선택합니다. 메시 툴()로 바나나 꼭지의 왼쪽 끝 앵커 포인트를 클릭한 후 스포이트 툴()로 앵커 포인트 바로 옆 부분을 클릭합니다. 같은 방법으로 나머지 앵커 포인트도 클릭하고 계속해서 스포이트 툴()로 바로 옆을 클릭합니다.

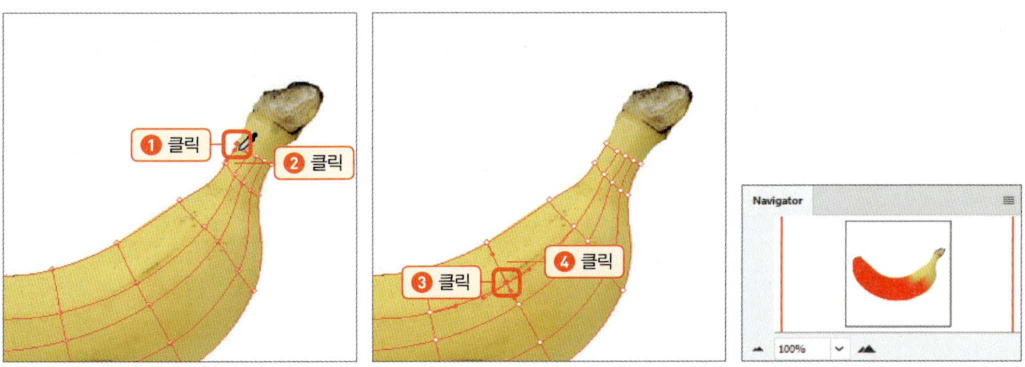

Tip 메시 툴()과 스포이트 툴()을 번갈아가며 클릭하는 것이 번거로울 수 있습니다. 이럴 때는 메시 툴의 단축키인 U와 스포이트 툴의 단축키인 I를 눌러가며 작업하면 편리합니다.

13 빠트린 영역이 생기지 않도록 내비게이터 패널을 확인하면서 앵커 포인트를 꼼꼼하게 클릭합니다.

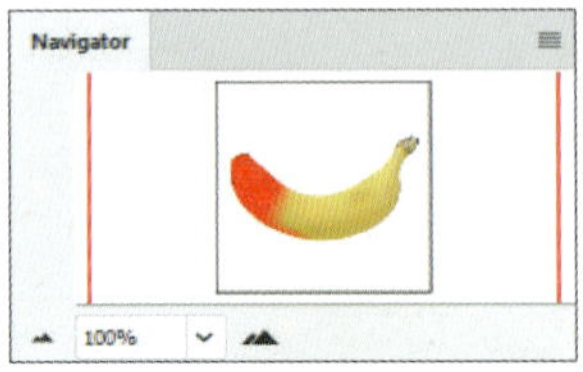

14 모든 메시 영역을 채웠다면 레이어 패널에서 Layer 2의 눈 아이콘을 Alt 를 누른 채 클릭하여 보이게 합니다. Layer 1의 눈 아이콘을 클릭하여 사진 이미지를 숨긴 후 결과를 확인합니다.

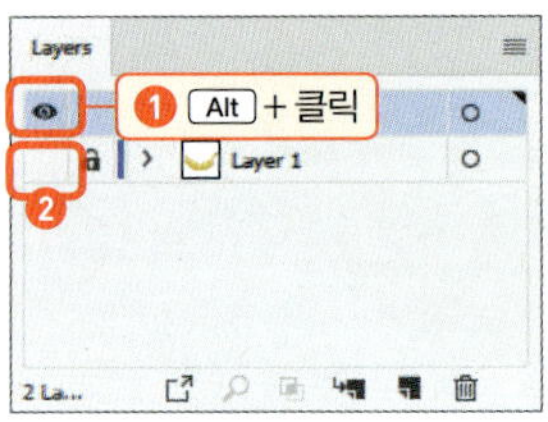

15 원본 사진처럼 정교하게 작업하고 싶다면 계속해서 메시 툴()로 패스를 추가하여 작업합니다.

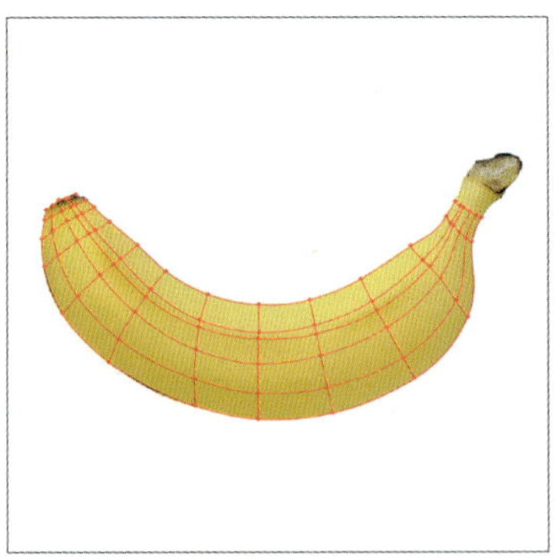

CHAPTER

15

타이포그래피

01 / **문자 입력하기** ▶ 텍스트 툴, 캐릭터 패널

02 / **문단 편집하기** ▶ Area Type Option 메뉴, 패러그래프 패널

03 / **문자 변형하기** ▶ Envelope Distort 메뉴

SECTION 01

문자 입력하기

- **핵심 기능 |** 텍스트 툴 T(단축키 T), 캐릭터 패널

텍스트 툴의 종류

텍스트 툴(T)은 문자를 입력하는 툴입니다. 툴 박스에서 텍스트 툴(T)을 길게 누르면 여러 가지 숨은 툴이 나타납니다.

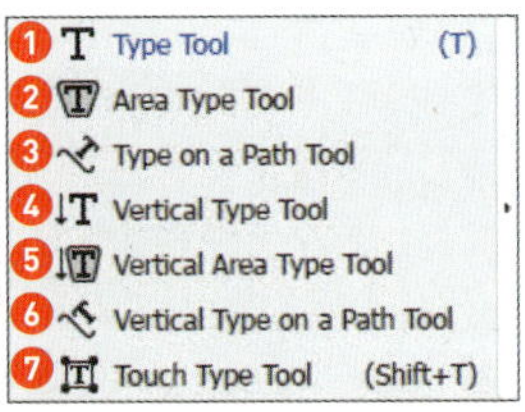

■ 텍스트 툴의 종류

❶ **텍스트 툴** 클릭하거나 드래그하여 문자를 가로 방향으로 입력합니다.

❷ **영역 텍스트 툴** 닫힌 오브젝트 내부에 문자를 가로 방향으로 입력합니다.

❸ **패스 텍스트 툴** 패스 라인에 맞춰 문자를 가로 방향으로 입력합니다.

❹ **세로 텍스트 툴** 클릭하거나 드래그하여 문자를 세로 방향으로 입력합니다.

❺ **세로 영역 텍스트 툴** 닫힌 오브젝트 내부에 문자를 세로 방향으로 입력합니다.

❻ **세로 패스 텍스트 툴** 패스 라인에 맞춰 문자를 세로 방향으로 입력합니다.

❼ **터치 텍스트 툴** 텍스트 속성을 유지한 채 문자를 한 글자씩 변형합니다.

캐릭터 패널

캐릭터 패널은 문자의 크기, 간격 등 여러 속성을 변경할 때 사용합니다. 텍스트 툴(T)을 선택하면 패널이 자동으로 열리지만 메뉴 바에서 [Window]-[Type]-[Character]를 선택해도 열 수 있습니다.

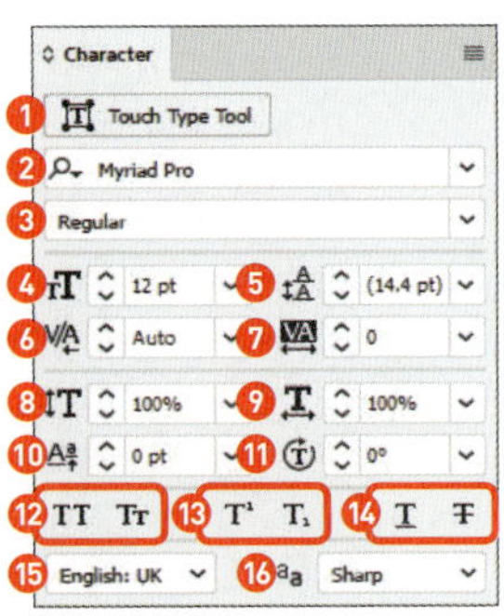

■ 캐릭터 패널

❶ **Touch Type Tool** 터치 텍스트 툴을 선택합니다.

❷ **폰트 목록** 시스템에 설치된 폰트 목록에서 폰트를 선택합니다.

❸ **스타일** 선택된 폰트의 스타일을 지정합니다.

❹ **크기** 폰트 크기를 조절합니다.

❺ **줄 간격** 줄 간격을 조절합니다.

❻ **부분 자간** 입력 커서 좌우에 있는 두 문자의 간격을 조절합니다.

❼ **자간** 문자의 간격을 조절합니다.

❽ **세로 높이** 문자의 세로 비율을 조절합니다.

❾ **가로 너비** 문자의 가로 비율을 조절합니다.

❿ **기준선 옮기기** 원하는 문자를 선택하고 기준선보다 위 또는 아래에 배치합니다.

⓫ **회전** 원하는 문자를 선택하여 회전시킵니다.

⓬ **대소문자 전환** 글자를 대문자 혹은 소문자로 바꿉니다.

⓭ **위첨자/아래첨자** 글자를 위첨자 또는 아래첨자로 적용합니다.

⓮ **선 넣기** 문자 아래나 가운데에 선을 넣습니다.

⓯ **언어 선택** 언어를 선택합니다.

⓰ **외곽선 값** 안티 에일리어스를 적용하여 문자 가장자리의 부드러운 정도를 설정합니다.

폰트 목록 옵션

캐릭터 패널에서 폰트 목록을 클릭하면 다음과 같은 옵션 창이 나타납니다. 이 옵션 창에서는 다양한 폰트를 원하는 옵션으로 정렬한 후 즐겨찾기에 등록하여 사용할 수 있습니다.

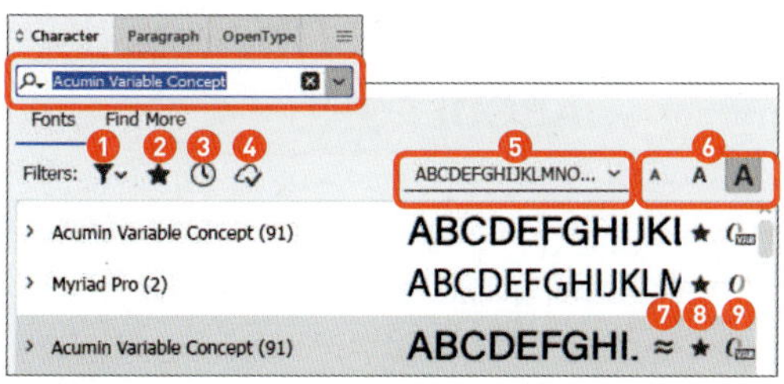

■ 폰트 목록

❶ **분류별 폰트 필터링** 클릭하여 옵션을 지정하면 설정 옵션에 따라 문자를 나열합니다.

❷ **즐겨찾기** 즐겨찾기에 등록된 문자 목록을 보여 줍니다.

❸ **최근 목록** 최근에 등록된 문자 목록을 보여 줍니다.

❹ **활성 폰트 표시** 어도비에서 제공하는 사용 가능한 문자 목록을 보여 줍니다.

❺ **샘플 텍스트** 제공된 샘플 텍스트를 선택하면 유사한 문자 목록을 보여 줍니다.

❻ **크기별 폰트** 작은 크기, 중간 크기, 큰 크기로 문자 목록을 정렬합니다.

❼ **유사한 폰트** 선택한 문자와 유사한 종류의 문자 목록으로 정렬합니다.

❽ **즐겨찾기 등록** 자주 사용하는 문자를 즐겨찾기로 등록합니다.

❾ **변형 문자** VAR 표시가 있는 문자의 옵션을 제공합니다.

Tip VAR() 표시가 있는 문자를 선택하면 캐릭터 패널에 변형 옵션()이 생깁니다. 이 옵션을 클릭하면 문자의 두께, 너비, 기울기 등을 조절할 수 있는 옵션이 표시되어 문자를 편리하게 변형할 수 있습니다.

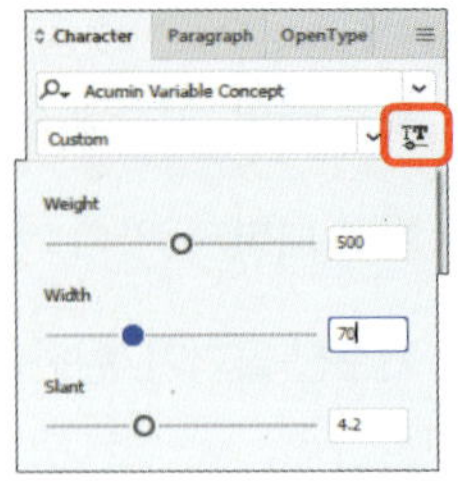

가로 방향으로 문자 입력하기

01 문자 선택하기 Chapter_15 ▸ Section_01 ▸ type.ai 파일을 불러옵니다. 캐릭터 패널에서 폰트 목록을 클릭한 후 맨 아래에 VAR() 표시가 있는 문자를 선택합니다.

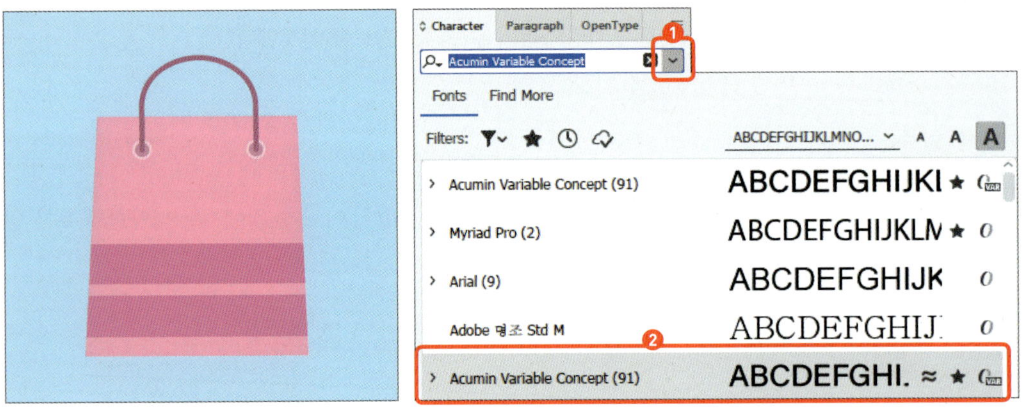

02 가로 방향으로 문자 입력하기 텍스트 툴(T)로 화면을 클릭하면 기본 문자가 입력되면서 문자 입력 모드로 바뀝니다. SHOPPING을 입력합니다.

03 폰트와 크기 변경하기 텍스트 툴(T)로 입력한 문자를 드래그하고 캐릭터 패널에서 크기를 36pt로 변경합니다.

04 변형 옵션으로 문자 크기 조절하기 캐릭터 패널에서 변형 옵션(T)을 클릭한 후 화면 크기에 맞게 Weight(두께)를 660, Width(너비)를 105로 조절합니다.

05 문자 색상 변경하기 선택 툴(▶)로 문자를 선택하고 색상 견본 패널에서 원하는 색상을 클릭하여 문자 색상을 변경합니다.

세로 방향으로 문자 입력하기

01 세로 방향으로 문자 입력하기 Chapter_15 ▸ Section_01 ▸ v_type.ai 파일을 불러옵니다. 세로 텍스트 툴(IT)로 화면을 클릭하면 기본 문자가 세로로 입력된 채로 나타납니다. 이 상태에서 SHOPPING을 입력합니다.

02 폰트, 크기, 줄 간격 변경하기 세로 텍스트 툴(IT)로 입력한 문자를 드래그하고 캐릭터 패널에서 폰트를 Arial, 스타일을 Bold, 크기를 14pt, 줄 간격은 -200으로 변경합니다. 줄 간격 값이 음수면 간격이 좁혀지고 양수면 넓혀집니다.

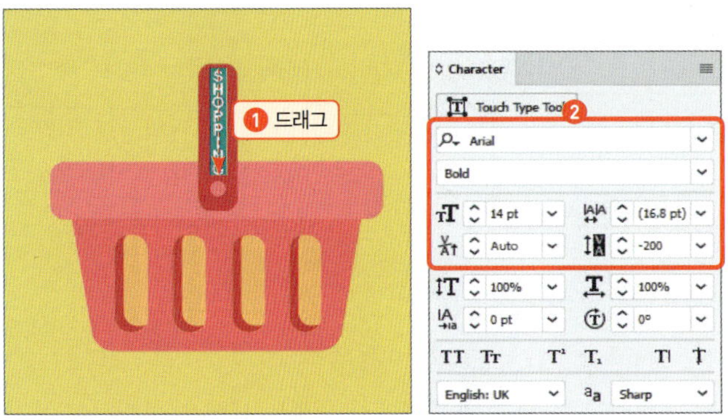

03 문자 색상 변경하기 선택 툴(▶)로 문자를 선택하고 색상 견본 패널에서 원하는 색상을 클릭하여 문자의 색상을 변경합니다.

열린 패스를 따라 문자 입력하기

01 곡선 패스 그리기 Chapter_15 ▸ Section_01 ▸ 1_type.ai 파일을 불러옵니다. 펜 툴( )을 선택하고 면 색을 색상 없음, 선 색을 검은색으로 설정한 후 앞치마 아랫부분의 곡선을 따라 패스를 그립니다.

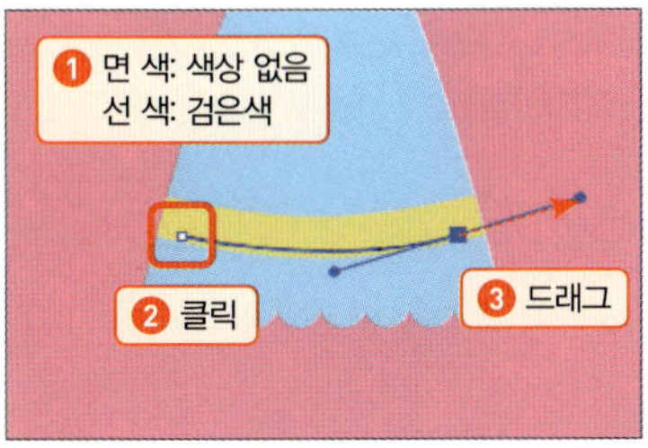

Tip 패스를 다 그린 후에는 펜 툴( )로 Ctrl을 누른 채 다른 지점을 클릭하여 패스를 종료합니다.

02 패스를 따라 문자 입력하기 패스 텍스트 툴( )을 선택하고 마우스 포인터를 패스로 가져가면 마우스 포인터가 ( ) 모양으로 바뀝니다. 이때 곡선 왼쪽 지점을 클릭하면 패스 색상이 사라지고 기본 문자가 패스를 따라 자동으로 나타납니다.

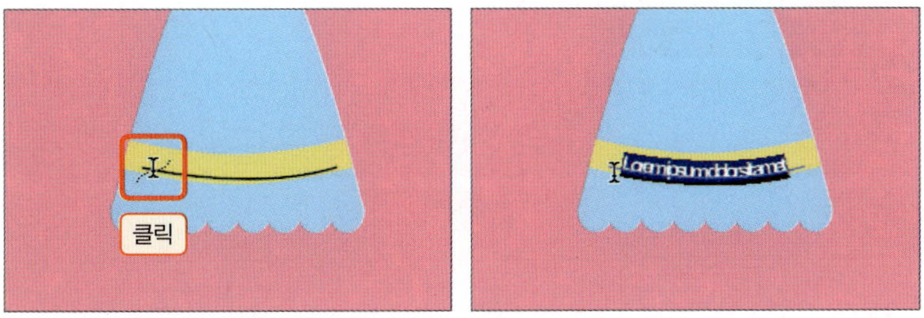

03 폰트와 크기 변경하기 패스 텍스트 툴( )로 COOKING CLASS를 입력하고 입력한 문자를 드래그한 후 캐릭터 패널에서 폰트를 Arial, 스타일을 Bold, 크기를 14pt로 변경합니다.

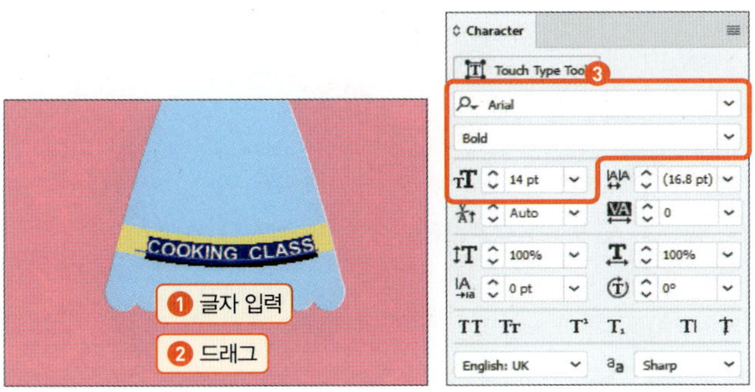

Tip 패스의 문자 시작 지점 재설정하기

패스 텍스트 툴()로 문자를 입력하면 처음 클릭하는 지점에서 문자 입력이 시작됩니다. 문자의 시작 지점이 사용자가 원하는 위치가 아닐 때는 직접 선택 툴()로 문자가 시작되는 부분에 마우스 포인터를 가져갑니다. 마우스 포인터가 모양으로 바뀌면 사각형 박스를 드래그하여 문자의 시작 지점을 변경할 수 있습니다.

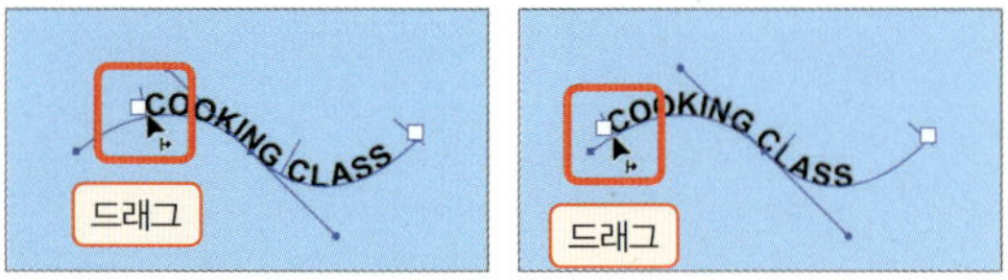

■ 패스 위의 문자 시작 지점 옮기기

04 문자 색상 변경하기 색상 견본 패널에서 흰색을 클릭하여 문자의 색상을 변경합니다.

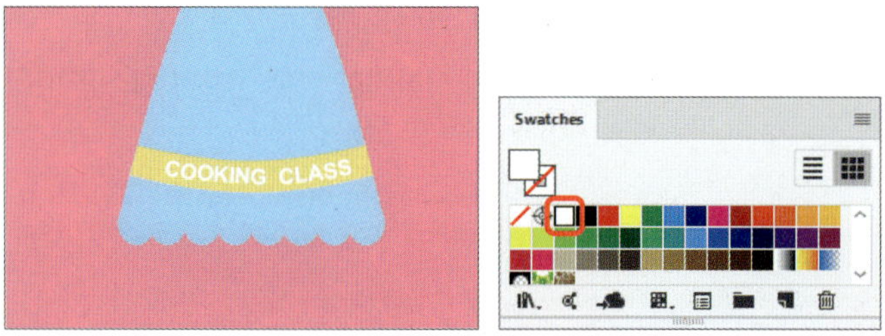

닫힌 패스를 따라 문자 입력하기

01 닫힌 오브젝트 만들기 Chapter_15 ▸ Section_01 ▸ c-type.ai 파일을 불러옵니다. 원형 툴()을 선택하고 옵션 바에서 원하는 면 색과 선 색을 설정한 후 Alt + Shift 를 누른 채 드래그하여 정원을 그립니다. 메뉴 바에서 [Object]-[Path]-[Offset Path]를 선택하고 옵션 창이 열리면 Offset을 -10mm로 입력한 후 〈OK〉를 클릭합니다.

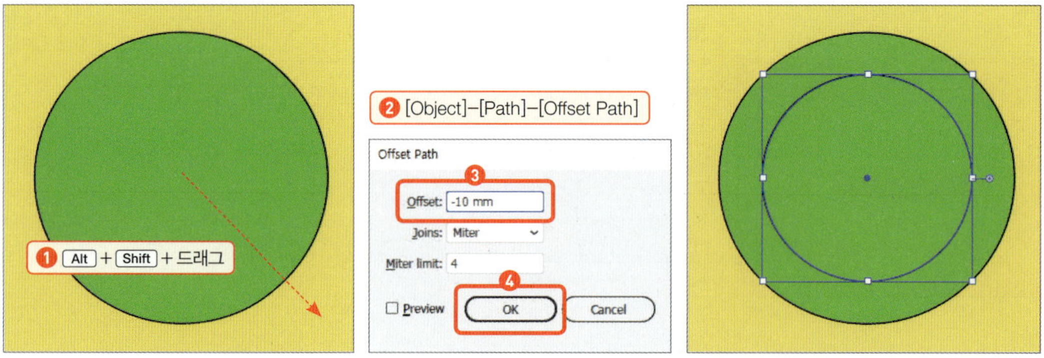

02 닫힌 패스를 따라 문자 입력하기 패스 텍스트 툴()로 작은 원의 패스를 클릭합니다. 닫힌 오브젝트의 색상 정보가 사라지면서 기본 문자가 입력됩니다. Thank You!를 연속해서 입력하면 닫힌 오브젝트를 따라 문자가 입력됩니다.

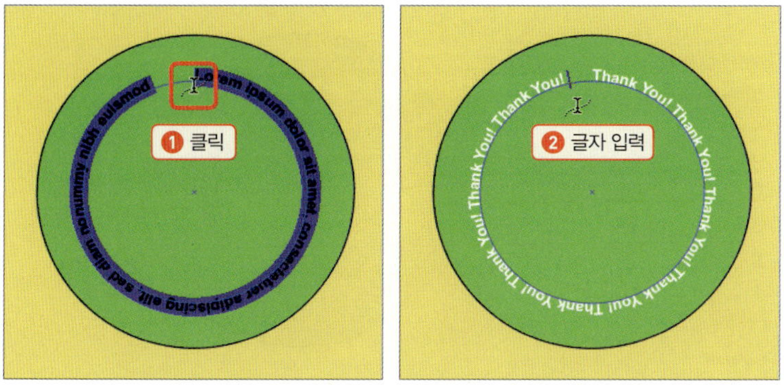

03 넘친 문자 조절하기 패스 끝부분에 빨간색 마크가 생기면 문자 길이가 패스 길이보다 길어 보이지 않는 문자가 있다는 뜻입니다. 선택 툴(▶)로 패스를 선택한 후 캐릭터 패널에서 문자 크기를 줄이거나 문자 간격을 음수로 입력하여 조절합니다.

04 패스의 안쪽으로 문자 배치하기 직접 선택 툴(▷)을 선택하고 패스 가운데의 파란 선으로 마우스 포인터를 가져갑니다. 마우스 포인터가 ▶ 모양으로 바뀌면 닫힌 오브젝트 내부로 드래그합니다. 문자가 패스 라인 바깥쪽이 아닌 안쪽으로 재배치됩니다.

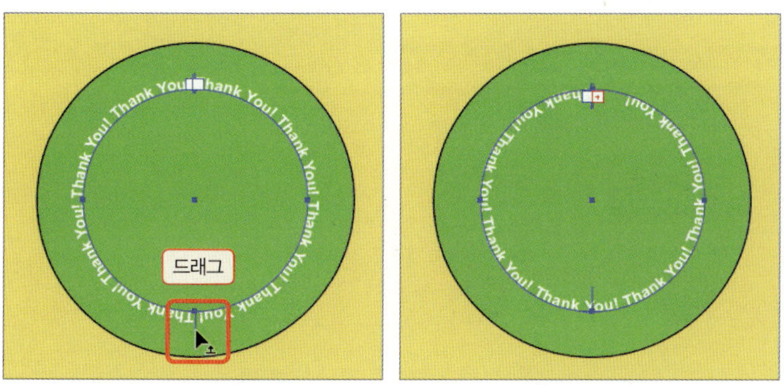

05 넘친 문자 조절하기 문자가 패스 라인 안쪽에 배치되면서 문자 길이가 패스 길이보다 길어 보이지 않는 문자가 있다는 표시인 빨간색 ⊞ 박스가 나타납니다. 캐릭터 패널에서 문자 간격을 음수로 입력하여 빨간색 박스가 보이지 않도록 조절합니다.

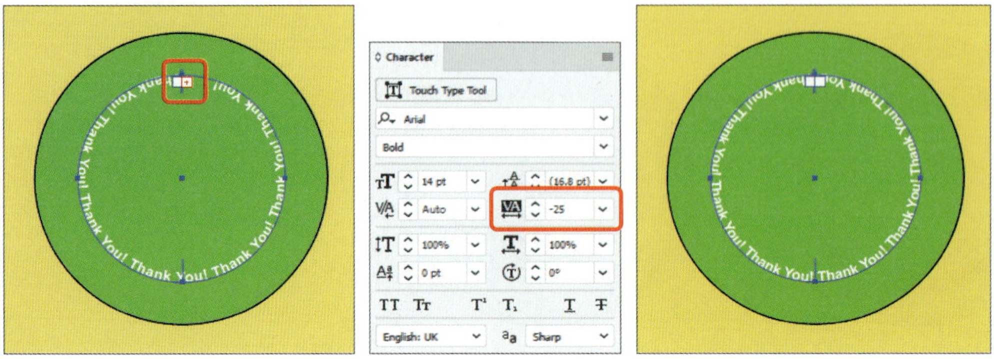

06 반복 연습하기 01~05 단계를 반복하여 중간 크기의 원을 추가하고 패스 라인 바깥쪽으로 Thank You!를 입력하여 다음과 같이 완성합니다.

닫힌 오브젝트 내부에 문자 입력하기

01 닫힌 오브젝트 만들기 Chapter_15 ▸ Section_01 ▸ a_type.ai 파일을 불러옵니다. 사각형 툴(▣)로 트럭 내부를 드래그하여 사각형을 만든 후 영역 텍스트 툴(Ⓣ)을 사각형 내부로 가져갑니다. 마우스 포인터가 Ⓘ 모양으로 바뀌면 사각형 내부를 클릭합니다. 사각형의 색상 정보가 사라지면서 기본 문자가 입력됩니다.

02 닫힌 오브젝트 내부에 문자 입력하기 영역 텍스트 툴( )로 QUICK DELIVERY를 입력하고 드래그하여 선택합니다. 캐릭터 패널에서 폰트를 Arial, 스타일을 Bold Italic, 크기를 24pt로 변경합니다.

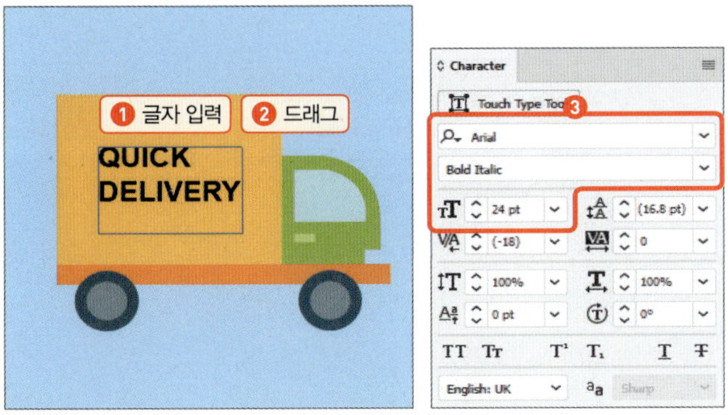

03 색상 변경하기 영역 텍스트 툴( )로 입력한 문자를 드래그하여 선택한 후 색상 견본 패널에서 흰색을 클릭하여 색상을 변경합니다.

04 중앙 정렬하기 텍스트 툴의 옵션 바에서 Paragraph를 중앙 정렬로 변경합니다.

05 줄 간격 늘리기 문자가 두 줄 모두 선택된 상태에서 캐릭터 패널의 줄 간격을 40pt로 설정하여 넓힙니다.

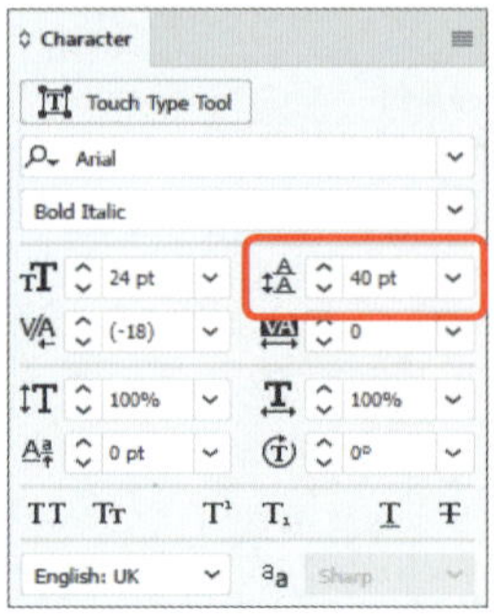

Tip 문자는 정형화된 도형 오브젝트뿐만 아니라 하트처럼 비정형 오브젝트에도 입력할 수 있습니다. 입력한 문자열에 빈 공간이 많으면 형태가 제대로 보이지 않으므로 띄어쓰기나 줄 바꿈을 하지 않고 입력하는 것이 보기에 좋습니다.

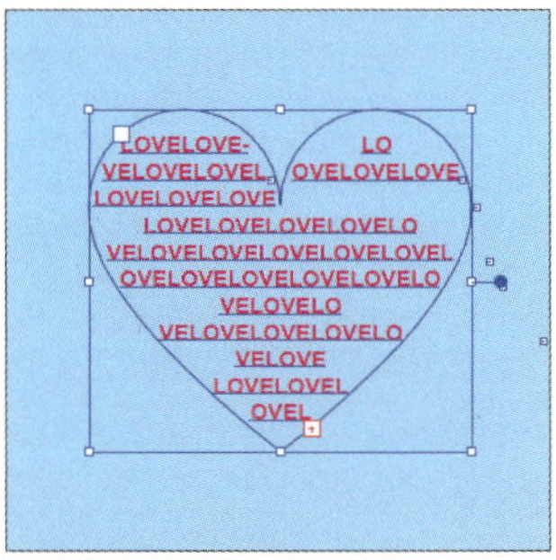

■ 불규칙적인 빈 공간이 생기지 않도록 꽉 채워 입력해야 안정적임

문자를 한 자 한 자 변형하기

01 문자 입력하기 Chapter_15 ▸ Section_01 ▸ t_type.ai 파일을 불러옵니다. 텍스트 툴(T)로 화면을 클릭한 후 BIG SALE을 두 줄로 입력하고 전체를 드래그합니다. 옵션 바에서 Paragraph를 중앙 정렬로 설정하고 캐릭터 패널에서 폰트를 Arial, 스타일을 Bold, 크기를 63pt로 변경합니다.

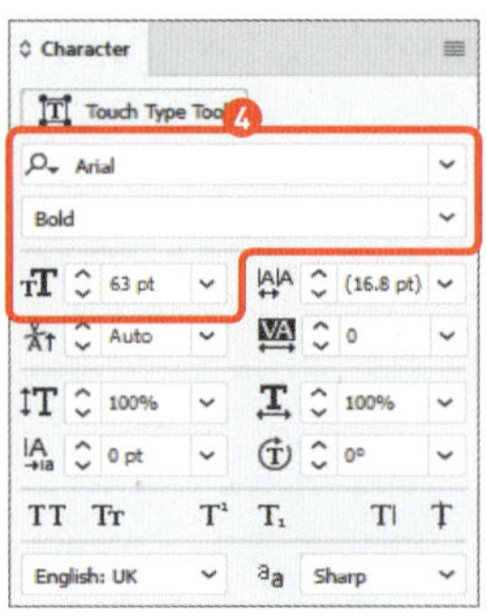

02 문자 색상 변경하기 텍스트 툴([T])로 한 문자씩 드래그하여 색상 견본 패널에서 면 색을 원하는 색으로 자유롭게 설정합니다.

03 개별 문자 가로/세로 조절하기 터치 텍스트 툴([터치 텍스트 툴 아이콘])로 문자 B를 클릭합니다. 자동으로 클릭한 문자 한 자만 선택됩니다. 그 상태에서 바운딩 박스의 오른쪽 하단을 드래그하여 너비를 늘리고 왼쪽 상단을 드래그하여 높이를 키웁니다.

04 개별 문자 회전시키기 터치 텍스트 툴([터치 텍스트 툴 아이콘])로 문자 B를 클릭한 상태에서 바운딩 박스의 오른쪽 상단을 드래그하여 대각선 방향으로 키웁니다. 마우스 포인터를 문자 위쪽의 작은 동그라미에 가져간 후 왼쪽으로 드래그하여 회전시킵니다.

05 개별 문자 폰트 변경하기 터치 텍스트 툴(⌶)로 문자 I를 클릭합니다. 바운딩 박스 아래에 자동으로 다른 폰트의 문자를 추천합니다. 원하는 폰트를 클릭하여 폰트를 변경합니다.

06 터치 텍스트 툴(⌶)로 나머지 문자를 선택하여 원하는 스타일로 변경합니다. 터치 텍스트 툴(⌶)로 문자를 변형시켜도 문자 속성은 그대로 유지됩니다.

Tip 문자를 일반 오브젝트로 변환하기(o_type.ai 파일 참고)

문자를 입력하여 완성한 ai 파일을 다른 사람에게 공유하거나 인쇄소로 보낼 때 받는 사람의 컴퓨터에 보내는 파일에 포함된 폰트가 없을 수 있습니다. 이럴 때는 문자의 폰트 속성을 해제하고 일반 오브젝트로 변환한 후 보내야 합니다. 문자를 일반 오브젝트로 변환하려면 메뉴 바에서 [Type]–[Create Outline]을 선택합니다. 문자가 문자처럼 생긴 도형으로 바뀝니다. 이때 변경된 문자는 그룹으로 묶인 상태입니다. 그룹을 해제하면 개별 문자를 따로 편집할 수 있습니다. 다만 한 가지 주의할 점은 문자를 일반 오브젝트로 변환하면 문자처럼 보일뿐 문자가 아니라는 점입니다. 실제로는 문자 속성이 사라진 상태이므로 다른 문자로 수정할 수 없습니다.

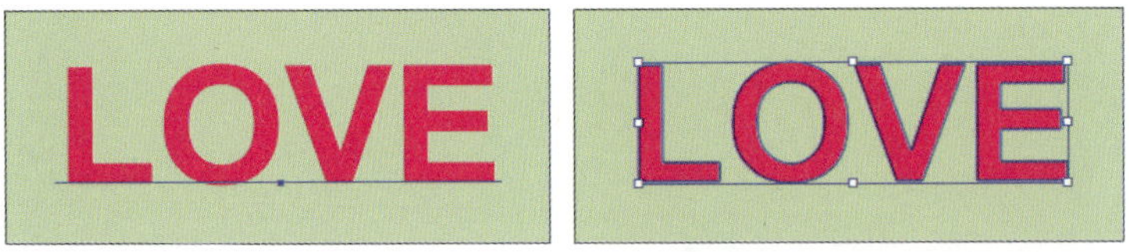

■ 문자를 일반 오브젝트로 변환

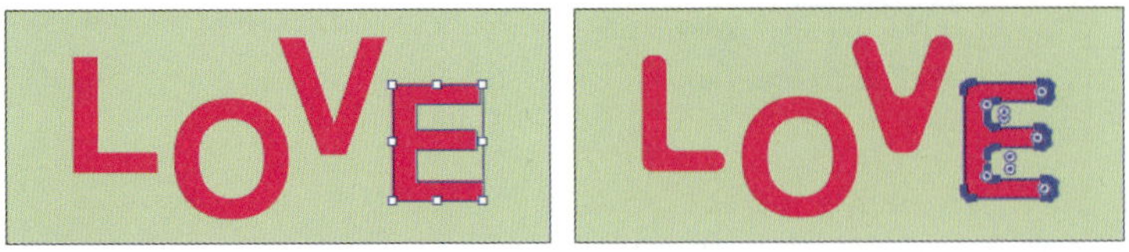

■ 그룹을 해제한 후 개별 오브젝트로 편집 가능

SECTION 02

문단 편집하기

• **핵심 기능 I** Area Type Option 메뉴, 패러그래프 패널

문단 만들고 이미지 삽입하기

01 문단 만들기 Chapter_15 ▸ Section_02 ▸ pic.ai 파일을 불러옵니다. 텍스트 툴(T)로 화면을 드래그합니다. 문단 영역이 생기며 영역 내부에 자동으로 문장이 입력됩니다.

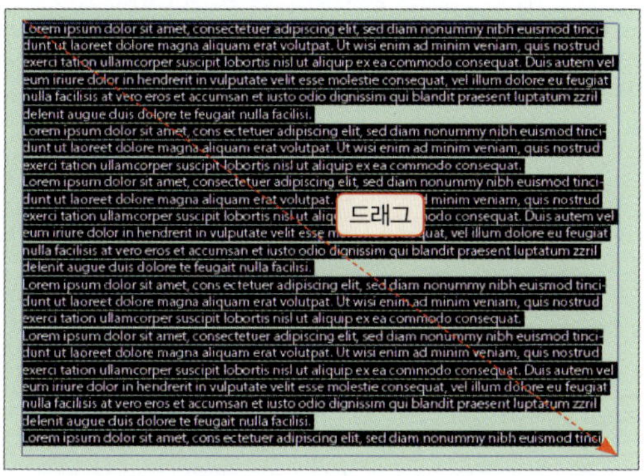

02 단 수 설정하기 메뉴 바에서 [Type]–[Area Type Options]를 선택합니다. 옵션 창에서 Columns의 Number를 2로 입력하고 〈OK〉를 클릭합니다. 문단이 2단으로 바뀝니다.

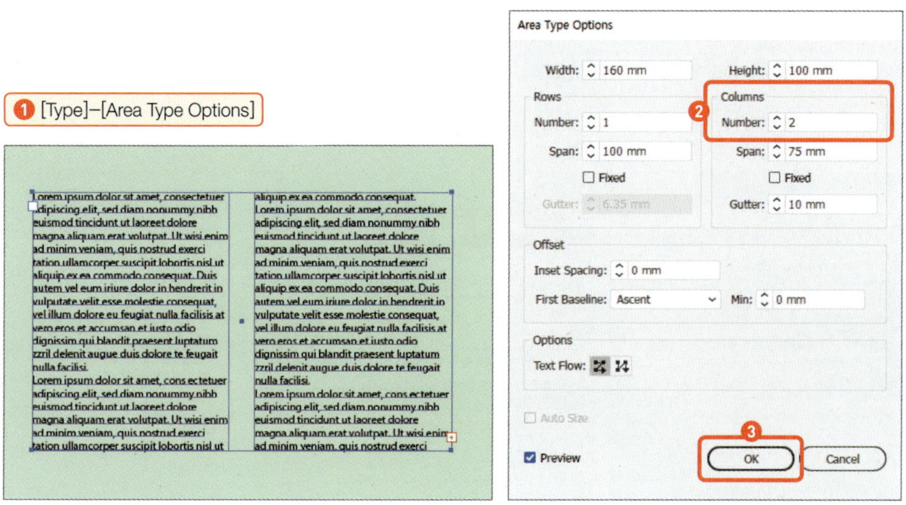

03 텍스트 붙여 넣기 윈도우에서 Chapter_15 ▸ Section_02 폴더의 stay.txt 파일을 더블클릭하여 엽니다. 메모장이 열리면 Ctrl+A, Ctrl+C를 눌러 전체 문장을 복사합니다. 일러스트레이터 작업 화면으로 돌아와 Ctrl+V를 눌러 기존 문장을 지우고 복사한 문장을 붙여 넣습니다. 단을 2단으로 설정했으므로 문장이 자동으로 양쪽에 입력됩니다.

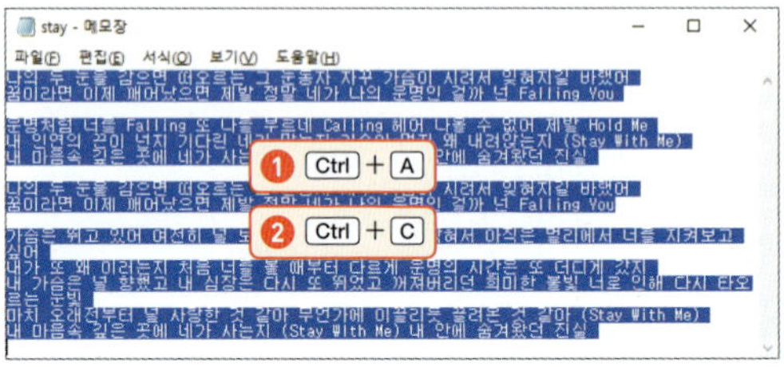

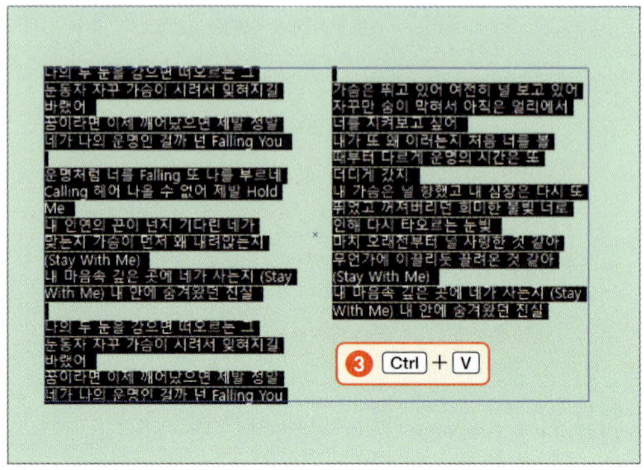

04 문장 정렬하기 전체 문장이 선택된 상태로 메뉴 바에서 [Window]-[Type]-[Paragraph]를 선택합니다. 패러그래프 패널이 열리면 마지막 행 왼쪽 정렬(≣)을 클릭하여 문장을 정렬합니다.

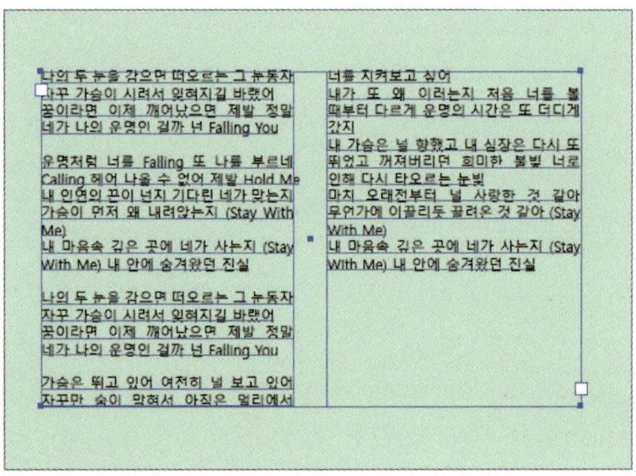

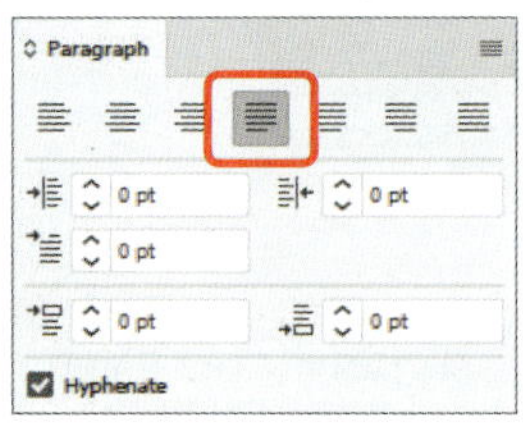

05 이미지 불러오기 메뉴 바에서 [File]-[Place]를 선택하고 Chapter_15 ▸ Section_02 ▸ star.jpg 파일을 불러온 후 문단의 왼쪽 상단 모서리를 시작점으로 드래그하여 이미지를 삽입합니다. 선택 툴(▶)로 Shift를 누른 채 불러온 이미지와 문단을 모두 선택합니다.

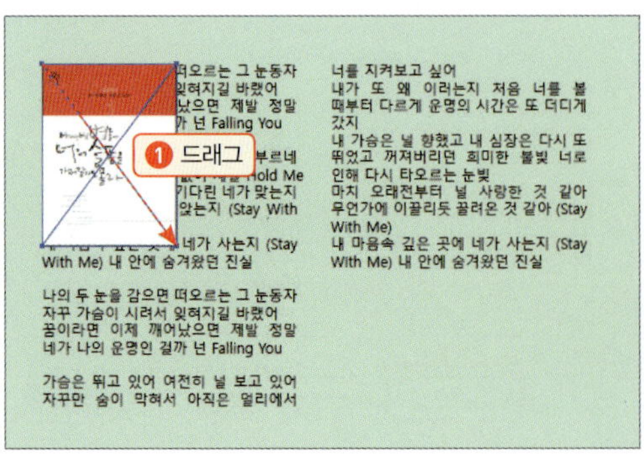

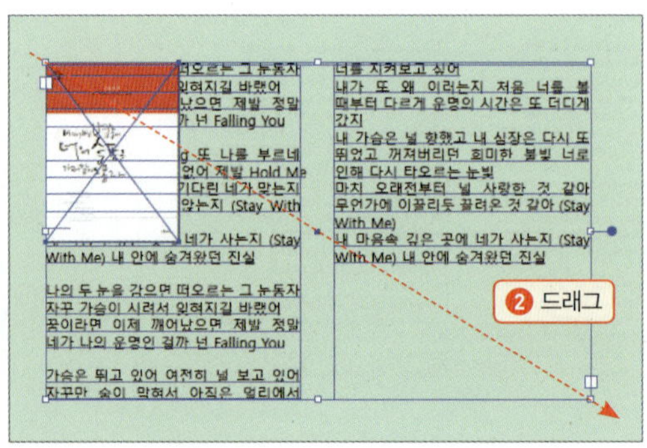

06 이미지에 여백을 설정하고 문단에 연결하기 메뉴 바에서 [Object]–[Text Warp]–[Text Warp Options]를 선택하고 Offset을 10pt로 설정한 후 〈OK〉를 클릭합니다. 다시 메뉴 바에서 [Object]–[Text Warp]–[Make]를 선택하면 이미지 상하좌우에 여백이 10pt 만큼 생기고 이미지가 문단에 자연스럽게 연결됩니다.

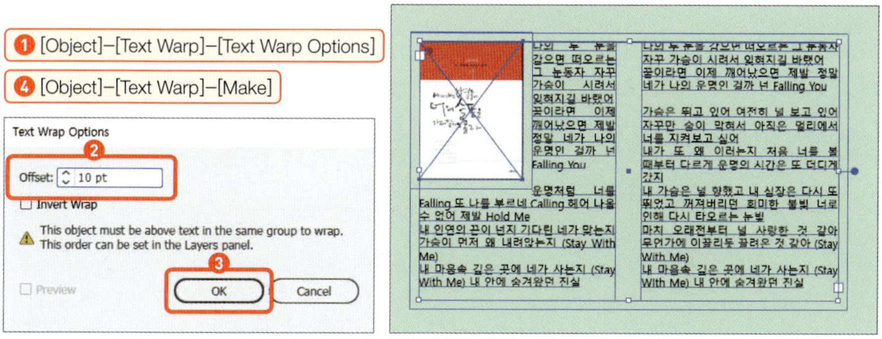

07 이미지 옮기기 선택 툴(▶)로 이미지를 선택한 후 다른 곳으로 옮겨 봅니다. 위치가 바뀌어도 이미지는 상하좌우 여백이 유지됩니다.

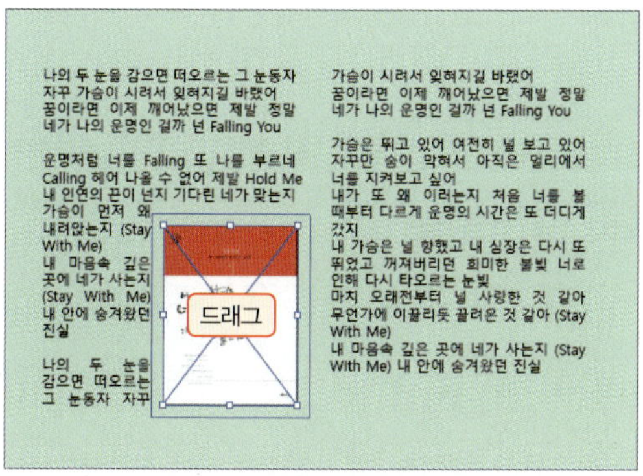

08 이미지와 문단 연결 해제하기 메뉴 바에서 [Object]–[Text Warp]–[Release]를 선택합니다. 처음 이미지를 불러온 상태와 같이 문단과 이미지가 분리됩니다.

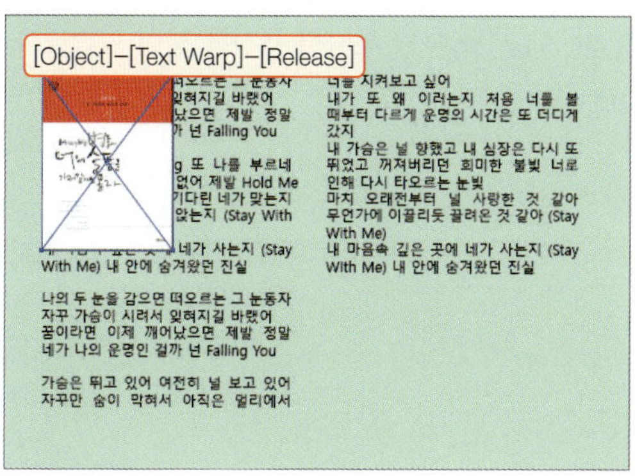

분리된 문단 연결하기

01 1단 문단 만들기 Chapter_15 ▸ Section_02 ▸ para.ai 파일을 불러옵니다. 텍스트 툴([T])로 화면을 드래그하여 문단 영역을 만듭니다. 메뉴 바에서 [Type]–[Area Type Options]를 선택하고 Column의 Number를 1로 입력한 후 〈OK〉를 클릭합니다.

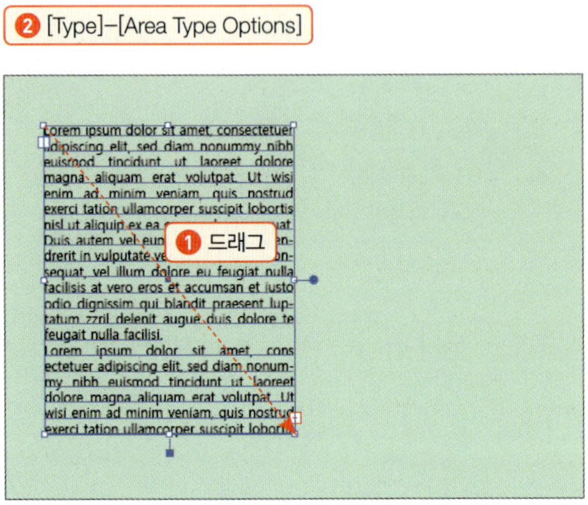

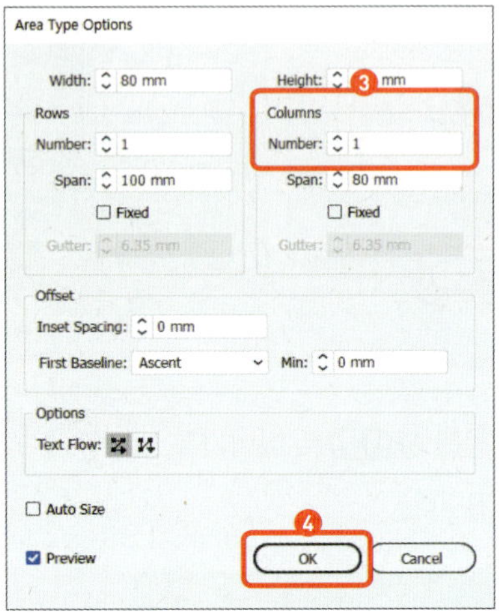

02 1단 문단 복제하기 선택 툴([▶])로 앞서 만든 문단 영역을 선택하고 [Alt]를 누른 채 드래그하여 복제합니다.

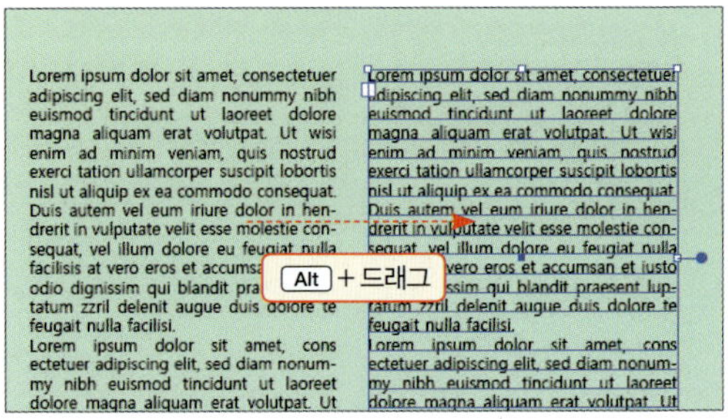

03 텍스트 붙여 넣기 텍스트 툴([T])로 왼쪽 문단 영역을 드래그하여 선택합니다. 윈도우에서 Chapter_15 ▸ Section_02 폴더의 stay.txt 파일을 더블클릭하여 메모장을 열고 [Ctrl]+[A], [Ctrl]+[C]를 눌러 전체 문장을 복사합니다. 일러스트레이터 작업 화면으로 돌아와 왼쪽 문단에 [Ctrl]+[V]를 눌러 복사한 문장을 붙여 넣습니다. 텍스트가 문단 영역을 벗어났다는 표시로 빨간색 [+] 마크가 나타납니다.

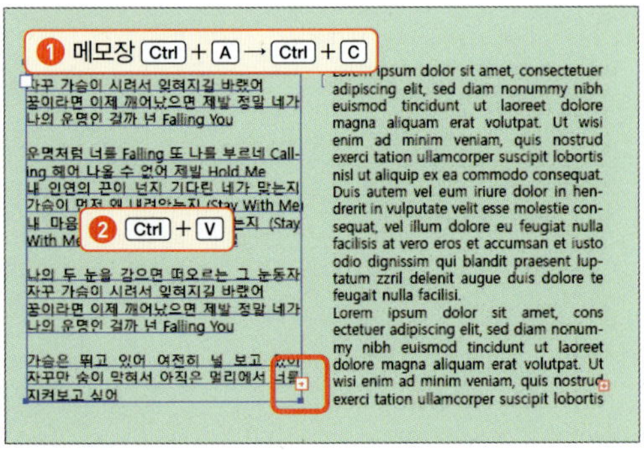

04 문단 연결하기 텍스트 툴(T)로 오른쪽 문단 영역을 드래그한 후 Delete 를 눌러 삭제합니다. 선택 툴(▶)로 오른쪽 빈 문단 영역의 왼쪽 사각 박스를 클릭합니다. 마우스 포인터가 모양으로 바뀌면 왼쪽 문단 영역 하단의 빨간색 마크로 마우스 포인터를 가져갑니다. 마우스 포인터가 모양으로 바뀌면 클릭합니다.

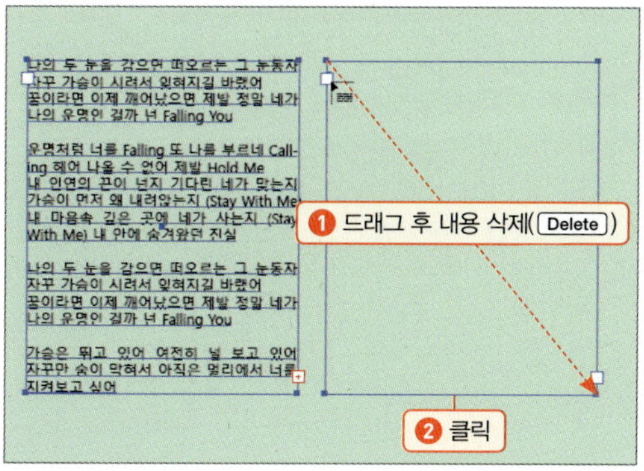

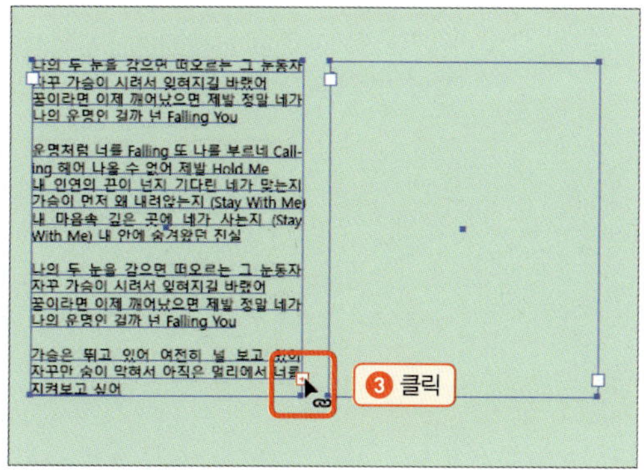

05 문단 영역 2개가 연결되어 첫 번째 문단 영역 하단에 숨겨졌던 문장이 오른쪽 문단 영역으로 올라옵니다.

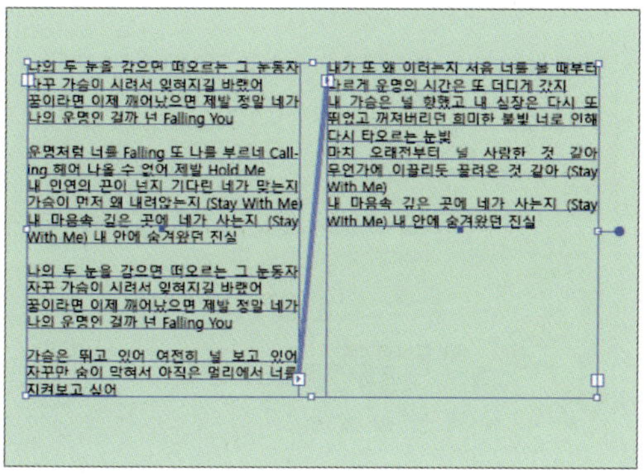

06 문단 분리하기 선택 툴(▶)로 오른쪽 문단 영역 왼쪽 상단의 사각 박스를 클릭한 후 왼쪽 문단 영역과 연결된 선을 따라가면 마우스 포인트가 체인이 해제된 모양이 됩니다. 이때 클릭하면 원래대로 문단이 분리됩니다.

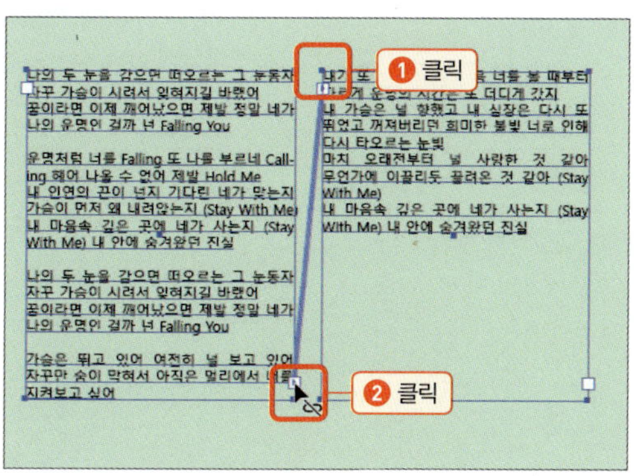

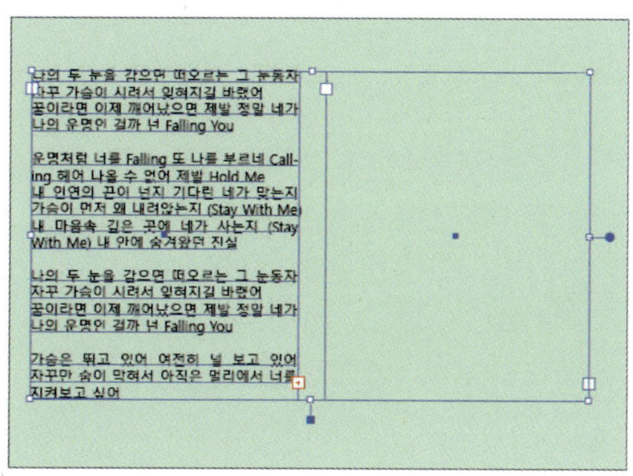

SECTION

03 문자 변형하기

• **핵심 기능 I** Envelope Distort 메뉴

율동감 있는 문자 만들기

01 문자 입력하기 Chapter_15 ▸ Section_03 ▸ warp.ai 파일을 불러옵니다. 텍스트 툴(T)로 화면을 클릭하여 Thank You!를 입력하고 드래그한 후 캐릭터 패널에서 폰트를 Arial, 스타일을 Bold, 크기를 24pt로 설정합니다. 색상 견본 패널에서 면 색을 흰색으로 선택하여 색상을 변경합니다.

02 문자 복제하기 선택 툴(▶)로 입력한 문자를 클릭하여 선택하고 Alt를 누른 채 아래로 드래그하여 문자를 2개 더 복제합니다.

03 워프 스타일 적용하기 선택 툴(▶)로 첫 번째 문자를 클릭하여 선택하고 메뉴 바에서 [Object]–[Envelope Distort]–[Make with Warp]를 선택합니다. 옵션 창이 열리면 Style 목록을 펼쳐 다양한 형태의 워프 스타일을 확인합니다. Arc를 선택하고 Bend를 50%로 입력한 후 〈OK〉를 클릭합니다. 나머지 문자 2개도 같은 방법으로 워프 스타일을 적용해 봅니다.

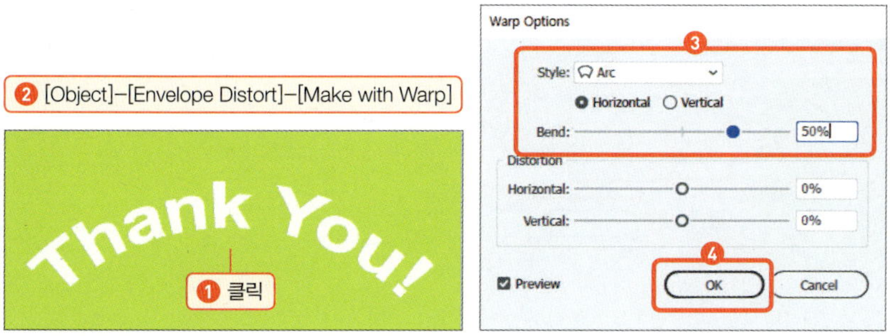

■ Arc 스타일

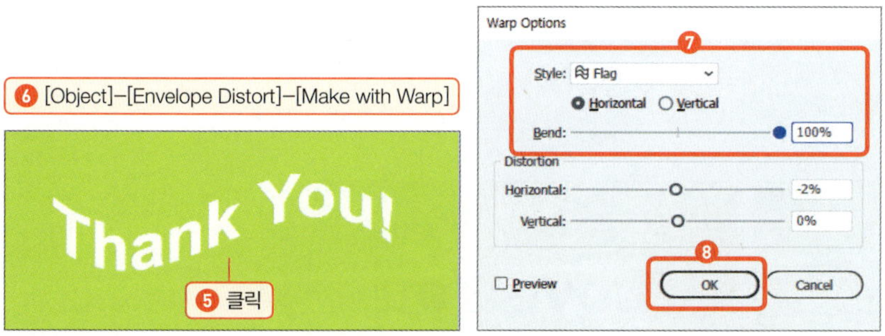

■ Flag 스타일

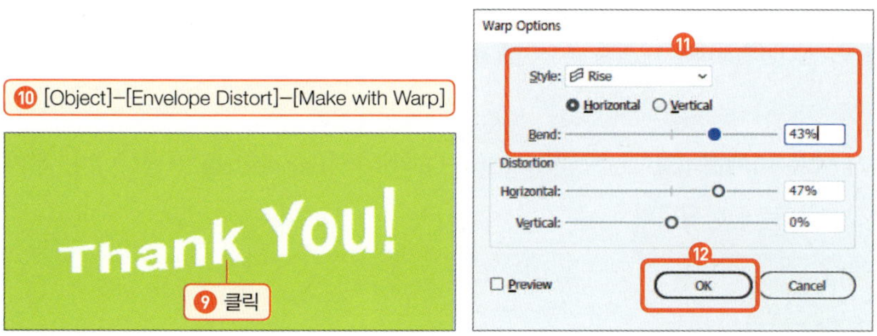

■ Rise 스타일

04 문자 변형하기 선택 툴(▶)로 첫 번째 문자를 클릭하여 선택하고 메뉴 바에서 [Object]–[Envelope Distort]–[Reset with Mesh]를 선택합니다. 옵션 창에서 메시의 Rows(행 수)를 2, Columns(열 수)를 6으로 입력하고 〈OK〉를 클릭합니다. 문자에 메시가 생기면 직접 선택 툴(▷)로 개개의 앵커 포인트를 자유롭게 드래그하여 문자 모양을 변형합니다.

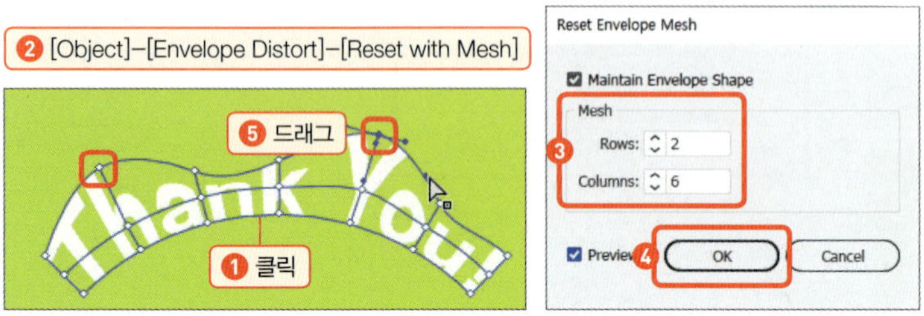

05 문자 수정하기 문자를 변형해도 문자 속성은 그대로 남아 있습니다. 선택 툴(▶)로 문자를 선택한 후 옵션 바에서 Edit Contents(▣)를 클릭하면 텍스트 모드로 전환됩니다. 텍스트 툴(T)을 클릭하고 Love You를 다시 입력합니다.

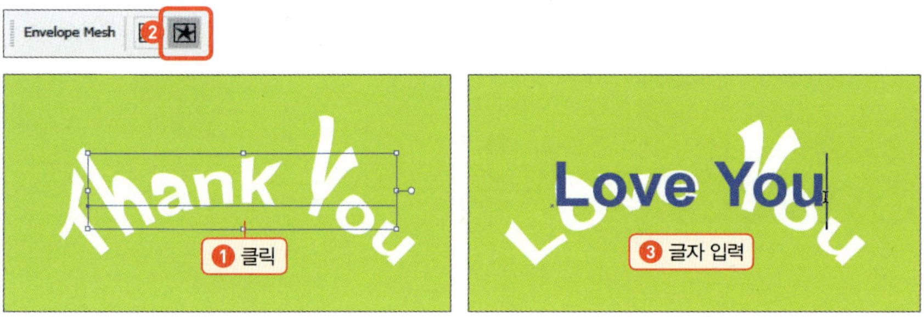

Tip 문자를 수정한 후 다시 형태를 변형하고 싶다면 옵션 바에서 Edit Envelope(▣)를 클릭합니다.

06 일반 오브젝트로 변환하기 메뉴 바에서 [Object]–[Envelope Distort]–[Expand]를 선택합니다. 문자 속성이 사라지고 문자 형태의 오브젝트로 변환됩니다.

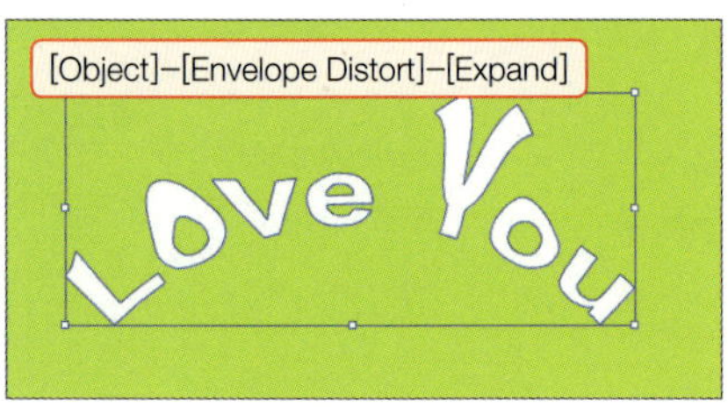

비정형 오브젝트 안에 문자 입력하기

01 하트 오브젝트 조각내기 Chapter_15 ▸ Section_03 ▸ love.ai 파일을 불러옵니다. 나이프 툴( )로 다음과 같이 드래그하여 하트 오브젝트를 조각냅니다.

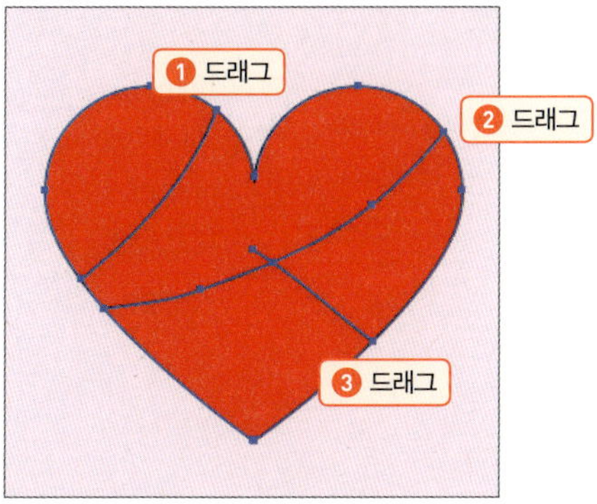

02 불필요한 패스 제거하기 구분한 영역에서 튀어나간 패스는 불필요하므로 셰이퍼 빌더 툴( )을 선택한 후 Alt 를 누른 채 해당 패스를 드래그하여 제거합니다.

03 문자 입력하고 색상 지정하기 텍스트 툴(T)로 하트의 윗부분을 클릭한 후 LOVE를 입력합니다. 선택 툴( )로 입력한 문자를 선택하고 Alt 를 누른 채 드래그하여 문자를 3개 더 복제합니다. 선택 툴( )로 문자 4개를 드래그한 후 캐릭터 패널에서 폰트, 스타일, 크기를 원하는 대로 설정합니다. 각 문자의 색상은 색상 패널에서 각각 다른 색상으로 채웁니다.

04 하트 오브젝트 위로 보내기 선택 툴(▶)로 조각난 하트를 드래그하여 모두 선택한 후 마우스 오른쪽 버튼을 클릭하고 [Arrange]−[Bring to Front]를 선택합니다.

05 조각에 문자 삽입하기 선택 툴(▶)로 Shift를 누른 채 하트의 첫 번째 조각과 첫 번째 문자를 함께 선택합니다. 메뉴 바에서 [Object]−[Envelope Distort]−[Make with Top Object]를 선택합니다. 첫 번째 조각 내부에 문자가 삽입됩니다.

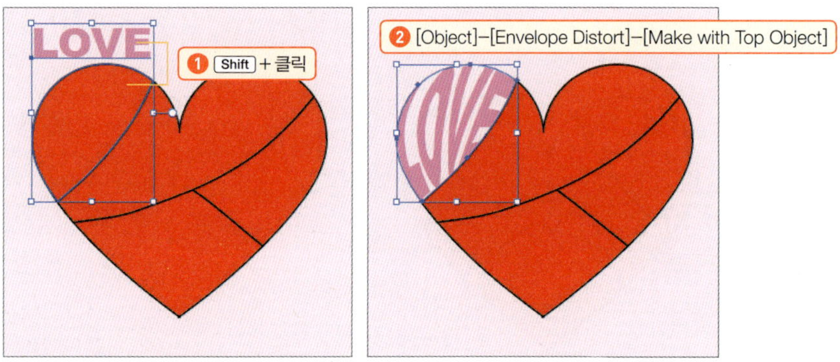

06 같은 방법으로 나머지 조각에도 문자를 삽입하여 타이포그래피를 완성합니다.

CHAPTER

16

입체 표현과 그래프

01 / **3D 입체 오브젝트 만들기** ▶ 3D 메뉴
02 / **원근 투시로 건물 그리기** ▶ 원근 그리기 툴
03 / **막대그래프 만들기** ▶ 막대그래프 툴
04 / **꺾은선그래프 만들기** ▶ 꺾은선그래프 툴

SECTION 01

3D 입체 오브젝트 만들기

- **핵심 기능** I 3D 메뉴

3D Extrude&Bevel 옵션 창

3D Extrude&Bevel 옵션 창에서는 선택한 오브젝트를 3차원 입체 형태로 만들고 미리 만들어 둔 심벌을 입체 면에 매핑하는 작업을 할 수 있습니다. 옵션 창은 메뉴 바에서 [Effect]-[3D]-[Extrude&Bevel]을 선택하면 나타납니다.

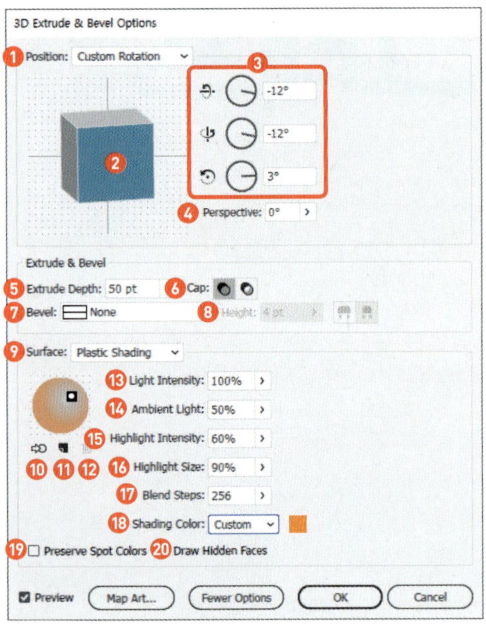

■ 3D Extrude&Bevel 옵션 창

❶ **Position** 3D 오브젝트의 좌표와 위치를 설정합니다.

❷ **3D 큐브** 3D 큐브를 직접 돌려 3D 오브젝트의 좌표와 위치를 설정합니다.

❸ **X, Y, Z** X축, Y축, Z축의 각도를 직접 입력하여 3D 오브젝트의 좌표와 위치를 설정합니다.

❹ **Perspective** 각도를 입력하여 3D 오브젝트의 원근감을 조절합니다.

❺ **Extrude Depth** Z축을 중심으로 3D 오브젝트의 돌출되는 정도를 설정합니다.

❻ **Cap** 오브젝트 내부를 채울지 비울지 선택합니다.

❼ **Bevel** 모서리 형태를 선택합니다.

❽ **Height** 모서리 높이를 조절합니다.

❾ **Surface** 오브젝트의 질감과 조명을 설정합니다.

❿ **Light to Back** 선택한 조명을 뒤에 배치합니다.

⓫ **New Light** 조명을 추가합니다.

⓬ **Delete Light** 조명을 제거합니다.

⓭ **Light Intensity** 조명 강도를 조절합니다.

⑭ Ambient Light 주변 영역의 빛 양을 조절합니다.

⑮ Highlight Intensity 가장 밝은 부분의 강도를 설정합니다.

⑯ Highlight Size 가장 밝은 부분의 크기를 조절합니다.

⑰ Blend Steps 렌더링 단계를 조절합니다.

⑱ Shading Color 어두운 부분의 채색 색상을 설정합니다.

⑲ Preserve Spot Colors 오브젝트의 색상을 보존합니다.

⑳ Draw Hidden Faces 화면에 보이지 않는 부분까지 렌더링합니다.

3D 입체 문자 만들고 점무늬 입히기

01 심벌 만들기 Chapter_16 ▸ Section_01 ▸ 3Dtext.ai 파일을 불러옵니다. 사각형 툴(▢)을 선택하고 색상 패널에서 면 색과 선 색을 다음과 같이 설정합니다. Alt + Shift 를 누른 채 드래그하여 정사각형을 만듭니다. 원형 툴(◯)을 선택하고 면 색을 흰색, 선 색을 색상 없음으로 설정한 후 Alt + Shift 를 누른 채 드래그하여 아주 작은 정원을 그립니다.

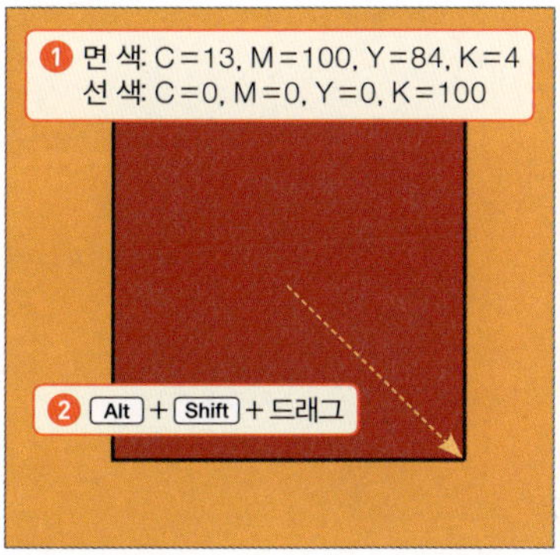

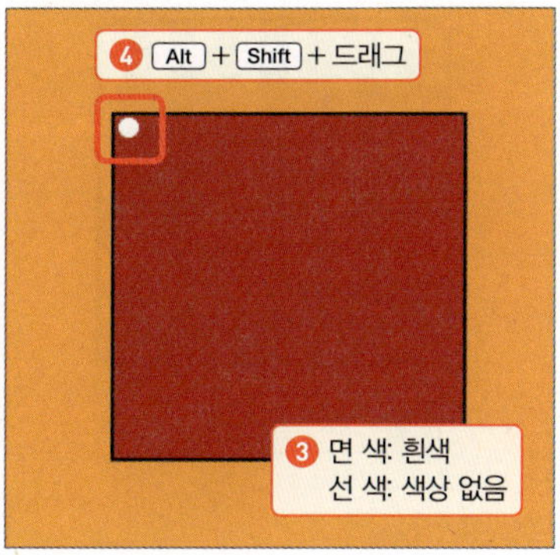

02 선택 툴(▶)로 원을 선택하고 Alt 를 누른 채 드래그하는 작업을 반복하여 원이 사각형 끝까지 꽉 차도록 복제합니다. 되도록 맨 처음 원과 끝 원을 사각형 쪽에 바짝 붙입니다. 바로 이어 간격을 동일하게 맞출 것이므로 간격은 조금 달라도 상관없습니다.

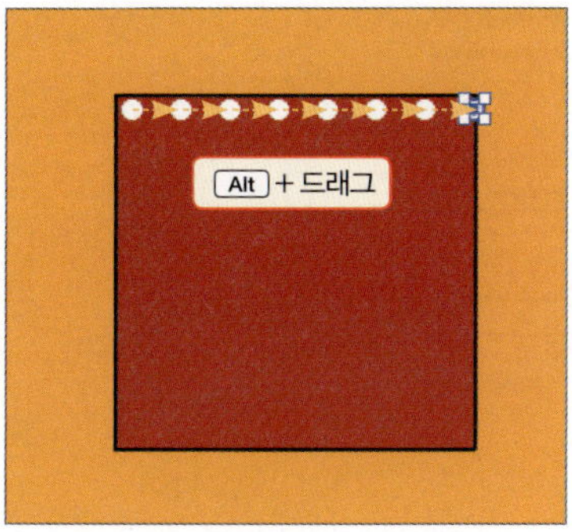

03 원과 원의 간격을 동일하게 맞춰야 하므로 선택 툴(▶)로 Shift를 누른 채 모든 원을 클릭하여 선택합니다. 옵션 바에서 정렬 범위를 Align to Selection으로 설정하고 정렬 패널에서 수평 가운데 분배(⫼)를 클릭합니다.

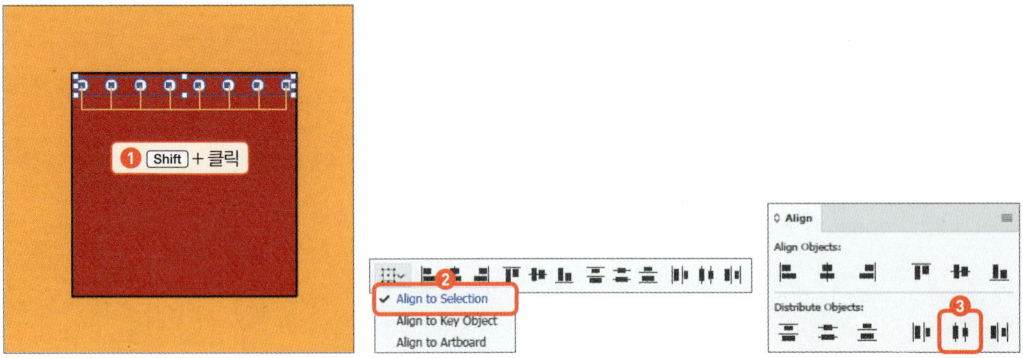

04 모든 원이 선택된 상태에서 선택 툴(▶)로 Alt를 누른 채 드래그하여 한 줄짜리 원을 복제합니다. Ctrl + D를 7번 눌러 사각형 내부가 꽉 차도록 복제합니다.

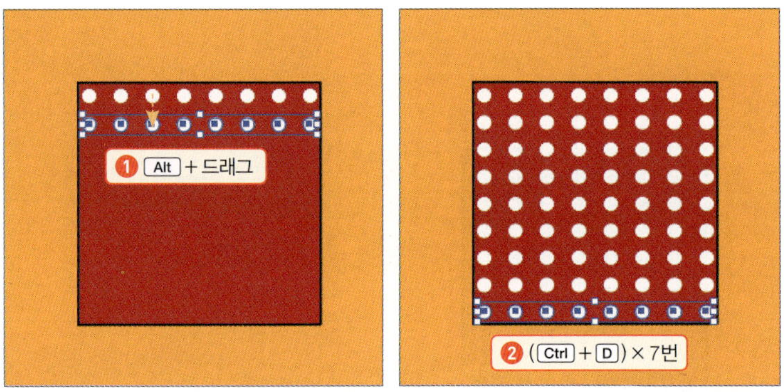

05 **심벌 등록하기** 선택 툴(▶)로 사각형과 원 전체를 드래그하여 선택하고 심벌 패널로 드래그하여 등록합니다. 옵션 창이 뜨면 Export Type을 Graphic으로 변경하고 〈OK〉를 클릭합니다.

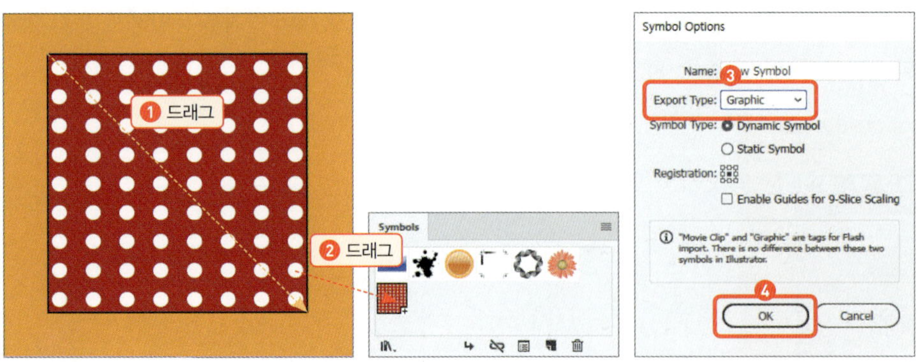

06 문자 입력하기 텍스트 툴(T)로 화면을 클릭한 후 SALE을 입력하고 캐릭터 패널에서 폰트를 Arial, 스타일을 Black, 크기를 86pt로 설정합니다. 색상 패널에서 면 색을 C=19, M=15, Y=16, K=0, 선 색을 색상 없음으로 설정합니다.

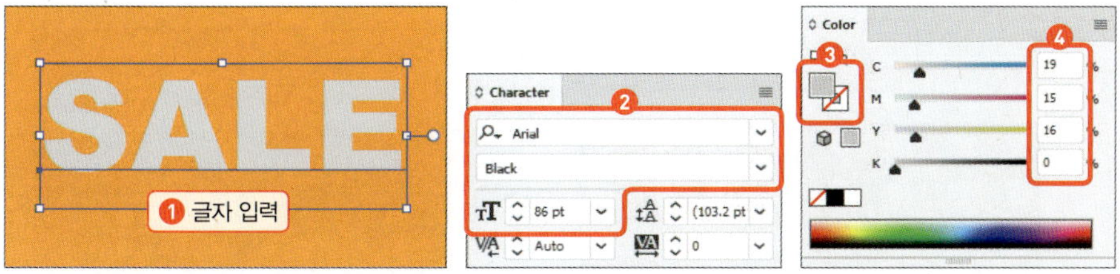

07 문자를 일반 오브젝트로 바꾸기 메뉴 바에서 [Type]–[Create Outline]를 선택합니다. 문자 속성이 해제되고 일반 오브젝트로 바뀝니다. Ctrl+Shift+G를 눌러 그룹을 해제합니다.

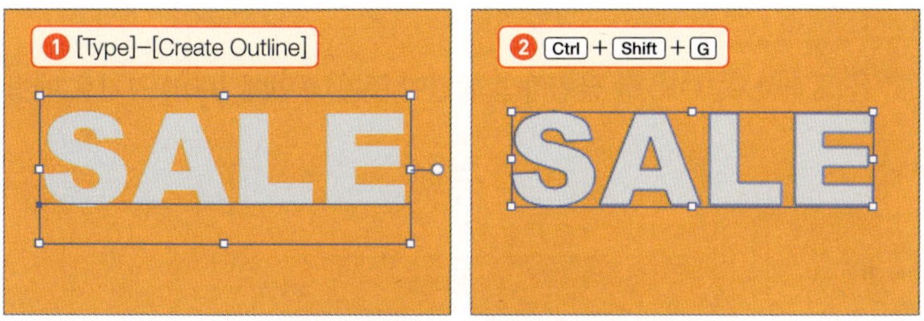

08 3D 입체 문자로 바꾸기 메뉴 바에서 [Effect]–[3D]–[Extrude&Bevel]을 선택합니다. 옵션 창에서 Preview를 체크하여 입체 문자를 미리 볼 수 있도록 하고 X축과 Y축은 각각 -12°, Z축은 3°로 설정합니다.

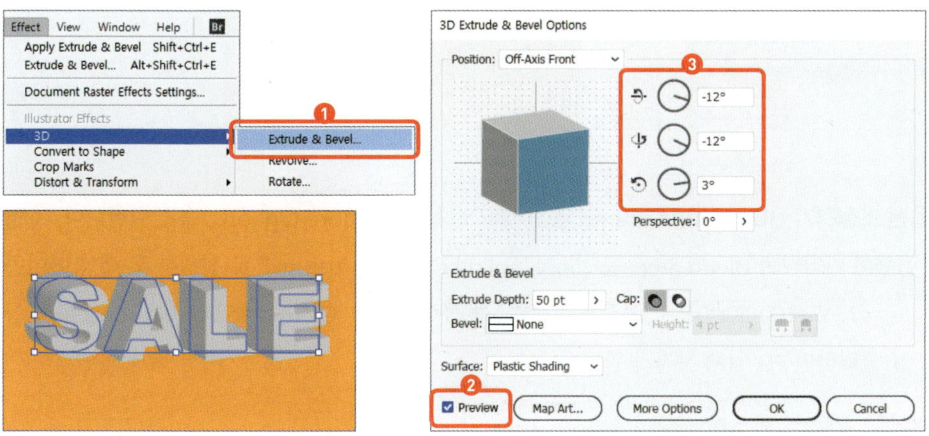

09 심벌 매핑하기 옵션 창에서 〈Map Art〉를 클릭하여 Map Art 옵션 창을 엽니다. Symbol 목록을 펼쳐 방금 등록한 심벌을 선택합니다.

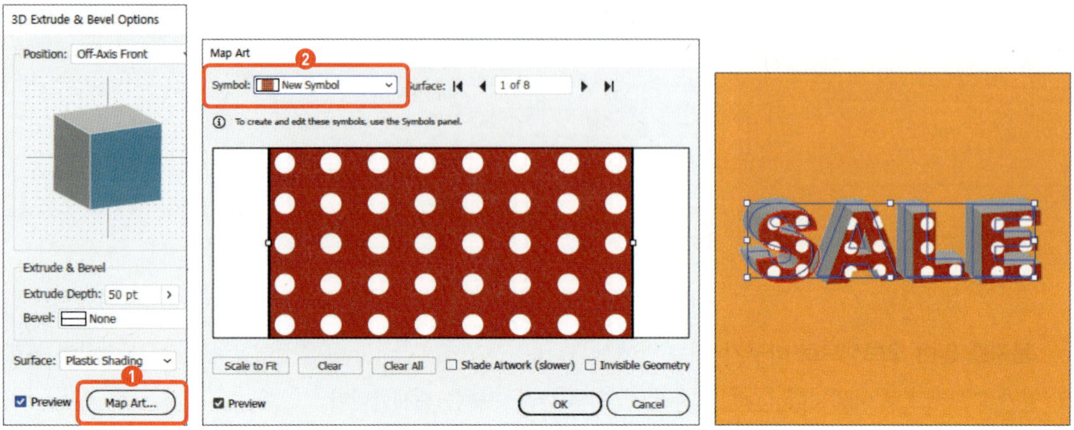

10 매핑 크기 조절하기 〈Scale to Fit〉를 클릭하고 〈OK〉를 클릭하면 심벌이 문자 표면에 100% 크기로 매핑됩니다.

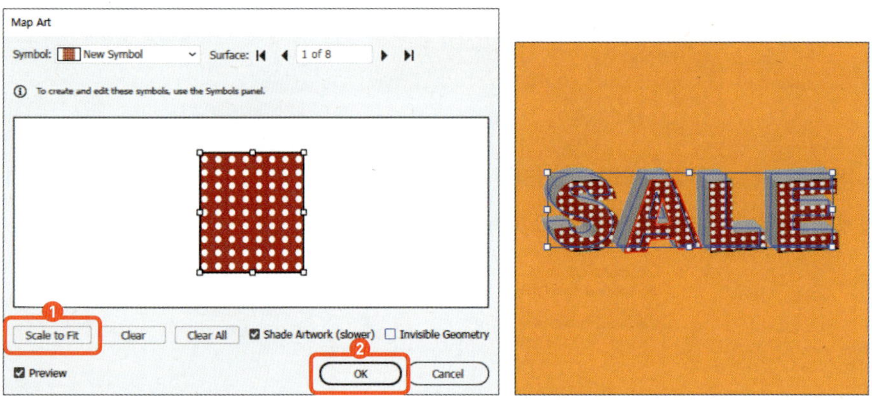

11 조명 세부 옵션 조절하기 3D Extrude&Bevel 옵션 창으로 돌아와 〈More Options〉을 클릭합니다. 조명을 조절하는 세부 옵션이 나타나면 Blend Steps를 256, Shading Color를 Custom으로 선택한 후 색상 아이콘을 클릭하여 C=0, M=47, Y=100, K=0으로 설정하고 〈OK〉를 클릭합니다. 다시 3D Extrude&Bevel 옵션 창으로 돌아와 〈OK〉를 클릭하면 3D 입체 문자가 완성됩니다.

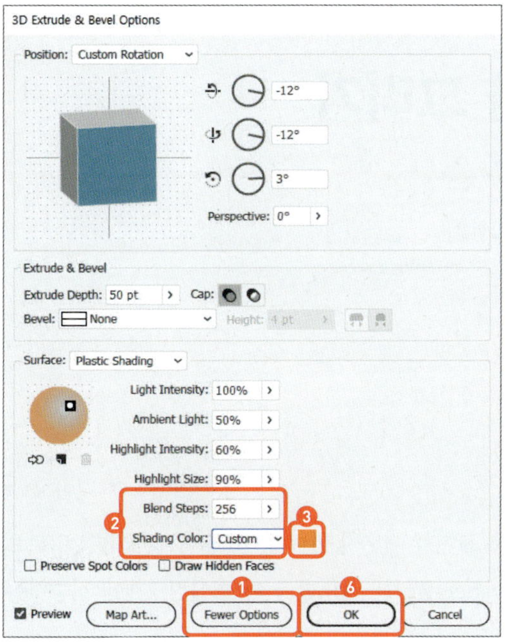
3D Extrude & Bevel Options
Position: Custom Rotation
-12°
-12°
3°
Perspective: 0°
Extrude & Bevel
Extrude Depth: 50 pt
Cap:
Bevel: None
Height: 4 pt
Surface: Plastic Shading
Light Intensity: 100%
Ambient Light: 50%
Highlight Intensity: 60%
Highlight Size: 90%
Blend Steps: 256
Shading Color: Custom
Preserve Spot Colors
Draw Hidden Faces
Preview
Map Art...
Fewer Options
OK
Cancel
1
2
3
6

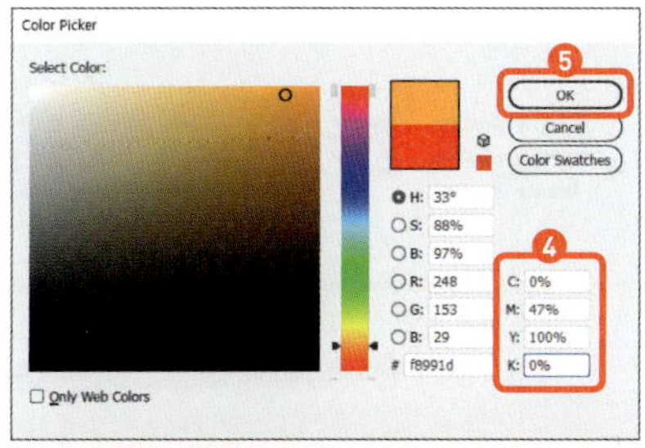
Color Picker
Select Color:
OK
Cancel
Color Swatches
H: 33°
S: 88%
B: 97%
R: 248
G: 153
B: 29
f8991d
C: 0%
M: 47%
Y: 100%
K: 0%
Only Web Colors
4
5

SALE

SECTION 02

원근 투시로 건물 그리기

• **핵심 기능 |** 원근 그리드 툴(단축키 Shift+P)

원근 그리드 툴의 옵션

원근 그리드 툴( )은 오브젝트에 원근감을 주어 입체적으로 표현할 때 사용합니다. 이 툴을 클릭하면 기본으로 2점 투시가 화면에 생성됩니다. 2점 투시(Two Point Perspective)는 작도한 선이 소실점 2개에 집중하는 형태로 건물 같은 3차원 공간을 나타낼 때 사용합니다.

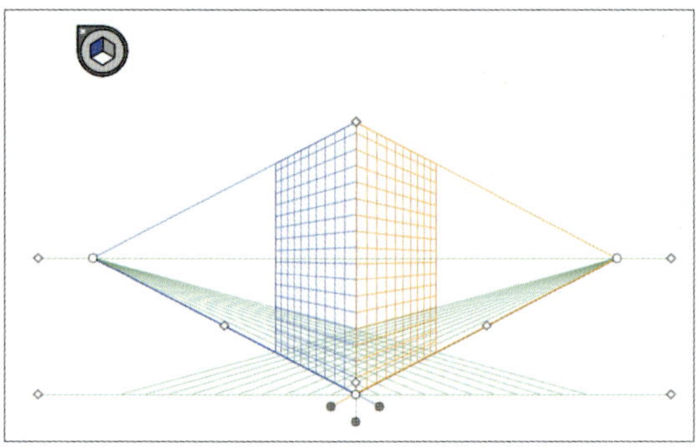

■ 2점 투시

Tip 1점 투시와 3점 투시

메뉴 바에서 [View]–[Perspective Grid]를 선택하면 1점 투시 또는 3점 투시로 변경할 수 있습니다. 1점 투시(One Point Perspective)는 대상을 화면에 평행하게 놓을 때 사용하고 3점 투시(Three Point Perspective)는 대상을 내려다보거나 올려다보는 모습으로 표현할 때 사용합니다.

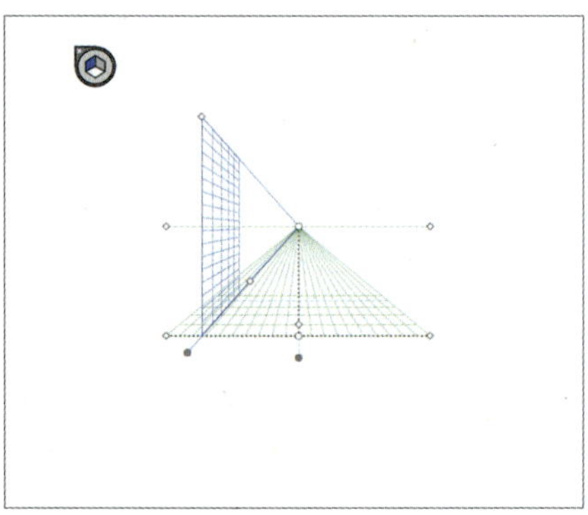

■ 1점 투시

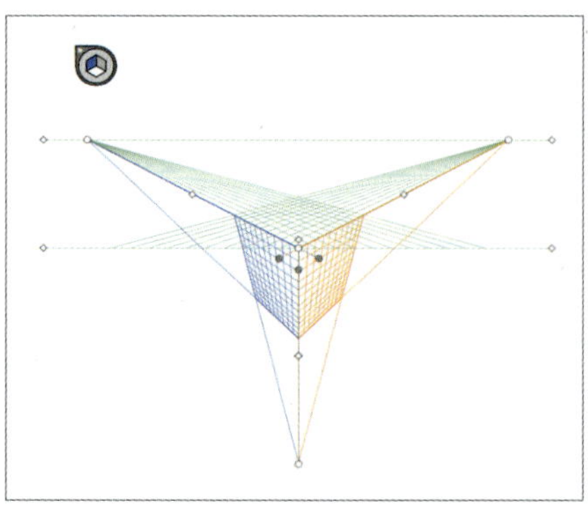

■ 3점 투시

2점 투시의 구성은 다음과 같습니다.

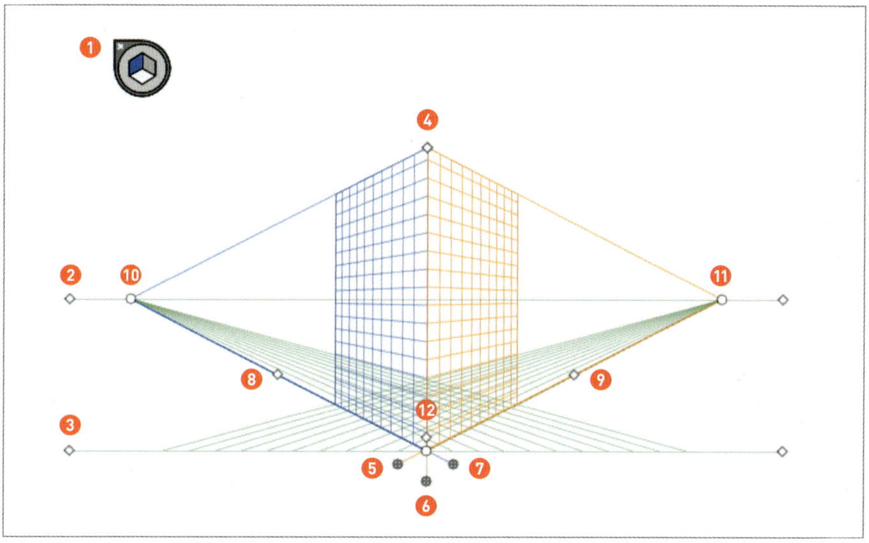

■ 2점 투시의 구성

❶ **평면 전환 위젯** 원근 그리드의 활성화된 면을 선택합니다.

❷ **수평 라인** 수평 라인의 위치를 조절합니다.

❸ **접지 레벨** 원근 그리드의 위치를 조절합니다.

❹ **수직 그리드 범위** 그리드 높낮이를 조절하여 전체 범위를 제어합니다.

❺ **오른쪽 그리드 평면 컨트롤** 오른쪽 그리드의 영역을 조절합니다.

❻ **가로 그리드 평면 컨트롤** 가로 그리드를 조절하여 원근의 높이를 조절합니다.

❼ **왼쪽 그리드 평면 컨트롤** 왼쪽 그리드의 영역을 조절합니다.

❽ **왼쪽 그리드 범위** 왼쪽 그리드의 범위를 조절합니다.

❾ **오른쪽 그리드 범위** 오른쪽 그리드의 범위를 조절합니다.

❿ **왼쪽 소실점** 소실점을 옮겨 왼쪽 그리드의 각도를 조절합니다.

⓫ **오른쪽 소실점** 소실점을 옮겨 오른쪽 그리드의 각도를 조절합니다.

⓬ **그리드 셀 크기** 그리드의 셀 크기를 조절합니다.

메뉴 바에서 [View]-[Perspective Grid]-[Define Grid]를 선택하면 Define Perspective Grid 옵션 창이 나타납니다. 옵션 창에서 원근 그리드의 세부 옵션을 설정할 수 있습니다.

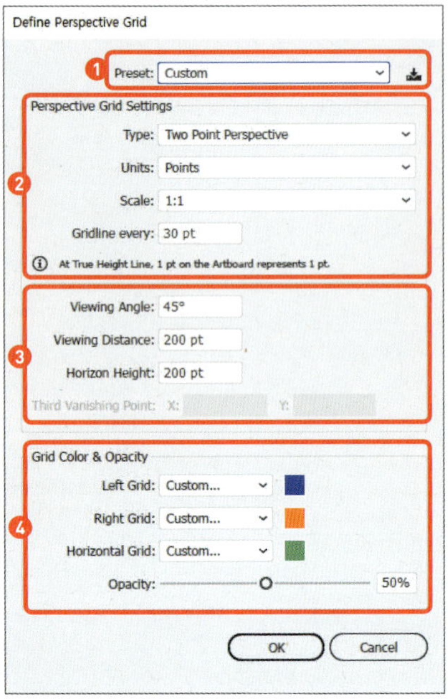

■ Define Perspective Grid 창

❶ **Preset** 원근 그리드의 종류를 선택합니다. 사용자 정의 그리드, 1점 투시, 2점 투시, 3점 투시 중 하나를 선택할 수 있습니다. 원근 격자 툴( )을 클릭하면 기본으로 2점 투시가 화면에 나타납니다.

❷ **Perspective Grid Settings** 그리드의 타입, 단위, 크기 비율, 그리드 간격 선의 크기를 조절합니다.

❸ **Viewing Angle, Viewing Distance, Horizon Height** 보이는 면의 각도와 거리, 전체 그리드의 범위를 조절합니다.

❹ **Grid color&Opacity** 그리드의 색상과 불투명도를 조절합니다.

원근 그리드 툴로 건물 그리기

01 **2점 투시 만들기** Chapter_16▸Section_02▸perspective.ai 파일을 불러옵니다. 원근 그리드 툴( )을 클릭하여 화면에 그리드가 나타나게 합니다. 선택 툴( )로 불러온 파일을 모두 드래그하여 그리드 오른쪽 상단으로 옮깁니다.

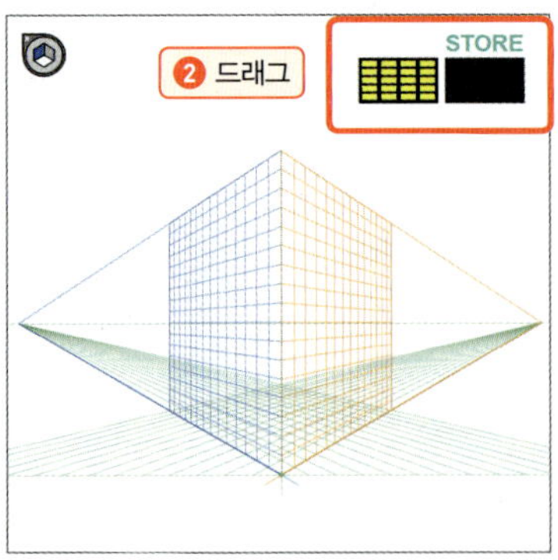

02 왼쪽 벽면 만들기 평면 전환 위젯의 왼쪽 면을 클릭하여 왼쪽 그리드를 활성화시킵니다. 사각형 툴(▢)로 그리드에 맞춰 드래그하여 벽면을 그립니다. 색상 패널에서 면 색을 검은색, 선 색을 색상 없음으로 설정합니다.

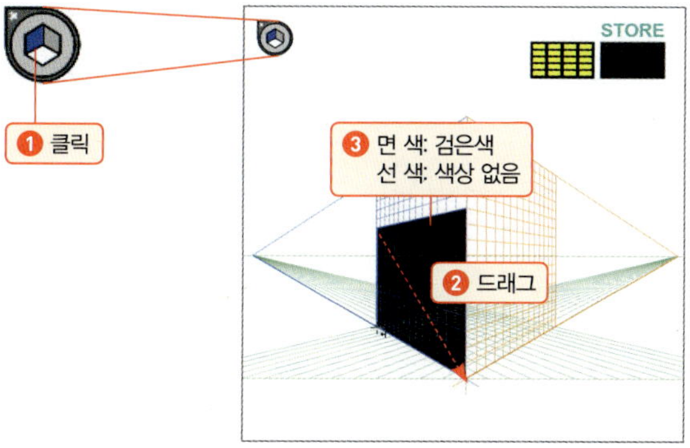

03 왼쪽 창문 만들기 사각형 툴(▢)로 드래그하여 왼쪽 벽면에 작은 사각형을 그리고 밝은 창문처럼 보이도록 색상 패널에서 면 색을 노란색, 선 색을 색상 없음으로 설정합니다. 원근 선택 툴(▶)로 창문을 선택하고 Alt 를 누른 채 드래그하여 창문을 2개 더 복제합니다.

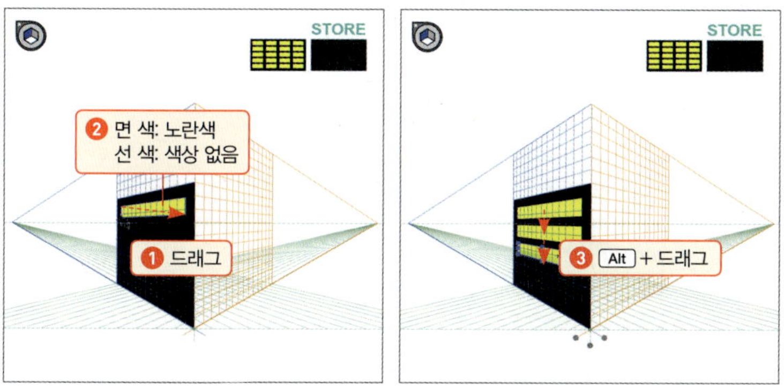

04 왼쪽 입구 만들기 사각형 툴(▢)로 드래그하여 입구처럼 보이는 문을 그립니다. 색상 패널에서 면 색을 민트색, 선 색을 색상 없음으로 설정합니다. 원근 선택 툴(▶)로 문을 선택하고 Alt 를 누른 채 드래그하여 문을 한 개 더 복제합니다.

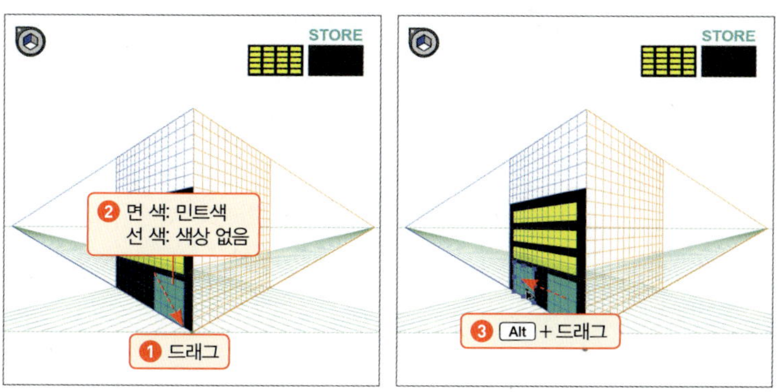

05 오른쪽 벽면 만들기 평면 전환 위젯의 오른쪽 면을 클릭하여 오른쪽 그리드를 활성화시킵니다. 사각형 툴(▣)로 그리드에 맞춰 벽면을 그립니다. 색상 패널에서 면 색을 왼쪽 벽면과 같은 검은색, 선 색을 색상 없음으로 설정합니다.

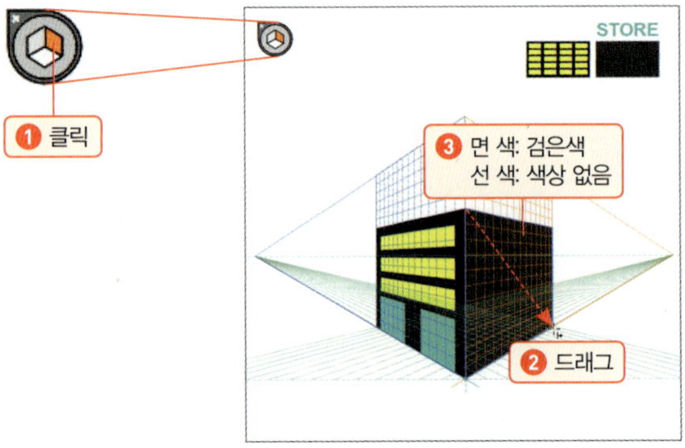

06 오른쪽 창문 만들기 사각형 툴(▣)로 드래그하여 작은 사각형을 그립니다. 색상 패널에서 면 색을 왼쪽 창문과 같은 노란색, 선 색을 색상 없음으로 설정합니다. 원근 선택 툴(▶)로 창문을 선택한 후 Alt를 누른 채 드래그하여 창문을 2개 더 복제합니다.

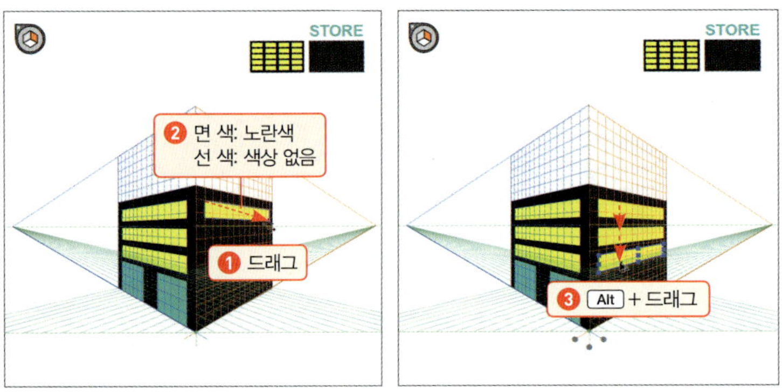

07 오른쪽 입구 만들기 사각형 툴(▣)로 드래그하여 오른쪽 벽면에 너비가 좁은 문을 그립니다. 색상 패널에서 면 색을 왼쪽 문과 같은 민트색, 선 색을 색상 없음으로 설정합니다. 원근 선택 툴(▶)로 문을 선택하고 Alt를 누른 채 드래그하여 한 개 더 복제한 후 바운딩 박스의 오른쪽 면을 드래그하여 문의 너비를 넓힙니다.

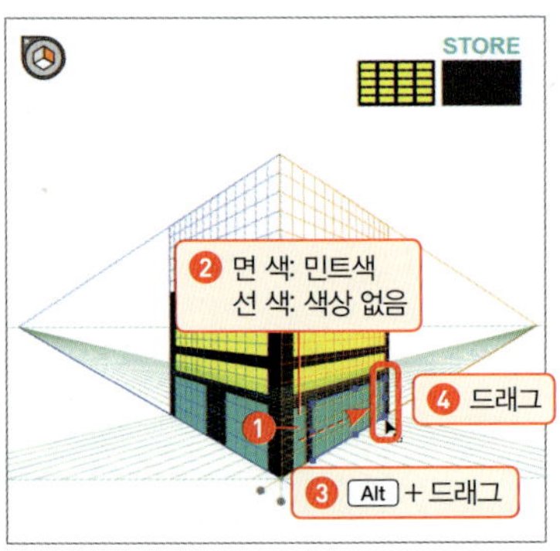

08 오른쪽 탑층 만들기 원근 선택 툴( )로 그리드 바깥에 있는 진회색 사각형을 드래그하여 오른쪽 벽면 그리드에 맞춰 배치합니다. 진회색 사각형이 자동으로 원근감을 가진 형태로 바뀝니다. 사각형의 바운딩 박스를 조절하여 크기를 키웁니다.

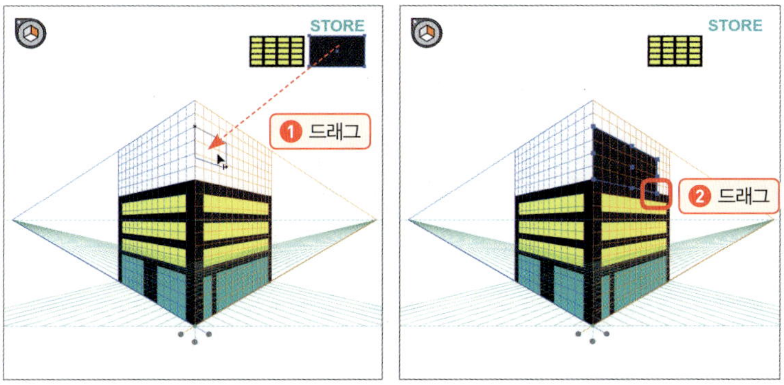

09 오른쪽 탑층 간판 달기 원근 선택 툴( )로 그리드 바깥에 있는 STORE를 드래그하여 오른쪽 벽면 상단에 배치하고 바운딩 박스의 모서리를 드래그하여 크기를 벽면에 맞게 키웁니다.

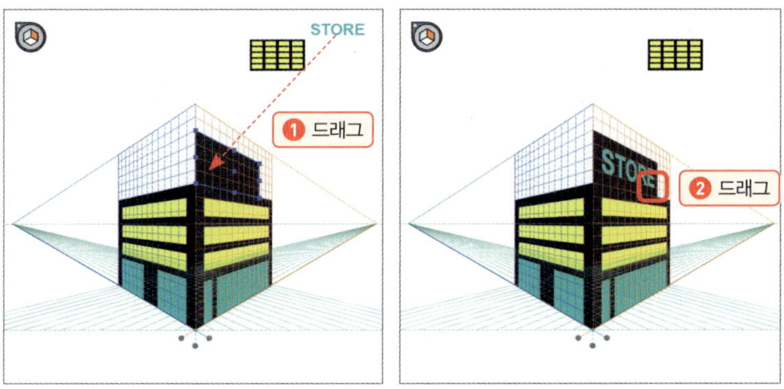

10 왼쪽 탑층 만들기 평면 전환 위젯의 왼쪽 면을 클릭하여 왼쪽 그리드를 활성화시킵니다. 원근 선택 툴( )로 그리드 바깥에 남은 오브젝트를 드래그하여 전체 선택하고 왼쪽 벽면 상단에 배치한 후 크기를 조절합니다.

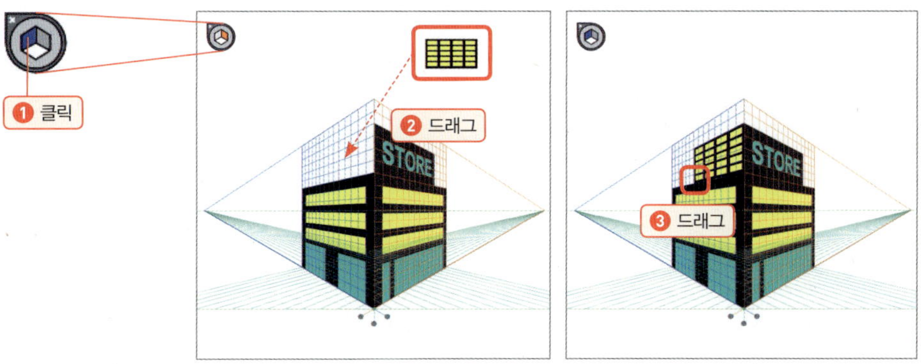

11 그리드 제거하기 평면 전환 위젯의 왼쪽과 오른쪽 면을 전환해 가면서 왼쪽 벽면과 오른쪽 벽면에 다양한 도형을 배치하여 건물을 여러 채 만들어 봅니다. 작업이 끝나면 평면 전환 위젯 위쪽의 버튼을 클릭하여 그리드를 제거합니다.

Tip 평면 전환 위젯의 버튼은 원근 그리드 툴() 또는 원근 선택 툴()이 선택되었을 때만 클릭하여 제거할 수 있습니다.

SECTION 03

막대그래프 만들기

• **핵심 기능 |** 막대그래프 툴(단축키 J)

그래프 타입 창

그래프 타입 창은 메뉴 바에서 [Object]–[Graph]–[Type]을 선택하면 나타납니다. 옵션 창의 상단에 있는 드롭다운 메뉴에서는 Graph Options와 Value Axis 중 하나를 선택할 수 있는데 Graph Options를 선택하면 9가지 종류의 그래프 중 하나를 선택할 수 있고, Value Axis를 선택하면 누적 영역 그래프 좌표 값과 관련된 여러 가지 옵션을 설정할 수 있습니다.

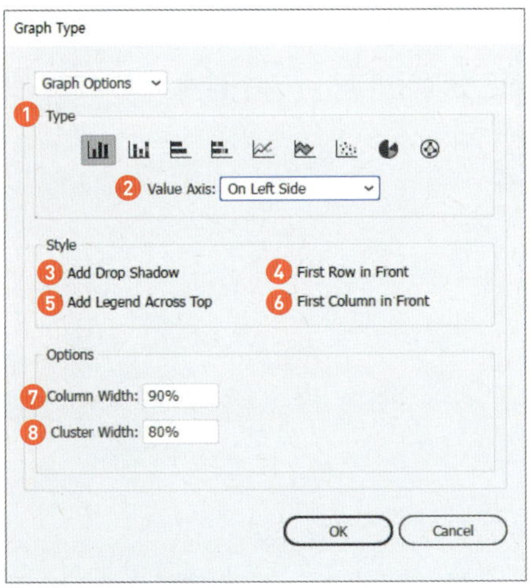

■ Graph Options를 선택한 경우

❶ Type 9가지 종류의 그래프 중 하나를 선택합니다.

❷ Value Axis 값 분류 값의 위치를 설정합니다.

❸ Add Drop Shadow 그림자를 설정합니다.

❹ First Row in Front 막대그래프 너비가 100%보다 클 경우에 첫 번째 행에 해당하는 막대를 맨 위에 배치합니다.

❺ Add Legend Across Top 데이터 창에서 첫 번째 열에 해당하는 열, 막대, 선을 맨 위에 배치합니다.

❻ First Column in Front 범례를 그래프의 오른쪽이 아닌 그래프의 상단을 가로질러 가로로 표시합니다.

❼ Column Width 막대 너비를 설정합니다. 100% 이상이면 막대끼리 겹칩니다.

❽ Cluster Width 막대와 막대의 간격을 설정합니다.

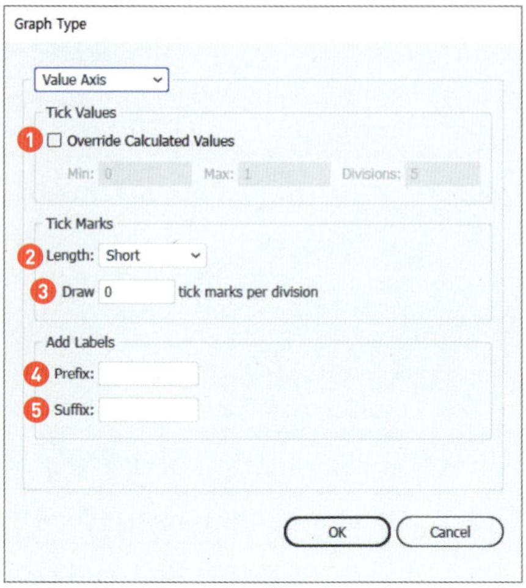

■ Value Axis를 선택한 경우

❶ Override Calculated Values 그래프 데이터 값의 범위와 범위 사이의 단위를 설정합니다.

❷ Length 값의 단위 옆에 붙은 틱 마크 길이를 설정합니다. Short를 선택하면 틱 마크가 짧게 배치되고 Full Width를 선택하면 틱 마크가 그리드처럼 그래프의 끝까지 배치됩니다.

❸ Draw 틱 마크 사이에 칸을 추가로 나눕니다.

❹ Prefix 단위 앞에 접두어를 입력합니다.

❺ Suffix 단위 뒤에 접미어를 입력합니다.

소셜 아이콘으로 막대그래프 디자인하기

01 막대그래프 만들기 메뉴 바의 [File]-[New]를 선택합니다. 옵션 창에서 Print를 선택하고 Width와 Height를 각각 210mm로 입력한 후 〈Create〉를 클릭합니다. 막대그래프 툴(📊)을 선택하고 화면에 원하는 크기로 드래그하여 그래프 영역을 만듭니다. 자동으로 막대그래프가 생성되면서 데이터 창이 열립니다.

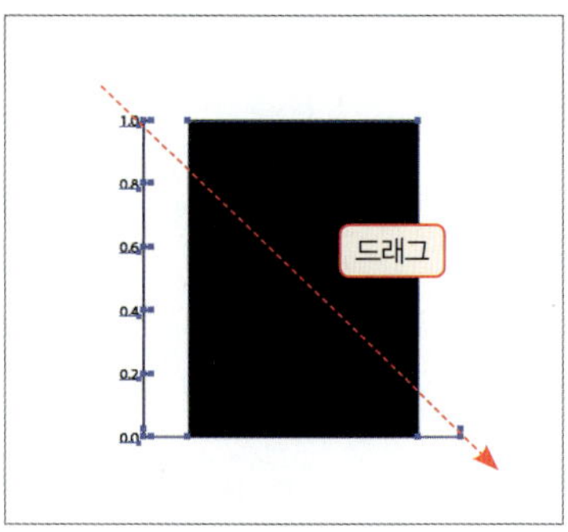

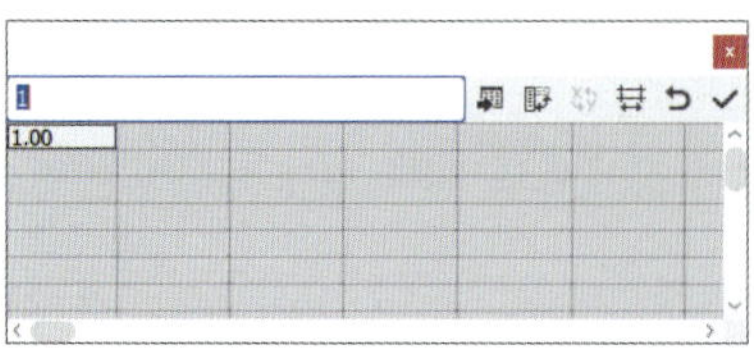

02 데이터 입력하기 흰색 입력 박스에 데이터를 입력하면 현재 선택된 셀에 내용이 입력됩니다. 데이터를 다음과 같이 입력하고 오른쪽 상단의 체크(☑)를 클릭합니다. 입력한 데이터 값에 따라 자동으로 흑백 막대그래프가 생성됩니다.

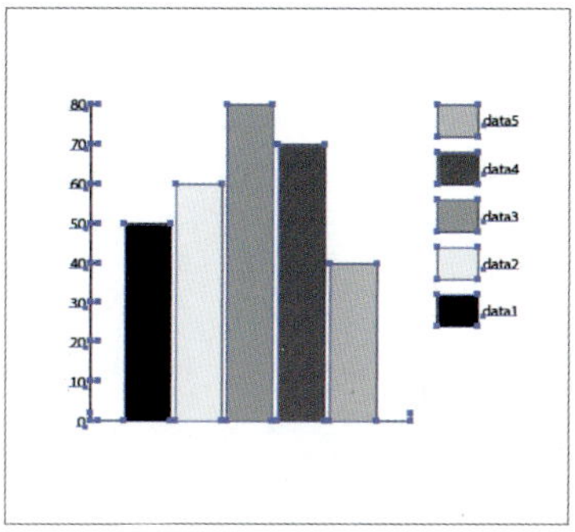

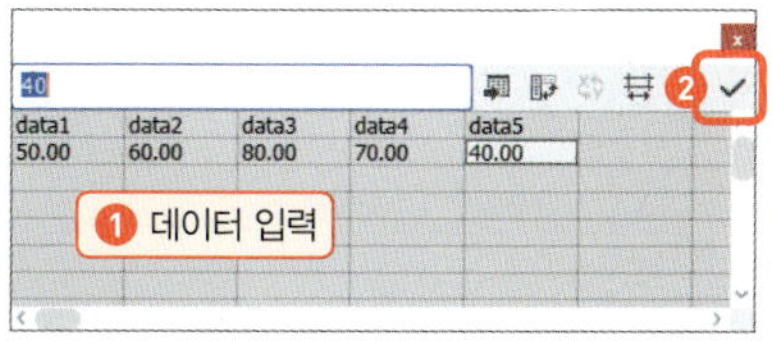

03 막대 색상 변경하기 그룹 선택 툴(⬚)로 첫 번째 막대를 클릭하고 한 번 더 클릭하면 오른쪽에 범례도 함께 선택됩니다. 색상 패널에서 면 색을 분홍색, 선 색을 색상 없음으로 설정하면 막대 색상이 바뀝니다. 같은 방법으로 나머지 막대도 색상을 자유롭게 변경합니다.

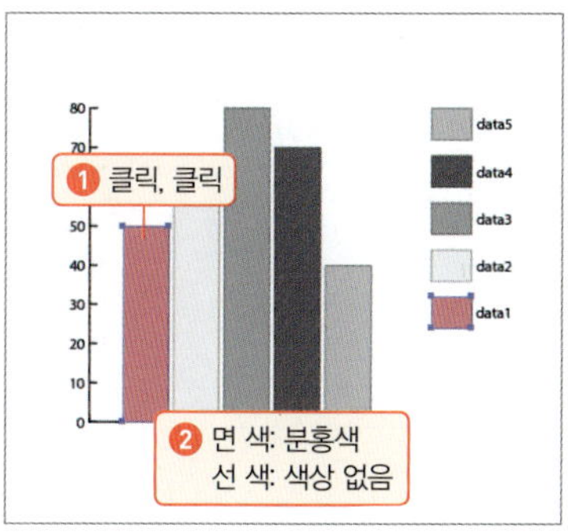

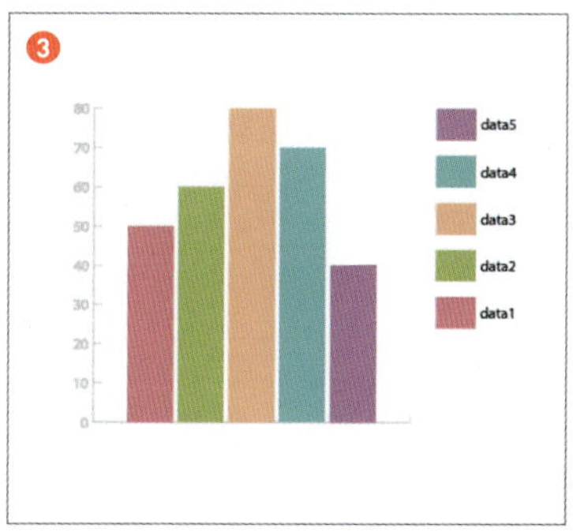

04 소셜 아이콘 붙여 넣기 Chapter_16 ▸ Section_03 ▸ social_icons.ai 파일을 불러옵니다. 선택 툴(▶)로 Shift 를 누른 채 다음과 같이 아이콘 5개를 선택하고 Ctrl + C 를 눌러 복사합니다. 화면으로 돌아와 Ctrl + V 를 눌러 복사한 아이콘을 붙여 넣고 바운딩 박스를 드래그하여 크기를 줄인 후 그래프의 X축에 배치합니다.

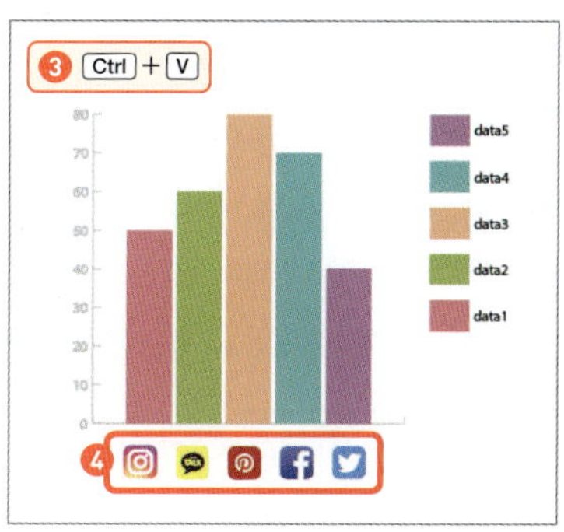

05 새 디자인 등록하기 선택 툴(▶)로 첫 번째 아이콘을 선택하고 메뉴 바에서 [Object]–[Graph]–[Design]을 선택합니다. 옵션 창이 열리면 〈New Design〉를 클릭해 새 디자인으로 등록하고 〈Rename〉을 클릭해 '인스타그램'이라고 입력한 후 〈OK〉를 클릭합니다. 원래 옵션 창으로 돌아오면 다시 〈OK〉를 클릭합니다. 같은 방법으로 나머지 아이콘도 선택하고 각각 '카카오톡', '핀터레스트', '페이스북', '트위터'라는 이름으로 등록합니다.

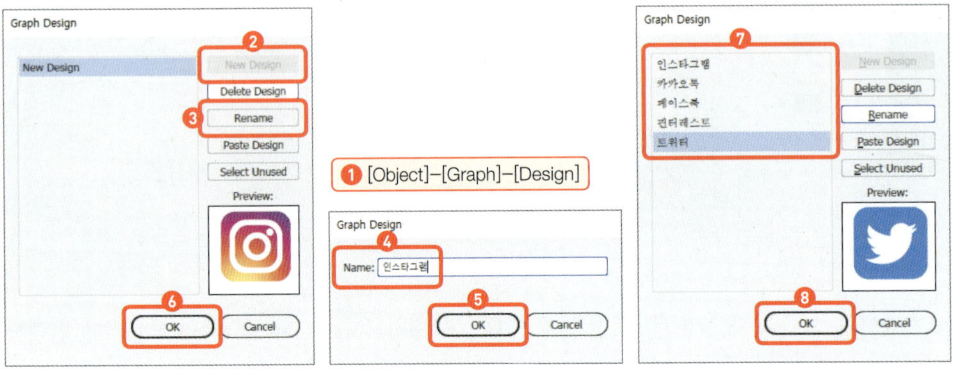

06 새 디자인을 막대그래프에 적용하기 그룹 선택 툴(▷⁺)로 첫 번째 막대를 두 번 클릭하여 막대와 범례를 함께 선택합니다. 메뉴 바에서 [Object]–[Graph]–[Column]을 선택합니다. 옵션 창에서 Choose Column Design을 '인스타그램'으로 선택하고, Column Type을 Vertically Scaled로 설정한 후 〈OK〉를 클릭합니다. 등록한 디자인이 막대그래프 크기에 맞게 적용되지만 가로와 세로 비율이 맞지 않습니다.

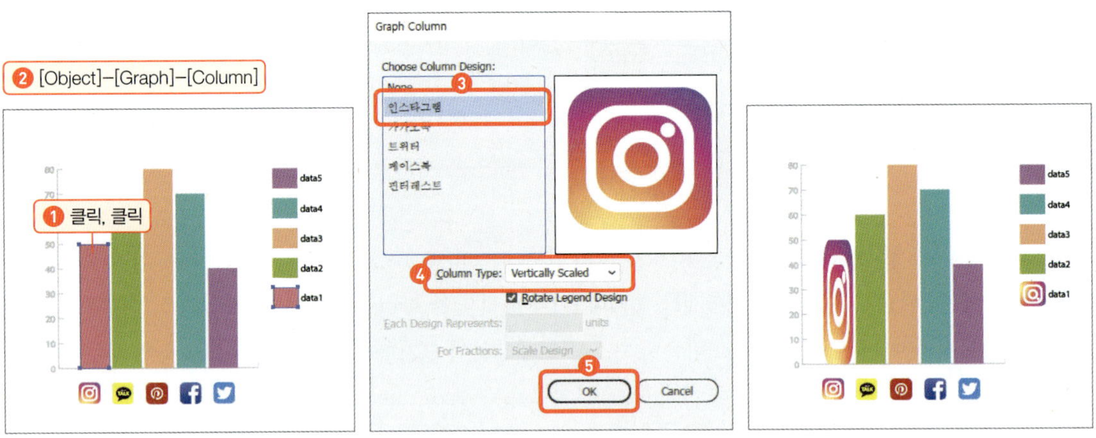

07 다시 그룹 선택 툴(▷⁺)로 첫 번째 막대를 두 번 클릭하여 막대와 범례를 함께 선택합니다. 메뉴 바에서 [Object]–[Graph]–[Column]을 선택합니다. 옵션 바에서 Choose Column Design을 '인스타그램'으로 선택하고 Column Type을 Uniformly Scaled로 설정한 후 〈OK〉를 클릭합니다. 아이콘 비율은 정상으로 돌아왔지만 아이콘이 다른 막대를 가릴 정도로 커졌습니다. 만약 다른 아이콘에도 같은 옵션을 사용하면 아이콘이 겹쳐 그래프를 알아보기 힘들 것입니다.

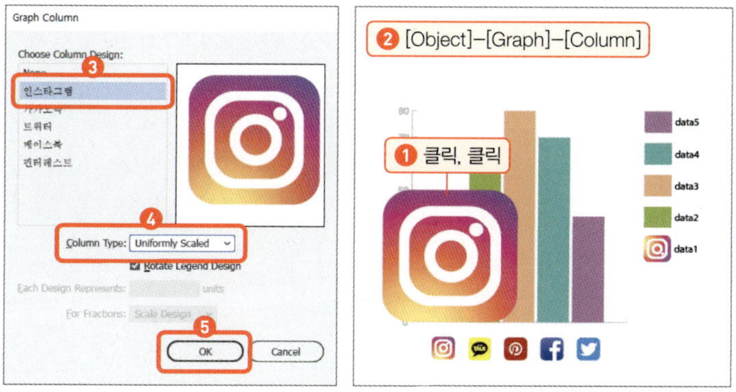

08 다시 그룹 선택 툴(![])로 첫 번째 막대를 두 번 클릭하여 막대와 범례를 함께 선택합니다. 메뉴 바에서 [Object]–[Graph]–[Column]을 선택합니다. 옵션 창에서 Choose Column Design을 '인스타그램', Column Type을 Repeating, Each Design Represents를 10units로 설정하고 Rotate Legend Design의 체크를 해제한 후 〈OK〉를 클릭합니다. 등록한 새 디자인에 가장 잘 맞는 형태의 그래프가 만들어집니다. 이와 같이 Column Type 옵션은 등록한 디자인에 맞게 사용하면 됩니다.

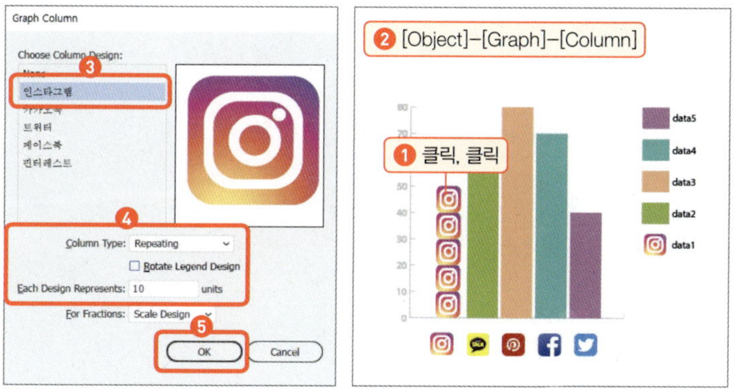

Tip Rotate Legend Design을 체크하면 범례 이미지가 시계 방향으로 90° 회전하여 나타납니다. 필요에 따라 체크하거나 해제합니다.

09 **완성하기** 그룹 선택 툴(![])로 나머지 막대와 범례도 함께 선택한 후 08 단계와 같은 방법으로 막대 디자인을 바꾸어 완성합니다.

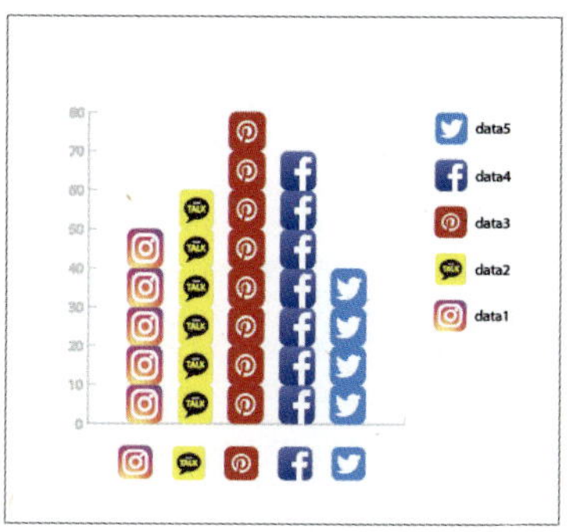

Tip 오른쪽 그림처럼 아이콘과 아이콘의 간격이 벌어진 막대그래프를 만들려면 아이콘 뒤에 선 색과 면 색이 없는 사각형을 추가한 후 새 디자인으로 등록하면 됩니다.

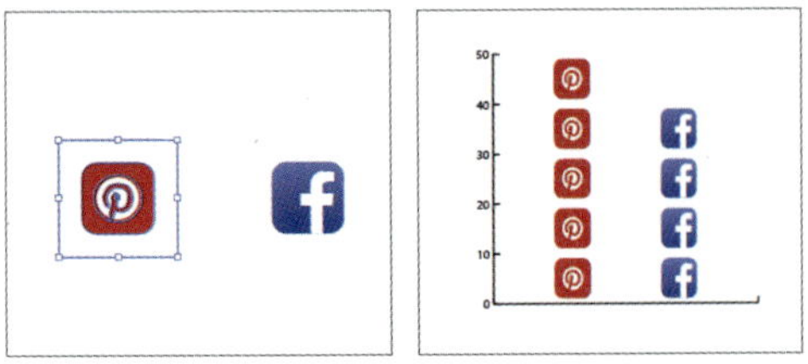

■ 상하좌우 여백이 있는 아이콘을 만든 후 막대에 매핑한 결과(graph여백.ai 파일 참고)

슬라이딩 옵션으로 막대그래프 디자인하기

01 직사각형 만들기 Chapter_16 ▸ Section_03 ▸ graph_result1.ai 파일을 불러옵니다. 사각형 툴(▢)을 선택하고 색상 패널에서 면 색을 C=51, M=100, Y=11, K=1, 선 색을 색상 없음으로 설정한 후 소셜 아이콘 아래에 막대 모양 직사각형을 만듭니다. 직사각형이 선택된 상태에서 마우스 오른쪽 버튼을 클릭하고 [Arrange]–[Send to Back]을 선택하여 소셜 아이콘 뒤에 배치합니다.

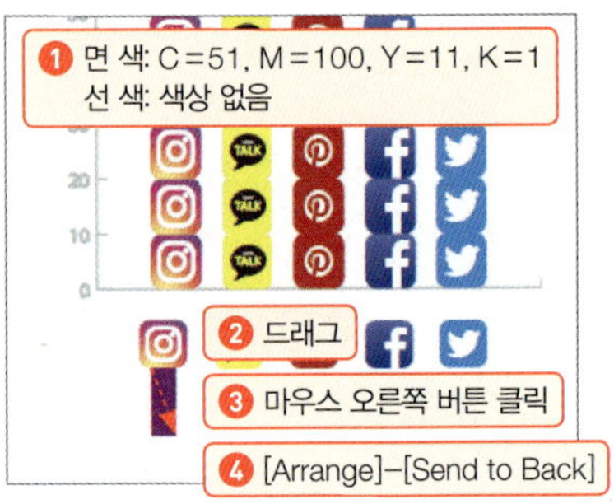

02 기준선 가이드 만들기 선 툴(╱)로 직사각형의 기준이 될 부분을 가로 방향으로 드래그하여 선을 그립니다. 메뉴 바에서 [View]–[Guides]–[Make Guide]를 선택하여 선을 가이드로 만듭니다.

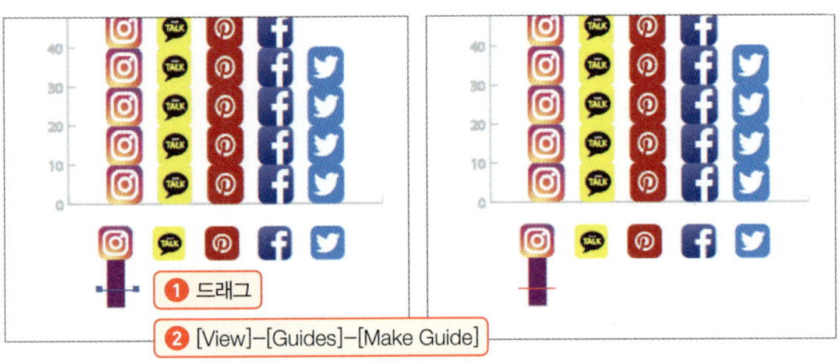

03 선택 툴(▶)로 보라색 직사각형을 선택하고 Alt 를 누른 채 오른쪽으로 드래그하여 아이콘 수대로 복제한 후 면 색을 다음과 같이 변경합니다. 또한 각 직사각형에는 02 단계와 같이 기준선을 그리고 가이드로 변경합니다.

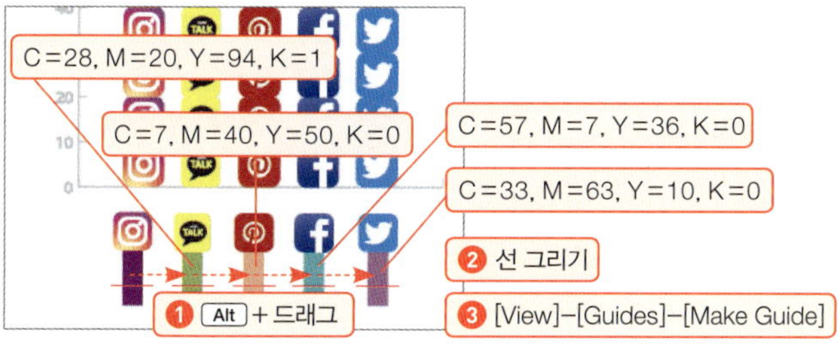

04 **새 디자인 등록하기** 선택 툴(▶)로 드래그하여 첫 번째 직사각형과 아이콘을 선택한 후 메뉴 바에서 [Object]-[Graph]-[Design]을 선택합니다. 옵션 창에서 〈New Design〉을 클릭하여 새 디자인으로 등록하고 〈Rename〉을 클릭하여 '인스타그램2'로 입력한 후 〈OK〉를 클릭합니다. 같은 방법으로 나머지 직사각형과 아이콘을 함께 선택한 후 각각 '카카오톡2', '핀터레스트2', '페이스북2', '트위터2'로 등록합니다.

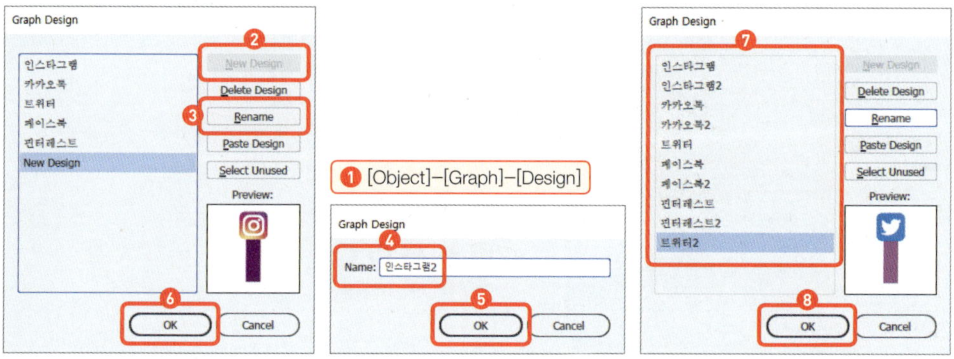

05 **새 디자인 막대그래프에 적용하기** 그룹 선택 툴(▷+)로 첫 번째 막대를 클릭하여 막대만 선택합니다. 메뉴 바에서 [Object]-[Graph]-[Column]을 선택하고 Choose Column Design을 '인스타그램2', Column Type을 Sliding으로 설정한 후 〈OK〉를 클릭합니다. 첫 번째 막대에 새 디자인이 기준선 위로만 늘어난 채 적용됩니다.

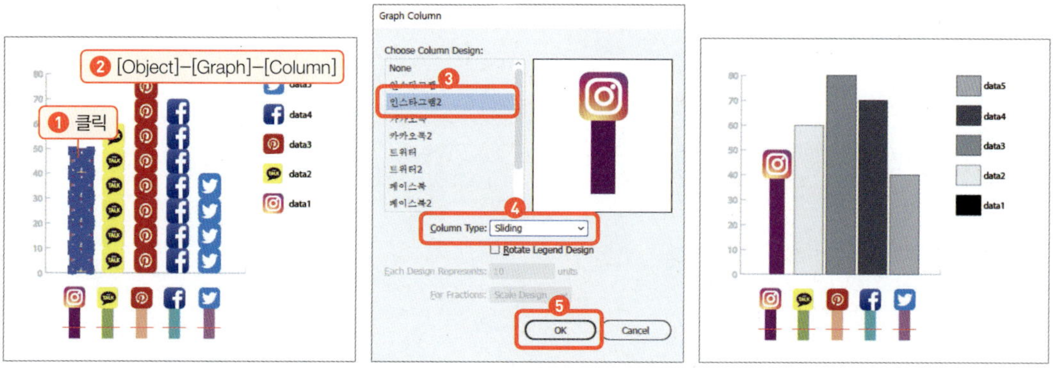

06 05 단계를 반복하여 나머지 막대에도 새 디자인을 적용합니다.

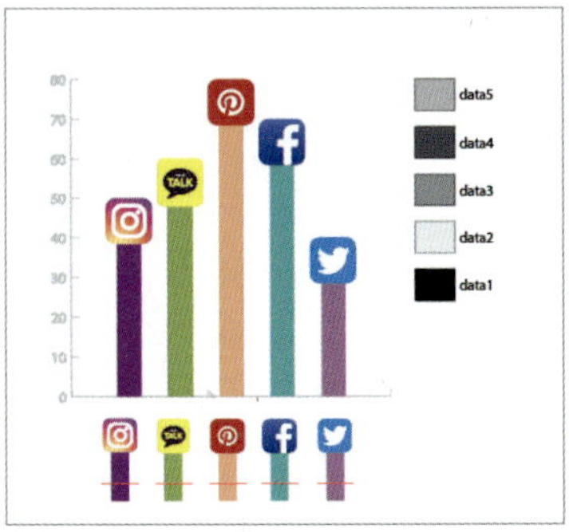

07 범례 아이콘 변경하기 그룹 선택 툴()로 data1 범례를 클릭한 후 메뉴 바에서 [Object]–[Graph]–[Column]을 선택합니다. 옵션 창에서 Choose Column Design을 '인스타그램', Column Type을 Vertically Scaled로 선택하고 〈OK〉를 클릭합니다. 나머지 범례 아이콘도 같은 방법으로 변경합니다.

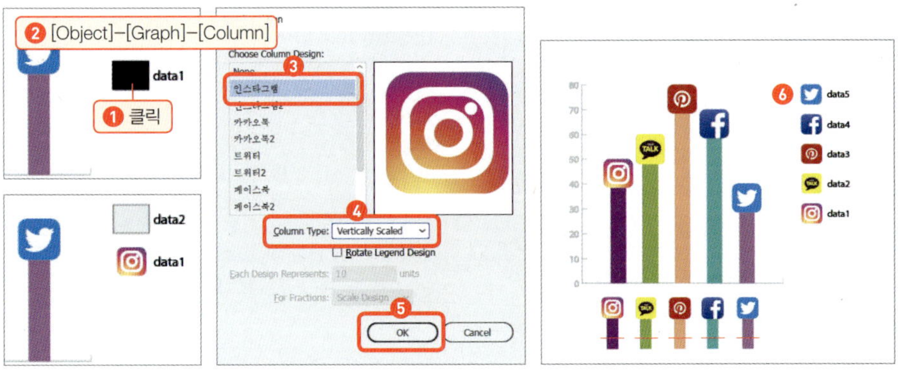

08 범례 제목 변경하기 그룹 선택 툴()로 그래프 영역을 드래그하여 선택한 후 마우스 오른쪽 버튼을 클릭하여 [Data]를 선택합니다. 데이터 입력 창이 나타나면 범례 제목을 각 아이콘에 맞게 변경합니다.

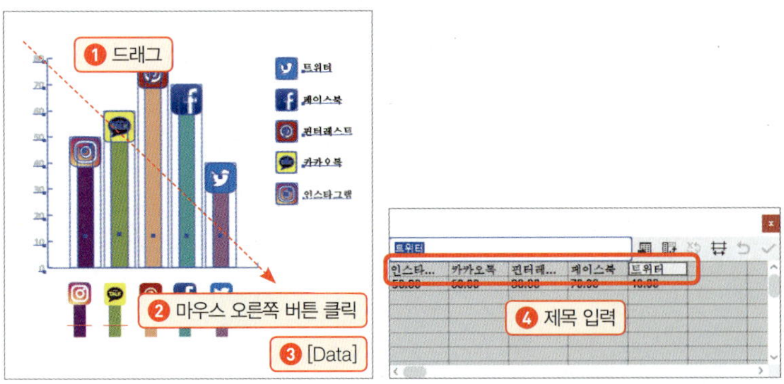

09 범례 폰트 스타일 변경하기 그룹 선택 툴(![]) 로 범례 텍스트를 드래그하여 모두 선택하고 캐릭터 패널에서 폰트를 맑은 고딕, 스타일을 Semilight, 크기를 12pt로 설정합니다.

10 완성하기 그룹 선택 툴(![]) 로 X축에 사용된 아이콘을 모두 선택한 후 Delete 를 눌러 삭제하여 그래프를 완성합니다.

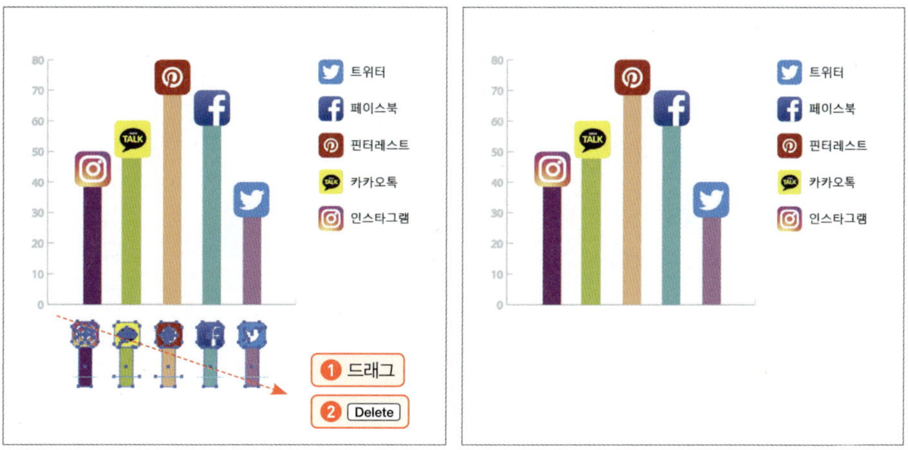

SECTION 04

꺾은선그래프 만들기

• **핵심 기능 |** 꺾은선그래프 툴

꺾은선그래프를 만들고 마커 활용하기

01 꺾은선그래프 그리기 메뉴 바에서 [File]–[New]를 선택합니다. 옵션 창에서 Print를 선택하고 Width와 Height를 각각 210mm로 입력한 후 〈Create〉를 클릭합니다. 꺾은선그래프 툴()을 선택하고 원하는 크기로 드래그하여 그래프 영역을 만듭니다.

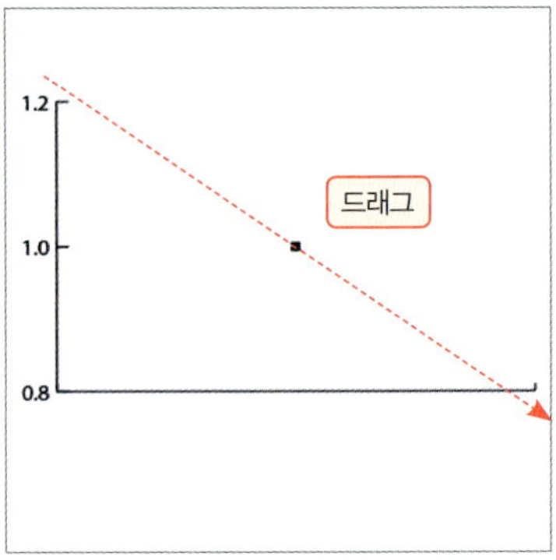

02 데이터 입력하기 데이터 창이 뜨면 다음과 같이 입력하고 오른쪽 상단의 체크()를 클릭하여 꺾은선그래프를 만듭니다.

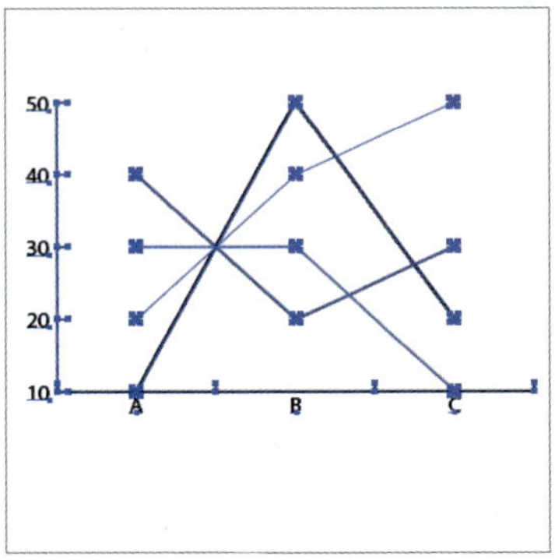

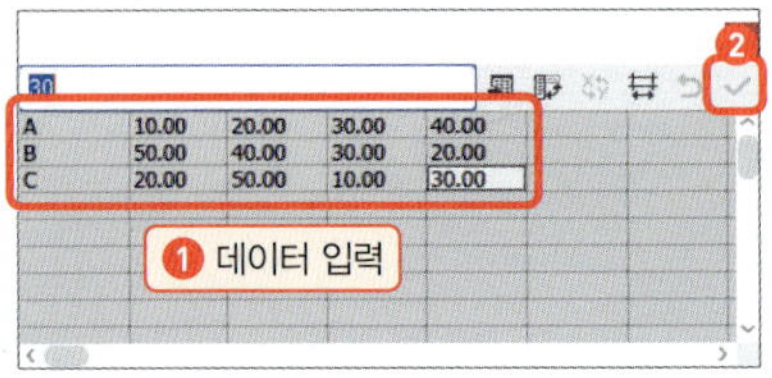

03 소셜 아이콘 붙여 넣기 Chapter_16 ▸ Section_04 ▸ social_icons.ai 파일을 불러온 후 선택 툴(▶)로 Shift 를 누른 채 다음과 같은 아이콘 4개를 선택하고 Ctrl + C 를 눌러 복사합니다. 화면으로 돌아와 Ctrl + V 를 눌러 붙여 넣고 바운딩 박스를 드래그하여 크기를 줄인 후 그래프의 X축에 배치합니다.

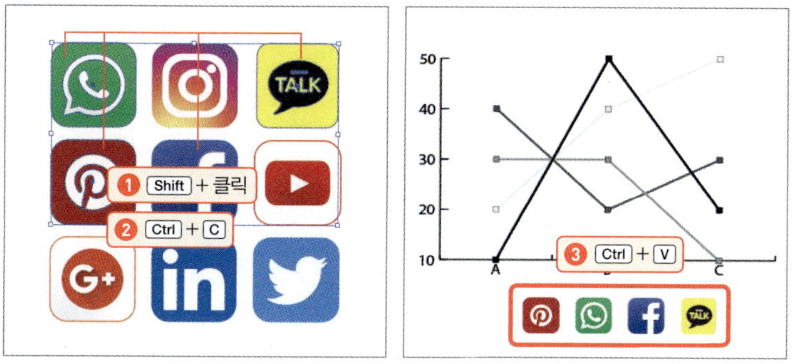

04 새 디자인 등록하기 선택 툴(▶)로 첫 번째 아이콘을 선택한 후 메뉴 바에서 [Object]–[Graph]–[Design]을 선택합니다. 옵션 창이 뜨면 〈New Design〉을 클릭하여 새 디자인으로 등록하고 〈Rename〉을 클릭하여 이름을 '핀터레스트'로 입력한 후 〈OK〉를 클릭하고 원래 창으로 돌아와 〈OK〉를 클릭합니다. 나머지 아이콘도 같은 방법으로 '와츠앱', '페이스북', '카카오톡'으로 등록합니다.

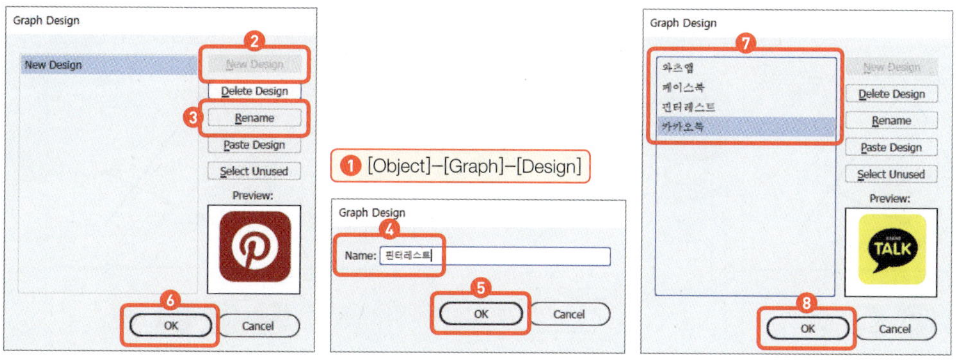

05 마커에 디자인 적용하기 그룹 선택 툴(▷+)로 첫 번째 꺾은선그래프의 마커를 두 번 클릭하여 전체 마커를 선택합니다. 메뉴 바에서 [Object]–[Graph]–[Maker]를 선택한 후 옵션 창에서 '와츠앱'을 선택하고 〈OK〉를 클릭합니다. 마커 자리에 아이콘이 입력되었지만 너무 작습니다.

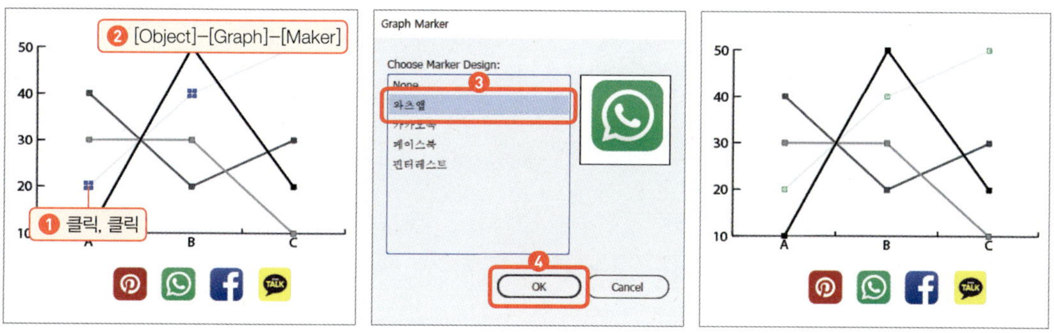

06 마커 크기 조절하기 마커 크기를 키워서 다시 디자인을 적용해 보겠습니다. Ctrl+Z를 눌러 이전 단계로 되돌아갑니다. 그룹 선택 툴(⁺)로 첫 번째 마커를 클릭한 후 스케일 툴(⁺)을 더블클릭합니다. 옵션 창에서 Scale의 Uniform을 350%로 입력하고 〈OK〉를 클릭합니다. 같은 방법으로 나머지 마커의 크기도 키웁니다.

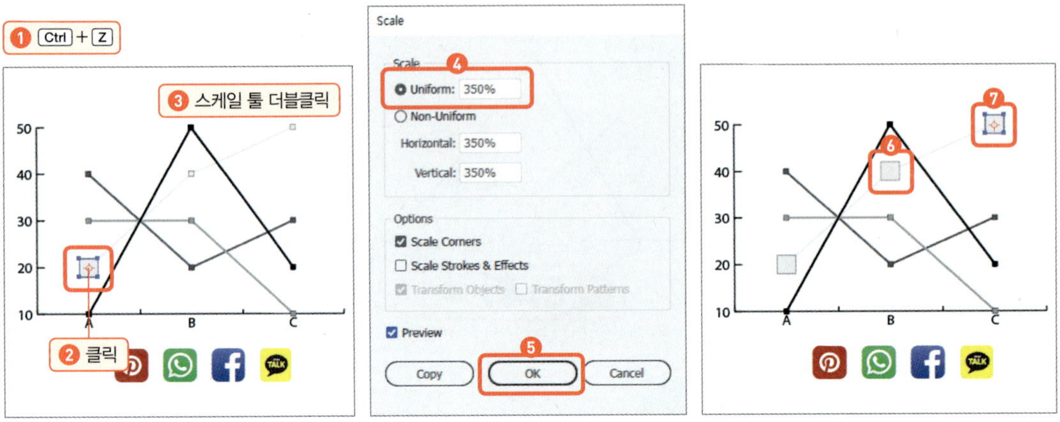

07 마커에 디자인 재적용하기 그룹 선택 툴(⁺)로 첫 번째 꺾은선그래프의 마커를 두 번 클릭하여 전체 마커를 선택하고 메뉴 바에서 [Object]–[Graph]–[Maker]를 선택합니다. 옵션 창에서 '와츠앱'을 선택하고 〈OK〉를 클릭합니다. 선택한 아이콘이 마커 자리에 05 단계보다 훨씬 잘 보이는 크기로 배치된 것을 확인할 수 있습니다.

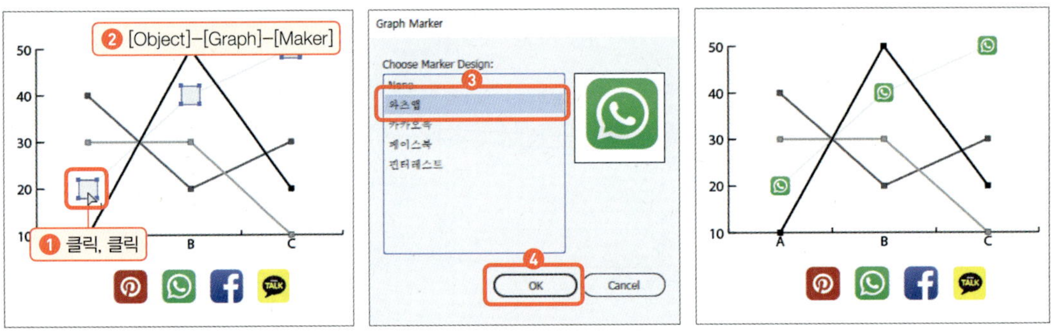

08 06~07 단계를 반복하여 나머지 꺾은선그래프의 마커도 크기를 조절한 후 디자인을 적용합니다. 그룹 선택 툴(⁺)로 각 그래프의 선을 두 번 클릭하여 전체 선을 선택한 후 색상 패널에서 마커에 적용된 아이콘의 색상에 맞추어 선 색을 다음과 같이 변경하여 그래프를 완성합니다.

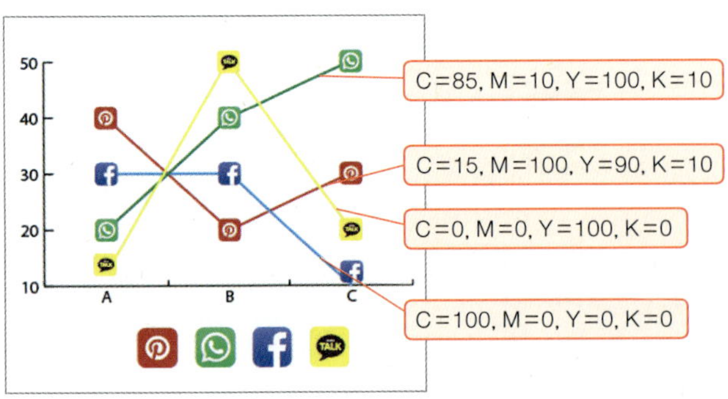

포토샵 단축키

포토샵을 더욱 빠르고 편리하게 사용하려면 자주 사용하는 단축키를 외워 두는 것이 좋습니다.

❶ 파일 작업 관련

새 파일 만들기	Ctrl + N
파일 불러오기	Ctrl + O
Bridge 실행하기	Ctrl + Alt + O
작업 화면 닫기	Ctrl + W
열려 있는 모든 화면 닫기	Ctrl + Alt + W
파일 저장하기	Ctrl + S
다른 이름으로 저장하기	Ctrl + Shift + S
웹용 파일로 저장하기	Ctrl + Alt + Shift + S
마지막 저장한 시점으로 되돌리기	F12
프린트하기	Ctrl + P
포토샵 종료하기	Ctrl + Q

❷ 프로그램 조작 관련

작업 취소하기	Ctrl + Z
한 단계 뒤로 가기	Ctrl + Alt + Z
한 단계 앞으로 가기	Ctrl + Shift + Z
잘라내기	Ctrl + X
복사하기	Ctrl + C
병합하여 복사하기	Ctrl + Shift + C
붙여 넣기	Ctrl + V
같은 자리에 붙여 넣기	Ctrl + Shift + V
마스크 영역으로 붙여 넣기	Ctrl + Alt + Shift + V
Contents Aware 크기 조절하기	Ctrl + Alt + Shift + C
자유 형태 조절하기	Ctrl + T
색상 설정하기	Ctrl + Shift + K
단축키 조절하기	Ctrl + Alt + Shift + K
메뉴 조절하기	Ctrl + Alt + Shift + M

❸ 선택 관련

전체 영역 선택하기	Ctrl + A
선택 영역 해제하기	Ctrl + D
선택 영역 잘라내기	Ctrl + X
다시 선택하기	Ctrl + Shift + D
선택 영역 반전시키기	Ctrl + Shift + I
선택 영역을 새 레이어로 복사하기	Ctrl + J
선택 영역을 새 레이어로 잘라내기	Ctrl + Shift + J
전체 레이어 선택하기	Ctrl + Alt + A
레이어 찾기	Ctrl + Alt + Shift + F

❹ 레이어 관련

새 레이어 만들기	Ctrl + Shift + N
레이어 복제하기	Ctrl + J
클리핑 마스크 적용하기	Ctrl + Alt + G
레이어 그룹 만들기	Ctrl + G
레이어 그룹 해제하기	Ctrl + Shift + G
아래 레이어와 병합하기	Ctrl + E
보이는 레이어로 병합하기	Ctrl + Shift + E
레이어 위로 보내기	Ctrl +]
레이어 맨 위로 보내기	Ctrl + Shift +]
레이어 아래로 보내기	Ctrl + [
레이어 맨 아래로 보내기	Ctrl + Shift + [

포토샵 단축키

⑤ 화면 조작 관련

툴/패널 보기/감추기	Tab
모든 패널 보기/감추기	Shift + Tab
화면 확대하기	Ctrl + +
화면 축소하기	Ctrl + −
눈금자 보이기/감추기	Ctrl + R
가이드 보이기/감추기	Ctrl + ;
가이드 잠그기/해제하기	Ctrl + Alt + ;
그리드 보이기/감추기	Ctrl + '
모든 임시선 보이기/감추기	Ctrl + H
스냅 선택과 해제하기	Ctrl + Shift + ;
작업 화면 보기 모드 바꾸기	F
최대 화면 크기로 보기	Ctrl + 0
실제 이미지 크기로 보기	Ctrl + 1

⑥ 이미지 보정 관련

Levels 창 열기	Ctrl + L
Auto Tone 조절하기	Ctrl + Shift + L
Auto Contrast 적용하기	Ctrl + Alt + Shift + L
Auto Color 적용하기	Ctrl + Shift + B
이미지 크기 조절하기	Ctrl + Alt + I
캔버스 크기 조절하기	Ctrl + Alt + C
Curves 창 열기	Ctrl + M
Color Balance 창 열기	Ctrl + B
Hue/Saturation 창 열기	Ctrl + U
Desaturate 적용하기	Ctrl + Shift + U
색상 반전하기	Ctrl + I
최종 적용한 필터 반복 적용하기	Ctrl + Alt + F

⑦ 툴과 패널 관련

이동 툴	V
선택 툴	M
올가미 툴	L
마술봉 툴	W
자르기 툴	C
프레임 툴	K
스포이트 툴	I
힐링 브러시 툴	J
브러시 툴	B
도장 툴	S
히스토리 브러시 툴	Y
지우개 툴	E
그레이디언트 툴	G
닷지 툴	O
펜 툴	P
텍스트 툴	T
패스 선택 툴	A
셰이프 툴	U
손바닥 툴	H
회전 보기 툴	R
돋보기 툴	Z
전경색/배경색 전환 툴	X
브러시 패널 보기/감추기	F5
색상 패널 보기/감추기	F6
레이어 패널 보기/감추기	F7
정보 패널 보기/감추기	F8
액션 패널 보기/감추기	Alt + F9

일러스트레이터 단축키

일러스트레이터를 더욱 빠르고 편리하게 사용하려면 자주 사용하는 단축키를 외워 두는 것이 좋습니다.

❶ 파일 관련

기능	단축키
새 파일 만들기	Ctrl + N
템플릿 불러오기	Ctrl + Shift + N
파일 불러오기	Ctrl + O
어도비 브릿지로 불러오기	Ctrl + Alt + O
파일 닫기	Ctrl + W
파일 저장하기	Ctrl + S
다른 이름으로 저장하기	Ctrl + Shift + S
복사본 저장하기	Ctrl + Alt + S
웹용 파일로 저장하기	Ctrl + Alt + Shift + S
마지막 저장한 시점으로 되돌리기	F12
문서 설정하기	Ctrl + Alt + P
프린트하기	Ctrl + P
일러스트레이터 종료하기	Ctrl + Q

❷ 편집 관련

기능	단축키
실행 취소하기	Ctrl + Z
다시 실행하기	Ctrl + Shift + Z
잘라내기	Ctrl + X
복사하기	Ctrl + C
붙여넣기	Ctrl + V
제자리 앞에 붙여넣기	Ctrl + F
제자리 뒤에 붙여넣기	Ctrl + B
전체 선택하기	Ctrl + A
선택 해제하기	Ctrl + Shift + A

❸ 선택/오브젝트 관련

기능	단축키
명령 반복하기	Ctrl + D
맨 앞으로 가져오기	Ctrl + Shift +]
한 단계 앞으로 가져오기	Ctrl +]
한 단계 뒤로 보내기	Ctrl + [
맨 뒤로 보내기	Ctrl + Shift + [
그룹 만들기	Ctrl + G
그룹 해제하기	Ctrl + Shift + G
선택한 오브젝트 잠그기	Ctrl + 2
잠긴 오브젝트 모두 해제하기	Ctrl + Alt + 2
선택한 오브젝트 숨기기	Ctrl + 3

기능	단축키
숨긴 오브젝트 모두 해제하기	Ctrl + Alt + 3
떨어져 있는 기준점 이어주기	Ctrl + J
블렌드 만들기	Ctrl + Alt + B
블렌드 해제하기	Ctrl + Alt + Shift + B
라이브 페인트 환경 만들기	Ctrl + Alt + X
클리핑 마스크 만들기	Ctrl + 7
클리핑 마스크 해제하기	Ctrl + Alt + 7
컴파운드 패스 만들기	Ctrl + 8
컴파운드 패스 해제하기	Ctrl + Alt + Shift + 8

일러스트레이터 단축키

❹ 문자 관련

글자 속성 없애고 아웃라인 만들기	Ctrl + Shift + O
오른쪽 정렬	Ctrl + Shift + R
왼쪽 정렬	Ctrl + Shift + L
가운데 정렬	Ctrl + Shift + C
글자 크기 키우기	Ctrl + Shift + 〉
글자 크기 줄이기	Ctrl + Shift + 〈

❺ 보기 관련

아웃라인 보기/숨기기	Ctrl + Y
화면 확대하기	Ctrl + +
화면 축소하기	Ctrl + −
이미지를 작업 창에 딱 맞게 보기	Ctrl + 0
실제 크기로 보기	Ctrl + 1
패스 보기/숨기기	Ctrl + H
눈금자 보기/숨기기	Ctrl + R
바운딩 박스 보기/숨기기	Ctrl + Shift + B
아트보드를 투명으로 보기/흰색으로 보기	Ctrl + Shift + D
안내선 보기/숨기기	Ctrl + ;
안내선 잠그기/풀기	Ctrl + Alt + ;
선택한 패스를 안내선으로 만들기	Ctrl + 5
안내선 해제하기	Ctrl + Alt + 5
격자선 보기/숨기기	Ctrl + ″
격자선에 맞추기	Ctrl + Shift + ″

Tip 맥(MAC) 사용자는 Ctrl을 Command로, Alt를 Option으로 바꿔 사용하면 됩니다.

포토샵 찾아보기

ㄱ

가로 텍스트 마스크 툴 255
가로 텍스트 툴 255
계단 현상 101
곡률 펜 툴 243
곡선 패스 246
그레이디언트 모양 217
그레이디언트 스타일 216
그레이디언트 툴 216
그리드 형태 147

ㄴ ㄷ

누끼 이미지 143
눈 아이콘 063
다각형 올가미 툴 126
다각형 툴 263
다이아몬드 그레이디언트 217
닷지 툴 237
대칭 190
대칭 옵션 191
도장 툴 178
되돌리기 버튼 148
둥근 사각형 툴 263

ㄹ

레드 아이 툴 177
레이어 062
레이어 그룹 073
레이어 마스크 추가 066
레이어 모드 071
레이어 스타일 065
레이어 이름 064
레이어 잠금 071
레이어 패널 064
로모 효과 296
링크 레이어 065

ㅁ

마술봉 툴 141
마스크 레이어 074
매직 지우개 툴 215
메뉴 바 031
무빙 앵커 포인트 244
문자 패널 257
믹서 브러시 툴 206

ㅂ

바운딩 박스 106
반사 그레이디언트 217
백그라운드 지우개 툴 214
번 툴 238
벡터 레이어 074
별빛 효과 195
병합 모드 100
브러시 모드 189
브러시 믹스 206
브러시 설정 188
브러시 세팅 189
브러시 툴 188
블러 갤러리 316
블러 툴 236
비트맵 이미지 101

ㅅ

사각형 선택 툴 099
사각형 툴 263
사진 보정 084
상태 표시줄 031
새 그룹 070
새 레이어 070
색상 믹스 206
색상 채널 082, 084
샤픈 툴 236
선택 영역 092
선택 영역 곱하기 100
선택 영역 더하기 100
선택 영역 모서리 변경 113
선택 영역 반전 114
선택 영역 빼기 100
선택 영역 해제 098
선 툴 263
섬네일 063
세로 텍스트 마스크 툴 255
세로 텍스트 툴 255
스마트 필터 304
스머지 툴 237
스케치 이미지 307
스팟 채널 082
스팟 힐링 브러시 툴 158
스펀지 툴 238
스포트라이트 효과 223
실행 버튼 148

ㅇ

아트보드 075
아트보드 이동 잠금 072
아트 히스토리 브러시 툴 211
알파 채널 082
앵글 그레이디언트 217
앵커 포인트 240
앵커 포인트 제거 툴 245
앵커 포인트 추가 툴 245
어안 렌즈 330
에어브러시 207
에어브러시 모드 190
연필 툴 188
오브젝트 복제 097
오브젝트 확대 098
올가미 툴 123
옵션 바 031
워프 257, 347
원근 자르기 툴 151
원형 그레이디언트 217
원형 선택 툴 111
원형 툴 263
이동 잠금 072
이동 툴 092
이모티콘 350
이미지 공유 031
이미지 작업 창 031
이미지 정렬 096
이미지 정보 040
이미지 축소 045

포토샵 찾아보기

이미지 크기 047
이미지 픽셀 잠금 072
이미지 확대 043
이벤트 배너 116
인포그래픽 218

ㅈ

자르기 툴 146
자석 올가미 툴 131
작업 화면 031
작업 화면 크기 050
정렬 094, 257
제목 표시줄 031
지우개 툴 214
직선 그레이디언트 217
직선 패스 246
직접 선택 툴 247

ㅊ ㅋ ㅌ

채널 082
취소 버튼 148
커스텀 셰이프 툴 263
컬러 리플레이스먼트 툴 203
컬러와 소스 206
콘텐츠 어웨어 무브 툴 169
콘텐츠 어웨어 스케일 175
콘텐츠 어웨어 필 173
퀵 마스크 모드 153
퀵 셀렉션 툴 134
텍스트 레이어 074
텍스트 툴 255
투명 레이어 잠금 072
툴 박스 036
툴 박스 설정 037
툴 프리셋 188

ㅍ

파일 저장 042
패널 모드 034
패널 목록 034
패스 240
패스 선택 툴 247
패치 툴 166
패턴 도장 툴 181
퍼펫 비틀기 344
페인트 버킷 툴 226
펜 툴 240
포인트 전환 툴 246
포토샵 종료 042
폰트 256
프레임 툴 277
프리셋 188
프리폼 펜 툴 242

ㅎ

한 줄 가로 선택 툴 121
한 줄 세로 선택 툴 121
해상도 048
핸들러 240
홈 화면 031
회전 기준점 107
휴지통 070
흑백 이미지 300
히스토리 브러시 툴 211
히스토리 패널 058
힐링 브러시 툴 161

A

Adaptive Wide Angle 330
Add Anchor Point Tool 245
Adjustment 067
Adjustment 레이어 074
Adobe Creative Cloud 038
Angle 189
Anti–alias 101
Arbitrary 056
Artboard 075
Art History Brush Tool 211
Auto Color 286
Auto Contrast 286
Auto Erase 191
Auto Select 059, 093
Auto Tone 286

B

Background Eraser Tool 214
Background Swatch 203
Background 레이어 063
Basic 311
Bevel & Emboss 065
Black & White 068, 135, 301
Blur Gallery 316
Blur Tool 236
Border 115
Brightness/Contrast 068, 287
Brush Tool 188
Burn Tool 238

C

Calibration 315
Camera Raw Filter 311
Channel Mixer 069, 292
CMYK 모드 082
Color 203
Color Balance 068, 291
Color Lookup 069, 293
Color Overlay 066
Color Replacement Tool 203
Color Theme 032
Content–Aware 150, 158
Content–Aware Fill 173
Content–Aware Move Tool 169
Content–Aware Scale 175
Continuous 203
Contract 115, 131
Convert Point Tool 246
Create Texture 158
Crop Tool 146
Curvature Pen Tool 243
Curves 068, 288
Custom Shape Tool 263
Custom 옵션 207

D

Delete Cropped Pixels 149
Desaurate 303
Detail 312
Dimensions 048
Direct Selection Tool 247
Discontiguous 204
Dodge Tool 237
Drop Shadow 066

E

Effects 314
Ellipse Tool 263
Elliptical Marquee Tool 111
Equalize 289
Eraser Tool 214
Expand 115
Exposure 068, 288

F

Feather 101
Field Blur 316
Fill 067, 072
Fill 레이어 074
Find Edges 204
Fit Screen 046
Fixed Ratio 101
Fixed Size 101
Flip Canvas Horizontal 056
Flip Canvas Vertical 056
Flow 190, 207
Frame Tool 277
Freeform Pen Tool 242
Frequency 131

G

GIF 350
Gradient 067
Gradient Map 069, 294
Gradient Overlay 066
Gradient Tool 216
Grayscale 303
Group/Layer 094

H I

Hardness 189
HDR Toning 289
Healing Brush Tool 161
History Brush Tool 211
HSL Adjustments 313
Hue 203
Hue/Saturation 068, 291, 301
Image Rotation 055
Image Size 048, 058
Inner Glow 065
Inner Shadow 065
Invert 069, 293
Iris Blur 317

L

Lasso Tool 123
Lens Collection 334
Lens Corrections 314
Levels 068, 287
Limits 204
Line Tool 263
Liquify 337
Load 207
Luminosity 203

M N

Magic Eraser Tool 215
Magic Wand Tool 141
Magnetic 242
Magnetic Lasso Tool 131
Marching Ants 135
Masked Areas 153
Match Color 295
Mix 207
Mixer Brush Tool 206
Modify 114
Move on 233
Move Tool 092
Normal 101

O

On Black 135
Once 203
Onion Skin 135
On Layers 136
On White 135
Opacity 072, 190
Outer Glow 066
Overlay 135

P

Paint Bucket Tool 226
Patch Tool 166
Path 241
Path Blur 320
Path Selection Tool 247
Pattern 067
Pattern Overlay 066
Pattern Stamp Tool 181
Pencil Tool 188
Pen Tool 240
Perspective Crop Tool 151
Photo Filter 068, 292
Polygonal Lasso Tool 126
Polygonal Tool 263
Posterize 069, 294
Presets 315
Pressure Control 207
Pressure for Opacity 190
Pressure for Size 190
Proximity Match 158
Puppet Warp 344

Q

Quick Mask Mode 153
Quick Selection Tool 134

포토샵 찾아보기

R

RAW 모드 311
Rectangle Tool 263
Rectangular Marquee Tool 099
Red Eye Tool 177
Relative 051
Remove Anchor Point Tool 245
Replace Color 296
Resample 048
Resize Window to Fit 045
RGB 모드 082
Rotate Around 233
Rounded Rectangle Tool 263
Roundness 189

S

Sample All Layers 207
Sampling 203
Satin 065
Saturation 203
Scale Along 233
Scale Uniformly 233
Scrubby Zoom 043
Select and Mask 102, 137
Selected Areas 154
Selective Color 069, 295
Shadows/Highlights 289
Shape 241
Sharpen Tool 236
Show Transform Controls 094
Smart Filter 304
Smooth 115
Smoothing 190, 207
Smudge Tool 237
Solid Color 067
Spacing 189
Spin Blur 322
Split Toning 313
Sponge Tool 238
Spot Healing Brush Tool 158
Stamp Tool 178
Straighten 150
Stroke 065
Style 101
Subject 136

T

Text Tool 255
Threshold 069, 302
Tilt–Shift 319
Tolerance 141
Tone Curve 312
Transform 106

U

UI Font Size 032
UI Scaling 032
Use tablet pressure to change pen width 131

V

Vanishing Point 341
Vibrance 068, 290, 300
View 목록 147

W

Warp 347
Wet 207
Width 131

Z

Zoom All Windows 046

기타

3D Material Drop Tool 229
3D Mode 095
3D 머티리얼 드롭 툴 229
3D 문자 258
3D 전환 257
3D 카메라 궤도 버튼 233
90˚ Clockwise 055
90˚ Counter Clockwise 055
180˚ 회전 055

일러스트레이터 찾아보기

ㄱ

가위 툴 459
겹친 영역 남기기 438
겹친 영역 지우기 438
곡률 전환 툴 421
곡선 409
그레이디언트 툴 517
그레이디언트 패널 517
그룹 선택 툴 395
그룹 해제 395
꺾은선그래프 툴 604

ㄴ ㄷ

나누기 438
나이프 툴 457
다각형 툴 435
닫힌 도형 405
대소문자 전환 559
돋보기 툴 396
뒤쪽 지우기 438

ㄹ ㅁ

라이브 코너 428
라이브 페인트 버킷 툴 453
리셰이프 툴 501
마스크 543
마커 604
막대그래프 툴 595
메뉴 바 365
메시 툴 549
물방울 브러시 툴 472

ㅂ

반전 툴 494
방향점 409
벡터 드로잉 404
별 툴 436
병합하기 438
부분 자간 558
브러시 패널 478
브리슬 브러시 478
블렌드 툴 534

ㅅ

사각형 툴 426
색상 가이드 패널 511
색상 견본 패널 508
색상 패널 510
선택 툴 384
선형 그레이디언트 517
세그먼트 409
세로 영역 텍스트 툴 558
세로 텍스트 툴 558
세로 패스 텍스트 툴 558
셰어 툴 499
셰이퍼 빌더 툴 579
셰이프 빌더 툴 451
소실점 589
손바닥 툴 398
수직 가운데 분배 400
수직 가운데 정렬 400
수직 아래쪽 분배 400
수직 아래쪽 정렬 400
수직 위쪽 분배 400
수직 위쪽 정렬 400
수평 가운데 분배 401
수평 가운데 정렬 399
수평 오른쪽 분배 401
수평 오른쪽 정렬 399
수평 왼쪽 분배 401
수평 왼쪽 정렬 399
스냅 365
스캐터 브러시 478
스케일 툴 496
스트로크 패널 463

ㅇ

아트보드 365, 376
아트 브러시 478
앞쪽 기준으로 나누기 438
앞쪽 지우기 438
앵커 포인트 404, 409
앵커 포인트 삭제 툴 418
앵커 포인트 전환 툴 420
앵커 포인트 추가 툴 418
어도비 색상 테마 패널 513
언어 선택 559
연필 툴 468
영역 텍스트 툴 558
오브젝트 복제 385
오브젝트 분배 400
오브젝트 삭제 387
오브젝트 선택 384
오브젝트 이동 385
오브젝트 정렬 399
오브젝트 회전 387
옵션 바 365
외곽선 438
원근 그리드 툴 588
원형 그레이디언트 522
원형 툴 427
위젯 428
위첨자/아래첨자 559
인포그래픽 491

ㅈ ㅊ

자르기 438
자유 변형 툴 506
점선 간격 길이 463
정렬 패널 400
제목 표시줄 365
줄 간격 558
지우개 툴 455
직선 툴 462
직접 선택 툴 391
찾기 365

ㅋ ㅌ

캐릭터 패널 558
캘리그래픽 브러시 478
클리핑 마스크 543
터치 텍스트 툴 558, 570

일러스트레이터 찾아보기

텍스트 툴 558
투명 마스크 543
툴 박스 368

ㅍ

패널 369
패널 모드 369
패널 모음 365
패러그래프 패널 571
패스 404
패스 텍스트 툴 558
패스파인더 패널 438
패턴 라이브러리 539
패턴 브러시 478
패턴 옵션 539
퍼펫 워프 툴 502
페인트 브러시 툴 470
펜 툴 404
평면 전환 위젯 589
폰트 목록 558, 559
프리 트랜스폼 툴 504
프리폼 그레이디언트 525

ㅎ

합치기 438
핸들 409, 417
화면 크기 변경 398
화면 크기 조절 365
회전 툴 489

A B

Adobe Illustrator 378
Adobe PDF 378
Align 399
Align Stroke 463
Align to Selection 405
Alt key toggles to Smooth Tool 468
Anchors 405
Area Type Option 메뉴 571
Arrange 401
Arrowheads 463
Brightness 366
Bring Forward 401
Bring to Front 401
Brush 462

C D

Cap 463
Close paths when ends are within 468
CMYK 모드 511
Convert 405
Corner 429, 463
Dashed Line 463

E F G

Edit Selected Paths 468, 470
Envelope Distort 576
Fidelity 468, 470
Fill new brush strokes 470
Fill new pencil strokes 468
Graph Options 595
Grayscale 모드 510

H I

Handles 405
HSB 모드 510
Illustrator EPS 378
Illustrator Template 378
Isolate Selected Object 405

K

Keep Selected 468, 470

O P

Opacity 462
Profile 462

R

Radius 429, 435
RGB 모드 510
Rounding 429

S

Send Backward 402
Send to Back 402
Sides 435
Stroke 462
Stroke Color 462
Style 462
SVG 378
SVG Compressed 378

T

Touch Type Tool 558
Transform 405

U V W

UI Scaling 366
Value Axis 596
Web Safe RGB 모드 511
Within 468, 470

기타

1점 투시 588
2점 투시 588
3D Extrude&Bevel 582
3D 메뉴 582
3점 투시 588